História do corpo

1. Da Renascença às Luzes

Dados Internacionais de Catalogação na Publicação (CIP)
(Câmara Brasileira do Livro, SP, Brasil)

História do corpo : Da Renascença às Luzes / sob a
    direção de Alain Corbin, Jean-Jacques Courtine e
    Georges Vigarello ; tradução de Lúcia M.E. Orth ;
    revisão da tradução Ephraim Ferreira Alves. 5. ed. –
    Petrópolis, RJ : Vozes, 2012.
    Título original: Histoire du corps : De la Renaissance aux Lumières.
    "Volume dirigido por Georges Vigarello".
    Vários autores.
    Bibliografia.

    5ª reimpressão, 2023.

    ISBN 978-85-326-3625-6
    1. Corpo humano – Aspectos religiosos – Cristianismo
2. Corpo humano – Aspectos sociais 3. Corpo humano – História
4. Figura humana na arte I. Corbin, Alain. II. Courtine, Jean-Jacques.
III. Vigarello, Georges. IV. Título: Da Renascença às Luzes.

07-10613   CDD-306.4

Índices para catálogo sistemático:
1. Corpo humano : História : Aspectos sociais :
        Sociologia   306.4

História do corpo

Sob a direção de
Alain Corbin, Jean-Jacques Courtine, Georges Vigarello

1. Da Renascença às Luzes

Volume dirigido por Georges Vigarello

Daniel Arasse
Jean-Jacques Courtine
Jacques Gélis
Rafael Mandressi
Sara F. Matthews-Grieco
Nicole Pellegrin
Roy Porter
Georges Vigarello

Tradução
Lúcia M.E. Orth

Revisão da tradução
Ephraim Ferreira Alves

Petrópolis

© Éditions du Seuil, 2005

Tradução realizada a partir do original em francês intitulado *Histoire du corps 1. De la Renaissance aux Lumières*

Direitos de publicação em língua portuguesa:
2008, Editora Vozes Ltda.
Rua Frei Luís, 100
25689-900 Petrópolis, RJ
www.vozes.com.br
Brasil

Todos os direitos reservados. Nenhuma parte desta obra poderá ser reproduzida ou transmitida por qualquer forma e/ou quaisquer meios (eletrônico ou mecânico, incluindo fotocópia e gravação) ou arquivada em qualquer sistema ou banco de dados sem permissão escrita da editora.

CONSELHO EDITORIAL

Diretor
Gilberto Gonçalves Garcia

Editores
Aline dos Santos Carneiro
Edrian Josué Pasini
Marilac Loraine Oleniki
Welder Lancieri Marchini

Conselheiros
Elói Dionísio Piva
Francisco Morás
Ludovico Garmus
Teobaldo Heidemann
Volney J. Berkenbrock

Secretário executivo
Leonardo A.R.T. dos Santos

Editoração: Dora Beatriz V. Noronha
Diagramação: AG.SR Desenv. Gráfico
Capa: Juliana Teresa Hannickel
Imagem da capa: Pierre-Paul Rubens.
La Fête de Vénus, 1636

ISBN 978-85-326-3625-6 (Brasil – Vol. 1)
ISBN 978-85-326-3628-7 (Brasil – Obra completa)
ISBN 2-02-022452-6 (França – Vol. 1)
ISBN 2-02-022455-0 (França – Obra completa)

Este livro foi composto e impresso pela Editora Vozes Ltda.

Sumário

Prefácio à História do corpo (Alain Corbin, Jean-Jacques Courtine, Georges Vigarello), 7

Introdução (Georges Vigarello), 15

1. O corpo, a Igreja e o sagrado (Jacques Gélis), 19

2. Corpo do comum, usos comuns do corpo (Nicole Pellegrin), 131

3. Corpo e sexualidade na Europa do Antigo Regime (Sara F. Matthews-Grieco), 217

4. Exercitar-se, jogar (Georges Vigarello), 303

5. O espelho da alma (Jean-Jacques Courtine), 401

6. Dissecações e anatomia (Rafael Mandressi), 411

7. Corpo, saúde e doenças (Roy Porter e Georges Vigarello), 441

8. O corpo inumano (Jean-Jacques Courtine), 487

9. O corpo do rei (Georges Vigarello), 503

10. A carne, a graça, o sublime (Daniel Arasse), 535

Índice de nomes próprios, 621

Os autores, 653

Índice geral, 657

Prefácio à *História do corpo*

Antes de mais nada, uma atenção histórica ao corpo restitui ao centro da civilização material modos de fazer e de sentir, investimentos técnicos, confrontos com elementos: o ser humano "concreto", tal como o evocava Lucien Febvre, "o homem vivo, o homem em carne e osso"[1]. Um formigamento de existência emerge deste universo sensível: um acúmulo de impressões, de gestos e de produções impondo o alimento, o frio, o odor, as mobilidades ou o mal, em outros tantos quadros "físicos" primários. É este mundo imediato, mundo dos sentidos e dos meios, dos "estados" físicos, que restitui primeiramente uma história do corpo; um mundo que varia com as condições materiais, os modos de habitar, os modos de garantir as trocas, de fabricar os objetos, impondo modos diferentes de experimentar o sensível e de utilizá-lo; um mundo que também varia com a cultura, como Mauss, um dos primeiros, soube mostrar, sublinhando como nossos gestos mais "naturais" são fabricados pelas normas coletivas: modos de andar, de jogar, de gerar, de dormir e de comer. O simples recenseamento de Mauss revela um "ser humano total" no qual muitos valores se encarnam nos usos mais concretos do corpo[2]. Daí o possível alcance da curiosidade histórica: por exemplo, do mundo da lentidão ao mundo da velocidade, do retrato pintado ao retrato fotográfico, dos cuidados individuais à prevenção coletiva, da cozinha à gastronomia, da sexualidade moralizada à sexua-

---

1. FEBVRE, L. *Pour une histoire à part entière*. Paris: Sevpen, 1962, p. 544-545.
2. Cf. MAUSS, M. Les techniques du corps, 1934. In: *Sociologie et Anthropologie*. Paris: PUF, 1960.

lidade psicologizada, tantas dinâmicas temporais, tantas visões diferentes do mundo e investimentos diferentes no corpo. Não mais natureza, mas cultura, este testemunho do corpo participa, como lembrou recentemente Le Goff, na "ressurreição integral do passado"[3].

Mas é preciso tornar mais complexa essa noção de corpo, mostrar o papel que nele desempenham as representações, as crenças, os efeitos de consciência: nada mais que uma aventura aparentemente "fictícia", com seus pontos de referência interiorizados redobrando os pontos de referência imediatos, reorientando sua força e seu sentido. O corpo miniaturizado com tanta perfeição pelos irmãos Limbourg em *Les très riches heures du Duc de Berry*, no começo do século XV, por exemplo, só existe perpassado de influências secretas: os sinais do zodíaco, o suposto rastro dos planetas, a crença em alguma potência mágica invadindo os órgãos e a pele. Daí a cartografia tão singular desenhada pela frágil figura inaugurando as *Très riches heures*: supostamente essas partes do corpo refletem uma a uma as partes do céu, aquela certeza de influências manifestas vindas de potências distantes. Daí também estas consequências totalmente físicas sobre a imagem das doenças, dos regimes, dos temperamentos e até dos gostos, julgados dependentes de sensações obscuras de peso, forças cósmicas que orientam os desejos, o equilíbrio dos humores e da carnação. Enquanto são completamente diferentes as relações sugeridas pelo mecanismo clássico no século XVII, o modelo que assimila o funcionamento do corpo ao das máquinas inventadas nos ateliês da Europa moderna: relógios, relógios de bolso, bombas, fontes, órgãos ou pistons. O corpo perde aí seus velhos encantos para um novo regime de imagens: aquelas que privilegiam a física hidráulica, a lei dos líquidos e dos choques, a força do sopro do vento, o sistema das engrenagens ou das alavancas. Modelo igualmente construído, igualmente "interiorizado", desaprumando o corpo "real" e pesando ao mesmo tempo sobre ele, confundindo, nesta ocorrência, a depuração dos líquidos com o ajustamento dos

---

3. LE GOFF, J. & TRUONG, N. *Une histoire du corps au Moyen Âge*. Paris: Liana Levi, 2003, p. 15.

cabos e dos canais. Tudo isto com inevitáveis consequências sobre a imagem do mal, a manutenção de si mesmo, a eficácia dos gestos, os supostos efeitos do meio. Em outras palavras, o corpo existe em seu invólucro imediato como em suas referências representativas: lógicas "subjetivas", também elas variáveis com a cultura dos grupos e os momentos do tempo.

Não que se deva ignorar a influência persistente dos referenciais religiosos: a hierarquia entre as partes "nobres" do corpo e as partes "julgadas indignas", o pudor orientado para o que agrada a Deus. Não que se deva ignorar a influência persistente das crenças, suas possíveis crises, sua profusão ainda se faz esperar na modernidade: a multiplicação das convulsões, estigmas ou monstruosidades explicados por alguma instância malévola ou algum julgamento do céu[4].

Tantas lógicas diferentes participando ainda em efeitos distintivos, como por exemplo aqueles que valorizam o corpo "clássico" num interminável afinamento de humores, confirmando uma prática diretamente paralela ao prestígio social, como pôde evocar Le Roy Ladurie: "O brâmane limpa o exterior de sua pessoa, em outras palavras, a pele (com uma exigência proporcional ao lugar ocupado na hierarquia); ao contrário, na melhor sociedade francesa de 1700, a preocupação é antes de tudo purificar o interior provocando vômitos pelo emético; e graças à purgação e à sangria, ao clister e à lanceta". A exigência de cuidado, como a distinção, passaria aqui pela exigência de um corpo interiormente "purificado": "Quanto mais alto se está situado na classe social, mais se é sangrado e purgado"[5]. O que acrescenta à imaginação a presença totalmente física de uma mensagem, o papel central desempenhado na comunicação por um corpo que ultrapassa o simples horizonte das tecnicidades.

---

4. Cf., entre outros, VIDAL, D. "L'accomplissement des corps: d'un jansénisme en mal et en miracle". *Communication*, n. 56, 1993 [Le Gouvernement du corps].

5. LE ROY LADURIE, E. "Introdução" ao livro de Claude Grimmer. *La femme et le bâtard*. Paris: Presses de la Renaissance, 1983, p. 12-13.

Além disso, estranhas espessuras dessas representações cujos paradoxos e profundeza nos foram mostradas pelas ciências sociais no século XX. Será que essas ciências não levaram à própria subversão da noção de corpo? Uma subversão quase invisível, mas decisiva, tem a ver com o abandono da soberania tradicionalmente reconhecida à consciência, aquele deslocamento amplamente desencadeado pelos sociólogos e psicólogos, ignorando as velhas metafísicas e seu confronto entre corpo e espírito, recusando-se a designar a pessoa unicamente por sua vontade. Atitudes e comportamentos tomam aí um sentido totalmente inédito: gestos, tensões físicas, posturas diversas tornam-se outros tantos indícios, por exemplo, para uma psicanálise sensível às manifestações ínfimas e às expressões anódinas. Balbucios motores, deslocamentos arriscados também podem tornar-se outros tantos sinais de uma consciência e até de uma consciência coletiva, em vias de elaboração, processo que se apoia nas práticas e gestos para assegurar-se melhor ou constituir-se, o que psicólogos da infância, como Wallon, já sublinharam há muito tempo: "O movimento não é mais um simples mecanismo de execução. [...] Ele torna possíveis, gradualmente, modos de adaptar-se e de reagir que o ultrapassam"[6]. O corpo pode conduzir a consciência em vez de ser seu objeto. De repente, o estudo deste corpo e de seus atos revela de modo diferente do que revelava até aqui: considerar por exemplo que existe uma inteligência do movimento fora do trajeto clássico que subordina o motor à "ideia", é estudar de modo diferente as práticas, é estudar de modo diferente as maneiras de fazer e de experimentar. Enfim, é ter em vista recursos de sentido exatamente onde eles pareciam não existir.

Não obstante, outros tantos indícios heterogêneos: sensibilidade material, representações internas, manifestações expressivas e consciência sonolenta nem sempre pertencem ao mesmo registro de referências e de comportamentos. Aí os dados estão dispersos, disparatados. Abundam as distâncias:

---

6. WALLON, H. "Syndromes d'insuffisance psychomotrice et types psychomoteurs". *Annales Médico-Psychologiques*, n. 4, 1932.

do sentimento íntimo à manifestação social, da sexualidade aos gostos alimentares, às técnicas físicas, às lutas contra a doença. A abordagem do corpo mobiliza diversas ciências, obrigando a variar os métodos, as epistemologias, segundo o estudo das sensações, das técnicas, das consumações ou das expressões. Esta heterogeneidade é constitutiva do próprio objeto. Ela é insuperável e deve ser mantida como tal numa história do corpo.

Não que seja extinto todo nível de unidade possível. A escala das representações, sejam elas conscientes ou não, já sugere coerências: algumas lógicas podem dominar sobre outras, como mostrou a noção de "esquema corporal" utilizada pelos psicólogos para demarcar as referências implícitas, motrizes e sensíveis de um sujeito[7]. A lógica mecânica no século XVII, a lógica energética no século XIX, a lógica "informacional" no século XX já são exemplos, a segunda acrescentando uma nova visão das entradas e saídas do corpo, sugerindo seu "rendimento" possível, regulando o sentido dos gastos e das economias, a terceira acrescentando uma nova visão dos controles e das sensibilidades, regulando o sentido do controle e dos ajustamentos.

Mas, além dessas possíveis coerências, é precisamente a experiência mais material que restitui uma história do corpo, sua densidade, sua ressonância imaginária. A originalidade última desta experiência é estar no cruzamento do invólucro individualizado com a experiência social, da referência subjetiva com a norma coletiva. É exatamente porque ele é "ponto-fronteira" que o corpo está no centro da dinâmica cultural. O que as ciências sociais ilustraram claramente, também aqui. Portanto, o corpo é ao mesmo tempo receptáculo e ator face a normas prontamente enterradas, interiorizadas, privatizadas, como pôde mostrar Norbert Elias: lugar de um lento trabalho de repressão, isto é, de um distanciamento do pulsional e do espontâneo. O que mostra a laboriosa elaboração da etiqueta, da polidez, do autocontrole. Daí esta possível história de muitas técnicas e instrumentos do corpo no Ocidente: o garfo, o escarra-

---

[7]. Cf., entre outros, BERTHOZ, A. *La décision*. Paris: Odile Jacob, 2003, p. 165: "A ideia de que temos um esquema do corpo no nosso cérebro é sugerida por muitas observações".

dor, a roupa, o lenço de assoar, a rede d'água entre outros, com suas invenções concebidas como outros tantos momentos numa dinâmica coletiva, dispositivos que supostamente deslocam os limiares de vergonha e de pudor recriando o socialmente "distintivo" ou "civilizado". Fases importantes porque esses controles corporais lentamente elaborados, mas bem depressa esquecidos, a ponto de parecerem naturais, contribuem por sua própria "incorporação" para, "em compensação, modelar a sensibilidade".

Por outro lado, trata-se de um trabalho mais sombrio do que foi evocado por Foucault: o de um corpo concebido como alvo do poder, objeto tão profundamente investido e modelado por ele que segrega uma visão do mundo e do social[8]. O corpo sujeito a normas é inclusive um corpo "corrigido", no qual a sujeição física produz uma consciência também ela subjugada. Daí a história dessas disciplinas desenvolvidas no curso dos séculos para tornar os indivíduos sempre mais "dóceis e úteis", esta lenta construção de influências físicas sempre mais insinuantes, substituindo as apreensões de corpo quase violentas no começo da modernidade por um jogo discreto e "ininterrupto de olhares calculados". Visão sombria, convém repetir, que obriga a pensar em profundidade a oposição entre coação e liberdade, assim como a mensurar a questão central do corpo nessa oposição. Não que a insistência na coação seja talvez a única possível: a modernidade também pode ser considerada como uma empresa de autonomização, "emancipação em relação às tradições e hierarquias", segundo a visão mais recentemente evocada por Marcel Gauchet[9]. O corpo também pode ser princípio de libertação; por exemplo, a recusa de Rousseau, do uso do espartilho, a velha "máquina" tradicional que comprimia o corpo das crianças, projetaria assim a imagem do futuro cidadão.

---

8. Cf. FOUCAULT, M. *Surveiller et punir*. Paris: Gallimard, 1975 [Coll. "Bibliothèque des Histoires" – Em português: *Vigiar e punir*. 35. ed. Petrópolis: Vozes, 2008].

9. Cf. GAUCHET, M. "Essai de psychologie contemporaine – Un nouvel âge de la personnalité". *Le Débat*, mar.-abr./1998, p. 177.

Tanto mais que além da oposição entre coação e liberdade deve ainda ser pensada a oposição entre igualdade e desigualdade: particularmente a insensível democratização que caracterizaria a modernidade. Também aqui não faltam exemplos nos quais o corpo desempenha um papel central e complexo ao mesmo tempo: a lenta e inegável partilha das qualidades de excelência corporal e de beleza nas sociedades contemporâneas não vem acompanhada de discriminações duráveis, nas quais o acesso aos cuidados continua desigual, onde a obesidade castiga os grupos mais desfavorecidos, onde a manutenção de si mesmo varia de acordo com o meio? A desigualdade se encarna também no cerne da carne e da anatomia.

Aliás, foi isto que uma história das mulheres, por sua vez, mostrou há muito tempo[10]. A história do corpo feminino é também a história de uma dominação na qual os simples critérios da estética já são reveladores: a exigência tradicional por uma beleza sempre "pudica", virginal e vigiada, impôs-se por muito tempo, antes que se afirmassem libertações decisivas repercutidas nas formas e nos perfis, movimentos mais aceitos, sorrisos mais expansivos, corpos mais desnudos. A história do corpo, em outras palavras, não poderia escapar à história dos modelos de gênero e das identidades.

Seja como for, esta história permanece no "ponto-fronteira" entre o social e o sujeito. Aliás, é exatamente porque foram sempre mais especificados o jogo sobre as aparências, o controle das decências e das expressões, em outras palavras a vigilância, impulsos e coisas do corpo, que foi possível multiplicar os comportamentos submissos ao íntimo, as experiências consideradas incomunicáveis, a vigilância mais profunda das sensações internas e dos fenômenos de consciência. O sujeito ocidental, é preciso dizê-lo, também é o resultado de um intenso trabalho do corpo.

Alain Corbin
Jean-Jacques Courtine
Georges Vigarello

---

10. Cf. DUBY, G. & PERROT, M. (orgs.). *Histoire des femmes en Occident*. 5 vols. Paris: Plon, 1991.

Introdução

Os humildes "conselhos para uma vida longa", de Luigi Cornaro, nobre veneziano da Renascença, atento à sua alimentação e bebida, parecem repetir, em 1558, as precauções seculares da manutenção de si mesmo: moderação no consumo, evacuação e pureza dos humores, respeito aos reveses cósmicos e ao clima. Uma certeza no entanto fazia toda a originalidade desse texto: a ironia sobre as práticas "antigas" dos alquimistas e dos astrólogos. Domina uma crítica, claramente exacerbada: as utilizações ocultas, aquelas que associam matérias preciosas, referências aos astros e manutenção do corpo, tornam-se aqui irrisórias. A tentativa de afastar a podridão física pela ingestão de metais purificados, de conjurar as decomposições corporais pelo recurso aos líquidos de ouro ou de prata, tudo isto sofreu um abalo na magia: "Jamais se viu serem bem-sucedidas essas invenções"[1], jamais essas falsas purezas tiveram algum efeito. Os "elixires da longa vida", julgados pelo preço de seus minerais ou pela raridade de seus ingredientes, perderam seu fascínio. Cornaro afastou-se dos marcos medievais: extinguem-se as correspondências secretas entre as matérias. A pedra cristalina, o ouro e as pérolas não comunicam transparência nem pureza, os astros não garantem defesa nem apoio. Os preceitos do veneziano a esse respeito são de desilusão voluntária. Cornaro é contemporâneo de Ambroise Paré que vitupera contra os elixires onde se embebem os chifres do licorne e as poções onde "fervilham as moedas"[2].

---

1. CORNARO, L. *De la sobriété* – Conseils pour vivre longtemps [1558]. Grenoble: Jerôme Million, 1984, p. 84.
2. PARÉ. A. *Discours de la licorne* [1585]. Reed. em PARÉ, A. *Des monstres, des prodiges, des voyages*. Paris: Le Club Français du libraire, 1964, p. 167.

O que é primordialmente evocado neste livro é esta "moderna" emergência do corpo: um corpo cujos dispositivos são imaginados independentemente da influência dos planetas, das forças ocultas, dos amuletos ou objetos preciosos. Os mecanismos deste corpo se "desencantam", sujeitos à nova visão da física, explicados pela lei das causas e dos efeitos. Não que sejam definitivamente descartadas as crenças, como as da medicina popular, dos curandeiros ou feiticeiros do campo, a dos corpos vergados pelo impensável. Não que desapareçam, longe disso, as referências sagradas. Há muito tempo a visão banalizada do corpo confunde com seu objeto todas as influências, há muito tempo seu invólucro pareceu atravessado por todas as forças do mundo. Mas um conflito de cultura se aviva com a Renascença, onde o corpo se singulariza, especificando funcionamentos explicados por sua "própria força vital" e exclusivamente por ela.

Imagem mais marcante ainda porque no mesmo momento se elaboram novas visões da aparência. Os personagens das cenas da Paixão representadas por Simone Martini em 1340, com seus volumes embrulhados em roupagens[3], continuam bem diferentes dos personagens da Crucifixão representada por Mantegna em 1456, com suas silhuetas bem-talhadas e seus relevos modelados[4]. Os segundos personagens revelam uma "invenção do corpo"[5]. A beleza ganhou bruscamente em consistência e em imediatidade. Masaccio, o primeiro, concebeu, por volta de 1420, esta nova maneira de resgatar a presença carnal[6], o jogo com as massas físicas, a cor, a espessura das formas e das curvas. A beleza entrou na modernidade. Nada mais do que uma "muta-

---

3. MARTINI, S. *Cristo carregando sua cruz*, por volta de 1340. Paris: Museu do Louvre.

4. MANTEGNA, A. *A crucifixão*, 1456. Paris: Museu do Louvre.

5. Cf. o livro de LANEYRIE-DAGEN, N. *L'invention du corps*: la représentation de l'Homme, du Moyen Âge à la fin du XIXe siècle. Paris: Flammarion, 1997.

6. MASACCIO. *A Santa Trindade com São João, a Santa Virgem e dois doadores*, por volta de 1425. Florença: Igreja Santa Maria Novella.

ção do pensamento figurativo"[7] na Renascença, este brusco realismo das formas tomadas pelos corpos pintados na Toscana do século XV, a maneira como o porte, a aparência geral se aguçam nos quadros.

Acrescenta-se a isto um intenso trabalho da modernidade sobre as fronteiras do si mesmo, as pulsões, os desejos: controle da polidez e da sociabilidade, polimento das violências, autovigilância dos gestos no universo do íntimo. A compostura cotidiana, as maneiras, a sexualidade, os jogos, o espaço próximo, tudo isso transformou-se. Também neste caso, não que se uniformize o conjunto das manifestações corporais. Os gestos do amor no mundo rural descrito por Jean-Louis Flandrin[8], com sua impulsão visível, sua imediatidade, sua brusquidão, estão longe das reverências e das motricidades sempre mais policiadas, observadas nos rituais da corte. Permanece extremo o registro dos comportamentos físicos no conjunto do espectro social. Seja como for, instaurou-se uma encenação inédita do corpo: fronteiras feitas de retenção, autocontrole explicitado até o suporte imaginário de uma instância "julgadora" e interiorizada, "os anjos estão sempre presentes, nada lhes é mais agradável num jovem do que o pudor, companheiro e guardião de um comportamento decente"[9].

Uma dupla tensão, para dizer a verdade, atravessa o investimento no corpo, da Renascença às Luzes, esboçando as primícias das visões de hoje: uma acentuação das imposições coletivas, uma acentuação da libertação individual. A mobilização pública prevalece no primeiro caso, atuando, depois de 1750, com a nova consciência de uma força das populações: "aperfeiçoar

---

7. FRANCASTEL, P. *La figure et le lieu* – L'ordre visuel du quattrocento. Paris: Gallimard, 1967, p. 25.

8. FLANDRIN, J.-L. *Les amours paysannes: XVIe-XIXe siècles* – Amour et sexualité dans les campagnes de l'ancienne France. Paris: Gallimard/Julliard, 1975 [Coll. "Archives"].

9. ERASMO. *La civilité puérile* [1530]. Paris: Ramsay, 1977, p. 69 [ARIÈS, P. (org.)].

a espécie"[10], "enriquecer a espécie"[11], "preservar a espécie"[12]; os recursos dos braços, a duração da vida, a saúde transformada em preocupação coletiva. A sensibilidade individual prevalece no segundo, onde a encenação de si mesmo se torna mais legítima, ou até mais valorizada. A frequência dos retratos pessoais da elite parisiense nos inventários depois da morte já o mostra: sua proporção passa de 18% no século XVII a 28% no século XVIII, enquanto que declina fortemente a imagem religiosa (de 29% a 12%)[13]. O conteúdo desses retratos também o mostra: menos solenes, perpassados de indícios individuais e privados.

Sujeição como também libertação: duas dinâmicas misturadas que dão ao corpo moderno um perfil claramente especificado.

Georges Vigarello

---

10. Cf. VANDERMONDE, C.A. *Essai sur la manière de perfectionner l'espèce humaine*. Paris: [s.e.], 1766.

11. VILLENEUVE, J.F. *L'économie politique* – Projet pour enrichir et pour perfectionner l'espèce humaine. Paris: [s.e.], 1763.

12. Bibliothèque salutaire... *Préserver l'espèce humaine*. Paris: [s.e.], 1787.

13. GOUBERT, P. & ROCHE, D. *Les français et l'Ancien Régime*. Tomo II. Paris: Colin, 1984, p. 275.

1
O CORPO, A IGREJA E O SAGRADO
Jacques Gélis

Por estar no centro do mistério cristão, o corpo é uma referência permanente para os cristãos dos séculos modernos. Não foi enviando seu Filho à Terra, pela anunciação-encarnação, que Deus deu aos humanos uma chance de salvar-se, corpo e alma? Nos textos e nas representações que falam da criatura, de suas esperanças e de suas penas, o corpo está aí, sempre e em toda parte: "Apesar do progressivo esvaziamento do corpo nas duas figuras ideais de um corpo ressuscitado e do corpo de Cristo, o corpo volta constantemente, insinua-se e se mostra"[1]. Tomar consciência disto leva prontamente a não mais ler os textos, a não mais olhar as imagens a não ser através do prisma do corpo.

A fé e a devoção ao corpo de Cristo contribuíram para elevar o corpo a uma alta dignidade, fazendo dele um sujeito da História. "Corpo de Cristo que comemos, que se revela a partir do real e da carne. Pão que converte e salva os corpos". Corpo magnificado do Filho encarnado, do encontro do Verbo com a Carne. Corpo glorioso do Cristo da Ressurreição. Corpo torturado do Cristo da Paixão, cujo símbolo é em toda parte a cruz, lembra o sacrifício pela redenção da humanidade. Corpo em migalhas da grande legião

---

1. GASNIER, M.-D. Trouver un corps – Éléments pour une pensée chrétienne du corps. In: GODDARD, J.C. & LABRUNE, M. (orgs.). *Le corps*. Paris: Vrin, 1992, p. 71-90.

dos santos. Corpo maravilhoso dos eleitos no Juízo Final. Presença obsedante do corpo, dos corpos.

Mas existe uma outra imagem do corpo, igualmente cheia de sentido, que é a imagem do ser humano pecador. A Igreja da Contrarreforma reforçou a desconfiança que o magistério já havia manifestado nos séculos medievais a respeito do corpo, "esta abominável veste da alma". Corpo depreciado do ser humano pecador, pois se ouve incessantemente dizer que é pelo corpo que ele corre o risco de perder-se. O pecado e o medo, o medo do corpo, principalmente o medo do corpo da mulher, retornam como uma ladainha sob forma de precauções ou de condenações[2]. As tentações espreitam o ser humano desde a queda, e a permanência do tema pictórico das tentações de Santo Antão e de São Jerônimo expressa bem a vontade de lembrar sem cessar que a carne é fraca e que cada um, seja qual for sua condição ou sua força d'alma, jamais está seguro de não lhe sucumbir. Pois, mais do que de corpo, é precisamente de "carne" que se fala; assim, o desejo sexual é "aguilhão da carne" e a relação sexual "obra da carne", "comércio carnal". Mesmo quando se usa uma linguagem mais elegante – por exemplo ao falar de "abraços" – o que se quer designar é sempre um corpo bem concreto e conotado[3]. O corpo, lugar e aposta da experiência religiosa.

Uma ambiguidade atravessa pois o discurso cristão sobre o corpo e as imagens que ele suscita: um duplo movimento de enobrecimento e de menosprezo do corpo[4]. O corpo, duplo e inconstante, como aquele que o habita. Com efeito, a voz da Igreja jamais foi unânime ao falar do corpo e, a longo

---

2. DELUMEAU, J. *Le péché et la peur* – La culpabilisation en Occident, XIIIe-XVIIIe siècles. Paris: Fayard, 1983.

3. FLANDRIN, J.-L. *Un temps pour embrasser* – Aux origines de la morale sexuelle occidentale: VI-XIe siècle. Paris: Du Seuil, 1983.

4. Esta dupla abordagem se manifesta até nos livros de piedade onde o maior otimismo caminha lado a lado com o mais profundo pessimismo a respeito do corpo. Cf. MARTIN, P. "Le livre de piété en Lorraine". *Revue d'Histoire de l'Église de France*, vol. 83, n. 210, jan.-fev./1997, p. 163-177.

prazo, sua posição não deixou de evoluir. A uma interpretação pessimista do mundo, a uma abordagem negativa do corpo, herdadas de Santo Agostinho e de Gregório Magno e desenvolvidas por certas correntes místicas ou pela corrente jansenista dos séculos XVII e XVIII, opõe-se, desde o fim do século XIV em João Gerson e no século XVII em Francisco de Sales, uma apreciação mais moderada de um corpo que está em equilíbrio, imagem positiva. O ser humano não é a mais bela peça da criação? E sem dúvida este olhar sobre o corpo são e belo a contemplar, tão presente nas representações da Renascença, deve muito à filosofia platônica. É esta beleza plástica do corpo que encontramos no santo representado em seu martírio ou em apoteose. Ao corpo do pecador que é só desordem, aviltamento, pois ele não consegue controlar suas paixões, opõe-se o corpo harmonioso de Adão e Eva antes da queda. O universo paradisíaco é o domínio por excelência do corpo sábio, isento de todo desejo sexual; em torno do primeiro homem e da primeira mulher, os casais de animais testemunham aliás uma análoga moderação. Corpo sem paixões nem pulsões. Justamente antes que o irreparável seja cometido...

 Os séculos modernos não escapam à regra. Ela quer que, em toda sociedade, a consciência do corpo não seja separável do imaginário da vida e da visão do mundo. A abordagem religiosa do corpo não pode ser reduzida à palavra da Igreja, por influente que seja. Na Contrarreforma não só não é unânime o olhar que a Igreja lança sobre o corpo, como a instituição deve contar com uma outra consciência do corpo, que é também uma outra concepção da vida e uma outra cosmovisão: a do mundo rural, que é mágica. A cristianização da sociedade desde a Idade Média veio contrariar a expressão de um antigo fundo de cultura agropastoril, na qual o corpo não era sentido da mesma maneira que na cultura da Igreja, uma vez que esta, ao insistir principalmente nos fins últimos, concedia ao corpo do indivíduo apenas um valor irrisório e uma duração efêmera.

 Portanto, o ser humano é feito de heranças que o magistério nem sempre leva em conta, ou até mesmo rejeita e combate, quando as práticas lhe parecem duvidosas. Mas essas heranças, a Igreja não pode descartá-las todas; aliás, teria ela os meios para isso? Ela se esforça para integrar aquelas heranças que remetem a esquemas de pensamento próximos e enfeita então a devoção para torná-la aceitável, em particular graças ao culto dos santos, esses indispensáveis intercessores. Passagens e mediações entre doutrina da Igreja, práticas populares e preceitos médicos adivinham-se constantemente sob o verniz da ortodoxia[5].

O corpo religioso é um vasto domínio de estudo, um campo ainda inculto que antropólogos, historiadores das representações e historiadores da arte começaram a explorar. Suas contribuições esclarecem as mudanças que se operaram no curso dos séculos medievais e modernos; mas o corpo não estava realmente no centro de suas preocupações e, portanto, elas só o atingiram de maneira ocasional[6]. A história das representações do corpo no universo religioso é hoje um canteiro aberto e o essencial da tarefa está diante de nós[7].

Descobrir perspectivas de trabalho num domínio chamado a desenvolver-se, colocar marcos para tentar explicitar a maneira como os homens e as mulheres dos séculos modernos viveram seu corpo em relação com o religioso e o sagrado, colocar o acento nos ritos, na simbólica do corpo, levando em conta ao mesmo tempo o ensinamento do magistério e o comportamento dos fiéis, tal é o sentido desta abordagem: uma abordagem desequilibrada, é evidente, pelo lugar preponderante que nela ocupa a palavra da Igreja católica. A palavra, mas também a imagem.

A imagem acompanha e alimenta de fato a controvérsia religiosa[8]. Pelo fato de ter uma força incontestável de sugestão, a imagem se torna, com a

---

5. DUPRONT, A. "L'Église et les continuités païennes". *Autrement*, n. 15, 1978, p. 201-205. Cf. sobretudo sua obra *Du sacré* – Croisades et pèlerinages – Images et langages. Paris: Gallimard, 1987. Em particular, "Antropologia religiosa", p. 417-537.

6. À exceção de Laneyrie-Dagen, que, com sua obra *L'invention du corps* – La représentation de l'homme du Moyen Âge à la fin du XIXe siècle (Paris: Flammarion, 1997), dá um lugar importante às representações religiosas.

7. Para o período medieval, Jean-Claude Schmitt reuniu artigos inovadores em *Le corps, les rites, le temps* – Essais d'anthropologie médiévale. Paris: Gallimard, 2001.

8. Cf. os trabalhos de Olivier Christin, em particular *Une révolution symbolique* – L'iconoclasme huguenot et la reconstruction catholique. Paris: De Minuit, 1991.

Contrarreforma, uma arma indispensável à manutenção das populações na Igreja ou em reconquistá-las. Oferecida de maneira permanente ao olhar dos paroquianos, no lugar do culto, eis que ela entra agora, com as folhas volantes, no modesto interior dos camponeses. E, pelo fato de ser essencial à compreensão das representações do corpo, ser-lhe-á concedido o lugar que lhe cabe, num vaivém constante com o texto.

I. O corpo do Salvador

O corpo de Cristo está no centro da mensagem cristã, e o cristianismo é a única religião na qual Deus se inscreveu na história tomando forma humana: a religião do Deus encarnado. Jesus, o Filho, está presente no mundo por seu percurso humano. Ele nasceu nesta Terra, viveu e morreu consumando no sofrimento sua missão: oferecer sua pessoa à vingança pública e seu corpo à perseguição, para salvar os pecadores. Da encarnação à ressurreição é sempre do corpo que se trata, do corpo de um Deus de amor que aceitou sacrificar-se, antes de voltar ao céu por esta sequência última, a ascensão. "O cristianismo foi instituído sobre a perda de um corpo, a perda do corpo de Jesus..."[9] O cristocentrismo que apareceu na Idade Média foi acentuado pelos padres conciliares reunidos em Trento, quando colocaram Cristo no centro da pastoral da salvação, conferindo a cada etapa de sua vida na Terra, principalmente à sua paixão, uma dimensão cultual essencial.

1. Os traços da passagem

Somente desenvolvido a partir do século XVIII, no tempo em que estavam em voga livros das horas e cursos de amor, o tema íntimo da anunciação-encarnação tornou-se um dos mais ricos da cristandade. Fabricantes de

---

9. DE CERTEAU, M. *La fable mystique*: XVIe-XVIIe siècle. Paris: Gallimard, 1982, p. 109 [Coll. "Bibliothèque des histoires", 1982, p. 109 – Reed., Coll "Tel", 1987].

imagens, pintores e escultores quiseram captar "o instante inaudito, vertiginoso, em que a História oscila", em que o Verbo se fez carne. E somos então tomados como testemunhas de um evento fundamental que traduz o *fiat* da Virgem. De fato, é pronunciando essa aceitação que a Virgem se torna mãe. Em representações arcaizantes desse instante, os pintores materializaram a cena figurando um *homunculus* cheio de vida sobre o raio de ouro que "traça simbolicamente o trajeto entre Genitor divino e Eleita terrestre"[10]. A Igreja da Contrarreforma condenou essas representações da encarnação que reduzem um pouco demais à dimensão humana a dupla natureza de Cristo que vai nascer, e por isso dão ensejo à crítica protestante. De fato, a anunciação ainda é amplamente representada no século XVI: a intimidade da cena e sua maravilha dão imediatamente lugar a grandes composições maneiristas sobrecarregadas, onde a mensagem perde sua força. No século XVII, o tema se torna mais raro e daí em diante é a Imaculada Conceição que detém o favoritismo da Igreja.

A iconografia pós-tridentina favoreceu consideravelmente o tema da natividade de Jesus por meio de suas duas versões: a adoração dos pastores e a adoração dos magos. Sobretudo a primeira teve um grande sucesso popular na Itália, depois na França, no século XVI e na primeira metade do século XVII. Inspirando-se no Evangelho segundo São Lucas (2,8-20), comanditários e artistas insistiram no reconhecimento, pelos humildes, de um pequeno Deus, todo feito de inocência e fragilidade. Na verdade, o que então é glorificado não é o Rei dos reis, mas o Cordeiro de Deus em sua manjedoura de palha, cercado de pastores que o adoram. Uma maneira de significar o dogma da encarnação do Filho de Deus e seu reconhecimento pelos humanos[11].

---

10. PARIS, J. *L'Annonciation*. Paris: Regard, 1997, p. 30.

11. MÂLE, É. *l'art religieux de la fin du XVIe siècle, du XVIIe et du XVIIIe siècle* – Étude sur l'iconographie après le Concile de Trente; Italie, France, Espagne, Flandres. Paris: Armand Colin, 1951, p. 243.

O relato da vida de Cristo pelos evangelistas não podia responder a todas as questões que os fiéis se propunham a propósito da passagem de Deus na Terra. Havia Cristo deixado provas de sua presença? Havia traços corporais de sua vida terrestre? A que se assemelhava o Cristo? Ver o Salvador...

O "sudário de Verônica" era uma resposta a essas interrogações. Mencionado apenas a partir do século XIII e conservado na Basílica de São Pedro, o *sudarium*, a *vera icona* foi talvez a mais famosa relíquia de Roma. O fato de ter recebido por contato, como que instantaneamente, a face de Cristo era a prova tangível da existência do Redentor, o sinal de sua presença histórica no mundo. A sagrada relíquia também era mostrada com grande solenidade aos peregrinos de passagem, como menciona Montaigne em seu *Diário de viagem à Itália*. E ter em sua posse uma cópia dessa imagem permitia àqueles que não podiam fazer a peregrinação a Roma fazer "uma viagem em espírito".

Se a "sagrada face" impressa no sudário de Verônica foi particularmente venerada no Ocidente, não era, porém, a única representação de Cristo. O "Mandilião de Edessa", do qual existiam três versões em Roma, Gênova e Paris, foi até a mais antiga versão. No fim do século XV apareceu uma outra imagem que se tornou rapidamente muito popular. Ela se inspirava no texto da pseudo-*Carta de Lêntulo* e num "sudário de Verônica" recentemente introduzido no Ocidente que representava Cristo de perfil. Em 1500, foi endereçada uma cópia desse sudário pelo Papa Alexandre VI ao Eleitor de Saxe, Frederico o Sábio; esta cópia serviu de modelo a numerosas imagens que contribuíram por um tempo para sua notoriedade nos países do Norte da Europa[12].

A última "prova", e talvez a mais importante, de que Cristo esteve na Terra, é o Santo Sudário que serviu para envolvê-lo no sepulcro. Em relação aos outros panos que trazem a figura de Cristo, este aparece tardiamente na história. O Santo Sudário é mencionado pela primeira vez em 1350 em Li-

---

12. *The Image of Christ*, fev.-mai./2000, p. 94-97. Londres: National Gallery [Catálogo de exposição].

rey, Champagne, no momento em que se alastrava a Grande Peste. Os terríveis estragos acarretados por ela, o medo do fim dos tempos e da escatologia do Juízo Final arrastaram as multidões desamparadas para o que parecia então o único recurso. Um século depois, o Santo Sudário constitui a mais preciosa relíquia da casa de Saboia e, em 1578, é solenemente instalada em Turim. Diante do constante afluxo de peregrinos, Roma define o sentido da devoção: uma indulgência especial é concedida àqueles que viriam a Turim "não para venerar a relíquia como a verdadeira mortalha de Cristo, mas para meditar sobre sua paixão e mais especialmente sobre sua morte e sepultura".

O Cristo da paixão, oferecendo-se como vítima pela salvação da humanidade, tem um lugar essencial na vida religiosa do século XVI ao século XVIII, como testemunham os livros de meditação e as fontes iconográficas. O mistério da redenção torna-se até mesmo, com Tomás de Jesus, Luís de Palma e Paulo da Cruz, o objeto de uma devoção especial. A razão dessa difusão do culto da paixão é dada por Gaspar Loarte em 1578. Ela constitui, diz ele, uma "recapitulação" de toda a vida de Jesus e é "uma fórmula abreviada" que encerra toda a sabedoria da Igreja. Doravante, a espiritualidade e o pensamento vão ser profundamente marcados pela paixão, cujas diferentes sequências conferem ao corpo de Cristo uma presença permanente, obsedante, tanto no espaço público, como no espaço privado. "Ecce Homo" ou "Cristo ultrajado", "Cristo na coluna" ou "Jesus flagelado", "Cristo atado", "Cristo que inspira piedade" ou "Homem das dores", todos esses qualificativos traduzem as sucessivas etapas de uma paixão na qual o corpo e o espírito do Deus feito homem foram submetidos a tormentos atrozes. Textos apócrifos acrescentaram aos textos dos evangelistas a menção de suplícios suplementares, de sofrimentos ocultos, como se fosse preciso convencer-se um pouco mais de que o Redentor foi certamente objeto das piores humilhações, dos sofrimentos mais terríveis, da soma de todas as infâmias físicas e morais que um homem foi capaz de suportar.

A imagem constituiu um instrumento essencial na difusão desse culto. Com o aparecimento da imprensa, inúmeras vinhetas piedosas vieram corroborar o discurso do clero e colocar à vista dos fiéis o corpo desfigurado e humilhado do Salvador. Veneração dos instrumentos da paixão, culto das cinco chagas, devoção especial à chaga do lado que levará à devoção ao Sagrado Coração de Jesus, mais tarde ao coração eucarístico e ao lagar místico: do século XIV ao século XVIII todo um novelo de crenças e de ritos implantou-se em torno do corpo sofredor de Cristo.

2. Os instrumentos da Paixão

Os instrumentos da paixão simbolizam o percurso doloroso do Redentor e cada um deles lembra, por sua materialidade, um momento de aviltamento de seu corpo. No fim da Idade Média, na devoção e na arte, eram chamados *arma Christi*, o que queria significar que todos os instrumentos que haviam martirizado a carne de Cristo no curso do caminho da cruz e o haviam levado à morte, foram consideradas como "armas" em sua luta vitoriosa contra Satanás[13]. Tais troféus – principalmente a cruz, a lança, a coroa de espinhos, os cravos em número de três ou quatro – mereciam certamente ser honrados com um culto especial. Aliás, não se dizia que Cristo apareceria no dia do Juízo trazendo os principais instrumentos de sua paixão que seriam então para os réprobos o sinal de sua condenação e para os eleitos um símbolo de amor e de vitória, tornando-se os sofrimentos de Cristo fonte de salvação?

No apogeu do culto, em fins do século XV e começo do século XVI, quando cada um ouvia falar de "levar sua cruz", os *arma Christi* foram venerados como sinais da humilhação redentora do Salvador. Isto é testemunhado pelos temas devocionais e iconográficos da *Misericordia Domini*, da descida da cruz, de Cristo no túmulo, do *Vir dolorum*, nos quais Cristo aparece trazendo diversos instrumentos de sua paixão. No decorrer dos séculos, o tema foi enriquecido de novos sinais: o lençol do sepulcro, a veste de escár-

---

13. Artigo "Instruments de la Passion". *Dictionnaire de Spiritualité Ascétique et Mystique*. Paris: Beauchesne, fasc. L-LI, col. 1820-1831.

nio, o açoite, o manto de púrpura, a ânfora que serviu para Pilatos lavar as mãos, a túnica inconsútil, os dados jogados pelos soldados...

Muito se escreveu nos séculos XVI e XVII sobre os instrumentos da paixão, cujo culto era então favorecido pelos franciscanos. Mas o tema era igualmente muito ilustrado, pois o objetivo era colocar em cheio aos olhos dos fiéis as imagens de uma devoção orientada para o culto do corpo sofredor: ilustrações dos livros de horas e folhas avulsas, quadros e grupos esculpidos nos lugares de culto, calvários ao ar livre nas encruzilhadas dos caminhos. Até o século XIX esse culto dos instrumentos da paixão permaneceu vivo na Alemanha, na Suíça e na Áustria, e foi lá que ele encontrou sua forma artisticamente mais acabada, na forma de construções em madeira bem coloridas.

Portanto, no caminho, mas também em casa ou no santuário, a lembrança dos sofrimentos de Cristo está por toda parte: a coroa de espinhos que foi enterrada no crânio, fazendo jorrar o precioso sangue, os pregos que furaram a carne das palmas das mãos e os pés, a lança que Longino veio enfiar no flanco de um corpo exangue... Essa multiplicação exacerbada dos sinais da paixão talvez seja uma das mais belas vitórias da Contrarreforma, uma vez que nada escapa de sua representação e de sua simbólica. Uma simbólica que é ainda mais bem-compreendida pelas populações, justamente porque usa às vezes esquemas do pensamento analógico. Foi assim que a passiflora ou flor da paixão se tornou o símbolo vivo dos sofrimentos de Cristo.

O Padre Rapin, um sábio jesuíta, fala dessa flor nestes termos em seu *Hortorum liber*, publicado em 1665: "Pendente de um alto caule, ela parece trazer uma coroa de espinhos acima de suas folhas, profundamente recortadas e encaracoladas nas bordas. Do seio desta flor eleva-se uma coluna dominante de três pontas separadas, semelhantes a pregos agudos. Divino Redentor! São os sinais augustos de vossas cruéis dores que ela nos representa de maneira viva"[14]. Nos séculos XVII e XVIII, inúmeras imagens de piedade

---

14. Apud AVALON, J. "La légende de la passiflore". *Aesculape*, 1928, p. 282-287.

representando a passiflora espalharam-se entre o público, particularmente obra dos irmãos Wierix, os famosos gravadores antuerpienses da Contrarreforma. Elas testemunham a vontade de fazer da própria natureza o espelho dos sofrimentos de Cristo. Tudo aqui faz sentido.

3. As cinco chagas

É preciso remontar ao século XI, com Pedro Damião, para encontrar pela primeira vez menção da *quinquepartitum vulnus,* das cinco chagas. Se a estigmatização de Francisco de Assis no Monte Alverne e a imensa repercussão desse evento marcam o aparecimento das chagas na devoção medieval e moderna, é só a partir do século XIV e sobretudo do século XV que a Igreja favorece o culto das cinco chagas, um culto que não se separa do culto da cruz e do crucifixo. A adoração da cruz, na Sexta-feira Santa, testemunha o estreito vínculo que existe, do ponto de vista litúrgico, entre os instrumentos da paixão e a pessoa de Cristo sofredor para a redenção dos pecadores.

No século XIV foi instituída uma festa das cinco chagas no mosteiro beneditino de Fritzlar e a devoção estendeu-se então a boa parte da Alemanha; na Mogúncia, em 1507, ela era celebrada na sexta-feira depois da oitava da solenidade do Santíssimo Sacramento. No curso do século XVI, a "missa das cinco chagas", a *Humiliavit*, da qual se dizia que havia sido composta por São João Evangelista, tornou-se muito popular. Cinco missas das cinco chagas eram vistas como um meio de obter a libertação de uma alma do purgatório. E quando era oferecida pelos vivos, essa missa lhes assegurava ao mesmo tempo a salvação eterna e graças espirituais e temporais aqui na Terra. As cinco chagas se tornaram o símbolo da redenção e, quando se adorava o crucifixo, era sobre essas marcas de sangue que lembravam o sacrifício de Cristo que se fixava o olhar do pecador.

Daí veio o respeito quase obsessivo pelo número cinco: quíntupla repetição do *Pater* e da *Ave* nas orações, jejuns de cinco dias para alguns, hábito de beber cinco vezes por refeição para outros, representar o emblema das cinco marcas sobre o hábito das religiosas brigitinas ou dos revoltosos ingleses do *Pilgrimage of Grace*. O brasão das cinco chagas ainda era distinguível nos títulos e no verso da última folha de algumas obras que saíram da imprensa lionesa no século XVI: em tudo e por toda parte, a busca da proteção das santas chagas.

Se existiu um domínio no qual a imagem desempenhou um papel essencial entre o século XV e o século XVIII e mesmo além, foi exatamente o das chagas de Cristo e dos instrumentos da paixão. Gravuras coloridas em madeira dos séculos XV e XVI ou gravuras em cobre a buril dos séculos XVII e XVIII, simples ranhura tracejada, inscrita num losango ou num círculo, ou apresentação mais elaborada nas páginas de um livro das horas, as imagens das cinco chagas têm sempre a mesma estrutura: são reguladas por uma heráldica da piedade. Nos quatro ângulos, as mãos e os pés são representados em auréolas, seccionados e traspassados por cravos. Eles enquadram a chaga do lado em forma de amêndoa (*mandorla*). Portanto, o corpo de Cristo só está presente por meio de seus membros estigmatizados, dispostos na periferia, e pela chaga aberta pela lança, representada no centro. Como se fosse para colocar mais em evidência os lugares do sofrimento físico, quando o frio metal dos carrascos perfurou a carne do Deus feito homem.

Mas a imagem é às vezes mais realista e mais complexa. Mais realista porque dessas chagas abertas escorrem finas gotas de um sangue vermelho que contribuem para dramatizar a cena. Mais complexa também quando no meio da chaga-*mandorla* aparece uma cruz mencionando em seu montante vertical o nome dos evangelistas. Em algumas vinhetas aparece um São Francisco portador dos estigmas, segurando os braços da cruz dentro da chaga; em outras, aparece uma cabeça de Cristo coroada de espinhos acima da cruz. No entanto, o feitio grosseiro dessas imagens não exclui o cuidado com o detalhe. A composição vem muitas vezes acompanhada de um texto bem longo de orações e de conjurações que contribui para o valor da imagem e para seu papel de amuleto. De pequena dimensão, conforme a medida da arma que a ocasionou, pode-se usá-la e assim fazê-la desempenhar um papel de proteção permanente.

Neste contexto, nem sempre é possível evitar os desvios: por exemplo, quando se faz menção das chagas divinas em verdadeiros sortilégios mágicos. Na Inglaterra, onde a devoção às cinco chagas era bem viva antes da Reforma, por muito tempo permaneceu o juramento *Zounds!*, corruptela de *Christ's Wounds!* (Chagas de Cristo!) frequentemente usado por Shakespeare em suas obras[15]. Relançado e enquadrado pela Contrarreforma, o culto das chagas foi bem-recebido pelas populações católicas e tornou-se um argumento mais importante ainda na controvérsia religiosa porque reconduzia a um dos grandes mistérios da fé.

A chaga do lado é objeto de uma veneração particular, porque, por trás do realismo da imagem, a lança traspassando o lado direito de Cristo tem um valor simbólico. Depois da cabeça, o peito constitui a outra parte nobre do corpo, considerada a parte que encerra as fontes vitais. Mas esta chaga é cheia de ambiguidades: suas bordas, seus lábios que deixam entrever o interior do corpo, figuram um sexo menstruado ou uma boca escorrendo sangue. Uma boca que todos os místicos em seus abraços do crucifixo aspiram beijar: para realizar uma transfusão, uma estreita comunhão com o Salvador. Aliás, não é o próprio Cristo que, em certas representações, parece incitar o crente a esse transporte? Não se vê, em certas imagens, Cristo exibir sua chaga, apontando-a com o dedo indicador?

A dúvida de São Tomé introduz uma última sequência na representação da chaga do lado. O tema é frequentemente tratado na pintura clássica do século XVII. O ceticismo do apóstolo o obriga a introduzir um ou até mais dedos no peito de Cristo ressuscitado; a chaga aberta se oferece ao olhar do

---

15. GOUGAUD, D.L. *Dévotions et pratiques ascétiques du Moyen Âge*. Paris: Desclée de Brouwer/P. Lethielleux, 1925, p. 74-90.

santo assombrado, cuja mão incerta, muitas vezes guiada pelo próprio Cristo, explora a abertura.

4. *O Homem das dores*

O tema de "Jesus flagelado", do "Homem das dores", do "Deus de piedade" ou de "Cristo na coluna" deu origem, a partir do século XV, a uma devoção importante, testemunhada ao mesmo tempo pelo texto e pela imagem, aliás mais pela imagem do que pelo texto. Esse culto está próximo do culto que é dedicado às chagas de Cristo e à exaltação dos instrumentos da paixão, pois a coluna na qual Cristo foi atado e açoitado faz parte dele. A rápida difusão do culto de "Jesus flagelado", no decorrer da primeira metade do século XVII, resulta do papel que essa devoção tomou no quadro da Contrarreforma. Assim, parece que foi instalada em Lille uma estátua de Jesus flagelado em cada um dos cemitérios da cidade, desde os primeiros anos do século[16]; e provavelmente as pessoas vinham recolher-se diante desta imagem de Jesus martirizado e humilhado no momento de sua agonia, para salvar a alma do moribundo. Mas é só a partir de 1661 que a devoção se desenvolve bruscamente, depois que se tomou conhecimento, pelo relato do "Resumo das maravilhas acontecidas em Gembloux", feito por uma abadia próxima de Namur, da notícia dos milagres operados pela imagem em madeira de um Deus de piedade que se havia coberto bruscamente de sangue. Ao rumor deste evento, multidões de doentes, cegos e estropiados vieram implorar o socorro da estátua milagrosa; e, como sempre no começo de uma nova devoção, aconteciam curas e possessos eram libertados dos seres infernais que infestavam seu corpo... Algumas comunidades religiosas, como as clarissas de Lille e as irmãs cinzentas de Armentières, foram logo sensíveis a esse culto dolorista e favoreceram portanto sua difusão. Mas os principais promotores

---

16. PLATELLE, H. *Les chrétiens face au miracle* – Lille au XVIIe siècle. Paris: Du Cerf, 1968, p. 215-217.

desse impulso foram os recoletos que inundaram Hainaut e Flandres de opúsculos e gravuras realistas da imagem de Gembloux. O culto de "Jesus flagelado" encontrava de fato um clima favorável: as desgraças do tempo, em particular a crise de subsistência de 1661-1662, deixavam desamparados os indivíduos e a comunidade, para os quais a única saída consistia em voltar-se para a imagem miraculosa de um Cristo escorrendo sangue, e gritar "misericórdia!"[17] Bem depressa, a devoção conquistou a Espanha e o sul da Alemanha, onde escultores e pintores representaram o corpo de Jesus com um realismo que queria testemunhar o sadismo dos esbirros que o açoitaram; mas todas essas chagas vivas e purulentas, esses borbotões de sangue inundando o tronco e os membros, essas poses torturadas de um corpo humilhado revelavam ao mesmo tempo um gosto pronunciado pela morbidez que os sofrimentos ocultos acentuavam ainda mais.

5. Os sofrimentos ocultos

Se os grandes atentados ao corpo de Cristo são habitualmente representados, existem outros sofrimentos menos mostrados que, no entanto, também são bem graves. A língua traspassada depois da coroação de espinhos, a reclusão no calabouço depois da flagelação, a chaga do ombro provocada pelo carregar a cruz, as penas interiores depois das humilhações sofridas, em particular o desnudamento, constituem temas desenvolvidos pelos textos apócrifos e pela ilustração. No sul da Alemanha, na Áustria e nos Países Baixos católicos, onde são objeto de uma devoção bem viva até o século XIX, os sofrimentos ocultos – *Geheime Leiden* – contribuem para acentuar a dimensão dolorista da devoção ao corpo de Cristo, num clima de luta contra a heresia protestante. A imagem de um corpo agredido, torturado, é colocada com uma certa complacência aos olhos dos fiéis.

---

17. LOTTIN, A. (org.). *Vie et mentalité d'un Lillois sous Louis XIV*. Lille: Émile Raoust, 1968, p. 244-245.

Esculturas e pinturas de Cristo coberto de equimoses e chagas sangrentas, entravado por ferros, encadeado numa cela estreita são frequentes nos santuários da Baviera e da Suábia, e, em 1750, esta sequência aparece no texto da Paixão de Oberammergau. Algumas imagens do Salvador no calabouço – *Kerkerheiland* – evocam as salas de tortura e os métodos de uma justiça cruel, como podemos ver representadas em documentos dos séculos XVI e XVII. Muitas vezes essas cenas não têm nenhum fundamento escriturístico, mas alimentam, principalmente na zona rural, uma devoção centrada no Homem das dores que culpabiliza os fiéis.

O "décimo sofrimento oculto", o da língua traspassada, merece, por suas implicações, uma explicação mais detalhada. Depois da coroação de espinhos, um carrasco teria atravessado a língua de Cristo com um espinho de tal maneira que ele não conseguiria retirá-lo de sua boca. A imagem suscitou no século XVIII, no sul da Alemanha, uma devoção bem viva, como testemunha esta "Oração à língua de Cristo traspassada por um espinho", escrita por um fiel angustiado com a evocação dos fins últimos: "Oh língua divina ferida! Peço que me chames na hora de minha morte e digas à minha alma: 'Vem agora ocupar teu lugar junto de Mim no Paraíso'. Que a última palavra de minha língua seja para dizer: 'Senhor, entrego minha alma em tuas mãos'"[18].

Mas a perfuração da língua de Cristo, que dificilmente aparece como tema antes do século XVI, também encontra eco no martírio calvinista. Aqueles que tombam, naquele tempo, vítimas da perseguição católica são recebidos como profetas da nova Igreja, e Calvino louva a coragem deles. Por sua conduta, os mártires ou futuros mártires participam de fato na edificação dos fiéis. As "confissões de fé" formuladas justamente antes da execução são consideradas como emanando diretamente do Santo Espírito. E é para impedir que o mártir se exprima que os ímpios endurecem o ritual fazendo proceder à mutilação da língua; esta, depois de ter sido perfurada é

---

18. Apud GOCKERELL, N. *Bilder und Zeichen der Frömmigkeit; Sammlung Rudolf Kriss; Museum im Herzogschloss Straubing*. Munique, 1995, p. 59.

atada à bochecha por um ferro, reduzindo assim o mártir ao silêncio absoluto[19]. A mutilação da língua – "castigar a língua" traspassando-a – que era utilizada desde a Idade Média para punir os blasfemadores, aparece pois aqui como um meio de fazer calar alguém cuja palavra é temida[20]. Pela mesma razão que os carrascos de Cristo que temiam os efeitos do Verbo sobre a assistência. Cabe, portanto, perguntar se a suposta evocação da perfuração da língua de Jesus não foi consequência de uma prática judiciária antiga, reavivada pela controvérsia religiosa do século XVI.

A representação das chagas ocultas, sejam elas físicas ou morais, em nenhum momento teve a pretensão de atingir a verdade histórica. É preciso compreender que aqui importa não tanto respeitar uma autenticidade da imagem como despertar a sensibilidade religiosa e reforçar a piedade. Aos olhos dos fiéis é colocada uma crença viva, bruta, evocadora, à qual cada um reage à sua maneira; aqui não há necessidade de palavras, a mensagem passa pelo olhar.

6. Do coração vulnerado ao coração ferido de amor

Sobre o brasão das cinco chagas figura às vezes o percurso do ferro da lança que veio ferir o coração. A mão que concebeu essa imagem em traço *naïf* interpretou o episódio do golpe da lança como se ele tivesse atravessado o peito de Cristo. Mas qual foi o lado atingido pelo ferro? Se os evangelhos não insinuam nenhuma palavra, a tradição constante da Igreja representa sempre Longino ferindo o lado direito de Cristo, isto é, o lado nobre. Obedecendo a um arquétipo da cultura ocidental, todos os artistas valorizaram o que estava à direita de Cristo. Assim, o Salvador sempre teve a cabeça volta-

---

19. EL KENZ, D. *Les bûchers du roi* – La culture protestante des martyrs: 1523-1572. Seyssel: Champ Vallon, 1997.

20. "A blasfêmia é uma nova crucifixão, uma nova chaga no lado de Cristo" (CABANTOUS, A. *Histoire du blasphème en Occident*. Paris: Albin Michel, 1998, p. 55).

da para a direita, e o bom ladrão também esteve à sua direita. Quanto às Escrituras, elas nos dizem que, no dia do Juízo, os eleitos se sentarão à direita de Deus. O valor simbólico essencial que se dava à direita obrigava portanto a fazer do lado direito de Cristo aquele que foi atingido pelo ferro mortífero do soldado. É claro que humanamente o coração tinha sido ferido à esquerda, mas espiritualmente era a direita que devia trazer a salvação à humanidade. Era preciso no entanto respeitar a forte referência simbólica do coração, fazendo dele o ponto final do percurso da lança[21]. Assim, a imagem contribuiu para confirmar a ideia de um duplo alvo para uma dupla mensagem: a chaga do lado direito e o coração vulnerado. "É pela chaga do lado que a devoção encontrou o coração". É pelo aprofundamento do culto à chaga do lado que nasceu progressivamente a devoção ao coração de Jesus. Como se tivéssemos seguido o percurso da lança, da superfície do corpo à sua cavidade mais íntima, mais sagrada: o Sagrado Coração.

Aliás, este aprofundamento anatômico e devocional não é novo. São Bernardo já celebrava o "dulcíssimo coração de Jesus", e Santa Lutgarda como Santa Gertrudes de Helfta conheciam esta forma da devoção a Cristo. Quanto aos místicos alemães, do Bem-aventurado Suso aos religiosos da Cartuxa de Colônia, em particular Lansperge, eles também participaram na emergência desta espiritualidade que incitava à adoração do "coração ferido de amor" associado às "cinco chagas". Daí em diante a via estava traçada: é pela abertura da chaga que se atingem as secretas delícias do coração de Jesus. Cristo mostra-nos na ferida de seu lado o acesso ao seu coração, escreve em suma Ludolfo de Saxe: "Que o homem se apresse então para entrar nele e unir seu amor ao amor de Jesus, como o ferro mergulhado na fornalha ardente se une ao fogo para formar com ele uma só coisa"[22]. No começo do sé-

---

21. Sobre a importância desta simbólica da direita, cf. BERTRAND, P.-M. *La symbolique de la droite et de la gauche au Moyen Âge e au début des Temps Modernes* – Étude d'anthropologie sociale et d'iconographie. 2 vols. Paris: Université Paris I, 1997 [tese]. • BERTRAND, P.-M. *Histoire des gauchers* – Des gens à l'envers. Paris: Imago, 2001.

22. Apud GOUGAUD, L. *Dévotions et pratiques ascétiques du Moyen Âge.* Op. cit., p. 95.

culo XVI, "o martírio interior do Salvador entrou de tal forma na mentalidade que um bom número de místicos fez de suas penas interiores o objeto principal de sua contemplação ou de sua imitação". Catarina de Gênova vê no Crucificado uma "grande ferida de amor" que se imprime em seu próprio coração numa "ferida íntima" da mesma intensidade. E, no fim do século, Maria Madalena de Pazzi declara, por sua vez, que Jesus sofreu mais em sua alma do que em seu corpo[23].

A imagem contribuiu para esta exploração mística do corpo profundo, para chegar ao coração. Assim, uma admirável estátua florentina do primeiro quartel do século XV, conservada hoje no Victoria and Albert Museum de Londres, mostra Cristo de pé ampliando complacentemente a abertura da chaga, como para convidar o fiel a penetrar mais, significar-lhe a importância da ferida simbólica e incitá-lo à adoração do coração. Por conseguinte, a devoção ao Sagrado Coração, ao coração ferido de amor, é antiga. Da Alemanha e dos Países Baixos, onde o artista flamengo Wierix faz gravuras de rosários de corações abertos ou fechados e escorrimentos de sangue, ela entra na França com a Contrarreforma, no começo do século XVII. Desde este momento o culto atinge as Filhas do Calvário, uma congregação de beneditinas fundada em 1617 pelo Padre José. O exercício das cinco chagas consiste em fazer uma oração ao pé da cruz e a contemplar as chagas e o coração ferido de Jesus donde procede todo o bem. Cada sexta-feira, as religiosas meditam sobre a abertura do "lado sagrado" pelo ferro da lança e, cada sábado, uma em cada dez religiosas faz "o exercício da compaixão da Santa Virgem": ela pede a Maria que a introduza no coração de Jesus, para viver sua vida sangrenta e consumada de ternura. A congregação das Filhas da Caridade e os membros da Sociedade do Coração Admirável, fundada pelo beato João Eudes, autor, em 1668, do *Ofício do Sagrado Coração* e dois anos depois da *Devoção ao Coração adorável de Jesus*, celebram também um culto litúrgico ao

---

23. Artigo "Mystique de la passion", *Dictionnaire de Spiritualité Ascétique et Mystique. Op. cit.*, fasc. LXXVI-LXXVII, col. 332.

Sagrado Coração, assim como as comunidades de visitandinas, nutridas de espiritualidade salesiana. Mas, neste contexto, é Margarida Maria Alacoque que aparece como a grande promotora do culto do Sagrado Coração.

É no mês de junho de 1675, durante a oitava de *Corpus Christi* (festa do Santíssimo Sacramento), que Cristo aparece a Margarida Maria, religiosa visitandina em Paray-le-Monial. Na verdade, não é a primeira vez que ela tem essa visão; mas naquele dia, ele lhe diz que a escolheu para revelar ao mundo a devoção ao Sagrado Coração: "Eu te peço que a primeira sexta-feira depois da oitava de *Corpus Christi* seja dedicada a uma festa particular para honrar meu coração, comungando e fazendo reparação da honra"; e, descobrindo seu coração, ele lhe disse: "Eis o coração que tanto amou a humanidade..."[24]

O Sagrado Coração indica o coração de carne de Jesus. Não é uma relíquia fria e morta, mas um órgão quente e sangrento, cheio de vida. É também o amor de Jesus pela humanidade cujo símbolo é o coração de carne. Portanto, é ao mesmo tempo o coração de um homem e o Coração de um Deus de amor que se encarnou. A linguagem de Margarida Maria e os fenômenos descritos por ela a religam a uma longa tradição de visionárias e de místicas da Idade Média, como Lutgarda, Mectilde de Hackerborn ou Gertrudes de Helfta. Para elas, a devoção ao coração de Jesus constituía o fundamento da vida espiritual: troca dos corações, canais entre os corações, raios luminosos, transverberação, refúgio na ferida do coração[25].

Mas esse amor revelado a Margarida Maria é bem pouco conhecido. Por trás da imagem do coração de carne, há toda a encenação de um drama da reparação, um relato e conceitos que estão ligados a esquemas monárquicos contemporâneos: súditos rebeldes e ingratos em relação ao soberano, a ameaça do castigo, a evocação dos "últimos tempos", do "último remédio", e a

---

24. HAMON, A.J.-M. *Histoire de la dévotion au Sacré-Coeur* – Tomo I: Vie de Sainte Marguerite-Marie. Paris: Beauchesne, 1923, p. 173.

25. Artigos "Coeur sacré" (*Dictionnaire de Spiritualité Ascétique et Mystique*. Op. cit., tomo II, col. 1023-1036) "Marguerite-Marie Alacoque" (ibid., tomo X, col. 349-354).

perspectiva de uma "reparação da honra por uma retratação honorável", o sentimento de que uma nova aliança entre Deus e a humanidade por intermédio do Sagrado Coração está a ponto de ser selada – o Sagrado Coração como mediador da última chance. A visitandina mostra-se, pois, sensível ao contexto social e religioso de seu tempo. Mas, se a devoção se difunde no curso do século XVIII, sua grande popularidade data do século seguinte, com seu reconhecimento oficial pela Igreja. É na França, depois de 1870, que o culto toma a maior amplitude, quando a restauração moral do país é colocada sob a égide do Sagrado Coração.

7. O lagar místico

A água e o sangue que escorreram da chaga do lado fizeram dela a porta da graça, isto é, dos sacramentos do Batismo e da Eucaristia: a água, fonte batismal, e o sangue, alimento eucarístico. No final do século XV algumas estampas mostravam, além dos instrumentos da paixão, o coração ferido transportado por dois anjos; mais frequentemente, porém, no começo do século XVI, os anjos seguravam um cálice no qual recolhiam o precioso sangue, o sangue sagrado; e o contorno elíptico da taça vista em perspectiva, como quando o padre eleva o cálice, representava a forma da chaga. Fórmulas escritas acompanhavam então a sagrada imagem que incentivaram, bem depois de Trento e de suas proibições, o uso supersticioso que se fez por muito tempo dessas figuras[26].

O tema da chaga do lado levou progressivamente ao tema do lagar místico, donde escorria o sangue-vinho de Cristo. No começo do século XIII, São Boaventura já falava da chaga do lado como de uma *vitis mystica*. A maravilhosa cultura de vinhas trazida ao país de Canaã por Josué e Caleb fazia parte da iconografia conhecida e é provável que algumas árvores de Jessé, onde

---

26. ALEXANDRE-BIDON, D. (org.). *Le pressoir mystique* – Actes du Colloque de Recloses (27/05/1989). Paris: Du Cerf, 1990.

sarmentos haviam substituído a árvore da tradição, popularizaram a imagem da vinha; assim como a cruz talhada em madeira viva, donde brotavam ornatos de folhagem da vinha. Depois, nos textos e nas representações, passou-se da vinha ao lagar. Para isto contribuiu, sem dúvida, a imagem do pisador de Isaías: "Deixaram-me só para pisotear as uvas no lagar; nenhum dos meus estava comigo". Aliás, os fiéis encontravam facilmente correspondências entre Cristo no lagar e os instrumentos da paixão: o parafuso da prensa do lagar evocava a coluna da flagelação, a porca a coroa de espinhos, a escada a descida da cruz e o cálice estava muitas vezes sob a gárgula do lagar. O tema do lagar místico que se expandiu na segunda metade do século XVI e na primeira metade do século XVII, principalmente nos países do norte da Europa, resulta portanto da conjunção de várias correntes.

Franciscanos e depois dominicanos haviam favorecido o desenvolvimento do tema do sangue que tornava mais convincente seu discurso de evangelização. Esse tema reapareceu regularmente depois, cada vez que a Igreja estava em crise, pois o sangue era evocador de toda desordem ou confusão religiosa, ou quando ela buscava reforçar suas estruturas. Catarina de Sena propunha inebriar-se do "doce sangue de Cristo" e, em 1496, num sermão apocalíptico, Savonarola comparava a cruz a um lagar donde jorrava o sangue do Salvador. Neste final do século XV, a imagem do lagar místico era tratada de maneira realista e dolorista, pois era preciso atrair a atenção sobre os sofrimentos do Redentor, para avivar a compaixão dos fiéis. Assim como o cacho de uvas era esmagado no lagar, Cristo estava sujeito às opressões da cruz e aos sofrimentos da paixão. Chegou-se até mesmo a representar a imagem surpreendente do Pai ativando ele mesmo a prensa do lagar que fazia jorrar o sangue do corpo de Cristo... Ao mesmo tempo acreditava-se que o sangue era o meio mais seguro de salvar-se. O sangue de Cristo, o vinho do sacrifício, e sua carne, o pão eucarístico, foram desde então associados. O tema do lagar foi durante dois séculos um dos mais ricos da iconografia da Contrarreforma. A controvérsia com os protestantes favoreceu efetivamente esta representação, em particular quando se fez necessário significar o dogma da transubstanciação do sangue em vinho. O "Cristo sangrando" tornou-se um argumento de peso na pastoral. Aliás, o sangue não era mais uma realidade anatômica e fisiológica, mas o símbolo do sacrifício de Deus. E o madeiro do Gólgota, do qual pendia o corpo sangrento de Cristo, reafirmava com veemência a presença de Cristo na Eucaristia.

Também neste caso, as imagens tiveram um papel essencial, pois serviram de alternativa ao discurso, mas muitas vezes o ultrapassaram por seu realismo. As representações de Cristo sangrando no lagar que, ao esmagá-lo, espreme seu sangue, como as de Cristo na "cruz-vinha", de Cristo "do precioso sangue", ou da "Sagrada Família na vinha", têm uma função espiritual e catequética ao mesmo tempo. Os artistas, pintores ou mestres em vitrais encontraram nessas vindimas místicas a ocasião de composições dominadas pela cor vermelho-sangue, vermelho divino. Em Conches ou em Saint-Étienne-du-Mont, vitrais do século XVI e XVII mostram um sangue "vivo e dinâmico" emanando das chagas, depois jorrando da gárgula do lagar, sobre o qual Cristo é representado de pé, esmagando as uvas, ou inclinado. Apóstolos e religiosos, poderosos e prelados se apressam em torno das vasilhas, recolhendo o sangue sagrado com o qual foram aspergidos. Para essas composições de cores berrantes, os mestres em vitrais inspiraram-se na estampa. Isto é comprovado na segunda metade do século XVI pela abundante produção dos irmãos Wierix que têm como tema o lagar místico, amplamente difundido pelos jesuítas nos países em que se exerce melhor a Contrarreforma: o sul da Alemanha, a Áustria e os antigos Países Baixos. Mas o lagar místico não está ausente da abundante iconografia e dos textos luteranos. Neles exprime-se o tema do pecador peregrino que vem descarregar-se do saco de seus pecados no lagar em que Cristo carrega nos ombros a prensa que o oprime; o sangue que escapa do mecanismo indica-lhe o caminho a seguir, para que, enfim libertado, possa ascender ao Monte Sião, onde o espera o Senhor vitorioso da ressurreição. As duas Igrejas utilizaram portanto uma iconografia semelhante para ilustrar pastorais e dogmas diferentes.

8. O Cristo médico

Os Evangelhos e a tradição cristã veem em Cristo aquele que salva e alivia os aflitos. Ele é o Salvador das almas e também tem o poder de curar os corpos. "Quem é médico?", pergunta Santo Agostinho em um de seus comentários. "Nosso Senhor – responde ele. É Ele que cuidará de todas as nossas feridas". Textos e imagens insistem na ideia de que Jesus exerceu "divinamente" a farmácia e a medicina. Melhor ainda, Ele fez Lázaro voltar do reino dos mortos. Devolver a vida aos mortos não é praticar a arte de curar no mais alto grau?

O lagar místico não só é colocado em relação com os sofrimentos de Cristo, mas também associado aos sofrimentos dos doentes. Ao lado de seu valor místico, o sangue de Cristo tem um efeito e uma eficácia terapêuticos. São Boaventura, retomando a metáfora, diz que "Cristo, esmagado na cruz como a uva no lagar, espremeu um licor que é um remédio para todas as doenças". E Tiago de Voragine, num sermão sobre a Paixão, no qual evoca como Jesus havia sofrido em sua carne, explica: "Assim como são trituradas as ervas para fazer delas um emplastro que cura os abcessos, assim o corpo de Cristo foi triturado para fazer dele um emplastro que esvazia o abcesso de nosso orgulho". Portanto não é de surpreender que se tenham representado cenas da crucifixão sobre o pilão dos boticários e que o corpo de Cristo às vezes tenha sido comparado a um "armário de farmácia", do qual escoava o bálsamo para aliviar os sofrimentos dos infelizes. As imagens do lagar místico que ornavam as paredes dos hospitais nos séculos XVI e XVII vinham reafirmar a ideia de que o corpo de Cristo era dispensador de graças e que ele podia curar tanto as chagas do corpo como as da alma. Logicamente, o tema do precioso sangue estava associado ao tema da vinha. Assim Thomas Platter relata que, por ocasião de sua passagem pela região de Beauvais no século XVI, ele havia constatado que, nos banhos medicinais, os escrofulosos cobriam suas chagas com folhas de uva; e sabe-se que em Paris, desde o século XIV, existiam cápsulas-relicário do precioso sangue em forma de folha de uva.

No século XVIII, nos países germânicos, "Cristo boticário" é um tema frequentemente ilustrado pelos pintores. Nas abóbadas da farmácia dos jesuítas de Friburgo, eles representaram Cristo vestido como oriental, no meio de uma oficina na qual os anjos lhe servem de auxiliares de laboratório. Um acende a chama de um forninho, outro pesa componentes em uma balança e um terceiro prepara um unguento num almofariz. Quanto ao quadro de 1731, conservado ainda hoje no Museu germânico de Nuremberg, ele representa Cristo sentado em uma oficina cercado de potes de farmácia. Uma bandeirola esclarece o sentido da cena: "Farmácia bem-provida da alma".

Mas Jesus não é só farmacêutico, também é médico do corpo e da alma. Um tratado em verso, intitulado *A viagem aos banhos místicos*, publicado em 1514, em Estrasburgo, por Thomas Murner, mostra Jesus aplicando ventosas que simbolizam o jejum e as vigílias, preparando o banho da fonte ácida, que figura o sofrimento benéfico e administrando o banho de vapor, emblema da confissão. Corpo e alma estão pois estreitamente associados no tratamento que conduz à perfeição. Enquanto os santos são considerados na crença popular como aqueles que curam algumas doenças, Cristo cuida de tudo e, mais particularmente, dos derramamentos de sangue (hemorragias). E sem dúvida devemos ver nessa especialidade o resultado desta dupla experiência: o milagre evangélico e a Paixão, isto é, a cura da hemorroíssa e o martírio no Gólgota, a dor aliviada e o sofrimento suportado.

9. "Isto é o meu corpo"

A afirmação, pela Igreja, da presença real do corpo de Cristo na hóstia durante o sacrifício da missa faz deste corpo o eixo do mundo. O fiel não tem esperança mais bela do que comer este corpo divino. Pois a Eucaristia é o viático indispensável, a garantia de não sucumbir ao mal, a certeza de salvar-se. Assim, o corpo do Redentor está no centro de um complexo no qual se conjugam o alimentar, o sacramental e o escatológico.

A incorporação a Cristo apropriou-se de várias vias na história[27]. Nos séculos XV e XVI foi a imagem do corpo sofredor e humilhado do Cristo da Paixão que se impôs, a do corpo esmagado ao qual os fiéis se identificavam, do qual participavam pela penitência e autoflagelação. A Contrarreforma, ao recentrar o dogma em torno da Eucaristia, no fim do século XVI, dá prioridade a uma outra imagem, a da presença real de Cristo na hóstia santa. O Concílio de Trento, por ocasião de sua XIII sessão, especifica claramente que "ensina e reconhece aberta e simplesmente que no augusto sacramento da Eucaristia, após a consagração do pão e do vinho, Nosso Senhor Jesus Cristo, verdadeiro Deus e verdadeiro homem, está contido verdadeira e substancialmente, sob a espécie dessas coisas sensíveis".

Jesus é o fruto de uma dupla filiação, de uma identidade humana e divina ao mesmo tempo. Ele é produto da união do Verbo masculino e divino e de uma carne humana e feminina. O Verbo se fez carne fecundando Maria pela anunciação-encarnação; seu "sopro" foi o fermento divino. E Ele não se reproduzirá "segundo a carne", mas segundo o Verbo. Para o cristão, o nascimento biológico, a filiação "carnal" deve vir acompanhada de um renascimento, de uma filiação "espiritual". O corpo-pão de Cristo é então a equivalência da encarnação-semente. Em uma civilização que foi durante muito tempo alimentada de trigo e de pão, é fácil imaginar a ressonância simbólica do "Isto é meu corpo", pronunciado por Jesus sobre o pão da última ceia: rito de passagem de um mesmo alimento de valor universal. "O rito é concebido para transformar pão, sempre e em toda parte, num único e mesmo corpo"[28]. O Verbo encarnado é o alimento da alma.

---

27. BAINVEL, J.-V. *La dévotion au Sacré-Coeur de Jésus*. 4. ed. Paris, 1917, p. 129s. Sobre o papel do livro de piedade na difusão da devoção, cf. FROESCHLÉ-CHOPARD, M.-H. "La dévotion au Sacré-Coeur: confréries et livres de piété". *Revue de l'Histoire des Religions*, vol. 217, 2000, p. 531-546.

28. MACHEREL, C. & ZEEBROEK, R. (org.). *Une vie de pain* – Faire, penser et dire le pain en Europe. Bruxelas: Crédit Communal, 1994, p. 29-39.

Portanto, é constante a metáfora alimentar, a imagem de Cristo como corpo alimentar. Numerosas são as cenas pintadas no século XVI e XVII em que o pão é partido e distribuído, em que o tema da Eucaristia está subjacente ou é afirmado: refeição de Emaús, última ceia, refeição de camponeses de Louis Le Nain. Pela comunhão, o fiel recebe o corpo de Cristo, manducando-o piedosamente. O cristão tem de fato necessidade deste pão consagrado que reafirma sua pertença ao corpo de Cristo. É esse pão de vida que, depois da confissão, apaga as faltas, os pecados graves ou veniais, e assegura a reinserção no corpo místico. Assim se estabelece uma estreita reciprocidade: o corpo de Cristo nutre o cristão e o cristão se torna membro do corpo de Cristo. E a comunhão frequente aparece então como o primeiro dever do cristão.

Porém não basta receber o corpo de Cristo. É preciso ainda honrá-lo e celebrá-lo. A rápida e maciça emergência do culto do Santíssimo Sacramento que sucede ao culto de *Corpus Christi* resulta da vontade da Igreja de favorecer essa devoção sob todas as suas formas. No curso da segunda metade do século XVII, ela se desenvolve em toda a Europa católica. No seu valioso livro da razão, Chavatte, o sarjador de Lille, chama respeitosamente o Santíssimo Sacramento de "o Venerável". Em Lille, precisamente, o culto é incentivado em todas as paróquias e todos os meios da cidade, tanto pelos religiosos como pelo bispo, e, na liturgia, insiste-se particularmente na Eucaristia. Começa-se a valorizar os tabernáculos e faz-se o esforço de levar com celeridade e solenidade o Santíssimo Sacramento aos doentes, o "viático". As confrarias desempenharam então um papel essencial na estruturação do culto ao corpo de Cristo: adoração do Santíssimo Sacramento na Igreja, procissões solenes "pelas ruas e praças públicas". Por toda parte, no século XVII, ao lado das tradicionais procissões envolvendo corpos santos, a do Santíssimo Sacramento toma posse do espaço urbano. Nada iguala em esplendor a procissão que é organizada cada ano na festa de *Corpus Christi*. Mobilizando todas as energias, ela é seguida por uma multidão considerável de fiéis que participam, revezando-se, nas orações coletivas nas paróquias. Por trás desta organização do culto, há sem dúvida a vontade de prejudicar os planos dos hereges, porém "muito mais uma vontade de recentrar a liturgia num mistério principal", o do corpo de Cristo presente na hóstia.

Afirma-se progressivamente a tendência à interiorização sacramental da devoção eucarística e é banalizado o papel da confraria no viático. No curso do século XVII, alguns manifestam a intenção de propagar a devoção para estendê-la ao conjunto da sociedade. Por trás desse esforço de expansão, aparece a Companhia do Santíssimo Sacramento que, como se sabe, desempenhou um papel importante na obra de moralização da vida social entre 1630 e 1660. Mas o que também se exprime em torno da devoção ao Corpo de Cristo é o desejo de uma religião mais pessoal, que transforme os seres humanos; uma religião na qual, pela oração mental e pela adoração do Santíssimo Sacramento, os fiéis possam sentir-se participar mais no combate pela salvação.

Os milagres eucarísticos testemunham ao mesmo tempo a fragilidade e o poder da sagrada hóstia. As hóstias que sangram e deixam uma marca indelével nos corporais de Daroca ameaçados pelos mouros, por ocasião da Reconquista, ou na pedra do altar de Bolsena porque o padre duvidava da presença real no momento da consagração, e o Santíssimo Sacramento que escapa de maneira incompreensível às chamas que devastam o santuário de Faverney no século XVII, constituem outros tantos sinais estáveis, enviados por Deus, para lembrar aos humanos as consequências de seu mau procedimento e de seus erros. Advertências sim, mas também ilustração no sentido forte do termo, da realidade do dogma: Cristo está corporalmente presente na hóstia e reage à agressão de que é vítima por um derramamento de sangue. O sagrado que fala não deixa de impressionar a imaginação dos fiéis e, consequentemente, as devoções se encontram revivificadas.

10. As crianças-Cristo

Por conseguinte, ofender a Eucaristia constitui o pior dos sacrilégios, uma vez que, por um gesto impensável, eis que se ousa declarar-se diretamente contra Deus presente na hóstia. As terríveis consequências desse ato assustam as populações e acarretam necessariamente punição exemplar dos culpados e solene reparação. Os dois soldados que, em 1668, em Lille, partiram em três uma hóstia consagrada para colocar os fragmentos em uma chaga, são primeiramente submetidos à tortura; depois arrastados à praça pública onde foi cortado o punho do instigador da perversidade que, em seguida, foi estrangulado e seu corpo queimado; quanto ao seu cúmplice, ele foi enviado às galeras. Após o castigo, vem a hora da cerimônia de reparação que mobiliza as autoridades religiosas e a população de Lille horrorizada com o sacrilégio[29]. Pode-se, porém, perguntar quais teriam sido as motivações dos dois soldados: provocação insensata, ou desejo não menos insano de cura graças ao melhor dos bálsamos, a hóstia consagrada?

Bem mais horrível ainda parece o ataque à Eucaristia com pleno conhecimento de causa. O sacrilégio é mais criminoso porque a hóstia consagrada é ao mesmo tempo o sinal e o corpo de Cristo. Prover-se de uma faca e cortar hóstias roubadas no intuito de fazer escorrer sangue é o tema de supostos homicídios rituais atribuídos aos judeus desde a Idade Média. O rumor secular, e que não está extinto, alimenta-se no discurso antissemita da Igreja. Ele funciona sempre de acordo com o mesmo esquema: um grupo de judeus revanchistas consegue convencer, a troco de dinheiro, um bravo doméstico a roubar uma hóstia consagrada; os conspiradores, de faca na mão, traspassam então o corpo de Cristo para tornar a representar uma Paixão que, na opinião deles, levará desta vez ao aniquilamento da cristandade; mas eis que o sangue que escorre em borbotões da hóstia profanada trai o intuito criminoso e leva ao arresto e à punição exemplar dos culpados – o "sacramento do milagre".

O discurso sobre as crianças crucificadas pelos judeus atinge um grau suplementar no imaginário do horror. O dossiê é conhecido nos dias de

---

29. LOTTIN, A.(org.). *Vie et mentalité d'un Lillois...* Op. cit., p. 271-272.

hoje[30]. Do século XII ao século XVIII, num clima de antissemitismo exacerbado, dezenas de casos explodem na França, na Inglaterra, na Alemanha[31], na Áustria, na Espanha e no norte da Itália, onde judeus são falsamente acusados de ter martirizado e sacrificado um menino cristão. Depois de uma instrução e um processo encerrados, os "culpados", condenados por complô e crime, são regularmente condenados ao suplício do fogo. Alguns casos tiveram uma grande e duradoura repercussão, como o de Simão de Trento que, com doze anos, teria sido condenado à morte em condições horríveis, ou o caso de Domingo del Val, desaparecido com sete anos em Aragão, ou ainda o do pequeno Andreas von Rinn, martirizado sobre uma pedra e depois pendurado em uma árvore, ou enfim o do "Santo Niño de La Guardia", de três anos, a quem seus carrascos teriam arrancado o coração antes de crucificá-lo em uma gruta de Castela, em 1491.

Por trás da paródia sangrenta da paixão que é o suposto assassinato do Niño de La Guardia, é sem dúvida o mistério da Eucaristia que corre em filigrana. Caricatura da última ceia, quando os judeus se reúnem para comungar no crime fazendo correr o sangue de um inocente, ou verdadeira réplica do sacrifício de Cristo. Em uma Sexta-feira Santa, uma criança é crucificada, seu lado é aberto e seu sangue recolhido para uma profanação ritual... Essa encenação de inspiração clerical é destinada a desacreditar e relançar no opróbrio os judeus das comunidades espanholas de Castela. Certamente também não é por acaso que a lenda do homicídio ritual renasce na Espanha no ano de 1491, isto é, o ano que precede a expulsão dos judeus. Quanto à retomada do caso, em Toledo, em 1544, quando um clérigo publica o "relato" do crime do "Niño de La Guardia", ela também não é fortuita: três anos

---

30. PO CHIA HSIA, R. *The Myth of Ritual Murder* – Jews and Magic in Reformation Germany. New Haven/Londres, 1988.

31. Do século XII ao começo do século XVII, pôde-se enumerar nos países germânicos mais de 120 homicídios de crianças atribuídos às comunidades de judeus. TREUE, W. *Ritualmoral und Hostienschändung* – Untersuchungen zur Judenfeindschaft in Deutschland im Mittelalter und der Frühen Neuzeit. Berlim, 1989, p. II-VI [Tese datilografada].

depois, nessa cidade, cuja comunidade judia é importante, vão ser publicados os primeiros "estatutos de pureza do sangue"[32].

Pelo fato de estar no centro do mistério cristão, a Eucaristia é encenada para manipular uma opinião sempre pronta a insurgir-se contra o que lhe parece ser a ressurgência contemporânea do sacrifício de Cristo. Assim, durante séculos, o argumento do crime ritual de crianças inocentes foi utilizado na Europa para atiçar o antissemitismo latente das populações. Era a *Judensau*, a "porca judia" que se estigmatizava, associando em uma mesma reprovação a comunidade israelita e "a besta singular"[33]. Os judeus eram explicitamente considerados responsáveis pela morte de Cristo e seus descendentes, para vingar-se dos progressos da verdadeira fé, reproduziam seus comportamentos ignominiosos e criminosos com um jovem inocente que haviam tomado de assalto: fustigação e escarros, cabelos arrancados, coroa de espinhos, corpo crivado de navalhadas. O rumor acusador era mais tenaz ainda porque encontrava crédito junto das autoridades eclesiásticas. Assim, o lendário homicídio de Simão de Trento foi "autenticado" quando relatado no *Martirológio romano* em 1584 e consignado nos *Acta sanctorum* em 1658. Ainda hoje, em Rinn, na região de Innsbruck, embora tenham sido retirados do santuário depois da Segunda Guerra Mundial os ex-votos mais comprometedores, a lenda do pequeno Andreas continua mantendo uma forte corrente de antissemitismo popular[34].

11. O Menino da paixão

Foram os franciscanos que, no curso da Idade Média, estiveram na origem do culto prestado ao Menino Jesus: só o Menino, sem a companhia do

---

32. MONER, M. Une légende en procès: le cas du "Saint Enfant" de La Guardia. In: *La Légende*. Madri: Casa de Velázquez, 1989, p. 253-266.

33. FABRE-VASSAS, C. *La bête singulière* – Les juifs, les chrétiens et le cochon. Paris: Gallimard, 1994.

34. Informação comunicada pelo Professor Georg Schroubek. Munique.

pai, sem José. É conhecido o interesse deles pelo *bambino* da *Ara Coeli*[35], e a devoção que Santo Antônio de Pádua e Santa Clara manifestavam por Jesus Menino. Depois, Santo Elzeário e Santa Delfina de Sabran introduziram na França essa devoção que rapidamente se tornou popular. A difusão de estatuetas que o representam abençoando, trazendo ou não o globo terrestre, contribuiu para essa popularidade durante o século XVI. As carmelitas inscreveram-se rapidamente nessa nova devoção. Depois que Teresa de Ávila doou uma estátua do Menino Jesus ao mosteiro de Villanueva de la Xara, impôs-se a tradição de doar uma dessas imagens a toda nova fundação. Ricamente vestida, ela se tornou então o emblema venerado do convento e o alicerce de um culto à Infância de Jesus.

Na primeira metade do século XVII o tema do Menino Jesus é meditado pelos teólogos da escola francesa de espiritualidade. Ora, sua exigência não os leva a valorizar os encantos da infância, mas a descobrir o que no Menino Jesus já anuncia a Paixão de Cristo: o sacrifício do Deus encarnado que aceita morrer para salvar a humanidade e, por isso, mergulhar na infância[36]. O que há de mais baixo aos olhos desses místicos do que o estado de infância? É, segundo a fórmula tão dura de Bérulle, "o estado mais vil e mais abjeto da natureza humana depois do estado da morte". E é exatamente porque a infância é "indigência, dependência, sujeição, inutilidade" que Cristo, por humildade, quis viver a sua e percorrer assim todo o ciclo de sua missão redentora. A imagem trágica do Menino da Paixão foi então substituída pela imagem mais doce do Menino Jesus. Essa imagem é trágica pelos símbolos que acompanham o Menino e que, todos eles, anunciam seu fim. Repetia-se, depois de Santo Tomás, que no momento de sua concepção, o primeiro pensa-

---

35. MÂLE, É. *L'art religieux du XVIIᵉ siècle*. Paris: Armand Colin, 1984, p. 286.

36. BRÉMOND, H. *Histoire littéraire du sentiment religieux en France depuis la fin des guerres de Religion* – Tomo III: La conquête mystique; l'école française. Paris: Bloud et Gay, 1967, p. 511s.

mento de Cristo se havia voltado para sua cruz, e que, ainda criança, ele já se preparava para morrer na cruz[37].

A imagem do Menino Jesus adormecido, que apareceu primeiramente na Itália, comporta duas variantes. A primeira, que o representa dormindo com o braço apoiado em uma caveira, assemelha-se ao tema, tão difundido no curso do século XVII, das vaidades; um texto acompanha geralmente a cena: "Hoje, sou eu, amanhã será você". A imagem do Menino Jesus mergulhado em um sono que preludia sua morte faz o papel de um *memento mori*. A outra imagem que representa o Menino dormindo sobre a cruz pretende ser mais tranquilizadora, e o texto que a acompanha menos duro: "Durmo, mas o meu coração vela". Mas a cruz está bem presente e anuncia o fim trágico do Redentor.

O anúncio, pelo Menino Jesus, da violência feita a Cristo é apenas um dos sinais que precedem o episódio da Paixão. Por seu aspecto repetitivo, pela violência que o caracteriza, por seu estreito vínculo com a vinda do Salvador, o massacre dos inocentes nunca deixou de nutrir o imaginário do Ocidente cristão.

12. Os pequenos inocentes

Trata-se certamente de um episódio de importância secundária dos Evangelhos, só mencionado por Mateus, mas a cena, retomada e valorizada pelos Evangelhos apócrifos, impôs-se como tema iconográfico importante do século V ao século XIX. É que por trás da dimensão trágica do massacre de criancinhas pode-se adivinhar um forte sentimento de culpabilidade: esses inocentes torturados em seu corpo, não só anunciam os sofrimentos de Cristo, mas morrem por causa dele, uma vez que, suprimindo todas as criancinhas do sexo masculino de menos de dois anos, Herodes pretende, por esse massacre geral, eliminar o Messias. Vítimas de uma violência despótica,

---

37. MÂLE, É. *L'art religieux du XVIIe siècle*. Op. cit., p. 287.

os inocentes não tiveram de fato a chance de poder fugir para o Egito e assim escapar do bando de soldados assassinos.

Todas as representações colocam em cena esta oposição entre a força bruta do soldado e a extrema fragilidade do "inocente total". Arrancados dos braços de suas mães, os meninos são violentamente lançados ao chão, quebrados, traspassados por arma branca, sob o frio olhar de Herodes, o executor das obras ignóbeis, o colaborador zeloso do poder romano, que vai aliás desaparecer progressivamente das representações a partir do século XVI e sobretudo do século XVII[38]. Daí em diante, os homens armados de gestos brutais invadem a cena do homicídio coletivo. Se são os inimigos do momento que são representados – aqui o turco de turbante, lá o espanhol vestido com armadura –, seu corpo sinistro sempre oferece um contraste surpreendente com o corpo de dominantes claras dos Inocentes desnudados, espetados, cortados, cujo sangue generosamente derramado torna a tragédia ainda mais insuportável. No corpo a corpo entre os soldados e as mães que tentam proteger seus filhos, estas jamais são visadas ou atingidas pelos assassinos. Só as criancinhas interessam aos soldados que se recusam a enternecer-se com as lágrimas maternas. Progressivamente, a partir do século XVI, a cena tende a dilatar-se num espaço mais vasto, produzido pelo efeito de perspectiva. Mas esses lugares e esses caminhos atulhados de grupos de mulheres e de crianças que tentam fugir do massacre são todos "obstruídos" pelos soldados que ocupam suas saídas. No tempo em que eles dominam a representação do espaço, "os artistas da Renascença detalham os movimentos, liberam os membros dos personagens, desnudam progressivamente os corpos". Seu melhor conhecimento da anatomia os faz opor a forte musculatura dos soldados ao corpo liso e rechonchudo das criancinhas, a raiva bárbara à graça da infância.

---

38. O que prova a análise das 252 representações retidas por Agnès Couprie-Rogeret em seu estudo *Le massacre des innocents: V^e-XIXe siècle* – L'enfant et le soldat assassin; étude d'un thème iconographique [Paris: Université Paris VIII, 1993 (Tese de mestrado)], de onde retomamos aqui algumas conclusões.

Sacrificar assim pelo ferro um corpo sem defesa, atentar contra um ser cuja inocência deveria permanecer intocável, parece ter relação com o sacrilégio. Que os inocentes morram sem que se possa ter-lhes conferido o batismo torna aliás o evento ainda mais insuportável aos olhos dos fiéis. Mas, pelo fato de serem condenados à morte em consequência do ódio a Cristo, eles são reconhecidos pela Igreja como verdadeiros mártires e por isso se tornaram dignos de entrar na bem-aventurança eterna sem ter recebido a água salvífica. Não receberam eles o batismo de sangue?

II. Incorporar-se a Cristo

O místico vive de maneira permanente uma dupla relação com o corpo divino. Pela comunhão, ele o assimila; por seu desejo de partilhar os sofrimentos do Redentor, ele aspira fundir-se ou incorporar-se no corpo divino. Se o corpo é o principal obstáculo para chegar a Deus, ele pode também ser o meio de operar sua salvação. O ideal ao qual se aspira não é reviver a paixão de Cristo por meio dos sofrimentos do corpo e dos ultrajes sofridos?

O martírio, pelo fato de ser infligido por outros, que são forçosamente encarnações do mal, aparece paradoxalmente como "a fórmula" mais simples: a vítima consente e abandona aos carrascos este corpo que eles vão destruir. A aspiração ao martírio continua muito forte entre os cristãos no tempo da Contrarreforma; o texto reeditado da *Lenda de ouro*, as obras publicadas no século XVII e começo do século XVIII sobre as vidas dos santos por Galonio, Bosio, Ribadeneira e Adriano Baillet, e um pouco mais tarde os trabalhos de Dom Ruinart, dão a conhecer o tempo dos primeiros mártires cristãos. Quanto à arte, ela coloca constantemente o martírio à contemplação dos fiéis. Aliás, a própria atualidade se encarrega de convencer as almas piedosas de que aquele tempo ainda não terminou totalmente. As missões longínquas na Ásia ou nas Américas, as lutas religiosas na Europa, a guerra contra o turco no Mediterrâneo ou nos muros de Viena oferecem de fato ocasiões de martírio que não são absolutamente imaginárias. É neste contexto, enquanto a ideologia da *Recon-*

quista ainda estava bem viva, que Teresa d'Ávila, ainda menina, decidiu partir um dia, em companhia de seu jovem irmão Rodrigo, para "o país dos mouros", na esperança de lá ser decapitada e assim contada no número dos eleitos. Mas foram recapturados a tempo..."[39] Quanto às carmelitas, um de seus passatempos favoritos não era encenar o martírio?

Desde o começo do século XVII, no entanto, as grandes almas devem dobrar-se à evidência: uma das dificuldades com as quais elas se veem confrontadas é exatamente a diminuição das ocasiões de martírio. Chega-se ao ponto de sentir o desejo da época em que a repressão vivida à larga pelo poder pagão multiplicava as "chances" de o fiel ser torturado em seu corpo pela sua fé. Aspiração pelo martírio, impossibilidade do martírio. Aspiração ao martírio, impossibilidade do martírio. Esta contradição leva a buscar novas formas de violência infligidas ao corpo[40]. Visto que o outro – pagão, herege ou infiel – não pode mais ser causa de humilhação e de morte, alguns vão encontrar na mortificação uma saída para suas inquietações existenciais; cada dia, eles supliciam seu corpo e fazem dele o instrumento de uma via-sacra, fascinados que são pela paixão do Redentor. O "martírio vermelho", inscrito no curto tempo de um suplício público, dá então lugar, na época moderna, ao "martírio branco", vivido no segredo de uma cela monástica. Um martírio que a pessoa se inflige a si mesma, o martírio de toda uma vida.

1. *Infligir ao corpo os castigos que ele merece*

Para todos aqueles que procuram audaciosamente assemelhar-se ao Cristo das dores para partilhar seus tormentos, o corpo é ao mesmo tempo o

---

39. TERESA DE JESUS, S. *Libro de la vida.* In: *Obras completas.* Tomo I. Madri: BAC, 1951, p. 598. • POUTRIN, I. "Souvenirs d'enfance – L'apprentissage de la sainteté dans l'Espagne moderne". *Mélanges de la Casa de Velázquez*, vol. XXIII, 1987, p. 331-354.

40. LE BRUN, J. Mutations de la notion de martyre au XVIIe siècle d'après les biographies féminines. In: MARX, J. (org.). *Sainteté et martyre dans les religions du livre.* Bruxelas: Université Libre, 1991, p. 77-90.

maior obstáculo, "o maior inimigo", e o meio de acompanhar o Redentor: o corpo que é preciso vencer, o corpo vetor de um procedimento sacrificial. Todas as formas de humilhação foram exploradas por essas almas exigentes e diláceradas, governadas pelo princípio da desvalorização, da perda absoluta de si mesmo.

Se a pessoa não hesita em torturar seu corpo, castigá-lo, é precisamente porque ele não merece nenhum respeito. Não falamos dos cuidados elementares de higiene, uma vez que o corpo é às vezes totalmente abandonado à natureza, repugnante por causa da sujeira consentida e fervilhante de vermes ou parasitas; e sabe-se a que extremos podia chegar esse abandono do corpo em João da Cruz, Joana Delanue e Bento Labre. Na verdade, para todos aqueles que sonham aviltar sua carcaça humana, o corpo não passa de um "oceano de miséria", uma cloaca que resulta da condição de pecador: o corpo imundo, receptáculo dos vícios. "Eu não sou mais do que um estrume; devo pedir a Nosso Senhor que na minha morte meu corpo seja jogado no lixão para que seja devorado pelas aves e cães. [...] Não é isso que devo desejar como castigo dos meus pecados?", clama Inácio de Loyola. A imagem, tão espalhada no século XVII, do "homem de bem, Jó", coberto de chagas infectas e fedorentas, humilhado em seu monturo, a imagem das vítimas repugnantes, atingidas pelo mal morfético, no retábulo de Issenheim em Colmar, traduzem bem tudo o que este "saco de imundícies" que é o corpo podia inspirar aos místicos. Uma atitude como esta em relação ao corpo vai de par com a condenação das doçuras e prazeres da vida. Aliás, esta atitude não é outra coisa senão uma morte camuflada. Também o tema da putrefação, dos odores de decomposição que emanam do corpo vivo é frequente na literatura hagiográfica: a morte já está na vida.

Domar a própria carne é antes de tudo infligir-se uma feroz disciplina. Imaginando e aplicando-lhe as coações mais dolorosas, todos aqueles que desprezam o corpo e rejeitam este mundo terrestre esperam de fato adquirir o mérito santificante. O "ódio do corpo", que leva à sua destruição lenta e sistemática, não procede de uma conduta nova no âmbito religioso. Aliás, aqueles que aspiram pelo martírio fazem frequentemente referência aos grandes modelos medievais do ascetismo: São Jerônimo, Santo Antão ou São Nicolau de Tolentino. A reedição de suas vidas, o grande número de imagens consagradas a eles, sua lembrança conservada pelas ordens religiosas tornam onipresente seu corpo desencarnado, habituado a receber a disciplina[41]. As religiosas tomam naturalmente como modelos figuras de mulheres que têm a reputação de ter castigado seu corpo. Durante muito tempo foram Maria do Egito e, sobretudo, Catarina de Sena, mas a partir do século XVI, Teresa d'Ávila impõe-se a todas[42].

Porque ela permite adquirir virtudes sólidas e supõe a meditação dos episódios da paixão, a ascese é cada vez mais considerada, a partir do final do século XVI, como uma preparação para a recepção de graças insignes. Ela vai permitir ao místico assemelhar-se a Cristo, pela fusão de seu corpo no corpo dele. Esta vontade de incorporação leva a dois comportamentos extremos: o jejum e as macerações; e a uma esperança: a de ver inscrever-se no próprio corpo os símbolos da paixão.

2. Ascese alimentar

A privação alimentar é a punição mais imediata que se faz ao próprio corpo[43]. Os relatos hagiográficos testemunham aliás a grande variedade dessas privações: da abstinência quantitativa à abstinência seletiva de alimento, é grande o leque das coações às quais a pessoa se submete[44]. No Laus, Bene-

---

41. Ao descobrir a surpreendente degradação do corpo de Pedro de Alcântara, Teresa d'Ávila nota: "Sua magreza era tão extrema que ele parecia feito de raízes de árvores". Apud DELUMEAU, J. & COTTRET, M. *Le catholicisme entre Luther et Voltaire*. Paris: PUF, 1996, p. 121.

42. POUTRIN, I. *Le voile et la plume* – Autobiographie et sainteté féminine dans l'Espagne moderne. Madri: Casa de Velázquez, 1996, p. 72-79.

43. BONALDI, B. *Contribution à l'histoire de l'anorexie mentale* – Études de cas aux XVIIe et XVIIIe siècles. Paris: Université Paris VIII, 1998 [Tese de mestrado].

44. Sobre este "refreamento" do corpo pelo santo, cf. SALLMANN, J.-M. *Naples et ses saints à l'âge baroque*: 1540-1750. Paris, 1994, p. 26s.

dita Rencurel jejuava frequentemente; o pão e a água eram seu alimento ordinário e até lhe acontecia muitas vezes de suprimir o pão. "Uma vez, ela se privou de todo alimento durante oito dias, para obter a graça da salvação de um pecador que Deus parecia dever abandonar". De fato, o místico não se preocupa apenas com sua salvação; ele tem até a obsessão, o grande desejo de ajudar os outros a salvar-se. Alguns, como Francisca Romana, contentam-se com refeições frugais sem nenhum tempero; mas há os que vão mais longe ainda, comprometendo voluntariamente a qualidade do que absorvem. Na segunda metade do século XVII, Carlo Severano Severoli, um capuchinho de Faenza, só come pão bolorento misturado com cinzas que ele mergulha na água fétida proveniente dos restos da cozinha: sua maneira própria de superar sua repulsa, de enganar seu corpo, de triunfar do natural perverso da carne... Que a cinza e também a terra, que remetem a imagens de destruição e de morte, entrem muitas vezes na composição desses cardápios repugnantes, não é de surpreender; já em vida, o místico prepara o aniquilamento de seu corpo.

Aliás as privações podem ser moduladas no tempo. A sexta-feira é dia de abstinência total; mas, no curso da semana, o santo se contenta com um pouco de água e de pão durante dois ou três outros dias. No tempo da Quaresma, ele se impõe uma extrema privação; seguindo o exemplo de Catarina de Sena, ele só se nutre então da Eucaristia. Na realidade, estamos aqui diante de modelos de comportamento que se repetem no essencial na vida dos santos desde os séculos XII-XIII, e o aspirante ao martírio não faz mais do que se engajar em esquemas preexistentes; como as religiosas espanholas que, no século XVII, copiam fielmente o comportamento alimentar de seus grandes modelos.

A essas formas clássicas de abstinência, de "anorexia santa"[45], algumas religiosas preferem uma espécie de "manducação piedosa" que as compro-

---

45. BELL, R.M. *Holy Anorexy*. Chicago/Londres, 1985 [em francês: *L'anorexie sainte* – Jeûne et mysticisme du Moyen Âge à nos jours. Paris: PUF, 1994].

mete mais, pois as assemelha ao corpo do santo. Se algumas pretendem assemelhar-se a Cristo revivendo intensamente as cenas da paixão, outras pensam de fato poder assemelhar-se a personagens venerados pela ingestão do "santo vinagre", uma bebida resultante da maceração das relíquias de um santo no vinho, como aquela religiosa visitandina, falecida em 1712, com a idade de sessenta e seis anos, que tinha uma devoção particular por São Francisco de Sales. Durante anos ela bebeu diariamente da água onde havia mergulhado as relíquias do santo, achando que este era "um remédio de eficácia absoluta para todos os seus males interiores e exteriores". Quanto às irmãs da Visitação de Annecy, elas tinham o hábito de "beber sangue de São Francisco misturado numa colher com vinho". Tratava-se sem dúvida de uma forma privilegiada de contato, uma vez que só as irmãs da comunidade tinham acesso a ela.

Quer a regra que as grandes almas sejam sensíveis desde a infância aos perigos da carne. Portanto, é desde a mais tenra idade, conforme escrevem seus biógrafos, que alguns se restringem, muitas vezes às ocultas dos pais e domésticos, a um regime bastante estrito, tomando como modelo Catarina de Sena, Nicolau de Tolentino ou Pedro de Luxemburgo; a menos que seja Nicolau de Bari, cuja precocidade é espantosa, pois diz-se que desde criança de peito "ele não sugava [voluntariamente] a mama mais do que uma vez por dia, na quarta e na sexta-feira"...

3. A ambiguidade dos sinais

A abstinência parcial ou total, episódica ou permanente, dá ao místico o extraordinário sentimento de ser enfim senhor de seu corpo: o espírito domina finalmente a carne. Há precisamente um "modo anoréxico de ser no mundo", com a esperança de escapar a este mundo. Uma sensação de leveza e vivacidade invade todo o corpo: um estado de beatitude, um sentimento de liberdade que os anoréxicos conhecem muito bem. Por ter vencido assim seu corpo, a pessoa se aproxima de Deus e se distingue dos outros. Essa capacidade tão proclamada de viver sem se alimentar, ou até sem dormir e sem evacuar, fascina o ambiente que vê naturalmente neste domínio uma prova de santidade. Quando a abstinência total dura semanas, meses ou até anos, ela abala a opinião, a autoridade religiosa e o poder médico. Mas como distinguir a "anorexia santa" da fraude?[46]

As mulheres cujo caso evocamos, visto que se trata quase sempre de mulheres, são vítimas de surpreendentes indisposições. Elas são incapazes de dormir, de engolir um alimento sólido ou líquido, de evacuar naturalmente. Mesmo assim mantêm a cor da carne, mostram até boa aparência, desafiando assim as regras do comportamento ordinário do corpo. Mas todas se queixam de uma sensibilidade extrema quando são tocadas. Todas "conservam a tagarelice", a razão, salvo em alguns momentos, quando uma "força invencível as reduz ao silêncio". Então, sem perder o conhecimento nem o entendimento, "numa espécie de êxtase", elas dizem ter necessidade de ar fresco e algumas exigem que a janela de seu quatro fique aberta de dia e de noite. "Um estado tão extraordinário de viver e de engordar sem tomar absolutamente nenhum alimento" faz proclamar bem alto a maravilha, o prodígio. O povo acorre dos arredores para ver "o milagre" e reverenciar "a santa"; e esta conflagração se faz muitas vezes com a aprovação do pároco do local.

Os jornais relatam de vez em quando um desses casos desconcertantes. Às vezes se fareja a impostura: dúvidas são emitidas a propósito da abstinência e um magistrado exige que os médicos "visitem" a jovem mulher. Será que ela quer levar vantagem com essa prova? Seu crédito aumenta. E eis que aquela que até então se mantinha reclusa, agarrada à cama, manifesta agora o desejo de sair para fazer suas devoções. Ela é levada a um santuário conceituado na região, no meio de um grande afluxo de pessoas, onde faz suas ora-

---

46. Em cada caso manifesta-se "todo um núcleo de desejos, angústias e fantasmas que giram em torno da relação com a linhagem feminina": recusa da procriação, amenorreia, emagrecimento. Cf. MAÎTRE, J. *Anorexies religieuses, anorexie mentale* – Essai de psychanalyse socio-historique; de Marie de l'Incarnation à Simone Weil. Paris: Du Cerf, 2000.

ções, assiste à missa e recebe a comunhão, recolhe-se e pede que seja levada a uma fonte próxima. Lá, depois de ter lavado as mãos, os olhos e o rosto, ela bebe um pouco desta água, "e no mesmo instante, diz que pode caminhar". De fato, ela se levanta, mantém-se de pé e caminha, "com grande assombro da multidão que, com seus gritos redobrados, faz ressoar o milagre"[47].

No combate que empreendem para aliviar a paciente, os médicos ficam fascinados com esses corpos torturados por um mal que eles não conseguem definir. Eles são surpreendidos, caso por caso, pela dúvida e pela credulidade. E percebe-se bem, na leitura dos relatórios que eles fazem depois da descoberta de uma fraude, que o caso desconcertou-os fortemente. O vigor com o qual a doente proclama que Deus quer prová-la, que ela está sofrendo o martírio, a convicção dos circunstantes que se maravilham com sua abstinência prolongada, a morte no marasmo daquela que se havia tornado o centro de um mundo, tudo contribui para fazer o médico hesitar. Entre a falsa e a verdadeira santidade, será que é tão sutil a divisória? Entre o corpo que se abandona à vontade de Deus e aquele com o qual nos divertimos, será que é tão difícil traçar a fronteira? A obra de Deus estaria tão próxima do simulacro? Há aqui muita matéria para interrogar-se.

4. *Macerações, mortificações*

Para lutar contra as tentações que sempre os ameaçam, uma vez que a batalha jamais está definitivamente ganha contra o demônio, os santos usam estratagemas ainda maiores e de uma grande violência. Tudo que aparece como complacência ou como fraqueza em relação ao corpo é considerado como a fonte de maus pensamentos. O corpo deve portanto ser constantemente vigiado e coagido. Dormir no chão duro da cela, "como verdadeiro

---

47. *Mémoire historique de l'abstinence et de l'inappétence d'une fille de trente et un ans qui vit en conservant l'embonpoint depuis quatorze années*, par Saint-André, médecin à Tarascon-sur-Ariège, 1784. Bibliothèque de l'Académie nationale de médecine, fonds de la Société royale de médecine, carton 167, dossier 12, n. 6.

penitente", vestir uma roupa de tecido grosseiro, rugosa e remendada, acrescentar a ela um ou dois cilícios que corroem a carne, levantar-se de noite para aplicar-se a disciplina com chibata ou com açoite são vias ordinárias pelas quais eles pretendem superar os desvios do corpo. De fato, é durante o sono noturno que o perigo é maior: os relatos hagiográficos estão cheios de histórias nas quais o diabo entra no lugar, apaga a lâmpada, faz tanto barulho que se diria que tudo está desabando, toma a forma de bestas horríveis, fere como um raio o santo em oração com tanta força que ele traz essas marcas cruéis por muito tempo. Neste caso não há outra solução senão a oração perseverante diante do crucifixo que possa permitir-lhe escapar desta situação. O diabo, vendo-se enganado, decide então abandonar os lugares...

Os textos comprovam a importância do sangue em todas essas condutas de mortificação que, aliás, nem sempre são vividas como tais pelos fiéis que se submetem a elas[48]. Cristo não derramou generosamente seu sangue, este "precioso sangue" cujo culto foi tão vigoroso na Idade Média? E os primeiros mártires cristãos, será que eles não deram importância ao seu sangue no anfiteatro? Um duplo movimento de repulsa – "o sangue, esta coisa horrível em si mesma", segundo Santa Gertrudes – e de valorização – "como seria bela minha veste branca, se ela fosse tingida de sangue", dizia Catarina de Sena exprimindo assim seu desejo do martírio – caracteriza a visão mística em relação ao sangue. E, na Espanha, no século XVI, a difusão do culto do sangue coincide com o aparecimento dos primeiros estatutos de pureza do sangue. Todo este sangue que se faz agora correr das chagas de um corpo flagelado, este sangue que se recolhe em panos de linho ou em vasos quando morre uma pessoa santa, aparece como a parte viva e nobre do corpo. Os relatos das religiosas evocam constantemente o "sangue divino", o sangue generoso "que só aspira derramar-se". "O martírio cotidiano prepara para o grande martírio de sangue"[49].

---

48. ALBERT, J.-P. *Le sang et le ciel* – Les saintes mystiques dans le monde chrétien. Paris: Aubier, 1997.
49. LELIÈVRE, V. *Les jeunes peuvent-ils être canonisés?* Paris: Téqui, 1984, p. 447.

Para castigar o corpo que arde, extinguir o fogo da concupiscência, vencer a carne que se abrasa, muitas vezes não há outro recurso senão a imersão na água fria; só ela pode extinguir o incêndio que ameaça destruir a pessoa. É assim que o penitente bretão Pedro de Keriolet, morto em 1660, se joga, num dia de inverno, em um poço cheio de água e caminha depois durante horas com seu hábito gelado. Por ocasião de sua estada em Paris, em meados do século XVI, Inácio de Loyola também mergulha numa água gelada; mas a intenção neste caso é diferente, pois não é sua própria carne que ele busca mortificar, mas sim a de um devasso com o qual ele cruzou no caminho. E o santo proclama em alto e bom som que ficará lá até que este pecador impenitente renuncie à sua paixão criminosa. Mas esses são apenas casos excepcionais, à diferença de Pedro de Alcântara que, na mesma época, fez da imersão uma prática de mortificação regular. Para desapaixonar o corpo, imagina-se então submetê-lo a tratamentos que parecem fúteis e perigosos. Fúteis, porque remetem à metáfora: o incêndio, no caso o do corpo, é extinto pela água fria; perigosos, porque esses comportamentos extremos abalam a saúde. Mas não é este o objetivo que se busca?

"Profetisa dos tempos novos", "Luz do mundo", Antonieta Bourignon é uma das místicas leigas que acompanham a renovação religiosa do começo do século XVII[50]. Bem jovem ainda, ela toma consciência do desvio que existe entre as ações dos seres humanos e os princípios que eles proclamam. Elabora então uma moral que não é de sua época, recusando prazeres e divertimentos, preferindo viver "no mosteiro" ou "no eremitério". Com dezesseis anos, diante da recusa de seu pai de vê-la entrar no convento, ela decide viver em casa como cenobita: desejo do absoluto que passa por um refreamento do corpo. Ela fica dois ou três dias sem comer, traz um cilício de crina de cavalo que lhe penetra na carne; sente prazer em ir "ao cemitério, especialmente ao ossário, para contemplar ali as ossadas dos mortos" e penetrar-se

---

50. BOUQUET, H. "Le mysticisme d'un anatomiste du XVIIe siècle, Jean Swammerdam et Antoinette Bourignon". *Aesculape*, 1912, p. 172-174.

da ideia de que em pouco tempo seu corpo, sua "carcaça", será semelhante à deles. Depois, num belo dia, ela decide, sem o conhecimento de sua família, "ir para o deserto"... Severamente repreendida por seu pai que a traz de volta ao lar, ela decide transformar seu quarto em cela, onde passa seus dias e suas noites a meditar, orar, jejuar, dormindo apenas três horas em 24 horas, em um caixão de defunto que ela se fez trazer secretamente. Em outubro de 1639, ela decide partir de vez, prevenindo seu pai que a amaldiçoou. Começa então para ela uma vida de errância que só terminará com sua morte.

Toda sua religião se resume na renúncia ao mundo, a todas as afeições, à família e aos negócios. Ela conversa frequentemente com Deus que lhe permite prever o futuro; escreve muito, recebe religiosos de todos os horizontes, médicos, cirurgiões, teólogos e filósofos, aos quais ela pretende impor regras estritas de vida. Sua religiosidade vaga e seu proselitismo religioso lhe arranjam inimigos ferozes entre as pessoas da Igreja. E ela tem de fugir durante toda sua vida de cidade em cidade... Missionária infatigável, sempre a caminho para visitar uma comunidade, para fazer novos adeptos, ela não se poupa nenhuma fadiga e acaba morrendo um dia em pleno trabalho.

Ao lado de leigas que, como Antonieta Bourignon, optaram pela ascese, mas dispõem de uma certa liberdade, há outras, mais numerosas, que devem respeitar as regras de uma vida comunitária. O itinerário espiritual dessas religiosas contemplativas nos é conhecido pelos relatos que seus próximos e elas mesmas nos deixaram[51]. Essas "vidas", redigidas muitas vezes a conselhos prementes de seu confessor, são ambíguas, pois, se essas mulheres falam livremente de seu caminho espiritual, elas se mantêm numa certa reserva quando o corpo está em jogo: devem comunicar seu testemunho guardando ao mesmo tempo uma grande modéstia, falar das graças recebidas sem se vangloriar. Os numerosos textos autobiográficos de religiosas espa-

---

51. No século XVII são milhares de biografias que foram escritas por mulheres. Cf. LE BRUN, J. "L'institution et le corps, lieux de mémoire, d'après les biographies spirituelles féminines du XVIIe siècle". *Corps Écrit*, n. 11, 1984, p. 111-121. Le Mémoire.

nholas estudados por Isabelle Poutrin demonstram uma certa ambiguidade[52]. Por trás das palavras, descobre-se aliás um certo mimetismo em relação a dois grandes modelos místicos femininos: o do Carmelo descalço que se caracteriza pela busca do despojamento, da sobriedade; e aquele que poderíamos qualificar de franciscano, reflexo de um imaginário mais exuberante que, por esta razão, é olhado pela Igreja com mais desconfiança[53]. Ora, é este último que parece ser o mais difundido na Espanha do século XVII. Jejuns, macerações, privação do sono, desfiguração ou enfeamento voluntário encontram-se em todos os relatos: essas mulheres são verdadeiros "martirológios vivos". Algumas contabilizam cuidadosamente os encontros privilegiados que tiveram com Deus; mas só algumas visionárias obtêm "a suprema recompensa desta ascensão da alma", a do matrimônio místico.

Fazer o corpo sofrer, martirizá-lo para participar da Paixão de Cristo e dos mártires cristãos tem seus limites que o devoto não pode ultrapassar. Privações de alimento e maus-tratos podem acarretar a morte. E uma saída como esta não pode ser proposta sem grave problema: isto não seria atentar contra a obra de Deus? Não seria uma espécie de suicídio? Portanto, o místico está constantemente na corda bamba. Na realidade, o que o faz rejeitar a perspectiva da autodestruição é sua vontade de sofrer o mais intensamente e o mais tempo possível, para aproximar-se mais do modelo que adotou: Cristo na cruz. Ele precisa encontrar um justo equilíbrio, engajar-se em uma via de renúncia, temperando macerações e austeridades. Porque entregar-se sem reserva a exercícios corporais muito esgotantes poderia tornar-se um obstáculo aos exercícios espirituais. Como dizia em outro tempo Santo Anselmo, "é preciso manter o corpo na rédea de uma mão discreta".

---

52. POUTRIN, I. *Le voile et la plume*. Op. cit., p. 89-100.

53. É na Espanha do século XVI que os escritos espirituais destinados aos que querem fazer penitência são mais numerosos (*Guía de pecadores, Tratado de vanidad del mundo, Arte para servir a Dios, Ejercicios spirituales...*). Cf. GROULT, P. *Anthologie de la littérature spirituelle au XVIe siècle*. Paris: Klincksieck, 1959.

5. Inscrito no corpo

Tornar-se corpo de Cristo passando por todas as provas sofridas pelo Homem das dores, eis a aspiração mais sublime. A tradução corporal da imitação de Cristo toma então a forma de diversos fenômenos: da estigmatização à transverberação, passando pela inscrição no coração e por todas essas marcas que são provas e sinais de eleição. São Francisco foi o primeiro eleito – a menos que seja Marie d'Oignies – e o eminente modelo de gerações de místicos. Amplamente veiculada pelo texto e pela imagem, a estigmatização ilustra "a convergência de duas vias da *imitatio Christi*: a contemplação das chagas e o martírio". Aliás, os estigmas são menos um sinal para os olhos do que a sede localizada de um sofrimento vivido intensamente por todo o corpo, um concentrado de sofrimentos, uma chaga donde escorre secretamente o sangue do místico: nódulos em torno da cabeça, alguns volumosos "como grossas nozes", pus endurecido, feridas abertas impregnadas de sangue seco, tumores. Todos esses sinais não são chagas, pois algumas santas, para viver mais intensamente sua paixão, conseguem que seus estigmas permaneçam quase invisíveis, mantendo, porém, ao mesmo tempo, seu potencial de dor.

O século XVII foi um grande século de estigmatização[54]. Por mais que os franciscanos queiram defender o caráter único da estigmatização de São Francisco, Teófilo Raynaud, primeiro historiador dos estigmatizados, citava em 1665, além do santo de Assis e Catarina de Sena, treze casos de estigmatizados completos com as cinco chagas, e cinco ou seis casos de estigmatizados parciais. Menos exigente ou mais informado, Arnaldo de Raisse, em 1628, havia assinalado vinte e cinco deles, e Pedro de Alva, em 1651, trinta e cinco. Mas o que valem esses números, na medida em que a estigmatização não é um fenômeno sempre visível, constatável? Aliás, a estigmatização não afeta todos os eleitos da mesma maneira. Rita de Cássia não recebeu mais do

---

54. ADNÈS, P. Artigo "Stigmates". *Dictionnaire de Spiritualité Ascétique et Mystique*. Op. cit. Tomo XIV, col. 1214-1215.

que um espinho no meio da testa, e Catarina de Sena, a princípio, só foi ferida na mão direita, antes de receber as outras chagas. Mais difícil ainda é estabelecer estatísticas precisas quando são conhecidos casos em que religiosas, cujos biógrafos queriam fazê-las passar por estigmatizadas, elas mesmas se enterraram pregos nas mãos durante uma visão. A publicação desses números comprova, porém, um renovado interesse por essas marcas corporais que assemelham às de Cristo. O desejo de se transformar em crucifixo vivo é de fato avivado pela renovação mística dos séculos XVI e XVII. Mas uma coisa é certa: se o modelo de referência continua sendo sempre São Francisco, a maioria dos estigmatizados são mulheres. É exatamente por isso que a nova mística se distingue da mística antiga.

Por ser tardio, o caso de Santa Verônica Giuliani não deixa de ser exemplar[55]. Religiosa no mosteiro dos capuchinhos de Città-di-Castello, nos limites da Úmbria com a Toscana, Verônica recebeu, em suas orações, com a idade de trinta e três anos, idade de Cristo, a coroa da paixão. Este primeiro estigma que formava em torno da fronte um círculo vermelho em relevo, com manchas roxas sob a forma de espinhos, causava-lhe graves dores. Depois de tê-la examinado, a abadessa informou ao bispo da diocese que a encaminhou então aos médicos. Estes usaram todos os tipos de pomadas, vesicatórios e emplastros, sem conseguir curá-la. Declararam então que as marcas eram "certamente" sobrenaturais. Dois anos depois, no dia de Natal de 1696, Verônica recebeu o estigma no lugar do coração; depois, três meses mais tarde, na sexta-feira santa de 1697, as outras chagas. Em seu diário, ela faz o relato do evento: "Esta noite, enquanto eu estava em meditação, o Senhor ressuscitado me apareceu com sua Mãe e os santos, como já me aconteceu muitas vezes. Ele me ordenou que me confessasse, o que fiz. Mal havia eu começado, fui obrigada a parar por causa da violência da dor que sentia pensando nos ultrajes de que me sentia culpada diante de Deus. Nosso Se-

---

55. LAIGNEL-LAVASTINE & ABADIE, A. "Notes sur trois stigmatisés". *Bulletin de la Société Française d'Histoire de la Médecine*, 1933, p. 106-111.

nhor disse então ao meu anjo da guarda que continuasse por mim. Ele obedeceu, colocando sua mão na minha cabeça". Retomando consciência, ela apanhou o crucifixo e o apertou contra seu coração, beijando com amor as chagas de Cristo e exprimindo o desejo de partilhar as dores que Ele havia sofrido em cada uma delas. Ela teve então um êxtase, durante o qual Jesus lhe apareceu pela segunda vez. Por três vezes Ele perguntou o que ela desejava, e cada vez ela lhe respondeu que queria ser crucificada com Ele. Ela diz ter visto então cinco raios brilhantes sair das cinco chagas de Cristo e dirigir-se para ela, "pequenas chamas, quatro das quais eram cravos e a quinta a lança". Saindo de seu êxtase, ela constatou que suas mãos, seus pés e seu lado estavam traspassados.

A Inquisição, ao tomar conhecimento do fato, confiou ao bispo o cuidado de investigar. Ele foi ao mosteiro e ameaçou queimá-la como bruxa no meio do mosteiro. Depois fez encarcerá-la numa cela, obrigando-a a manter-se de pé à porta como uma excomungada, sob a vigilância de uma irmã conversa. Médicos foram então encarregados de curar as marcas que ela trazia no corpo. Durante vários meses encerraram-lhe as mãos em luvas que foram lacradas; mas as chagas, em vez de curar-se, pioraram. Humilde e resignada, desolada ao ver como as marcas recebidas perturbavam a vida da comunidade, Verônica pediu a Deus que fizesse desaparecer os sinais exteriores dos estigmas, reservando-lhe apenas os sofrimentos. Isto se cumpriu três anos depois, aos 5 de abril de 1700: na mesma hora em que ela os havia recebido, os estigmas desapareceram, deixando apenas uma mancha vermelha sem cicatriz. Nos anos seguintes, porém, os estigmas reapareceram. Em 1714, o bispo e um jesuíta especialmente enviado de Florença, constataram que a chaga do lado podia fechar-se, a pedido, sem deixar nenhum sinal de cicatriz. Esses são os fatos relatados nas atas do dossiê de canonização[56]. Outras "experiências" tiveram lugar em seguida, a última em 1726, ou seja, um ano antes da morte da religiosa, e todas foram conclusivas.

---

56. Verônica Giuliani foi canonizada em 1839.

Três causas eram invocadas diante de tais fenômenos, pelos teólogos e também pelo povo. Tratava-se de feridas superficiais que uma simples assepsia ou tratamento apropriado faziam desaparecer. Mas as chagas podiam também ser obra do maligno, fruto de uma ilusão demoníaca, e o papel dos teólogos da Inquisição era então apagar, por meio de uma eficaz direção de consciência, os traços desse desvio. A menos que se tratasse de fraudes, o que daria no mesmo. Assim, a espiritualidade espanhola foi duramente afetada no século XVI por dois casos de impostura: em 1544, o de uma clarissa de Córdova, a irmã Madalena da Cruz, e, em 1588, o de uma dominicana de Lisboa, a irmã Maria da Visitação, que, confundidas, acabaram confessando o embuste. Os estigmas, enfim, eram interpretados como a clara manifestação da vontade divina e deviam ser aceitos como tais. Mas nunca foi enunciada a ideia de um desvio neurótico ou psicopatológico, que a medicina do século XVII, aliás, ainda era incapaz de apreender.

A imitação de Cristo e dos santos não é um simples mimetismo. É fruto "de uma longa educação do imaginário", na qual a meditação cotidiana da paixão, a adoração do Cristo das dores, a devoção assídua às cinco chagas, a devoração visual das imagens piedosas têm um lugar predominante. Neste contexto, as estigmatizadas são figuras de elite, constituem "a vanguarda de uma multidão de religiosas" que, à força de imaginá-los, acabam por viver realmente os sofrimentos do Redentor.

A estigmatização aparece muitas vezes como um fenômeno datado e progressivo. São Francisco de Assis foi estigmatizado no dia da Exaltação da Santa Cruz, enquanto meditava sobre a paixão de Cristo e tinha o grande desejo de ser crucificado com ele. A sexta-feira, principalmente a Sexta-Feira Santa, aparece como um dia de eleição divina para todos os visionários e estigmatizados. Foi numa sexta-feira de julho de 1673 que Benedita Rencurel, a "santa do Laus", viu Cristo vivo "pregado numa cruz com cravos, como no Calvário" e que ela o ouviu dizer: "Minha filha, eu me deixo ver assim a você a fim de que participe nas dores de minha paixão". E, depois deste dia, "Benedita foi crucificada todas as sextas-feiras, isto é, cada semana, desde às quatro horas da tarde de quinta-feira até sábado às nove horas da manhã, ela permanecia estendida em seu leito, os braços em cruz, os pés um sobre o outro, as mãos um pouco curvadas mas rígidas, imóvel, e com o corpo tão inflexível como uma barra de ferro. Durante todo este tempo, ela não tinha nenhum movimento que indicasse a vida. Muito menos algo que indicasse a morte nesse corpo inerte, pois seus traços traziam a dupla impressão de um indizível martírio e de uma indizível felicidade"[57]. Essa crucifixão semanal, que Benedita chamava de suas "dores da sexta-feira", durou quinze longos anos e só foi interrompida durante dois anos, quando estava sendo construído o mosteiro do Laus. Esse comportamento nada tem de excepcional. Para toda mística, a evocação do sacrifício de Cristo é de regra cada sexta-feira. Esse dia é marcado por uma total abstinência, por uma releitura meditada da Paixão e pelo estrito respeito das diversas sequências desse dia trágico. Mas, se este acompanhamento de Cristo em seu caminho da cruz procede de uma atitude deliberada, não acontece o mesmo com certas manifestações, cuja repetição regular só pode ser sobrenatural aos olhos dos contemporâneos. Assim, entre essas mulheres estigmatizadas cujas chagas sangram regularmente cada sexta-feira, e ainda mais do que habitualmente na Sexta-feira Santa, ou entre aquelas que sangram sete vezes por dia, isto é, em todas as horas canônicas que, como se sabe, também estão em relação com a Paixão. Longe de serem anárquicas, essas paixões adjuvantes sempre se regulam, por meio dos textos que as evocam, pelo modelo crístico.

A estigmatização também pode tomar o aspecto de um fenômeno progressivo que começa pela coroa de espinhos. Aliás, acontece que a futura santa se veja diante de uma escolha que lhe é proposta: por exemplo, Cristo apareceu a Catarina de Raconísio no Piemonte apresentando-lhe duas coroas, uma de flores e a outra de espinhos. Ela escolhe, é claro, a segunda, mas, como só tem dez anos, Cristo resiste: "Você ainda é apenas uma criança; eu guardo para mais tarde [este diadema] para você". Ela acabará por recebê-lo de fato.

---

57. FERAUD, A. *Le mois de Notre-Dame du Laus*. Digne, 1878, p. 160-161.

Depois da coroa de espinhos, seguem-se as outras chagas. A mística constata então que se operou uma mudança em seu corpo. Parece que o curso do sangue menstrual tomou uma outra direção; ele se transporta com força para os estigmas e as regras desaparecem. "Isto é inexplicável", sublinha Catarina Emmerich. Aliás, nela, é toda a economia do corpo que é afetada e, em primeiro lugar, o coração. Este como que se parte em cinco e os estigmas são outros tantos corações subordinados, cada um deles parecendo ter sua circulação própria; eles obedecem no entanto ao coração-centro, princípio de vida e, sobretudo, a um coração mais elevado, o coração de Cristo, do qual recebem o impulso. A circulação ordinária do sangue continua, mas, em certos períodos determinados pelo calendário eclesiástico, esses corações "periféricos" cessam de transportar ao coração orgânico e central tudo que dele recebem, pois guardam uma parte para esse coração ao qual eles obedecem. Esta imagem induz o princípio de uma derivação, de uma circulação sanguínea entre Cristo e os eleitos da estigmatização. O sangue das chagas sagradas de Cristo corre nas chagas dos estigmatizados, e a este sangue corresponde aquele que escapa de seus estigmas. Transfusão espiritual do sangue do Redentor. União sobrenatural que passa pelo sangue e que faz de todos os eleitos um só corpo místico. Partilhar as chagas de Cristo leva a fundir-se nele, corpo a corpo, coração a coração, sangue a sangue: a "grande circulação" do corpo místico. Ilustração inesperada da descoberta de Harvey?

Se essas manifestações são naturalmente vistas como sinais de predestinação, elas estão sujeitas a controles severos da parte das autoridades eclesiásticas, como vimos no caso de Verônica Giuliani. Os bispos ou seus delegados preocupam-se com o aspecto espiritual dos fenômenos, deixando aos médicos o cuidado de controlar, com as armas que lhes são próprias, a dimensão natural das lesões do corpo. Dom de Genlis, bispo de Grenoble, se fez acompanhar de um célebre médico de Embrun quando foi ao Laus para informar-se sobre a doença de Benedita Rencurel. E Fernando de Azevedo, arcebispo de Burgos, também providenciou que Joana de Maria-Jesus fosse visitada por dois médicos. De maneira geral, no século XVII, quando não há dúvida maior, a constatação dos médicos é sempre mais ou menos idêntica: a mística tendo sido submetida a todos os meios da arte de curar, eles declaram sob juramento que esse tipo de chagas nada têm de natural. Só o Criador da alma e do corpo tem o poder de produzir nelas uma tal transformação. Através do corpo da mística, é exatamente Cristo que se encarna de novo para sofrer: portanto, a estigmatização é sobrenatural.

A tradução corporal da imitação de Jesus Cristo também pode tomar a forma de inscrições literais que as religiosas recebem ou que elas mesmas se infligem[58]. Essas "impressões" – o termo é frequente nas biografias femininas do século XVII – constituem o meio de tornar sempre legível o conteúdo da fé, de guardar a "lembrança eterna" de um episódio privilegiado. Como a incisão na casca para gravar um nome, o entalhe na carne quer persuadir a permanência dos sentimentos; ela virá tranquilizar a religiosa no dia em que a dúvida vier acabrunhá-la. A impressão cria a certeza abolindo o tempo. Essas assinaturas piedosas, "essas bocas mudas e prolixas" constituem outros tantos sinais de eleição. Aliás, a atualidade dessas graças é conservada pela imagem. Assim Zurbarán contribuiu para tornar conhecido o êxtase durante o qual, no século XIV, o Beato Suso inscreveu em sua carne com um estilete as iniciais que faziam de Jesus o Salvador de toda humanidade. Aliás, as impressões não se limitam à casca do corpo, à pele. Como o corpo anatomizado no anfiteatro descobre progressivamente sob o escalpelo seus órgãos escondidos, o corpo místico abre-se às impressões profundas, até o músculo cardíaco. Para os cirurgiões que buscam pela autópsia de uma religiosa os indícios do fogo interior que a devorava em vida, não há dúvida de que é exatamente no coração que eles podem encontrar esses traços[59]. O coração é uma cera sobre a qual se imprimem as paixões da alma. Será que as manifestações do amor foram verdadeiramente excessivas? O corpo fala. Em uma

---

58. ALBERT, J.-P. "Hagio-graphiques – L'écriture qui sanctifie". *Terrain*, n. 24: La fabrication des saints, 1995, p. 75-82.
59. SALLMANN, J.-M. *Naples et ses saints à l'âge baroque*. Op. cit., p. 309.

devota, cujo corpo foi aberto depois da morte, descobriram-se dois corações. Anomalia fisiológica que o médico Paul Dubé analisa em meados do século XVII como uma monstruosidade. Mas os teólogos vigiavam e "levaram vantagem sobre os naturalistas neste encontro, dizendo que Deus lhe havia dado esse coração novo como um símbolo de graça e de amor". Eles recorreram ao texto de Ezequiel (36,26: "Eu vos darei um coração novo"). E só restou ao médico concluir que "os teólogos reconhecem com toda razão que os monstros nascem para a glória de Deus"[60].

6. "O coração consumido pelo amor de Deus"

O fascínio que os místicos exercem sobre seus contemporâneos incita os médicos a intervir no cadáver para encontrar enfim a explicação tão desejada de comportamentos tão incomuns. Quando os cirurgiões procedem ao exame do corpo da terciária dominicana, Paola di San Tommaso, morta em Nápoles em 1624, aos sessenta e três anos, o texto hagiográfico insiste, sem dúvida, sobre o que aparece como uma curiosidade anatômica: "Foi-lhe retirado do peito o coração. Ele foi aberto na presença de muitos religiosos e de outras pessoas dignas de fé, e foi encontrado vazio como uma bexiga, consumido pelo amor de Deus. No interior, descobriu-se um entrelaçado de fibras em relevo, entre as quais havia duas mais grossas. Uma delas mostrava claramente um crucifixo e uma pessoa ajoelhada diante dele. É desta maneira que ela se via em vida com os olhos do espírito, e que, cada vez que dizia 'Meu Jesus', ela sentia seu coração liquefazer-se"[61].

A imagem dos instrumentos da paixão impressa no coração de uma monja é um clássico da hagiografia desde o relato da morte de Clara de Montefalco em 1308. O corpo desta mística foi aberto pelas irmãs do mosteiro

---

60. Apud DUBÉ, J.-C. "L'intérêt d'un médecin de province du XVIIe siècle pour les eaux minérales et les monstres". *Bulletin Canadien d'Histoire de la Médicine*, vol. 15, 1998, p. 344.
61. Apud SALLMANN, J.-M. *Naples et ses saints à l'âge baroque*. Op. cit., p. 308.

transformadas em anatomistas ocasionais, que nele encontraram o coração semelhante a um tabernáculo cheio de todos os instrumentos com os quais se fez Cristo sofrer[62]. Com a renovação mística da Contrarreforma, tais exemplos se multiplicam. A autópsia de Úrsula Benincasa, a mística mais célebre de todo o sul da Itália, no século XVII, reserva também muitas surpresas. Seu coração também consumiu-se de amor. Acrescem ainda as condições particulares da intervenção, operada por um cirurgião que acorreu com tanta pressa ao anúncio da morte da religiosa que esqueceu seus instrumentos... "Por isso ele pegou um canivete que havia em sua sacola com o qual abriu o peito. [...] Depois de cortar a pele com este canivete ruim, perguntou se havia no lugar um serrote"; mas os serrotes que lhe trouxeram se mostraram ineficazes. Então lhe passaram uma faca dentada que resolveu enfim o problema. "Uma vez aberto o corpo, ele foi encontrado sem coração, mas em seu lugar havia somente um pouco de pele queimada com algumas gotas de sangue. Este sangue foi recolhido numa colher de prata e é conservado incorrupto num frasco até agora. [...] Quando vimos isto, julgamos que seu coração se havia queimado com o grande e ardente amor a Deus que a Madre tinha em vida, como ela mesma havia dito diversas vezes, que se sentia queimar"[63].

No relato meditado das palavras dos santos também pode estar a origem de marcas no coração. Um sermão sobre o amor de Deus, durante o qual São Francisco de Sales tinha evocado o milagre da troca de corações entre Deus e Santa Catarina de Sena, impressionou de tal forma a Madre Ana-Margarida Clément e "trouxe impressões tão vivas em sua alma que ela se aplicou a elas o dia todo". Essa graça íntima traduziu-se por toda sorte de impressões em seu coração: feridas, estigmas, figura da Sagrada Face. Mas devemos certamente ler essas marcas de amor, trazidas pelos relatos do fim do século XVII,

---

62. Cf. o texto encenado por CAMPORESI, Pierro. *La chair impassible*. Paris: Flammarion, 1986, p. 9-11.

63. PRON, A.F. *Histoire des merveilles de Notre-Dame du Laus tirées des archives du vénérable sanctuaire*. Gap, 1856, p. 308-309.

destinadas ao grande público, como impressões "no fundo da alma" e não mais como sinais inscritos no corpo. Já se passou o tempo de abrir o corpo das místicas *post mortem* para nele encontrar, no fundo do coração, a figura da cruz ou os instrumentos da Paixão.

7. Martírio de amor e transverberação

Se as inscrições na carne podiam passar por uma resposta de Deus ao desejo do místico de fundir-se no corpo de Cristo, elas eram privilégio de uma pequena minoria de eleitos[64]. Assim como este martírio de amor que era a transverberação. O aniquilamento era uma das quatro regras do discurso místico, junto com a humildade, a indiferença e a pobreza[65]. Esta vontade de aniquilação, de despossesão de si, esta exigência que levava a despojar-se da "veste interior" não eram novas. Desde o Mestre Eckhart, colocar-se em agonia era uma regra de vida. Algumas grandes figuras iriam dar-lhe uma nova atualidade a partir do século XVI. "Renunciar a si mesmo", "provocar em si a noite dos sentidos", "morrer para si mesmo", "renunciar à própria vontade", "oferecer a Deus cada dia várias mortes", "crucificar-se cada dia", eis algumas das fórmulas da *Autobiografia* de Teresa de Jesus e do autor de *A pérola evangélica*, uma obra publicada em holandês em 1530, traduzida para o latim em 1545 e para o francês em 1602, que influenciou profundamente as escolas de espiritualidade na França no século XVII.

O grande modelo do puro amor, o "martírio de amor", é o modelo teresiano da transverberação. O episódio da graça recebida pela santa de Ávila, que inspirou a Bernin seu famoso grupo com o anjo, foi amplamente difundido pelo texto e pela imagem. A maioria dos relatos biográficos a partir do

---

64. DE CERTEAU, M. "Historicités mystiques". *Recherches de Science Religieuse*, vol. 73, 1985, p. 325-353.

65. BERGAMO, M. *Science des saints* – Le discours mystique au XVIIe siècle en France. Grenoble: Jérôme Millon, 1994.

século XVI, e não somente na Península, comprovam a influência persistente da carmelita espanhola sobre a espiritualidade ocidental. E são numerosos, nesses relatos, os casos de transverberação: um raio de luz ardente procedente do Santíssimo Sacramento vai ferir o coração da mística como uma flecha, sem que jamais suas vestes sejam traspassadas. O corpo está então no paroxismo do amor e da dor, e a vida da religiosa encontra-se doravante transtornada: "Vi perto de mim, à minha esquerda, um anjo em sua forma corporal. [...] Vi em suas mãos um longo dardo de ouro, e me parece que havia fogo na extremidade da lança. Eu tinha a impressão de sentir que ele enfiava a lança no meu coração diversas vezes até chegar às entranhas. Dizia-se que ele me arrancava as entranhas retirando-as, deixando-me totalmente abrasada de um grande amor de Deus. A dor era tão viva que eu exalava aqueles gemidos de que já falei, e a suavidade desta imensa dor é tão incrível, que se pode desejar que ela se suavize, e que a alma não pode contentar-se com nada menos do que Deus. Não é uma dor corporal, mas espiritual, embora o corpo não deixe de participar um pouco e até muito nessa dor"[66].

Quando a transverberação é acompanhada de estigmatização, a religiosa chega ao auge, nada mais lhe falta. A madre Maria Madalena da Santíssima Trindade, cuja vida nos é contada pelo Padre Piny, recebe pela transverberação "a impressão" da divina ferida do lado, donde sai então um "sangue fresco e vermelho"; depois, sentindo-se "repentinamente ferida por uma mão invisível", ela recebe os outros estigmas da paixão[67]. Seu corpo, marcado à semelhança do corpo de Cristo, faz dela doravante "uma cópia acabada dele mesmo quando foi pregado na cruz". A suprema consumação.

O desenvolvimento do culto à Infância de Cristo na segunda metade do século XVII explica sem dúvida o papel desempenhado pelo Menino Jesus

---

66. DE ÁVILA, T. Autobiographie. In: AUCLAIR, M. *Oeuvres complètes*. Paris, 1952, p. 207. • RENAULT, E. *Sainte Thérèse d'Avila et l'expérience mystique*. Paris: Du Seuil, 1970, p. 40-49.

67. PINY, A. La vie de la Vénérable Mère Marie-Magdelaine de la Très-Sainte Trinité, fondatrice de l'Ordre de Notre-Dame de Miséricorde. Lião, 1680. Apud LE BRUN, J. "L'institution et le corps..." Art. cit., p. 117-118.

nas visões de algumas místicas[68]. Durante o inverno de 1696, Verônica Giuliani relata por escrito, por recomendação de seu confessor, a visão que teve do Menino Jesus tendo na mão um bastão que termina em uma de suas extremidades por uma lâmina de ferro e na outra por uma chama: "Ele me colocou – diz ela – a ponta da lâmina no coração e o senti imediatamente traspassado de lado a lado. Mas ele me olhou com benevolência e me fez compreender que lhe estou unida doravante por um laço mais estreito. [...] Senti que tenho no coração uma chaga, mas não ousei olhar para ela. Tendo aproximado um lenço, retirei-o manchado de sangue e senti uma grande dor. Quando em seguida me ordenastes que examinasse se a ferida era real, eu o fiz e encontrei a chaga aberta em carne viva. Entretanto, dela não saiu então nenhum sangue"[69].

8. A doença como sinal de eleição

Na vida das religiosas, pelo menos daquelas que estão em busca de um Deus sofredor, a doença está em toda parte[70]. Neste sentido, as visitandinas, em razão de seu recrutamento, talvez sejam mais atingidas do que as outras: não quis Francisco de Sales, por ocasião da fundação da ordem, que nela fossem também recebidas as mulheres que em geral encontravam fechadas as portas das ordens religiosas, por causa de sua saúde frágil? Desde o século XVII, a expressão "sofrer o martírio", tomada no sentido metafórico, traduzia a vontade de aceder a este estado invejável, graças à doença e ao sofrimento que ele acarretava. Em seu livro *Sacrum sanctuarium crucis et patientiae*, publicado na Antuérpia em 1634, um jesuíta, o padre Biverus, apresentava exemplos tirados da história dos mártires, acompanhados de gravuras, para

---

68. BRÉMOND, H. *Histoire littéraire du sentiment religieux en France depuis la fin des guerres de Religion*. Op. cit. Tomo III/2, p. 211-217.

69. Apud PRON, A.F. *Histoire des merveilles de Notre-Dame du Laus*. Op. cit., p. 238.

70. Sobre o sofrimento que tem valor de martírio, seguimos aqui o excelente trabalho de LE BRUN, J. "Mutations de la notion de martyre au XVIIe siècle..." Art. cit., p. 79s.

ajudar os fiéis a suportar seus sofrimentos na disposição de espírito dos primeiros mártires cristãos. E, em 1661, Bossuet, em seu sermão da quaresma dos mínimos (religiosos da ordem monástica fundada por São Francisco de Paula no século XV) sobre o sofrimento, retomava esta comparação: "Quando Deus nos prova com doenças, ou com alguma aflição de outra natureza, nossa paciência faz as vezes do martírio". Quanto aos jansenistas, eles viam na doença o meio de vencer o mal que ameaçava o pecador. Pretendiam até fazer-se aliados dele para crescer na perfeição moral e na virtude. Assim, por uma singular revirada, a doença se tornava para Pascal "o estado natural dos cristãos". Portanto, um jansenista doente não é um doente comum, mas um "doente penitente" que deve aproveitar-se da debilitação da carne para fortificar seu espírito. Neste contexto, a doença se torna a chance do pecador, a ocasião de purificar sua alma dos miasmas da corrupção que comprometem sua salvação. "O fogo ardente de uma febre extingue um outro fogo ardente que é o fogo das paixões e enfraquece o ardor dos desejos terrestres", escreve Arnaldo, o Grande. "Ela faz entrar de novo toda a sua alegria nela mesma e triunfa do corpo no abatimento, como de um inimigo vencido e derrubado ao chão." No combate permanente travado entre a alma e o corpo, tudo que enfraquece o corpo só pode elevar a alma[71].

A ocasião de aceder ao martírio pelo sofrimento estoicamente suportado é um lugar comum da espiritualidade pós-tridentina. Religiosos e religiosas tomavam à letra a comparação entre uma conduta ascética e o sacrifício consentido dos primeiros mártires. E a intervenção cirúrgica exigida por um grave atentado à integridade do corpo podia então ser recebida como uma bênção. O caso de Clara-Agostinha Ganiare, falecida na Visitação de Beaune em 1706, relatado por Jacques Le Brun, ilustra bem a ambiguidade da cena: de um lado, um cirurgião que se sente investido do papel de remediar o mal

---

71. Em seu *Essai d'exhortations pour les états différents des malades*, no começo do século XVIII, Antoine Blanchard, padre de Vendômois, também desenvolve a ideia de que as doenças são "castigos salutares". Cf. LEBRUN, F. *Se soigner autrefois*: médecins, saints et sorciers. Paris: Temps Actuels, 1983, p. 12-13 [2. ed., Paris: Du Seuil, 1995 (Coll. "Points Histoire")].

e, de outro, uma religiosa que sofre e aspira sofrer mais ainda, graças ao instrumento cirúrgico que o médico vai utilizar para operá-la. Clara-Agostinha tinha um tumor abominável que a desfigurava, "uma carne dura que crescia dentro de sua mandíbula direita". Os cirurgiões resolveram utilizar o ferro e o fogo para extirpar este tumor. Como os mártires dos primeiros tempos que aceitavam com serenidade a sorte que a Providência lhes reservava, ela se preparou para a intervenção sem se deixar impressionar pelo aparato cirúrgico: navalhas, tesouras e pinças de metal colocados à mão numa mesa, e que o cirurgião começou a incandescer ao fogo. "Enquanto a superiora e as enfermeiras tremiam de horror diante do que ela iria sofrer, esta pobre vítima estava, à imitação de seu Esposo, com a doçura de um cordeiro que é levado ao sacrifício". Sacrifício, sim, a palavra convinha, tanto porque a religiosa doce e paciente consentia, como porque a intervenção foi brutal, sangrenta; em uma palavra, à imagem de qualquer martírio[72]. Depois deste traumatismo, seis semanas foram necessárias à religiosa para recuperar a saúde, seis semanas de sofrimentos indizíveis que não alteraram sua doçura natural e sua paciência diante "daqueles que a martirizavam". À imagem das mártires antigas, como Apolônia, a quem os carrascos quebraram os maxilares e arrancaram selvagemente os dentes, a visitandina havia suportado estoicamente o que havia sido para ela a ocasião de assemelhar-se ao Deus crucificado.

Tudo, nessas provas, vinha reforçar esta semelhança: os instrumentos cirúrgicos lembravam-lhe os instrumentos que acompanhavam em geral a representação da paixão de Cristo; suas companheiras compadecidas faziam diante de seus olhos o papel das santas mulheres; quanto ao médico, encarregado de extirpar o mal que a devorava, ele ocupava, contra sua vontade, o lugar do carrasco perseguidor... Desconcertante mimetismo que só pode ser compreendido se for referido aos textos e às imagens de que se nutriam a crença e o imaginário dessas religiosas. As imensas composições barrocas representando o martírio do santo patrono, cujos santuários mais reputados

---

72. Apud LE BRUN, J. "Mutations de la notion de martyre au XVIIe siècle..." Art. cit., p. 82.

eram ornados nos séculos XVII e XVIII com a leitura de textos piedosos, acabaram popularizando o tema do martírio. A ameaça turca nos muros de Viena vinha exatamente restituir uma certa atualidade ao martírio cristão dos primeiros séculos. Na tela, o turbante substituiu o capacete e o alfange o gládio, mas a selvageria era a mesma; e as torturas mais ferozes, às quais sempre resistiam santos impávidos, terminavam infalivelmente pela degolação que inundava a cena com um sangue generoso.

Portanto, a intervenção cirúrgica que se desenrolava à vista das outras constituía uma prova terrível. Mas a doente geralmente a superava com uma abnegação que deixava estupefata a assistência e, em primeiro lugar, o médico que, sem dúvida, era o mais competente para conhecer os limites do corpo, o ponto além do qual é difícil resistir ao sofrimento. Por isso, ele desempenhava nas biografias espirituais que relatam essas cenas, não só seu papel de médico cirurgião, mas também o de testemunha científica capaz de atestar o incompreensível e de afirmar a santidade dessas novas formas de martírio. Portanto, um martírio que não tem nada a invejar ao martírio de perseguição. Pelo menos é isto que pensava um cirurgião que, no começo do século XVIII, acabava de fazer uma dolorosa intervenção em uma religiosa de Amiens. Tendo tirado do osso da coxa uma esquírola do comprimento de um dedo, ele a deu à superiora da comunidade, dizendo-lhe: "Madre, pode guardá-la como uma relíquia, pois há muitos mártires que de forma alguma sofreram tanto".

O tumor maligno aterroriza as populações dos séculos clássicos. Trata-se de uma doença diante da qual a medicina ainda está totalmente desprovida, pois termina inevitavelmente com a morte da pessoa e traz sofrimento e horror no mais alto grau. Essa destruição certa do corpo é o sinal visível de uma eleição: ao enviá-la a alguém, é sinal de que Deus escolheu essa pessoa. Mas esse privilégio acarreta um engajamento bem pesado. Se as marcas da doença continuam ocultas, é preciso saber guardar o segredo, não dizer nada a ninguém, nem mesmo aos próximos, quer se trate de membros da família ou de irmãs da comunidade. Sofrer em silêncio com seu mal é um privilégio muito raro para que seja propalado. Nesse caso, o pudor não tem nada a ver. Não é porque não se quer descobrir o corpo, mostrar o mal para ser cuidado que não se fala a respeito, mas porque se pretende respeitar a confiança que Deus colocou na pessoa atingida pela doença. Por isso algumas religiosas chegam a ocultar seu mal às vezes durante dezenas de anos. Só depois da morte, quando se procede à toalete do corpo, é que o mal aparece de repente em todo seu alcance. "Úlcera maligna" que devasta o colo, "abcesso canceroso" que devora o pulmão, dizem o que foi, durante anos, a via-sacra da falecida.

As biografias espirituais do século XVII estudadas por Jacques Le Brun oferecem uma amostra impressionante desses sofrimentos suportados pelas religiosas atingidas por um câncer, uma doença cujo caráter contagioso é temido naquela época. Também para aquelas que assistem a doente pode tratar-se de uma situação de prova, uma ocasião de superar seu medo e sua repugnância. Enfrentar o horror, fazer uma obra de caridade, cuidar da outra que luta contra o sofrimento e a morte, é tornar desejável o insuportável, participando igualmente na paixão de Cristo. Assim a irmã Margarida-Angélica Chazelle superou sua repugnância em relação a uma de suas companheiras em religião afligida por um câncer purulento, depois de ter tido uma visão de Cristo subindo o Calvário que lhe censurava sua covardia. Enquanto ela cuidava da irmã doente, teve um ataque de náusea em consequência do mau cheiro da chaga, o que ela considerou imperdoável. Foi então que ela "tomou os panos que haviam servido para enxugar o pus do câncer e colocou-os nas mangas de sua camisa, em volta dos braços, trazendo-os pelo resto do dia" para mortificar-se[73]. Quanto à Elisabeth de Bremen, que acolheu em sua casa "uma pobre menina de doze anos com câncer que lhe dava um aspecto tão horrível que todo mundo fugia dela", ela tratou de cuidar da do-

---

73. LE BRUN, J. "Cancer serpit – Recherches sur la représentation du cancer dans les biographies spirituelles féminines du XVIIe siècle". *Sciences Sociales et Santé*, vol. II, n. 2, jun./1984, p. 22.

ente, "tentando por carícias mitigar seu sofrimento: foi desta maneira que ela honrou nesta pobre infeliz aquele que quis parecer desfigurado como um leproso, por nosso amor".

Acariciar um canceroso, beijar suas chagas repugnantes remete às frequentes alusões da literatura piedosa sobre aquelas religiosas que não sentem repugnância nem em lamber o pus ou o vômito dos doentes, nem em colocar sua boca em abcessos infectos: "o beijar franciscano". Vencer a própria natureza, dominar seus instintos, mortificar-se aliviando o próximo, tudo isto se mostra como o meio mais seguro de assemelhar-se ao Redentor[74]. Eis uma "felicidade" à qual não se resiste: o caminho da eleição triunfa dos abismos do corpo.

Quanto mais o mal se assemelha fisicamente às feridas de Cristo, mais evidente parece o sinal de eleição: chaga do lado e tumor no seio encontram-se então associados de maneira bastante sugestiva. Em 1693, morre, na Visitação de Albi, Maria-Dorotéia de Flotté, com cinquenta e seis anos. Durante os muitos anos que ela passou na Instituição não deixou de se sentir fascinada pela morte, pelos moribundos, cadáveres, túmulos, pelo aniquilamento diante de Deus, pelo "fogo devorador" de levar sua cruz, de tornar-se semelhante a Cristo. Mas é verdade que este sentimento mórbido certamente foi alimentado pela longa série de lutos que dizimou sua família. Uma visão vai dar forma ao seu desejo da cruz: "Ela viu como que uma chaga no seu lado direito e sentiu um extremo horror do sofrimento que lhe era apresentado". A chaga de Cristo, que a princípio lhe era inserida na oração sob forma de visão, toma corpo, literalmente: "Ela sentiu uma dor aguda na mama, que foi o começo de um câncer, o mais doloroso que se possa sofrer". Essa religiosa viu assim realizar-se, no arrebatamento, o voto de morte ao qual ela aspirava. A dolorosa doença tornou-se o meio de viver em seu corpo uma es-

---

74. "Il me fallut prendre du pus et lécher des emplâtres" (*La vie de Madame Guyon écrite par elle-même*, 1720. Paris, 1983, p. 82). Agradeço a Jean L'Yvonner por ter chamado minha atenção sobre Madame Guyon.

pirtualidade de imitação de Cristo ferido de morte e de aniquilamento diante de Deus..."[75]

9. *"Fazei tudo que quiserdes ao doente..."*

O santo acha que faz obra pia decidindo abandonar seu corpo ao anatomista depois da morte. Não seria este o meio de demonstrar o pouco caso que ele faz da carne, desta pele, deste espólio sinônimo de desgraça? Assim, em 1587, Francisco de Sales, estudante em Pádua, manifesta naquela ocasião, por estar com uma doença grave, o desejo, caso venha a falecer, de que seu corpo seja dado para ser dissecado pelos estudantes de medicina[76]. Ele vai continuar vivendo e seu corpo não será dissecado; só vai passar desta para a melhor em 1622. Neste ano, aos 24 de dezembro, depois de um resfriado grave que ele contraiu quando fincou uma cruz de missão, proferiu esta palavra de renúncia: "Isto significa que devo ir e bendito seja Deus; o corpo que esmorece oprime a alma". Dois dias depois, a apoplexia tirou-lhe todo movimento e, a conselho dos médicos, foram-lhe então prodigalizados cuidados enérgicos. Para impedir que ele adormecesse, falava-se bem alto com ele e começou-se a friccionar sua cabeça com panos quentes; enfim poções amargas lhe foram dadas para beber. Ele, resignado como era, fazia tudo que lhe era pedido. À uma hora da manhã, foi preciso administrar-lhe a extrema-unção, mas sem poder dar-lhe o santo viático, pois não parava de vomitar. Só assim ele se acalmou e se pôs a rezar. No dia 27 de manhã, ele estava muito mal e até havia perdido o uso dos sentidos. Trataram de fazer-lhe uma sangria e ele adormeceu. Nos seus momentos de vigília, ele parecia conversar com Deus, depois mergulhava de novo no torpor.

---

75. LE BRUN, J. "Cancer serpit..." Art. cit., p. 24-27.
76. TOUZET, H.-P. "La vie pathologique de Saint François de Sales". *Bulletin de la Société Française d'Histoire de la Médecine*, vol. XIV, 1925, p. 17-18.

A ciência da época não reconhecia facilmente sua impotência. A conselho dos médicos, puseram-se a arrancar-lhe os cabelos, a friccionar-lhe as pernas e os ombros com uma tal energia que ficaram em carne viva. Então, recuperado pelo sofrimento suportado e fazendo alusão à agonia do Calvário, ele disse: "O que sofro não merece o nome de dor em comparação com aquela ali". Depois, para arrancá-lo à morte, foi-lhe aplicado na cabeça um emplastro de cantárida que, ao ser retirado, arrancou junto a primeira pele. E, para tentar de tudo, foi-lhe colocado duas vezes o ferro quente na nuca e uma vez o "ferro de cauterizar" que lhe foi aplicado no topo da cabeça que ficou queimado até o osso... Ele chorava, mas não gemia. Quando perguntado se lhe faziam mal, ele respondia: "Sim, sinto isso, mas fazei tudo o que quiserdes ao doente". De vez em quando, ele movia imperceptivelmente os lábios para pronunciar "Jesus, Maria" e murmurar algum salmo. Depois perdia a palavra e, quando os assistentes haviam começado a recitar as orações dos agonizantes, ele entregou a alma.

10. O longo tempo do martírio moderno

Triunfar do corpo é uma tarefa esgotante, pois ela pode sempre ser questionada. A vitória sobre o corpo precisa de fato de tempo: "Um martírio muito breve não pode fazer um grande santo", é o que pensa Teresa d'Ávila. Para persuadir-se disto, os aspirantes à santidade só precisam haurir nos compêndios hagiográficos, na *Lenda de ouro* ou no grande florilégio do jesuíta Ribadeneira, as *Flores dos santos,* publicado em tradução francesa (*Fleurs des saints*) em 1667, que inscrevem a vida de cada santo na própria lógica de resistência aos suplícios que lhe são sucessivamente infligidos. A exposição, no tempo da renúncia aos valores carnais, é a marca de um caráter, pois todas essas provas deixam uma grande alma impassível. Cada tentação, cada suplício multiplica o perigo de uma fraqueza, de uma recaída. Mas cada sofrimento superado também é mais um passo para o céu. As biografias obedecem a esta estrutura que faz do mártir uma corrida de obstáculos. Os modelos são antigos, mas incessantemente republicados ou comentados, como o de Catarina de Sena ou de Lidvina de Schiedam. A biografia de Lidvina comporta três livros que correspondem a três sequências de seu itinerário: "Entrada na vida espiritual", "Progresso na vida espiritual" e "Lidvina entra no estado da caridade perfeita". Uma tripartição que se encontra na vida de Catarina de Sena, pois, como indica seu biógrafo, Raimundo de Cápua, "tudo se deve fazer em nome da adorável Trindade". Na realidade, trata-se de uma retomada da articulação dos Evangelhos: "Vida silenciosa e retirada", "Catarina entre os humanos para a glória de Deus e a salvação das almas", "Morte da santa e milagres que a acompanham". Uma sequência de treze semanas que corresponde mais ou menos ao tempo litúrgico da Paixão. E a santa morre com trinta e três anos!

Na falta de poder conduzir-se como os místicos, cada pessoa é convidada, no tempo forte do calendário cristão, a reviver o sacrifício de Cristo no ritmo de um "relógio da Paixão" do tipo folha avulsa que, na Catalunha, será editada até o século XIX. A cada hora do dia e da noite, das seis horas da Quinta-feira Santa às seis horas da Sexta-feira Santa, corresponde à estrofe de um cântico espiritual e a vinheta de uma sequência da Paixão que o fiel é convidado a contemplar para interiorizá-las melhor.

Sabe-se que na conduta do santo tudo deve levar à *imitatio Christi*: cada intenção, cada comportamento, tudo é calcado em um episódio da morte redentora do Filho de Deus. A obsessiva preocupação com o detalhe leva à elaboração de um código de referências em relação ao espaço da devoção – estações da via-sacra, número de suplícios, cinco chagas de Cristo e sete dores da Virgem – e seu momento preciso, que o místico adapta à sua própria situação. Assim Rita de Cássia define em sua cela sete lugares que correspondem às sete grandes etapas da Paixão, para reviver mais de perto o que Jesus viveu.

Duas constantes são perceptíveis nesses comportamentos vividos como o cumprimento extremo da escatologia da salvação. Primeiramente a ideia de que estamos aqui na Terra para sofrer e que é preciso fazer o sofrimento entrar na nossa regra de vida[77]. Mas isto não é a ilustração da divisa teresiana *aut pati, aut mori* – "ou sofrer, ou morrer" – incessantemente lembrada pela pregação e pelos textos espirituais? Este sofrimento constantemente aguilhoado deve igualmente trazer testemunho: ele não interessa, a não ser que se fale dele, a não ser que um outro qualquer fale dele, seja durante a vida do santo, seja depois de sua morte. O martírio dos tempos modernos se desenrola sob o olhar do outro e, aqui, o papel deste outro é essencial, pois ele garante a transmissão dos fatos e lhes dá sentido. É esta relação que faz o corpo martirizado do místico tornar-se "imagem sensível" do corpo de Cristo[78].

Tomando sua parte nos sofrimentos de Cristo, encarnando assim o corpo sofredor da Igreja, os santos pensam menos em sua própria salvação do que na salvação dos outros. É pelos outros que eles aceitam o inaceitável e suportam o insuportável; e, imitando a Cristo, eles se veem por sua vez redentores. Esta encarnação da Igreja universal manifesta-se particularmente nos momentos de crise que a Instituição atravessa. As provas da Revolução foram para Catarina Emmerich a ocasião de carregar com alegria a cruz da Igreja. E também aqui encontra-se a exata correspondência dos sofrimentos do corpo institucional com os sofrimentos suportados pela mística. "Além das dores contínuas e singularmente pungentes que fizeram uma só coisa com sua vida, e que tinham sua sede no coração, havia nela – sublinha um de seus biógrafos – uma perpétua sucessão de doenças bem variadas em suas formas e apresentando muitas vezes os sintomas mais contraditórios; pois ela devia suportar não somente o conjunto dos sofrimentos da Igreja, mas ainda os sofrimentos variáveis de seus membros tomados individualmente. Não havia em todo o seu corpo um ponto que estivesse são ou isento de dor, porque ela havia dado

---

77. Em Teresa de Ávila, o corpo é dor, e a dor mensagem de Deus, pois Deus salva a alma que "purga assim seu tempo de purgatório". Em um contexto totalmente diferente, J.K. Huysmans, no século XIX, fala de "purificação pelo sofrimento" e vê nele "o verdadeiro desinfetante da alma".

78. Grupo de história religiosa (La Bussière). *O sofrimento* – Encontro de Dole-Montroland, 31/08-02/09/1989.

tudo a Deus"[79]. Todas essas provas que a pessoa inflige a si mesma acabam em uma "retalhação do corpo", em uma verdadeira "ruína da carne"[80].

11. A pecadora arrependida

Muitas vezes os santos são surpreendidos em momentos-chave de sua vida e suas atitudes corporais traduzem então o instante decisivo em que sua existência sofre um abalo. O tema da conversão de Madalena é significativo desta iconografia do instante. Encomendado pelo *Abbé* Le Camas para a capela Santa Maria Madalena, na igreja das carmelitas do subúrbio Saint Jacques, o quadro da *Madalena arrependida,* pintado por Charles Le Brun, por volta de 1652, quer traduzir a ruptura que intervém na vida da pecadora: momento excepcional em que ela renuncia "aos prazeres e às riquezas de que transbordava [...] tendo-a Jesus abrasado inteiramente de amor por ele". A face trágica é levantada para o céu e o corpo, como que desarticulado pelo choque, exprime o desespero; a expressão das mãos, o roçar dos tecidos vêm acentuar esta instantaneidade da graça. E sem dúvida deve-se ver nesta cena uma alusão direta à conversão tão súbita quanto resplandecente do comanditário do quadro, o *Abbé* Le Camus, cujo biógrafo sublinha que ele foi "subitamente arrebatado pela graça [...] e o desejo de uma espécie de reparação pública do mau exemplo que ele havia dado e do escândalo que havia causado em Paris [...] e que ele resolveu fugir de tudo que é amado pelo mundo"[81]. Naquele tempo de retorno a si mesmo, muitos contemporâneos podiam ter feito suas essas palavras, e compreende-se que o arrependimento tenha sus-

---

79. SCHMOEGER, K.-E. La vie de Anne-Catherine Emmerich. Paris: Ambroise Bray, 1868, p. 212-214. Apud ALBERT, J.-P. "Le corps défait – De quelques manières pieuses de se couper en morceaux". *Terrain,* n. 18: Le corps en morceaux, mar./1992, p. 40.

80. ALBERT, J.-P. *Le sang et le ciel.* Op. cit., p. 94.

81. *La Madeleine repentante – L'art du XVIIe siècle dans les carmels de France.* Museu do Petit Palais, 1982, p. 158-159 [Catálogo de exposição].

citado no século XVII um culto sem precedentes em favor da grande pecadora que foi também uma grande arrependida.

À diferença de numerosas representações da Madalena[82], onde ela, apenas vestida de sua cabeleira, meditava na gruta da Sainte-Baume e sugeria "um apelo mais ou menos obscuro à emoção", o quadro de Le Brun exprime "de um modo lúcido e discursivo" a lição de penitência. E é justamente porque queria ver nela o exemplo da grande penitente que a Contrarreforma se apegou de tal forma ao personagem dessa santa. O Carmelo teve uma devoção muito especial por ela. "Eu era devota fervorosa da gloriosa Madalena", relata Teresa d'Ávila em sua *Autobiografia*. "Eu pensava muitas vezes em sua conversão, em particular quando comungava, com a certeza de que o Senhor estava em mim, eu me curvava a seus pés e minhas lágrimas não me pareciam ser desdenhadas."

Bérulle contribuiu muito para expandir o culto da Madalena penitente na França. Em 1625, ele publicou a obra *Élevation à Jésus-Christ Notre Seigneur sur la conduite de son esprit et de sa grâce vers Sainte Madeleine*, onde sublinhava que, Maria colocada à parte, a pecadora era o objeto primordial dos favores de Deus. A espiritualidade beruliana suscitou então o desenvolvimento do tema iconográfico da "Deploração do Cristo morto", cena de quatro personagens com São João, a Virgem e a pecadora, ou cena com dois personagens, quando a Madalena, voltando à atitude de humildade da ceia na casa de Simão, beija com paixão e muita aflição a mão de Cristo morto; antes de jogar-se de novo aos pés do Cristo-jardineiro, na manhã da ressurreição. "Por toda parte nós a vemos aos pés de Jesus, diz Bérulle. É sua morada e sua herança; é seu amor e sua conversão, é sua marca e sua diferença na graça": a união dolorosa da "santa penitente" com Jesus. Mas o corpo arrependido só se justifica se ele se encontrar diante de uma vontade de perdão. É porque foi

---

82. Sobre as imagens da Madalena: Sainte Marie-Madeleine et l'application du décret tridentin (1563) sur les saintes images. In: *Marie-Madeleine dans la mystique, les arts e les lettres*. Paris: Beauchesne, 1989, p. 191-210.

perdoada por Jesus que a Madalena está à cabeceira do Cristo morto e se compadece dos seres humanos do século XVII[83].

12. *O brasão dos santos*

O santo mártir, pintado ou em estátua, apresenta ostensivamente a parte de seu corpo que foi mais torturada pelos carrascos. Assépticas ou não, essas representações vêm lembrar aos fiéis que aquele que tem fé triunfa sempre dos horrores do martírio. O que deveria ser sofrimento indizível sob o requinte do carrasco não afeta de forma alguma quem tem fé. Nenhum traço de seu rosto, nenhum músculo de seu corpo trai a mínima resistência à agressão: o corpo do santo em seu martírio é um corpo entregue, impassível, já desligado deste mundo, o corpo de outro que ele não é mais. Ou melhor, eis que este corpo atormentado se torna um corpo que proclama a nobreza do serviço de Deus. E a parte maltratada pelos esbirros é agora o sinal que permite reconhecer o santo dentre seus pares, a parte que proclama sua identidade, aquela que ele exibe espontaneamente: os olhos de Santa Lúcia ou de Santa Odília, as entranhas de São Mamés ou Santo Erasmo, os seios de Santa Águeda ou os dentes de Santa Apolônia... Também o sepultamento do santo é ocasião de valorização deste corpo que tanto sofreu e agora repousa em um leito estofado e flamejante; e algumas cenas que representam anjos colocando-o solenemente no túmulo não deixam de lembrar o sepultamento do corpo de Cristo.

Por outro lado, uma vez morto, um santo sempre encontra o meio de manifestar-se à lembrança dos fiéis. Ele lhes aparece, lembra-lhes seus compromissos não cumpridos, pune-os às vezes em sua carne. E porque os pecadores sabem que o contato que os liga ao santo tem suas obrigações às quais

---

83. Quase um quarto das imagens de santos que figuram nos interiores parisienses no século XVII é constituído pelas representações da Madalena arrependida. Cf. PARDAILHÉ-GA-LABRUN, A. *La naissance de l'intime* – 3.000 foyers parisiens, XVIIe-XVIIIe siècle. Paris: PUF, 1988, p. 432-433.

não podem esquivar-se, eles não se arriscam a infringir as regras. Quando o corpo santo falou, não há mais do que se decidir a obedecer.

A apoteose do santo, sua ascensão ajudada pelos anjos constitui a última etapa de sua vida. Ela remete a dois modelos: o de São Paulo, que teria "sido arrebatado ao terceiro céu, [mas] se foi com ou sem seu corpo, só Deus o sabe", e o de Santa Madalena que costumava ter esses transportes, pois "os anjos a elevavam sete vezes por dia para ouvir seus concertos celestes". Eis um tema bem caro à Contrarreforma, que foi frequentemente ilustrado pelos artistas em grandes obras de encomenda. Os santos protetores são representados durante esta sequência dinâmica de "arrebatamento", como São Jerônimo, pintado por Zurbarán, ou São Pedro de Alcântara por Frei Lucas. Aliás, a disposição do corpo sempre obedece às mesmas convenções. Na parte central do quadro, o santo, com o olhar voltado para o céu, os braços levantados, as mãos abertas e os pés encolhidos, abandona seu corpo a grupos de anjinhos de posturas as mais extravagantes que o sustentam em seu transporte: um corpo em peso aspirado para o paraíso. No alto do motivo, o céu se abre e a luz divina penetra as nuvens, inunda a cena em resplendores barrocos; e talvez se deva ver efetivamente, nessas grandes composições da Contrarreforma, o sinal de uma fratura, de uma perturbação dos espíritos e, em última análise, o fim de uma cosmovisão[84]. Embaixo, uma paisagem representa o país onde o santo viveu sua vida terrestre e que agora se encontra sob sua proteção. Figuram também seus símbolos, muitas vezes carregados pelos anjos: as cadeias de Pedro de Alcântara ou o chapéu cardinalício de São Jerônimo.

13. Corpos à espera da ressurreição

Se o desejo de incorporar-se a Cristo manifesta a vontade das almas de elite de partilhar seus sofrimentos, no fiel comum exprime-se o desejo de

---

84. Sobre esta abertura pictórica e seu significado novo a partir do fim do século XVII, cf. DELUMEAU, J. *Que reste-t-il du Paradis?* Paris: Fayard, 2000, p. 408-439.

preparar seu lugar no céu junto de Deus. A morte vem colher o crente e colocar um fim às suas provas nesta Terra. Após o desaparecimento do corpo, vem o longo parêntese do repouso antes do Juízo Final, pois a esperança, sempre perpassada de dúvidas, é de um renascimento, corpo e alma, para ocupar um lugar à direita de Deus[85].

As ossadas dos mortos esperam sua hora na "terra sagrada, o dormitório dos fiéis antes da ressurreição"[86]. Até o século XVI, ou mesmo o século XVII, os corpos eram sumariamente enterrados no cemitério comunitário. O estado de abandono aparente no qual se encontram as sepulturas, a presença de ossadas erráticas, a realização de reuniões junto dos túmulos, a perambulação de bandos no cemitério são frequentemente denunciados pelos prelados, por ocasião de suas visitas pastorais. Essas críticas correspondem a uma realidade: a vida no meio dos mortos, a vida e a morte intimamente confundidas, e a admissível circulação de mortos no universo dos vivos testemunham a permanência de uma concepção rural da existência, uma visão do além à qual a Igreja – pelo menos o pastor do local – parece ter-se acomodado há muito tempo, mas que agora ela reprova e combate. O magistério quer impor um respeito maior, colocando ordem nas sepulturas, exigindo uma certa decência no campo dos mortos. Respeito, ordem, decência: são essas as palavras que retornam ordinariamente sob a pena dos eclesiásticos.

O premente convite feito às comunidades de não mais deixar as ossadas dos mortos serem arrastadas de um lugar para o outro levou, desde o fim do século XV, na Bretanha, à construção do "relicário", uma espécie de local de serviço onde os restos dos mortos são depositados[87]. Mas foi no século XVI e

---

85. MARLÉ, R. "La foi en la résurrection des morts". *Le temps de la réflexion*, vol. III, 1982, p. 120.

86. SPONDE, H. Les cimetières sacrez, 1596. Apud CROIX, A. *Culture et religion en Bretagne aux XVIᵉ et XVIIᵉ siècles*. Rennes: Presses Universitaires de Rennes, 1995, p. 155.

87. Assim, em Campbon, em 1573, foi feita uma injunção em um processo verbal de visita de "fazer um pequeno relicário para colocar os ossos dos defuntos" (CROIX, A. Ibid., p. 160).

sobretudo no século XVII que se generalizaram essas operações de agrupamento das relíquias dos mortos. Foram empilhadas sob a abóbada do pórtico meridional do santuário transformado em depósito de ossos ao qual se sobe por uma escada, ou então foi construída uma galeria em madeira no cemitério, uma espécie de alpendre sob o qual foram meticulosamente agrupados os restos embranquecidos dos antepassados. No fim da evolução, nas paróquias mais abastadas da baixa Bretanha, como Saint-Thégonnec, chegou-se ao ossário em pedra boa, ao qual está associada sob um mesmo teto uma capela dos mortos.

Por meio desta sacralização do domínio da morte, a Igreja chegou a seus fins. O intercâmbio entre os vivos e os mortos pode funcionar segundo novas regras: os vivos fazem ações de graças pelo repouso dos defuntos e estes intercedem pela salvação dos vivos – cada um em seu lugar. Essa mutação do espaço da morte, que corresponde a uma transformação profunda e progressiva da consciência da vida, vem acompanhada de novos costumes, em particular o da escrita. Sentenças, em forma de *memento mori*, são afixadas agora em cima de um muro de ossadas anônimas e solidárias. Se esse bloco cimenta certamente a memória e a fé religiosa de uma comunidade, ele no entanto não exclui a individualização da lembrança. Da Bretanha à Áustria, passando pelos cantões suíços e pela Baviera, perpetuou-se, sem dúvida desde o século XV, o costume da "caixa craniana" sobre a qual está inscrito o nome do defunto. Acontece até que um texto enquadrado de um motivo vegetal e relatando a "história" do morto seja pintado diretamente sobre o crânio. Mas a quem é destinada esta ficha de identidade? Certamente não ao defunto que, chegado o momento do Juízo Final, será perfeitamente capaz de encontrar no montão do ossário o que lhe cabe, mas à descendência e, em um âmbito maior, aos membros vivos da comunidade que podem lê-lo como um lembrete de seus deveres a respeito dos mortos[88].

---

88. Cf. a importante contribuição de LE FUR, Y. "Ossuaires d'Europe". In: *La mort n'en saura rien* – Reliques d'Europe et d'Océanie. Paris: RMN, 2000, p. 69-82 [Catálogo de exposição].

Nos países em que se espalhou o macabro barroco a partir do fim do século XVII, acontece que os ossos dos mortos são considerados como um "material" decorativo. Florescem assim as capelas de ouro feitas muitas vezes por iniciativa do clero. Na *Golden Kammer* da Igreja de Santa Úrsula em Colônia, ou na *Capella dos Ossos* de Évora em Portugal, o extraordinário entrelaçamento das cabeças e das ossadas contribui para estabelecer uma nova relação entre o Corpo e o Verbo. Em estilo rococó ou em decoração de *grottesca*, as ossadas desenham arabescos decorativos e ilustram os grandes momentos da Paixão. Nessas salas de espera da ressurreição, o despojo dos defuntos reduzido a fragmentos denuncia a vaidade deste mundo, tornando a representar teatralmente o Gólgota.

14. "A grande beleza dos corpos gloriosos"

Se a humanidade inteira está sujeita à corrupção, consequência da vaidade e da ingratidão de Adão, a perspectiva da salvação faz da decadência física um acidente, um parêntese passageiro antes da recomposição dos corpos. No entanto, e a Igreja não cessa de lembrá-lo, só aqueles que respeitam os mandamentos de Deus encontrarão no céu um esplendor triunfante. Na economia da salvação, a corrupção dos corpos e o desaparecimento da carne são de fato apenas passageiros. No dia da ressurreição, o corpo será recomposto em torno de seu esqueleto que só ele terá sobrevivido à decomposição. E até a dispersão do esqueleto não será obstáculo a esta regeneração, a crer numa tradição já veiculada pelos comentaristas judeus do Pentateuco no século III e retomada pelo médico Gaspar Bauhin em seu *Theatrum anatomicum* em 1621: "[...] No corpo humano – escreve ele – há [...] um certo osso, o qual não pode ser corrompido nem pela água nem pelo fogo, nem por nenhum outro elemento, e muito menos ser rompido ou quebrado por alguma força externa. No dia do Juízo Final, Deus regará este osso com um orvalho celeste, e então todos os membros se ajuntarão em torno dele, e se reunirão em um corpo que, sendo animado do espírito de Deus, ressuscitará vivo. [Os judeus] chamam este osso de *lus* ou: 'luz'". É verdade que nem todos os anatomistas concordam a respeito do lugar deste osso. Vesálio acha que ele tem a forma de uma ervilha e que se situa na primeira juntura do polegar do pé, enquanto que os talmudistas o situam à base do crânio, a menos que seja a primeira das doze vértebras do tórax... Uma coisa é certa: se é em torno desse pequeno osso que o corpo deve recompor-se, é porque todos acham que se trata de um osso muito duro, que resistiu à corrupção. Com efeito, estamos aqui em uma temática de resistência à podridão universal. Por mais secos que estejam, os ossos se tornarão úmidos, se vestirão de carne e de pele; a recarnificação progressiva do corpo se fará ao invés do que era produzido depois da morte.

São essas etapas de revitalização do esqueleto e do corpo que quiseram traduzir, na Renascença, Luca Signorelli na Catedral de Orvieto e Michelangelo na Capela Sistina, em grandes afrescos consagrados ao episódio da ressurreição. Graças ao seu conhecimento da anatomia – cujo progresso se conhece naquele tempo – eles retratam um momento-chave da história do corpo e da sensibilidade ocidental. Desenrolam-se aos nossos olhos todas as etapas de uma metamorfose que revoluciona a ordem comum das coisas: esqueletos esbranquiçados de órbitas vazias que começam a levantar a laje do túmulo ou esboçam um movimento, formas obscuras e perturbadoras que se mexem em sua mortalha, cadáveres de carnes sem contornos precisos, corpos de homens e de mulheres espantados que saem enfim da terra para agradecer a Deus ou temê-lo... Todas essas cenas fascinantes desenrolam-se sob o olhar de um Deus de justiça, árbitro supremo que vigia para que os bons, de corpos resplandecentes e submissos, sejam recompensados, e os maus, de corpos torturados pelo remorso e pelas chamas que já os lambem, sejam punidos para sempre.

Para exacerbar ainda mais o medo do pecado e lembrar o fim dos tempos, a Contrarreforma multiplica os quadros da ressurreição. Ora, essas grandes composições didáticas deixam passar, muitas vezes à sua revelia, uma imagem nova do corpo dos eleitos. Mas, em todos os casos, a ressurreição só se refere aos corpos em sua plenitude. Ressuscita-se em esplendor e em glória: corpos desabrochados de homens e mulheres com a idade de

Cristo no fim de sua missão redentora. Não há aqui, de fato, lugar para corpos de crianças inocentes, nem de idosos decrépitos. A ressurreição é uma apoteose de corpos belos a contemplar.

III. Relíquias e corpos miraculados

O culto às relíquias, aos restos – *reliquae* – dos corpos santos, é tão antigo como a Igreja[89]. Desde que o culto foi autorizado, estabeleceu-se o costume de construir os santuários em torno do túmulo dos santos. E, quando uma comunidade não tinha a chance de poder ter um corpo, exigia-se obrigatoriamente que a pedra do altar sobre a qual se celebrava o sacrifício da missa contivesse uma parcela de relíquia piedosamente solicitada[90]. Mesmo morto, o santo continua sendo objeto de grande veneração[91]. Seu corpo é o receptáculo do sagrado, um corpo relíquia, objeto de devoção e de revitalização[92]. Porque o corpo santo também é marcador identitário, corpo matricial junto do qual a comunidade se regenera sem cessar, o símbolo de sua permanência. Relíquias e relicários que as contêm garantem um papel essencial de coesão social.

1. A relíquia, um corpo-cepa

Mas, não está morto esse corpo cujos restos são venerados? Ora essa! Aos olhos dos fiéis, porém, ele irradia vida, é fonte de vida. E não faltam si-

---

89. Artigo "Reliques". *Dictionnaire de Théologie Catholique*. Tomo XIII/2. Paris: Letouzey et Ané, 1937, col. 2.312-2.376.

90. Dois trabalhos recentes abordam sob ângulos diferentes o vasto domínio das relíquias de santos: ANGENENDT, A. *Heilige und Reliquien* – Die Geschichte ihres Kultus vom frühen Christentum bis zu Gegenwart. Munique: [s.e.], 1994. • *La mort n'en saura rien* – Reliques d'Europe et d'Océanie. Op. cit.

91. DUPRONT, A. *Du sacré* – Croisades et pèlerinages – Images et langages. Op. cit., p. 383-385.

92. "Reliquaires, le fragment du corps saint". In: *Le corps en morceaux*. Paris: RMN, 1990, p. 47-50 [Catálogo de exposição].

nais para comprová-lo: corpos miraculosamente preservados da podridão e exalando um delicioso "odor de santidade"; corpos que – oh maravilha! – começam a sangrar quando o escalpelo do operador corta a carne muito tempo depois do sepultamento. Mas também está vivo o corpo do santo quando o tempo já fez sua obra. Das ossadas preciosamente reunidas em um relicário emana uma força da qual os fiéis procuram beneficiar-se.

Na cidade e na região próxima, não se esquece de atribuir ao corpo do santo uma virtude tutelar. Depois de sua morte, os litígios às vezes violentos que nascem entre duas comunidades a propósito do lugar onde devem repousar seus despojos, não são apenas o reflexo de interesses materiais ligados à exploração de uma peregrinação, mas traduzem profundamente a vontade de não se separar do corpo-cepa, que gera e perpetua a vida. Quando a questão foi resolvida por um sinal, toda a vida da comunidade eleita gira agora em torno dele. Pelo fato de ele encarnar a permanência, é junto do corpo-relíquia do santo que se assumem os grandes compromissos da vida de cada indivíduo: casamento, nascimento e morte são colocados sob a proteção do ancestral comum. E seu nome é em geral dado aos recém-nascidos. As relíquias do santo, tesouro inestimável, também são levadas solenemente pela cidade, para acabar com a seca ou para fazer cessar a chuva, afastar a guerra e a epidemia que a acompanha. Esse corpo-referência, do qual se espera a regularidade das estações e a perpetuação da família e da espécie, é portanto essencial à vida de todos. Graças a ele, as pessoas se sentem desse lugar, se reconhecem diferentes dos outros. O corpo-cepa cristaliza a pertença à comunidade[93].

Como se pode ver, as relíquias dos corpos santos são muito mais do que velhos restos corporais. Elas fundam a crença em valores comuns por uma mesma concepção religiosa das origens. Não nos enganemos, há mais do que um acaso por trás da homonímia: "corpo municipal" e "corpo de ofícios"

---

93. VAUCHEZ, A. (org.). *La religion civique à l'époque médievale et moderne (chrétienté et islam)* – Actes du Colloque de Nanterre (1993). Roma: École Française de Rome, 1995.

referem-se a graus diversos dos corpos santos fundadores. Sem dúvida, no curso do século XVIII, alguns começam a distanciar-se dessas antigas solidariedades, enquanto se esboçam novos laços entre o indivíduo e a coletividade; laços não mais fundados na simbologia religiosa, nas virtudes cristãs, na ligação com o miraculoso, mas em uma concepção mais profana da vida. Não obstante, no final do século, as velhas crenças continuam fortes e ninguém duvida que os revolucionários, fazendo-se profanadores, tenham querido colocar-lhes um fim. Dispersando o conteúdo dos relicários, eles desdenham os vínculos simbólicos e rompem com um passado de crenças que já se tornaram caducas. Eles antecipam a evolução dos espíritos e aceleram as mutações. Para "viver livre" é preciso não somente criar outras relações sociais, mas inventar novos símbolos, voltar-se para um futuro fundado no ser humano e não mais na "superstição" que ronda os corpos mortos. Como se fosse fácil mudar de um dia para o outro a mentalidade e o comportamento, revogar o sagrado e extinguir os vínculos seculares... À beira dos braseiros, em torno dos quais se dança a *Carmagnole*, há sempre uma mulher piedosa ou um velho sacristão para recolher o osso de uma falange ou um fragmento de úmero meio calcinado: tesouro inestimável que, amanhã, passada a tormenta, dará por um tempo a ilusão de que ainda é possível reatar com as antigas crenças[94].

2. Inúmeras relíquias

Cada lugar de culto preocupou-se, a partir da Idade Média, em adquirir relíquias santas por meio de compra, troca ou doação. As visitas episcopais dos séculos XVI e XVII provam a importância das transferências. A visita de François d'Estaing, Bispo de Rodez, em 1524, em sua diocese, comprova a preocupação do prelado em avaliar a qualidade das relíquias possuídas, con-

---

94. GÉLIS, J. "Les 'corps saints' d'étampes – La fin d'un culte populaire". *Le pays d'étampes au XIXe siècle*. Le Mée-sur-Seine: Ammatéis, p. 168-192.

signar o número de relicários e apreciar a devoção das comunidades aos seus corpos santos. Nos 288 lugares de culto visitados por ele em seis meses, foram enumerados 167 relicários para os quais existe um inventário[95]; no total, são 628 relíquias recenseadas, ou seja, três a quatro por local. Leprosários e mosteiros possuíam o maior número delas, o que mostra a importância que se dava a seu valor terapêutico.

Mas de que relíquias se trata? Se podemos afirmar que 90% delas são relíquias do corpo, por outro lado é impossível determinar com precisão de que partes do corpo se trata. No total, um pouco menos de um terço (30%) pertence a personagens do Novo Testamento. São Pedro e São João Batista vêm na frente de Estêvão e Bartolomeu. As mulheres são representadas principalmente pela Virgem, o que não surpreende, depois por Madalena e Ana: uma hierarquia que coincide localmente com a dos prenomes. Uma situação como esta não é própria ao Limousin, uma vez que podemos encontrá-la, com algumas diferenças, em outras regiões. Mas, como muitas igrejas foram consagradas sobre relíquias que não eram as de seu patrono, este não é representado num em quatro casos. Do pelotão dos santos comuns, destaca-se o popular São Brás que precede na ordem São Marcial, Eutrópio, Lourenço e Martinho. Mais longe, Lopo, Ferreol, Sebastião e Roque testemunham que os fiéis confiam antes de tudo nos santos terapeutas que aliviam seus males cotidianos.

A maioria dessas relíquias são divididas em parcelas. Em geral, só os santuários que abrigam peregrinações conservam corpos inteiros. Na verdade, a fragmentação do corpo santo não perturba a consciência religiosa[96]. Esmigalhar o corpo multiplica até os benefícios da relíquia, pois cada parcela conserva a carga sacral primitiva: aqui, a parte vale pelo todo. Portanto, nada se opõe à dispersão dos restos e até seria prejudicial privar deles os ou-

---

95. LEMAÎTRE, N. "Des corps à voir et à toucher: les reliques des paroisses du Rouergue: 1524-1525". *Le corps à la Renaissance* – Actes du XXXe Colloque de Tours. Tours: [s.e.], 1987, p. 161-162.

96. ALBERT, J.-P. "Le corps défait..." Art. cit., p. 33-45.

tros fiéis. O culto das relíquias se baseia de fato na possível transferência da sacralidade do corpo santo para o devoto. Como o fermento faz crescer a massa que dará o pão que nutre, a parcela de relíquia vem fecundar as comunidades e as pessoas, curá-las e salvá-las. Mas, na vasta panóplia das relíquias, nem todas são equivalentes. Há relíquias de maior valor por serem mais nobres, mais carregadas de sentido. Algumas têm relação com a paixão de Cristo (cruz, sudário, espinhos) ou com milagres eucarísticos (sangue, suor); outras mais litigiosas (umbigo e prepúcio de Cristo) são descartadas, não sem prejuízo, pela Igreja[97]. Dos corpos fragmentados dos santos, nem tudo é reservado. Os pés não são frequentes, ao passo que pernas e braços figuram quase sempre nos santuários ricos em relíquias. Os flancos, mais raros, são apresentados em alguns inventários dos séculos XVII e XVIII. A cabeça prevalece em qualidade ou até em número entre todas as outras relíquias. Relíquia importante, ela jamais é confundida com uma cabeça de animal, pois é a marca da humanidade. É ela que inspira a meditação dos místicos e, a cada sete anos, em Limoges, o crânio de São Marcial está no centro das exposições[98]. O crânio-relíquia frequentemente é encerrado em um busto-relicário, muitas vezes estereotipado, que passa por identificar o santo. Mas acontece que o crânio nem figura nesse busto-relicário que é uma espécie de porta-tudo: nele foram reunidas ossadas piedosas de diversas proveniências. Aliás, isso pouco importa ao devoto que, na maioria das vezes, nem o sabe. Para ele, a relíquia, seja ela qual for, confere sua carga sacral à imagem que ele tem diante de si. E isto é o essencial.

Pelo fato de desempenhar um papel importante na cultura oral como meio de expressão e pelo fato de remeter, na história santa, a uma gestualidade do anúncio, o dedo indicador dos santos não é uma relíquia anódina.

---

97. BOUSSEL, P. *Des reliques et de leur bon usage*. Paris: Balland, 1971, p. 102-168. • SAINTYVES, P. *Les reliques et les images légendaires*. Paris: Mercure de France, 1912, p. 109-184.

98. CARION, A. Miracles de Saint Martial. In: GÉLIS, J. & REDON, O. (orgs.). *Les miracles miroirs des corps*. Paris: Presses Universitaires de Paris VIII, 1983, p. 87-124.

Se as relíquias de dedos jamais foram tão numerosas como as relíquias de braços, grande é no entanto a variedade dos santos cujos dedos foram piedosamente conservados. São Tiago Maior em Messina, Santo Tomás de Aquino em Bolonha, São Teobaldo em Thann, São Domingos em Munique, Santa Gertrudes em Bamberg, Santa Isabel em Heilbronn, Santa Maria Madalena em Veneza, Santa Margarida em La Bénissons-Dieu, São Juliano em Mans e muitos outros são venerados por meio da relíquia de um de seus dedos[99]. Do século XII ao século XVI essas relíquias pouco espetaculares foram magnificadas pelo trabalho dos ourives, muitas vezes elevadas à categoria de joias. Eram apresentadas em um escrínio de prata ricamente decorado com a forma de um dedo ou em uma custódia de cristal. Mas é claro que os mais venerados foram os dedos do Precursor, sobretudo o indicador: em Basileia, Pádua, Augsburgo, Brunswick e, na França, em Saint-Jean-du-Doigt. Assim, os ourives, como os pintores, os escultores e os gravadores contribuíram para a difusão de um modelo iconográfico, o de João Batista anunciando a vinda do Messias, com o dedo indicador apontando para o céu.

3. A relíquia colocada à distância

Por ocasião da abertura dos túmulos, do traslado ou elevação das relíquias do santo ao altar, a Igreja organiza grandes cerimônias cheias de solenidade. O traslado das relíquias é uma prerrogativa episcopal, amplamente usada pelos prelados no curso dos séculos XVI e XVII. Ela constitui de fato um argumento de peso na obra de manutenção na Igreja ou de reconquista das populações face à heresia. Dá-se naturalmente a este evento um caráter teatral que marca tão vivamente os espíritos que, dezenas de anos depois, aqueles que a ele assistiram ainda dizem com emoção que foi um dos tempos fortes de sua vida. Temos um exemplo disso no padre barnabita de Étampes,

---

99. Fingerreliquiar. In: *Reallexikon zur deutschen Kunstgeschichte*. Tomo VIII. Munique, 1987, col. 1.207-1.223.

Basílio Fleureau, que, em um livro consagrado às "antiguidades" de sua cidade natal, lembra com emoção o reconhecimento, em 1620, das relíquias dos santos patronos, Can, Cantien e Cantienne, em presença do arcebispo de Sens: "Foram mostradas ao povo diversas vezes as santas relíquias e, para satisfazer a devoção que ele testemunhava com seus brados muitas vezes repetidos, elas foram expostas publicamente pelo resto do dia. Tive a consolação em minha juventude de vê-las e de beijá-las..."[100]

No "Rouergue flamboyant" de meados do século XVI, o cardeal Georges d'Armagnac, bispo de Rodez, organiza uma imponente cerimônia para a elevação do corpo de São Dalmásio, cuja lembrança continuará bem viva, meio século depois, na memória do historiador Antoine Bonal, que a assistiu. Aos 13 de novembro de 1551, em uma cena preparada diante da igreja de Santo Amâncio, o prelado em vestes pontificais diante do povo reunido levantou longamente, com muito esforço, cada um dos ossos do santo; em seguida, o crânio foi colocado sobre o altar em um relicário de prata, enquanto o corpo era deposto em uma caixa de chumbo que foi depois descida ao túmulo: um belo trecho de liturgia em torno de um corpo santo, num contexto antiprotestante[101].

Se a Contrarreforma sabe de fato utilizar essas vastas aglomerações, destinadas a manter as populações na verdadeira fé, uma grande mudança intervém na relação que existia antes entre o fiel e as relíquias de santos locais. Até então, essa relação era quase carnal. Para garantir-se a proteção ou a cura, a pessoa tocava e beijava as relíquias, ou até as levava consigo em certas circunstâncias. Depois de um acidente que fazia temer pela vida, os preciosos restos eram colocados sobre o corpo daquela ou daquele que esperava a recuperação de sua saúde. E no dia da festa do santo, enquanto a procissão seguia pelas ruas do povoado ou da cidade, todos aqueles que esperavam a

---

100. *Les antiquetez de la ville et du duché d'estampes*. Paris: [s.e.], 1683, p. 361.
101. LEMAÎTRE, N. "Des corps à voir et à toucher..." Art. cit., p. 165.

proteção do santo podiam tocar as relíquias ou passar sob o relicário, pois, desse corpo morto bem vivo esperavam-se maravilhas: "Aquele que toca os ossos de um santo, dizia São Basílio, participa na santidade e na graça que nele reside". O desejo de estabelecer um contato íntimo com a relíquia exprimia-se também, desde a Antiguidade, pelo enterro *ad sanctos*, ou ainda pela incubação no túmulo das pessoas santas de que a Idade Média oferece tantos exemplos.

As relíquias privadas não eram raras e circulavam, o que permitia uma forma de intimidade com o corpo santo. Porque era comum que as pessoas as levassem sobre seu corpo, a Reforma católica achou que devia restringir este corpo a corpo suspeito, esta perigosa confusão entre práticas mágicas e ritos sagrados. Assim, em 1619, os estatutos sinodais de Limoges impuseram um regulamento proibindo conservar relíquias em casas particulares, comerciá-las e retirá-las de seu relicário para mostrá-las[102]. Parece que foi difícil a aceitação dessa injunção, pois em toda parte continuou mais ou menos o uso de tais relíquias. Mas, de lícita, a prática tornou-se condenável e foi preciso então dissimulá-la.

Nos locais públicos de culto, as relíquias foram daí em diante encerradas em relicários fechados. Não foi mais possível ter contato direto com elas: as pessoas deviam contentar-se em vê-las à distância, através do vidro que as protegia dos gestos audaciosos dos fiéis. Aliás, para evitar os *furta sacra*, os "roubos de coisas sagradas", tão frequentes na Idade Média, os relicários dos santos foram suspensos a uma boa altura, ou instalados sobre pilares que enquadram o altar, donde só eram descidos, depois de "retirados os parafusos" que os fixavam, nas grandes ocasiões, no dia da festa do santo ou quando uma catástrofe atingia a comunidade. Em uma cultura em que tocar vale como prova, onde se espera muito do contato direto com o corpo do outro, mesmo que esteja morto, essa distância física das relíquias foi vivamente

---

102. AUDISIO, G. *Les français d'hier* – Tomo II: Des croyants, XVe-XIXe siècle. Paris: Colin, 1996, p. 248-249.

sentida. Só os grandes personagens podiam ainda aproximar-se dos restos venerados dos santos, às vezes tocá-los e excepcionalmente aplicá-los sobre o corpo. Esse privilégio cabia às rainhas que, justamente antes de seus partos, no Louvre ou em Fontainebleau, costumavam colocar sobre o ventre o cinto de Santa Margarida conservado na abadia de Saint-Germain-des-Prés. Quanto aos súditos, só lhes restava usar substitutos, como mostra o relato tão inspirado de um Louis-Sébastien Mercier que trata, no fim do século XVIII, da maneira como o guarda da igreja de Saint-Étienne-du-Mont tocava as vestes dos doentes, trazidas pelos fiéis, no túmulo de Santa Genoveva[103].

Se naquele tempo as ossadas foram preservadas do "contato aviltante da multidão", pode-se mostrar uma certa complacência quando se trata de relíquias do vestuário. Aceitava-se então, às vezes, até a dilapidação da relíquia, cujas ínfimas parcelas podiam ser inseridas no corpo do peregrino. Durante séculos, procedeu-se no grande santuário de Santo Huberto de Ardenas ao que se chamava o "talho de Santo Huberto", destinado a vencer a raiva[104]. O doente, ajoelhado, apresentava a fronte ao padre pronto para operá-lo por meio de um bisturi fininho e estreito. O operador levantava um pedaço de epiderme e fazia uma incisão minúscula. Com uma tesoura bem fina, ele separava então um filamento de uma estola que havia pertencido ao santo e o inseria no talho que ele havia feito, por meio de uma pinça chata em forma de chave de fenda. Sobre a ferida ele aplicava um emplastro, depois cingia a fronte do paciente com uma faixa escura munida de três cordões, dois laterais e um no meio, que eram fixos atrás da cabeça para assegurar o bom desempenho do pensamento. Se quisesse obter o pleno êxito da operação, o "talhado" devia observar uma novena: além de confessar-se e comungar cada dia, dormir sozinho "em lençóis brancos e limpos", beber "em um copo

---

103. MERCIER, L.-S. *Le tableau de Paris*. Paris: PUF, 1979, p. 264-266 [KAPLOW, J. (org.)].

104. TRICOT-ROYER. "Le bilan du traitement de la rage à l'intercession de Saint Hubert et plus spécialement à Sain-Hubert d'Ardenne". *Bulletin de la Société Française d'Histoire de la Médecine*, vol. XIV, 1925.

ou outro recipiente particular", e seguir um regime alimentar estrito. A peregrinação era uma ascese.

No final do século XV o culto eucarístico ainda estava intimamente ligado à devoção às relíquias: colocava-se a hóstia da festa de *Corpus Christi*, o corpo de Cristo, com os outros corpos santos. Mas surgiu logo uma mudança que a Contrarreforma veio acelerar: a hóstia passou a ser encerrada numa peça de ourivesaria, na qual foi instalada uma lúnula de vidro, a "custódia eucarística". Nela está presente o corpo de Cristo, agora solenizado e isolado das relíquias dos corpos santos; e, naquele tempo de ostentação, os fiéis se contentavam em devorá-lo com os olhos. Mas essa separação imposta pelo culto da hóstia santa não veio rebaixar as relíquias dos santos, ao contrário, pois esta valorização das relíquias, no tempo em que foram subtraídas ao contato dos fiéis, veio acompanhada de um movimento de reconhecimento. Os restos do santo ou santa são colocados em um novo invólucro, mais decente do que a urna funerária primitiva em madeira bichada. Com efeito, a abertura dos túmulos não é uma simples manipulação; ela vem acompanhada de um exame das "autênticas" ossadas, às vezes avalizado por médicos. E reconhecimentos redigidos em tiras de papel ou de pergaminho vêm perpetuar a veracidade da constatação. Trata-se na verdade de resistir às críticas daqueles que, humanistas e protestantes, permitiam-se colocar em dúvida a identidade das ossadas. E, neste novo contexto, naturalmente eram valorizados os "pequenos santos" locais, cujo corpo muitas vezes permanecia intacto, enquanto a verdadeira proveniência de uma ossada isolada podia mais facilmente ser suspeita.

O problema da autenticidade das relíquias não é secundário, quando se vê o esforço que se faz para dar credibilidade àquelas que se possuem ou que se conhecem. Em 1630, na obra que ele consagra ao Gâtinais (de Gâtine), Dom Morin, prior-mor de Ferrières, relata o caso da difícil autenticação das relíquias de São Bento e de Santa Escolástica, fraudulentamente levadas do Monte Cassino para a Abadia de Fleury-sur-Loire. Ele fala de reconhecimento miraculoso, e vê nisso a mão de Deus[105]. Na verdade, muitas vezes importava menos saber se a relíquia era "original" do que comprovar que ela havia desempenhado anteriormente um papel no culto. Era seu valor de uso que, de alguma forma, comprovava sua autenticidade.

Desde o fim do século XV, assiste-se a uma verdadeira política de aquisição que culmina às vezes em uma surpreendente variedade de relíquias. Ora, um procedimento como este se explica sem dúvida tanto pelo desejo de satisfazer um gosto cada vez mais pronunciado pela coleção, como pela vontade de oferecer um amplo leque de recursos. É preciso de fato aproximar esta bulimia de relíquias do gosto desenvolvido pelas curiosidades mais variadas, que se espalha por toda parte da Europa, na Renascença. Acumular relíquias não é, em certo sentido, reconstituir uma corte celeste em miniatura e aproximar assim a Terra do Céu e seus benefícios? Sabe-se por Lutero que o Eleitor de Saxe, Frederico o Sábio, grande colecionador diante do Eterno, havia constituído em Wittenberg nos anos 1510-1520, uma coleção de relíquias que atraiu imediatamente numerosos peregrinos. Ele fazia vir relíquias de toda parte, comprava e permutava, sem se mostrar muito meticuloso sobre o caráter esquisito ou até inverossímil de algumas delas: partículas da língua do Menino Jesus, calças de São José e cuecas de São Francisco, palhinhas da manjedoura, cabelos da Virgem e gotas de seu leite, mas também fragmentos de varas e pregos da paixão... Em suma, ele havia reunido um conjunto de 17.413 relíquias![106]. Se sua coleção era mais importante, era, porém, menos ambiciosa que aquela outra de quase 7.000 relíquias, reunidas um pouco mais tarde no Escorial, o vasto palácio-relicário, totalmente dedicado à glória de São Lourenço, onde os soberanos espanhóis pretendiam enraizar então as bases político-religiosas de seu Estado.

---

105. MORIN. *Histoire du Gâtinais*, 1630, p. 256-262.
106. Apud AUDISIO, G. *Les français d'hier*. Op. cit., p. 247.

4. A relíquia no centro das controvérsias

O espírito de lucro nem sempre esteve ausente de alguns grandes desígnios. As relíquias veneradas dos santos e das santas, que têm o insigne privilégio de estar junto de Deus, são destinadas a aumentar a notoriedade, a repercussão e, por conseguinte, a renda do santuário. A esses tesouros vivos, ou considerados como tais, estão ligadas indulgências em número cada vez maior. A veneração das relíquias permite ao pecador, por meio do pagamento de seu óbolo, obter consequentes remissões de penas no além... Todo um comércio de relíquias, aliás muitas vezes falsas, escandaliza aqueles que rejeitam essas perigosas confusões, esses caracterizados abusos de confiança. Henri Estienne, em sua *Apologia para Heródoto*, realça, para zombar delas, as incoerências e embustes que acompanham, na primeira metade do século XVI, o "comércio dos restos". Aliás, os católicos não são os últimos a combater excessos que os chocam, e alguns eclesiásticos desejam um saneamento do culto em nome da decência. Um século após Trento, Bossuet, encarregado de negociar a reunião das Igrejas protestantes à Igreja católica, empenhou-se junto aos pastores para "suprimir do culto dos santos e das imagens tudo que favorece a superstição e o ganho sórdido"[107], reconhecendo assim que a depuração desejada nem sempre era completa.

De fato, bem depressa a questão das relíquias foi colocada no terreno do dogma e constituiu uma das maiores controvérsias entre católicos e reformados. O princípio da justificação só pela fé, como era formulado na Confissão de Augsburgo, levava os reformados a denunciar o culto dos santos. Trento, ao contrário, evocou a antiga doutrina que foi desenvolvida pelos Padres da Igreja: os corpos dos santos, por terem sido "membros vivos de Cristo e templo do Espírito Santo", deviam ser naturalmente venerados pelos fiéis. Mas este decreto, redigido às pressas no fim da sessão, não correspondia de fato às expectativas. Aliás, o tipo de culto a ser prestado às relíquias

---

107. Apud BOUSSEL, P. *Des reliques et de leur bon usage*. Op. cit., p. 70.

não foi realmente abordado pelos padres conciliares. A ambiguidade das disposições foi efetivamente corrigida pelos concílios provinciais, em particular o de Milão, no decorrer dos quais Carlos Borromeu fez abordar desde 1565 a questão das relíquias. Elas deviam ser expostas "em lugares decentes e iluminados", e todo espírito de lucro devia ser banido. Mas foi só em 1576 que foram tomadas as medidas definitivas sobre os corpos santos.

Na verdade, essas decisões intervieram um pouco tarde, bem depois que Lutero descobriu em São Paulo que "o homem se justifica pela fé sem as obras da Lei", e que ele comunicou seu ponto de vista por meio das famosas teses afixadas em 1517 na porta da capela do castelo de Wittenberg, na véspera de uma visita indulgenciada das relíquias. Depois, em 1543, Calvino publicou seu *Tratado das relíquias* que classificava esse culto de idolatria e de sacrilégio, mas queria ser antes de tudo uma crítica contra as falsas relíquias, cuja eliminação ele exigia[108]. Se o *Tratado* não era dirigido contra as relíquias, acabava no entanto por desacreditar o uso delas e colocar as bases de uma concepção protestante do corpo. Calvino culpabilizava aqueles que conservavam relíquias, acusando-os de se tornarem cúmplices dos carrascos... Vinte anos depois desta publicação, os "quebradores do verão de 1566" radicalizavam a posição[109] engajando-se numa "revolução simbólica" que destruía todas as imagens e todas as relíquias de santos que encontravam à mão[110].

A crítica do culto prestado aos corpos santos não era nova. Já Guiberto de Nogent, no século XIII, e o Cônego Beatis, no começo do século XVI, lembravam que "todo homem é pó e retornará ao pó", e denunciavam a po-

---

108. *Traité des reliques*, segundo João Calvino. *Oeuvres choisis*. Paris: Gallimard, 1995, p. 194 [MILLET, O. (org.)].

109. DEYON, S. & LOTTIN, A. *Les casseurs de l'été 1566* – L'iconoclasme dans le Nord. Westhoek: [s.e.], 1986.

110. CHRISTIN, O. *Une révolution symbolique* – L'iconoclasme huguenot et la reconstruction catholique. Op. cit.

sição que consistia em prestar mais atenção ao corpo morto de um santo do que à sua memória e seu espírito. Agora, a denúncia da adoração das relíquias vinha acompanhada de uma severa crítica do culto aos corpos mortos. Que se deixem os santos em paz no seu sepulcro! Retirar antecipadamente os restos tornou-se duplamente condenável: o culto às relíquias era contrário à esperança de salvação, uma vez que, desarranjando as ossadas, corria-se o risco de comprometer a ressurreição dos corpos e, uma vez dispersas as relíquias, sempre era possível um abuso. Alegava-se como prova a multiplicação das mesmas relíquias de um santo em diversos lugares: crânios de São João Batista, restos de São Pedro e São Paulo, dos quais se fazia ironicamente observar que "seus corpos estão em Roma e seus ossos por toda parte"... Além disso havia todos aqueles restos anônimos que eram tirados das sepulturas, dos quais se afirmava depois que eram restos de santos! Calvino sublinhava o silêncio do Evangelho a propósito dessas relíquias e perguntava: Quem as inventou? Quando e como elas chegaram a nós? A posição crítica apelava para a história: o problema do tempo que passou entre o momento de sua suposta descoberta e o tempo em que foram acolhidas sobre o altar era primordial a seus olhos.

Para superar a crítica dos hereges, a Igreja vai tomar uma atitude diametralmente oposta e favorecer a aquisição de relíquias. Somas importantes e um tempo precioso são então consagrados à sua valorização nos relicários que adotam frequentemente suas disposições morfológicas. Inicia-se toda uma política da instituição em favor dos corpos santos, a partir do epicentro romano, após a redescoberta fortuita das catacumbas em 1578. Ela se traduz por uma acentuação da circulação das relíquias, uma revitalização dos lugares de culto devastados e a acumulação de tesouros corporais nos santuários que tinham apoios e dispunham de meios para adquiri-los. Esta crescente demanda de relíquias, proveniente desta mina inesgotável que é Roma, resulta de um verdadeiro fascínio pela cidade subterrânea onde jazem as ossadas de tantos mártires dos primeiros tempos. Fascínio que impeliu Filipe Néri, antes mesmo da descoberta dos preciosos restos, a vir orar nas catacumbas... Fascínio que se encontra na Espanha com o lendário Sacromonte, e na Alemanha com Colônia, onde a notícia de um cemitério da época romana explorado sem escrúpulo permite responder à demanda crescente de ossadas das onze mil virgens e suscita um rico tema iconográfico.

Entretanto, o entusiasmo que nasceu desses achados vem acompanhado de interrogações a propósito da autenticidade das relíquias. Gregório IX, depois dos translados dos séculos VII e VIII, havia declarado que não havia mais corpos de mártires nas catacumbas. Mas as pessoas queriam persuadir-se de que ainda havia restos e chegou-se ao acordo de que toda sepultura marcada com uma palma e na qual se descobriria um frasco cheio de um sedimento avermelhado seco seria um túmulo de mártir. Portanto, partiu-se à busca dos famosos sinais e, quando eles não eram evidentes, supunha-se que tinham existido...[111] Durante sua estada em Roma, em 1685-1686, Mabillon constatou que os guardas encarregados da administração das catacumbas não manifestavam grande respeito em relação ao corpo cuja exumação estavam encarregados de vigiar. Ele ficou chocado de ver os ossos misturados, as identificações muitas vezes falsas. As dúvidas que ele expôs ao voltar, a propósito "desses corpos que chamamos de santos e que talvez nem tenham sido batizados", suscitaram um conflito mais sério ainda com a Congregação dos Ritos, porque a obra que ele publicou em 1698, *De cultu sanctorum ignotorum*, teve um brilhante sucesso. Ele havia realmente constatado que o frasco de sangue que, desde o decreto de 1668, constituía o critério indispensável à identificação do verdadeiro mártir cristão, geralmente não existia. Daí sua dedução de que as ossadas não eram os restos de santos, mas de simples cristãos.

Não obstante, a violência da controvérsia não impediu naquele fim do século XVII o prosseguimento da circulação das relíquias num ritmo constante. Com certeza todos os países católicos se beneficiaram com isso, desde

---

111. BOUSSEL, P. *Des reliques et de leur bon usage.* Op. cit., p. 78.

o século XVI, mas de maneira desigual. Se a Itália foi certamente o principal destinatário desta piedosa iniciativa, parece que a França não ficou longe; ela sofreu tantas profanações dos hereges que teve de proceder à revitalização sacral de muitos lugares de culto. Por sua vez, os cantões católicos da Helvécia e os santuários da Alemanha renana e do sul também foram grandes aquisidores[112]. Nesses países de sensibilidade barroca, onde as práticas sãs eram muitas vezes vizinhas das condutas mágicas, os relicários tornaram-se, a partir do fim do século XVII, e sobretudo no século XVIII, verdadeiros objetos de arte que a boa situação econômica das comunidades religiosas e as oferendas dos fiéis não cessaram de enriquecer.

À chegada, era de regra que as relíquias fossem validadas nas formas prescritas por um prelado. Assim, aos 24 de junho de 1693, o reitor de Siran no Languedoc pediu ao bispo que visitava sua paróquia que examinasse uma caixa de relíquias trazida de Roma. Depois de ter lido as cartas provando sua autenticidade, "o senhor bispo" – relata o pároco – "abriu as relíquias no meio do altar-mor e achando-as conformes às cartas, isto é, um grande osso quase inteiro do braço ou da perna, inscrito *Sancti Raparati martyr*, um outro também inscrito *Sancti Pii martyr* e um outro que era uma metade, inscrito *Sancti Magni martyr*; tudo conforme as ditas cartas, ratificou-as e aprovou-as, ordenando que lhes seja rendido a honra e o culto que se rende às relíquias dos santos"[113]. Mas nem todas as autentificações se desenrolaram de maneira tão abençoada, como prova a emoção suscitada em 1745 pela atitude do bispo de Senez na paróquia de Allons, onde dois bustos-relicários supostamente continham os restos de São Dômnio. O prelado teve de fato a infeliz ideia de querer verificar o conteúdo na ausência dos cônsules e dos tesoureiros da igreja: imediatamente o tom subiu e uma multidão de homens e mulheres invadiu o santuário. Diante do aspecto que os eventos tomaram, o

---

112. STÜCKELBERG, E.A. *Geschichte der Reliquiem in der Schweiz*, 2 vols. Zurique: Société Suisse des Traditions Populaires, 1902-1908.
113. Apud AUDISIO, G. *Les français d'hier*. Op. cit., p. 249.

bispo bateu prudentemente em retirada, não aceitando voltar, a não ser na condição de só encontrar os cônsules e tesoureiros, o que foi feito. Ordenou-lhes então que esvaziassem os relicários e enterrassem em oito dias no cemitério paroquial as ossadas que se dizia terem sido roubadas, um século e meio antes em Digne, por um padre chamado Gautier. Em caso de desobediência, ele ameaçava lançar o interdito sobre a paróquia. Não se sabe qual foi a reação dos fiéis, mas, para acalmar os ânimos, o prelado, quatro anos depois, fez trazer de Digne algumas relíquias devidamente autentificadas de São Dômnio. Tudo voltou à ordem: os paroquianos recuperaram o corpo de seu santo e ao mesmo tempo sua serenidade[114].

5. O corpo desfeito

Como os corpos das catacumbas não oferecem todas as garantias de autenticidade, a preferência é dada aos corpos de santos contemporâneos. A busca já começa muitas vezes ainda em vida do santo: é o caso, por exemplo, do doméstico de Francisco de Sales que recolhe os velhos trajes de seu mestre, prevendo que um dia se tornarão relíquias. Ele guarda principalmente com cuidado os cabelos que lhe são cortados e coloca à parte o sangue seco que recupera depois de cada sangria do santo homem. Aliás, as pessoas que morrem em odor de santidade são muitas vezes objeto de violentos litígios entre comunidades. Roubos piedosos são praticados num venerável despojo: cabelos e vestes são subtraídos pela multidão que assalta o corpo. Os maiores personagens não escapam a essas subtrações interessadas, como prova o exemplo de Teresa d'Ávila.

No dia seguinte à sua morte, no convento de Alba de Tormes, aos 4 de outubro de 1582, seu corpo foi enterrado com solenidade. Foi colocado em um túmulo coberto de tantas pedras, cal e tijolos para impedir que fosse aberto que, nove meses depois, a tampa se rompeu. As monjas do convento

---

114. Ibid., p. 250.

ficaram muito tristes e aproveitaram a passagem de um religioso, o Padre Graciano, para pedir-lhe que remediasse esta situação. Quando foi retirado o entulho, descobriu-se o corpo coberto de terra, mas "tão são e intacto como se tivesse sido enterrado na véspera". O padre Francesco Ribera conta o seguinte: "Nós a despimos quase inteiramente, pois fora enterrada com seu hábito; lavamos a terra e expandiu-se por toda a casa um intenso e delicioso perfume que durou vários dias. [...]. Pusemos nela um vestido novo, envolvemos seu corpo em uma mortalha e a depusemos na urna, lá mesmo onde esteve antes. Mas, antes de fazê-lo, o padre Provincial amputou-lhe a mão esquerda...". O Padre Graciano que completa o relato de Ribera especifica então: "Levei essa mão para uma coifa, além de embrulhá-la num papel e dele destilou óleo. [...] Deixei-a em Ávila em um pequeno cofre fechado. [...] Quando cortei a mão, também cortei um pequeno dedo que trago comigo. [...] Por ocasião do meu cativeiro, os turcos me tomaram esse dedo, mas consegui resgatá-lo por cerca de vinte reais e anéis de ouro".

Os ataques ao corpo da santa não pararam aí. Três anos depois, em novembro de 1585, monges de Ávila resolveram retirar secretamente o corpo para apropriar-se dele; mas, como não queriam privar totalmente as monjas de Alba de Tormes da presença de sua ex-superiora, decidiram deixar-lhes um braço; um dos padres, Gregório de Nazianzo, foi encarregado da amputação. Eis, mais uma vez conforme o Padre Ribera, como ele procedeu: "Tirou uma faca que por precaução trazia na cintura e enfiou-a no braço esquerdo, aquele do qual o Pe. Graciano havia cortado a mão e que se havia deslocado quando o demônio jogou a santa por uma escada. Coisa maravilhosa! Sem fazer mais esforço do que o de cortar um melão ou queijo fresco, ele cortou o braço na junta com tanta facilidade, como se há muito tempo tivesse tentado encontrá-la. E o corpo ficou de um lado e o braço de outro. [...] Depois de depositar o corpo santo num leito, o padre Graciano descobriu-o e nós o vimos tal como havia sido enterrado, sem que lhe faltasse sequer um cabelo, em carne dos pés à cabeça, o ventre e os seios como se não fossem feitos de coisas corruptíveis, de modo que, ao aproximar-se da mão, a carne, ainda que mais delicada, podia-se pegar como se a morte fosse recente. A cor do corpo é semelhante aos invólucros em bexiga nos quais se coloca a gordura de boi: o rosto está um pouco achatado; vê-se que foi embatido pelo excesso de calor, tijolos e pedras jogados quando foi enterrado, mas não há nada quebrado."

Chegados a Ávila com o corpo da santa, os religiosos fizeram-no examinar novamente por médicos que confirmaram que era "impossível que isso fosse coisa natural, mas que era verdadeiramente algo milagroso". Ribera teve ainda a ocasião de ver o corpo, três anos depois, em 1588, em Alba de Tormes para onde o haviam repatriado. Mais uma vez ficou estupefato com seu perfeito estado de conservação: "Ele está intacto, ainda que um pouco inclinado para frente, como andam os velhos, e pode-se ver bem que a conformação física era bela – observa ele. Quando se levanta o corpo, basta segurá-lo com uma mão nas costas para que fique de pé; pode-se desvesti-lo e vesti-lo como se estivesse vivo. [...] É de cor recente. [...] Os olhos estão secos mas inteiros. As pintas escuras que ela tem no rosto ainda têm seus pelos. [...] Os pés são bonitos, bem-proporcionados". Ribera ficou impressionado com esta "presença" corporal, com esses sinais físicos de imortalidade[115].

Esse desmembramento do corpo santo[116], feito com a aprovação e até com a participação da Igreja, não escandaliza ou bem pouco. Uma vez que esse corpo é dispensador de graças, como imaginar que se possa privar dele todos aqueles que dele necessitam! A ausência de corrupção e os bons odores de santidade que dele emanam provam com toda evidência que neste caso não estamos no universo comum dos mortais. Um prodígio como este é dado como o sinal visível da vontade de Deus.

O culto às relíquias demonstra portanto, se houver necessidade, o lugar fundamental do corpo no imaginário das populações católicas. Se uma par-

---

115. AUCLAIR, M. *La vie de Sainte Thérèse d'Avila*. Paris: Du Seuil, 1950, p. 362-365.
116. ALBERT, J.-P. "Le corps défait..." Art. cit., p. 33-45.

cela, ínfima que seja, do corpo santo chegar ao santuário, as pessoas se apressam em honrá-la. Na verdade a aquisição constitui apenas uma primeira etapa. Esta relíquia, é preciso valorizá-la para que seja legível aos olhos dos fiéis. Quando se trata de um fragmento de osso de um membro ou do crânio, às vezes se faz reconstituir em cera ou em metal precioso o membro ou o crânio no qual é encaixada a relíquia. Essa reconstituição das formas corporais é essencial ao culto do corpo santo, num tempo em que não é mais possível tocá-lo. E, para conferir à relíquia um atrativo maior ainda, ela é apresentada em um escrínio de valor, cercada de uma engenhosa montagem de pérolas, de ouro ou de pedras preciosas. Daí em diante, a relíquia é duplamente preciosa: por causa do sagrado que dela emana e por causa do valor acrescido do relicário. Mas é evidente que esse enriquecimento torna a relíquia ainda mais inacessível ao comum dos mortais.

6. *Relíquias que falam*

Quando o interesse da comunidade o exige, as relíquias corporais podem fazer-se notar chamando por si mesmas a atenção dos fiéis. A língua dos santos constitui um bom exemplo dessas relíquias "que falam". Não é o órgão da fala o melhor trunfo dos missionários que se preocupam em trazer de volta à verdadeira religião as ovelhas transviadas? Assim, depois da morte de Joana de Chantal, sua língua foi recolhida e colocada em um relicário de cobre. No Mosteiro da Visitação de Avinhão, ao qual foi confiada, era considerada como "a mais preciosa de suas relíquias depois da relíquia do coração", porque ela "havia dito tantas coisas admiráveis". A cada ano também, na festa de *Corpus Christi*, a santa língua era exposta, durante oito dias, em uma capela, à veneração dos fiéis, aos quais era dada a beijar pelo capelão. Uma outra língua, a de São João Nepomuceno, também era muito célebre no século XVII; sua reputação não provinha da excelência da mensagem que havia pronunciado, mas sim do mutismo que o santo se havia imposto quando seu soberano exigiu que lhe revelasse o segredo de uma confissão. Esse tipo de relíquia está sempre em relação com um episódio da vida do santo.

As relíquias também são assinaladas por manifestações espetaculares, em particular por emissões sanguíneas. Não faltam relatos que trazem admiráveis exemplos de corpos que clamam por vingança "pela morte violenta que injustamente sofreram". Mas, ao lado desses corpos de fiéis comuns que, ao sangrar, acusam os culpados por um homicídio, há outros, aqueles corpos de santos que só podem manifestar-se muito mais tarde. Por exemplo, quando se tem a ousadia de lançar fogo sobre eles, depois que foram descobertos incorruptos. Quarenta anos depois de sua morte, resolve-se retirar os dois braços de Nicolau de Tolentino. Quando os braços foram amputados segundo a regra correta de agir, com espanto geral começou a escorrer uma boa quantidade de sangue do cadáver, "como se estivesse vivo". Assim, o corpo não somente parece vivo, mas se comporta como tal, pois sangra quando se faz uma incisão nele. O mesmo milagre se repetiu diversas vezes em seguida no caso daqueles braços amputados do corpo, "e gotas deste sangue transportadas para diversos lugares operaram muitos prodígios"[117]. Em 1646, os dois braços de São Nicolau, conservados em uma igreja de Tolentino, puseram-se subitamente a verter sangue "ainda quente e vermelho em tal abundância que aquele que foi recolhido chegou a pesar três onças". É bom lembrar que esse santo, chamado "o taumaturgo", havia anteriormente predito que a Igreja estava ameaçada por desgraças – perigo representado pelos turcos e pelos hereges, ou conflito fratricida entre príncipes cristãos – por uma efusão de sangue tão miraculosa, "seja para levar cada um a recorrer à misericórdia de Deus e tratar de apaziguar sua ira, ou para clamar vingança contra aqueles que a dividem"[118]. Nessa emissão sanguínea via-se, portanto, um sinal que soava como dito. Quando há perigo, o corpo do santo exprime-se à sua maneira, lembrando assim aos fiéis seus deveres.

---

117. CAHIER, C. *Caractéristiques des saints dans l'art populaire*. Paris, 1867 [Reed. Bruxelas: Culture et Civilisation, 1966, p. 148].

118. "L'effusion de sang sorti miraculeusement des bras de S. Nicolas Tolentin, dans l'Italie". *La Gazette de France*, 17/01/1646.

Os corpos incorruptos são olhados como miraculosos porque parecem desafiar todas as leis naturais. Parece que o tempo não teve influência sobre eles, pois estão como que congelados numa eternidade, enquanto que, em boa lógica, a putrefação da carne deveria seguir-se à morte dentro de pouco tempo. Os hagiógrafos sublinham então o maravilhoso estado de conservação, a cor de mel da pele, o frescor dos membros e a beleza dos traços fisionômicos. Tiago de Voragine via nesses corpos maravilhosos "os celeiros de Deus, o templo de Jesus Cristo, o frasco de perfume celeste, a fonte divina e os membros do Espírito Santo."

Se o corpo santo pode de fato dar a impressão de que escapa à morte-aniquilamento, ele também está em condições de manifestar uma outra inversão, a do odor. Os textos da vida de santos evocam frequentemente o "perfume sobrenatural", os "agradáveis aromas", o "buquê místico" espontaneamente atribuídos à religiosa praticante do ascetismo e da virtude, mas que podem resultar de práticas de embalsamamento dos corpos. Para os fiéis, não há dúvida de que o bom odor é como o "sinal sensível de eleição das pessoas mais piedosas". "Morrer em odor de santidade" é o privilégio de grandes almas: aquelas que devem ser imitadas[119]. "Quando foi aberta a sepultura onde estava o corpo do glorioso Santo Estêvão, a terra tremeu e um suave odor saiu desse corpo santo que perfumou de tal forma toda a assistência que cada um pensava estar no paraíso. Muitos doentes e endemoninhados foram levados a esse espetáculo e o simples odor que se espalhou de suas preciosíssimas relíquias curou setenta e três de todos os tipos de doenças e os diabos foram expulsos pela virtude desse santo mártir e os possessos foram libertados." É nesses termos que um dos grandes hagiógrafos da Contrarreforma, o jesuíta Ribadeneira, se exprime em 1667 a propósito da "invenção" do corpo de Santo Estêvão[120]. Aqui está tudo: a manifestação telúri-

---

119. ALBERT, J.-P. *Odeurs de sainteté* – La mythologie chrétienne des aromates. Paris: Ehess, 1990.

120. RIBADENEIRA. *Les fleurs des vies des saints*, tomo II, 1667, fol. 100.

ca anunciadora de um evento extraordinário, o sentimento de bem-estar dos assistentes que identificam este momento de plenitude dos sentidos à serenidade do paraíso, a cura dos doentes, a dissipação das forças do mal e a libertação dos possessos.

Nessas admiráveis manifestações, o magistério vê uma das provas da realidade do fato milagroso. Como testemunha no século XVIII a declaração de Bento XIV a propósito desse tipo de milagre: "Que o corpo humano possa naturalmente não cheirar mal, é possível" – sublinha ele. "Mas que tenha um bom odor, isto está fora da natureza, como resulta da experiência. [...] Se um odor se declara persistente, suave, não incomodando a ninguém, agradável a todos, e que seja certo que não existe ou não existiu nenhuma causa natural capaz de produzi-lo, deve-se referi-lo a uma causa superior e considerar o fato como milagroso"[121].

O odor de santidade possui um valor simbólico na linguagem religiosa e contribui com uma série de outros valores – cores, formas e situações – para caracterizar, opondo-as, as duas grandes noções do bem e do mal. "O odor que emana desse santo corpo, quando a gente chega bem perto dele, é extremamente agradável; não é tão forte quando a gente se afasta dele, e ninguém sabe dizer a que se assemelha; se ele lembra alguma coisa, é o trevo, mas ligeiramente". Assim se exprimia o Padre Graciano, que relata as condições de descoberta do corpo incorrupto de Teresa d'Ávila. A este corpo santo investido de valores exemplares, positivos, poderíamos opor as "fétidas exalações", as "nocivas podridões" e os "vapores de enxofre" que acompanhavam tradicionalmente as assembleias do sabá (reunião noturna das bruxas). De um lado, a santa, a filha de Deus, cujo corpo de suave perfume sublinhava a virtude e, de outro lado, os filhos do demônio, com odor de pecado e de morte.

---

121. *De servorum Dei beatificatione*, IV, p. 489.

7. Corpos miraculosos, corpos miraculados

No cumprimento das decisões do Concílio de Trento, as ordens religiosas desempenham um papel essencial no próprio local, fazendo-se propagandistas ardentes do culto às relíquias, face à contestação protestante. Cada ordem tem seus santos privilegiados cujo culto ela favorece e cada comunidade se apoia em parcelas de corpos santos que lhe foram confiadas ou que ela conseguiu em Roma por intermédio da ordem. As relíquias circulam, mas é quando elas se fixam, quando se cria um novo estabelecimento religioso, que se operam os prodígios. De 1580 nos Países Baixos católicos até os anos 1650 na França, a grande calma momentânea da Reforma católica vê nascer numerosas fundações religiosas que vêm acompanhadas infalivelmente de impulsos miraculosos. Henri Platelle, em seu estudo sobre a cidade de Lille do fim do século XVI às primeiras décadas do século XVII, mostrou muito bem esta correspondência entre a implantação das ordens e a multiplicação dos milagres[122].

Na longa série das graças relatadas pelos arquivos dos santuários, a cura sobrenatural dos corpos prevalece sobre todos os outros prodígios. Em torno do evento, considerado miraculoso pela voz popular, naturalmente incentivada pelos religiosos, o que é detalhado é a miséria dos corpos tragados pela doença e arrasados pelo sofrimento suportado. Nos dossiês de investigações episcopais, os esclarecimentos trazidos pelas testemunhas – em particular pelos médicos cuja ciência ainda está no estágio balbuciante – fazem-nos perceber as penas e as esperanças das populações, mas sempre sob o prisma deformante do religioso que conserva a piedosa contabilidade do milagre. Pois, para colocar em evidência o caráter excepcional e ao mesmo tempo ordinário da graça obtida, devendo cada um poder identificar-se com o miraculado, o autor do relato sempre tem o cuidado de requalificar o milagre e insistir nas diferentes sequências da cura miraculosa. É preciso que o

---

122. PLATELLE, H. *Les chrétiens face au miracle* – Lille au XVIIe siècle. Op. cit., p. 37-45.

corpo afetado já tenha resistido a todas as tentativas de recuperação de seu estado inicial, em particular que ele tenha sido reputado "incurável e entregue ao desespero por todos os médicos da terra". Com efeito, o cerimonial relatado pelo texto só tem por finalidade colocar em evidência o caráter sobrenatural do que acontece: a cura, na qual os médicos não mais acreditavam, toma então uma dimensão inesperada, espetacular. Mas, antes de chegar aí, é preciso que o peregrino aceite despojar-se do velho homem que dormita nele, que submeta seu corpo com humildade ao ritual ordinário do lugar santo, que ele faça a promessa de agradecer a Deus em caso de cura. E, uma vez restabelecido, que não esqueça de cumprir sua promessa, sob pena de recobrar, às vezes agravado, seu anterior estado de aflição. Assim o milagre aparece como a sucessão de três estados do corpo. O tempo de desespero e de sofrimento que caracteriza a fase preliminar é seguido pela sequência de crise cujos sintomas variam segundo o lugar, o intercessor, a afecção e a psicologia do doente. Muitas vezes essa crise é de uma grande violência, como se fosse preciso que o corpo atingisse o paroxismo do sofrimento para encontrar enfim a serenidade. Depois da prova, suportada com a ajuda do intercessor, o miraculado é uma outra pessoa. Ele sai transformado, no corpo e na alma, de um combate singular que, no fim das contas, lhe foi proveitoso. "Face à divindade encarnada, o ser sofredor só aparece brevemente na cena do milagre, o tempo necessário para mostrar-se derrotado, depois recriado, mais próximo de um ideal do corpo preparado para a eternidade"[123]. O milagre anuncia o renascimento dos corpos, o dia do Juízo Final.

Frequentemente, o milagre aparece como o recurso dos fracos, de corpo ou de espírito, em um mundo de violência. É graças a este evento que desafia toda lógica humana que os infelizes escapam aqui dos bandidos da estrada ou dos soldados, e lá dos encarregados da justiça que os fizeram jogar no fundo de uma horrível prisão. É ainda graças ao milagre que operários soter-

---

123. GÉLIS, J. & REDON, O. (orgs.). *Les miracles miroirs des corps*. Op. cit., p. 17.

rados no curso de trabalhos de aterro ou camponeses que se afogam ao levar seus animais para beber conseguem salvar-se. Assim o milagre também vem corrigir a dureza da vida das pessoas comuns. Ele intervém quando tudo parece perdido. Contra a injustiça ou contra a violência feita ao corpo, ele se apresenta como a manifestação de uma justiça imanente, que coloca um pouco de ordem em um mundo desordenado.

A legião dos miraculados é principalmente composta de pessoas gravemente afligidas em seu corpo. Às vezes, o doente teve uma visão da Virgem durante seu sono-sonho e pediu então que o levassem ao santuário. Depois de ter feito suas devoções, já começa a sentir-se melhor. No caminho de volta ele se sente mais livre e chega em casa quase curado... Como não acreditar no milagre! Na realidade, a recuperação da saúde pode tomar aspectos diferentes segundo os lugares e as pessoas. No século XVII, em Estremadura, alguns peregrinos, depois de fazer suas devoções a Nossa Senhora de Guadalupe, têm a chance de beneficiar-se de uma cura imediata. Outros, depois de uma grave crise, entram em uma convalescença que pode ser longa. Outros enfim não recuperam a saúde a não ser depois de várias recaídas[124].

Na verdade, a recuperação da saúde é, na maioria das vezes, progressiva, como em um processo de cura médica. Por exemplo, é só depois de várias melhoras que os coxos recuperam o pleno uso de suas pernas e estão em condições de ir oferecer em ex-voto as muletas que os ajudavam antes a deslocar-se. Mas talvez se deva ver neste caráter adiado dos efeitos do milagre uma especificidade da época moderna, onde a medicina habitua os pacientes a uma recuperação da saúde por etapas, enquanto que as sessões de incubação às quais a pessoa se submetia na Idade Média, sobre ou sob os túmulos das pessoas santas, parecem ter tido efeitos mais imediatos.

---

124. CRÉMOUX, F. *Pèlerinages et miracles à Guadalupe au XVIe siècle*. Madri, 2001, p. 129-161 [Biblioteca de la Casa de Velázquez, n. 176].

8. Milagres evangélicos

Pela palavra, texto e imagem, a Igreja influi sobre o comportamento dos fiéis e propõe modelos que, no momento oportuno, se impõem a eles. Os relatos de milagres, onde são recolhidas as palavras dos miraculados, testemunham essa osmose espiritual. Portanto, não é de admirar que o modelo evangélico se imponha a alguns deles: situações ou gestos tomados dos milagres de Cristo inspiraram visivelmente alguns procedimentos. Em Saint-Nicolas-de-Port, em 1664, Joana Fardé, uma estropiada de doze anos, relata em seu depoimento que, enquanto assistia à missa na igreja desse célebre lugar de peregrinação, São Nicolau lhe havia tocado o braço, o joelho e a perna: no espírito da menina, o santo repetia de novo o gesto de Jesus ao curar o paralítico[125]. Em Paris, em 1725, enquanto se acentuava a crise jansenista, a súbita cura de Anne Charlier, de uma longa hemorragia, remete ao episódio da hemorroíssa[126]. Com a idade de quarenta e cinco anos, casada com François de La Fosse, um mestre marceneiro do bairro suburbano Saint-Antoine, ela sofria de "perda de sangue" há vinte anos. O mal, a princípio episódico, tornou-se permanente desde seu último parto, sete anos antes. Já havia consultado cerca de uns trinta médicos entre os mais renomados, sem êxito. Naquele 31 de maio de 1725, dia da festa de *Corpus Christi*, ela decidiu colocar-se na soleira de sua casa para assistir a passagem da procissão. Chegado o dia, ela conseguiu de qualquer maneira chegar à porta, ajudada por uma amiga protestante que a exortou a confiar em Deus, lembrando-lhe "todos os milagres que Jesus Cristo havia operado durante sua vida terrestre, em particular as curas do cego de nascença, do paralítico e da hemorroíssa". Anne assistiu à procissão sentada em sua poltrona. Quando o Santíssimo Sa-

---

125. MAISSE, O. "Le témoignage des fidèles: les récits de miracle de Saint-Nicolas-de-Port au début du XVIIe siècle". *Revue d'Histoire de l'Église de France*, vol. LXXV, n. 194, 1989, p. 177-185.

126. PIE, J.-C. Anne Charlier, un miracle eucharistique dans le faubourg Saint-Antoine. In: ÉLIS, J. & REDON, O. (dir.). *Les miracles miroirs des corps*. Op. cit., p. 161-190.

cramento se aproximou de sua casa, ela levantou-se, caiu com todo o peso na calçada e depois levantou-se. Andando de joelhos, ela avançou mais alguns passos, manifestando seu desejo de seguir o Santíssimo Sacramento até a igreja de Santa Margarida. Foi ajudada a levantar-se e um pouco apoiada até poder ter força suficiente para caminhar sozinha. Chegou assim à porta da igreja atrás do Santíssimo Sacramento: "De repente, ela sentiu que o sangue parava e que estava perfeitamente curada".

O relato desse milagre renovado da hemorroíssa, deixado por um eclesiástico, a abundante literatura e a rica iconografia suscitada por ele, tornaram Anne Charlier célebre até na corte, onde foi recebida, e inclusive em Roma. Se sua cura miraculosa foi explorada pela corrente jansenista, ela também contribuiu para valorizar o culto eucarístico. Foi porque ela teve fé no Deus vivo presente na hóstia que Anne Charlier se tornou a nova hemorroíssa: permanência das imagens.

9. Milagres de punição

O milagre nem sempre afeta o corpo de maneira positiva. Ele pode ser um golpe de advertência pelo qual Deus pretende significar a um ser humano ou a uma coletividade seu descontentamento. Deus reina pelo milagre e, inclusive, quando julga necessário, repreendendo o comportamento de alguém pelo milagre de punição. Indivíduos se veem brutalmente punidos em seu corpo porque blasfemaram ou destruíram imagens veneradas. Outros são feridos por não terem cumprido suas promessas. Todos os milagres de punição obedecem a esta lógica de correção dos erros humanos. A dúvida diante da obra de Deus é uma manifestação de orgulho pela qual o corpo também pode pagar. A história das pseudo-"parteiras da Virgem", relatada pelos Evangelhos apócrifos, teve na Idade Média um eco considerável, graças aos gravadores e aos pintores que se apropriaram do tema[127]. Essas duas

---

127. LAMERS, A.J.M. "Les sages-femmes de la Vierge". *Aesculape*, 1935, p. 2-10.

parteiras, dizia-se, teriam sido chamadas por José para assistir a Virgem depois do nascimento do Menino. A primeira, Zelimi, procedeu ao toque vaginal e constatou, pasmada, a virgindade de Maria: "Virgem ela concebeu, virgem ela deu à luz, virgem ela permanece". Ouvindo isto, a segunda, Salomé, aproximou-se e disse: "O que ouço, não acredito absolutamente, se não o comprovar". Com a permissão de Maria, ela a tocou e, imediatamente, sua mão ficou seca... A conselho da Virgem, ela tocou o menino, reconhecendo-o assim como Salvador do mundo, e recuperou então o uso de sua mão: a incredulidade punida, a falta reconhecida e reparada. Essa ingênua história de parteiras chamadas a confirmar a virgindade de Maria foi condenada pelos Padres da Igreja, mas de modo algum deixou de ser retomada, ligeiramente modificada, e amplamente popularizada pela *Lenda de ouro*, depois pelos Mistérios que colocam em cena o milagre da mão paralisada[128]. No começo do século XVI, o tema desapareceu da representação iconográfica, para ser substituído, depois do Concílio de Trento, pelo tema da incredulidade de São Tomé: tocar a chaga do lado era mais aceitável, menos escabroso do que a evocação do parto da Virgem. Aliás, tudo que se referia de perto ou de longe ao nascimento de Cristo, exceto sem dúvida a cena clássica da Natividade, foi então eliminado do imaginário autorizado.

Se o milagre é frequentemente apresentado como um processo no tempo, o milagre de punição impressiona por sua instantaneidade. Aliás, ele retira dessa instantaneidade seu valor exemplar, quer se trate de um indivíduo ou de um grupo. Esta particularidade manifesta-se sobretudo nos períodos de exacerbação das paixões e dos conflitos religiosos, no tempo das Reformas ou da Revolução[129]. Como se fosse preciso impressionar o mais depressa

---

128. MIGNE, A.J.-P. *Nouvelle Encyclopédie Théologique*, tomo 43. • DOUHET. *Dictionnaire des Mystères*, 1857.

129. Nos séculos XVI e XVII, a peste é frequentemente colocada em relação com a heresia, e a cólera de Deus não se faz então esperar. Cf. BOECKEL, C.M. "Plague imagery as metaphor for heresy in Rubens. The Miracles of Saint François Xavier". *Sixteenth Century Journal*, vol. XXVII, n. 4, 1996, p. 979-995.

possível as imaginações, para que o milagre possa trazer sem hesitação a prova de que Deus sempre decide em favor da verdadeira fé.

IV. As mutações da imagem do corpo

No domínio das representações do corpo, onde as evoluções são muitas vezes lentas, mutações são perceptíveis no curso dos séculos modernos. Às vésperas da Revolução, o homem não vê mais seu corpo com o mesmo olhar que no tempo da Reforma. É que foram modificadas a consciência da vida e a cosmovisão. Para a Igreja, é indispensável encontrar processos de adaptação a essas mudanças. Depois de Trento, ela intervém em diversas frentes e se esforça para controlar as práticas das populações, em particular na zona rural. Mas se ela se opõe com certo sucesso aos progressos da heresia, dificilmente consegue sobrepor-se ao movimento científico.

Entre cultura eclesiástica e cultura da grande maioria das pessoas existe uma grande fluidez, uma multiplicidade de passagens. Mas essas passagens, longe de serem pacíficas, inscrevem-se no quadro de um confronto secular. Entre as populações rurais cristianizadas dos séculos modernos subsiste de fato uma concepção de vida que, embora muitas vezes enterrada, continua no entanto viva. Ela se exprime por palavras e gestos que a Igreja, para desacreditá-los, qualifica de "supersticiosos". Na verdade, as "superstições" de que fala o clero, mas também os médicos, são simplesmente manifestações de um antigo fundo cultural que se mostra tanto mais difícil de erradicar justamente porque corresponde a uma maneira original de ser no mundo. Religião da salvação pessoal, o cristianismo valorizou o indivíduo, favoreceu a emergência da pessoa e contribuiu assim para dissociar os antigos laços com o parentesco mais amplo, o dos vivos e aquele, tão pregnante, dos ancestrais mortos. Esta cadeia de ascendentes e de colaterais remetia a uma consciência original do corpo. A imagem que se impunha era exatamente a imagem de uma dupla pertença, de um corpo duplamente vivido. O indivíduo possuía seu corpo como algo próprio dele, pois seu nascimento era sinônimo de emergência de um novo corpo, mas ele se sentia ao mesmo tempo solidário do grande corpo coletivo da linhagem. E o que o clero se propunha era subtrair esse corpo individual à influência do grande corpo comunitário, para preparar o fiel para os fins últimos.

Mas a Igreja se viu confrontada, a partir do século XVI, com um outro desafio. Se os cientistas puderam colocar os marcos de uma nova visão do mundo com Copérnico, Kepler, Galileu e depois Newton, e de uma nova imagem do corpo com Vesálio, é porque as mentalidades tinham evoluído. A formulação das leis da natureza e o conhecimento mais exato e mais apurado do corpo humano são fruto das interrogações do ser humano sobre o sentido de sua vida e sobre o seu futuro. A ampliação dos horizontes do mundo vai de par com o aprofundamento das interrogações a respeito do corpo. Qual é o segredo de sua organização? Qual é a função dos órgãos? Como cuidar-se para triunfar da morte? Neste novo cuidado de si mesmo, que é cuidado do próprio corpo, está a origem de uma demanda de cuidados à qual os médicos da segunda metade do século XVII se revelam incapazes de responder. Entre 1680 e 1730 mais ou menos, a crise da consciência europeia é redobrada com uma crise da consciência do corpo: o indivíduo se arranca dolorosamente à influência do grande corpo coletivo. De alguma maneira, este é o preço a pagar pelo nascimento do homem moderno. A perturbação dos espíritos manifesta-se em particular pelo fantasma do enterrado vivo e, sobretudo, no domínio religioso, pelo fenômeno convulsionário, mesmo com a certeza de que a crise jansenista não se reduz a esta desordem dos corpos. Este desafio, será que a Igreja se garantiu realmente os meios de superá-lo? Que respostas trouxe ela à nova consciência do corpo que emerge lentamente no Ocidente? Como conciliar um discurso que pretende penalizar o corpo pecador com as expectativas de homens e mulheres preocupados com um desabrochamento pessoal que coincide justamente com uma valorização da imagem de seu corpo?

A partir do século XVI prosperou de fato a ideia de que é preciso manter a saúde do corpo e preservá-lo o mais tempo possível. Podem comprová-lo a multiplicação dos tratados que exaltam o corpo saudável e o envelhecer bem. Essa nova aspiração de prolongar a própria vida na Terra não combina com a ideia de que a vida aqui na Terra é forçosamente um vale de lágrimas, como prometem alguns discursos rigoristas. Esse otimismo e a vontade humana de triunfar da adversidade estão à base da cultura urbana da Renascença. Neste contexto, o corpo, longe de ser um lugar de perdição, pode tornar-se, ao contrário, fonte de plena expansão. O que exprime, à sua maneira, a ética protestante. Desatrelar a vida dos fins últimos opera uma ruptura essencial na cultura ocidental.

1. Um corpo protestante?

A diferença que se adivinha na abordagem diferencial do corpo, entre os católicos e os protestantes, é sem dúvida uma ilustração das respostas diferentes trazidas pelos contemporâneos às grandes questões que se colocam a eles desde o fim do século XV. Para os protestantes, o que importa é dar àquele ou àquela que se encontra em situação crítica os meios de superar suas dificuldades e de vencer suas angústias, aceitar a sua sorte, não para abandonar a partida, mas ao contrário para aprender a dominar-se e assim ultrapassar-se. A piedade, o combate contra a adversidade e o sofrimento se tornam então uma práxis que reconforta. Nessa perspectiva, o corpo não é desvalorizado nem abusivamente constrangido. Seu alívio em caso de doença e sua cura constituem um nobre objetivo: a saúde, a isenção de sofrimentos físicos ou morais são as condições da plena expansão da pessoa. É tomar exatamente o contrapé da palavra do magistério católico que tanto insiste no caráter miserável da criatura. Comprova-o o exemplo da parturiente cujos sofrimentos são apresentados pela Igreja como o preço a pagar pelo pecado de Eva. A fim de facilitar seu parto, a protestante, como aliás também a católica, não hesita em recorrer a amuletos cristianizados; mas tanto uma como a outra não têm em mente a mesma motivação. Se a católica permanece fiel às virtudes analógicas da "pedra tiritante", figura do feto no ventre materno, a protestante ultrapassa esse primeiro nível. Na Alemanha, nos países reformados, ela não se abandona cegamente ao suposto poder do objeto que lhe é confiado; aqui a pedra é antes de tudo destinada a dar autoconfiança. É uma espécie de "pedra da águia espiritual" (*Geistliche Adlerstein*) que permite triunfar do mal, assumindo seu próprio destino. À diferença da mulher católica, passiva e dependente, que coloca sua sorte nas mãos da Virgem ou de um santo, a mulher protestante se afirma como pessoa, capaz de agir sobre o curso dos acontecimentos.

Para os protestantes, o corpo não é desprezível, mas merece ser preservado e, se for necessário, salvaguardado de perigo. Assim se compreende melhor por que os protestantes foram os primeiros a aceitar que se recorra ao médico parteiro (obstetra) na hora do parto. De fato, no curso do século XVIII, o obstetra tem a reputação de preservar melhor a vida do que as parteiras. Deve-se, pois, utilizar seu saber, beneficiar-se de sua experiência e aceitar, se necessário, que ele faça uso de seus instrumentos. Em uma obra de tal importância que coloca em jogo duas vidas, não há razão para valer-se da decência, invocada entre os católicos, para recusar o recurso ao homem. A esperança de salvar a vida deve prevalecer sobre qualquer outra consideração.

2. Convulsionários

Para comungar com Deus, fundir-se com Cristo, os místicos impõem-se uma terrível ascese: o corpo era o principal alvo desses homens e dessas mulheres para os quais tudo devia ser sacrificado em busca da salvação. Mas esse corpo debilitado pelos repetidos jejuns, castigado pelos cilícios, dilacerado pela disciplina, só excepcionalmente era revelado. Era uma questão particular entre o indivíduo e seu corpo, uma provação desejada por Deus que exigia mais do que discrição, exigia segredo. Com os convulsionários (jansenistas fanáticos) estamos em uma lógica totalmente diferente. Trata-se, para estes, não tanto de salvar seu corpo como de salvar a Igreja ameaçada por uma maneira de exibição pública que desdenhava toda moderação[130]. Aqui, o corpo está antes de tudo em representação: ele exige uma encenação. Convulsões curadoras dos desvios sangrentos do figurismo, na realidade é toda uma nova inflexão da consciência do corpo que se revela, num momento-chave da evolução das sociedades ocidentais, em torno dos anos 1720-1750.

Os acontecimentos que se desenrolaram a partir de maio de 1727 no cemitério Saint-Médard, em Paris, em torno do túmulo do diácono Pâris, parecem traduzir uma corrente popular espontânea. Mas, se os primeiros casos obedecem ao esquema clássico da cura milagrosa ao contato com as relíquias de uma pessoa santa ou de seus substitutos – aqui, a lenha da árvore que cresce nas proximidades do túmulo e a terra do sepulcro – bem depressa, em razão da crise jansenista, manifesta-se uma estreita correlação entre devoção ao diácono e ação política. E os milagres aparecem então como uma resposta à "usurpação de Embrun", à destituição, pela Igreja, do bispo jansenista Soanen. É em novembro de 1730 que os milagres perdem seu caráter popular espontâneo para tornar-se argumentos na luta contra a bula *Unigenitus*, promulgada como lei da Igreja e do Estado. A polêmica que se inicia testemunha essa mudança: os milagres tornam-se provas da validade do Apelo, e as convulsões, a marca da ação de Deus sobre os corpos. Como o túmulo do diácono foi imediatamente cortado de sua fonte viva, o movimento emigrou para os quatro cantos da cidade, para os apartamentos, as adegas e os celeiros, antes de espalhar-se pela província. Os ritos mudam então de natureza, os corpos são submetidos a outras provas. Agora não se trata mais de corpos sacudidos por "convulsões curadoras", mas de corpos curvados sobre si mesmos, contraídos, como se apelassem por uma ajuda externa. Eis chegado o tempo dos desvios sectários e sangrentos, dos "golpes mortais" e dos "suplícios que reconfortam". Por trás dessas encenações há uma lógica da de-

---

130. A abordagem dos desvios jansenistas foi renovada por MAIRE, C.-L. *De la cause de Dieu à la cause de la nation* – Le jansénisme au XVIIIe siècle. Paris: Gallimard, 1999.

monstração pela violência, onde os "socorristas" assistem ativamente os convulsionários.

Apesar de nem todos os jansenistas terem aderido a esses desvios, longe disto, o movimento foi profunda e longamente afetado pelo episódio convulsionário. É que na verdade ele deve ser tomado também como um sintoma das mudanças que abalam a sociedade desde o século XVI. A sequência convulsionária deve ser colocada em relação com a inflexão das sensibilidades religiosas dos anos 1720-1730, testemunhada tanto pela forte diminuição dos pedidos de missas nos testamentos, como pelo progressivo desaparecimento das invocações aos santos do panteão religioso. As interrogações sobre os fins últimos e sobre o corpo revelam novas angústias existenciais.

3. Evolução das representações

A evolução da consciência do corpo no curso dos séculos modernos se traduz por uma mudança das representações. De todos os santos propostos pela Igreja ao ensino dos fiéis, um dos mais representados, mas também um dos mais ambíguos, é sem dúvida São Sebastião em seu martírio. Sua popularidade, este santo a deve certamente a seu papel protetor, uma vez que até o fim do século XVII ele continua sendo, com São Roque, um dos grandes santos invocados pelas populações afligidas pela peste: as flechas que perpassam o flanco do antigo legionário simbolizam o mal enviado por Deus para punir os humanos por sua impiedade. O fato de ter sobrevivido ao suplício torna Sebastião ainda mais apto para socorrer os empestados do terrível contágio. Mas o desnudamento do corpo que permite aos paroquianos constatar o impacto das flechas nem sempre é apreciado pelos prelados da Contrarreforma que exigem então que se façam desaparecer essas imagens que lhes parecem "indecentes"... E, não obstante, se há um culto assumido pela Igreja, é exatamente este. O discurso transmitido associa estreitamente a oração que deve descartar a doença e a busca da salvação.

Michèle Ménard estudou nas igrejas paroquiais da antiga diocese do Mans as atitudes e os gestos do santo[131]. As estátuas mais antigas o mostram ainda imóvel, o olhar voltado para um além e as mãos entravadas: "a forma arquetípica da situação do ser humano no mundo". Simetria e imobilidade conferem à imagem uma dimensão sagrada. Ora, a partir do século XVII, a parte do profano argumenta em detrimento do sagrado, enquanto os artistas tendem a humanizar a estátua, dando-lhe uma espécie de movimento para frente. São as imagens que figuram nos nichos dos retábulos que recebem esses novos modelos, como se fosse "na abertura da cavidade que o gesto podia desdobrar-se". Enquanto que até o fim do século XVII, segundo o modelo vindo da Itália, o santo teve, num em cinco casos, os braços abaixados e as mãos atadas nas costas, eis que agora as estátuas de São Sebastião têm cada vez mais um braço levantado e o outro abaixado. Muitas vezes contorcido, o corpo do santo mostra então a dificuldade que têm agora os humanos de viver em um mundo dividido...

Essa evolução que diz respeito a toda a Europa apareceu de maneira mais nítida nos anos 1550-1560. O enquadramento do tempo, graças ao relógio público e depois ao relógio de bolso, a descoberta de novos mundos além-mar, o domínio do espaço pelo aperfeiçoamento de novas técnicas de agrimensura e de cartografia, a invenção do telescópio que modificou as relações que o ser humano mantinha tradicionalmente com o cosmos: eis que "o Céu muda"...[132] Mas, na história da humanidade, a etapa da Renascença está cheia de ambiguidade. O aparecimento de uma nova dimensão da vida, com as esperanças e os entusiasmos que ela provoca, não podia acontecer sem sofrimento. A esperança de um mundo melhor, de um ser humano melhor se esfuma quando a violência submerge tudo: violência na Europa liga-

---

131. MÉNARD, M. "Les images favorites de Saint Sébastien sur les retables des églises paroissiales de l'ancien Diocèse du Mans". *Annales de Bretagne et des Pays de l'Ouest*, vol. 90, n. 2: L'espace et le sacré, 1993, p. 357-375.

132. Cf. a análise do novo olhar sobre o Céu em DELUMEAU, J. *Que reste-t-il du Paradis*. Op. cit., p. 408-439.

da à crise da consciência religiosa e a retomada da guerra, violência além-mar com a retalhação regulamentada do Novo Mundo. Mas resta desse momento uma valorização do presente e do indivíduo que constituem, como se sabe, a originalidade da Renascença. É um outro tempo do mundo que se abre, uma outra consciência do corpo que se afirma. Um corpo inquieto que, arrancando-se do grande corpo coletivo, paga muito caro esta sua emancipação. Porque esse corpo que o ser humano faz agora passar para o primeiro plano de suas preocupações, para protegê-lo, cuidar dele, prolongá-lo encontra-se só no momento da morte, sem a assistência moral do corpo da linhagem, desse grande corpo coletivo que, este sim, não morre jamais. Enfrentar essa solidão e assumi-la é possível para quem tem fé. Se vier a perdê-la, o indivíduo fica então entregue a si mesmo... É preciso, talvez, ver nessa subversão das crenças e dos comportamentos uma das principais fontes do mal-estar do ser humano contemporâneo.

2
CORPO DO COMUM, USOS COMUNS DO CORPO

Nicole Pellegrin

> A pele, os poros, os músculos e os nervos de um operário diferem dos de um homem de qualidade, assim como seus sentimentos, suas ações e suas maneiras. As diferentes condições de vida influenciam toda a estrutura, externa e interna, e essas diferentes condições provêm necessariamente, porque uniformemente, dos princípios, também eles necessários e uniformes, da natureza humana.
> HUME. *Tratado da natureza humana*, livro II.

I. Dizer o corpo: os humildes e os outros

A tarefa é difícil e comovente. Os "ausentes da história" são inúmeros e os indícios de sua existência corporal são tênues, dispersos e geralmente malevolentes.

Refração impura no espelho angustiado dos discursos letrados, o povo humilde – gente pobre e pobre gente – geralmente só existe pela "graça" de contabilidades abstratas, como as das administrações do passado (religiosas ou leigas) e dos historiadores/historiadoras de hoje. Benéficas abstrações, porém, quando enumeram almas e sacramentos que elas recebem, pois os números permitem então imaginar corpos em parto, como os dos nascimentos terrestres, dos nascimentos celestes da morte, das uniões, casamentos e entradas em religião que os preparam. Apesar de serem abstrações de contadores de almas ou de "defuntos", os registros paroquiais, os livros de entradas nos hospitais ou nos conventos, os "recenseamentos" e as listas de impostos jamais falam – precisamente – do corpo, mas do que o anima, o melhor do que cabe a Deus: a alma[1]. E não é certo que as outras fontes de nosso saber sobre a vida física de nossos antepassados possam dizer muito mais a respeito. Diários, memórias e autobiografias (aqui nossas principais fontes de informação com alguns elementos de arquitetura, mobiliário e guarda-roupa, e documentos judiciários e atos notariais esparsos) são "textos" que, quando colocam em cena a agitação aqui deste mundo, são todos, também, subordinados a uma crença (a de um corpo a domar) e a uma necessidade (a construção de um espaço de escritura que tem suas próprias convenções e finalidades específicas[2]).

Este duplo dado – banal – é essencial: o corpo só pode estar ausente ou em uma posição secundária, nos arquivos que nos entrega (e nos quais se entrega) o Antigo Regime, e importa nunca esquecer suas razões religiosas, pois foram elas que fizeram proliferar, em seu tempo, silêncios e contradições, favorecendo hoje leituras anacrônicas, por demais laicizadas. Por estar à margem e muitas vezes de modo literal (basta pensar nas notas marginais ou de rodapé dos registros de paróquias e em sua riqueza informativa sobre a doença, a violência, etc.[3]), a existência corporal das mulheres e dos homens desses tempos se oferece como um caleidoscópio de imagens mutan-

---

1. Sobre as percepções cristãs do corpo, companheiro desprezível mas indispensável à obra de ressurreição, cf. GASNIER, M.-D. Trouver un corps – Éléments pour une pensée chrétienne du corps. In: GODDARD, J.-C. & LABRUNE, M. (orgs.). *Le corps*. Paris: Vrin, 1992, p. 71-90. E, entre mil outras fontes, o extraordinário diálogo do corpo e da alma num poema bretão que figura no *Barzhaz Breizh* (LA VILLEMARQUE, T.H. *Trésor de la littérature orale de la Bretagne* [1867]. Spézet: Coop Breizh, 1999, p. 487-491).

2. BOLLÈME, G. *La Bible bleue* – Anthologie d'une littérature populaire. Paris: Flammarion, 1975. • "L'enjeu du corps et la *Bibliothèque bleue*". *Ethnologie Française*, n. 3/4, 1976, p. 285-292. Minha documentação inclui também, mas só como contraponto, fontes mais conhecidas como obras de prescrições morais, tratados de medicina e ficções literárias e iconográficas. Michel De Certeau serviu-me de guia e de inspiração, e especialmente sua obra *Invention du quotidien*. 2 vols. Paris: UGE, 1980 [Coll. "10/18" – Já traduzida para o português].

3. CROIX, A. *Moi Jean Martin recteur de Plouvellec...* Curés "journalistes" de la Renaissance à la fin du XVIIe siècle. Rennes: Apogée, 1993. • LACHIVER, M. *Les années de misère* – La famine au temps du Grand Roi: 1680-1720. Paris: Fayard, 1991.

tes e um tanto imprecisas: visões às vezes gloriosas, mais frequentemente piedosas, que refletem tanto dados concretos como obsessões lancinantes, e particularmente sexuais, dos clérigos que são seus autores.

Oficialmente desprezado, sistematicamente ocultado e sempre renascente, o corpo particularizado dos indivíduos só é glorificado quando faz um todo com outros corpos e se torna então parte de um "verdadeiro" corpo: o corpo-oração, a comunidade de habitantes, a Igreja que é corpo de Cristo e primeira das três ordens do Estado. Em um mundo impregnado de religiosidade cristã, o corpo não é, para (quase[4]) todos, senão o habitat temporário de uma alma imortal. Tristemente sexuado, verminado para sempre, votado à corrupção e encerrando em si esta alma, o corpo não pode – na melhor das hipóteses – passar de um instrumento a serviço da salvação, salvação pessoal e salvação comunitária que se confundem. Não obstante, porque ele ressuscitará e porque é também a imagem de Deus que escolheu fazer dele a experiência na sua própria vida humana, este corpo deve ser respeitado em vista dos fins últimos. Também, como foi muito bem demonstrado pela doença ou pela mística[5], todos os movimentos do corpo são perigos e promessas, advertências divinas e meios de santificação. Eles são uma linguagem em si, a ser lida e a fazer ler, mas cujos códigos parecem hoje, não

---

4. Sobre o pensamento "libertino" e as formas antigas do ateísmo, como para tudo que diz respeito ao corpo do "homem moderno", as observações pioneiras de Robert Mandrou continuam sem iguais (*Introduction à la France moderne: 1500-1640 – Essai de psychologie historique*. Paris: Albin Michel, 1961, p. 294-297).

5. LEBRUN, F. *Se soigner autrefois* – Médecins, saints et sorciers. Paris: Temps actuels, 1983, p. 11-14 [2. ed., Paris: Du Seuil, 1995 (Coll. "Points Histoire")]. • DE CERTEAU, M. *La fable mystique*: XVIe-XVIIe siècle. Paris: Gallimard, 1982 [Coll. "Bibliothèque des Histoires" – Reed. Coll. "Tel", 1987]. • VUARNET, J.-N. *Extases féminines*. Paris: Arthaud, 1980. É lastimável que, à exceção de Jean-Pierre Albert (*Le sang et le Ciel* – Les saintes mystiques dans le monde chrétien. Paris: Aubier, 1997), os/as historiadores do corpo tenham "explorado" tão pouco, para descrever e compreender as trivialidades cotidianas do passado, o imenso *corpus* dos textos místicos e memórias eclesiásticas. • PELLEGRIN, N. L'écriture des stigmates, XVIe-XVIIe siècle. In: CORDIER, P. & JAHAN, S. (orgs.). *Les blessures corporelles*. Poitiers: Gerhico, 2003, p. 41-62.

raras vezes, muito estranhos quando misturam ou justapõem interioridade religiosa e expressividade corporal.

Um escriba de origem ruerguesa (do Rouergue), homem para todo o serviço de um grande senhor languedócio e cronista autodidata, é obrigado a ir de Lião a Tarare no tempo da neve, em março de 1738. Este Pierre Prion escreve então com uma emoção que mostra que ele não recorre a uma fórmula já consagrada: "Ao sair desta montanha, todas as partes do meu corpo já estavam quase congeladas. Considero um milagre ter escapado". Aliás, no verão seguinte, quando ele quase morreu sufocado pela multidão de Pont-Neuf em Paris, mais uma vez é um léxico apropriado da espiritualidade que lhe permite traduzir os sofrimentos que teve de suportar: "Em uma situação como esta, sinto-me muito feliz de só ter o corpo macerado para salvar minha vida". Assim também, para revelar a profundidade – totalmente profana – das penas de amor de sua juventude, Louis Simon, um aldeão-tecelão que faz o balanço de sua vida por volta de 1809, dirá: "Eu não ria mais do que uma alma condenada [...]" e contará que, pouco depois, "consumido de aflição, um dia, dei um murro no meu ofício"[6]. Há aí uma exacerbação dos sentidos que usa um vocabulário gestual e ideológico que não é mais o nosso. Essas formas de agitações-aspirações de ordem físico-espiritual são próprias a corpos completamente marcados pelo selo da fé cristã. As autobiografias dos santos ou santas católicos oferecem exemplos ainda mais perturbadores neste sentido.

Por que não optar por evocar aqui Margarida Maria Alacoque, cujos automatismos sensoriais e impulsos irresistíveis eram compreendidos até pelos fiéis menos fervorosos de seu tempo? No entanto, é essa visitandina de Paray-le-Monial que escreve em 1715: "Eu era tão delicada que a mínima su-

---

6. PRION, P. *Mémoires d'un écrivain de campagne au XVIIIe siècle*. Paris: Gallimard/Julliard, 1985, p. 94, 124, 129 [LE ROY LADUIRE, E. & RANUM, O. (orgs.). • SIMON, L. *Louis Simon, villegeois de l'ancienne France*. Rennes: Ouest France, 1996, p. 59 e 64 [Trata-se de um ofício de tecer a etamine].

jeira me fazia sentir náuseas. Ele [Deus] me repreendeu tão fortemente lá de cima que uma vez, querendo limpar o vômito de uma doente, não pude impedir-me de fazê-lo com minha língua e comê-lo, dizendo-lhe: "Se eu tivesse mil corpos, mil amores, mil vidas, tudo imolaria para servir-vos. [...] Mas sua bondade, à qual devo exclusivamente ter-me dado a força de superar-me, não deixou de me demonstrar o prazer que disto resultaria. Pois na noite seguinte, se não me engano, ele manteve por cerca de duas ou três horas minha boca bem colada à chaga de seu sagrado Coração, e seria muito difícil para mim poder exprimir o que senti então, nem os efeitos que esta graça produziu na minha alma e no meu coração"[7]. Êxtase do "coração" e prazer do corpo: como traduzir, e mais ainda sentir, o que essas palavras significavam em seu tempo e o que elas podem ainda nos dizer?

Instrumentos subordinados a Deus e no entanto criadores de seus próprios instrumentos ideológicos e materiais, os corpos humanos não podem ter a radiação que adquiriram nas sociedades laicizadas de hoje. Os prazeres que eles outorgavam se confirmavam em uma linguagem que cessou completamente de ser a nossa e que, exclusivamente manipulada pelos letrados, fala antes de tudo do corpo dos dominantes, o único referencial, mesmo quando não é o sujeito do discurso[8]. Lembrar essas transmutações (que não são apenas linguísticas) e os esforços de tradução aos quais elas obrigam os/as historiadores atuais não é fazer ostentação de uma prudência supérflua e falsamente modesta, mas é querer afirmar o mal-estar necessário que deve enviscar todas as nossas reconstituições das corporalidades do passado.

Elas são para sempre exóticas, as belas cores das bonitas jovens, as escrófulas supurantes dos mendigos, a pena física do trabalhador e do ferreiro,

---

7. ALACOQUE, M.M. Autobiographie, 1715. In: *Vie et oeuvres de la bienheureuse...* Tomo II. Paris: Poussielgue, 1915, p. 82.

8. E isto me parece verdade até para "a cultura popular" que nutre a obra de Rabelais (BAKHTINE, M. *L'oeuvre de François Rabelais et la culture populaire au Moyen Âge et sous la Renaissance.* Paris: Gallimard, 1970).

as fruições dos glutões e dos sodomitas do passado![9] Sua reemergência e inclusive a dos esqueletos descobertos pelos arqueólogos[10] não só é aleatória, mas obriga a decifrar cautelosamente e a interpretar com prudência. Leituras no vácuo e considerações a serem cruzadas.

II. O "corpo": das palavras e dos mortos

Deste exotismo das "realidades" do passado, os dicionários são os primeiros reveladores, sendo o de Furetière um dos mais pertinentes[11]. O verbete "corpo" sobre este ponto diz muita coisa; primeiro por sua... extensão (trinta parágrafos em três longas colunas mostram que o tema não é indiferente ao nosso lexicógrafo), depois pela ordem das diferentes acepções que ele dá à palavra, e enfim pelos exemplos que alimentam cada uma das rubricas que compõem o verbete.

Desde o começo, Aristóteles, Epicuro e os "filósofos modernos" são convocados a apoiar a definição inicial (uma "substância sólida e palpável"), debater sua composição e enumerar estranhas hierarquias: corpos celestes, sublunares, elementares, angélicos, planetários, naturais... O ser humano só aparece como tal no terceiro parágrafo, em correlação com a noção de animalidade e com a de oposição, julgada propriamente humana, do corpo e da alma. Aqui é esboçada uma bela lição de teologia e de moral cristãs: "As almas dos animais são corpos, morrem com o corpo deles. Os feiticeiros se entregam ao diabo de corpo e alma. O Evangelho diz que quem cuida demais de seu corpo perde sua alma. Diz-se que um ser humano se entregou à pros-

---

9. BLOCH, M. *Les rois thaumaturges* – Études sur le caractère surnaturel attribué à la puissance royale, particulièrement en France et en Angleterre. Estrasburgo: Istra, 1924. • ARON, J.-P. *Le mangeur du XIXe siècle*. Paris: Laffont, 1974. • LEVER, M. *Les Bûchers de Sodome*: histoire des "infâmes". Paris: Fayard, 1985. • LOUX, F. & RICHARD, P. *Sagesses du corps* – La santé et la maladie dans les proverbes français. Paris: Maison-neuve/Larose, 1978.

10. Cf. PIPONNIER, F. & BUCAILLE, R. "La belle ou la bête? – Remarques sur l'apparence corporelle de la paysannerie médiévale". *Ethnologie Française*, n. 3/4, 1976, p. 227-232.

11. FURETIÈRE, A. *Dictionnaire Universel*. Haia: Arnout, 1690 [não paginado].

tituição para dizer que ele não foi casto. O ser humano deve ganhar seu pão com o suor de seu corpo". A lição é uma condenação, em nome da Escritura, de todas as manifestações corporais não dominadas. A descrição que segue, das "qualidades de um corpo", o confirma (a saúde é o critério de um "corpo bom", isto é, não "confiscado"), mas o corpo não passa de um invólucro, a ser nutrido e/ou a ser macerado (pelo ódio, pelo jejum), pois "um corpo sem alma [é] como um exército sem chefe".

A física dos corpos humanos só aparece depois, sob os auspícios de descrições detalhadas do tronco e das vestes que o cobrem: um e outras são chamados "corpos" (voltaremos a isto) e têm por derivado a palavra "espartilho". Essas descrições são seguidas da explicitação de expressões jurídicas como posse ou separação do corpo. Depois, por uma associação de pensamento que não poderíamos dizer anódina, uma brusca mudança de registro e de estilo de escrever leva a um sentido que decorre diretamente do vocabulário judiciário, mas que desliza do mundo terrestre para as realidades espirituais. "Corpo se diz também de um cadáver cuja alma se separou": o aniquilamento da morte permite as liberações do além e a putrefação da carne é promessa de ressurreição.

Múltiplas significações, mais ordinárias e também mais técnicas, portanto mais desenvolvidas, prolongam essas primeiras definições. O corpo é então tudo que tem consistência material ou intelectual: coisas condensadas como uma construção ou uma coletânea de textos, fundamento de um sujeito ou de um objeto, enfim e sobretudo "muitas pessoas que formam uma companhia" (corte do soberano, capítulo, municipalidade, etc.)[12]. Aliás é preciso lembrar que na literatura daquele tempo as metáforas orgânicas eram um meio privilegiado de colocar em cena os laços de pertença ou sua

---

12. Todos esses exemplos merecem atenção. Ecos de um sistema de pensamento dominante (mas que não é universal), eles dão informação sobre o estatuto e os modos de percepção do corpo, mas também sobre alguns métodos de guerra (corpo de regimentos, de guarda, etc.), de governo, de construção, etc.

ruptura: "a heresia" – huguenote – é lepra, cancro, corpo dissoluto ou animal de orelhas compridas, pés curtos e tendão fraco?[13] É evidente que, para Furetière como para Richelet e os outros lexicógrafos, os males específicos a todo ser carnal não são os que um dicionário dos séculos XX-XXI enumeraria: o corpo nada tem a temer senão a perda de sua alma e aquele que o impele a "fazer loucuras", o diabo. Impudicícia, preguiça, embriaguez e violência são os únicos males verdadeiros que frequentam as notícias dos dicionários do Antigo Regime. Curiosamente, a única doença física diretamente evocada por Furetière e Richelet[14] é "o abcesso no corpo". Quanto aos que têm uma "saúde vigorosa", eles têm o corpo "novo", "livre", hábil, disposto, desatado, e é por ironia que aquele que "não é traidor de seu corpo [...] trata-se bem, tem boa mesa: na verdade ele não é mais do que um homem 'delicado e sensual'" e portanto um pecador. Todo dicionário é prescritivo e, como deve usar oposições simples, só nos informa eficazmente sobre imagens "comuns" do corpo pecaminoso.

Bem longe, aparentemente, do neutro generalizado, próprio à escritura lexicográfica, o eu personalizado dos "autobiógrafos" joga com a palavra "corpo", e com as perspectivas que ela permite, de uma maneira muito mais diversificada em sua forma, mas que é apenas diferente no fundo, embora possam transparecer usos corporais mais ordinários, como a fome, a fadiga, etc. Uma das obras mais próximas do Dicionário de Furetière, cronológica e ideologicamente falando, poderia ser o *Diário* de Alexandre Dubois, pároco de Rumegies em Tournaisis, de 1686 a 1739. É notável que neste *Diário* o vocábulo "corpo" só é utilizado em seis ocasiões e apenas em dois sentidos. Em quatro casos, os "corpos", como nos nossos atuais levantamentos de

---

13. BRENOT, A.M. "La pathologie du corps social d'Ancien Régime". Tomo I. *Sources*, n. 29-30, 1992, p. 181. Retomado em TOUATI, F.-O. (org.). *Maladies, médecines et sociétés*. Paris: L'Harmattan, 1993.

14. Pierre Richelet (*Dictionnaire François*. Genebra: Widerhold, 1680, p. 183) retoma este exemplo no quadro de uma douta exposição sobre o emprego das preposições "a" e "em" (o corpo).

corpos, são cadáveres que o contexto parece santificar: o de um soldado, cuja carne permaneceu macia, permite rumores de milagre; o de Santo Amando que é levado em procissão pela paz de Ryswick; o de um papa que é colocado no túmulo; aqueles, enfim, que é preciso enterrar em massa por ocasião da festa patronal do ano 1709, quando a ocupação holandesa com seu cortejo de pilhagens, roubos, assassinatos e profanações, prossegue e aumenta as aflições do "grande inverno" (fome, doenças, êxodo)[15]. Nos dois outros casos, os corpos de que fala Dubois são de grupos religiosos: os jesuítas ("corpo que se tornou na Igreja mais formidável do que amável") e os recoletos, cujas "extravagâncias" doutrinais (pelo menos de alguns de seus pregadores) levam o cronista a fazer esta observação geral de que "as faltas dos indivíduos não devem absolutamente ser atribuídas ao corpo"[16].

Para esse eclesiástico, a proliferação da palavra "corpo" inscreve-se em uma visão do mundo propriamente... corporatista: é um clérigo que fala como membro do corpo ao qual ele pertence, a Igreja, e que só pode exprimir, como verdadeiro porta-voz da Igreja, uma visão escatológica e penitencial dos eventos nos quais ele participa. No final do ano 1709, é uma evocação do fim dos tempos e de seu cortejo de horrores (e de esperanças) que toma forma sob sua pena: "Será que o juízo final será mais terrível? [...] Adeus ano fatal! Que jamais eu me lembre de ti, a não ser para lembrar-me que fo-

---

15. Existem inúmeros exemplos do corpo como figura da morte na literatura de vendedores ambulantes (cf. os textos citados por BOLLÈME, G. "L'enjeu du corps et la *Bibliothèque Bleue*". Art. cit., p. 286-287) e, é claro, nas obras de piedade que preparam para o desenlace (PERDUCIUS, C. *La règle ou le bon usage du deuil*. Valenciennes: [s.e.], 1655).

16. DUBOIS, A. *Journal d'un curé de campagne au XVIIe siècle*. Paris: Cerf, 1965, p. 98, 99, 119, 134, 145, 147 [Editado por PLATELLE, H.]. Mesmos empregos e mesma raridade no pároco RAVENEAU, J.-B. *Journal (1676-1688)*. Étrepilly: Presses du Village, 1994, p. 10, 37, 104, 133, 160, 225, 226, 227, 228 [Editado por BARDON, M. & VISSIÈRE, M.]. Funerais e procissões são os únicos eventos em que aparecem "corpos" (defuntos, santos e/ou constituídos), com duas exceções mais ou menos situadas bem no começo de seu *Recueil*. Aí surge o corpo-e-a-alma do narrador chocado com o mau estado do altar e do presbitério de sua nova paróquia (p. 4 e 7); cf. infra.

ram [sic] meus pecados que atraíram esta ira de Deus!"[17] Entretanto, outros corpos, mais vivos e mais profanos, formigam em um texto em que abundam todos os tipos de observações sobre a vida carnal da maioria das pessoas: evocações de fomes, mas também de pestes e de calamidades da guerra, descrições das violências cotidianas dos jovens e dos ricos, estigmatizações do gosto pelo vestuário e adornos dos novos-ricos, condenação das desordens geradas pelos amores ilegítimos[18]. Dessas "desgraças", o corpo, jamais nomeado, mas sempre irritado do pároco de Rumegies, guarda memória, quando, em 1696, surge a exclamação: "Durante este tempo, não se ouviu falar senão de roubos, de homicídios, de pessoas mortas de fome [...]. Estava-se realmente cansado de estar no mundo". Fazendo corpo com o corpo de sua paróquia, Alexandre Dubois, pela pena que prolonga sua mão, exprime uma extrema fadiga física e moral, mas parece que ele só pôde dizer isto porque ela foi vivida e partilhada coletivamente.

Tanto o horror dos fatos relatados por esses eclesiásticos, como seu estatuto particular de pastores de almas explicam o tom apocalíptico de muitos autores. Mas isto não é específico aos clérigos de uma região de fronteira desbaratada. Outras Memórias, mais recentes, o mostram, como os escritos de dois "autobiógrafos", cuja origem rural os torna excepcionais, o camponês Valentin Jamerey-Duval e o aldeão Louis Simon[19]. Ambos são

---

17. DUBOIS, A. *Journal d'un curé de campagne au XVIIe siècle*. Op. cit., p. 92, 153-158.

18. Ibid., p. 108: três crimes em seis meses na paróquia, entre os quais o de um jovem pelo amante de sua irmã, grávida e furiosamente apaixonada, apesar de sua aparente modéstia ("quanto mais santas, mais é preciso desconfiar delas").

19. JAMEREY-DUVAL, V. *Mémoires, enfance et éducation d'un paysan au XVIIIe siècle*. Paris: Le Sycomore, 1981 [Editado por GOULEMOT, J.-M.]. • SIMON, L. *Louis Simon, villegeois de l'ancienne France*. Op. cit. Sobre o estatuto de seus textos, cf. os notáveis prefácios que os acompanham e, para fins comparativos, a apresentação do *Journal* de um vidraceiro parisiense (MENETRA, J.-L. *Journal de ma vie*. Paris: Montalba, 1982 [Editado por ROCHE, D.]) e as introduções às duas crônicas languedócias de um ruerguês a serviço do senhor d'Aubais no Gard atual (LÉONARD, É.-G. *Mon village sous Louis XV d'après les Mémoires d'un paysan*. Paris: PUF, 1941. • PRION, P. *Mémoires d'un écrivain de campagne au XVIIIe siècle*. Op. cit.).

leigos e católicos e têm em comum querer retraçar seu "êxito": contá-lo e deixar traço dele, talvez também desculpá-lo. Mas, porque o primeiro se torna bibliotecário dos duques de Lorraine em meados do século XVIII e o segundo, prefeito de sua comuna graças à Revolução, eles têm uma escrita (forma e conteúdo) bem diferente. Se para um o amor às letras serve de fio condutor das verdadeiras "Memórias", para o outro, o caso de um casamento-paixão está no centro de um relato múltiplo que pretende ser "o livro no qual escrevi os principais episódios ocorridos durante a minha vida".

Também aqui não é inútil rastrear as aparições da palavra "corpo" e confrontá-las com figuras mais concretas e mais numerosas da corporalidade. Os *realia* são inúmeros nas duas obras (teremos ocasião de utilizá-los quando for preciso, por exemplo, tentar compreender os modos de andar ou "a fome canina" dos pobres), mas sua frequência, mesmo em textos que não têm intenção de colocá-los em cena, tem um interesse em si. Assim como no romance "realista", esses fatos apresentados como reais têm efeitos de... real em um relato que é, como toda "autobiografia", testamento e apologia. O que motiva o ato de escrever dos dois autores é, de fato, uma definição-construção de si mesmo na qual a vitória sobre a matéria (confusão de incômodos fisiológicos e sociais) quer aparecer retrospectivamente como o resultado dos combates que ocuparam toda sua vida. Não é por acaso que Jamerey-Duval recorre incessantemente à expressão "corpos e almas" para descrever duas formas de submissão: de um lado, a legítima aceitação da morte pelo cristão e, de outro, a estúpida e odiosa subordinação dos franceses a seu rei. Quanto ao seu próprio corpo de homem que sofre, ele só evoca em seu todo e sob esta forma que, como "um refugo da natureza", quando caído em um atoleiro, ele se encontra envolvido em "uma camada de argila muito espessa" e pensa que vai morrer "diversas vezes [...]. A imaginação que estava muito viva não me representou a morte como a simples separação da alma do corpo, mas como um suplício atroz que destruía a vida pela dor mais penetrante e mais aguda"[20]. Passagem eloquente que pretende sublinhar a ingenuidade de suas obsessões no curso de uma infância difícil e privada de catecismo, passagem na qual o eu-pele continua a temer na idade adulta uma penetração que romperia sua integridade. Mas uma visão comum que faz do corpo carnal um saco de ossos, ao mesmo tempo vulgar e respeitável, visão que estimula angústias religiosas e atos de revanche social da qual alguns souberam usar e abusar na ocasião.

É ainda um pároco autobiógrafo, abdicatário sem dúvida, que conta como se quis em Châtellerault, em 1792, fazer correr rumores de milagre desenterrando de um cemitério de capuchinhos, que mudou de destino, um "corpo" perfeitamente conservado e portanto propício a reanimar a fé do povo, arrefecida pelas campanhas de descristianização. Na verdade, tratava-se de um "arranjo de ossos artisticamente recobertos com uma pele [de porco] habilmente costurada para representar um corpo, com as cavidades das diferentes partes preenchidas com cânhamo, de modo que se podia discernir todo o hábito de um capuchinho. Esse disfarce certamente só fora fabricado pelos capuchinhos para fazer dele um santo algum dia [...]. O milagre foi levado a passear por toda a cidade, para desespero da credulidade enganada e da beatice"[21]. A história é cômica e foi como tal muito satirizada pela sociedade popular do lugar, mas lembra que a santidade se afirma além da morte, por meio das provas materiais: boa conservação de um invólucro carnal tornado "corpo" e suavidade das emanações odoríferas que dele ema-

---

20. JAMEREY-DUVAL, V. *Mémoires*. Op. cit., p. 114, 115, 265, 312. É divertido notar que, para ele, garrafas vazias são "corpos sem almas" e que sua primeira embriaguez o fez provar fisicamente todos os "transportes", "arroubos" e soluços do êxtase dos místicos (p. 215). Essas imagens não são propriamente tão "entusiásticas" quando os filhos contam a embriaguez de um pai e o rancor deles (SIMON, L. *Louis Simon, villegeois de l'ancienne France*. Op. cit., p. 30). • BESNARD, F.-Y. *Souvenirs d'un nonagénaire (1752-1842)*. 2 vols. Paris: Champion, 1880 [Editado por PORT, C. – Reed. Marseille: Laffitte, 1979, p. 65-67].

21. INGRAND, J.-C. *Mémoires (1733-1803)*. Bonnes: Gorgones, 1999, p. 145 e 231 [Editado por ESCANECRABE, C.].

nam[22]. Mesmo quando não morre "em odor de santidade", todo membro de uma comunidade cristã pode crer em uma sobrevivência da alma, e até do corpo carnal, receptáculo da alma, que se torna "glorioso". Sabe-se, mas talvez nunca será demais repeti-lo: o corpo por excelência que é o cadáver (*corpse* em inglês) condensa expectativas tão fortes que é cercado de rituais os mais complexos na liturgia católica; é a ele que se quer honrar até no mais extremo desnudamento. Enfim, é a ele que se pune e se agride fisicamente quando se quer infligir os castigos mais terríveis: segregação nos cemitérios, recusa de sepultura, exposição, dissecação[23].

Não ter o corpo enterrado após o falecimento, eis um medo comum nas sociedades antigas em que o morto pode agarrar o vivo a todo momento, e sem que ele esteja preparado para a grande passagem. Porque esse pesadelo foi "vivido" (se assim se pode dizer) por muitos excluídos de então (pessoas do teatro e viajantes, não católicos confessos), não é raro ver o direito à sepultura provocar crimes e insurreições, e o castigo popular exercer-se contra um morto. A exemplo do número de revoltados pela fome ou miséria, os aixenses que vão à rua no outono de 1695 para opor-se à ação de um novo "jurado pregoeiro público de enterros dos mortos" que recusa colocar no caixão um pobre homem são exemplares, por seu número e sua diversidade (homens, mulheres e crianças de um artesanato multiforme), e o são mais ainda por seu modo de agir: atirar pedras, destruir papéis escritos, dispersão

---

22. ALBERT, J.-P. *Odeurs de sainteté* – La mythologie chrétienne des aromates. Paris: Ehess, 1990. A confrontar com as "cloacas de podridão" do corpo feminino descrito pelos teólogos do século XVII (DARMON, P. *Mythologie de la femme dans l'Ancienne France*. Paris: Du Seuil, 1983, p. 50, 125-129, etc.).

23. Existem numerosos testemunhos sobre o horror das dissecações anatômicas, entre os quais em 1712 o de um intelectual do campo (PRION, P. *Mémoires d'un écrivain de campagne au XVIIIe siècle*. Op. cit., p. 50: "Montpellier, por causa de sua escola de medicina, é uma "cidade carniceira"). Os cemitérios segregaram por muito tempo crianças não batizadas, "estrangeiros", enforcados, protestantes, jansenistas, etc. (cf. o cemitério de Saint-Florent em 1874. In: KSELMAN, T. *Death and the Afterlife in Modern France*. Princeton: Princeton University Press, 1993, p. 196. Para o século XVIII cf. THIBAUT-PAYEN, J. *Les Morts, l'Église et l'État* – Recherches d'histoire administrative sur la sépulture et les cimetières dans le ressort du Parlement de Paris aux XVIIe et XVIIIe siècles. Paris: Lanore, 1997, p. 94-204).

de bens mobiliários e tentativas de linchamento. A fuga do fautor desse "tumulto" evitou-lhe a condenação à morte e suas sequências habituais: esquartejamento e exibição do cadáver, depois abandono final aos animais errantes. A punição de um corpo, mesmo um corpo já sem alma, tem a violência de um castigo eternizado, o do inferno. Aliás, a justiça oficial não age de modo diferente quando expõe o corpo dos suicidas e corta a mão, depois a cabeça do parricida antes de exibir em público seus "restos", em parte desmembrados[24]. Manifestação extrema em que o "corpo", apesar de tudo, guarda muita humanidade, isto é, sacralidade, para receber uma última marca de respeito: ser coberto.

Pois isto é, diz um padre jesuíta, um "dos ofícios de caridade cristã, que devemos aos nossos próximos e amigos falecidos [...]. E quando nos convencemos de que pouco importa, ou mesmo nada, para o corpo morto, que seja coberto ou que não o seja, estando como está, sem sentimento; não podemos porém negar que importa muito para os vivos, que se veriam tomados de um extremo horror, à vista e ao encontro com um tal espetáculo, pouco agradável ao pudor humano, principalmente em caso de alguma alteração e mudança mais notável na face do morto, como acontece frequentemente a muitos. E no que diz respeito ao resto do corpo, inclusive dos facínoras e outros malfeitores, deveis expô-los nas vias públicas, para servir de espelho e de terror aos passantes; até se tem o costume de cobri-los, pelo menos com alguns velhos trapos, para não esquecer toda humanidade para com corpos humanos, e não causar tanto horror aos vivos"[25]. A formulação é sábia, mas este respeito do corpo por excelência, que é o corpo dos mortos, anima por muito tempo todos os textos e todas as práticas em que ele é colo-

---

24. BEIK, W. *Urban Protest in Seventeenth-Century France* – The Culture of Retribution. Cambridge: Cambridge University Press, 1997, p. 56-63. • BERCÉ, Y.-M. *Histoire des Croquants*: étude des soulèvements populaires au XVIIIe siècle dans le Sud-Ouest de la France. 2 vols. Genebra: Droz, 1974, passim. • MANDROU, R. *Introduction à la France moderne*. Op. cit., p. 79-81 e 326-329. • VOVELLE, M. *Les métamorphoses de la fête en Provence de 1750 à 1820*. Paris: Aubier-Flammarion, 1976, p. 75. • LE ROI LADURIE, E. *Le carnaval de romans*: de la Chandeleur au mercredi des Cendres, 1579-1580. Paris: Gallimard, 1979; etc.

25. PERDUCIUS, C. *La Règle ou le bon usage du deuil*. Op. cit., p. 371 e 375.

cado em cena. Deveríamos então nos voltar para outras expressividades da corporalidde para pressentir transformações mentais e textuais e rastrear a lenta extinção da associação do corpo e da alma.

Menos impregnado de religiosidade, mais moderno pelo número de aspectos (e primeiramente por razões psicológicas e temporais – ele é o caçula de Jamerey, mas o contemporâneo quase certo do pároco Ingrand), Louis Simon não utiliza a associação corpo e alma no curso de seus relatos e, se seu testemunho não era tão excepcional, ele poderia revelar novos modos de sentir. Sem dúvida, quando ele emprega o termo "corpo" pela primeira vez, ele ainda o liga ao adjetivo "santo" para descrever a procissão de Santo Ovídio, praça Vendôme em Paris, em 1763, mas no resto do texto, a conotação é bem diferente e totalmente profana: trata-se de nada mais do que do corpo das mulheres amadas a admirar, e do corpo a preservar, do memorialista e de seus futuros leitores. "Asseio" e moderação são as ideias mestras dos conselhos de saúde que se seguem no relato dos amores do estamenheiro: "Se quiserdes ter uma vida longa e com boa saúde, não façais excessos em nada, sobretudo no beber e no comer. Deixai sempre a mesa com um pouco de apetite e abominai a embriaguez. Nada de excesso no trabalho nem nas vigílias, nem nas coisas permitidas que não nomeio. Mantende sempre limpo o corpo e o mais decentemente possível. Vivei mais como magros do que como gordos e não carregueis vosso corpo de carne e de gordura, pois isto prejudica. Precavei-vos contra muito frio e muito calor. Se o calor for muito, ide ao fogo para vos refrescar e não ao fresco. Não deveis jogar, a menos que seja para passar o tempo agradavelmente e sem interesse"[26].

Além da banalidade de tais axiomas, marcados com o cunho de um bom senso popular que encontramos nos provérbios e nos livretos de vendedores ambulantes[27], uma nova imagem do corpo talvez se esboce: imagem herdeira

---

26. SIMON, L. *Simon, villegeois de l'ancienne France*. Op. cit., p. 33 e 83.
27. BILLÈME, G. "L'enjeu du corps et la *Bibliothèque Bleue*". Art. cit. • LOUX, F. & RICHARD, P. *Sagesses du corps*. Op. cit.

de uma longa tradição de cuidados com as forças físicas, ela inova porém, esquivando o problema da sobrevivência da alma, sugerindo assim transformações mentais radicais que já trabalhariam a sociedade rural desde o fim do século XVIII[28]. Seriam outros modos de pensar a corporalidade? Pelo menos a prova de que, até no mundo rural, o corpo jamais foi apenas a figura da morte e de um além ameaçador.

III. Os jejuns do corpo

Morre-se de fome sob o Antigo Regime e, se as grandes crises de subsistência tendem a atenuar-se além do reinado de Luís XIV, a obsessão alimentar continua presente em toda parte até bem antes do século XIX. Como o *Neveu de Rameau* (sobrinho de Rameau), é preciso "voltar sempre ao gesto do dedo apontado para a boca aberta [...] à sensação sempre presente [...], à fome renascente", e lembrar-se, se possível, que "o pior é a postura constrangedora em que a necessidade nos mantém. O ser humano necessitado não anda como um outro; ele salta, rasteja, se retorce, se arrasta; ele passa sua vida a tomar e executar posições [...], a dos bajuladores, dos cortesãos, dos lacaios e dos pedintes. [...] A pantomima dos pedintes é o grande impulso da terra"[29].

---

28. Aqui é necessária a maior prudência, pois os exemplos são sempre singulares e não podem descrever por si sós uma evolução coletiva das mentalidades, nem mesmo a de um indivíduo. Cf. a percepção heterogênea de um corpo ligado ao "espírito", que caracteriza um cronista aldeão ao tempo de Luís XV (PRION, P. *Mémoires d'un écrivain de campagne au XVIIIe siècle*. Op. cit., passim) e a ausência de Deus no relato de infância de um meio-soldo nascido em Tonnerrois em 1776 (COIGNET, J.-R. *Cahiers du capitaine Coignet*. Paris: Hachette, 1968, passim [Editado por MISTLER, J.]). A única manifestação de piedade evocada por este é um sinal da cruz sobre o primeiro cartucho que ele engaja em seu fuzil: "ele me trará sorte" (p. 60).

29. GOUBERT, P. *La vie quotidienne des paysans français au XVIIe siècle*. Paris: Hachette, 1982, p. 116-134. • DELUMEAU, J. & LEQUIN, Y. *Les Malheurs des temps* – Histoire des fléaux et des calamités en France. Paris: Larousse, 1987, p. 346. • LACHIVER, M. *Les Années de misère*. Op. cit., p. 91. • ROCHE, D. *Histoire des choses banales* – Naissance de la consommation, XVIIe- XIXe siècle. Paris: Fayard, 1997, p. 245-252. • DIDEROT, D. *Le Neveu de Rameau* [1762]. Paris: Flammarion, 1983, p. 124-127 [Editado por BONNET, J.-C.].

Corpo do comum, usos comuns do corpo

De fato, essa memória comum da fome não se contenta com entreter as ansiedades e as submissões de todo tipo que o humor negro do moralista pode alfinetar, essa emotividade particular produz gestos cotidianos, quase obsessivos, que sobreviveram por muito tempo: dar graças a Deus pela refeição tomada, mastigar longamente a comida, não jogar fora nenhuma migalha, etc. De uma fornada à outra, os abastados guardam seus pedaços de pão em móveis apropriados, ao abrigo dos roedores (arca de pão, armário do pão, gaveta na cabeceira da mesa, etc.) e os mendicantes guardam em seus alforjes, perpassados por um fio, os nacos de pão que mendigaram[30]. Para quem conhece "a fome canina" e precisa "enganar a fome" desde a mais tenra idade, a morte não pode ter outra causa, senão a falta de alimentos, pelo menos quando não se tem quase nenhuma experiência da vida: "eu imaginava que, contanto que se tivesse algo para comer, era quase impossível que se cessasse de viver"; "[eu não podia] acreditar que se pudesse ter falta de apetite". Aos olhos do pequeno Jamerey, sempre atacado de uma fome canina, um companheiro de infortúnio que não pode mais engolir o mínimo alimento, não passa de um suicida maluco[31]. Importa não esquecer essa lembrança da infância quando é preciso superpor a esta busca primordial do pão cotidiano as práticas comedidas de jejum, impostas pelo calendário católico, aquelas que se im-

---

30. Os soldados fazem o mesmo no campo: cf. processos verbais de levantamentos de cadáveres de mendicantes do alto Poitou. • JAHAN, S. "Approches qualitatives de la pauvreté em haut Poitou au XVIIIe siècle". *Bulletin de la Société des antiquaires de l'Ouest*, 2° trimestre 1991, p. 133. • COIGNET, J.-R. *Cahiers du capitaine Coignet*. Op. cit., p. 54. • BOUET, A. & PERRIN, O. *Breiz-Izel ou la vie des Bretons d'Armorique (1833-1844)*. Paris: Seghers, 1986, p. 247, 319.

31. JAMEREY-DUVAL, V. *Mémoires*. Op. cit., p. 119 (a cena se passaria no hospital de Tonnerre). Cinquenta anos depois, a fome afligiu também um pequeno Tonnerrois que fugiu de uma madrasta que saiu de um pesadelo de Perrault (COIGNET, J.-R. *Cahiers du capitaine Coignet*. Op. cit., p. 4-6. • PERRAULT, C. *Contes du temps passé* [1697]. Paris: Garnier, 1967, p. 187s. [Editado por ROUGER, G.]).

põem às almas em busca do absoluto e aquelas que a maioria das pessoas se impõe espontaneamente[32].

O clero se queixa muitas vezes da "negligência dos cristãos, e particularmente dos camponeses, na observação do jejum da quaresma". Mas são poucos os que nos lembram que essa obrigação não tem sentido quando a carne sempre falta na mesa, com exceção de alguns dias de festa. Só o severo (e otimista) pároco Raveneau lastima esse desrespeito e, uma vez que seus paroquianos, forçosamente vegetarianos, nada têm a subtrair de seu regime alimentar ordinário, ele resolve impor-lhes novos horários para tornar-lhes sensíveis os tempos de contrição do ano litúrgico. "Não há motivo para lisonjear-se, sob pretexto de que não se está tão bem-nutrido como nas cidades, pois não há nada mais nutritivo do que o pão, e pelo menos este, cada um tem o seu. Agora admite-se que, para jejuar, é preciso privar-se de alguma coisa do alimento que se consome de costume [...]. Portanto, se o que se tem como alimento é só pão, deve-se não comê-lo na mesma hora, nem comê-lo tantas vezes por dia como se faz em outro tempo. [...]"

Por que, nas fazendas, não se adia o almoço por uma hora, e não se ordena aos carroceiros que desatrelem às onze horas, em vez de fazê-lo às dez? Quem impediria que se levasse o almoço ao pastor nos campos entre onze horas e meio-dia, suposto que ele teria de soltar o rebanho desde às 9 horas?[33] Texto utópico, como o próprio pároco reconhece, mas que, subli-

---

32. Reler Pascal, especialmente a quinta das *Provinciais*, e a vida dos santos anoréxicos descritas por Rudolph Bell (*L'Anorexie sainte* – Jeûne et mysticisme du Moyen Âge à nos jours. Paris: PUF, 1994) J.-P. Albert. *Le sang et le ciel*. Op. cit. Os conselhos de dieta dados pelos médicos e teólogos tomam um sentido doce-amargo quando confrontados com os regimes da maioria; não causa tanta surpresa a preocupação que tinham os albergueiros protestantes da futura Vendée de impor as proibições da Quaresma a todos os seus clientes (SAUZET, R. Discours cléricaux sur l'alimentation. In: MARGOLIN, J.-C & SAUZET, R. (orgs.). *Pratiques et discours alimentaires à la Renaissance*. Paris: Maisonneuve et Larose, 1982, p. 252. STEINMETZ, R. "Conceptions du corps à travers l'acte alimentaire aux XVIIe et XVIIIe siècles". *Revue d'Histoire Moderne et Contemporaine*, jan.-mar./1988, p. 13-17. BESNARD, F.-Y. *Souvenirs d'un nonagénaire*. Op. cit. p. 180).

33. RAVENEAU, J.-B. *Journal*. Op. cit., p. 249. A estrita observância do jejum da quaresma parece de regra nas cidades do Centro e do Oeste, pelo menos até por volta de 1770 (BESNARD, F.-Y. *Souvenirs d'un nonagénaire*. Op. cit., p. 49, 196).

nhando a onipotência dos cereais nas refeições da maioria, descreve as coações das atividades agrícolas pelo ritmo diário do trabalho e das refeições, ritmos variáveis segundo as estações e as ocupações. Aliás, para os "vinhateiros, para lenhadores, debulhadores e outros encarregados de um trabalho rude", Raveneau se mostra mais indulgente e se pergunta "como se pode suavizar-lhes a quaresma?", preocupado que está, como muitos eclesiásticos (e economistas) de então, em diminuir o número de festas para evitar sua "profanação" e reduzir a mendicidade por meio de novas disciplinas de trabalho[34].

Aliás, a sacralização dos modos à mesa não é mais do que uma preocupação de padres zelosos, como Francisco de Sales e outros missionários, com a "civilização dos costumes", com a promoção de uma cristianização em profundidade de todos os momentos da vida dos cristãos(ãs)[35]. No cotidiano, os modos comuns de comer e a complexidade da etiqueta dos camponeses que rege toda refeição revelam a dimensão religiosa de toda refeição, quer se faça esse consumo sentado ou de pé, às pressas e em pé ou... apoiado sobre os calcanhares. O objeto material e simbólico que é uma mesa merece atenção. Parece que só na língua francesa esta palavra designa ao mesmo tempo um "móvel" particular, as pessoas que o utilizam e o que nela se consome, mas esse elemento essencial do mobiliário ocidental contemporâneo tem uma história curta e, sem dúvida, fortemente regionalizada: a "mesa" é, antes de tudo, um móvel feito de uma peça plana geralmente de madeira, colocada sobre suportes também móveis, cavaletes, ou outros tipos de pés, arca de pão ou

---

34. Sobre a profanação das festas, cf. PELLEGRIN, N. "La fête profanée – Clercs et fidèles du Centre-Ouest à la fin du XVIIIe siècle". *Annales de Bretagne*, 1987, p. 407-420. A comutação das esmolas gerais de pão entra nesta lógica de "racionalização" cujo eco nos oferece Raveneau, mas ela suscita resistências múltiplas e violências tumultuosas, como em Montmorillon em 1714 (HÉRAULT, P. *Assister et soigner en haut Poitou sous l'Ancien Régime: la Maison Dieu de Montmorillon du début des guerres de religion à la Révolution.* Lille: Service de Reproduction des Thèses, 1996, p. 224-248).

35. FRANCISCO DE SALES. *Oeuvres.* Paris: Gallimard, 1969, p. 240-244 [Bibliothèque de la Pléiade – uma sábia descrição das regras à mesa em um capítulo sobre "a decência do leito nupcial"]. • FURETIÈRE, A. *Dictionnaire Universal.* Op. cit., verbete "Table". • LANGE, F. *Manger ou les Jeux et les Creux du plat.* Paris: Du Seuil, 1975.

masseira, contra os quais se chocam as pernas dos convivas, então incomodamente sentados para comer. Em parte alguma sob o Antigo Regime essa peça do mobiliário, quando é mencionada por um notário, tem grande valor monetário (menos de duas libras em Poitou no século XVIII) e só a partir do momento em que os pés lhe são encavilhados e se tornam fixos, é que ela se torna o centro – físico e/ou simbólico[36] – permanente da sala comum das casas populares. Todavia, e não há nada de paradoxal nisto, sua centralidade no imaginário dominante parece anterior à sua constituição como móvel com todas as vantagens e confortos corporais gerados por essa "invenção". Os *Déjeneurs*, supostamente dos camponeses, pintados pelos irmãos Le Nain, oferecem o que parece a metáfora de uma ceia eucarística, quando colocam no centro da tela e sobre uma base improvisada uma toalha branca onde fazem brilhar a redondez morena de um pão e o rubi de uma taça de vinho[37].

As práticas cotidianas mostram melhor ainda esta sacralidade latente. De fato, costumes e proibições bem antigos transformam o lugar onde se coloca a comida preparada em um espaço momentânea ou duravelmente tabu: é proibido na Bretanha pôr os pés ou sentar-se em uma mesa, é perigoso cair dela ou deixar um bebê passar debaixo dela, nem se deve colocar sobre ela o

---

36. Esses deslocamentos da mesa no espaço da casa rural de peça única e a chegada da sala de jantar no fim do século XIX foram bem estudados na Bretanha e na região do Loire (SIMON, J.-F. La table chez les paysans de basse Bretagne. In: *Études Sur la Bretagne et les Pays Celtiques*. Brest: Presses Universitaires, 1987, p. 453-462. • SCHWEITZ, A. De la salle commune à la chambre à coucher. In: BAULANT, M. (org.). *Inventaires après décès et ventes de meubles – Apports à une histoire de la vie économique et quotidienne (XIVᵉ-XIXᵉ siècle)*. Lovaina: Academia, 1988, p. 319-330). Cf. tb. PÉRET, J. Les meubles ruraux en haut Poitou au XVIIIᵉ siècle à partir des inventaires après décès. In: *Évolution et éclatement du monde rural*: France-Québec XVIIᵉ-XIXᵉ siècle. Paris/Montreal, 1986, p. 494 [Colloque de Rochefort, 1982]. • *Paysans de Gâtine au XVIIIᵉ siècle*. La Crèche: Geste, 1998, p. 213. E, para fins comparativos, as descrições detalhadas em Anjou de uma casa burguesa e de uma grande exploração agrícola por volta de 1758 (BESNARD, F.-Y. *Souvenirs d'un nonagénaire*, p. 8-13 e 79-86).

37. CORNETTE, J. "Les frères Le Nain et la culture des imagens dans la première moitié du XVIIᵉ siècle – Trois lectures du *Repas des paysans* (1642)". *Bulletin de l'Association des Historiens Modernistes des Universités*, n. 20, 1995, p. 91-137. • HANI, J. Nourriture et spiritualité. In: VIERNE, S. (org.). *L'imaginaire des nourritures*. Grenoble: Presses Universitaires de Grenoble, 1989, p. 137-149.

pão do lado contrário, etc. Mais ainda, é preciso respeitar regras de precedência à mesa que nada têm a invejar à etiqueta da corte: o lugar dos convivas, a precedência do dono da casa que marca com uma cruz o pão antes de parti-lo e distribuí-lo, a ausência das mulheres e das crianças que continuam de pé ou recuadas são costumes anteriores à Revolução. O próprio prazer de ter comido (que é muitas vezes uma rara chance) deve enfim exprimir-se por sinais de contentamento: ruídos de deglutição, arrotos e... orações de ação de graças. Toda mesa do Antigo Regime, até a mais miseravelmente guarnecida, é um altar que comemora a ceia fundadora na qual foram consumidos o pão e o vinho da primeira comunhão cristã.

A onipotência dos cereais e os sonhos de engordar que são seu corolário[38] bastaram por muito tempo para definir os regimes alimentares antigos e sua alternância de vacas magras e de vacas gordas, que seria melhor definir como uma alternância de eternos cereais e de rara salsicharia. De fato, a acumulação, sempre difícil, é claro, de dados novos sobre a alimentação dos camponeses contradiz um pouco esta imagem, e a impressão que surge agora é de uma extrema diversidade do cardápio. A prova foi feita há muito tempo nas regiões consideradas pobres (Sologne, Périgord, Alta Provença, Gévaudan, Bretanha, Gâtine do Poitou[39]), mas até nas zonas mais prósperas (ou nas quais as elites rurais parecem tais ou são mais conhecidas), o caráter heteróclito da alimentação é um traço surpreendente. Aí se encontra certamente uma das explicações da não coincidência de certas crises cerealistas

---

38. A "sopa gorda" é um prato de festa em Anjou como na Alta Provença no século XVIII (BESNARD, F.-Y. *Souvenirs d'un nonagénaire*. Op. cit., p. 20, 196-197), e os lábios que brilham de gordura, um sinal extremo de contentamento gástrico, ou gastronômico (TOPALOV, A.-M. *La vie des paysans bas-alpins à travers leur cuisine, de 1850 à nos jours*. Aix: Édisud, 1986, p. 102).

39. BERNARD, R.J. "L'alimentation paysanne en Gévaudan au XVIIIe siècle". *Annales ESC*, n. 6, 1969, p. 1.449-1.467. • BRUNETON-GOVERNATORI, A. "Alimentation et idéologie: le cas de la châtaigne". *Annales ESC*, n. 6, 1984, p. 1.161-1.189. • TOPALOV, A.-M. *La vie des paysans bas-alpins à travers leur cuisine*. Op. cit. • BOUCHARD, G. *Le village immobile – Sennely-en-Sologne au XVIIIe siècle*. Paris: Plon, 1972, p. 101-109. • CROIX, A. *La Bretagne aux XVIe et XVIIe siècles – La vie, la mort, la foi*. 2 vols. Paris: Maloine, 1981, p. 367-452 e 804-859. • PÉRET, J. *Paysans de Gâtine au XVIIIe siècle*. Op. cit., p. 210-213.

com fortíssimos índices de mortes. A importância dessa variabilidade alimentar (quantitativa e qualitativa) é dupla para corpos constantemente famintos: de um lado, existem alimentos de substituição que, certamente, por serem próprios à estação, podem atenuar a raridade de grãos; de outro lado, a busca e a preparação desses alimentos aumentam o esforço físico e multiplicam as tarefas das pessoas encarregadas, isto é, as mulheres e as crianças da casa, dedicadas à colheita e à recuperação dos alimentos "ignóbeis", porque não cultivados. Esses alimentos "selvagens" são essenciais, mas sempre invisíveis nas descrições dos recursos locais: "as raízes" arrancadas com muito esforço por "alguns animais selvagens" de face humana, descritos por La Bruyère, só são mencionadas nas descrições horrendas dos tempos de calamidades públicas, quando essas plantas funcionavam como complementos regulares do cardápio habitual[40].

O Prior Sauvageon, pároco de Sennely-en-Sologne, de 1676 a 1710, opõe assim sua "região ruim" à opulenta Beauce, em uma defesa marcada pelo exagero retórico, mas que abrange todos os aspectos de duas culturas cuja singularidade é principalmente nutricional: "Os habitantes da Beauce desprezam os da Sologne: orgulhosos de suas grandes e ricas planícies abundantes em trigo, eles imputam a Sologne vastos desertos de charnecas, urzes, fetos e ginetes. Os de Sologne, escondidos em sua casamata, onde têm bons leitos, estão muito bem-vestidos e ainda melhor nutridos, comendo bom toucinho e jamais comendo seu pão seco, zombam da Beauce que, à mínima escassez de trigo, se vê reduzida à mendicidade, e que na maior abundância morre de frio todos os invernos, não tendo nem mesmo lenha para aquecer seus fornos. Lá não se colhe cânhamo nem linho, nem legumes,

---

40. LA BRUYÈRE. *Oeuvres complètes*. Paris: Gallimard, 1951, p. 333 [Coll. "Bibliothèque de la Pléiade"]. Pierre Prion (*Mémoires d'un écrivain de campagne au XVIIIe siècle. Op. cit.*, p. 43 e 152-153) enriqueceu mais ainda esse tema e vê "a mão de Deus" nos efeitos do inverno de 1709 sobre o Rouergue: apesar das distribuições de farinha de aveia pelos párocos, a terra ficou coberta de "velhos e de crianças que terão ainda ervas que mastigarão em sua boca. Ainda que não haja nada de mais horrível do que a morte, veremos seu rosto belo como o dos anjos, o que dará a conhecer [...] que o Paraíso lhes será destinado".

nem espécie alguma de fruto e vê-se em falta de todas as coisas necessárias à vida, quando o trigo lhe falta, ao contrário da Sologne, que tem muitos recursos. Se o trigo é raro, os da Sologne têm o peixe, o gado, o mel, a lenha, os frutos e dificilmente se vê que estejam necessitados, embora trabalhem pouco [...]. Vimos com admiração nesta paróquia que é muito pobre, mais de mil pobres do Berry e da Beauce e do Limousin, todos nutridos e albergados durante a fome de 1694". Sem dúvida, por causa do pão de gosto desagradável, do "queijo ruim que esfarela como areia" e das "águas lodosas e infectas que são obrigados a usar", os da Sologne sofriam com certeza de má nutrição (a malária contribuindo mais ainda para dar-lhes um ar doentio), mas eles desfrutavam de uma alimentação suficiente no conjunto, graças aos recursos da caça, da colheita, da jardinagem e de uma pequena criação leiteira não existente em outros lugares (Poitou, Maine, Languedoc)[41]. Mesmo pouco ricos em gordura, esses produtos leiteiros tinham um valor nutritivo certo, compensando um fraco consumo de carne que era somente, segundo o Prior-pároco Sauvageon, "o quinhão dos fazendeiros e dos manobreiros de posses".

A raridade dos laticínios, exceto em algumas regiões específicas e fazendas mais privilegiadas, explica a obsessão dos autores, também eles muito raros, que falam deles. É o caso de Louis Simon que observa como um fato anormal seu desgosto pelo leite e se sente obrigado a explicá-lo: desde os seis meses de idade, ele teria recusado o seio de sua mãe, mas ela "acostumou-me à

---

41. BOUCHARD, G. *Le village immobile*. Op. cit., p. 102-104. É necessário precisar que, não importa o que diz o prior-pároco, os anos 1693-1694 também foram marcados em Sennely, como por toda parte, por uma crise demográfica importante. É por avareza que os grandes fazendeiros do Tournaisis comem, por volta de 1700, "queijo mole com seu pão, para vender sua manteiga" (DUBOIS, A. *Journal d'un curé de campagne au XVIIe siècle*. Op. cit., p. 114) e, no alto Poitou, não é manteiga mas óleo de nozes que "temperava" a sopa no século XVIII (TARRADE, J. (org.). *La Vienne, de la préhistoire à nos jours*. Saint-Jean-d'Angély: Bordessoules, 1986, p. 221).

sopa, de que sempre gostei e não do leite"[42]. Seu propósito só não é tão banal quando ele coloca no número das "novidades que aconteceram durante minha vida na França, duas revoluções gastronômicas: a difusão, bem conhecida, da batata e o aparecimento, menos familiar, dos queijos feitos em casa. Ele conta em primeiro lugar "o começo das batatas; as primeiras eram vermelhas e longas, e eram acres; depois vieram as batatas brancas que eram mais doces. Pelo mesmo tempo vieram também batatas redondas que foram chamadas batatas de Lion. Depois vieram as amarelas que são as melhores de todas pelo sabor adocicado [...]. Nada direi sobre o bem que nos faz esse fruto da terra; todo mundo o conhece nesta região". Quanto à segunda inovação alimentar que lhe parece digna de memória, é a fabricação de queijos "feitos aqui nesta região", quer por comerciantes de leite, quer por seus próprios clientes que teriam aprendido no último terço do século XVII e, somente então, a utilizar, por eles mesmos, o produto de suas vacas[43]. O fraco desenvolvimento da criação leiteira em muitas regiões faz portanto de *La Laitière et le Pot au lait* um personagem autêntico mas suburbano de revendedora, interessante figura de feminilidade dinâmica, graciosa, mas... leviana[44].

---

42. SIMON, L. *Louis Simon, villegeois de l'ancienne France*. Op. cit., p. 28. Sobre a batata, cf.: MORINEAU, M. "La pomme de terre au XVIII° siècle". *Annales ESC*, n. 6, 1970, p. 1767-1785. • FINK, B. *Les Liaisons savoureuses* – Réflexions et pratiques culinaires au XVIII° siècle. Saint-Étienne: Presses Universitaires de Saint-Étienne, 1995.

43. SIMON, L. *Louis Simon, villegeois de l'ancienne France*. Op. cit., p. 90. Sobre esta revolução queijeira e seus contrastes microrregionais, cf. PITTE, J.-R. Une lecture ordonnée de la carte des fromages traditionnels de France. In: BRUNET, P. (org.). *Histoire et géographie des fromages* – Colloque de géographie historique. Caen: Presses Universitaires de Caen, 1987, p. 202-204. • CROIX, A. *La Bretagne aux XVI° et XVII° siècles*. Op. cit., p. 830. • TARRADE, J. (org.). *La Vienne, de la préhistoire à nos jours*. Op. cit., p. 221. • PÉRET, J. *Paysans de Gâtine au XVIII° siècle*. Op. cit., p. 212, etc.

44. O porte da cabeça, específico da vendedora ambulante (um físico de conotação de independência aos olhos dos homens daquele tempo?), mereceria um estudo em si e revelaria, entre outras, técnicas de transporte (na cabeça e nas ancas) suscetíveis de induzir posturas particulares que restam a descobrir.

Na Borgonha um tanto mítica de Rétif de la Bretonne, as hierarquias alimentares e seu imaginário parecem oferecer mais contrastes ainda do que nas regiões do Oeste. Mas é principalmente a consequência dos códigos literários aos quais obedecem tanto Rétif como os outros reformadores sociais do fim do século XVIII, preocupados em acompanhar suas apresentações miserabilistas de exemplos concretos de êxitos particulares, garantias de um futuro melhor. A precariedade dos camponeses "não abastados" do Tonnerrois lê-se de saída em seu "costume" de comer "pão de cevada ou de centeio, uma sopa temperada com óleo de nozes ou de sementes de cânhamo [...]. Uma bebida ruim, eis tudo que eles têm para manter uma vida condenada a um trabalho rude e contínuo". Os camponeses ricos, ao contrário, têm, como o pai de Rétif, hábitos alimentares bem melhores em quantidade e em qualidade; no almoço (a refeição principal), por volta das cinco horas da manhã, eles tomam uma sopa quente "de porco salgado, cozido com couve ou ervilhas redondas junto com um pedaço dessa carne de porco salgada e um prato cheio de ervilhas e de couve, [ou nos dias de abstinência] uma sopa de manteiga e cebola, seguida de uma omelete, ou de ovos duros, ou de verduras [hortaliças], ou queijo branco muito bom". As outras refeições ("jantar", merenda, ceia) parecem mais frugais e seus horários são variáveis, conforme os tipos de tarefas a cumprir. Assim, o jantar-merenda do tempo da semeadura e dos trabalhos duros da primavera é tomado em pleno campo de trabalho e se compõe de "pão, algumas nozes e um pedaço de queijo branco [...], um meio-sesteiro de vinho cada um em uma garrafa de vime com uma garrafa de barro cheia de água porque o ar livre altera muito". Mas uma parte desse pão e dessa água vai para os animais de tração, pois os trabalhadores de Sacy, "antes de dar aveia a seus cavalos, vertiam água de suas garrafas em seus chapéus e misturavam pão fazendo uma espécie de sopa para esses animais, para refrescá-los [e, enquanto os cavalos pastavam, seus donos,] com uma picareta na mão quebravam os torrões e tiravam as pedras do terreno, enquanto comiam seu grande pão preto"[45].

Portanto, esses cardápios só perdem seu caráter vegetariano de modo episódico e reduzido: a carne só é utilizada em refeições festivas ou como ingrediente secundário das sopas matinais, fora dos tempos de jejum, e só representa, no máximo e apenas entre os camponeses ricos, uma ração de 27 quilos por pessoa, por ano. Trata-se, pois, de uma espécie de tempero, visto que este acréscimo de carne (essencialmente carne de porco salgada) mistura sal de conservação e proteínas animais para enriquecer um caldo de legumes mais ou menos raros ou variados no qual se "molha" o máximo de pão[46]. Quanto aos "refrescos" de frutas, saladas e tortas com ervas, abundantemente consumidos na Bretonne, eles são produto da infatigável energia da dona da herdade, criada na cidade e idolatrada por seu filho: "pois esta boa jardineira chegou depois de alguns anos de casamento a ter em sua casa tudo que pode favorecer o gosto em frutos, como morangos, framboesas, groselhas, abóboras, peras, damascos, amoras, maçãs, castanhas, bons frutos para cozi-

---

45. LE ROY LADURIE, E. "Ethnographie rurale du XVIIe siècle, Rétif de la Bretonne". *Ethnologie Française*, n. 3/4, 1972, p. 215-252, especialmente p. 230-233. Cardápios análogos são oferecidos excepcionalmente aos operários agrícolas de Anjou, por ocasião das vindimas (BESNARD, F.-Y. *Souvenirs d'un nonagénaire*. Op. cit., p. 20, 38-39, 81: comparações dos regimes alimentares camponeses e burgueses). Mesma hierarquização social da ração diária em Aubais en Languedoc, mas sua composição é bem diferente: os mais pobres comem em tempo ordinário "o guisado de coelho ou a *gardienne* [de cordeiro], salada, azeitonas, uva passa, escargôs e sardinha salgada" (PRION, P. *Mémoires d'un écrivain de campagne au XVIIIe siècle*. Op. cit., p. 118).

46. Note-se que o pão é em si muito pouco salgado por causa do alto preço do sal antes da Revolução (HEMARDINQUER, J.-J. (org.). *Pour une histoire de l'alimentation*. Paris: Armand Colin, 1970, p. 298 ["Cahiers des Annales", n. 28]) e devia gerar um (des)gosto do insípido, ainda malconhecido, mas que explica o recurso, por toda a França, a condimentos como o alho, "a especiaria forte do povo simples", e a gorduras, também elas com odor e gosto fortes (LA FONTAINE, J. *Oeuvres diverses*. Paris: Gallimard, 1958, p. 566-567 [Coll. "Bibliothèque de la Pléiade"]. • LAUDER, J. *Journals 1665-1675*. Edimburgo: Scottish Historical Society, 1900, p. 77. • TARRADE, J. (org.). *La Vienne, de la préhistoire à nos jours*. Op. cit., p. 220. • VIGARELLO, G. *Histoire des pratiques de santé* – Le sain et le malsain depuis le Moyen Âge. Paris: Seuil, 1999 [1993], p. 29, 39, 77. • FLANDRIN, J.-L. "Le goût et la nécessité: sur l'usage des graisses dans les cuisines d'Europe occidentale (XIVe-XVIIIe siècles)". *Annales ESC*, n. 2, 1983, p. 369-401).

nhar [...]". O paradisíaco dessas imagens de uma infância rural mitificada não pode camuflar o esforço físico de mulheres que são, na opinião dos filhos que se tornaram escritores-hagiógrafos de suas mães, os principais agentes da estabilidade afetiva e da promoção social de seus respectivos familiares[47]. Tanto sob a forma de sonho como no cotidiano do trabalho doméstico.

O corpo extremamente quebrantado das francesas encontradas por Arthur Young não é apenas um lugar comum do relato de viagem pelo "Continente" nos séculos XVII e XVIII[48], mas o resultado de uma poliatividade agrícola e protoindustrial (pecuária, jardinagem, colheita, fiação, etc.) que essas mulheres praticam como os homens, mas com a sobrecarga, segundo uma partilha estrita mas variável, de suas tarefas habituais de manutenção das forças (re)produtivas do lar[49].

Muitas vezes se esquece que essas tarefas exigem uma força física e uma resistência pouco comuns: é o caso das grandes faxinas e de trabalhos excep-

---

47. LE ROY LADURIE, E. "Ethnographie rural du XVIIe siècle, Rétif de la Bretonne". Art. cit., p. 231. Cf. um outro retrato de mãe de família, diretora de uma grande exploração rural e falecida em 1773 com quarenta e seis anos (BESNARD, F.-Y. *Souvenirs d'un nonagénaire*. Op. cit., p. 65, 91-92 e 176). A comparar com pobrezas encontradas aqui e lá por Young em 1787 e 1789 (cf. nota seguinte) e com habitantes do Finistère, "primeiras domésticas de seu lar" (CAMBRY, J. *Voyage dans le Finistère ou État de ce département en 1794 et 1795* [Reed. Brest: Lefournier, 1836, p. 162 e passim]).

48. LOCKE, J. *Travels in France, 1676-1679*. Cambridge: Cambridge University Press, 1953, p. 236 [LOUGH, J. (org.)]. • YOUNG, A. *Voyages en France, 1787, 1788 et 1789*. 3 vols.[Reed. Paris: Armand Colin, 1931, p. 76, 78, 234, 329-330, 808-809].

49. SEGALEN, M. *Mari et femme dans la France traditionnelle*. Paris: Flammarion, 1979. • HUFTON, O. *The Prospect before Her – A History of Women in Western Europe, 1500-1800*. Nova York: Vintage Books, 1995. Para um estudo regional notavelmente conduzido, GULLICKSON, G. *Spinners and Weavers of Auffay – Rural Industry and the Sexual Division of Labor in a French Village, 1750-1850*. Cambridge: Cambridge University Press, 1986. Na Cornualha bretã, "são as mulheres que trabalham a massa [...]; mas cabe aos homens aquecer e preparar o forno" (BOUET, A. & PERRIN, O. *Breiz-Izel*. Op. cit., p. 123. • LE TALLEC, J. "L'alimentation paysanne dans la seigneurie de Corlay". *Mémoires de la société d'histoire et d'archéologie de Bretagne*, vol. 73, 1995, p. 305-307: duas mulheres devem juntar-se para fazer girar o bastão no caldeirão da massa. • THÉVENIN, O. "La vie matérielle dans le Vannetais rural au XVIIIe siècle: l'exemple de l'alimentation". *Mémoires de la Société d'histoire et d'archéologie de Bretagne*, vol. 70, 1993, p. 266).

cionais na cozinha (por exemplo, quando se mata porco, na época da colheita quando é preciso preparar muitas refeições, ou em caso de núpcias, etc.), mas também para fazer a massa do pão e preparar a ração para os animais e a comida para os homens todo dia. O tamanho dos caldeirões e das frigideiras aos quais sistemas complexos tentam dar algum manejo (cremalheiras, tripés e outros acessórios metálicos) mostra que as tarefas culinárias são, mesmo no cotidiano, uma atividade em que o corpo inteiro, jamais em repouso (nem à mesa, onde só estão os maridos", diz Prion), é posto à prova rude[50].

Busto curvado até o rés do chão da lareira, faces avermelhadas pelas chamas de um fogo geralmente baixo e aberto, braços endurecidos pelo trabalho de mexer e virar, sem afrouxar, as massas, misturas e sopas espessas ao fogo (pelo menos as de tempos de boas colheitas), a dona da casa e aquelas que a ajudam devem ser mulheres fortes.

---

50. PRION, P. *Mémoires d'un écrivain de campagne au XVIIIe siècle*. Op. cit., p. 118. Assim como os garfos e os refrigeradores (PLANHOL, X. *L'Eau de neige – Le tiède et le frais – Histoire et géographie de boissons fraîches*. Paris: Fayard, 1995), os talheres mais simples (facas e colheres) e as baterias de cozinha comuns merecem estudo: ser pesados, contados, comparados, mas também interpretados em termos de posse individual ou coletiva, cerimonial ou cotidiana (cf. as colheres de madeira bretãs). Só os refinamentos-distanciações permitidos pela escumadeira e pelo aquecedor foram examinados de um ponto de vista antropológico (HILER, D. & WIEDMER, L. *Le rat de ville et le rat des champs – Une approche comparative des intérieurs ruraux et urbains à Genève dans la seconde partie du XVIIIe siècle*. In: BAULANT, M. (org.). *Inventaires après décès et ventes de meubles*. Op. cit., p. 139. • BURNOUF, J. *Diversification des formes céramiques et transformation des modes culinaires à la fin du Moyen Âge en Alsace*. In: MARGOLIN, J.-C. & SAUZET, R. (org.). *Pratiques et discours alimentaires à la Renaissance*. Op. cit., p. 222). Resta ainda um trabalho a ser feito sobre a geografia e a sociologia do "fogão", que permite à mulher cozinhar ereta e não curvada; no século XVIII, parece menos raro na Alsácia e na Provença do que nas províncias do Oeste, onde ele é o apanágio de casas ricas como as dos negociantes de Nantes (BIENVENU, G. & LELIÈVRE, F. *Nantes – L'île Feydeau*. Paris: Inventaire Général, 1992, p. 57). Para descrições precisas e ilustradas das tarefas e objetos domésticos, cf. WARO-DESJARDINS, F. *La vie quotidienne dans le Vexin au XVIIIe siècle – Dans l'intimité d'une société rurale, d'après les inventaires après décès de Genainvile (1736-1810)*. Pontoise: Valhermeil/Société Historique de Pontoise, 1992.

IV. Pernas pesadas e pés leves

Se achamos que podemos conhecer o perfil de nossos ancestrais graças a descobertas de sepulturas recentes e informações cifradas oferecidas pelos dossiês militares e pelas fichas de identificação de suspeitos e de criminosos[51], a reconstrução do aspecto exterior dos corpos e de suas posturas depende ainda da ficção, e isto literalmente, pois os escritores de diários, romancistas e outros literatos são aqui ainda nossos melhores informantes, inclusive quando não colocam em cena senão personagens fora do comum ou puramente imaginários. Suas "impressões" revelam de fato que a verticalidade, que é o primeiro critério de humanidade, obtém-se e se conserva através de maneiras de manter-se (de pé, sentado, agachado ou deitado) que são produzidas por uma modelagem social na qual interferem o fisiológico, o sagrado e o psicológico. Sonho de retidão, moral e dorsal, constantemente retrabalhado pela busca da flexibilidade.

A simbólica do talhe apreende-se melhor por meio das elucubrações de um jovem pastor do que por meio das mensurações dos conscritos ou dos solicitantes de passaportes, pois só este imaginário é capaz de dar consistência aos dados estatísticos. Tentando tornar real um rei da França descrito por todos como onipotente e quase divino, Jamerey empresta-lhe um "talhe gigantesco" e uma voz temível como "o estrondo do trovão", porque "o juiz do nosso povoado superou em estatura o resto dos habitantes" e porque tinha a palavra forte. Quanto aos parisienses, por causa de suas casas altas como uma "igreja paroquial", eles só podem ser "mais corpulentos e mais al-

---

51. Conservados em rolos de papéis de processos ou subsistindo de modo autônomo nos arquivos da polícia, esses sinais de identificação infelizmente ainda não foram objeto de uma exploração sistemática, uma vez que ordem e elementos da descrição são aqui tão importantes como as informações cifradas que trazem (1,61m em média para 82 solicitantes de passaportes da região de Poitiers no ano III, mas uma coleção impressionante de cicatrizes de varíola em seus rostos). Quanto aos cemitérios "ativos" à época dita moderna, eles raramente foram escavados.

tos que os outros homens" nos devaneios do pequeno champanhês ainda analfabeto[52]. Note-se que a alta estatura é o critério essencial pelo qual são julgados os recrutas do Antigo Regime, mais do que a não deformidade do corpo, e o contorno acentuado da perna também é levado em conta.

Os retratos literários do bandido Mandrin insistem naturalmente em seu porte distinto "dos mais guerreiros e dos mais ousados", e é colocado à frente dos charmes físicos hoje desprezados, mas que valorizavam as modas masculinas anteriores à calça: "sua figura mostrava que ele era capaz de empreender o que havia feito; do talhe de cinco pés e quatro a cinco polegadas, cabelos ruivos, espáduas largas, bem-torneado e uma perna das melhores"[53]. A mesma atenção é dada a sinais distintivos (as vestes fazem parte disto, mas será que as autoridades de hoje saberiam descrevê-las tão bem?) na identificação da época revolucionária que emana do distrito de Poitiers no ano III. Um indivíduo que escapou das prisões de Châtellerault no 25 floreal (oitavo mês do calendário republicano) é objeto de um aviso afixado em local público no qual ele aparece, sem prenome conhecido, como: "MOREAU – Traficante, domiciliado na comuna de Cernay, Cantão de Saint-Genest, Departamento de Viena, 35-36 anos de idade, talhe de cinco pés e uma e meia polegada, rosto cheio, cabelos pretos e lisos, marcas de varíola, bem-constituído, vestido de túnica, colete e calção de tecido cinzento, cor de moageiro, meias cinza e sapatos de cordão". Menos bem "constituído", um emigrado é descrito desta maneira em um outro aviso afixado: "GABORIT de LA BROSSE, acima, soldado

---

52. JAMEREY-DUVAL, V. *Mémoires*. Op. cit., p. 117. Mesmos fantasmas de beleza masculina ligada à alta estatura no cronista Pierre Prion (*Mémoires d'un écrivain de campagne au XVIIIe siècle*. Op. cit., p. 51).

53. FOREST, M. *Chroniques d'un burgeois de Valence au temps de Mandrin (1736-1784)*. Grenoble: Presses Universitaires de Grenoble, 1980, p. 43 [CANAC, R. (org.) – Com 5 pés e 4-5 polegadas, Mandrin teria medido cerca de 1,70m]. A comparar com as observações, também numerosas, do Duque de Saint-Simon sobre as pernas dos cortesãos (RAVIEZ, F. Trois semaines sans voir le jour: Saint-Simon danseur de mémoire. In: MONTANDON, A. (org.). *Sociopoétique de la danse*. Paris: Anthropos, 1998, p. 110).

da guarda real; idade de 28 a 30 anos, estatura de cinco pés e cinco ou seis polegadas, rosto claro e rosado, cabelos e sobrancelhas bem ruivos, nariz grande e achatado, olhos azuis, boca média, lábios um pouco grossos, barba ruiva e bem rala, rosto cheio e oval, pernas e coxas carnudas"[54].

Louis-Sébastien Mercier enfatizou mais ainda o tema da perna bem-feita no verbete "Jambe" de sua *Néologie*[55]: "Não é prazeroso que em um claustro, que não deve ser mais do que um túmulo, se discutia outrora sobre a conformação dos noviços, e que, nos nossos dias, só se admitem muitas vezes, em um regimento votado à destruição, homens robustos, de boa aparência, de pernas bem-feitas [...]?" Assim o andar, que nos parece uma atividade propriamente sem história, merece atenção: ele se aprende de diversas maneiras pelo mundo afora e através dos tempos. Na França do Antigo Regime, a aprendizagem – tardia – dos primeiros passos foi por muito tempo facilitada, em todos os meios, pelo recurso a andadores. Esses laços de tecido, tirados das bordas dos tecidos de lã, para servir de cordões e costurados às roupas das crianças que ensaiavam seus primeiros passos, parecem ter induzido um procedimento que acostuma a criança, depois o adulto, "a jogar-se para frente em uma atitude em que o peito se torna o centro sobre o qual se apoia o peso do corpo"[56]. Certamente não foi devidamente mensurado o impacto dessas táticas corporais, enquanto que as mudanças operadas pelo maiô e

---

54. A.D. 86: L 597. Agradeço a Christiane Escanecrabe e Helène Mathurin que me ajudaram a descobrir esses documentos.

55. MERCIER, L.-S. *Néologie ou vocabulaire de mots nouveaux, à renouveler ou pris dans des acceptions nouvelles*. Vol. II. Paris: Moussard, 1801, p. 74. Cf. tb. para o século XVI: "Autre discours sur la beauté de la belle jambe, et la vertu qu'elle a" (BOURDEILLE, P. *Recueil des dames, poésies et tombeaux*. Paris: Gallimard, 1991, p. 439-453 [Coll. "Bibliothèque de la Pléiade"]).

56. BOUET, A. & PERRIN, O. *Breiz-Izel*. Op. cit., p. 48. • COUSIN, F. et al. (orgs.). *Lisières et bordures*. Bonnes: Gorgones, 2000. Note-se que a caricatura pós-revolucionária ridiculariza os saudosistas do Antigo Regime, projetando para frente seus bustos de modo cômico: imagens de idosos e/ou de seus imitadores, os *Incroyables*.

pelo espartilho foram objeto de estudos minuciosos[57]: à semelhança do berço, que separa precocemente o bebê europeu do corpo da mãe procurando acalmá-lo pelo balanço regular, os andadores criavam limites, ritmos e talvez rigidez óssea muito diferentes das maleabilidades e das curvaturas obtidas, em outros continentes, pelo porte das crianças nas costas e sua precoce liberdade de movimentos.

O calçado é um outro atributo da mobilidade e, "porque ele me carrega tanto quanto eu o carrego" (Jean-François Pirson), ele é proteção, engate no mundo e adorno[58]. Ele é, portanto, o agente de uma moral da atitude que segrega privilegiados e pobres, mulheres e homens, cidades e campos, pessoas elegantes e "pessoas simplórias" dos dois sexos. Ele atrai, por isso, o olhar dos intelectuais rurais que se fizeram os cronistas da sociedade do Antigo Regime[59].

Os ricos andam o menos possível e seus sapatos de tecido ou de couro fino só permitem movimentos contados, isto é, pouco numerosos e criadores de movimentos de elasticidade calculada. Muitas anedotas o demonstram. Diante de um sapato "arrebentado" depois de um dia de uso, seu fabricante

---

57. Entre outros: GÉLIS, J.; LAGET, M. & MOREL, M.-F. *Entrer dans la vie* – Naissances et enfances dans la vie traditionnelle. Paris: Gallimard/Julliard, 1978, p. 115-118 [Coll. "Archives"]. • PELLEGRIN, N. Les provinces du Bleu • Costumes régionaux français et voyageurs d'Ancien Régime. In: *Sublime indigo*. Marseille: Musées de Marseille, 1987, p. 59. Seria necessário descrever também e compreender os diferentes empregos de apoio como bengalas, bastões, etc., que, dobrando a verticalidade do corpo (e do falo), são suportes e instrumentos da mobilidade assim como sinais de poder e de distinção.

58. PIRSON, J.-F. *Le corps et la chaise*. Bruxelas: Métaphores, 1990, p. 40.

59. Como Menetra, Jamerey-Duval, Louis Simon, Rétif e Jean-Roch Coignet, Pierre Prion é um observador sem par dos fatos, gestos e... calçados de seus contemporâneos (*Mémoires d'un écrivain de campagne au XVIIIe siècle*. Op. cit., p. 50, 61, 68) e ele sente orgulho porque os homens de seu povoado languedócio estão "calçados o tempo todo de meias de filosela e sapatos nos pés" (ibid., p. 118). Apesar de seu estado e sua pertença social mais elevada, alguns de seus homólogos do clero não estão menos atentos a isso (BESNARD, J.-Y. *Souvenirs d'un nonagénaire*. Op. cit., p. 29). Isto seria prova de uma fixação masculina universal e/ou dos transtornos psíquicos suscitados pelo desaparecimento, momentâneo, dos calçados de salto no fim do século XVIII?

se espanta e com seriedade declara: "depois de ter refletido sobre a causa do acidente, já sei enfim o que aconteceu: Madame deve ter andado"[60]. A celebridade do médico Tronchin, de Genebra, junto das aristocratas vaporosas do século XVIII, vem dos exercícios físicos que lhes recomendava e, especialmente, o exercício da caminhada, então desprezado por todas as ociosas detentoras de carruagens. Mas essas "tronchineusas" e seus sapatos rasos deixam sonhadores: nós, mas também o comum dos e das caminhantes do passado! Suas temerárias antepassadas, obrigadas a apoiar-se em bengalas, oscilando sobre seus saltos altos e balançando suas vastas saias-balão, não podiam deixar de suscitar a admiração desses caminhantes do longo curso que são todos os trabalhadores/trabalhadoras do tempo antigo, mulheres e inclusive não migrantes, homens e mulheres. Já o jovem e aparentemente ingênuo Jamerey-Duval, por volta de 1710, ficou maravilhado com os modos de deslocar-se dos hóspedes de um "partidário" de Provins: "Eram homens e mulheres ao lado dos quais os pobres camponeses me pareciam não ser mais do que uma espécie de gado em figura humana. [...] a atitude das mulheres tinha não sei o que de lânguido que eu jamais tinha observado entre as camponesas. Essas altivas mortais pareciam não se apoiar no chão a não ser com desdém, e talvez pensassem que lhe faziam muita honra ao pisá-lo. O amplo contorno de suas pessoas, cuja base descrevia uma oval das mais extensas, causou-me um grande espanto. Eu admirava a força delas, porque me parecia que o peso de tanta roupa devia bastar para torná-las imóveis. Por aí se pode ver que eu ignorava ainda a figura e o pouco de consistência desta engenhosa máquina que, contra a verdade, se chama saia-balão. Aquelas que usavam essa saia, longe de me parecerem ridículas, pareciam-me outras tantas deusas". Quanto ao romancista de origem camponesa, Rétif de la Bretonne, ele será assediado por toda sua vida pela beleza dos pés miú-

---

60. MARMONTEL, J.-F. *Élements de littérature*. Tomo I. Paris: Née de La Rochelle, 1787, p. 208.

dos encerrados na seda e detestará a aparição, com a Revolução, dos sapatos rasos e das mulheres "másculas" que os calçam[61].

Mas o calçado, mesmo de couro espesso, continua então, exceto nas cidades e nos campos do Sul, um luxo de aquisição recente, exibido, mas nem sempre usado, muito procurado, no entanto, e por isso objeto de obscuros comércios por ocasião de morte: não é ele, em Poitou e Limousin, no século XVIII, a retribuição exigida pela "lavadora dos mortos"? Não é também um bem que se transmite de uma geração a outra sem considerar a morfologia própria a cada pé, seu tamanho e sua bilateralidade?[62] A difusão do sapato de couro, tida como certa no século XVIII, continua precária em certas províncias apegadas aos tamancos e entre os mais pobres. Aliás, esses últimos preferem muitas vezes, na bela estação, "o incômodo de andar de pés descalços às contusões e aos entorses a que esta espécie de coturno (o calçado de madeira) os expõe. O incômodo tamanco (que é de todo tipo e as regiões nórdicas recorreram por muito tempo a ele) é um estigma de miséria aos olhos de todos os oponentes ao absolutismo real francês. Jamerey-Duval, que não gosta absolutamente de usá-lo, alegra-se ao ver os camponeses lorenos "sem entraves em seus pés", ao mesmo tempo que se aflige com o espetáculo oferecido em Lorraine por trabalhadores sazonais vindos do Limousin, Auverg-

---

61. JAMEREY-DUVAL, V. *Mémoires*. Op. cit., p. 153. • THIBAULT, G.-R. "L'exaltation d'un mythe: Rétif de la Bretonne et le soulier couleur de rose". *Études Rétiviennes*, n. 7, 1987, p. 99. • PELLEGRIN, N. *Les vêtements de la liberté* – Abécédaire des pratiques vestimentaires françaises de 1780 à 1800. Aix: Alinéa, 1989, p. 85-86. • "Le genre et l'habit – Figures du transvestisme féminin sous l'Ancien Régime". *Clio*, 1999, n. 10, p. 34. Uma história dos rituais do passeio e das paisagens que eles trazem ainda resta por escrever, como também a chegada de acessórios específicos do vestuário (VIGARELLO, G. *Histoire des pratiques de santé*. Op. cit., p. 105).

62. PELLEGRIN, N. "L'habillement rural en Poitou au XVIIIe siècle à partir des inventaires après décès". In: *Évolution et éclatement du monde rural*. Op. cit., p. 484. • *Les Vêtements de la liberté*. Op. cit., p. 142 e 160. • Pe. JOSÉ(?). *Constitutions de la Congrégation de Notre-Dame du Calvaire*. [s.l.]: [s.e.], 1634(?), p. 350. Os tamancos usados em algumas comunidades religiosas não diferenciavam o pé direito do pé esquerdo até meados do século XX; é sempre o caso das pantufas chamadas "charentaises" (de Charente) e das alpargatas aptas a "fazer-se" sem recorrer a forragens de palha ou de trapos.

ne e Dauphiné: "O peso e o ruído de seus passos tendo atraído meus olhares, observei que seus pés estavam aprisionados em monstruosos tamancos guarnecidos na embocadura de um círculo de ferro e embaixo de duas placas do mesmo metal fixas com pregos cuja cabeça podia ter até meia-polegada de diâmetro. Tanta precaução empregada na conservação de um vil calçado de madeira prova mais a pobreza daqueles que estavam providos dele do que os discursos mais patéticos, e é por esta indigência que reconheço meus caros compatriotas"[63].

No imaginário dos viajantes, a França é o país dos portadores de tamancos, símbolos – aos olhos deles – de miséria, mas também do gosto pela cacofonia desta nação. Desde os cais de Bolonha, esses britânicos notam uma intemperança que não é apenas verbal, mas multiplicada pelo estalo da madeira que calça marinheiros e citadinos. Ponto de fixação da xenofobia britânica, o tamanco faz barulho, muito barulho, e também induz modos de andar particulares, sobretudo se estiver mais pesado por causa da lama do inverno que suja as pernas de todos os que vão a pé. Ao mesmo tempo ele explica os fantasmas nascidos das pernas limpas, dos sapatos pequenos e dos prazeres da dança; ele permite compreender também as furtivas mas inúmeras notações espalhadas nos textos autobiográficos sobre o prazer de ser ágil e jovem e poder fazer "cambalhotas e saltos" (Jamerey) e sobre o pouco atrativo das mulheres "que têm pernas muito grossas": uma tal pessoa, mesmo bem-dotada e boa fiandeira só pode ser "doentia", segundo o pai de Louis Si-

---

63. JAMEREY-DUVAL, V. *Mémoires*. Op. cit., p. 112 e 174. Note-se que a geografia precisa dos portadores e portadoras de tamancos e a diversidade deles ainda resta a conhecer: esses dados contradirão sem dúvida as generalizações abusivas de informantes mal-intencionados como Jamerey e os autores de topografias médicas e de relatos de viagem. Entretanto, para ir ao encalço de um ladrão, em maio de 1740, um vinhateiro de Buxerolles em Poitou teve que "largar seus tamancos" (A.D. 86: BI/2-40) e um jovem pastor à busca de seus bois ficou com as plantas dos pés "fendidas até os nervos" por não tê-los abandonado (COIGNET, J.-R. *Cahiers du Capitaine Coignet*. Op. cit., p. 5).

mon; este último escolheu, aliás, uma esposa que "tinha a perna leve e andava ligeiro"[64].

A dança, sem dúvida "a única linguagem do corpo que permite à mulher exprimir-se de modo igual ao homem e em perfeita complementaridade com ele" (J.-P. Desaive), permite formas refinadas de um exibicionismo que sempre foi necessário às mais austeras sociedades[65]. A dança é lição de disciplina, dever social e exutório, e isto do topo à base da sociedade, e apesar da cautela dos pastores católicos e protestantes[66].

Recreação duplamente tenebrosa (não é ela frequentemente noturna e pecaminosa?), a dança tem efeitos análogos, segundo o capítulo XXXIII da *Introdução à vida devota* de Francisco de Sales, aos efeitos dos cogumelos e das abóboras-meninas: "as melhores não valem nada, dizem [os médicos], e eu vos digo que os melhores bailes não são nada bons". Essa posição é excepcionalmente conciliadora, mesmo que tenha por *point d'orgue* (caldeirão, sinal de suspensão na música) imagens do além: "Infelizmente, enquanto estáveis lá, o tempo se passou, a morte se aproximou, vede como ela zomba de vós e como vos chama à sua dança, na qual os gemidos de vossos próxi-

---

64. JAMEREY-DUVAL, V. *Mémoires*. Op. cit., p. 121, 128. • SIMON, L. *Louis Simon, villegeois de l'ancienne France*. Op. cit., p. 42 e 74. Mesma depreciação física em relação à primeira mulher de seu pai em Nicolas Rétif de la Bretonne. *La vie de mon père*. Paris: Garnier, 1970 [ROUGER, G. (org.)].

65. DESAIVE, J.-P. Les ambiguïtés du discours littéraire. In: DUBY, G. & PERROT, M. (orgs.). *Histoire des femmes en Occident* – Tomo III: XVIe- XVIIIe siècle. Paris: Plon, 1991, p. 301-303. Complementaridade não quer dizer igualdade num tempo em que a dança profissional e, até nas coreografias populares, a decisão era assunto dos homens (LECOMTE, N. "Maîtres à danser et baladins aux XVIIe et XVIIIe siècles en France: quand a danse était l'affaire des hommes". In: *Histoire de corps* – À propos de la formation du danseur. Paris: Cité de la Musique, 1998, p. 153-172. • GUILCHER, Y. *La danse traditionnelle en France, d'une ancienne civilisation paysanne à un loisir revivaliste*. St-Jouin-de-Milly: Famdt, 1998, p. 266.

66. DELUMEAU, J. *La mort des pays de Cocagne* – Comportements collectifs de la Renaissance à l'âge classique. Paris: Publications de la Sorbonne, 1976, p. 120-121. • PELLEGRIN, N. *Les Bachelleries* – Fêtes et organisations de jeunesse du Centre-Ouest, XVe-XVIIIe siècle. Poitiers: SAO, 1982, p. 276-279. • GRASSI, M.-C. La métaphore de la danse chez François de Sales. In: MONTANDON, A. (org.). *Sociopoétique de la danse*. Op. cit., p. 71-73 e 77.

mos servirão de violino, e onde não fareis senão uma única passagem da vida à morte. Esta dança é o verdadeiro passatempo dos mortais". A fórmula deve ser tomada ao pé da letra: a dança faz esquecer o essencial, a arriscada preparação, aqui neste mundo, das alegrias inefáveis da eternidade. Incompatível com esta vocação cristã, visto que "ela incita à volúpia" e aproxima esses "dois vasos frágeis" que são o homem e a mulher, ela é condenada com uma sempiterna veemência. É uma "invenção própria de Satã", tanto para os protestantes como para os católicos. Mas, como imaginar os efeitos dessas violentas vituperações sobre os fiéis, sejam elas escritas, verbais, figuradas ou conjuguem esses três modos de expressão como nos "quadros de pregação" ou *taolennou*, utilizados pelos missionários na Bretanha?[67] Se a constante reiteração das condenações mostra sua ineficácia, ela talvez explique o arrebatamento físico dos dançarinos e dançarinas desse tempo, quando se entregam, apesar da ameaça dos padres, à sua "paixão" favorita.

O escriba Prion, que veio a Perpignan com seu mestre "na condição de dissimulado contra os danos epidêmicos" da peste em 1722[68], é um observador atento das particularidades de uma província recentemente anexada, como também uma testemunha das apreensões de um certo número de educadores diante das atividades físicas muito "lisonjeiras": "O povo do Roussillon ama até a loucura todos os instrumentos de música. Lá, nas suas danças públicas e particulares, os homens são obrigados a colocar sua mão direita na parte de trás de suas dançarinas, e elevá-las nesta postura acima de sua cabeça. O homem que não fizesse isto seria excluído do Roussillon para sempre [...] da dança espanhola; essa liberdade é um pouco indecente; ela

---

67. Esses vasos que são os corpos humanos (os "vasos" frágeis de que fala o *Tratado das danças* do protestante Daneau) são feitos para "quebrar-se e romper-se" um contra o outro, quando se arriscam a tocar-se na dança (DANEAU, L. *Traité des danses*. Paris, 1579, p. 33. • CROIX, A. *La Bretagne aux XVIe et XVIIe siècles*. Op. cit., p. 1.222-1.230. • ROUDAUT, F.& CROIX, A. *Les chemins du paradis/Taolennou ar baradoz*. Douarnenez: Chasse-Marée, 1988).
68. PRION, P. *Mémoires d'un écrivain de campagne au XVIIIe siècle*. Op. cit., p. 58. O autor, que fala sempre na terceira pessoa, evoca uma Angélique que seria sua filha.

fará Mademoiselle Angélique recusar-se a entrar na Espanha; ainda que fosse obrigada a isso, certamente seu pai lhe proibirá a dança". Esse texto, que reflete a estupefação exótica e a solicitude paternal de um ruerguês alfabetizado, faz a declaração, como que contra a sua vontade, das funções sociais múltiplas da dança, mesmo daquelas que permitem desafiar as proibições religiosas: seduzir e selecionar, em vista do casamento, um(a) futuro(a) parceiro(a), fazê-lo aos olhos de todo o grupo em questão, exibir assim talentos individuais e coletivos necessários à definição identitária, tanto de si como de sua comunidade. Mas Prion lembra também que as danças antigas são, como nossos balés contemporâneos, fruto e meio de uma educação física rigorosa, inclusive nos meios não aristocráticos[69]. Uma *Verdadeira civilidade republicana para o uso dos jovens cidadãos dos dois sexos* lembra ainda sua utilidade no ano II: porque a dança é o primeiro dos "exercícios do corpo, [...] seus primeiros elementos aprumam o corpo ou o tornam ágil"[70].

Exercício corporal e divertimento ritualizado, a dança é de essência geométrica (espaços a percorrer, figuras e gestos, a cumprir, posturas a executar) e ela tem, por isso, a seriedade de um prazer quase sagrado, mesmo quando é praticada e amada, como em Armorique, "com paixão, com furor. [...] As mulheres partilham com os homens este gosto tão vivo pela dança, mesmo não levando-o mais longe. [...] Essa atitude meio religiosa de nossas pesadas bailadeiras, esses olhos quase sempre baixos, que mais parecem buscar um túmulo do que o prazer, talvez sejam uma lembrança da origem

---

69. VIGARELLO, G. *Le corps redressé* – Histoire d'un pouvoir pédagogique. Paris: Delarge, 1978, p. 60. PELLEGRIN, N. *Les Bachelleries*. Op. cit., p. 230-236. BURY, E. La danse et la formation de l'aristocrate en France au XVIIe siècle. In: MONTANDON, A. (org.). *Sociopoétique de la danse*. Op. cit., p. 107. GUILCHER, Y. *La danse traditionnelle en France*. Op. cit., p. 41-44. Reler *Le Burgeois gentilhomme* de Molière e as réplicas do professor de dança ao professor de música. Há um professor de dança no povoado de Aubais no século XVIII (LÉONARD, É.G. *Mon village sous Louis XV*... Op. cit., p. 119).

70. Cidadão PRÉVOST. *Véritable civilité républicaine, à l'usage des jeunes citoyens des deux sexes*. Rouen: Leconte, ano II, p. 5. No parágrafo seguinte, consagrado às armas, o conhecimento da esgrima também é julgado "de necessidade primeira", mas ela "não tem nenhuma relação com a educação que convém às jovens".

sagrada da dança"[71]. Uma atitude que seria conservada até na mais convulsiva das *gavottes* (dança antiga de ritmo binário) e no mais vivo "*jabadao* que, nos arredores de Quimper, começa também por um círculo no qual ficam 4 ou 8 juntos; em seguida, cada casal se isola para ir para frente ou para trás, e depois o dançarino faz também sua parceira piruetar, passando-lhe a mão por cima da cabeça. É uma dança, enfim, que varia e se complica segundo os lugares, mas conserva seu caráter de abandono e de excitante delírio".

Longe dos deslocamentos etéreos (o éter tão relativo das áreas novas e aquele, mais "promissor", dos céus onde voam os bem-aventurados), os passos do maior número se colam a solos viscosos, e inclusive no interior das casas (basta pensar na terra batida e nos leitos que precisam ser levantados para evitar poças e umidade[72]), e dão um peso particular aos corpos dos miseráveis, imaginados pelos pintores de fantoches e outras cenas do gênero. Eles permitem incidentemente seguir o rasto do delinquente em fuga, ou a namorada que se teme perder. "Reconheço que era ela pela pegada de seus sapatos, mas meu pai não estava muito certo disto, pois ainda estava meio escuro", declara Louis Simon numa manhã de desespero amoroso[73].

---

71. BOUET, A. & PERRIN, O. *Breiz-Izel*. Op. cit., p. 172. No capítulo "Dansou al leur nevez": desta *Galerie bretonne*, prazer e dever se confundem, pois se trata de aplanar, pelas danças "redondas", uma nova área para bater os grãos de um vizinho meeiro. Outros tipos de danças, por casais ou de dar-se as mãos são descritas nas evocações da festa do patrono e do casamento (p. 197-198 e 296-298). Cf. GUILCHER, J.-M. *La tradition populaire de danse en basse Bretagne*. Paris/Haia: Mouton-Ehess, 1963. • GUILCHER, Y. *La danse traditionnelle en France*. Op. cit.

72. BOUCHARD, G. *Le village immobile*. Op. cit., p. 94. • PÉRET, J. *Paysans de Gâtine au XVIIIe siècle*. Op. cit., p. 196 e 208. Ao contrário do peso terrestre, o voo da alma-pássaro do "último suspiro" foi objeto de muitas representações, gravadas ou cantadas (LA VILLEMARQUE, T.H. *Trésor de la littérature orale de la Bretagne*. Op. cit., p. 491).

73. SIMON, L. *Louis Simon, villegeois de l'ancienne France*. Op. cit., p. 55. Note-se que nos dias de festa a jovem calça "sapatos", mas talvez não se trate de simples tamancos, uma vez que, sempre interessado pelos calçados de seus concidadãos e concidadãs, Simon nota, entre as "novidades que chegaram durante o curso de minha vida", a colocação de pregos nos "sapatos" em vez de "cavilhas de madeira" (p. 90).

Por contraste, a "gravidade" voluntária dos homens de toga (magistrados e padres), pelo menos em seus retratos, tem a rigidez de posturas adquiridas a meio caminho entre o artifício plástico e o *habitus* consentido. Aliás, essas lentidões literalmente "pomposas" são bem-sugeridas pelos quadros pintados de procissões urbanas, onde as circunvoluções do cortejo e as atitudes dos corpos constituídos, congeladas na tela pelo pintor, são impregnadas de uma visão do mundo na qual a solenidade das funções e dos eventos deve inscrever-se na carne dos protagonistas. A oposição das duas faces de um biombo aixense em que figuram "os jogos e a procissão de *Corpus Christi*" sublinha a diversidade dos gestos atribuídos aos diferentes grupos sociais e aos diversos momentos de um dia de festa que fazia coexistir religioso e profano, cerimonialidades públicas e descansos privados: enquanto se desdobram em uma face os faustos de um cortejo bem-ordenado onde, em grupos distintos, desfilam as autoridades de mantos que se arrastam, o outro lado acumula pequenas cenas variadas nas quais se agitam silhuetas autônomas de mímicas expressivas: intérpretes dos "jogos", gigantes de feira, negociantes, pessoas que passeiam, beberrões, etc. Os braços se levantam, as pernas se cruzam, os corpos se acotovelam e as vestes, tanto dos ricos como dos pobres, parecem levantar voo[74]. Desordem momentânea dos corpos que acarreta aquela, ainda mais efêmera, da ordem social, a festa de *Corpus Christi* de Aix sugere a longa duração de uma diferenciação dos (modos de representação dos) corpos e, por meio da imagem do divertimento profano, o advento de uma democratização das posturas.

O imaginário do tempo comprazeu-se em opor pés pesados e pernas leves, compondo geografias que são tanto sociais como regionais. Enquanto os migrantes do interior (os sazonais descritos por Jamerey e todos os pobres

---

74. *Aix-en-Provence au XVIII siècle*. Aix, 1986. – VOVELLE, M. *Les métamorphoses de la fête en Provence de 1750 à 1820*. Op. cit., p. 70-71. • ÉCLACHE, M.; PELIGRY, C. & PÉNENT, J. *Images et fastes des Capitouls de Toulouse*. Toulouse: Musée Paul-Dupuy, 1990, passim, e p. 143-145. A procissão dos Corpos Santos em Toulouse por volta de 1700.

"obrigados a retirar-se"[75]) são célebres por seus "calçados" pesados, a leveza dos bascos e bascas e secundariamente dos habitantes das costas provençais, tornou-se proverbial. Seus pés, pelo fato de poderem permanecer descalços uma boa parte do ano, ou porque calçam alpargatas ou sapatos finos, atraem o olhar dos viajantes. Guibert, que assiste ao retorno da pesca de sardinha em Saint-Jean-de-Luz, em julho de 1785, fica extasiado diante da multidão das vendedoras de Bayonne presentes na praia: "Elas são cinquenta ou sessenta em fila uma atrás da outra, ágeis, bem-trajadas, com espartilhos vermelhos e saiotes de cores vivas, todas de linho branco e fino, todas de tranças, de pernas e pés nus, todas andando depressa, de modo que fazem as três léguas de Saint-Jean-de-Luz a Bayonne em menos de uma hora e meia"[76].

Uma musculosa barriga da perna tem ao mesmo tempo, neste mundo de andarilhos corpulentos, um atrativo erótico inesperado, ainda que muitas vezes seja apenas um atrativo masculino, uma vez que as pernas de suas companheiras geralmente estão ocultas por seus vestidos. La Bruyère não se esqueceu disso em um de seus *Caractères* em 1691: "Iphis vê na igreja um novo modelo de sapato em moda. Olha o seu e enrubesce: ele não se acha mais elegante, pois tinha vindo à missa para mostrar-se e agora só quer esconder-se; ficou retido em seu quarto pelo resto do dia. [...] Ele olha suas pernas, mira-se ao espelho: ninguém pode estar mais descontente do que ele consigo mesmo [...]"[77]. Lançar um olhar para trás para ver as curvas do próprio corpo e precisamente para a redondez de sua barriga da perna é uma ati-

---

75. A instabilidade é comum a todas as sociedades rurais do Antigo Regime, inclusive as mais sedentárias, e os próprios meeiros, pelo menos em Poitou, devem muitas vezes mudar-se da casa de suas explorações no fim de seu contrato de arrendamento (PÉRET, J. *Paysans de Gâtine au XVIIIe siècle*. Op. cit., p. 157).

76. GUIBERT, J.-A. *Voyages dans diverses parties de la France et de la Suisse faites em 1775-1785*. Paris: D'Hautel, 1806, p. 298. Uma imagem igualmente superficial, presente, apesar de um mínimo cuidado de embelezamento, em outras visitantes do Sul (LOCKE, J. *Travels in France*. Op. cit., p. 18. • YOUNG, A. *Voyages en France*. Op. cit., p. 148. O escriba Prion citado por Émile-G. Léonard (*Mon village sous Louis XV...* Op. cit., p. 213-232).

77. LA BRUYÈRE. *Oeuvres complètes*. Op. cit., p. 395 [acréscimo da 6. ed. em 1691].

tude própria dos tempos em que a beleza do homem é avaliada tanto pelo bom aspecto de seus membros inferiores como por seu rosto[78].

V. Peso e posturas do corpo

A atenção voltada para a beleza das curvas do corpo masculino estende-se às curvaturas que podem ser implementadas pela aprendizagem e pela prática da dança (das quais fazem parte a inclinação, reverência e outras formas de saudação), mas existem algumas que não dependem da vontade da pessoa. O peso da idade e as deformações profissionais retrabalham os corpos e literalmente os encurvam, às vezes até à fratura. "Ele se tornou corcunda porque se manteve por muito tempo curvado. O fardo dos anos tornou este idoso totalmente corcunda", declara Furetière[79]. Mas se conhecemos bem hoje as lógicas retificadoras da postura próprias à medicina do século XVIII e seu leitorado de famílias ricas e de reformistas de toda espécie[80], a historicidade de algumas posturas merece ser lembrada aqui.

O trabalho agrícola, que ocupa quase três quartos dos franceses e francesas sob o Antigo Regime, inflige ao corpo uma aparência geral particular que só recentemente o uso do trator e outras máquinas agrícolas fez desaparecer. Podemos também referir-nos a alguns dos testemunhos pictóricos do século passado para encontrar a silhueta particular do trabalhador rural. Longe da écloga dos pintores do gênero do século XVIII (Watteau, Lancret, Greuze,

---

78. CARACCIOLI. *Dictionnaire Critique, Pittoresque et Sentencieux*. Lião, s.c. 1767 [Tomo I, p. 303; tomo II, p. 81]. • MERCIER, L.-S. *Néologie*. Op. cit., p. 74. [Tomo II] • PELLEGRIN, N. *Les vêtements de la liberté*. Op. cit., p. 59 e 105.

79. FURETIÈRE, A. *Dictionnaire Universel*. Op. cit., verbete "courbé" (curvado). Note-se que "courbette" (mesura) é então um termo de manejo e só tem, para o homem, um sentido figurativo neste dicionário. Sobre as "enfermidades" da velhice, as atas notariadas chamadas "de pensão" são uma fonte excepcional a revisitar (BOIS, J.-P. *Les vieux, de Montaigne aux premières retraites*. Paris: Fayard, 1989. • TROYANSKY, D.G. *Miroirs de la vieillesse en France au siècle des Lumières*. Paris: Eshel, 1992).

80. ERASMO. *La civilité puérile* [1530]. Paris: Ramsay, 1977, p. 68-70 [ARIÈS, P. (org.)]. • VIGARELLO, G. *Le corps redressé*. Op. cit.

Fragonard) e de seus êmulos em gravura ou em literatura (rudezas e belezas dos borgonheses e borgonhesas de Rétif e de Binet)[81], Millet soube, pelo menos em seu primeiro período, apresentar maneiras de manter-se de pé ou de inclinar-se que lembram a inscrição corporal precoce dos efeitos de gestos repetitivos como o da respiga, uma atividade que entretanto já estava em vias de desaparecer quando Millet pintou em 1857 *Les glaneuses* (As respigadeiras)[82]. O tema da cena é irreal (coabitação de segadores modernos com mulheres pobres cheias de dignidade), mas a forma achaparrada das trabalhadoras não engana sobre as coações físicas de um trabalho que obriga a abaixar-se constantemente e a carregar em seu girão os grãos penosamente recolhidos sob o ardor do sol. Uma tarefa terrível para o corpo, sobretudo quando a ela se somam muitas outras.

Outras ginásticas derivam do exercício de atividades específicas (gestos próprios aos ofícios ou às condutas de respeito, hoje um pouco esquecidas, como reverências ou genuflexões). Dobrar-se, curvar-se não é apenas um sentido metafórico proveniente do vocabulário têxtil, a marca é tanto anatômica quanto moral, quando a idade imprime rugas em um rosto ou quando a instrução dos bons costumes "faz um homem jovem adquirir um bom hábito [...] diz-se proverbialmente, que ele é como o *camelot* (tecido de lã), con-

---

81. Representações que merecem todas elas atenção, mas que visam – por razões diversas – edulcorar o real, embelezando-o ou caricaturando-o. Sobre essas transfigurações, análises importantes em MILLIOT, V. *Les* Cris de Paris *ou le peuple travesti* – Les représentations des petits métiers parisiens (XVIe-XVIIIe siècle). Paris: Publications de la Sorbonne, 1995, que temperam leituras etnográficas muito literais (LE ROY LADURIE, E. "Ethnographie rurale du XVIIe siècle. Rétif de La Bretonne". Art. citado).

82. HERBERT, R.L. *Jean-François Millet (1814-1875)*. Londres: Hayward Gallery, 1976 [Catálogo de exposição]. • CHAMBOREDON, J.-C. "Peinture des rapports sociaux et invention de l'éternel paysan: les deux manières de Jean-François Millet". *Actes de la Recherche en Sciences Sociales*, n. 17-18, 1977, p. 6-28. • VARDI, L. "Construing the harvest: gleaners, farmers and officials in Early Modern France". *The American Historical Review*, vol. 98, n. 5, 1993, p. 1.447 (a respiga). Sobre a rudeza do trabalho dos batedores e sua remuneração, cf. os testemunhos contemporâneos (BESNARD., F.-Y. *Souvenirs d'un nonagénaire*. Op. cit., p. 18, 74, 80. • BOUET, A. & PERRIN, O. *Breiz-Izel*. Op. cit., p. 112).

traiu seu hábito inveterado, para dizer que ele não mudará mais"[83]. Dobrar o corpo e, paralelamente, dobrar a alma, servem particularmente para contrapor trabalhadores e desocupados e para justificar, por razões físicas, a falta de atividades produtivas da nobreza francesa. Segundo um padre jesuíta, esta "tem sobretudo necessidade de um corpo ágil e bem-feito para entreter-se dignamente no tempo de paz nas facções da guerra, que exigem um homem flexível a todas as sujeições e disposto a todos os movimentos: ora para correr, ora para saltar, ora para manter-se firme, ora para afundar na terra, ora para escorregar nela e para outras destrezas semelhantes, às quais se opõe totalmente a *Traficque*, pois ela rompe todos os corpos, ou por curvar demais, ou dobrar-se, ou por estar muito sentado, manter-se de pé, ou por estar sempre junto do fogo, e dentro da água [...]. Em suma, ela trata tão mal o corpo que lhe prejudica muitas vezes a saúde e sempre a destreza, tão requerida pelas Armas, com a qual contam os nobres"[84]. A deformação dos corpos pelo trabalho já é evidentemente uma realidade no tempo do Padre Loryot; que ela sirva de justificação para os privilégios da nobreza não é um fato tão banal.

A postura particular adotada pelo alfaiate para costurar acaba sendo uma segunda natureza, pois, mesmo sentado em um outro assento e longe de seu ateliê, ele continuaria, segundo Olivier Perrin, a manter pelo menos "a perna direita dobrada de uma maneira que revelaria exatamente sua profissão"[85]. Esta postura, tão especificamente masculina no Ocidente, jamais

---

83. FURETIÈRE, A. *Dictionnaire Universel*. Op. cit., verbete "Pli" (dobra, vinco). Aqui os exemplos são quase todos têxteis (o *camelot* é um tecido de lã), enquanto que em Erasmo são vegetais (ERASMO. *La civilité puérile*. Op. cit., p. 68).

84. LORYOT, F. *Les fleurs des secretz moraux sur les passions du coeur humain*. Paris: Desmar, 1614, p. 537-538. Este texto me fez descobrir Jean-Pierre Desaive e que parece uma reminiscência do livro I da *Política* de Aristóteles; contém também uma surpreendente justificação da subordinação das mulheres pelo peso de seu vestuário (PELLEGRIN, N. "Le genre et l'habit". Art. cit., p. 38).

85. BOUET, A. & PERRIN, O. *Breiz-Izel*. Op. cit., p. 71. • FARGE, A. "Les artisans malades de leur travail". *Annales ESC*, n. 5, 1977, p. 998.

pôde ser a das costureiras, por muito tempo subalternas ao alfaiate, obrigadas, como todas as mulheres, a manter, fora do leito, suas pernas fechadas[86]. A vigilância específica exercida sobre essas trabalhadoras e as prescrições particulares aplicadas à sua postura corporal, seu vestuário e sua moral, explicam-se sem dúvida pela concorrência que elas começam a fazer num ofício longamente monopolizado pelos homens. Os temores – de justificações natalistas – suscitados pela mulher dotada de renda própria, dificilmente são contrabalançados, no caso delas, pelos sonhos tranquilizadores da eterna jovem aprendiz-de-costureira: feminilidade ocupada mas sedentária, graciosa mas útil. O corpo reservado da costureira exibe, até na iconografia, as marcas de uma disciplina recente, a dos trabalhos de agulha, cujos benefícios, físicos e morais, foram exaltados por pedagogos tão diferentes como Madame. de Maintenon e Rousseau[87]. Não há dúvida de que as mocinhas treinadas para esticar o fio nas pequenas escolas e oficinas do Antigo Regime aprenderam lá a "não sonhar" e a "sentar-se convenientemente", aumentando assim diferenças comportamentais de gênero em uma sociedade habituada a opor e hierarquizar os dois sexos. Uma educação dos corpos, exibidos e/ou ocultados, mas igualmente encerrados em uma pertença unívoca de sexo, ironicamente resumida por Diderot na célebre fórmula:

---

86. Atitude tanto mais necessária porque as mulheres foram por muito tempo proibidas de usar pantalonas, quer fossem de cima ou de baixo (PELLEGRIN, N. "Le genre et l'habit". Art. cit.. • "Les vertus de l'ouvrage – Recherches sur la féminisation des travaux de l'aiguille (XVIe-XVIIIe siècle)". *Revue d'Histoire Moderne et Contemporaine*, out.-dez./1999, p. 745-767. Surpresa de Pierre Prion (*Mémoires d'un écrivain de campagne au XVIIIe siècle*. Op. cit., p. 116 e 132): as mulheres de Uzès usam ceroulas, mas uma mulher de Aubais, que foi soldado, usava pantalona permanentemente; cf. mais adiante). Inversamente, admite-se que a pertença ao sexo feminino se reconhece pelo fato de que a mulher recebe um fardo em seu girão de pernas separadas, e o homem, de pernas juntas. Sobre a distância ideal de separação dos joelhos em posição sentada, cf. ERASMO. *La civilité puérile*. Op. cit., p. 69.

87. PELLEGRIN, N. "Les vertus de l'ouvrage". Art. cit., p. 754. • ROUSSEAU, J.-J. *L'Émile ou de l'education* [1762]. Paris: Garnier, 1964, p. 459-461 e 499. *A contrario*, parece que a *aprendiz de costureira* do gravador Bouchardon sonha e se comporta mal para mostrar bem seu estado de neófita.

Educação dos garotos: mije de pé, como um homem!
Educação das mocinhas: Mademoiselle, pode-se ver seus pés![88]

Ajoelhar-se mesmo no chão duro e frio dos santuários e dos lugares sagrados (aos pés dos calvários, nas veredas das capelas de montanhas, na lama das ruas) cria outros *habitus*, também eles histórica e socialmente datados. Eles são bem-descritos pelos viajantes estrangeiros de origem protestante que se queixam amargamente das "paródias papistas" que os obrigam, na passagem do Santíssimo Sacramento, a "ajoelhar-se completamente numa poça de lama", sob o olhar ameaçador da multidão[89]. A vida dos santos e seus excessos, pelo menos narrativos, lembram que existe um risco real em "manter-se frequentemente e por muito tempo de joelhos". Muitos, como o Abade de Laroque, falecido em 1784, cônego em Auch, não contraíram nesta atitude "um grande tumor que se estendeu consideravelmente acima e abaixo do joelho", enquanto que a celebridade de outros eclesiásticos vem de sua capacidade (um dom de Deus e/ou uma disciplina autoinfligida?) de "permanecer nas igrejas por seis horas de joelhos?"[90] Essa propensão a ajoelhar-se foi muito ridicularizada pelos viajantes reformados que viam nela a prova de vassalagem das almas e dos corpos. Pode-se imaginar também outras razões. A falta de assentos permanentes e de genuflexórios em igrejas de naves vazias, as frequentes genuflexões dos rituais católicos e a longa duração das cerimônias, se elas amaciaram as articulações dos fiéis, faziam da assistência ao culto religioso uma santa e às vezes rude prova. Não se chama "misericórdia" o apoio oculto (que dava a impressão de que a pessoa estava

---

88. DIDEROT, D. *Textes inédits*. In: DIECKMANN, H. *Inventaire du fonds Vandeul et inédits de Diderot*. Genebra: Droz, 1051, p. 196. Note-se a equivalência do membro masculino e do pé feminino, do imperativo fálico e da recusa elegante.

89. WATSON, E. *Men and times of the Revolution, or Memoirs [...] including his Journals of Travels in Europe and America from the year 1777 to 1842*, s.d. [1845]. • HANLON, G. *Confession and Community in XVII*[th] *century France*. Filadélfia: University of Pennsylvania Press, 1993, p. 232 [Citação de Teófilo de Viau, por volta de 1618].

90. Anônimo. *Vie de M. l'abbé de Laroque, chanoine et prévot de l'église d'Auch, et grand vicaire du diocèse, par M. l'abbé*. Auch: Duprat, 1788, p. 41. • FOREST, M. *Chroniques d'un burgeois de Valence au temps de Mandrin*. Op. cit., p. 41.

de pé) sob os assentos das cadeiras do coro das catedrais que aliviava sub-repticiamente os cônegos sujeitos a longas posições de pé?

No Maine do século XVIII, descrito por Louis Simon, a igreja paroquial podia ter "apenas uma dúzia de assentos (*selles*) onde cabiam três pessoas em cada um e só se pagava cinco francos por assento; o povo ficava sempre de pé ou de joelhos durante o culto ou ofícios", e foi só em 1772 que um pároco introduziu "bancos"[91]. Ao ler esses textos, compreende-se melhor o afinco dos privilegiados em possuir seu próprio banco de igreja e em levar uma "almofada" que podia garantir-lhes conforto e distinção. Furetière faz notar que se trata de um "grande travesseiro ou almofada quadrada de veludo, que as damas e os bispos se fazem trazer à igreja para ajoelhar-se mais comodamente: o que é também um sinal de distinção. É uma dama de almofada [...], as mulheres dos militares têm almofadas com galões de prata. As das mulheres dos magistrados têm apenas bordados de seda"[92]. Os ásperos combates para conseguir um apoio próprio para repousar uma parte do próprio corpo (ancas, cotovelos ou joelhos) não se referem somente às pessoas da corte. O acesso ao tamborete em Versailles foi contado por Saint-Simon, mas Memórias mais proletárias e numerosas informações judiciárias descrevem semelhantes peripécias nas igrejas rurais, como na catedral de Meaux, de Bossuet[93].

---

91. SIMON, L. *Louis Simon, villegeois de l'ancienne France*. Op. cit., p. 107: "Isto nos fez criar um fundo para manter a igreja e enriquecê-la depois". Um financiamento análogo em 1755 em Doulon, na região de Nantes, onde os paroquianos pagam um direito de entrada de 6 libras e uma cota de 10 soldos por ano e por pé de comprimento do banco, sendo este sem espaldar para não incomodar aqueles que estão atrás (CROIX, A. "Doulon, paroisse nantaise. La vie des recteurs aux XVIIe-XVIIIe siècles". *Ar-Men*, 1992, p. 34). Note-se que "selle" é então sinônimo de assento.

92. FURETIÈRE, A. *Dictionnaire Universel*. Op. cit., verbete "Carreau" (almofada). Essas "molezas" ou "confortos" de igreja surpreendem ainda provinciais em 1732, mas elas coincidem com o gosto generalizado e crescente pelo montão de travesseiros nos leitos, quer sejam os dos pobres ou dos ricos erotômanos que são descobertos tanto pelos inventários notariados, como pelos romances libertinos (PÉRET, J. *Paysans de Gâtine au XVIIIe siècle*. Op. cit., p. 208. • CRYLE, P. "Breaking the fourniture in erotic narrative: towards a history of desire". *French Studies*, vol. 57, n. 4, out./1998, p. 409-424, especialmente p. 410). Elementos móveis de artigos de cama favoráveis à diversificação das "posições do amor"?

93. LE ROY LADURIE, E. & FITOU, J.-F. *Saint-Simon ou le Système de la Cour*. Paris: Fayard, 1997, p. 89. • RAVENEAU, J.-B. *Journal*. Op. cit., p. 18, 23, 49, 58, 68, 85.

O pároco Raveneau ocupa várias páginas de seu *Recueil* com o que ele chama "o processo dos lugares" que opõe seu vigário e diversos notáveis a propósito da ocupação dos bancos do coro. Aliás ele se preocupa muito em mandar fazer e instalar novos bancos na nave, onde quer dar aulas de catecismo às crianças, devidamente separadas por sexo[94], e aluga esses assentos coletivos pela maior oferta, o que provoca novas querelas entre os paroquianos. Mas, ao fazer isto, ele mostra seu modernismo, pois essa prática ainda não é generalizada. Entretanto, sua atenção a respeito deste tipo de mobiliário é apenas de ordem pastoral: se ele nota que tem direito a uma poltrona ou uma cadeira em todas as assembleias a que assiste ou das quais teve conhecimento (os sínodos organizados pelo bispado, até mesmo a última assembleia protestante em Brie), é que se trata do respeito às categorias, e especialmente da honra que se deve render à eminência de suas próprias funções sacerdotais. Mais prosaicamente também, porém mais longe ainda da "guerra dos bancos" encabeçada pelos pedagogos higienistas do século XIX, é possível que seus próprios males das pernas expliquem sua obsessão. Em um tempo em que o equipamento mobiliário das pequenas casas rústicas e até dos presbitérios quase não comporta assentos confortáveis, "sentar-se [é] tomar assento, repousar. [...] Sentar-se em bancos, cadeiras, lugares, na relva, sentar-se no chão"[95].

A enumeração do dicionário de Furetière surpreende à primeira vista. Ela sublinha o caráter cultural estranho da escolha da posição de sentado para repousar e a bizarrice dos lugares nos quais se pode tomar esta postura

---

94. Esta segregação sexual, buscada pelos padres da Contrarreforma, é realizada, pelo menos em imagem, por alguns ilustradores da vida rural (cf. BOUETS, A. & PERRIN, O. *Breiz-Izel*. Op. cit., p. 78. • RÉTIF DE LA BRETONNE, N., p. 9).

95. CROIX, A. "Le clergé paroissial, médiateur du changement domestique? Quelques remarques méthodologiques, quelques résultats". *Annales de Bretagne*, 1987, p. 470. • PIRSON, J.-F. *Le corps et la chaise*. Op. cit., p. 75-83. • ROCHE, D. *Histoire des choses banales*. Op. cit., p. 190. • FURETIÈRE, A. *Dictionnaire Universel*. Op. cit., verbete "Asseoir" (sentar-se). Para esse lexicólogo "chamam-se em uma casa os lugares secretos, os lugares comuns, ou simplesmente os lugares, aqueles que são destinados à descarga do ventre" (verbete "Lieu" = lugar).

sob Luís XIV. O lexicólogo evoca assentos fabricados sob encomenda e que parecem redobrar os corpos que neles se sentam (não têm eles um "encosto" o espaldar, pernas, pés, braços, etc.?), mas acrescenta ao objeto-móvel que nos é familiar uma lista de espaços naturais aptos à mesma função. Vê-se aí a coabitação de usos antigos (sentar-se mesmo no solo e utilizar seus desníveis) e práticas novas, também elas contemporâneas da multiplicação dos travesseiros nos leitos proletários: o aparecimento, raro fora das cidades, das "cadeiras de evacuação" e outras "comodidades" para defecar e a generalização dos bancos nas comunidades pedagógicas[96]. Mas não seria de estranhar a oposição que, nesta definição, faz o *Dictionnaire universel* entre o banco e a cadeira, em uma época em que, por um processo de aculturação fascinante, se opera a passagem de um à outra. Na Bretanha, no século XVIII, esses dois móveis têm função de sinais e permitem contrapor os mundos culturais cada vez mais distintos que são a cidade e a zona rural. A maioria dos notáveis e do povo das cidades optam então pela cadeira individual quando os camponeses permanecem fiéis aos bancos "à moda do campo", isto é, a um modo coletivo de "sentar-se". Quanto aos membros do clero, que ainda fazem o papel de intermediários culturais potenciais, eles acumulam os dois tipos de mobiliário e revelam sua pertença a dois contextos mentais. As noções de intimidade e de promiscuidade tendem a tornar-se contraditórias.

Os desenhos de Olivier Perrin no fim do século XVIII e as gravuras que delas foram tiradas para o *Breiz-Izel* ilustram bem essas hierarquias mobiliárias e os constrangimentos físicos que as acompanham. Só o avô do herói desta *Galeria bretã* tem direito a um assento com espaldar, uma poltrona co-

---

96. Importantes análises sobre a diversidade cultural das posturas e dos assentos que lhes estão ligados em Jean-François Pirson (*Le corps et la chaise*. Op. cit.). Sobre os "lugares", cf. GUERRAND, R.-H. *Les Lieux* – Histoire des commodités. Paris: La Découverte, 1985. • PRION, P. *Mémoires d'un écrivain de campagne au XVIIIe siècle*. Op. cit., p. 68 (compra de uma cadeira perfurada em Poitiers em junho de 1722). Sobre a introdução tardia dos bancos nas escolas, ARIÈS, P. *L'enfant et la vie familiale sous l'Ancien Régime*. Paris: Plon, 1960, p. 188-189.

locada sob o pano da chaminé. Todos os outros membros da família se contentam com tamboretes, bancos simples ou bancos-arcas, quando não estão simplesmente sentados no chão, com as pernas estendidas ou sentados de joelhos sobre seus calcanhares. Em todo caso, é assim que é consumida a pasta de trigo escuro (sarraceno) do jantar comum dos homens, tomada em uma única bacia de cobre. Essas imagens lembram também particularismos temporais e regionais que se referem, mesmo na França e até em uma data recente, às técnicas corporais que são o sentar-se, o deitar-se, o arrumar-se e o comer[97]. Não acumula o banco bretão todos esses usos, e especialmente o de servir "de degrau aos leitos armóricos" e de ucha para amassar o pão? O Poitou rural, que vê a multiplicação das "cadeiras empalhadas" desde o fim do século XVII e restaura então suas arcas tradicionais para fazer delas armários, possui "saleiros" ou cadeiras-reservas de sal, ignoradas nas regiões sem gabela (imposto sobre o sal), mas essa província se contenta, como a Normandia, em cercar seus leitos com peças têxteis de espessuras variadas e muitas vezes verdes. No século XVIII, a Bretanha e a Saboia utilizam, ao contrário, tábuas para esses tapumes e suspendem camas para as quais é preciso literalmente trepar[98]. Móveis que exigem, todos eles, no cotidiano, habilidades bem específicas: assim os bretões da região *bigouden* tiveram que arrumar os leitos durante muito tempo com um bastão para bater e esticar uma colchoaria dificilmente acessível,

---

97. BOUET, A. & PERRIN, O. *Breiz-Izel*. Op. cit., p. 15, 187 e passim. Só o estudo notarial da *Galerie bretonne* possui cadeiras individuais na edição de 1835.

98. PÉRET, J. "Les meubles ruraux en haut Poitou au XVIIIe siècle à partir des inventaires après décès". Art. cit. • PELLEGRIN, N. "Ruralité et modernité du textile en haut Poitou au XVIIIe siècle – La leçon des inventaires après décès", *112e Congrès des sociétés savantes, Lyon, 1987*. Paris, 1988. PELLEGRIN, N. "Histoire moderne et contemporaine". Tomo I, p. 377. Sobre os leitos parisienses populares conhecidos graças aos inventários depois da morte, cf. entre outros ROCHE, D. "Un lit pour deux". *L'Histoire*, n. 63, jan./1984, p. 67-69. O acolchoado de penas das regiões do Oeste coloca-se então, parece-me, sobre o colchão ou o que está em seu lugar, e não sobre o corpo dos que dormem. Essas superposições têxteis são uma garantia de conforto, resumidas, à sua maneira, pelo conto *La Princesse au pois* [Princesa (vestida) de poá].

e seu visitante devia aceitar, como Prion na Grande Cartuxa, ser "sepultado como no túmulo da morte" em um grande leito-cabine[99].

Particularidades as mais diversas, ao mesmo tempo geográficas e sociais (sua evolução é mais difícil de ilustrar), caracterizam de fato as maneiras populares de deitar-se, e consequentemente de repousar e fazer amor, mas elas não são bem-documentadas, também neste caso, a não ser para uma pequena parte da Bretanha e de Anjou, graças às descrições meio benevolentes, meio condescendentes dos pré-etnólogos que reescreveram seu passado depois da Revolução Francesa. Assim, é com nostalgia que o ex-pároco Besnard, que talvez tivesse se tornado insone, se lembra das noites de sua infância: "As camas, do tamanho de pelo menos quatro pés, guarnecidas de dois acolchoados de penas, de um colchão e de um enxergão, de quatro colunas, eram cercadas de cortinas de uma espécie de estofo de cor verde ou amarela, e de tal modo engrossadas ou boleadas, depois de preparadas para o deitar, que não era fácil alcançá-las sem o auxílio de uma cadeira. [...] Era então costume que não só os domésticos, mas até os próximos e amigos, por pouco que existisse alguma relação entre eles, se deitassem dois e algumas vezes até três na mesma cama". Por amor ao pitoresco céltico, Perrin e Bouet são ainda mais atentos às corporalidades induzidas pelo mobiliário. Assim, a "mil léguas da capital" e das "comodidades" parisienses que "não são completamente desconhecidas entre os colonos da Beauce e da Normandia", eles fazem do leito fechado bretão o "personagem" central do capítulo intitulado "O berço" (*Ar c'havel*).

É, dizem, "uma espécie de arca quadrada, da altura de uma toesa, pelo menos; a abertura, de cerca de três pés quadrados, que lhe serve de entrada, fecha-se hermeticamente por meio de dois painéis que deslizam em caixilhos horizontais. Não existe outra via para a circulação do ar que o espaço

---

99. O pânico do escriba claustrófobo e as devoções de ação de graças, na hora de levantar-se, pela sua "libertação", ocupam vinte e quatro linhas de seu relato (PRION, P. *Mémoires d'un écrivain de campagne au XVIIIe siècle*. Op. cit., p. 94).

compreendido entre alguns fusos bem próximos que se notam na parte superior. É muito incômodo entrar nesse tipo de leitos e sobretudo sair deles. O homem de um tamanho normal mal pode esticar-se em uma cama como estas. E infeliz daquele que quer levantar a cabeça, pois corre o risco de chocá-la contra o forro do teto. Os indivíduos que dormem nela, muitas vezes vários juntos, raramente mudam de lençol, nem tomam banho, mesmo saindo daquelas valas lamacentas para as quais são arrastados pelo dever nos dias de trabalho e pela embriaguez nos dias de festa. [...] Para completar essa descrição, vamos acrescentar que o colchão e os travesseiros são de gluma de aveia, os lençóis, sempre muito curtos, de um tecido grosseiro, e o cobertor, de lã verde ou de uma espécie de acolchoado feito de fio de estopa e chamado *ballin*. Os colonos menos abastados contentam-se com palha que eles acomodam o mais simetricamente possível nesses leitos e que fazem desaparecer sob seus lençóis e cobertas. Enfim, os pobres não têm outra cama senão esta palha no chão mesmo, ou então, se moram perto da costa, uma espécie de sargaço guarnecido de tiras, chamado *bizin glas*. A propriedade de atrair umidade desse sargaço provoca muitas doenças nesses infelizes"[100].

Além desse propósito pitoresco e da generalização medicalizante de um "quadro" encenado para uma "galeria" de parisienses (celtomania e higienismo entregando-se aqui a um mesmo combate), a descrição é sem dúvida realista no detalhe. Mas ela esquece as razões profundas de um sistema de proteção noturna comum a todos os antigos tipos de camas de madeira, fechadas ou não. Criar um espaço de calor e de intimidade em uma sala comum mal-aquecida, é certamente querer proporcionar a corpos cansados um repouso que a posição de pé e os gestos do labor não proporcionam mais

---

100. BOUET, A. & PERRIN, O. *Breiz-Izel*. Op. cit., p. 36. • BESNARD, F.-Y., *Souvenirs d'un nonagénaire*. Op. cit., p. 83-84. Na cidade, as camas não são muito diferentes e, mesmo entre os burgueses de Angers, "os esposos ocupavam o mesmo leito", o que não seria mais o caso cinquenta anos depois (ibid., p. 137). Também em Sologne dormem várias pessoas juntas, e sem estar casadas, em leitos coletivos que fazem o essencial da fortuna mobiliária dos lares (BOUCHARD, G. *Le village immobile*. Op. cit., p. 99).

Corpo do comum, usos comuns do corpo

do que os bancos, os tamboretes e outros assentos provisórios[101]. Mas esses leitos também querem proteger contra as forças do mal e a morte, sempre ameaçadora em uma mundo que tem medo da noite[102]. Porque todo leito pode ser túmulo (e mesmo sem ter a forma codificada do "leito-túmulo"), as pessoas se deitam nele meio sentadas, aprumadas por muitos travesseiros (por esta razão "seus leitos são muito curtos") e as pessoas se previnem da morte súbita pelas múltiplas precauções evocadas em manuais de civilidade, relatos de viagem e iconografia: ostentação de imagens de piedade, desnudamento rápido e modesto sem nenhuma ablução, exame de consciência e orações.

Essas imagens de um corpo que aborda o sono com apreensão lembram maneiras específicas de viver "o limpo e o sujo", o "são e o enfermo", "o pú-

---

101. Sob todos esses pontos, e particularmente tendo em vista a frequente raridade da lenha para o aquecimento, os inventários depois da morte oferecem apanhados surpreendentes (BOUCHARD, G. *Le village immobile*. Op. cit., p. 96-98). A manutenção do fogo e os gestos da preparação das refeições também dependem da forma das chaminés e de seus equipamentos, mais ou menos numerosos e diversamente posicionados a meia altura ou ao rés do chão. Cf. utensílios e tipos de chaminés em: LECOQ, R. *Les objets de la vie domestique – Utensiles en fer de la cuisine et du foyer des origines au XIXe siècle*. Paris: Berger-Levrault, 1979. • MATHIEU, J. Analyse comparative des cuisines, Perche/Québec au XVIIIe siècle. In: PELTRE, J. & THOUVENOT, C. *Alimentation et régions*. Nancy: Presses Universitaires de Nancy, 1989, p. 175-183.

102. E, eventualmente, animais de toda espécie, diurnos e noturnos: galinhas e porcos (devoradores ocasionais de bebês), roedores famintos, insetos indesejáveis como os mosquitos e as moscas contra os quais se instalam no Sul "mosquiteiros de talagraça" (GUIBERT, J.-A. *Voyages dans diverses parties de la France et de la Suisse...* Op. cit., p. 369), ou as pulgas e baratas. Pior ainda, a noite multiplica todos os demônios das paixões culpáveis e fantasmas mal-intencionados que povoam a escuridão da vigília e do sono. Cf. MANDROU, R. *Introduction à la France moderne*. Op. cit., p. 77-79. • CROIX, A. *La Bretagne aux XVIe et XVIIe siècles*. Tomo II. Op. cit., p. 803. • ROCHE, R. *Histoire des choses banales*. Op. cit., p. 128s. Sobre os rituais protetores do deitar-se e do levantar, ERASMO. *La civilité puérile*. Op. cit., p. 105. • LA SALLE, J.B. *Les Règles de la bienséance et de la civilité chrétienne* [1703 – Reed. Roma, *Cahiers Lassalliens*, n. 19, [s.d.], p. 49]. • PRION, P. *Mémoires d'un écrivain de campagne au XVIIIe siècle*. Op. cit., p. 95 e 134. Sobre os meios de luta contra os ratos e outros agentes nocivos, RAVENEAU, J.-B. *Journal*. Op. cit., p. 233, 239-240. • BUTEL, L. et al. *La "Chronique villegeoise" de Vareddes (1652-1830)*. Paris: Ed. De l'École, 1961, p. 15 [DESBORDES, J.-M. (org.) – "Uma procissão no campo para fazê-los morrer, pois causaram grande dano ao grão"].

blico e o privado", "o puro e o impuro"[103]; elas sugerem também flexibilidades musculares e outros tipos de rigidez mental. Percepções histórica e socialmente particularizadas de si mesmo e de seus *excreta*, maus pensamentos confundidos com odores muito bons.

VI. Cuidados e excreções do corpo

Será que é útil voltar às práticas de limpeza cujo exotismo e história contrastante foram revelados com brio em muitos estudos[104]? Talvez se deva, de preferência, à luz de novos textos, sublinhar a diversidade social dos costumes e sua dimensão psicológica, apesar da dificuldade que pode haver em descobri-los e compreendê-los.

A ficção erótica é rica em observações indiretas que valorizam essas disparidades. Uma "Confissão da senhorita Sapho", que consta em *O espião inglês*, conta em 1784 a carreira de uma jovem camponesa de Villiers-le-Bel, recrutada por uma das mais célebres cafetinas de Paris, a Gourdan, para os prazeres de uma Madame Furiel[105]. A jovem confessa sua graça sedutora precoce e, involuntariamente, a dificuldade de satisfazer suas aspirações em um mundo sem espelhos e portanto sem reflexos de seu próprio corpo; como todas as heroínas de relatos galhofeiros anticlericais e como aquelas dos contos de fadas mais suaves, ela teve de contentar-se por muito tempo em "mirar-se nos baldes de água, na fonte, no espelho do pároco, [...] eu não conse-

---

103. Todas essas noções são objeto de estudos importantes. Resta especificar-lhes as nuanças a partir de exemplos provinciais concretos e de fontes não prescritivas.

104. VIGARELLO, G. *Le Propre et le Sale* – L'hygiène du corps depuis le Mayen Âge. Paris: Du Seuil, 1985. • GOUBERT, J.-P. *La conquête de l'eau*. Paris: Laffont, 1986. Um bom resumo da evolução das práticas de limpeza em MATTHEWS-GRIECO, S.F. Corps, apparence e sexualité. In: DUBY, G. & PERROT, M. (orgs.). *Histoire des femmes en Occident* – III: XVIe-XVIIIe siècle. Op. cit., p. 61-66.

105. ANÔNIMO. *La Secte des Anandrynes* – Confession de mademoiselle Sapho [1784 – Reed. Paris: G. Briffaut, 1952, p. 11 e 21]. Segundo um esquema homófobo e misógino clássico, o sucesso levará a heroína a um "bom fim" (sic), a prostituição heterossexual de alto voo.

guia abandonar o espelho; no que me diz respeito, eu também era muito limpa; lavava-me muitas vezes o rosto, limpava as mãos, arrumava meus cabelos e meu gorro o melhor que podia". Parece que essas toaletes de uma adolescência rural não foram "secas" (ela utiliza água para limpar seu rosto e não um "esfregão" ou pano de limpar), mas essa limpeza ainda continua muito sumária e contrasta com as longas abluções que suas funções de amante paga de uma rica lésbica em Paris lhe impuseram. A cena é longa e tem por finalidade provocar, estimular o leitor do sexo masculino. Ela evoca cuidados corporais um pouco futuristas mas que, no caso de serem comuns entre os voluptuosos mais ricos, revelam *a contrario* as zonas de sombra (uma mistura de sujeira com odores fortes) das práticas corporais da maioria das pessoas. As revoluções aquáticas que vão fazê-las desaparecer estão apenas em germe em algumas cidades, com o aparecimento de tinas ou tanques, de urinóis portáteis e de banheiras entre os privilegiados da fortuna[106].

"Começaram por me banhar [...]. No dia seguinte, fui levada ao dentista de Madame Furiel, que examinou minha boca, colocou meus dentes em ordem, limpou-os, deu-me uma água própria para tornar suave e doce o hálito. De volta, fui novamente colocada no banho; depois de enxugar-me ligeiramente, fizeram-me as unhas dos pés e das mãos; retiraram-me os calos e as calosidades; depilaram-me nos lugares em que os pelos mal-situados podiam dar a sensação de pele menos lisa; pentearam-me o pelo [...] limparam-me as aberturas [...] onde colocaram essências em borbotões, depois fizeram-me a toalete própria a todas as mulheres e o toucado". Obra de um homem para

---

106. Em Poitiers como em Coutances em 1788, 86% dos inventariados não possuíam jarra de água e bacia (LICK, R. "Inventaires après décès de Coutances". *Annales de Normandie*, n. 4, 1970, p. 310). Os pentes para desembaraçar os cabelos (e pelos pubianos?) não são mencionados pelos notários e as reservas de sabão são muito raras quando abundam por toda parte os utensílios de lavar a roupa. Um(a) "bourdaloue" (urinol) é um "vaso de noite de forma oblonga", segundo o pudico *Littré*. Cf. os verbetes "Crasse", "Décrasser", "Démanger", "Espouiller", "Estriller", "Frotter", "Frottoir", "Morpion", "Puce", "Punaise", "Vermine", etc., dos dicionários dos séculos XVII-XVIII, e os conselhos de Erasmo (*La Civilité puérile.* Op. cit., p. 67). São necessários vários meses a um jovem pastor que se tornou aprendiz de escuderia e malhador para desembaraçar-se dos "parasitas" (vermes) que o devoram (COIGNET, J.-R. *Cahiers du capitaine Coignet.* Op. cit., p. 5-9).

homens, essa falsa autobiografia é evidentemente fantasista, mas é plausível em seus considerandos materiais. Pelo fato de detalhar uma cartografia dos recônditos nauseabundos dos corpos proletários femininos, ela revela fantasmas masculinos (de) dominantes, permite também apreender o fascínio da limpeza no fim do Século das Luzes: é um tempero erótico como também um instrumento de distinção. Para estar limpo não basta vestir roupa branca, agora é preciso que a pele que ela cobre também esteja limpa. Portanto é preciso ter acesso a uma água abundante e próxima, e ter os meios e a permissão de utilizá-la. É preciso também permitir-se a utilizá-la. Mais uma vez, os laços entre uma cultura material da penúria e sua ideologia das aparências e do pecado parecem tão estreitos que são inextricáveis.

As obras de medicina e os registros de cartórios não são os únicos documentos que nos permitem hoje fazer a história das relações dos corpos proletários com os banhos. Fontes religiosas e judiciárias os completam para esboçar uma história da limpeza e da nudez dos corpos menos linear do que se poderia acreditar. Se as termas e outros banhos públicos desapareceram das cidades no século XVI (por razões epidemiológicas e por falta de fornecimento suficiente de água[107]), a prática dos banhos de rio jamais cessou, a crer nos relatos contidos em todos os temas de justiça do reino. Esses dados (levantamentos de cadáveres de afogados, mas também de escaramuças diversas nascidas à borda da água) mostram a persistência, pelo menos no meio popular e para as pessoas jovens dos dois sexos, do que chamamos práticas de higiene, mas que também eram (e sobretudo?) condutas de prazer[108].

---

107. DESAIVE, J.-P. "Le nu hurluberlu". *Ethnologie française*, n. 3-4, 1976, p. 219. • ROCHE, D. *Histoire des choses banales*. Op. cit., p. 156s.

108. BAYARD, F "Nager à Lyon à l'époque moderne, XVIIe- XVIIIe siècle". In: *Jeux et sports dans l'histoire* – Actes du 116e Congrès National des Sociétés Savantes. Tomo II. Paris: CTHS, p. 229-245. • GASSENDI, P. *L'Église de Digne*. Paris, 1654 [Reed. Digne, 1992, p. 29]. Um jovem doméstico agrícola "querendo banhar-se para refrescar-se submergiu" aos 9 de abril de 1786 na Charente (A. D. 86: B VIII-37, justiça de Charroux). Cf. tb. DAQUIN, J. *Topographie médicale de Chambéry*. Chambéry: [s.e.], 1785, p. 138. • PRION, P. *Mémoires d'un écrivain de campagne au XVIIIe siècle*. Op. cit., p.118.

Na digressão de uma douta dissertação em latim sobre a antiga origem da cidade e do bispado de Digne, um cônego desta igreja, o filósofo Pierre Gassendi, evoca não somente a boa qualidade das águas termais desse lugar, mas os prazeres menos célebres "dos banhos frios da Bléone onde vão divertir-se, no verão, sobretudo os jovens, e mais especialmente no lugar das rochas, bem perto das quais um buraco profundo oferece água suficiente para nadar; [...] refeições campestres que se tomam frequentemente à beira do rio depois de ter nadado, quando faz bom tempo, e que muitas vezes me fizeram lembrar esses versos:

> Mas deitados juntos na relva tenra,
> Sob os galhos de uma grande árvore, à beira da água corrente,
> Cuidam com pouca despesa de seu corpo com prazer,
> Sobretudo quando o tempo sorri e as estações do ano
> Semeiam de flores as ervas verdejantes.

Este relato e muitos outros (o falso afogamento, por exemplo, do moleiro-marquês de Carabas no *Gato de botas*) confirmam o exercício e por conseguinte a aprendizagem da natação por uma parte da população. Esta prática, ao permitir toaletes do corpo inteiro mais próprias a cada estação, poderia contradizer ou atenuar a ideia de que os franceses se tornaram cada vez mais sujos desde o fim da Idade Média[109]. Ao ler tantas descrições de banhistas em água doce, pode-se crer na limpeza exemplar de todos esses "filhos e domésticos de Bourgeois, e [...] aprendizes e companheiros de ofícios, atraídos por outros jovens vagabundos e denegados" à beira dos rios e canais. É até possível imaginar que ela foi bem superior a dos grupos sociais privilegiados e particularmente de sua parte feminina. Em Lyon, nos séculos XVII e XVIII, era tão comum banhar-se e nadar que só se fala disso em caso de acidente ou de algum incidente. Não obstante, se para setenta e oito homens e rapazes de

---

109. Certamente compensada pela chegada do linho, pelo recurso ao "esfregão" e mudanças cada vez mais frequentes (VIGARELLO, G. *Histoire des pratiques de santé*. Op. cit., p. 106-107.
• FURETIÈRE, A. *Dictionnaire Universel*. Op. cit., verbete "Frottoir" = esfregão).

todos os meios que se afogam, duas mulheres apenas têm a "mesma sorte", por ocasião do incidente de 20 de julho de 1737, sete banhistas são assaltadas por uma dezena de rapazes seminus: eles levantaram a camisa delas "na frente e atrás" [...] maltratando-as totalmente despidas com golpes furiosos em todas as partes de seu corpo [...] com tanta indecência quanto com palavras obscenas". Bom episódio que permanece em parte obscuro – como a maioria dos processos nos tribunais de justiça (a que conflitos reais se referem as queixas?) – caso que lembra que é a nudez dos e das banhistas que é questionada nos primórdios do tempo das Luzes (e talvez só naquele momento), muito mais do que seus divertimentos na água, habituais, para muitos, no tempo do verão. Grande número de mandados de polícia evocam corpos desnudos ou – mais frequentemente – "sem camisa"[110], e a reprovação crescente dos textos de inspiração piedosa ou pedagógica (muitas vezes são uma e outra coisa) mostra que o banho público pode ser, ocasionalmente, mas só ocasionalmente, "prejudicial tanto ao corpo como à alma"[111].

Uma *Instrução cristã sobre o perigo dos banhos públicos* estigmatiza "a indiscrição com a qual uma infinidade de pessoas, e sobretudo crianças, tomam banho [...]. Pois sem falar dos acidentes deploráveis que acontecem muitas vezes [...], uma infinidade de transtornos consideráveis costumam atingir as pessoas que os tomam sem precaução [...] de saúde [...], mas também [...] de pudor e de modéstia [...]. Para os lugares: deve-se tomar o banho em lugares afastados da vista de muita gente, ou mesmo cobertos, se possível. Para a companhia: tomá-lo a sós quando se pode fazê-lo sem risco;

---

110. Muitas referências em DESAIVE, J.-P. "Le nu hurluberlu". Art. cit. • BAYARD, F. "Nager à Lyon à l'époque moderne". Art. cit. Cf. tb. DELAMARE, N. *Traité de la police*. Tomo I. Paris. 1722-1738, p. 590-591. • LÉONARD, E.-G. *Mon village sous Louis XV...* Op. cit., p. 154-155. • PRION, P. *Mémoires d'un écrivain de campagne au XVIIIe siècle*. Op. cit., p. 118. Cf. infra, nota 163.

111. ANÔNIMO. *Instruction chrétienne sur le danger des bains publics*. Paris: Lottin, c. 1715, passim. A obra abunda em conselhos materiais para o banho, mas insiste em sua utilidade quando se age com prudência e moderação. Por seus considerandos, se não por seus fins, ela quase não difere da *Verdadeira civilidade republicana*, inspirada pelo higienismo de Rousseau (PRÉVOST. *Véritable civilité républicaine*. Op. cit., p. 2).

ou com uma pessoa do mesmo sexo que seja extremamente sensata. Para a maneira: tomá-lo tranquilamente; permanecer totalmente coberto de água; não tirar a roupa ou pelo menos entrar na água e sair dela tão depressa que, se for possível, não se apareça nu aos olhos de ninguém. O cristão deve ter em toda parte um extremo pudor". Como se pode tirar dele muito proveito fisiológico, o banho público deve, pois, ser regulamentado e vigiados os lugares de sua prática. Mas essa "instrução", como muitas outras, dirige a seus leitores (e talvez ao seu próprio autor) o que literalmente não é mais do que um voto piedoso: desejo irrealista de eclesiástico, mas esperança suficientemente plausível para refletir e deformar a opinião e os comportamentos de (alguns de) seus contemporâneos. Mesmo que esses textos normativos sejam de interpretação sempre incerta, eles definem limiares do tolerável em matéria de física cotidiana do corpo, mas indicam mais ainda as zonas de fragilidade de uma construção ideológica que outros dados, mais "realistas", conspurcam. Assim, o exame dos espaços concretos, nos quais o exercício das funções corporais era autorizado, oferece perspectivas atraentes, divertidas e inéditas ao mesmo tempo: lugares não fechados de tomar banho e da maioria dos jogos de exercício (voltaremos a isto)[112], mas também "lugares" simplesmente, pois é aqui sem dúvida que as disciplinas do corpo foram impostas, ou talvez até observadas mais remotamente.

A cena é em Troyes, em 1743, rua du Bois, e um riacho que desemboca no Sena e se perde no meio dele. Ora, "é às margens desse riacho que toda idade e todo sexo vem pagar o tributo diário ao qual a digestão o submete. Eis o cerimonial que se observa nessas ocasiões: a pessoa se coloca primeiro em uma posição que não esteja voltada para o lado do oriente nem do ocidente; levanta então ou abaixa a roupa que cobre as partes evacuantes e se agacha, coloca os dois cotovelos sobre os joelhos e apoia a cabeça nas palmas

---

112. A falta de lugares fechados caracteriza todos os jogos de bola que se realizam em um espaço, certamente ritualizado, mas que tem o tamanho de uma ou várias paróquias; para a *soule*, cf. BOUET, A. & PERRIN, O. *Breiz-Izel*. Op. cit., p. 238-245. • PELLEGRIN, N. *Les Bachelleries*. Op. cit., p. 169-172.

das mãos; depois de evacuar, veste-se de novo, sem usar pano ou papel; olha o que fez e vai embora"[113].

Texto estranho sob muitos aspectos, pois o lirismo de uma poética do cagalhão vem acompanhado de arroubos cultos sobre as maneiras de defecar de todos os povos da terra; ora essa avalanche de citações não tem outro objetivo senão a defesa de um dos mais "antigos e legítimos" usos do espaço público em Troyes. Sob uma paródia de dissertação acadêmica lê-se a contestação de uma eventual "civilização dos costumes", porém, mais sutilmente, e também deixando transparecer novas imagens sociais das trivialidades do corpo. Em meados do século XVIII os/as habitantes de Troyes ainda sabem agachar-se para defecar numa postura que não pareceria cômoda hoje, a não ser para crianças pequenas. Mais surpreendente ainda aos nossos olhos, eles não sentem necessidade de limpar-se depois de evacuar, o que já se fazia naquela época com folhas vegetais (ausentes no cenário urbano da rua), papel ou pano, aquela "toalhinha higiênica" específica, à qual recorrem ricos e ricas elegantes[114]. Enfim, a visibilidade de suas "evacuações" (ação e produto delas) incomodariam alguns/algumas de nossos contemporâneos acostumados no Ocidente desde a mais tenra idade a ocultar excrementos, muco, escarros e outros "líquidos orgânicos" do corpo[115]. Para o cumprimento das funções excretórias, o ar livre e seu livre acesso (mas aqui

---

113. ANÔNIMO. *De la manière de chier* – Dissertation sur un ancien usage: Lue dans l'Académie de Troyes, le 28 mai 1743 [Reed. Nîmes: Lacour, 1998]. • GUERRAND, R.-H. *Les lieux*. Op. cit.: "nosso atual abandono da toalete à turca que dificilmente ainda se encontra, a não ser nas proximidades das autoestradas".

114. FURETIÈRE, A. *Dictionnaire Universel*. Op. cit., verbete "Mouchoir" (lenço de assoar). • PRION, P. *Mémoires d'un écrivain de campagne au XVIII siècle*. Op. cit., p. 134 [Paris, por volta de 1739].

115. O sangue da menstruação e do parto mereceriam também atenção (cf., para fins comparativos, a longa história do modo americano de higienizar a menstruação: BRUMBERG, J.J. *The Body Project* – An Intimate History of American Girls. Nova York: Vintage, 1997, p. 27-56). Os raros processos verbais de suicídios de mulheres sob o Antigo Regime e outros documentos (os "trajes menores" dos inventários depois da morte, as "receitas" de magia negra, etc.) tornam possível esta história.

ele parece limitado a uma rua específica) conservarão ainda por muito tempo a preferência do maior número de pessoas e às vezes até do maior mundo.

Bachaumont conta isso comicamente a propósito das tentativas de instalação de "privadas" tarifadas nos jardins das Tulherias e do Luxemburgo em 1779. Lá se patrulhava em vão para que "ninguém pudesse subtrair-se a essa espécie de imposto sobre os ventres muito soltos. Quando alguém é surpreendido em uma atitude que se sabe que não é de defesa, toma-se sua espada, sua bengala ou seu chapéu que está no chão, e ele é obrigado assim a pagar uma multa muito maior do que o tributo ordinário"[116]. Ele explica que algumas das pessoas assim "flagradas" souberam manter-se de sangue frio e firmes para perseguir na justiça o detentor deste privilégio lucrativo, a taxação dos defecadores imoderados. Recurso à perífrase e autoirrisão revelam no entanto um mal-estar ausente do discurso das elites um século antes, exatamente quando, com Erasmo e os outros autores de manuais de "civilidade cristã", todos já afirmavam que "não há lugar em que os anjos não estejam".

A apropriação do espaço público para os excrementos, quer humanos ou animais, está prestes a não mais ser legítima, autorizando (acompanhando?) as novas políticas dos urbanistas e dos codificadores dos costumes, aptos a hierarquizar e segregar as atividades de seus concidadãos[117]. Mas desta

---

116. BACHAUMONT. *Mémoires secrets pour servir à l'histoire de la République des lettres [...]*. Tomo XIV. Londres: John Adamson, 1780-1787, p. 340 [36 vols.]. Sobre a inexistência (e inclusive em Angers) por volta de 1780 de lugares ditos à inglesa e o recurso à estância de lenha, estrebaria, adega ou canto do pátio, cf. BESNARD, F.-Y. *Souvenirs d'un nonagénaire*. Op. cit., p. 145. Para as zonas rurais do Vexin, WARO-DESJARDINS, F. *La vie quotidienne dans le Vexin au XVIIIe siècle*. Op. cit., p. 254-255. A comparar com as regras de pudor promulgadas por Erasmo (*La Civilité puérile*. Op. cit., p. 68) e o que ele diz do olhar permanente dos anjos pesando sobre nossas "funções" mais baixas.

117. A translação dos abatedouros (e dos cemitérios) é anterior à dos locais de feira (PERROT, J.-C. *Génèse d'une ville moderne – Caen au XVIIIe siècle*. Tomo II. Haia/Paris: Mouton, 1975, p. 554-568. • THIBAUT-PAYEN, J. *Les Morts, l'Église et l'État*. Op. cit., p. 227s.). Sobre as maneiras de assoar o nariz, os múltiplos usos do lenço de assoar, a lentidão de sua difusão no meio popular e os estreitos vínculos desta adoção com a chegada de tabacos e tecidos de algodão baratos, cf. CHEVALIER, J.-J.; LOIR-MONGAZON, É. & PELLEGRIN, N. (orgs.). *Le mouchoir dans tous ses états*. Cholet: [s.e.], 2000. • DUCHESNE, A. & VIGARELLO, G. "Le tabac, histoire d'un excitant sous l'Ancien Régime". *Ethnologie Française*, n. 2, 1991, p. 117-125.

compartimentação das atividades corporais – ainda em gestação no século XVIII para a grande maioria – as expressões não estão apenas ligadas à civilidade; elas se referem a domínios tão diferentes como a reorganização dos espaços privados e dos sistemas vestimentares[118]. Invólucros de pedra e proteções têxteis têm entre si e com o corpo das mulheres e dos homens associações antigas de estranhas e flutuantes relações.

VII. Os abrigos do corpo: o interior e o exterior

Toda casa, todo vestuário, mesmo quando não se pode escolher sua organização, é um abrigo e uma vitrine, um in-vestimento e um re-vestimento. Moradias e vestuário são portanto conjuntos de indícios e de chamarizes, isto é, meios importantes de comunicar. A este título, uma leitura estritamente funcionalista dessas "línguas" não poderia bastar para explicá-las: esses objetos materiais, certamente utilitários, também são, como muitos outros, instrumentos simbólicos de distinção. Assim, sem que seja necessário esboçar um quadro da arquitetura rural e dos guarda-roupas do Antigo Regime (importantes trabalhos o permitem hoje, apesar do desaparecimento físico definitivo do habitat precário da maioria das pessoas e das vestes de uso cotidiano[119]), é bom lembrar a diversidade geográfica mas também temporal dos lugares, imóveis ou móveis, onde se abrigava o maior número de pessoas. Também é bom não esquecer o papel que puderam desempenhar nessas transformações, pelo menos no século XVIII, os domicílios onde viviam e oficiavam os padres de paróquias e os discursos construídos por esses eclesiásticos sobre as necessidades da aparência.

---

118. Por exemplo, o melhoramento seletivo do nível de vida, a circulação mais rápida dos bens e das pessoas, a diminuição dos feriados, o acesso a excitantes mais baratos e mais numerosos (café, tabaco, vinho) tiveram muitos efeitos sobre a disciplina corporal, mas não podem ser levados em conta aqui.

119. Cf., por exemplo, para a casa, numerosos artigos das revistas *Ar Men* e *303* (entre os quais o n. 56, 1998/1), a coleção "Architecture rurale" das edições Berger-Levrault, ou CUISENIER, J. *La maison rustique* – Logique sociale et composition architecturale. Paris: PUF, 1991.

O interesse das querelas de presbitério no século XVIII reside não somente em sua multiplicação e em seu caráter de aspereza (uma novidade ligada ao mesmo tempo à residência dos padres e à valorização pós-tridentina da função sacerdotal), mas também nos fenômenos de aculturação que elas revelam. Nelas aparece uma atenção (inédita?) entre muitos paroquianos (e não somente entre seus párocos) para lugares de representação e de intimidade: esses locais que são então a fachada das paróquias ricas ou a de padres munificentes, tornam-se facilmente, para os mais desfavorecidos, um objeto de inveja e/ou de ódio: o incêndio e a reconstrução do presbitério, assim como o linchamento ulterior de seu incendiário, Gaspard Ficelle chamado *Pain de soil* (Pão de centeio), ocupam as primeiras linhas conservadas do *Diário* do Abade Dubois em 1686[120]. Porém, a frequentação da casa do padre, das igrejas e das sacristias foi, para alguns/algumas, ao mesmo tempo um meio de promoção social e uma ocasião de adquirir o gosto pelo belo e um certo prazer dos sentidos. Portanto, a chance de uma transformação corporal e espiritual.

As igrejas, mesmo as mais degradadas, eram de fato lugares de beleza e de luz onde todas as pessoas podiam descobrir ou satisfazer necessidades estéticas universais, difíceis de saciar em um cenário cotidiano condenado à penúria e ao acúmulo dos corpos, das coisas, dos animais e dos maus cheiros[121]. A enumeração dos retábulos dourados, das estátuas, dos vitrais e dos

---

120. Um primeiro parágrafo – parece – devia referir-se a um caso de dízimo em 1670 (DUBOIS, A. *Journal d'un curé de campagne au XVIIe siècle*. Op. cit., p. 61). Cf. MARCADÉ, J. "Les presbytères poitevins au début du XVIIIe siècle". *Bulletin de la Société des antiquaires de l'Ouest*, 1982, p. 649-658. • VERNUS, M. *Le presbytère et la chaumière* – Curés et villegeois dans l'ancienne France (XVIIe et XVIIIe siècle). Rioz: Togirix, 1986, p. 154-157 e pranchas. • ROCHE, D. *Histoire des choses banales*. Op. cit., p. 110-111. • INGRAND, J.-C. *Mémoires*. Op. cit., p. 57-63.

121. Difícil de apreender, em nível popular, um verdadeiro "sentimento da paisagem", pois o corpo sedentário ou viajante, dos autobiógrafos antigos, escreveu pouco sua satisfação contemplativa, mesmo que a tenha experimentado pelo menos durante uma parada "à sombra de uma árvore" (SIMON, L. *Louis Simon, villegeois de l'ancienne France*. Op. cit., p. 31). Ao contrário, todos têm uma percepção aguda do que, obra dos homens, faz monumento(al). Isto parece autorizar uma leitura sensorial da frequentação dos santuários religiosos (cf. COIGNET, J.-R. *Cahiers du capitaine Coignet*. Op. cit. • JAMEREY-DUVAL, V. *Mémoires*. Op. cit. • PRION, P. *Mémoires d'un écrivain de campagne au XVIIIe siècle*. Op. cit. • SIMON, L. *Louis Simon, villegeois de l'ancienne France*. Op. cit., passim).

candelabros não deve fazer esquecer o aroma do incenso (também o cheiro dos corpos em putrefação[122]) e o cintilar dos ornamentos litúrgicos e das velas. Sem dúvida é preciso lembrar ainda a emoção dos cantos e das orações, salmodiadas ou constantemente repetidas em altas vozes, cada vez menos ouvidas, até nas igrejas rurais mais humildes, e as emoções suscitadas pela eloquência de alguns pregadores, durante e fora dos tempos de missões[123]. Assim, e melhor do que o vigário da paróquia, o capelão do castelo languedócio de Aubais parece ter sido capaz de abalar profundamente, no sentido próprio e figurado, as pessoas do povoado: chamado a pregar em um domingo do Advento em 1754, ele fez, "depois do Evangelho da missa solene, um sermão tocante sobre o Juízo Final. Quando anunciou a queda e o fragor dos destroços de todos os astros, o auditório e sobretudo as mulheres desfizeram-se em prantos. Jamais um pregador desta categoria conseguiu comover os corações a tal ponto de compaixão, isto em relação ao corpo, mas ao mesmo tempo nada de tão medular para a salvação de sua alma".

As lembranças de infância de Jamerey ou de Simon estão cheias dessas sensualidades de igreja e dos encantos físicos que modelaram seu imaginário e os fizeram aspirar a mundos, se não melhores, pelo menos diferentes. E, se é verdade que esses dois cronistas são personagens excepcionais, graças ao seu acesso ao mundo letrado, por que pensar que sua sensibilidade seria diferente da sensibilidade de seus concidadãos analfabetos? Não havia um pouco disto em toda parte, como pretende o *Sobrinho de Rameau*, ence-

---

122. Note-se que, além da declaração de 1776, continua-se a sepultar no solo constantemente revolvido e muitas vezes malrepavimentado das igrejas (THIBAUT-PAYEN, J. *Les morts, l'Église et l'État.* Op. cit., p. 411-428).

123. Alguns reflexos dessas emoções nos relatos de Pierre Prion (LÉONARD, E.-G. *Mon village sous Louis XV...* Op. cit., p. 87-88 e 231). Sobre os tesouros – têxteis e outros – das igrejas rurais, cf. por exemplo TAPIE, V.-L. et al. *Retables baroques de Bretagne et spiritualité du XVIIe siècle* – Étude sémiographique et religieuse. Paris: PUF, 1972. • TOUVET, C. *Fil de foi, chemin de soie.* Blois: Musée Diocésain, 1993. • *Art des villes, art des campagnes*, catálogo de exposição. Saint-Vougay: Château de Kerjean, 1993. • ARIBAUD, C. *Soieries en sacristies* – Fastes liturgiques. Paris/Tolouse: Somogy/Musée Paul Dupuy, 1998.

nado por Diderot, até nos moinhos e nos casebres? O gosto pelas cintilações, vocais e outras, não passa pela aprendizagem da leitura, embora ela possa facilitar-lhe o acesso, como mostram os talentos musicais desenvolvidos, em três gerações, por Louis Simon e sua família. Amável animador de saraus graças a seus talentos de violonista, sanfoneiro e oboísta, o estamenheiro-cronista também foi hábil no cantochão, o que lhe abriu desde a infância a porta das sacristias e ofereceu-lhe amizades eclesiásticas úteis. Aliás ele teve por avô um homem de talentos, "famoso chantre de igreja, famoso caçador e muito ágil, pois fez uma vez a volta de carroça desde o mercado até o Maurier"[124]. Anne Chapeau, a futura mulher de Simon, criada em um convento de beneditinas, parece aliás ter adquirido junto às religiosas maneiras refinadas que a distinguiam um pouco de suas companheiras e que podem ter aumentado seu preço no mercado matrimonial e no coração de seus amantes[125].

Os padres da Contrarreforma não ignoraram as seduções da música sobre suas ovelhas e, quando eles tentam atraí-las para suas igrejas e "convertê-las", sabem criar um cenário plástico e sonoro atraente. Quando o Pároco Raveneau toma posse de sua paróquia de Brie, em 1676, ele procede imediatamente a múltiplos embelezamentos e começa a fazer, entre outros, o conserto do altar-mor, pois este era "tão desagradável aos olhos do corpo, como é santo e temível aos olhos da alma". Além disso, este pastor, como muitos outros, jamais deixa de acompanhar cantos a muitas vozes e, às vezes, peças de violino nas festas da Páscoa e de São João, querendo fazer desses momentos solenes do ano litúrgico dois apogeus da vida espiri-

---

124. SIMON, L. *Louis Simon, villegeois de l'ancienne France*. Op. cit., p. 26 e passim. A valorização dos talentos de cantor e de acrobata do avô, capaz de fazer a *roue de charte* ("charte" é uma carroça), inscreve-se entre os Simon (como entre outros heróis do povo?) numa lógica em que o mérito é antes de tudo de ordem corporal. Note-se que o antepassado "morreu vigiando patas selvagens no inverno".

125. SIMON, L. Ibid., p. 49. Como avaliar o papel de intermediárias culturais das criadas de párocos ou de religiosas?

tual de seus paroquianos[126]. Com um sucesso aliás relativo (intempéries, estado precário dos caminhos e trabalhos no campo os afastam muitas vezes de sua igreja) e escrúpulos diversos: ele teme a beleza tão profana dos cantos de Natal ("reservá-los para o canto do lume") e recusa na festa de São João de 1683 a proposta de uma banda de violinos "de tocar na Missa e nas Vésperas. Mas eu agradeço-lhes, mostrando que Deus seria mais honrado pelo som de nossas vozes do que pelo som dos instrumentos que são hoje muito profanos por causa de todos os usos tão comuns, tão vis, e mesmo tão criminosos às vezes, que deles se faz". Em rivalidade com uma outra banda de violinos, apoiada por notáveis do lugar e particularmente pelo lugar-tenente criminal, esta tropa de camponeses defendeu, pela força, a honra de sua música e da paróquia que a havia assumido. Resultado: "pancadaria, sopapos, bengaladas, gravatas rasgadas e consequentes processos". A música pode encantar as almas. Ela tem às vezes lados que, por serem sangrentos, nem por isso são menos propriamente "essenciais", ligando inextricavelmente o corpo e a alma, as satisfações íntimas e as demonstrações públicas.

Essencial seria também, mas durante muito tempo menos propício ao sonho, pois mais difícil de fazer evoluir – em todo caso foi o que longamente se pretendeu[127] –, que a moradia do maior número fosse um bom revelador

---

126. RAVENEAU, J.-B. *Journal.* Op. cit., p. 7, 148 e passim para os violinos, p. 183, 211 e 241 para as festas de Natal. Não é raro que os antagonismos sociais, de classe e/ou de campanário (puramente locais, insignificantes), se exprimam por combates sangrentos a propósito de bandos rivais de músicos (AGULHON, M. *Pénitents et francs-maçons de l'ancienne Provence.* Paris: Fayard, 1968, p. 60-63; tocadores de violino contra tamborileiros na Provença).

127. LAVISSE, E. & SEIGNOBOS, C. *Histoire de la France contemporaine* – Tomo VIII: L'Évolution de la Troisième République. Paris: Hachette, 1921, p. 442. A confrontar com a tipologia e as análises de Albert Demangeon "L'habitation rurale en France. Essai de typologie". *Annales de géographie,* 1920, p. 352-375, e as mais recentes de Gwyn Meirion-Jones (Vernacular architecture and the peasant-house. In: CLOUT, H.D. (org.). *Themes in the Historical Geography of France.* Nova York: Academy Press, 1977, p. 343-406) e de Alain Collomp (Familles. habitations et cohabitations. In: ARIÈS, P. & DUBY, G. *Histoire de la vie privée* – Tomo III: De la Renaissance aux Lumières. Paris: Du Seuil, 1986, p. 507-513.

das transformações do psiquismo, se pudéssemos avaliá-las com a ajuda de exemplos suficientemente numerosos e precisamente datados. Também aqui, o testemunho do prior de Sennely-en-Sologne é excepcional, por volta de 1700, embora influenciado por seus preconceitos de não camponês e de homem de... grande estatura. Ele detesta as casas enterradas no chão e semiescuras de seus paroquianos: "Os habitantes não gostam dos pavimentos [tetos] altos. Gostam de tocar a cabeça nas vigas de seus quartos, o que é de uma incomodidade perigosa às pessoas do meu tamanho. [...] Eles deviam abrir [sua casa] por meio de grandes janelas para entrar o ar, em vez de deixá-las obscuras e mais próprias a servir de cárceres a criminosos do que de moradias para pessoas livres". As descrições do habitat rural tornam-se inúmeras no tempo da "estatística", mas sem deixar de serem desvalorizadas. Como na *Memória estatística sobre o departamento de Deux-Sèvres,* do prefeito Dupin, as casas são quase todas declaradas "muito pequenas, enterradas a mais de um pé do nível do solo, muitas vezes sem janela, só recebendo a luz através de uma porta baixa e quase sempre fechada [...], os móveis são amontoados uns sobre os outros no cômodo único"[128]. O propósito "progressista" dos autores dessas generalizações (elas pretendem cobrir a totalidade de um departamento sem distinguir lugares e classes) torna suspeitas afirmações sempre hostis e deliberadamente fixistas. O caso bretão, com suas numerosas "regiões" e suas conjunturas econômicas específicas, demonstra em todo caso que, se o grau de acumulação dos móveis[129], das pessoas e dos animais depende da riqueza de que dispõe cada família, também depende da capacidade infinitamente variável e própria a cada grupo social

---

128. BOUCHARD, G. *Village immobile.* Op. cit., p. 94-95. • DUPIN, C.-E. *Mémoire sur la statistique du département des Deux-Sèvres.* Niort: Plisson, ano IX [1801], p. 53. • BOURGUET, M.-N. *Déchiffrer la France* – La statistique départementale à l'époque napoléonienne. Paris: Archives Contemporaines, 1988.

129. Uma acumulação sempre ordenada, porém, como mostra o "alinhamento" baixo-bretão (pelo menos pós-revolucionário), onde tomavam lugar armário, guarda-louça, bufê, leito fechado e às vezes relógio. As técnicas antigas de arrumação mal começam a ser estudadas.

de criar novos habitats e de dividi-los em compartimentos, no sentido próprio e figurado, ao longo dos tempos.

Assim, no Léon oriental no século XVII, o progresso conjunto da economia têxtil e do domínio recuperável (arrendamento) acarretou a construção de casas duplas em pedras bem-aparelhadas, com escada externa e puxado (o *apoteis*, também chamado "bout dehors" ou "cache-table", onde se acomodava a cama dos pais e uma mesa longa). O dinheiro da indústria têxtil não foi gasto somente "em vinho e em capelas", mas em casas sólidas aptas a acolher dois lares associados, cujos nomes gravados nos dintéis das portas lembram promiscuidades não familiares. A arquitetura em pedra do Vannetais no século XVIII também surpreende pela qualidade do alicerce e pela variedade e abundância de seus ornatos, mas ela sempre coabitou, aqui como fora da Bretanha, com os "casebres" em torrões ou em barro amassado reservados aos jornaleiros que faziam o trabalho de arroteamento da terra. Cada impulso demográfico fazia surgir e multiplicar esses jornaleiros. Essas variações (de fortunas e de pessoas) inscreviam, portanto, na paisagem, um habitat novo e mais precário, e obrigavam a estabelecer circuitos inéditos para os poços e os outros equipamentos coletivos. Elas acarretavam também remanejamentos de casas antigas de boa qualidade e um encolhimento do espaço devolvido a cada família e seus animais. Esses arranjos, quer sejam destinados a alojar novos fazendeiros ou rebanhos mais numerosos, exigem portanto remanejamentos da paisagem e da rede de caminhos, como também modificações dos interiores domésticos. O grande cômodo inicial subdivide-se em sala, estábulo e alpendre, e o próprio trabalho devia ser reorganizado quando faltavam as dependências necessárias: apesar da existência de belas casas de pedra na baixa Bretanha, era preciso, de tempos em tempos, guardar os cereais enfeixados em abrigos improvisados, e inclusive em capelas, ou arrumá-los em meda nos campos. Para um efeito inesperado bem-descrito no ano II pelo prefeito de Cambry, a batedura se fazia "durante o inverno", o que reduzia também o tempo de repouso dos corpos, comum, aliás, em toda parte na "má estação"[130].

As choupanas, sem dúvida menos espetaculares que as casas bem-construídas, podem mostrar-se mais "confortáveis" psiquicamente do que edifícios mais reluzentes e mais sólidos, quando a acumulação nelas é menor, a limpeza maior ou os hábitos mais fixos. Se a choupana e a construção de barro amassado obrigam a constantes consertos, é a um custo bem menor do que para uma qualidade de isolamento (real? subjetiva? como sabê-lo?) pelo menos igual à da telha, da ardósia e da pedra. A existência de formas mistas de arquitetura rural é atestada em numerosas províncias e contradiz uma visão fixista das "máquinas de habitar" próprias a cada região, mas ela não informa, apesar das afirmações de observadores não autóctones, a respeito dos modos de viver nelas e das satisfações do cotidiano. Os informantes, sejam eles notários ou viajantes, são homens de fora, e seu olhar é apenas uma visão que ignora coisas de dentro, como deslocamentos entre fora e dentro, deslocamentos que fundam toda prática do cotidiano e modelam tanto os corpos como as almas. Os itinerários familiares e quase rituais que levam ao estábulo, ao poço, ao jardim, ao campo, ao forno comum, ao bosque, ao mercado, à igreja, etc., são incessantes e "levam a perguntar quem permanecia na casa e quando" na França rural[131].

---

130. LAHELLEC, M. "Architecture rurale et structures familiales dans le Léon méridional au XVIIe siècle". *Mémoires de la société d'histoire et d'archéologie de Bretagne*, vol. 70, 1993, p. 217-219. • BANS, J.-C. & GAILLARD-BANS, P. "Maisons et bâtiments agricoles dans l'Ancien Régime en Vannetais". *Revue d'histoire Moderne et Contemporaine*, vol. 31, n. 1, 1984, p. 22-24. • GLUCK, D. *Une salle commune à Goulien en basse Bretagne*. Paris: Réunion des Musées Nationaux, 1992, p. 10 e 15 (de quando data o *drustilh*, o banco de espaldar alto que isola o canto-cozinha do resto da sala comum nas casas do Cap-Sizun?). Exemplos análogos de enxameações exteriores do habitat e de divisórias interiores na Provença em *Campagnes méditerranéennes – Permanences et mutations*. Aix/Marseille: CNDP, 1977.

131. GOUBERT, P. *La vie quotidienne des paysans français au XVIIe siècle*. Op. cit., p. 61. • JACQUART, J. "L'habitat rural en Île-de-France au XVIIe siècle". *Marseille*, n. 109, p. 70s. • PÉRET, J. *Paysans de Gâtine au XVIIIe siècle*. Op. cit., p. 157 (sobre as contínuas mudanças no fim do arrendamento).

Para quem então, em um mundo de não proprietários sujeitos às incertezas da renovação do arrendamento, a casa pode ser mais do que um lugar onde se passa e só se abriga no fim do dia? É claro que o lar é um "fogo", lugar aquecido e unidade de trabalho familiar e fiscal. Nele as chamas de uma lareira única reúnem ao seu redor todos os membros da família e até, se o lugar o permite, alguns vizinhos no tempo de uma vigília. É também, desde sempre, um espaço que se tenta "decorar": as paredes trazem naturalmente imagens protetoras e acontece às vezes que a janela, geralmente única, frequentemente sem vidros e sempre sem cortinas, seja ornada de um vaso de flores, também nesse caso num intuito meio profilático, meio estético[132]. Mas, mesmo para as mulheres, as crianças pequenas e os velhos que permanecem por mais tempo nessas casas sempre exíguas, o lar não é ainda, ao que parece, o objeto de predileção e de investimento que os ricos de ontem e de anteontem aprenderam lentamente a amar. Aliás a casa está ausente dos sonhos de Cocagne veiculados pela literatura de vendedores ambulantes, salvo sob a forma de palácio da Dama Tartine[133]. É excepcional que os prazeres e os trabalhos do cotidiano se desenrolem, sob o Antigo Regime, no lugar fechado da sala comum, e isso acontece menos ainda nos tempos fortes de festa. Nas propriedades rurais e

---

132. O dossiê é pobre e frágil: obras artísticas ou literárias muito sombrias ou muito graciosas (LATRY, G. Le peigne et le miroir – Deux voyageurs de l'an VI dans les Landes de Gascogne. In: MARTEL, P. (org.). *L'invention du Midi* – Représentations du Sud pendant la période révolutionnaire. Aix: Édisud, 1987, p. 133-148, particularmente p. 139, 141. • LE ROY LADURIE, E. (org.). *Paysages, paysans* – L'art et la terre en Europe du Moyen Âge au XXe siècle. Paris: RMN-BN, 1994), mutismo total dos inventários depois da morte e das autobiografias. No entanto, o gosto pelas flores é confirmado por oferendas de buquês nos aniversários ("a festa"), pela utilização de ornatos de flores naturais nos casamentos e por regulamentos de polícia urbana. Há certamente folhas gravadas em todos os pacotes de vendedores ambulantes assim como nas representações pintadas (portanto arranjadas) de muitas choupanas (FONTAINE, L. *Histoire du colportage en Europe, XVe-XIXe siècle*. Paris: Albin Michel, 1993, p. 238-240. • VELUT, C. *La rose et l'Orchidée* – Les usages sociaux et symboliques des fleurs à Paris au XVIIIe siècle. Paris: Larousse et Sélection du Reader's Digest, 1993, p. 98 e 259).

133. Abundância em alimentos (e acessoriamente em vestuário) e vida de lazer caracterizam as regiões de Cocagne, mas nada é dito do sonho de casas melhores (DELUMEAU, J. *La mort des pays de Cocagne*. Op. cit., p. 12-13).

nas "butiques" (ateliês-barracas e víveres dos artesãos), vaivéns incessantes impedem o desenvolvimento de um sentimento de intimidade que, por muito tempo, os únicos a reivindicar foram os homens (e as mulheres) de gabinete e alguns voluptuosos melancólicos. Ao longo das horas do dia (e nas horas noturnas os constrangimentos são os mesmos[134]), a vida da maioria das pessoas se desenrola em uma exterioridade física e mental, onde os corpos se manifestam segundo as regras de uma exibição pública constante que quase nunca permite uma afirmação autônoma de si mesmo.

Os assim chamados espaços privados quase não preocupam os escritores do Antigo Regime – é preciso lembrá-lo? – e os raros viajantes pré-etnólogos que os descrevem os transformam à primeira vista em lugares públicos, sempre abertos para o exterior e sem dimensão íntima, mesmo quando lhes emprestam interioridade. "As casas que se veem nessas Landes [da Gasconha] são bem-construídas, em pedra ou em madeira, com paredes de tijolos ou de barro, bem-caiadas por cima; todas são cobertas de telhas, muitas têm requintes de acabamento e de elegância, como as portas e os postigos pintados de verde ou de vermelho; muitas têm caramanchões, parreiras, árvores artisticamente dispostas e bancos sob à sua sombra. Quando os camponeses arrojam seus pensamentos para além das simples necessidades da vida, e se dispensam prazeres, pode-se sempre apostar favoravelmente em seu bem-estar interior [...]. Essas habitações isoladas e dispersas das Landes, algumas no meio de grandes clareiras entre bosques de pinheiros, sobretudo quando elas têm uma boa aparência de comodidade [...] davam-me a ideia das plantações da América do Norte". As Landes são portanto um território do vazio que faz o viajante-economista do fim do século XVIII sonhar, hostil às cidades populosas e viciadas, mas que o faz esquecer o essencial: que os e

---

134. RANUM, O. Les refuges de l'intimité. In: ARIÈS, P. & DUBY, G. *Histoire de la vie privée* – Tomo III: De la Renaissance aux Lumières. *Op. cit.*, p. 229-232.

as habitantes dessas regiões são obrigados a fazer intermináveis deslocamentos e usar as famosas pernas ou muletas de pau que os fazem parecer "de longe coxos ambulantes"[135]. Para seu trabalho de guardas de rebanhos, e também para o prazer de encontrar seus congêneres em espaços fora de suas moradias habituais, espaços precisamente definidos, mesmo quando estão meio abertos, meio fechados.

As antigas sociabilidades revelam portanto a fragilidade teórica de nossas reconstituições das noções de privado e de público, quando se faz delas um uso retrospectivo: os territórios festivos são às vezes mais vastos que o da paróquia e continuam sendo, na maioria das vezes, grandes lugares abertos, física e simbolicamente. O céu e os Céus os desaprumam e o estrangeiro (pobres passantes ou jovens beligerantes da paróquia vizinha) podem atravessá-los sem dar um tiro, mesmo correndo riscos e perigos, pois na verdade se está muitas vezes "ferido", isto é, ofendido. A maioria das festas antigas são lugares de confrontos: arenas itinerantes dos "jogos" de exercício da festa patronal[136], percursos semeados de ciladas das peregrinações religiosas (procissões, romarias) e "bravatas", campos fechados das libações coletivas próprias às refeições comunitárias – em celeiros ou ao ar livre – núpcias e "festas de um patrono", dos encontros nos jardins e nas tabernas, etc. Quando, depois da bênção de dois sinos refundidos, "foi servido o jantar na casa

---

135. GUIBERT, J.-A. *Voyages dans diverses parties de la France et de la Suisse...* Op. cit., p. 271-272. Este texto, anterior à "invenção do Sul" no fim do século XVIII (TRAIMOND, B. L'invention des Landes de Gascogne sous la Révolution. In: MARTEL, P. (org.). *L'invention du Midi*. Op. cit., p. 105-114. • LATRY, G. "Le peigne et le miroir". Art. cit.) difere das lógicas de observação que propagarão a imagem da selvageria da região das Landes, o que não é mais necessariamente "verdade".

136. Cf., por exemplo, as lutas para o levantamento de cruzes e bandeiras nas romarias bretãs com indulgências no século XVIII (PERU, F. "Le lever de perche, jeu de pardon trégorrois". *Ar Men*, dez./1986. p. 41. • BOUET, A. & PERRIN, O. *Breiz-Izel*. Op. cit., p. 208) e a tipologia das competições de "bacharéis" e outros jovens (PELLEGRIN, N. *Les Bachelleries*. Op. cit., p. 154-178).

do pároco, [...] toda a juventude estava com as armas preparadas, para descarregá-las a todos os brindes à saúde que se bebiam"[137].

As próprias vigílias, mitificadas desde o fim do século XVIII como espaços de intimidade familiar e de proximidade convivial, podiam reunir grupos mais amplos que a grande família e fazê-lo em locais específicos, mais espaçosos, mais bem-aquecidos e às vezes mais luminosos que as casas individuais, graças às recentes distribuições da iluminação: adegas, estábulos (os "telhados" ou "tetos" do Oeste), cavernas de rochedos dos borgonheses, quartinhos provençais, etc.[138] Lá mesmo e como em todos os lugares de uma vida coletiva que sempre alterna trabalho com repouso, a promiscuidade era extrema, e reinava, no meio das sombras, o que hoje parece evocar uma grande liberdade de gestos e de palavras. Mas essa "licença" fazia parte do "costume" e permitia um controle social que não cessava jamais. Em uma célebre descrição da vigília de "fiação", o bretão Noël du Fail fala desde o século XVI dessa vigilância permanente e seu peso bem-específico sobre as mulheres: "Aquelas que queriam, não importa quem fosse, lançar doces olhares, levantar os seios caídos sob as axilas pelo contínuo movimento do fuso, [...] extorquir algum beijo na surdina, batendo no ombro por trás, eram controladas por um monte de velhas que viam com seus olhos cavados

---

137. DUBOIS, A. *Journal d'un curé de campagne au XVIIe siècle*. Op. cit., p. 173. Cf. tb. p. 110 e 119 ("jovens" armados dos povoados do Norte). Para o Sul, numerosos exemplos em Émile-G. Léonard (*Mon village sous Louis XV...* Op. cit., p. 162-163 e 183), Maurice Agulhon (*Pénitents et francs-maçons de l'ancienne Provence*. Op. cit.) e Michel Vovelle (*Les métamorphoses de la fête en Provence de 1750 a 1820*. Op. cit.).

138. Note-se que a mistura nem sempre é a regra, assim como na taberna, lugar de múltiplas transações amorosas, mas também notariais, comerciais, etc. Cf.: BESNARD, F.-Y. *Souvenirs d'un nonagénaire*. Op. cit. [Tomo I, p. 302; tomo II, p. 42]. • ROUBIN, L. "Espace masculin, espace féminin en communauté provençale". *Annales ESC*, n. 2, 1970, p. 541. • FLANDRIN, J.-L. *Les Amours paysannes (XVIe-XIXe siècle)* – Amour et sexualité dans les campagnes de l'ancienne France. Paris: Gallimard/Julliard, 1975, p. 119-122 [Coll. "Archives"]. • FABRE, D. *Familles – Le privé contre la coutume*. In: ARIÈS, P. & DUBY, G. *Histoire de la vie privé –* Tomo III: *De la Renaissance aux Lumiéres*. Op. cit., p. 543-580. Sobre o reino da noite e a "a realeza das chaminés", cf.: ROCHE, D. *Histoire des choses banales*. Op. cit., p. 128-141. • Frontispícios sucessivos dos *Contos* de Perrault (Paris, 1697, ou Amsterdã, 1721).

até dentro da teta das vacas, ou pelo dono da casa recostado em seu leito bem-fechado e aterrado, numa visão tal que nada se podia ocultar dele".

A encenação das informações judiciárias, quando elas evocam deslocamentos suspeitos, intenções de ir ao lavadouro ou amores clandestinos, sublinham o caráter público de todas as atividades proletárias e a extraordinária perspicácia de um mundo que parece constantemente à espreita. As lavadeiras de roupa sabem, *de visu* e sem necessidade de falar disto, quem das mulheres da paróquia "vê" ou "não vê" (... o sangue menstrual). Defloração, gravidez e parto dificilmente escapam de seus talentos de observadoras e de cronistas rurais. Esta atenção (e ela não é própria às mulheres) dá uma surpreendente transparência à física mais íntima dos corpos. Até nos maços de papéis da justiça senhorial ressoa ainda o rumor que cerca as atividades ilegítimas. Histórias pungentes de assassinos, de suicidas ou de moças-mães como a desta jovem infanticida do Poitou: em Rouillé, em 1754, "o que deu lugar a este rumor foi ver as roupas da referida Nau e os panos e lençóis que estavam estendidos em uma cerca que, embora lavados, estavam todos manchados de sangue, o que foi causa de que todas as mulheres do povoado fossem à casa da referida Laveau que estava ausente para fazer seu pão, e, tendo encontrado a referida Nau nas proximidades da casa ao longo de um caminho [...] onde ela estava fazendo um buraco na terra com uma enxada [...]. A depoente pegou-a pelo pescoço e segurou-a. Nau deu-lhe um sopapo. Então a depoente lhe disse: confessarás onde puseste teu filho ou eu te deixarei totalmente nua..."[139] Esta ameaça, provável indício do que é a humilhação mais terrível (um desnudamento total), a fez confessar a morte da criança.

---

139. História banal mas cujo horror é exacerbado aqui pela enumeração, detalhada, de todas as testemunhas, lençóis ensanguentados (artigos de cama e guarda-roupa) encontrados dentro e fora da casa, e pelo desastrado sepultamento (voluntário?) do bebê cujos pés "saíam da terra" (A.D. 86: B VII-265/4; este documento me foi revelado por Yves Couturier a quem agradeço). Note-se que a acusada conseguiu escapar de seus carcereiros, o que também é muito comum nas "prisões" do Poitou do século XVIII, onde as sentenças de prisão acabam muitas vezes por evasões.

Reveladora também (e não menos lamentável) é a história tramada em torno da morte voluntária de uma jovem criada: "evaporada e até alterada" (qualificativos empregados por várias testemunhas), ela se jogou num poço-cisterna em Poitiers, periferia da Tranchée, em 1721. A instrução relata que o cadáver de Louise Bruchon estava "vestido de sua camisa, de um saiote cinzento, de suspensórios e de um par de meias sem tamancos" (que ela havia arrumado bem perto do poço) e "parecia visivelmente que ela estava menstruada pelo sangue que apareceu em sua camisa e nas partes genitais". Muitos vizinhos acrescentam à verificação médica autenticada que desde algum tempo ela dançava e cantava na rua com as crianças, que queria revender um corpete muito justo feito para ela ("um par de suspensórios") e que – prova ainda mais certa de seu "transtorno" – ela havia "há cerca de quinze dias [...] mudado seu penteado de camponesa em penteado de cidade"[140]. Tais histórias mostram a atenção dada ao corpo dos outros e a todos os seus entornos (e adornos), e tornam ainda mais surpreendente o sucesso de algumas camuflagens vestimentares, as de roubos impunes, de amores ilegítimos e de travestimentos. As mulheres que se fazem passar por homens durante sua vida, no exército ou até nos navios mercantes, são o exemplo mais espetacular disto em um mundo em que tudo se sabe, mas onde tudo – também! – se julga pelas "aparências", pois o exterior revela o interior[141].

VIII. O corpo, um teatro das aparências?

Viver sob o olhar ou ao alcance do ouvido de todos, eis o destino tão esquecido das coletividades antigas, onde os corpos, continuamente aferidos e desafiados, são literalmente julgados por sua aparência. Mas, não continua-

---

140. A.D. 86: G 657 (processos verbais e declarações de 19 de outubro de 1721).

141. ROCHE, D. *La culture des apparences* – Une histoire du vêtement (XVIIe-XVIIIe siècle). Paris: Fayard, 1989. • STEINBERG, S. "Un brave cavalier dans la guerre de Sept Ans, Marguerite dite Jean Goubler". *Clio*, n. 10, 1999, p. 149-158 • PELLEGRIN, N. "Le genre et l'habit". Art. cit.

mos nós mesmos, ao mesmo tempo que o ignoramos, a confundir ser com parecer, moralidade com cuidados do corpo, autoridade com aparência? E, no entanto, não vivemos mais em um mundo subordinado a Deus e a um rei, também este de essência divina e "cabeça" de hierarquias sociais estrita e explicitamente regidas por nascimento, estatuto e pertença de sexo. Pelo fato de estarem sempre ameaçadas por problemas (prestes a tornar-se judiciários[142]) de vizinhanças recusadas, consentidas ou buscadas, as sociedades antigas são obrigadas a recorrer a técnicas refinadas de comunicação-distanciação. Uma visibilidade-legibilidade dos corpos e de seus comportamentos, propícia a uma codificação extrema do vestuário e a uma percepção rápida de sua linguagem[143].

Os saudosos do Antigo Regime (tão numerosas entre os memorialistas pós-revolucionários) todos eles descrevem a "demarcação particular bem pronunciada entre os costumes das diversas profissões e das diferentes classes da sociedade [...] e uma infinidade de nuances [...] com a ajuda das quais podemos reconhecer, quase ao primeiro golpe de vista, em que ordem de cidadãos se encontra situado cada um. Acontece o mesmo com as mulheres, e a classificação das vestes não estava menos estabelecida do que a dos hábitos. Gargalhadas, zombarias em alta voz, e algumas vezes até algo como vexames públicos teriam sido aceitos como o que era considerado um disfar-

---

142. HANLON, G. "Les rituels de l'agression en Aquitaine au XVII⁵ siècle". *Annales ESC*, n. 2, 1985, p. 244-268. Uma história das feridas-contusões-macerações e de seus traços físicos e simbólicos ainda está por escrever, assim como a recensão dos chapéus, femininos e masculinos, utilizados como aposta e troféus nas rixas rurais e urbanas. Entre mulheres, arrancar a coifa sucede ordinariamente às injúrias verbais e precede aos socos e pontapés (A.D. 86: B I/2-38. Les Essarts, dez./1740; A.D. 79: liasse 1160, Saint-Maixent, jan./1781, etc.).

143. Cf., entre outros, o exemplo documentado, da Bresse no século XVIII, com sua diversidade costumeira, seus ódios inter-rurais e suas justificações míticas, já pseudo-étnicas (JEANTON, G. "Les prétendus Sarrasins des bords de la Saône d'après un manuscrit du XVIII⁵ siècle". *Société des amis des arts et des sciences de Tournus*, n. XIV, 1914, p. 83-99). Sobre as cores dominantes dos trajes populares e seu significado: PELLEGRIN, N. "Les provinces du bleu". Art. cit., p. 235. • *Constitutions de la Congrégation de Notre-Dame du Calvaire*. Op. cit., p. 346 (uma simbólica que "faz" todos os membros de comunidades religiosas, distinguindo-os e modelando-os).

ce". Esta "ordem das coisas", na qual cada um/cada uma eram reconhecidos por seu traje, deve no entanto ser diferenciada, uma vez que esses mesmos autores nos garantem que os anos 1780 (anos de suas primeiras "lembranças") foram uma "época de transição precipitada [...] na qual as exceções se tornaram a regra geral". Contudo, não há época sob o Antigo Regime em que cronistas não se ocultem por terem de evocar – por honestidade e/ou por interesse de efeito cômico – silhuetas de novos-ricos e de vaidosos. Aqui, um boticário fazendo-se passar, por volta de 1780, por médico, graças à peruca própria a este estado, e que é obrigado, como verdadeiro "mosqueteiro de joelhos", a purgar um (falso) paciente chocado com sua arrogância[144]. Lá, ricos agricultores monopolizadores de grãos e esquecidos dos pobres e dos... últimos da paróquia[145].

Em Tournaisis, segundo o pároco Dubois, é triste ver, durante as crises do fim do século XVII, "os filhos dessas pessoas que têm víveres para vender, vestidos de um modo completamente diferente que não pertence aos camponeses: os rapazes de chapéus com galões de ouro ou de prata, além de outras coisas; as moças com penteados de um pé de altura e outros trajes na mesma proporção. [...]. Todas as suas riquezas só servem para vestir-se além de seu estado. Em casa vivem em uma sujeira insuportável. A maioria não tem mais do que uma roupa no corpo e outra para ser lavada; e, com exceção dos domingos, quando estão na igreja ou na taberna, sua sujeira é tal que as

---

144. Esse nobre senhor teria declarado: "Acabais de corresponder à minha saudação, de um lado, que me teríeis recusado do outro". Injuriado por não ter sido reconhecido pelo que era, por causa do anonimato de seu traje de viajante, ele humilhou o usurpador pagando-lhe 30 soldos por tê-lo lavado e espalhou a história por toda a cidade (LA LIBORLIÈRE, L.B. *Vieux souvenirs du Poitiers d'avant 1789*. Poitiers: Le Bouquiniste, 1846, p. 135s.). Cf. tb. PELLEGRIN, N. *Les vêtements de la liberté*. Op. cit., p. 141-142.

145. DUBOIS, A. *Journal d'un curé de campagne au XVIIe siècle*. Op. cit., p. 114: esses trabalhadores comem miseravelmente e revendem sua manteiga, cf. n. 41. Muitos exemplos de novos-ricos e outros "heliogábalos" rurais nos escritos de Pierre Prion (apud LÉONARD, E.G. *Mon village sous Louis XV...* Op. cit. • PRION, P. *Mémoires d'un écrivain de campagne au XVIIIe siècle*. Op. cit., passim) e economistas do século XVIII (para a Bretanha, OGÉE, J. *Dictionnaire Historique et Géographique de la Province de Bretagne*. Tomo I. Rennes: Molliex, p. 11-13).

moças se tornam um remédio à concupiscência dos homens, e os homens às moças". A zombaria é acerba e lembra uma hostilidade que é frequente entre as pessoas de igreja, mas que não lhes é própria: ela atinge todos aqueles que tiveram de exprimir-se contra os riscos políticos da "confusão das classes" pela perturbação da visibilidade das aparências.

Leis suntuárias, proibições múltiplas e vituperações de moralistas, assim como o conto e a fantasia popular confirmam o temor de desintegração social (um "desmembramento") que práticas vestimentares fora das normas poderiam gerar. Todas são potencialmente portadoras de desordem, mas as mais perigosas pertencem neste contexto ao que depende do transgênero. O uso da calça pelas mulheres, apesar de sua relativa frequência em todos os exércitos e até às vezes na zona rural, depende de fato tanto do sacrilégio como do crime de lesa-majestade. Pelo menos em teoria, pois o transvestismo feminino parece ter ficado mais vezes impune do que seu equivalente masculino. Objeto de admiração mais do que de desprezo, além de prova das vantagens da masculinidade e da força dos sonhos femininos de subversão sexual, "a moça vestida de rapaz" é um atentado "ao direito divino e civil", mas ela pode vangloriar-se de um "desejo de elevação"; o homem, ao contrário, só pode "rebaixar-se vestido de mulher, desonrar-se com um traje externo, manifestar [...] infâmia"[146]. Montaigne, porém, de passagem por Vitry-le-François, em 1580, soube lá que uma mulher jovem fora enforcada "por causa das invenções ilícitas para compensar a anomalia de seu sexo": ela soube viver do ofício de tecelão, vestida de homem como o faziam outras moças da região de Bassigny, e estava prestes a tomar oficialmente (portanto religiosamente) uma esposa. Mais feliz, a jovem Ardate de Aubais foi soldado, depois, após sua deserção e algumas viagens, voltou ao seu vilarejo no Sul, onde levou uma vida pacífica de cardador. É de uma maneira cômica,

---

146. Textos de Vives (1542) e Noirot (1609), apud Nicole Pellegrin ("Le genre et l'habit". Art. cit., p. 25). Não esquecer a perigosa piedade contida na exclamação de Diderot: "Mulheres, como vos lastimo!"

Corpo do comum, usos comuns do corpo

mas sem desprezo, que Prion descreve "esta mulher corpulenta e de talhe rechonchudo, desde o alto da cabeça até a planta dos pés, de cinco pés e uma polegada. Ela tem a face bochechuda comparada à lua cheia, os traços regulares, o ar másculo como também a palavra, e tem cerca de vinte e três anos. Desde sua infância, ela nunca deixou de vestir-se como homem, sempre usando chapéu bem-arrebitado conforme a moda, cabelos soltos, casaca, jaqueta e culote à inglesa, sapatos no inverno, andando no verão com as solas gastas, com graça e firmeza. Ela achava este traje o melhor do mundo. Esta jovem masculinizada é um atleta invencível pela coragem". Seu único defeito parece ter sido gostar demais "de fazer funcionar o maxilar": assim, ao voltar à vida civil em 1748, ela "entregou-se ao delicioso divertimento de devorar todo o dinheiro que trouxe do exército"[147]. Uma conduta julgada mais masculina do que feminina e ligada, pelo menos no espírito de Prion, aos trajes viris.

Essa identificação do corpo com seu traje explica que este serve antes de tudo para declarar uma pertença, mesmo que seja sempre múltipla e fluente: cada um/cada uma faz parte de um sexo, de um grupo de idade, de um meio, de uma comunidade (de cidade, de profissão, de exército, de religiosos, etc.), e deve trazer suas marcas distintivas. Um procurador sem sua toga judiciária perde todo poder junto de amotinadores, pois permanece "desconhecido" porque não está "revestido"[148]. Esses revestimentos-investiduras são de uma grande complexidade, pois é preciso saber (e ter os meios de) superpor às vestes encarregadas de anunciar sua função ou seu estado elementos aptos a significar a mudança. Luto, conversão piedosa, promoção, alter-

---

147. MONTAIGNE, M. *Journal de voyage, 1580-1581*. Paris: Gallimard, 1983, p. 77 [Coll. "Folio"]. • PRION, P. *Mémoires d'un écrivain de campagne au XVIIIe siècle*. Op. cit., p. 227-228. • BONNET, M.-J. *Les relations amoureuses entre les femmes du XVIe au XXe siècle*. Paris: Odile Jacob, 1995, p. 36-37. • VELAY-VALLANTIN, C. (org.). *La fille en garçon*. Carcassonne: Garae/Hésiode, 1993. • BARD, C. & PELLEGRIN, N. "Femmes travesties: un mauvais genre". *Clio*, n. 10, 1999, p. 7-204.

148. B.N.: ms Joly de Fleury, n. 1743 (motim de grãos em Saint-Maixent).

nância dos dias de festa e de trabalho, ritos de passagem (batismo, abandono da roupa infantil, primeira comunhão, casamento, morte) também exigem "que se vistam trajes" específicos. Não há um único autor do Antigo Regime que não lembre esses dados e que não possa oferecer exemplos deles[149], mas neste caso os viajantes – quer seus relatos sejam, propriamente falando, lembranças de viagens, autobiografias ou reconstruções mais abstratas – ainda são nossos melhores informantes. Assim, em um *Dictionnaire de Bretagne*, de 1778, um engenheiro-geômetra, originário da cidade de Laon, pôde escrever sob a rubrica "Quiberon": "Fala-se muito, enfaticamente, contra a variedade de nossas modas; não decidirei absolutamente se é bem ou mal a propósito: observarei apenas que, nesta costa da Bretanha, não há dois povoados nos quais o traje, sobretudo para as mulheres, seja semelhante: seus modos de vestir-se e seus penteados, que nem sempre são de bom gosto, também não são menos caros. Os mercados das cidades vizinhas, para os quais afluem os habitantes dessas costas, oferecem neste gênero um espetáculo muito bizarro e bem-variado. A sorte não os fez ainda abandonar seu traje, e a única diferença entre os trajes da mulher de um colono rico e de um colono menos afortunado consiste em que uns são de seda quando os outros são de lã, mas todos são da mesma forma"[150].

Isto não é uma particularidade da Bretanha. Essa afirmação poderia aplicar-se a todas as regiões, como a todos os povoados do reino. Apesar da condescendência e imprecisão descritiva de que são vítimas, sob o Antigo Regime, as "maneiras" usadas localmente pelos diferentes grupos sociais e as di-

---

149. PELLEGRIN, N. *Les vêtements de la liberté*. Op. cit., p. 71, 73, 77, 121-123, 189 ("luto", "domingo", "enfaixamento", "casamentos", "vestes adultas"). • BESNARD, F.-Y. *Souvenirs d'un nonagénaire*. Tomo I. Op. cit., p. 30-31 e 303 (as renúncias da quarentena e dos sapatos de casamento). • BOUET, A. & PERRIN, O. *Breiz-Izel*. Op. cit., p. 60-61 (capítulo "Le premier habit d'homme", que precede "La première leçon d'ivrognerie"). • *La Secte des ananeraies*. Op. cit., p. 11 (vestir-se de roupa domingueira em Villiers-le-Bel).

150. OGÉE, J. *Dictionnaire historique et géographique de la province de Bretagne*. Tomo II. Op. cit., p. 389. • CAMBRY, J. *Voyage dans le Finistère*. Op. cit., passim. • PELLEGRIN, N. *Les vêtements de la liberté*. Op. cit., p. 38-39, 111 e passim. • MAGUET, F. & TRICAUD, A. *Parler provinces* – Des images, des costumes. Paris: Réunion des Musées Nationaux, 1994.

versas classes de idade, a variedade costumeira dos modos de trajar-se, isto é, habitual, é um fato bem anterior ao século XIX e diz respeito mais ou menos a todas as províncias. Sem dúvida, ela se exprime quase sempre por detalhes têxteis, hoje tornados propriamente ilegíveis. No alto Poitou, por exemplo, devemos contentar-nos com generalizações, geograficamente bem imprecisas, ou *a priori* tão ancoradas nas práticas que ninguém ousou precisar o que queria dizer, neste ou naquele momento, "o azul-terra dos trabalhadores sazonais de Limoges", "o penteado à camponesa" de algumas habitantes de Poitiers, "o traje-costume da região" de um meeiro do Confolentais, os tamancos casteleiros apreciados no Prion Meridional, etc.[151]. Alhures, ao contrário, na região de Arles, por exemplo, a sucessão das modas regionais parece tão rápida que toda reconstrução estável das aparências é impossível, apesar das permanências "antiguizantes" que os eruditos do Sul pensam descobrir nelas[152]. Mas esses caleidoscópios vestimentares nada tinham de arbitrário, expressavam o mundo sem dizer uma palavra: linguagem acessível a todos, justificação visual e explicitação das marcas próprias a uma sociedade fundada no agenciamento orgânico e hierarquizado das diferenças.

O intelectual de um povoado, Pierre Prion, é inesgotável na matéria e continua a nos lembrar, com um humor que beira a caricatura, uma gramática dos estilos da aparência, onde o conjunto do vestuário e adornos fala pelo ser, fundindo inextricavelmente o corpo e a alma. Porque os habitantes de Perpignan "têm o espírito e as maneiras à espanhola [...] no inverno, com as três outras estações do ano, os homens durante o dia só cobrem sua cabeça com gorro; eles são mais quiméricos que os franceses". Seria por causa de sua proximidade do mundo ibérico que eles estão sempre prontos a "exaltar-se", ou será que é porque eles não usam o chapéu, o principal marcador

---

151. PRION, P. *Mémoires d'un écrivain de campagne au XVIIIe siècle.* Op. cit., p. 68. Precisão raríssima, os meeiros, acusados de rebelião contra agentes administrativos subalternos das *Aides* em 1753, em Champagnac, são descritos como "usando ordinariamente um costume e uma veste de sarja cor cinza claro com botões azuis (A.D. 86: B VIII-).

152. PELLEGRIN, N. *Les vêtements de la liberté.* Op. cit., p. 20-22.

da virilidade naquele tempo? Aliás, os homens não são os únicos que desempenham um papel central na construção dos estereótipos étnicos, pois, Prion, como muitos outros, se compraz em "avaliar" todas as províncias, por meio de uma mistura reveladora de descrições de vestimentas e adornos, de apreciações dos costumes, de considerações climatológicas e de julgamentos sobre os corpos[153]: assim, as bordelesas são "muito limpas e bem-arrumadas", as habitantes de Châtellerault têm "a pele mais suave, mais branca e mais deslizante [...]. Lá, no inverno, elas se calçam melhor do que as de Poitiers", as damas de Chambéry se "vestem à francesa", as de Uzès usam "ceroulas, supostamente para defender-se dos ventos encanados e alísios que reinam naquela região", etc.

Da mesma forma, as vinte e oito mulheres de notáveis, classificadas à parte por Prion como formando a elite local de Aubais, têm um modo de vestir-se e comportamentos físicos que as distinguem de suas coirmãs, não tão afortunadas, do mesmo povoado. "Entre mulheres e moças, há vinte e oito que usam a coifa antiga, a fita de toda cor, e a anágua de crinolina que elas chamam *panier*. Há três [fitas] no *carpan* [gorro] ou na coifa preta e uma só na mantilha. É preciso observar que lá todas usam o roupão e o leque na mão; para temperar seu sangue, no mês de julho e agosto elas entram na água até o colo no rio do Vidourle"[154]. É interessante notar que Prion esquece de incluir-se neste teatro de sombras, salvo quando ele próprio é vítima: ele teve suas próprias roupas roubadas três vezes em Pélissanne, Montpellier

---

153. PRION, P. *Mémoires d'un écrivain de campagne au XVIIIe siècle*. Op. cit., p. 61, 66, 68, 113. Mesmos modos de construção de etnótipos físico-vestimentares entre os viajantes estrangeiros dos séculos XVII-XVIII.

154. Seus companheiros, como verdadeiros burgueses do povoado, estão com cabeleiras (PRION, P. Ibid., p. 118. • LÉONARD, E.-G. *Mon village sous Louis XV...* Op. cit., p. 92) e solenizam a inauguração deste chapéu como um ritual de passagem: avanço em idade e acesso a novas funções municipais ou judiciárias locais. Sobre a linguagem das fitas como indicadores de idade na Bretanha, cf.: BOUET, A.& PERRIN, O. *Breiz-Izel*. Op. cit., p. 61.

e Paris[155], e a violência do aborrecimento que ele sente (sua vingança é pelo menos tão grande) mostra que todo guarda-roupa é "essencial" naquela época, dizendo e resumindo exclusivamente a ele o ser e a fortuna de todos e todas. Não cabe essa fortuna inteira, para a maior parte das pessoas, em uma pochete ou em um pequeno cofre?[156] Fortuna mobiliária, apta a desaparecer e a deteriorar-se, mas que a gente se esforça para conservar, consertar e legar, pois ele (de)marca tanto diferenças de estatuto como de fortuna.

Esta expressividade vestimentar e sua leitura literal são bem conhecidas. Suas modalidades são tão profundamente interiorizadas que, quando seus códigos são subvertidos ou transtornados, eles continuam a modelar modos de ser e maneiras de parecer. Os criminosos não ignoram que sabem colocar em jogo sua aparência para enganar facilmente vítimas seduzidas por identidades vestimentares de empréstimo. O sutil ladrão que foi Nivet, cognominado Fanfarrão, sabia disfarçar-se tanto de "janota", de "bom vendedor de tecidos", como de "homem devoto": bastava-lhe aparecer na casa de um comerciante de Versailles "vestido de fato cinza com bordado de ouro e espada e [...] como quem quer comprar, tirando ora uma tabaqueira de ouro de seu bolso, ora um relógio". Assim vestido, ele se fazia apresentar às mais belas mercadorias da butique e podia descobrir os meios de penetrar lá. Em Rouen, para roubar diversas igrejas, "ele se travestiu de fato preto, imitando o homem devoto, disfarçou seus companheiros em criados, e deu-lhes uma libré", depois entregou-se a grandes manifestações de piedade e de caridade que lhe abriram o coração do sacristão e as portas do local onde este guardava os ornamentos mais ricos. Novos disfarces (ele mesmo como pároco e

---

155. PRION, P. *Mémoires d'un écrivain de campagne au XVIIIe siècle*. Op. cit,, p 46, 48, 54. Uma outra vez, num castelo do Gers atual, ratos particularmente famintos devoram-lhe seu culote, suas meias e seu cachecol durante seu sono (ibid., p. 63).

156. PELLEGRIN, N. Des voleurs, des bébés et des morts. Le mouchoir en haut Poitou au XVIIIe siècle. In: *Le Mouchoir dans tous les états*. Cholet: [s.e.], 2000, p. 115.

seus comparsas como tesoureiros da igreja) permitiram-lhe em seguida encontrar em Paris um honesto revendedor de ourivesaria de igreja[157].

O imaginário revolucionário dos corpos liberados, transparentes ou talvez até nus, é uma reação inábil face a esses disfarces que têm sua origem no vestuário, como indicador autossuficiente, mas os reformadores do costume de então, assim como aqueles de outros tempos, continuam incapazes de escapar à ideologia que modelou, durante muitos séculos, o psiquismo de toda a sociedade: eles condenam sem dúvida a marcação têxtil, mas a reconstituem quase instantaneamente, dotando de uniformes todos os corpos constituídos[158]. Também para eles, o hábito faz literalmente o monge, o tolo se reconhece por sua túnica, o chapéu comanda a coifa, a insígnia com as cores nacionais é prova de civismo, o verde denota o partidário do rei, a toga mata a virilidade mas sacraliza seu portador do chamado sexo forte, etc. Não obstante, mais refinadamente do que os criadores de aforismos, um polígrafo do século XVIII observa que "a aparência consegue domar muito mais os homens do que a música [...]. Os costumes se suavizam graças ao uso constante do veludo"[159]. Caberia certamente interrogar-se sobre as consequências psíquicas da chegada dos tecidos de algodão para cobrir os corpos europeus habituados à rigidez dos tecidos de cânhamo e das pesadas sarjas – pelo menos enquanto estavam novos. Em caso de agressão, esses tecidos podiam ser-lhes úteis, como em uma região da Vendeia onde as camponesas usavam espartilhos de tecido grosso e rígido: segundo uma condessa monarquista,

---

157. FOUCHER, I. *Deux bandes de voleurs au XVIIIe siècle*. Paris: Ehess, 1989, p. 55. • ANÔNIMO. *La vie de Nivet, dit Fanfaron, qui contient les Vols, Meurtres qu'il a fait depuis son enfance, jusqu'au jour qu'il a été rompu vif en place de Grève, avec Beauvoir son Maître d'École, Baramon & Mancion ses Complices*. Paris: Nyon, [s.d.], p. 141-142. (sainete engraçado onde o falso pároco de Rouen finge achar o preço muito baixo, mas cede às injunções de seus acólitos dissimulados em tesoureiros da igreja preocupados em equipar sua igreja com ornamentos mais modernos).

158. OUTRAM, D. *The Body and the French Revolution* – Sex, Class and Political Culture. New Haven: Yale University Press, 1989. • PELLEGRIN, N. *Les vêtements de la liberté*. Op. cit., passim.

159. CARACCIOLI. *Le livre de quatre couleurs*, [s.e.], 1761, p. 50.

Corpo do comum, usos comuns do corpo

Madame de La Bouëre, "eles formavam uma espécie de couraça, difícil de ser penetrada; também os azuis se queixavam mais de uma vez da dificuldade de subjugar essas mulheres". O peso e as cores apagadas de suas vestes-couraças contrastaram durante muito tempo com o brilho e a leveza dos trajes aristocratas de seda e com as chitas meridionais ou normandas que se democratizam lentamente na segunda metade do século XVIII[160]. Quando esses vestuários aparecem, acompanhados ou não de rendas e de musselinas, dão ao corpo feminino graças delicadas que atraem o olhar e podem ter contribuído para subjugá-las mais ainda.

As vestes antigas, quando subsistem, conservam uma estranha presença, mesmo na ausência do corpo que as usou. A emoção suscitada por sua descoberta fortuita (os tecidos quase não sobrevivem ao uso, aos parasitas e às práticas de recuperação-reciclagem) explica-se por seu excepcional poder de comunicação. Metáfora do eu e relíquia por excelência, toda veste é uma parte que revela o todo. Impregnado de secreções humanas com as quais esteve em contato, o vestuário faz e é [o] corpo[161]. Na vida como depois dela, entre as religiosas como no mundo rural, ele é seu "botaréu", como declara o Padre José[162]. Será que esta palavra "corpo" não deve sempre ser entendida,

---

160. Uma evolução setorizada, pois a Provença se veste de chitas-da-índia muito mais cedo do que a Île-de-France e as regiões do Oeste, como mostram as telas do pintor arlesiano Raspal (SIMON, L. *Louis Simon, villegeois de l'ancienne France*. Op. cit., p 88-89. • PELLEGRIN, N. *Les vêtements de la liberté*. Op. cit., p. 20-22. • Matelots et artisanes: l'image des Provençaux dans les recueils imprimés de costumes (XVIe-XIXe siècle). In: COUSIN, B. (org.). *Images de la Provence* – Les représentations iconographiques de la fin du Moyen Âge au milieu do XXe siècle. Aix-en-Provence, 1992, p. 282-296, cf. p. 291.

161. As vestes dos santos e santas, mas também dos grandes homens e de notórios criminosos, assim como os objetos têxteis que foram tocados em seus cadáveres, constituem relíquias veneradas, à semelhança dos cabelos e de outros fragmentos (PELLEGRIN, N. *Les vêtements de la liberté*. Op. cit., p. 59). Cf., por exemplo, a máscara mortuária em cera de Cartuxo ornado de seus cabelos e das vestes que trajava por ocasião de sua execução em 1721 (museu de Saint-Germain-en-Laye) ou os trapos de uma veste remendada de adolescente do século XVIII, encontrada em um aqueduto de um castelo (*Les Choix de la mémoire* – Patrimoine retrouvé des Yvelines. Paris: Somogy, 1997, p. 80-81).

162. *Constitutions de la Congrégation de Notre-Dame du Calvaire*. Op. cit., p. 345.

como já vimos, em seu quádruplo sentido, isto é, um conjunto de músculos e de ossos, individual ou coletivamente definido, vivo e/ou morto, mas também como uma veste do busto (espartilho) cujo tecido, reforçado por uma armadura de barbatanas de baleia ou por lâminas de aço e/ou por pespontos, que sustenta o peito e dá elegância ao porte?[163] Não se tem a impressão de estar "despido" quando não se está apertado em um espartilho rígido? Não nos metemos "nus em camisa (e em calças)" quando nos esticamos para dormir um grande repouso: de noite no leito e um dia – para sempre – sob o machado do carrasco ou a foice de Cronos?[164]

Falar de corpo vestido é certamente enunciar um quase-pleonasmo, quando o corpo nu remete ao mito original do paraíso perdido e dificilmente pode ser pensado como tal no mundo, cheio de pecadores, depois da queda. Perecível como um tecido e, ele mesmo, feito de um composto heterogêneo de "tecidos" e de ossos, será que este corpo existe realmente sob o olhar do Deus dos cristãos? Será que ele é "algo mais" do que uma mortalha e um túmulo?

---

163. Fabricação de espartilhos de lâminas de aço bem-descrita por CHATEAUBRIAND, F.-R. *Mémoires d'outre-tombe*. Paris: Gallimard, 1952, p. 20 [Coll. "Bibliothèque de la Pléiade"]. Cf. FONTANEL, B. *Corsets et soutiens-gorge*. Paris: La Martinière, 1992, p. 27 (espartilho de lâminas de aço conservado no museu de Cluny). • PELLEGRIN, N. *Les vêtements de la liberté*. Op. cit., p. 81. • VIGARELLO, G. *Le corps redressé*. Op. cit. Mas a rigidez variável dos *corps* (espartilhos, coletes), a geografia de seus usos e as diatribes recorrentes de que são objeto ainda não foram devidamente compreendidos, como mostram exemplos dos habitantes do Poitou e saboianos ou as vestes religiosas (LA BOUËRE. *Souvenirs de la guerre de Vendée, 1793-1796*. Paris: Plon, 1980, p. 5. • DAQUIN, D. *Topographie médicale de Chambéry*. Op. cit., p. 127-128). Uma mocinha de Lusignan foi salva em 1710 por seu vestido novo que a bala disparada pelo proprietário da vinha onde ela estava roubando uvas não conseguiu atravessar (A.D. 86: B VI/78 bis: 04/101710).

164. PONTIS, L. *Mémoires*. Paris: Mercure de France, 1956, p. 185 (execução do conde de Montmorency em 1627: "estando nu, sem calças e sem camisa). Num caso de duplo homicídio em 1785, camponeses se recusam a velar cadáveres se forem deixados despidos (A.D. 86: B VIII-300). Em outro lugar (Champagne-Mouton em 1739), a vergonha sofrida por um mau contribuinte, "desnudado" por dois vizinhos (só lhe deixaram a camisa) é tal que uma testemunha declara "que um carrasco não teria feito nada pior a um criminoso" (A.D. 86: B I/2-39).

3
CORPO E SEXUALIDADE NA EUROPA DO ANTIGO REGIME*

Sara F. Matthews-Grieco

Nos estudos publicados no curso dos trinta últimos anos sobre a história da sexualidade na Europa Ocidental, o corpo aparece principalmente sob dois aspectos. Primeiramente, sob o aspecto do costume e da legislação: tanto um como a outra buscam disciplinar e dirigir suas funções reprodutivas, reprimindo os impulsos desordenados da sexualidade por razões que participam ao mesmo tempo do social e do espiritual. Em segundo lugar, o corpo aparece como o agente (ou a vítima) de atos sexuais transgressivos e, portanto, como lugar privilegiado de "crimes" contra a religião, a moral e a sociedade: ele testemunha assim a eterna e relativa impotência das restrições sociais que visam conter as práticas sexuais dentro dos limites estabelecidos pelas convenções e pelas leis. Na Europa do Antigo Regime, alguns fatores, como o longo período entre a puberdade e o casamento, as expectativas criadas por ideais culturais como o amor cortês e o amor romântico, ou os tabus religiosos e sociais contra as relações homossexuais, determinaram tanto a percepção coletiva como a experiência subjetiva do corpo e da sexualidade. Este capítulo tenta descobrir o corpo e as práticas sexuais do século XV ao século XVIII, privilegiando

---

* Gostaria de dedicar este ensaio à memória de Jean-Louis Flandrin (falecido aos 8 de agosto de 2001), que foi pioneiro neste domínio como em muitos outros.

os estudos de arquivos judiciários, sempre esclarecedores sobre os comportamentos dos indivíduos e os hábitos sociais. Nesses documentos, as contradições inevitáveis entre a macroestrutura (ideologias institucionais e normas culturais) e as micro-histórias (experiências subjetivas e estratégias individuais) acabam por revelar a complexidade dos contextos nos quais o corpo e a sexualidade eram vividos no cotidiano.

***

A duração que aqui é levada em consideração é determinada por uma periodização bem distante daquela que é comum à história política e cultural: Idade Média, Renascença, Reforma, Luzes. A razão desta escolha está ligada ao fato de que a reabilitação do corpo humano e a promoção do casamento, que caracterizam o século XV, correspondem ao começo de um longo período de preocupações demográficas, assim como à manifestação de atenções radicalmente novas em relação ao corpo e sua sexualidade. Essas últimas mudanças foram motivadas pela Reforma (moral e religiosa), como também pelas reações suscitadas por ela. Do começo do século XV até meados do século XVII, a Europa Ocidental esforçou-se para desenvolver uma visão do corpo e de sua sexualidade que fosse compatível com a ordem social, o respeito pela religião e o crescimento da população. Por volta do final do século XVII, as convicções culturais referentes à importância do amor nas relações conjugais — assim como a legitimação médica do prazer físico como expressão natural do corpo e dos laços afetivos dos indivíduos — começaram a impor-se e a facilitar indiretamente a expressão de práticas sexuais alternativas e de subculturas homossexuais. Esta síntese dos trinta últimos anos de publicações sobre a história da sexualidade termina com o fim do Antigo Regime: aquele momento em que as preocupações demográficas que haviam perturbado a Europa desde meados do século XIV foram finalmente apaziguadas. No fim do século XVIII, o amor sentimental e o casamento reprodutivo estavam em grande parte reconciliados — pelo menos em teoria — mas, na mesma época, uma sociedade cada vez mais burguesa, dotada de um forte senso do pudor, pôs-se a relegar tanto o corpo como sua sexualidade à extrema periferia das conveniências. O campo de pesquisa deste capítulo começa portanto com a aceitação relativamente positiva (ainda que sempre condicional) do corpo e de sua sexualidade na Europa do fim da Idade Média e da Renascença, e termina com os começos da alienação recíproca do ser moral e do ser físico, que fará nascer em Freud a convicção de que o prazer sexual seria incompatível com a sociedade civilizada[1].

A história do corpo e da sexualidade do Antigo Regime beneficiou-se consideravelmente com os aportes da antropologia cultural, que contribuiu para a compreensão dos rituais e dos usos simbólicos do corpo durante este período: o ridículo tão espontâneo do charivari, por exemplo, e a linguagem dos gestos por ocasião das frequentações amorosas e das cerimônias de casamento. A história da cultura material também esclareceu de modo pertinente essas questões, prestando uma atenção especial aos regimes alimentares, à higiene e ao meio ambiente físico, aos espaços privados e públicos, aos modos de vestir-se e à construção da aparência. Outras abordagens da história do corpo e da sexualidade ainda estão em dívida com a história social – particularmente aquelas que estão centradas nos ritmos de formação da família e do lar, ou ainda aquelas que visam a influência da classe social e dos meios financeiros sobre as estratégias de vida. A sociologia funcionalista também orienta fortemente os trabalhos definindo o corpo sexual de acordo com valores da norma ou do desvio[2]. A cultura da Renascença e do Antigo Regime fixava identidades sociais e sexuais "lícitas" e "ilícitas" às pessoas, segundo critérios flexíveis que variam com a classe social, a idade, o sexo, as normas médicas e matrimoniais. A mulher que engravidava em consequência de relações pré-conjugais não sofria nenhum ou quase nenhum opróbrio social,

---

1. Sobre a "alienação" do corpo no fim do Antigo Regime, cf. ROUSSEAU, G.S. & PORTER, R. (orgs.). *Sexual Underworlds of the Enlightenment.* Chapel Hill (NC): University of Carolina Press, 1988, Introdução, p. 1-24.

2. Para um panorama útil das abordagens históricas e psicológicas aplicadas ao estudo do corpo nas sociedades do passado, cf. KAY, S. & RUBIN, M.(orgs.). *Framing Medieval Bodies.* Manchester/Nova York: Manchester University Press, 1994, Introdução, p. 1-9.

se ela se casasse antes do nascimento do filho. Mas aquela que esperava um filho cujo noivo desaparecia ou morria antes das núpcias era imediatamente relegada por sua comunidade ao universo do ilícito. Os indivíduos questionavam regularmente tais identidades normativas confundindo as categorias, ou ainda buscando vias culturais alternativas em relação à sua experiência subjetiva, física e sexual. Aliás, as fronteiras do "lícito" (normativo ou tolerado) e do "ilícito" (desviante ou intolerável) mudavam continuamente, segundo o contexto sociocultural e os valores da comunidade vizinha. As relações sexuais entre homens jovens eram, por exemplo, amplamente toleradas nos séculos XV e XVI, na Itália; em compensação, elas eram duramente reprimidas, caso se estendessem à idade adulta.

É tarefa do historiador descobrir como as identidades sexuais eram percebidas, como se elaboravam os limiares do lícito e do ilícito segundo os momentos e os grupos sociais. Ele deve determinar que espaços eram atribuídos a cada categoria na sociedade e na cultura do tempo, e reconstruir, na medida do possível, o modo como o indivíduo e a comunidade percebiam os corpos assim categorizados. As mulheres que se proporcionavam prazer mutuamente podiam portanto ser percebidas, segundo a época e o contexto, como pobres fêmeas carentes de macho, ou como criminosas que usurpavam os privilégios sociais inerentes à identidade masculina.

A autoridade e o controle do indivíduo sobre seu próprio corpo e sua sexualidade foram contestados durante todo este período por médicos, magistrados, pelo clero, vizinhança, paróquias e municipalidades, como também pelos esposos, esposas e seus filhos. O que sabemos hoje da experiência da sexualidade de antanho vem sobretudo de documentos e relatórios emitidos por autoridades oficiais, refletindo, portanto, os sistemas de valores das instituições que elas representavam. Raramente tais fontes permitem atingir a experiência subjetiva dos atores e, mesmo quando sobrevivem alguns testemunhos "de primeira mão" (como os depoimentos de testemunhas, as cartas e diários íntimos), todos estão, sem dúvida, sujeitos ao contexto no qual foram registrados ou escritos, como também ao condicionamento cultural e às percepções sociais de seus transcritores. Muito menos pode o corpo –

como a sexualidade – ser dissociado das percepções culturais que determinam o modo como as pessoas interagem e a experiência subjetiva de suas ações. Da mesma forma, a percepção do corpo – e da sexualidade – não pode ser dissociada da maneira como a comunidade avalia as ações individuais. Aprovando, reprovando ou disciplinando os atores sociais, a Europa do Antigo Regime travou uma grande batalha contra toda transgressão ou desvio em relação aos limiares de tolerância locais, servindo-se sobretudo de estratégias flexíveis que visavam não tanto reprovar ou punir os desvios de mau procedimento sexual, como reparar e recuperar – na medida do possível – as divergências, fazendo-as voltar à norma.

I. A adolescência e a juventude: iniciações sexuais e rituais de frequentação

A cultura sexual da Europa Ocidental entre o fim da Idade Média e o fim do Antigo Regime caracterizava-se por um período relativamente extenso entre a puberdade e o casamento, uma longa adolescência (em geral mais duradoura para os rapazes do que para as moças) que se torna cada vez mais prolongada no curso do Antigo Regime[3]. Ainda que a sexualidade "legítima" fosse teoricamente limitada ao estado conjugal, a adolescência não era, necessa-

---

3. TRUMBACH, R. "Is there a modern sexual culture in the West, or did England never change between 1500 and 1900?" *Journal of the History of Sexuality*, vol. I, n. 2, out./1990, p. 296-309 (visão geral da literatura sobre a questão). Como fez observar Peter Laslett, a idade da puberdade para as meninas variava segundo a classe social e alguns fatores como a alimentação, mas, no conjunto, elas parecem ter atingido a maturidade biológica entre treze e quinze anos (Age at sexual maturity in Europe since the Middle Ages. In: *Family Life and Illicit Love in Earlier Generations. Essays in Historical Sociology*. Cambridge/Nova York: Cambridge University Press, 1977, p. 214). A idade do casamento era cada vez mais tardia para os dois sexos, em média entre dezesseis e dezoito anos para as moças do século XV até meados do século XVI. As citadinas casavam-se mais cedo do que as camponesas, enquanto que no fim do século XVIII a idade do primeiro casamento para as mulheres havia passado para vinte e quatro/vinte e seis anos. Para os rapazes, o casamento sempre vinha mais tarde, depois que estivessem estabelecidos em uma profissão: de vinte e quatro a vinte e cinco anos no começo do Antigo Regime, subindo para vinte e oito ou vinte e nove anos por volta do fim do século XVIII (DAUMAS, M. *La Tendresse amoureuse, XVIe- XVIIIe siècles*. Paris: Librairie Académique Perrin, 1996, p. 40).

riamente, um período de abstinência sexual, nem para os rapazes, nem para as moças. Como teremos ocasião de assinalar diversas vezes no decorrer deste capítulo, os jovens tinham à sua disposição práticas sexuais variadas que eram toleradas – mais ou menos segundo o caso, na medida em que as atitudes em relação à experiência sexual em sua idade diferiam de maneira significativa segundo as classes sociais e os meios urbanos ou rurais. Os rituais de sedução e os ritos da juventude concernentes à sexualidade, praticados na Europa Ocidental entre o século XV e o século XVIII, revelam uma lenta interiorização dos controles sociais e emocionais que caminhava par a par com a extensão, também lenta, da duração da adolescência, durante a qual os jovens eram biologicamente capazes de se reproduzir, portanto potencialmente ativos do ponto de vista sexual. Ao mesmo tempo, persistiam numerosas práticas que, apesar da repressão das autoridades ou da desaprovação da comunidade, continuavam manifestamente a responder às necessidades dos jovens.

1. Socializar os jovens: confraternidades e charivaris

As desordens morais e sociais ligadas à adolescência eram sobretudo atribuídas ao humor pândego da juventude, ao ressentimento dos jovens em relação a toda autoridade e aos impulsos sexuais indisciplinados de um corpo capaz de procriar. A fim de conter e controlar tais perigos, grupos ou associações de juventude formalmente constituídos multiplicaram-se desde a Renascença. Esses grupos eram particularmente populares na França e na Itália, onde representavam um dos meios mais eficazes de socialização dos jovens fora da família. Eles formavam de fato conjuntos coletivos cujos valores inculcados moldavam a percepção de si mesmo e do dever social, assim como a identidade física e moral.

No período dos anos turbulentos da adolescência e da juventude, no momento em que os mais jovens recebiam sua formação profissional longe do lar e no qual os mais adiantados procuravam se estabelecer em uma atividade que lhes permitisse atingir finalmente a maturidade profissional e social (a saber, o direito de exercer um ofício e o casamento), as associações de celibatários canalizavam as energias potencialmente subversivas de seus membros em atividades aprovadas. Tendo como finalidade a transformação dos adolescentes rudes em guardiões dos costumes públicos e privados, os grupos de juventude encarnavam e reforçavam coletivamente – e muitas vezes com a participação dos adultos e superiores – os valores sociais esperados da maturidade. Nos séculos XV e XVI, tanto nas regiões rurais como urbanas, os jovens eram agrupados em confrarias religiosas e seculares – *badie, fraterne, compagnie*, abadias de juventude e mocidade. Adolescentes, jovens celibatários e até homens casados encontravam-se lá regularmente, não só para impedir que a juventude semeasse a desordem nas ruas, mas também para canalizar suas energias para atividades organizadas: procissões por ocasião de rituais religiosos, peças de teatro, jogos e máscaras por ocasião de festividades do calendário, como o carnaval. Ao mesmo tempo, os responsáveis pelas confraternidades ou abadias de juventude tinham a tarefa de promover atividades internas ao grupo, cuja finalidade última era canalizar a exuberância, inculcando nos jovens valores religiosos e morais que deviam fazer deles homens responsáveis.

Assegurando primeiro e antes de tudo a ordem pública, ensinando os valores próprios à geração de seus pais – e até nos grupos mais privilegiados, instilando algumas gotas de cultura humanista e uma disciplina corporal de elite –, as novas organizações rituais buscavam igualmente colocar em segurança os jovens, impedindo-os de reunir-se, ociosos e fazendo algazarra, nos lugares públicos e ao longo das ruas[4]. Considerava-se que os adolescentes

---

[4]. A propósito das confraternidades e grupos de juventude na Florença dos séculos XV e XVI, cf.: TADDEI, I. *Fanciulli e giovani – Crescere a Firenze nel Rinascimento*. Florença: Olschki, 2001. • TREXLER, R. New ritual groups. In: *Public Life in Renaissance Florence*. Ithaca/Londres: Cornell University Press, 1980, cap. 11, p. 367-418. • TREXLER, R. "Ritual in Florence; adolescence and salvation in the Renaissance" e "The youth are coming! Nonsense in Florence during the Republic and Grand Duchy". In: *The Children of Renaissance Florence* – Tomo I: Power and Dependence in Florence. Binghamton (NY): Medieval and Renaissance Texts & Studies, 1993, cap. 3 e 4. Stanley Chojnacki documentou técnicas de socialização semelhantes para os jovens patrícios de Veneza em *Women and Men in Renaissance Venice* – Twelve Essays on Patrician Society. Baltimore/Londres: Johns Hopkins University Press, 2000, cap. 9-12: "Measuring adulthood: adolescence and gender", "Kinship ties young patricians", "Political adulthood", e "Subaltern patriarchs: patrician bachelors", p. 185-256.

desocupados, vadiando pela cidade, podiam facilmente ser seduzidos por sodomitas ou prostitutas. Os pregadores itinerantes, como o dominicano Bernardino de Sena, denunciavam os pais incapazes de controlar seus filhos, acusando-os até de fazer o papel de alcoviteiros junto de seus filhos, vestindo-os com elegância, a fim de atrair a atenção de homens mais maduros, cuja proteção podia beneficiar a família inteira[5]. As confrarias e as organizações rituais para os jovens tinham portanto uma outra finalidade ainda: preservar a pureza sexual deles, ou pelo menos a retidão de sua orientação sexual.

A Itália da Renascença até tentava, pelo ritual coletivo, minar as solidariedades de vizinhança para favorecer mais as confraternidades religiosas e leigas, enquanto que no norte dos Alpes associações tentavam privilegiar uma especificidade profissional, agrupando em companhias vendedores de tecidos, arqueiros, ou artesãos do mesmo ofício. Paralelamente a esse fenômeno, associações mais espontâneas asseguravam um outro tipo de socialização dos jovens. Grupos de idade reuniam-se com vizinhos e membros da comunidade local para o rito popular do charivari, uma procissão satírica ruidosa, geralmente associada às festividades ligadas ao casamento e às contravenções à moral conjugal em vigor. Conhecida como *mattinata* na Toscana e na Itália Central, como *zambramari* no Piemonte e como *rough music* ou *skimmington ride* na Inglaterra, esta cerimônia barulhenta mobilizava uma boa parte da juventude por ocasião das núpcias, quando os bacharéis da vizinhança podiam pedir aos novos esposos uma gorjeta para beber à sua saúde, recompensando-os com uma serenata cacofônica se a soma fosse considerada irrisória.

A jurisdição popular sobre a cerimônia do casamento não passava, porém, de uma das prerrogativas tradicionais dos grupos de jovens da Europa do Antigo Regime. A juventude também era encarregada dos jogos ligados

---

5. A "sodomia" era o tema de um sermão da Quaresma em uma sequência de pregações sobre os pecados da *luxúria* proferidos por São Bernardino na igreja da Santa Croce de Florença em 1424: ROCKE, M. Sodomites in fifteenth-century Tuscany: the views of Bernardino of Siena. In: GERARD, K. & HEKMA, G. (orgs.). *The Pursuit of Sodomy*: Male Homosexuality in Renaissance and Enlightenment Europe. Nova York/Londres: Harrington Park Press, 1989, p. 7-31.

às frequentações amorosas e das festividades do mês de maio. Mesmo as relações entre cônjuges, caso eles transgredissem as normas da comunidade, podiam cair sob a autoridade juvenil, apoiada por toda a vizinhança. Assim, uma virago londrina e seu marido muito complacente eram ridicularizados em 1563 por um homem que personificava o marido vestido de saia, carregado por quatro outros homens e acompanhado de uma multidão alegre, ao som de uma gaita de foles e de um tambor. O cortejo era iluminado por vinte archotes e animado por canções, à custa do casal[6].

Aqueles que transgredissem a hierarquia do gênero, as funções atribuídas aos dois sexos ou as normas que regulam as práticas sexuais eram estigmatizados e punidos por grupos de homens, de rapazes e de crianças (meninos) que aprendiam, ao fazê-lo, a imitar os mais velhos. A intensificação periódica dessas ações coletivas foi explicada pela insegurança crescente dos homens face à independência relativa de que podiam usufruir as mulheres por ocasião do crescimento periódico do mercado de trabalho[7]. Sejam quais forem as circunstâncias que desencadeiam o charivari, esses rituais teatrais exploram o ridículo e a vergonha para reforçar o código moral da comunidade. Estendidos a toda a Europa Ocidental, esses ritos ruidosos dispunham

---

6. A bibliografia sobre o *charivari* e os rituais da justiça popular é vasta. Cf., entre os clássicos da história antropológica: ZEMON DAVIS, N. The reasons of misrule. In: *Society and Culture in Early Modern France*. Stanford (CA): Stanford University Press, 1987, p. 97-123. • INGRAM, M. Ridings, rough music and mocking rhymes in Early Modern England. In: REAY, B. (org.). *Popular Culture in Seventeenth-Century England*. Londres: Routledge, 1988, p. 166-167. • PALMER THOMPSON, E. Rough music. *Customs in Common. Studies in Traditional Popular Culture*. Nova York: The New Press, 1993, cap. VIII, p. 467-538. • LE GOFF, J. & SCHMITT, J.-C. (orgs.). *Le Charivari* – Actes de la table ronde organisée à Paris (25-27 avril 1977). Paris/Nova York: Ehess/Mouton, 1981. A respeito da repressão da cultura popular no curso do Antigo Regime, cf.: BURKE, P. *Popular Culture in Early Modern Europe*. Nova York/Londres: Harper Torchbooks, 1978. • MUCHEMBLED, R. *Culture populaire et culture des élites dans la France moderne (XVe-XVIIIe siècle)*. Paris: Flammarion, 1978.

7. É a tese de David Underdown quanto ao sentido geral que tomava a insegurança nas relações entre os sexos de 1560 a 1650 na Inglaterra, testemunhada pelo aumento dos banhos forçados e de outros rituais humilhantes infligidos às megeras: UNDERDOWN, D. The taming of the scold: the enforcement of patriarchial authority in Early Modern England. In: FLETCHER, A. & STEVENSON, J. (orgs.). *Order and Disorder in Early Modern England*. Cambridge: Cambridge University Press, 1985, p. 161s.

de uma linguagem simbólica comum, cujo sentido pôde sobreviver até o começo do século XX.

2. Rituais de sedução e práticas pré-nupciais

Os testemunhos que descrevem os rituais de sedução oferecem numerosas informações sobre as ocasiões que permitiam aos adolescentes e aos jovens adultos ter uma atividade sexual antes da "legitimidade" conjugal. Os casos de ruptura da promessa de casamento tratados pelos tribunais civis ou eclesiásticos fornecem tais relatos, o que também fazem as denúncias fanáticas redigidas por homens de religião ou moralistas reformadores, ou ainda as crônicas de observadores que se entretêm com costumes locais. Os registros demográficos que se referem à gravidez pré-nupcial e ao nascimento ilegítimo também oferecem estatísticas graças às quais podemos julgar práticas sexuais antes do casamento. Essas fontes mostram que uma grande parte da atividade heterossexual extraconjugal, entre parceiros núbeis da mesma classe social, provavelmente era vivida como pré-nupcial. É o que sugere a frequência de gravidez na hora de casar-se, assim como os numerosos nascimentos ilegítimos, resultado, sem dúvida alguma, de frequentações que não acabaram em casamento. As taxas de nupcialidade e de nascimentos ilegítimos permaneceram proporcionais durante todo o Antigo Regime. A faixa de idade das mães que têm seu primeiro filho é idêntica entre as mulheres casadas e as mães solteiras, o que sugere que um número significativo de nascimentos ilegítimos resultava de frequentações que duraram pouco[8].

Quais eram os modos de frequentação característicos da Europa do Antigo Regime? Até meados do século XVII, na Inglaterra, até o começo do século XVIII, na França, e até o fim do século XVIII, na Itália, a corte que se faziam os jovens nas classes ricas era em geral uma questão formal de curta duração e pouco significativa do ponto de vista do desenvolvimento da inti-

---

8. SCHELLEKENS, J. "Courtship, the clandestine marriage act, and illegitimate fertility in England". *The Journal of Interdisciplinary History*, vol. X, n. 3, 1995, p. 435.

midade. Duas possibilidade podiam oferecer-se: no primeiro caso, os pais e amigos do jovem ou da jovem selecionavam um cônjuge, muitas vezes com a ajuda de um mediador profissional, depois de avaliar cuidadosamente o estatuto familiar e as perspectivas financeiras do candidato. Se os resultados dessa primeira seleção fossem suficientes, seguia-se um acordo preliminar, estabelecido entre as famílias dos dois candidatos e os "amigos" que os apoiavam, para regular dos dois lados as questões financeiras. O homem e a mulher que formariam este futuro casal eram então autorizados a encontrar-se, antes que a situação tomasse vulto, para ter certeza de que eram aceitáveis um ou outro. Se nenhum deles apresentasse fortes objeções – em geral concordavam com a união, confiando no bom julgamento de seus pais, ou eram muito submissos à autoridade paterna para não acatá-la – o contrato de casamento era redigido e assinado, e tomadas as providências para um casamento solene. A segunda possibilidade, nas classes ricas, dava a iniciativa ao homem: se ele estivesse interessado em uma mulher que encontrou num local público, na igreja, num baile ou festa, ele podia aproximar-se da família e dos amigos dela, a fim de obter a permissão de cortejá-la. Essa autorização era concedida depois de uma investigação preliminar, da parte da família da moça, que dava toda segurança pessoal e financeira sobre o futuro marido. Neste momento, podia começar oficialmente a corte, com todos os seus ritos acessórios – que cresceram durante todo o Antigo Regime – entre os quais presentes, visitas, conversas íntimas, bilhetes carinhosos e expressões de amor e de devoção. É claro que casais desta faixa socioeconômica podiam encontrar-se sem vigilância à corte, nas estações termais, na caça ou no baile, e manter em segredo as primeiras etapas de sua relação. Mas, em última análise, eles deviam procurar obter a aprovação de sua família e de seus amigos. Nesse caso, os entendimentos sobre as questões financeiras e as negociações fundiárias constituíam a última fase da frequentação amorosa, em vez de ser a primeira[9].

---

9. STONE, L. *Uncertain Unions. Marriage in England 1660-1753*. Oxford/Nova York: Oxford University Press, 1992, p. 7-12.

Nos escalões mais elevados da sociedade sempre era difícil resistir aos desejos dos pais, da família e dos amigos para a escolha de um esposo ou de uma esposa. Um pai descontente podia facilmente privar seu filho ou filha dos meios financeiros de viver segundo sua posição social. No século XVIII, porém, mais cedo na Inglaterra e um pouco mais tarde na França e na Itália, a noção de individualismo afetivo penetrou todos os meios sociais. O movimento romântico, sem dúvida, deu o golpe de misericórdia no princípio do controle paterno sobre a escolha matrimonial, mesmo nas famílias que possuíam grandes propriedades ou títulos de prestígio. Na maioria das vezes, os desejos dos jovens eram levados em consideração, paralelamente aos cálculos dos pais e dos notários, sobretudo se todos os outros fatores – como o *status* social e a situação financeira – fossem julgados quase iguais.

No seio das classes sociais "médias" e da baixa nobreza rural havia mais liberdade para fazer a corte na Inglaterra do que nos outros países europeus, onde só os domésticos, os artesãos, os operários urbanos e os camponeses tinham uma relativa autonomia. Na França e na Itália, os mediadores desempenharam um importante papel, ao longo de todo o Antigo Regime, para as camadas sociais nas quais os celibatários – homens e mulheres – não gozavam absolutamente de liberdade de escolha. Mas, na maioria dos casos, os rituais da frequentação amorosa, entre os humildes e nos ofícios mecânicos, comportavam uma prática chamada na Inglaterra *night courtship* ou *bundling*, cujo equivalente na França, reservado sobretudo aos meios rurais, era conhecido sob o nome de *maraichinage* ou *albergement*[10]. Este costume comportava uma permanência noturna na residência da jovem, com o consentimento tácito de seus pais, ou à revelia deles. O jovem casal podia passar a noite conversando ao pé da lareira, no quarto da jovem ou até em seu leito. Convenções estritas regiam este costume, o que é comprovado pela fraca in-

---

10. FLANDRIN, J.-L. Répression et changement dans la vie sexuelle des jeunes. In: *Le Sexe et l'Occident* – Évolution des attitudes et des comportements. Paris: Du Seuil, 1981, p. 279-302.

cidência de gravidez pré-nupcial ou ilegítima. Práticas semelhantes encontram-se na maioria dos países europeus, da Itália até a Suécia e a Rússia. Mas, na quase totalidade dos casos, não se passava a esse estágio de frequentação amorosa a não ser depois de ter trocado uma promessa de casamento na presença dos pais, de amigos ou de um representante da Igreja, para que o jovem casal se "casasse aos olhos de Deus", mesmo antes da celebração das núpcias. Na Itália, os noivos podiam portanto beber, comer e até dormir juntos, pois eram considerados como já *sposi*[11]. Muitas vezes denunciadas como um casamento de experiência, as frequentações noturnas permitiam aos jovens prometidos explorar sua compatibilidade física e emocional e, às vezes, até a fertilidade de seu parceiro, antes de selar o vínculo indissolúvel do casamento. Em 1601, o magistrado bordelês Jean d'Arrerac descreveu esta prática como "o mais estranho costume do mundo": "é que eles desposam suas mulheres por ensaio. De modo nenhum eles colocam por escrito seus contratos de casamento e não recebem a bênção nupcial senão depois de ter vivido com elas, ter sondado seus costumes e conhecido por efeito a fertilidade de seu território. Este costume é contra os santos decretos; e não obstante tão enraizado nesta nação que arrancaríeis antes a religião do que esta usança"[12].

Antes mesmo das frequentações noturnas, muitas outras práticas de jogos e de contatos supervisionados permitiam aos jovens encontrar-se a fim

---

11. A bibliografia sobre a frequentação amorosa e os ritos de noivado é vasta. Na maior parte, os estudos visam documentar os conflitos entre os costumes populares, como as *créantailles troyennes* (rito popular de formação do casal), e a oposição da Igreja e do Estado a toda prática que permitisse aos jovens contrair matrimônio sem a aprovação dos pais. Cf., por exemplo, FLANDRIN, J.-L. Les créantailles troyennes (XVe-XVIIe sièclee). In: *Le Sexe et l'Occident*. Op. cit., p. 61-62. Para a Itália, cf., entre outros, LOMBARDI, D. Fidanzamenti e matrimoni dal Concilio di Trento al '700. In: GIORGIO, M. & KLAPISCH-ZUBER, C. orgs.). *Storia del Matrimonio*. Bari/Roma: Laterza, 1996, p. 215-250. Para a Inglaterra, cf., por exemplo, CRESSY, D. *Birth, Marriage & Death* – Ritual, Religion and the Life-Cycle in Tudor and Stuart England. Oxford: Oxford University Press, 1997.

12. ARRERAC, J. *Pandectes*. Bordeaux, 1601, p. 243. Apud DESPLAT, C. *La vie, l'amour, la mort* – Rites et coutumes, XVIe-XVIIIe siècle. Biarritz: Terre et Hommes du Sud, 1995, p. 249.

de escolher parceiros potenciais. Por ocasião da festa de São Valentim, no carnaval, durante as festividades ligadas ao mês de maio e por ocasião das celebrações associadas a São João e às colheitas, divertimentos ritualizados permitiam aos jovens conhecer-se e flertar antes de passar ao estágio mais sério do namoro. Os jogos e as danças do mês de maio, por exemplo, eram celebrados em toda a Europa. No primeiro de maio, os rapazes flertavam com as moças colocando buquês de flores diante de sua porta antes do raiar do dia. Aquelas que gozavam de má reputação, ou que eram culpadas por terem recusado os assédios de um pretendente, podiam também ser punidas com um buquê de urtigas ou de espinheiros[13]. Tão eloquente como o idioma vegetal, a linguagem corporal também desempenhava um papel importante por ocasião das frequentações preliminares à corte amorosa. Quando faltavam as palavras, os gestos podiam bastar: piscadas de olho, apertos de mãos, beijos furtivos, lutas disfarçadas, batalhas de bolas de neve e outras demonstrações de amizade, modos de comunicação simples e fáceis de compreender podiam significar um interesse particular da parte de um/uma jovem. As *vigílias* na Bretanha, as *eschraignes* em Dijon, as *veglie* na Toscana: essas assembleias eram praticadas em toda a Europa rural. Sob o olhar dos pais e vizinhos reunidos, os jovens trabalhavam, conversavam, riam e dançavam. Um pretendente podia "roubar" um broche que se deixara cair de propósito, e que devia ser resgatado com um beijo. Noël du Fail descreve um desses saraus rurais no século XVI, observando que "muitas familiaridades honestas são [aí] permitidas"[14].

A linguagem dos objetos "furtados" e restituídos, dados e aceitos como presentes, ou recusados e devolvidos, era mais ou menos universal no seio das frequentações amorosas e podia até ser utilizada como prova em um

---

13. GILLIS, J.R. *For Better, for Worse* – British Marriages, 1600 to the Present. Nova York/Oxford: Oxford University Press, 1985, p. 25-26.

14. DU FAIL, N. *Les contes et discours d'Eutrapel*. Rennes, 1603, ff. 52 v°-53r°. Apud FLANDRIN, J.-L. *Les amours paysannes (XVIe- XIXe siècles)* – Amour et sexualité dans les campagnes de l'ancienne France. Paris: Gallimard/Julliard, 1975, p. 121 [Coll. "Archives"].

processo para ruptura da promessa de casamento. Dar de presente um lenço, fitas, luvas ou uma moeda podia acompanhar trocas sentimentais e oferecer uma prova tangível das intenções de um pretendente. O fim das relações significava a devolução dos presentes, enquanto que os esponsais formais ou clandestinos eram acompanhados em geral de objetos simbólicos consagrados pela tradição, como um anel, enfeites para o cabelo, uma medalha ou até uma soma de dinheiro.

As práticas da frequentação amorosa se baseavam certamente no consentimento mútuo e implicavam um certo jogo de poder entre os dois principais participantes. A honra da mulher estava em jogo: ela devia calcular cuidadosamente que favores podia conceder em cada etapa, sem correr o risco de parecer muito "beata" ou muito generosa em suas afeições e, sobretudo, sem ceder no pudor antes de ter em mãos uma promessa de casamento publicamente reconhecida. As regras e rituais da corte amorosa tinham, aliás, um significado particular para as mulheres: as frequentações constituíam um dos momentos, muito raros, aliás, do ciclo de vida feminino em que a mulher podia exercer um certo poder decisório e usufruir de uma certa autonomia[15]. As frequentações consensuais davam também às mulheres um estatuto e um papel que as colocavam em uma posição superior à do seu pretendente, uma situação de superioridade transitória em que elas recebiam a atenção dos homens, suas súplicas bajuladoras e suas humildes propostas, e podiam responder-lhes. A julgar pelos equívocos e escapatórias que elas chegavam a apresentar nos processos em que eram acusadas de trair uma promessa de casamento, também parece que as mulheres conheciam bem as convenções – ao mesmo tempo costumeiras e legislativas – que governavam as frequentações e os esponsais. Com a astúcia que é a arma dos fracos e dos

---

15. DAVIS, N.Z. Boundaries and sense of self in sixteenth-century France. In: HELLER, T.C.; SOSNA, M. & WELLBERY, D.E. (orgs.). *Reconstructing Individualism*: Autonomy, Individuality and the Self in Western Thought. Stanford (CA): Stanford University Press, 1986, p. 61.
• VICKERY, A. *The Gentleman's Daughter* – Women's Lives in Georgian England. New Haven/Londres: Yale University Press, 1998, cap. 2: "Love and duty", p. 39-86.

impotentes, elas utilizavam habilmente esses conhecimentos para impor suas escolhas matrimoniais ou para diferir de escolhas feitas por outros.

Mas a progressão da intimidade, da afeição e dos favores físicos nem sempre era um período de expectativa feliz e também não se desenrolava sem problemas. As frequentações podiam transformar-se em um período de angústia e até de desespero, no caso em que uma pessoa jovem se sentia obrigada a desposar alguém que ela não mais amava, ou suspirava por uma outra pessoa que lhe era recusada. Aliás, o noivado podia ser prolongado para que os jovens pudessem resolver suas questões financeiras, ou encurtado para evitar o risco do arrependimento. Tudo isto podia tornar ansiosas mesmo as constituições juvenis mais robustas. Os sintomas médicos do conflito amoroso eram bem-conhecidos dos médicos: a *melancolia erótica* era objeto de tratados médicos específicos desde o século XVI. Em seu *Tratado da essência e da cura do amor ou melancolia erótica* (Toulouse, 1610), Jacques Ferrand observa que o amor é uma doença, ao mesmo tempo espiritual e física, que aflige simultaneamente o fígado, o cérebro e o coração, razão pela qual é preciso levá-la muito a sério, pois põe em perigo a própria vida[16]. No século XVII, o médico Richard Napier tratava homens e mulheres com sintomas do mal de amor. Seus pacientes se queixavam sobretudo de decepções sentimentais: eles tinham sido abandonados ou traídos, ou se sentiam frustrados pela oposição dos pais a um casamento desejado[17].

3. Iniciação e aprendizagem sexual

Que experiências sexuais – ligadas à frequentação amorosa ou a qualquer outra ocasião de encontro – pode uma jovem ter antes do casamento?

---

16. FERRAND, J. *A Treatise on Lovesickness*. Syracuse (NY): Syracuse University Press, 1990.

17. A propósito de Napier e dos sintomas da melancolia erótica no século XVII, cf. MacDONALD, M. *Mystical Bedlam*. Cambridge: Cambridge University Press, 1981, p. 88-98. A propósito da fraqueza particular do sexo feminino a este respeito, cf. DIXON, L.S. *Perilous Chastity* – Women and Ilness in Pre-Enlightenment Art and Medicine. Ithaca/Londres: Cornell University Press, 1995.

Nas casas familiares em que os quartos e até as camas eram partilhadas por pais, filhos e domésticos, e onde, no espaço limitado de uma ou duas peças, famílias inteiras trabalhavam, tomavam as refeições e dormiam, não se podia evitar que se ficasse exposto à atividade sexual entre adultos. Da Idade Média ao século XIX, a maioria da população vivia e dormia em uma permanente promiscuidade, apesar das condenações eclesiásticas de partilhar o leito entre irmãos e irmãs, e entre pais e filhos de mais de sete anos. Em 1681, o bispo de Grenoble, Dom Le Camus, afirma: "Um dos meios dos quais se serve mais comumente o demônio para fazer os filhos perderem a pureza da alma roubando-lhes a pureza do corpo é o costume que têm muitos pais e mães de deixar seus filhos dormir no mesmo leito com eles [...] quando começam a ter o uso da razão"[18]. A história do desenvolvimento da arquitetura doméstica e do espaço interior testemunha a lenta e progressiva separação dos quartos de dormir nas famílias ricas e patrícias. Ela se afirma no aumento da distância entre os domésticos e seus patrões e na privacidade dos leitos individuais. Esse privilégio no entanto só foi acessível às classes sociais cujos meios e costumes permitiam esse luxo. Para as ordens sociais inferiores, como os domésticos, a promiscuidade noturna continuava sendo a regra. Os criados e as crianças partilhavam suas camas entre indivíduos do mesmo sexo, apesar da crescente preocupação das autoridades religiosas e médicas com as ocasiões de encontro homossexual ou com iniciações eróticas precoces. Nessas condições, a intimidade sexual era praticamente impossível, seja para os pais ou para jovens casados que viviam sob o mesmo teto. As crianças cresciam ouvindo (e mesmo vendo) o ato físico do coito. A relação ao abrigo dos olhares indiscretos parece ter sido restrita aos encontros clandestinos e sobretudo ilegítimos que tiveram lugar em locais públicos – celeiros, tabernas rústicas, casas fechadas ou quartos alugados – assim como no exterior: nos campos e prados, nos parques das cidades ou nas ruelas noturnas.

---

18. Prescrições sinodais de Grenoble, 1681, citadas por FLANDRIN, J.-L. *Familles, parenté, maison, sexualité dans l'ancienne société*. Paris: Du Seuil, edição revista, 1984, p. 97-98.

Quanto às relações legítimas entre um pretendente e sua prometida, elas requeriam afinal de contas um certo grau de visibilidade no seio da comunidade para continuar respeitáveis.

As crianças eram geralmente expostas aos amores clandestinos dos domésticos e de seus irmãos e irmãs. Os encontros sexuais entre as jovens domésticas e os garotos não eram raras, em particular porque se pensava que a semente dos adolescentes era doentia e fraca, por conseguinte menos própria para engravidar. As Memórias dos aristocratas estão cheias de anedotas referindo-se à sua iniciação sexual por uma criada na casa de seu pai, a ponto de este tipo de incidente se tornar um *topos* literário. A idade na qual os meninos/meninas perdiam sua inocência podia ser bem precoce – treze ou catorze anos, ou até nove ou dez – e os resultados eram às vezes desastrosos, pois podiam desenvolver o gosto por uma certa promiscuidade com os domésticos que se estenderia para depois do casamento, talvez até contrair uma doença venérea desde a idade de dez anos[19].

Quando os garotos cresciam, o equilíbrio do poder se deslocava e, de agressor, a doméstica se tornava vítima. Apesar da ética corrente que fazia do patrão um *pater familias* para todos que residiam sob seu teto, continuava-se a pressupor que o patrão tinha o direito de explorar os corpos daqueles que trabalhavam para ele – o direito ao trabalho físico e aos favores sexuais. Esse "direito" estendia-se igualmente aos descendentes do sexo masculino e aos parentes do patrão. Nas "declarações de gravidez" feitas na Provença, no século XVIII, uma média de 50% das relações entre o senhor e a criada são imputados aos jovens bacharéis (filhos, sobrinhos ou primos do patrão)[20]. Como essas declarações só se referiam a mulheres celibatárias que não receberam nenhuma indenização da parte de seu sedutor, pode-se supor, com

---

19. FAIRCHILDS, C. *Domestic Enemies* – Servants and their Masters in Old Regime France. Baltimore/Londres: The Johns Hopkins University Press, 1984, p. 174.

20. 58,8% em média, entre 1727 e 1749, e 42,0% para 1750-1789: FAIRCHILDS, C. Ibid., p. 176.

um certo grau de certeza, que esses atos jurídicos representavam uma porcentagem muito reduzida dos casos. Tanto mais que uma criada que ficou grávida depois das "atenções" do patrão, ou de seus parentes próximos masculinos, caiu diretamente sob sua responsabilidade moral: foi obrigado a prover suas necessidades até o parto, fornecer uma soma de dinheiro para as despesas da criança, e até encontrar um marido complacente para a jovem mãe, cuja reputação seria assim automaticamente reparada. Como era impensável o casamento entre um jovem de boa família e uma doméstica, os amores do jovem não eram tolerados, a não ser que permanecessem discretos. As criadas ou as jovens empregadas no serviço da fazenda que ficavam grávidas recusavam-se, aliás, muitas vezes, a nomear seu sedutor, quando elas se colocavam espontaneamente sob a proteção da paróquia, ou se apresentavam diante da magistratura local, esperando com certeza que sua atitude de evitar um escândalo lhes valesse a gratidão material de seu sedutor ou de sua família.

O *Grand Tour*, viagem de formação cultural, constituía uma outra ocasião de iniciação sexual para os filhos das elites: um enriquecimento dos conhecimentos e dos costumes era esperado. Os pais e mães podiam portanto esperar que seu filho adolescente encontrasse uma aristocrata refinada que se divertiria com ele, fazendo ao mesmo tempo seu rebento, ainda maldesabrochado, aproveitar-se da sofisticação da jovem. Mas essa aprendizagem era arriscada. Em 1776, quando Lorde Herbert, com dezessete anos, visitava o Continente, seu preceptor escrevia à sua mãe, a Condessa de Pembroke, para sugerir que a partida para a Itália fosse retardada por um certo tempo, a fim de permitir que seu protegido adquirisse um pouco mais de maturidade: "Jamais desejaria que suas paixões fossem despertadas na Itália, pois lá se contorna toda ideia de decência e de moralidade, e ele poderia ficar perturbado com isso"[21]. Para os jovens aristocratas ingleses e franceses, a Itália re-

---

21. Ibid., p. 518.

presentava o apogeu da sofisticação cultural e artística, ainda que seus salões refinados fossem considerados fontes de mil perigos. Para a nobreza inglesa, Paris era um lugar muito mais respeitável: lá era possível aperfeiçoar-se em todo ramo, da dança à esgrima, de um conhecimento de arquitetura às artes plásticas. Seja como for, em todas as cidades do itinerário, bebia-se e jogava-se muito, além de frequentar as prostitutas. Os historiadores constataram muitas vezes que os relatos de façanhas sexuais cuidadosamente contados nos diários do *Grand Tour* tinham sido censurados pelo pudor dos descendentes de seus autores.

Para todas as classes sociais, o adultério entre um jovem e uma mulher casada constituía uma outra ocasião de experiência sexual antes do casamento. Era considerado como uma solução relativamente "segura", considerando-se que os filhos concebidos nessas uniões podiam passar por filhos do marido, mesmo se o nascimento ocorresse dez meses depois da partida ou da morte do marido[22]. Mas era preciso ainda encontrar uma parceira que consentisse em observar uma extrema discrição. Em geral era muito mais fácil para jovens de hábitos turbulentos recorrer ao estupro e, particularmente, ao estupro coletivo. Eles escolhiam por vítima uma mulher vulnerável em razão de sua situação social inferior e de sua imprudência quando se encontrava em um lugar isolado, ou de seu modo de vida não convencional.

No que diz respeito às adolescentes e mulheres jovens, a experiência sexual pré-nupcial não se limitava exclusivamente às importunações dos filhos de seus patrões ou às brincadeiras amorosas das frequentações formais. Quer tenham sido domésticas sexualmente exploradas por seus patrões ou jovens mulheres crédulas a quem se havia prometido o casamento para seduzi-las e abandoná-las em seguida, as mulheres não casadas corriam, em

---

22. BLAKE WILSON, L. *"Les Maladies des femmes"*: Women, Charlatanry and Professional Women Eighteenth-Century France. PhD Dissertation, Stanford University, Departamento de história (UMI), 1982; cf. a primeira parte sobre os "nascimentos tardios".

todo encontro sexual, um perigo representado por dois males conjugados: a gravidez ilegítima e a pobreza, acompanhada do risco de resvalar para a prostituição, com todas as suas consequências.

A incidência da sexualidade pré-conjugal comportando relações completas, quer praticadas no contexto da tolerância costumeira, quer legitimadas por um casamento forçado, pode ser calculada graças às estatísticas sobre a gravidez pré-nupcial. Uma gravidez pré-nupcial é presumida quando uma criança é concebida antes da celebração pública das núpcias e do registro paroquial do casamento. Segundo a convenção adotada pelos demógrafos, isto quer dizer que a criança aparece no registro dos batismos da paróquia menos de oito meses depois da celebração das núpcias. A gravidez pré-conjugal é devida sobretudo ao fato de que o processo do casamento geralmente se prorrogou por um longo período, dando assim ao jovem e à jovem a possibilidade de fazer a experiência completa de sua relação erótica, bem antes das núpcias oficiais. Entretanto, há outros tipos de gravidez pré-nupcial: um casamento forçado podia ter lugar quando ele não foi previsto por nenhum dos dois parceiros e a gravidez foi acidental. Diante do fato consumado, as famílias dos dois jovens, seus vizinhos, os oficiais da paróquia ou os magistrados locais podiam impor-lhes a união conjugal, a fim de manter a honra da comunidade e evitar a humilhação da caridade. No seio das comunidades em que havia redes de solidariedade, de paróquia e de vizinhança, as mulheres eram relativamente bem-protegidas se aceitassem ter relações sexuais com um celibatário de sua mesma classe social, sobretudo se ele tivesse prometido o casamento. Em um povoado do Piemonte, em 1742, o pároco, um notável local e seu criado, pais e vizinhos se reuniram para defender a honra de Margarita Vinazza, uma jovem doméstica que foi engravidada por um outro doméstico, Domenico Lampiano, o qual não parecia querer cumprir sua promessa de casamento. Armados de foices e clavas, os defensores da jovem prenderam Domenico em um quarto, ameaçando-o de morte se não respeitasse sua promessa. Temendo por sua vida, o garboso recalcitrante mudou de atitude com Margarita, guiado pelo pároco que declarou em seguida que eles eram marido e mulher, e podiam doravante dormir juntos[23]. Um outro tipo de gravidez pré-conjugal podia ter lugar quando um dos dois parceiros queria forçar o outro ao altar[24]. E um último tipo constitui uma prova de fertilidade por ocasião das frequentações amorosas formalizadas por noivados. Até o século XVIII, em algumas regiões da Europa, a concepção era considerada como uma precondição para o casamento: ela indicava às respectivas famílias que o casal iria proliferar. Evidentemente, esses três últimos tipos de gravidez pré-conjugal podiam facilmente desviar-se das convenções que regulam as frequentações autorizadas, encontrando-se entre os comportamentos "ilícitos" cujo fruto seria automaticamente ilegítimo.

Não importa quais tenham sido os alívios físicos – ou os sintomas – das paixões vividas pelos jovens durante o período cada vez mais longo entre a puberdade e a canalização legítima da sexualidade no leito conjugal, a instituição do casamento não passou de uma das soluções possíveis para responder ao desejo sensual. Mas o casamento era destinado, ao longo de todo este período, a permanecer o único *locus* oficialmente autorizado da sexualidade e o meio principal pelo qual a Igreja do Antigo Regime – tanto católica como protestante – buscaria controlar a consciência cristã por meio da disciplina do corpo e de seus instintos.

II. A idade adulta: o casamento e suas implicações

Uma norma dupla, ou *double standard*, autorizava os homens a experimentar os prazeres do amor físico antes do casamento, mas obrigava ao mes-

---

23. CAVALLO, S. & CERUTTI, S. "Onore femminile e controllo sociale della riproduzione in Piemonte tra Sei e Settecento", *Quaderni Storici*, n. 44, 1980, p, 346-383. A propósito do impacto do Concílio de Trento sobre o casamento costumeiro na Itália dos séculos XVII e XVIII, cf.: RUGGIERO, G. *Binding Passions* – Tales of Magic, Marriage, and Power at the End of the Renaissance. Nova York/Oxford: Oxford University Press, 1993. • LOMBARDI, D. *Matrimoni di antico regime*. Bolonha: Il Mulino, 2001.

24. Sobre casamentos forçados na Inglaterra, cf. STONE, L. *Uncertain Unions*. Op. cit., p. 83-104, "Forced marriage".

mo tempo as mulheres a conservar sua virgindade até as núpcias. Entretanto, mesmo quando um casal era legalmente casado e podia portanto ter relações carnais legítimas, a sexualidade continuava sendo objeto de uma aguda preocupação religiosa e médica.

O leito conjugal tornou-se até uma "arena" na qual as preocupações eclesiásticas pela salvação das almas coincidiam com os conselhos médicos, solícitos em preservar uma procriação responsável. As relações mais íntimas entre os indivíduos tornaram-se assim um terreno disputado, sujeito às prioridades morais e demográficas da Igreja e do Estado. A sexualidade conjugal foi, evidentemente, a forma mais comum de encontro heterossexual. Mas as questões extraconjugais, como a sedução e o estupro, eram bem comuns nos lares do Antigo Regime, mais frequentes do que parecem indicar as estatísticas dos arquivos jurídicos. Também aqui, o *double standard* pesa muito sobre as ações e as atitudes dos homens e mulheres, impondo às esposas restrições morais mais rigorosas do que as esperadas dos maridos[25].

1. *Comportamentos conjugais entre procriação e prazer*

A maioria das proibições relativas às relações sexuais dentro do casamento dependiam da dupla função dessa instituição. De um lado, gerar uma prole sadia e numerosa era o primeiro objetivo das relações físicas entre cônjuges. De outro, conceder uma expressão legítima à fraqueza humana transformava o leito conjugal em lugar preventivo do pecado da luxúria. Se São Paulo afirmava que "é melhor casar-se do que abrasar-se", a concepção do dever conjugal – tanto católica como protestante – concedia a cada parceiro o direito de pedi-lo ao outro. Este "dever" devia no entanto permanecer dentro dos limites das conveniências sexuais conjugais, considerando-se que

---

25. Cf. o artigo pioneiro de Keith Thomas: "The double standard". *Journal of the History of Ideas*, vol. 20, abr./1959, p. 195-216, e o reverso desta tese por CAPP, B. "The double standard revisited. Plebeian women and male sexual reputation in Early Modern England". *Past and Present*, vol. XVI, n. 2. fev./1999, p. 70-100.

existia – aos olhos das instituições, tanto religiosas como médicas – uma distinção imperativa entre a concretização legítima dos apetites humanos naturais e os excessos libidinosos da luxúria. Para a Europa Ocidental, existiam dois aspectos principais da sexualidade heterossexual que deviam ser mantidos em duas esferas estritamente distintas: o primeiro era a sexualidade conjugal, cuja moderação devia assegurar condições ótimas de procriação; e o segundo era o amor passional acompanhado de prazer imoderado, cujas uniões tórridas eram julgadas pouco fecundas.

A sexualidade conjugal era condicionada por um conjunto de discursos normativos que circulavam em diversos meios. As restrições religiosas eram enunciadas durante os sermões ou transmitidas por ocasião do ato da confissão. As recomendações médicas podiam ser divulgadas oralmente, ou pelos livros de "segredos" e de receitas, ou ainda por conselhos sobre o ato da procriação e sobre a biologia feminina que se encontravam tanto na literatura popular médica como nos tratados científicos. A essas condições teóricas que regulavam a sexualidade do casal acrescentavam-se em seguida condições materiais: o tributo físico exigido pelo corpo em certas estações, quando o trabalho agrícola se estendia da aurora ao crepúsculo, reservava pouca energia para os encontros amorosos. Havia também separações temporárias do casal, por exemplo quando um deles partia em viagem como peregrino, marinheiro ou soldado. A essas restrições diretas sobre a sexualidade matrimonial somavam-se também impedimentos indiretos, como abstinências aconselhadas pela Igreja católica em dias precisos: aos domingos, nos dias santos e nos dias de jejum, entre os quais a Quaresma – ao todo, de 120 a 140 dias no século XVI. Os casamentos não podiam ser celebrados nesses dias, nem durante o *tempus feriarum*, assim definido pelo Concílio de Trento (1563): o período do Advento (em torno de quatro semanas), os dias santos relacionados com a festa da Páscoa e as seis semanas da Quaresma. Ainda que as relações sexuais consumadas nesses dias não sejam mais consideradas como pecado grave após a Reforma e a Contrarreforma, os registros de nascimento mostram que a população da Europa Ocidental – mesmo nas regiões protestantes – tinha a tendência de respeitar esses tempos de abstinência costumeiros[26]. Nos centros urbanos, parece que os ciclos de concepção foram distribuídos de maneira mais ou menos uniforme nos momentos "autorizados" do ano, enquanto que, nas regiões rurais, os ritmos do trabalho sazonal acrescentaram ainda impedimentos às relações conjugais, causando baixas significativas nos registros demográficos, tanto para os casamentos como para as concepções. Na França, por exemplo, em Crulai, no século XVIII, só se celebravam poucos casamentos por ocasião dos momentos fortes de trabalho agrícola, como a colheita do trigo ou de outros cereais, entre meados de julho e meados de agosto. Ao contrário, nos portos marítimos como Honfleur e Port-en-Bessin na Normandia, grande número de núpcias eram celebradas nos meses de julho, agosto e setembro, isto é, no intervalo entre as duas épocas de pesca (da cavala e do arenque). Este tipo de curva sazonal confirma-se em toda a Europa rural, variando entre porto e povoado, entre vale e montanha, segundo as formas dominantes de colheitas ou outras atividades exercidas nas diversas localidades.

Também as superstições e tabus costumeiros exerciam uma influência sobre o ciclo anual da concepção e do nascimento, principalmente sobre a celebração das núpcias. Achava-se que era melhor evitar o mês de maio para casar-se, pois o homem que se casava durante esse mês dedicado à Virgem corria o risco de ser subjugado por sua esposa[27]. Durante o carnaval, devia-se igualmente evitar a concepção de um filho, por medo de gerar, durante esse período tradicional de loucuras, uma criança um pouco demente. A primavera, em compensação, sempre foi um pico demográfico para as concepções, tanto nas cidades como na zona rural. Este crescimento anual das concep-

---

26. LEBRUN, F. *La vie conjugale sous l'Ancien Régime*. Paris: Armand Colin, 1985, p. 37-38.

27. François Lebrun não concorda com esta explicação e faz observar que as devoções mariais associadas a esse mês não se tornaram importantes a não ser no curso do século XIX (ibid., p. 40). No entanto, nenhuma outra explicação desse tabu foi apresentada até o presente. Ele foi denunciado muitas vezes pelos bispos e outros representantes da Igreja nos séculos XVII e XVIII.

ções – legítimas e ilegítimas – encontrava uma explicação, segundo as autoridades médicas, no fato de que esses meses temperados eram o momento mais propício à procriação. Os fortes calores do verão arriscavam reaquecer a matriz, levando-a a temperaturas luxuriosas cujo "fogo" provocava a esterilidade. Aliás, a moderação no ato conjugal era aconselhada por todas as autoridades, que sugeriam a frequência das relações (calculada em geral a partir da idade dos parceiros, autorizando-se aos jovens mais relações por semana), e que sugeriam também o regime a observar: alimentos e especiarias "quentes", como, por exemplo, o alho e a pimenta, agiam como afrodisíacos, mas também corriam o risco, sobretudo se acompanhados de algum excesso de vinho, de terem um efeito contraceptivo[28].

O princípio da "castidade matrimonial", que implicava o controle estrito da paixão sexual, era pregado tanto pelas autoridades religiosas como pelos médicos e humanistas, autores de tratados sobre o casamento. Segundo essas autoridades, as relações sexuais entre esposos deviam ser moderadas, controladas e suscetíveis de desembocar em uma procriação. Da mesma forma, ainda que alguns médicos e eclesiásticos tenham autorizado relações sexuais durante a gravidez (para evitar que o marido busque consolo sexual fora do lar e não caia, por conseguinte, no pecado), a opinião comum era mais estrita: o casal devia abster-se completamente de relações sexuais durante alguns períodos – a menstruação, a gravidez e o aleitamento – períodos em que a condição física da mulher a tornava indesejável.

Aliás, considerava-se que o aleitamento e a gravidez eram funções incompatíveis: era inconcebível que uma mulher pudesse ao mesmo tempo dar o seio e nutrir um feto. Os seios e o útero eram imaginados como intimamente ligados entre si: o leite materno não era mais do que uma versão puri-

---

28. A propósito do efeito do regime sobre a libido, cf. GRIECO, A.J. *Classes sociales, nourriture et imaginaire alimentaire en Italie (XIVe-XVe siècle)*. Tese de doutorado, Paris: École des hautes études en sciences sociales, 1987. Agradeço a Allen Griecco por ter confirmado que essas prescrições alimentares relativas às relações sexuais continuaram em vigor nos séculos XVI e XVII.

ficada do sangue menstrual. Daí a ideia de que era totalmente impossível repartir o alimento disponível entre duas crianças: ambas deviam ficar doentes e morrer. Essa convicção viu-se certamente reforçada pela observação empírica, não somente em relação à saúde do lactente e do feto, mas ainda em relação à saúde da mãe, tendo em vista as deficiências em vitaminas e a desnutrição crônica da maioria da população da Europa do Antigo Regime[29]. Além disso, pressupunha-se que as relações sexuais durante o aleitamento "envenenavam" o leite e lhe davam gosto ruim, enquanto que a menstruação, como a gravidez, diminuíam, supostamente, seu valor nutritivo.

Também eram problemáticas as relações carnais no período da menstruação porque, durante todo este período, o sangue menstrual era assimilado pela medicina popular a um veneno virtual. Apesar das teorias médicas eruditas que começavam a considerar o sangue menstrual simplesmente como uma espécie de excremento, uma evacuação de dejetos não digeridos, a crença comum via nele uma lembrança mensal e venenosa da inferioridade da mulher, de sua responsabilidade em relação ao homem no pecado original. Principalmente era vago o conhecimento da relação entre a fertilidade e a menstruação: observava-se que os animais concebiam filhotes quando estavam no cio, o que levava a pensar que era bem possível que os humanos gerassem durante o período da menstruação da mulher. Mas a natureza "corrompida" dessa matéria era julgada prejudicial às crianças concebidas nesse momento. Monstros podiam resultar de relações tão repreensíveis. Proibida pela Bíblia[30] e por todas as autoridades médicas, a concepção durante a menstruação transgredia um tabu cultural profundo. Assim as crianças monstruosas, malformadas ou doentias eram sinais tangíveis da irresponsabilidade de seus pais.

---

29. Para duas abordagens diferentes da história da alimentação e de suas relações com a população da Europa do começo da época moderna, cf. McKEOWN, T. *The Modern Rise of Population*. Londres: Edward Arnold Publishers, 1976. • LIVI BACCI, M. *Populazione et alimentazione*: saggio sulla storia demografica europea. Bolonha: Il Mulino, 1989.

30. Particularmente em Lv 15,19-23. Sobre a impureza depois do parto, cf. Lv 12,2-6.

Uma progênie imperfeita podia, aliás, ser atribuída a uma posição "incorreta" assumida no coito. A única posição legítima para a procriação era uma posição alongada, a mulher deitada e o homem sobre ela, atitude que não somente reproduzia a hierarquia dos sexos, mas ainda reforçava as convicções culturais quanto à maior "atividade" própria do macho, em oposição à "passividade" da mulher. O nascimento de hermafroditas era portanto atribuído, entre outras causas possíveis, a uma inversão da posição "normal" entre homem e mulher : a mulher neste caso teria tomado a posição superior. Pressupunha-se também que os nascimentos monstruosos resultavam de relações passionais "a modo dos animais", ou ainda de um "excesso de libido"[31].

Desde as teorias médicas galênicas do século XVI até os tratados médico-legais do fim do século XVIII, o orgasmo feminino era considerado como uma das condições indispensáveis ao sucesso da procriação: supunha-se que ele liberaria o "germe" feminino que, misturado ao germe masculino, formava uma criança perfeita[32]. No entanto, o papel do clitóris no orgasmo não era inteiramente compreendido, ainda que se tenha reconhecido que ele era a "sede das delícias da mulher". Realdo Colombo, que declarou ter "descoberto" esse órgão em 1559, permaneceu por exemplo inteiramente fiel à teoria anatômica monossexista contemporânea, identificando o clitóris a

---

31. Sobre este tema cf. NICCOLI, O. "Mestruum quasi monstruum": parti mostruosi e tabù menstruali nel '500". *Quaderni storici*, n. 44, 1980, p. 402-428, traduzido para o inglês por Mary M. Gallucci sob o título "Mestruum quasi monstruum: monstruous births and menstrual taboo in the sixteenth century". In: MUIR, E. & RUGGIERO, G. (orgs.). *Sex and Gender in Historical Perspective*: Selections from Quaderni Storici. Baltimore/Londres: The Johns Hopkins University Press, 1990, p. 1-25.

32. Para um panorama geral das teorias médicas da procriação no começo do período moderno, cf. BERRIOT-SALVADORE, É. *Un corps, un destin* – La femme dans la médecine de la Renaissance. Paris: Honoré Champion, 1993. • DARMON, P. *Le Mythe de la procréation à l'âge baroque*. Paris: DuSeuil, 1981. • LAQUEUR, T. *Making Sex*: Body and Gender from the Greeks to Freud. Cambridge (Mass.): Harvard University Press, 1992, postula que o monossexismo aristotélico sobreviveu durante uma boa parte do século XVIII, e coexistiu com teorias que afirmam que os dois sexos têm identidades biológicas separadas.

uma espécie de membro masculino[33]. Esta construção do corpo feminino como versão menos perfeita do homem desempenhou entretanto um papel na promoção do princípio do prazer feminino: não podia a mulher, legitimamente, esperar gozar como o homem, sua contraparte perfeita? Se seu parceiro masculino ejaculasse antes que ela atingisse o orgasmo, considerava-se perfeitamente desejável que ela se estimulasse para obter alívio, pois, do contrário, a retenção dos fluidos geradores e do calor sexual seria prejudicial à sua saúde.

O principal objetivo das relações sexuais era exatamente a procriação. Marcante era também o desejo dos pais de determinar o sexo da criança. Um menino – um herdeiro – era preferível a uma menina que dependia de um dote (mesmo se entrasse no convento), mais ainda porque o encargo dos pais idosos recaía finalmente sobre os ombros dos filhos, pois as filhas deixavam o lar ao casar-se. A literatura popular dos conselhos médicos como os textos teóricos mais eruditos abundavam em receitas para gerar meninos: a mulher devia deitar-se do lado direito imediatamente depois da relação (pensava-se que o lado esquerdo da mãe dava origem a meninas); o marido devia atar seu testículo esquerdo para que só o direito (aquele que se supunha fabricar a semente masculina) pudesse funcionar durante a relação. Os manuais de conselhos conjugais e os tratados populares sobre as técnicas da procriação, destinados aos leitores (tanto das camadas médias como das classes ricas) preocupados em gerar filhos de modo avisado e responsável, tornaram-se um gênero de sucesso desde meados do século XVII, na Inglaterra, França, Holanda e Alemanha. Tratados destinados ao grande público, como *The Compleat Midwife's Practice Enlarged* (Londres, 1659), ofereciam receitas para adivinhar o sexo do feto, enquanto que compilações vulgarizantes, como *Aristotle's Masterpiece* (Londres, 1690) e o *Tableau de l'amour*

---

33. Colombo substituiu Vesálio como professor de anatomia na Universidade de Pádua. Cf. COLOMBO, M.R. *De re anatomica*. Veneza, 1959.

conjugal, de Nicolas Venette (Paris, 1686), eram traduzidas em todas as principais línguas europeias, além de contar com muitas reedições ao longo de todo o século XVIII. A maioria desses textos descrevem a sexualidade como fazendo parte do projeto divino pela preservação e multiplicação da espécie, afirmando que o prazer físico é ao mesmo tempo natural e necessário para assegurar o sucesso do ato de procriação[34]. Os conselhos de medicina popular tiveram um papel central no desenvolvimento dos casamentos por amor mútuo nos séculos XVII e XVIII, sobretudo apoiando a convicção crescente de que um casamento sustentado pela afeição recíproca só podia produzir uma descendência numerosa, sadia... e masculina.

Quantos filhos podia de fato gerar um casal durante os cerca de quinze ou vinte anos que separam o casamento da menopausa? A fecundidade natural – sem contracepção nem qualquer outra abstinência, a não ser a da menstruação, da gravidez e do período de trinta ou quarenta dias de resguardo que se permitia à mulher que acabava de dar à luz – dá intervalos de nascimento de doze a dezoito meses. Um exemplo deste tipo de fecundidade "natural" encontra-se no casamento de lord e lady Bristol, que celebraram suas núpcias aos 25 de julho de 1695, quando a esposa tinha dezenove anos. Lady Bristol teve seu primeiro filho, um menino, aos 15 de outubro de 1696, depois uma menina em dezembro de 1697, e continuou assim, gerando toda uma série de bebês para terminar sua carreira de mãe prolífica com a idade de trinta e nove anos, tendo dado à luz vinte filhos no espaço de vinte anos

---

34. A propósito dos manuais de procriação, cf.: PORTER, R. The secrets of generation display'd: Aristotle's masterpiece in eighteenth-century England. In: MACCUBBIN, R.P. *The Nature's Fault* – Unauthorised Sexuality during the Enlightenment. Cambridge/Nova York: Cambridge University Press, 1987, p. 1-21. • PORTER, R. & HALL, L. *The Facts of Life* – The Creation of Sexual Knowledge in Britain, 1650-1950. New Haven/Londres: Yale University Press, 1995, cap. 2 e 3, p. 1-190. • HOROWITZ, M.C. The "science" of embryology before discovery of the ovum. In: BOXER, M.J.; QUATAERT, J.H. & SCOTT, J.W. *Connecting Spheres* – Women in the Western World, 1500 to the Present. Oxford/Nova York: Oxford University Press, 1987, p. 86-94.

de casamento[35]. Todavia, esse tipo de nascimentos em série só era possível para mulheres que podiam contar com nutrizes e, por conseguinte, estar disponíveis para seus maridos um mês depois do parto. Todas as outras mães amamentavam seus próprios filhos, tendo em vista que o leite animal era considerado impróprio para os lactentes.

Para as mulheres que amamentavam seus próprios filhos, ou que eram empregadas como nutrizes, o aleitamento provocava uma baixa temporária de fecundidade, pelo menos enquanto a criança era nutrida exclusivamente no peito. Como o desmame parcial começava desde que surgiam os primeiros dentes da criança (por volta dos seis meses), este obstáculo natural à procriação diminuía de modo notável: os casais deviam então escolher entre a abstinência sexual e o recurso a práticas anticoncepcionais. Os intervalos de vinte e quatro a trinta e seis meses, que se observam em famílias cujas mulheres amamentavam seus próprios filhos, sugerem que estratégias contraceptivas estavam em uso, enquanto que as fortes diminuições periódicas no número de filhos nascidos em famílias ricas, que utilizavam em geral nutrizes, confirmam a hipótese de um planejamento familiar deliberado nas classes médias e privilegiadas. Por volta do começo do século XVIII, a baixa das taxas de mortalidade infantil é acompanhada de um investimento emocional em cada filho individual, com repercussões sobre as estratégias de procriação. Se, no passado, o que se buscava era o número máximo de filhos, a fim de assegurar a sobrevivência de alguns (até o começo do século XVIII, somente um ou dois filhos entre quatro nascidos vivos chegavam à idade adulta), pelo final do século XVII os pais das classes abastadas já haviam começado a dar mais atenção a cada filho. A instrução e o luxo necessários à manutenção do *status* social impunham um sério planejamento orçamentá-

---

35. Segundo os cálculos de Randolph Trumbach, lord Bristol só teria tido um total de onze anos de acesso sexual à sua mulher nos vinte anos de fertilidade dela: TRUMBACH, R. *The Rise of the Egalitarian Family* – Aristocratic Kinship and Domestic Relations in Eighteenth-Century England. Nova Iorque/Londres: Academic Press, 1978, p. 173-175.

rio ao *pater familias*[36]. As obrigações econômicas da paternidade tiveram repercussões sobre o tamanho das famílias até o fim do século XVIII, momento em que os ricos recomeçaram a gerar mais filhos, certos de que a maioria sobreviveria até a idade adulta, e que o investimento na educação deles não seria desperdiçado por uma morte prematura.

Limitadas ao contexto da sexualidade conjugal, quais eram as formas de contracepção mais utilizadas? As informações a este respeito continuam bem minguadas, tendo em vista que o controle dos nascimentos, seja qual for a técnica utilizada, era julgado contrário aos mandamentos divinos e ao objetivo principal do casamento. Não obstante, se os moralistas cristãos denunciavam qualquer inibição, fosse qual fosse, da possibilidade de procriar por ocasião das relações carnais, as curvas demográficas da fecundidade conjugal durante todo o Antigo Regime mostram até que ponto o uso da contracepção se havia difundido. Ora, o único meio "legítimo" de evitar a concepção era a abstinência. Ainda que um certo número de casais, mesmo moderadamente piedosos, tivessem interiorizado a convicção de que seria inteiramente inaceitável ter relações sexuais sem possibilidade de procriação, essa prescrição não foi a regra. Com exceção da abstinência, o *coitus interruptus* era sem dúvida alguma a técnica mais usada, não somente por casais noivos e casados, mas também por casais ilegítimos, a crer no testemunho das *Dames galantes* do Senhor de Brantôme, que cita esta prática evocando os amores ilícitos das damas da corte[37]. Era condenada como "pecado de Onan": somente no começo do século XVIII é que esta referência bíblica à ejaculação da semente fora da matriz foi sobretudo identificada à masturbação. Enfim, apesar de todas as precauções mais ou menos "legítimas", se

---

36. Sobre as curvas demográficas que indicam o uso da contracepção nas diferentes classes sociais tanto na França como na Inglaterra, cf. FLANDRIN, J.-L. *Famílles, parenté, maison*. Op. cit., p. 191-206. STONE, L. *The Family, Sex and Marriage in England, 1500-1800*. Londres: Weidenfeld et Nicolson, 1979, p. 415-424.

37. Brantôme admite esta prática entre as relações ilícitas, mas a condena absolutamente no contexto do casamento. Cf. FLANDRIN, J.-L. *Familles, parenté, maison*. Op. cit., p. 210.

uma gravidez se manifestasse, ela podia sempre ser interrompida. Os livros de segredos, de receitas e de medicina popular abundavam em "segredos funestos" ou "artes de enganar a natureza", bem como em receitas menos explícitas para "fazer eclodir as flores" (as regras), caso estivessem "atrasadas". As parteiras e os médicos, ao recomendar às mulheres os banhos mornos e o exercício físico moderado, sugeriam indiretamente técnicas para livrar-se de um feto. Parece que as damas da alta sociedade não hesitaram em recorrer a essas estratégias, por ocasião de uma gravidez inoportuna. Em 1725, Lady Caroline Fox escreve a seu marido, de Bath, para onde se havia dirigido para recuperar a saúde, depois de duas maternidades muito próximas. Com medo de engravidar novamente, ela descreve a seu esposo os meios de que se serviu para escapar da gravidez: "Não estou absolutamente contente contigo. Tomei um remédio ontem na esperança de eliminá-lo, mas estou ainda mais certa do que antes do fundamento de minha apreensão". Entretanto, no dia seguinte, ela lhe escreve de novo, entusiasmada com seu sucesso: "Não estou grávida (não sou doente?)"[38].

Outras técnicas de contracepção eram mais mecânicas. As obstruções vaginais – com esponjas impregnadas de vinagre – e as cintas elásticas preservativas eram certamente usadas bem antes do século XVIII, mas estavam associadas em geral ao sexo ilícito. Conhecida na França como "vestimenta" ou "capote inglês", e na Inglaterra como *French letter*, a cinta preservativa era feita de linho ou de tripa de carneiro, de 18 a 20 centímetros, e fixada por fitas verdes ou vermelhas (alguns exemplares do fim do século XVIII são até ornados de imagens eróticas). Com a introdução da borracha no começo do século XIX, esses materiais desconfortáveis tornaram-se obsoletos. Mais usada como medida preventiva contra doenças venéreas e só secundariamente como contraceptivo, esse preservativo estava principalmente limitado aos meios de prostituição e de amores adúlteros.

---

38. TRUMBACH, R. *The Rise of the Egalitarian Family*. Op. cit., p. 172.

A mulher tinha a obrigação moral e religiosa de permitir que seu marido acedesse a seu corpo, pois recusar-lhe este alívio legítimo podia levá-lo a aventuras amorosas e, neste caso, a esposa era considerada culpada pela má conduta sexual de seu esposo. Isto significava que as mulheres tinham pouco recurso contra a gravidez, a menos que seus maridos aceitassem praticar a contracepção: *coitus interruptus*, prazer oral, masturbação mútua ou penetração anal, ou ainda subterfúgios como os obstáculos vaginais ou os abortivos[39]. Os perigos da gravidez eram bem conhecidos: uma em dez mulheres morria de complicações no parto ou de febre *post-partum*; para os homens, pressionados a assegurar sua descendência, os casamentos em série eram a regra, sobretudo nos séculos XV, XVI e XVII. Em 1530, Guillaume Versoris já se havia casado cinco vezes: nada se sabe da primeira mulher, mas a segunda, Jeanne Houdon, deu à luz aos 9 de abril de 1523 e morreu um mês depois. Versoris tomou sua terceira mulher, Loïse Barjelonne, aos 15 de julho de 1523; ela deu à luz aos 8 de junho de 1524 e morreu nove dias depois. A quarta mulher foi Isabeau Gallope, que se casou com Versoris aos 17 de junho de 1526 e morreu dez meses depois, sem dúvida de parto. Em 1530, no momento em que seu diário para, Versoris já estava casado com sua quinta mulher há cinco anos, mas eles ainda não tinham filho[40].

Este massacre das mulheres e das mães, incentivado tanto pela ideologia natalista como pelas convicções cristãs sobre o dever dos esposos, devia perdurar até o começo do século XVIII, momento em que as atitudes mudaram, o que ocasionou uma transformação da sexualidade conjugal, como também o desenvolvimento do uso de práticas anticoncepcionais nas relações

---

39. Sobre a contracepção e o aborto na Europa do começo do período moderno, cf. McLAREN, A. *A History of Contraception from Antiquity to the Present Day*. Oxford: Basil Blackwell, 1990. • RIDDLE, J. *Contraception and Abortion from the Ancient World to the Renaissance*. Cambridge (Mass.): Harvard University Press, 1992.

40. FLANDRIN, J.-L. *Familles, parenté, maison*. Op. cit., p. 209. Um outro exemplo de casamentos em série nos é dado pela vida de Gregorio Dati: BRUCKER, G. (org.). *Two Memoirs of Renaissance Florence* – The Diaries of Buonaccorso Pitti and Gregorio Dati. Nova York: Harper and Row, 1967.

entre marido e mulher. O impulso do individualismo afetivo, um maior investimento emocional e financeiro nos filhos, a crescente preocupação do marido com a saúde e bem-estar de sua mulher foram alguns dos principais fatores da limitação das concepções e dos nascimentos no seio da família[41]. Além do planejamento familiar deliberado que parece ter sido implantado naquela época nos lares das classes média e rica, sobretudo na França e na Inglaterra, parece que as funções reprodutivas "naturais" foram cada vez mais identificadas com o princípio do prazer "natural" (e consequentemente bom e desejável). Essas ideias foram progressivamente assimiladas a outras (românticas) sobre a felicidade do estado conjugal, difundidas pelos romances da época, criando um clima sempre mais favorável à compatibilidade no casamento e no amor, e à cumplicidade sexual. Todos esses fatores contribuíram sem dúvida para motivar os cônjuges a gerir sua própria fecundidade de modo relativamente autônomo, ignorando os ditames mais repressivos da religião e da moralidade.

2. Promiscuidade popular e licença aristocrática

Na Inglaterra e na França, só as camadas mais elevadas continuaram a submeter-se aos casamentos de conveniência. A busca da compatibilidade entre esposos tornou-se um objetivo cada vez mais realizável no seio das classes média e alta ao norte dos Alpes. Em compensação, na Itália, a aristocracia, as classes profissionais e os meios mercantis mantiveram a prática dos casamentos arranjados até o fim do século XVIII. Lá o *ethos* aristocrático desenvolveu até uma estratégia particular para satisfazer as necessidades sociais, emocionais (e até sexuais) dos cônjuges, inventando o companheiro gentil-homem: *cavalier servente* ou *cicisbeo* (chichisbéu, galanteador).

---

41. STONE, L. *The Family, Sex and Marriage in England*. Op. cit., quarta parte: "The closed domesticated nuclear family, 1640-1800".

Todos que escreveram sobre esse costume – viajantes folgazões que visitavam a Itália, ou moralistas escandalizados – atribuíram a origem desse costume às impiedosas estratégias matrimoniais da nobreza, que obrigavam os filhos mais velhos a estabelecer-se com consortes escolhidas por seus pais, enquanto que os mais novos não eram autorizados a se casar. Os observadores contemporâneos tendiam a assimilar essa prática a uma forma de adultério "legitimado" em galanteio ritual. Os eclesiásticos a condenavam como uma leviandade ociosa, que leva a uma aproximação culpável dos dois sexos, fenômeno semelhante, em sua frivolidade, à dança e ao teatro[42]. Na verdade, parece que a relação entre um cavalheiro acompanhante e sua dama raramente tenha sido adúltera. Charles de Brosses, citando o embaixador da França em Veneza, observa que somente umas cinquenta damas servidas por um *cicisbeo* (entre cerca de quinhentas em toda a cidade) deitavam-se com esse galã; as outras, contidas pelo respeito à religião, fechavam um acordo com seu confessor: o *cicisbeo* podia permitir-se todo tipo de familiaridades, com a condição de abster-se do "ato essencial"[43].

No que diz respeito ao fenômeno do adultério no resto da Europa Ocidental, o *double standard* que dava aos homens uma liberdade sexual maior, exigindo ao mesmo tempo das mulheres a castidade, continuava a governar as relações extraconjugais em todos os níveis da sociedade, salvo nos mais altos escalões da aristocracia e das cortes principescas. Em geral, o adultério cometido pelo marido era considerado como mais ou menos "normal" na Europa do Antigo Regime, embora a Igreja o denunciasse como moralmente repreensível. Uma mulher razoável devia simplesmente fechar os olhos às ligações de seu marido, se este demonstrasse a discrição exigida por tais peca-

---

42. CANOSA, R. *La restaurazione sessuale* – Per una storia della sessualità in Italia tra Cinquecento e Settecento. Milão: Feltrinelli, 1993, p. 109-110.

43. BROSSES, C. *Lettres familières d'Italie*. Bruxelas: Complexe, 1995. A propósito do *cicisbeo*, cf.: BARBAGLI, M. *Sotto lo stesso tetto* – Mutamenti della famiglia in Italia dal XV ao XX secolo. Bolonha: Il Mulino, 1988 [1984], VII. 2: "Mariti e cicisbei". • CANOSA, R. *La restaurazione sessuale*. Op. cit., cap. 6: "Il cicisbeo".

dilhos, não dilapidasse grandes somas de dinheiro com sua amante e não provocasse nenhum escândalo em seu lar. O adultério feminino parece ter sido muito mais raro, em parte porque a reputação sexual das mulheres era mais frágil do que a dos homens (elas tinham muito mais a perder), e, em parte, porque as obrigações do lar, o cuidado das crianças e as amizades femininas preenchiam a vida das mulheres de satisfações emocionais socialmente aceitáveis que deviam paliar, de certa maneira, a necessidade de outros tipos de relações fora do círculo imediato da família e dos amigos. Tratando-se das mulheres, os casos de adultério flagrante eram geralmente consequência de anos de negligência conjugal, de abusos físicos e verbais e de infidelidades repetidas da parte do marido. Entre meados e fim do século XVIII, nas regiões em que o casamento por amor ou atração física se tornou uma prática corrente, a resistência das mulheres à infidelidade conjugal de seus maridos era maior, e a tolerância para a crueza verbal e física sensivelmente menor[44].

Em grande parte, o adultério feminino era considerado falta do marido, do qual se esperava que satisfizesse sua mulher sexualmente (de modo que ela não precisasse "olhar para outros") e que zelasse convenientemente por ela. Um marido enganado perdia então a figura e a reputação viril; uma mulher acusada de infidelidade podia cobrir de desonra e de ridículo tanto seu marido como todos os familiares. Em 1699, Stephen Seagar d'Aldgate se deu conta de que sua mulher o enganava com seu aprendiz, Tarrant Reeves, e que ela estava grávida dele. Pressupondo-se que ele não soube satisfazer sua mulher, tornou-se alvo da zombaria da vizinhança. Uma balada satírica foi escrita a seu respeito, e um homem colocou diante da casa dele um par de chifres em sinal de sua desgraça[45].

---

44. STONE, L. *Broken Lives* – Separation and Divorce in England (1660-1857). Oxford/Nova York: Oxford University Press, 1993, p. xv-xvi.
45. FOYSTER, E.A. *Manhood in Early Modern England* – Honour, Sex and Marriage. Londres/Nova York: Longman, 1999, p. 70.

A promiscuidade física que reinava nos lares de antanho, onde os patrões, suas mulheres e seus filhos, os aprendizes e os domésticos partilhavam um espaço interno muitas vezes restrito, provocava facilmente relações íntimas entre um patrão e uma criada. O "direito" do patrão sobre o corpo das pessoas que o serviam era a causa desse tipo de adultério, o mais comum. A exploração sexual das criadas e a frequentação das prostitutas eram, de fato, as formas mais comuns de atividade extraconjugal. Contudo, só uma porcentagem mínima dessas ligações entre empregadores e domésticas acabavam diante dos tribunais, uma vez que apelar à lei era sempre um processo de último recurso, causado, em geral, pela gravidez da doméstica e pela recusa de seu sedutor de assumir sua responsabilidade. A gravidez era tratada pela maioria com a devida discrição. O patrão podia convencer a doméstica a acusar um membro de sua própria classe social ou um outro doméstico, propor que a criada interrompesse sua gravidez, ou pagar as despesas do nascimento e do parto. Se os patrões da criada eram ricos, sua filha podia receber um dote, e até se podia encontrar um marido para ela. Mas é preciso sublinhar ainda que as relações sexuais entre o patrão e a doméstica não terminavam necessariamente em uma gravidez ou em um escândalo; o medo de doenças venéreas ou de um engajamento sentimental perturbador incitava, sem dúvida, muitos homens a evitar relações completas, e a contentar-se com carícias às escondidas ou masturbações mútuas[46].

Por que as domésticas mantinham relações sexuais com seus patrões casados, correndo o risco de perder seu lugar por causa do ciúme de sua patroa, ou de serem demitidas devido à gravidez? As relações sexuais podiam ser motivadas pela frustração física, pelo aborrecimento de um trabalho incessante ou pela solidão e restrições impostas à sua vida social. As relações físicas patrão-criada podiam também ser motivadas por uma ameaça de re-

---

46. FAIRCHILDS, C. *Domestic Enemies*. Op. cit., p. 165. Sobre as domésticas e suas relações com seus patrões, cf. ibid., cap. 6: "Sexual relations between master and servant", p. 164-192. HILL, B. *Servants: English Domestics in the XVIIIth Century*. Oxford: Clarendon Press, 1996, cap. 3: "The sexual vulnerability and sexuality of female domestic servants", p. 44-63.

tenção sobre o salário ou de demissão, por uma promessa de recompensa material, ou ainda por uma afeição real. É certo que a tentação de manter relações sexuais com uma doméstica era generalizada, como testemunham muitos diários íntimos e memórias. De fato, era a domésticos, homens e mulheres, que podia ser confiada a tarefa de vestir e despir seu patrão ou sua patroa, de colocá-los no leito à noite, de acordá-los de manhã, de catar os piolhos nas partes mais íntimas de sua anatomia. Mesmo que as domésticas começassem a recusar-se a seus patrões, uma insistência incessante, durante a ronda cotidiana de seus trabalhos, acabava por vencer sua resistência. Numa "declaração de gravidez" feita por uma empregada agrícola, Thérèse Roux, a denunciante afirmou que no começo ela havia resistido aos assédios de seu patrão, mas no fim teve de ceder seu corpo, simplesmente porque ele era seu patrão[47].

Da parte das esposas, um caso extraconjugal podia ser incentivado por um marido que esperava alguma recompensa em troca das infidelidades de sua mulher. Foi na corte que a prática do adultério feminino como estratégia de promoção masculina era mais flagrante, mas também existia em outras camadas sociais. O diário de Samuel Pepys oferece informações preciosas sobre esse tipo de troca de favores. Nele encontramos o relato de uns cinquenta encontros eróticos extraconjugais entre 1660 e 1669, a maioria de mulheres casadas cujos esposos tinham alguma relação com o gabinete onde trabalhava Pepys e onde sua intervenção podia obter postos ou pensões para esses maridos complacentes[48].

Entre as relações sexuais favorecidas em primeiro lugar pelas condições de proximidade, de desigualdade social e de dependência em relação a um benfeitor, encontra-se também o incesto. O impacto da moralidade sobre o equilíbrio de uma família podia incitar à formação de novos lares "incestuo-

---

47. FAIRCHILDS, C. *Domestic Enemies*. Op. cit., p. 166.

48. Para uma análise do Diário de Samuel Pepys do ponto de vista de suas práticas sexuais, cf. STONE, L. *The Family, Sex and Marriage in England*. Op. cit., p. 552-561, "Gentlemanly sexual behavior: case histories".

sos" por razões de interesse e de conveniência: o trabalho de um indivíduo podia permitir que se reconstituísse um lar funcional, quando uma sobrinha ou uma nora trabalhava ao mesmo tempo como governanta e como patroa, ou ainda fazer recuar o espectro da ruína total, quando uma viúva encarregada dos filhos aceitava viver – e dormir – com seu cunhado[49].

Além do adultério e do incesto, outros tipos de relações sexuais ilícitas às margens do casamento encontram-se nos arquivos judiciais. O estupro, a fornicação e a sedução com promessa de casamento alimentam as crônicas da violência e da pobreza. Do fim da Idade Média ao fim do século XVIII, o estupro era principalmente considerado como um crime contra a propriedade, pois o corpo de uma mulher pertencia a seu pai se ela fosse virgem, a seu marido se fosse casada, e a Cristo se fosse religiosa[50]. Se uma jovem núbil perdesse sua virgindade, seu valor no mercado do casamento era severamente diminuído, ao passo que, se uma esposa fosse violada, era a honra de seu marido que era atacada. Muitas vezes, a violência física e o roubo estavam associados ao estupro, recebendo em geral mais atenção da parte dos tribunais – e punições mais severas – do que a própria agressão sexual.

Os atos jurídicos referentes ao estupro eram sempre particularmente sensíveis à idade e à situação social da vítima. A defloração de uma criança antes da idade da puberdade (geralmente entre doze e catorze anos) era reprovada com muita severidade, e até punida de morte. Os estupros que ultrapassavam as fronteiras sociais, implicando uma mulher de situação social superior à do estuprador, eram sancionados com o mesmo vigor. Mas, na maioria dos casos, a justiça trabalhava junto com as famílias para encontrar

---

49. Um bom exemplo desse tipo de "compromisso" nas populações rurais encontra-se na história de Martin Guerre. Sua suposta identidade não criava problema, tanto que ele ajudava sua família e o povoado; ele não foi contestado a não ser quando começou a querer apropriar-se dos bens de sua (suposta) família. Cf. ZEMON DAVIS, N. *The Return of Martin Guerre*. Cambridge (Mass.)/Londres: Harvard University Press, 1983 [Trad. francesa: *Le Retour de Martin Guerre*. Paris: R. Laffont, 1997].

50. Cf. VIGARELLO, G. *Histoire du viol, XIVe-XXe siècle*. Paris: Du Seuil, 1998.

soluções menos drásticas e permitir à vítima recuperar sua reputação. Em meados do século XV, um nobre de Veneza, Pelegrino Venier, estuprou uma aristocrata bem jovem, Marcella Marcello. O julgamento do tribunal foi absolutamente típico em sua intenção de conciliação. Venier foi condenado a escolher entre um ano de prisão com o pagamento de um dote de 1.600 ducados à jovem (sentença bem leve, levando em conta seu estatuto de nobre), ou o casamento forçado. E Venier e a família de Marcella preferiram o casamento, uma vez que o agressor era do mesmo meio social que sua vítima. Suas núpcias foram celebradas aos 12 de março de 1468[51]. Os casamentos forçados entre iguais do ponto de vista social eram uma das soluções ao estupro de uma jovem núbil, mesmo que ela não estivesse grávida, mas os estupros entre pessoas desiguais do ponto de vista social eram tratados de modo diferente. Em junho de 1466, nos arredores de Rennes, um jovem comerciante espanhol, Jehannico Darbieto, em companhia de dois amigos bretões, abusou de uma menina de mais ou menos doze anos. A vítima, Margot Simmonet, era filha de um respeitável pintor. Ela se havia afastado da cidade, sozinha e a pé, para visitar sua irmã casada num povoado vizinho. Os três rapazes, a cavalo e um pouco embriagados, "aproveitaram-se" da ocasião. O julgamento, apesar do delito flagrante e da presença de testemunhas, foi clemente: o tribunal levou em consideração a distância social entre o agressor e sua vítima, condenando o estuprador a pagar ao pai da menina, Jehan Simmonet, uma indenização de 30 escudos de ouro bretões, uma soma que supostamente aumentaria o dote da pequena, restabeleceria sua "honra" e a honra de sua família, e "requalificaria" seu valor no mercado matrimonial local[52].

---

51. RUGGIERO, G. *The Boundaries of Eros*. Sex Crime and Sexuality in Renaissance Venice. Oxford/Nova York: Oxford University Press, 1985, p. 106.

52. LEGUAY, J.-P. Un caso di "violenza" nel Medioevo: lo stupro di Margot Simmonet. In: CORBIN, A. (org.). *La violenza sessuale nella storia*. Bari/Roma: Laterza, 1992, p. 3-24. Edição francesa: *Violences sexuelles*. Paris: Imago, 1992.

As mulheres das camadas sociais modestas eram consideradas presas fáceis por aqueles que lhes eram socialmente superiores, ou até por seus inferiores, se elas ultrapassassem a proteção moral que a decência lhes dava. As garçonetes das tabernas, por exemplo, eram consideradas quase prostitutas, o que as colocava em uma posição bastante vulnerável em relação aos clientes um tanto embriagados. Em seu estado embotado, esses clientes podiam não ter a capacidade de resistir, daí a tendência dos homens embriagados de fazer coletivamente seu assédio sexual. As domésticas e as mulheres das classes mais humildes que se encontravam sós nas ruas das cidades eram tão vulneráveis como as garçonetes das tabernas ou suas irmãs da zona rural atacadas nos caminhos desertos. Quando ia a pé para a casa de seu patrão em 1768, a criada Sarah Harbour foi atacada por dois marinheiros em embarcações em construção em pleno Chelsea. Atada e com a boca amordaçada com um lenço, ela foi estuprada por ambos e roubada da soma de quatro ou cinco shillings que tinha em seu bolso. Dez meses depois, ela abandonou a criança nascida desse encontro infeliz no *Founding Hospital* de Londres[53].

O estupro era o produto de uma cultura na qual as mulheres eram consideradas não apenas inferiores aos homens, mas também, simplesmente, como seres que estão neste mundo só para satisfazer as necessidades do sexo forte, sobretudo se elas são de uma situação social modesta. É dessa regra elementar sobre as relações entre os sexos e entre as classes sociais que resulta a relativa impunidade com que o estupro era praticado: patrões que estupravam as domésticas, soldados as vendedoras ambulantes, notáveis locais as jovens do povoado. Essa regra explica também a frequência das decisões tomadas fora dos processos legais para fazer intervir compensações monetárias, quando as categorias sociais eram diferentes, ou provocar casamentos forçados, quando eram iguais. Além disso, o estupro era difícil de provar. Os

---

53. TRUMBACH, R. *Sex and the Gender Revolution*– Tomo I: Heterosexuality and the Third Gender in Enlightenment London. Chicago: The University of Chicago Press, 1998, p. 283.

sinais físicos de violência no corpo da vítima e os gritos ouvidos pelas testemunhas podiam ser usados para demonstrar o uso da força e o não consentimento da vítima, enquanto que as feridas vaginais e a supuração podiam comprovar a realidade da penetração, sobretudo quando havia transmissão de doenças venéreas. O próprio corpo se tornava assim o sinal exterior e visível da virtude da vítima: quanto maior o número de manchas roxas, cicatrizes e ferimentos na carne da jovem, mais firme havia sido sua resistência... e maior a retidão moral da vítima e mais certa a culpa do agressor.

É de todo surpreendente que o estatuto legal do estupro como tipo de roubo ou crime contra a propriedade continue constante ao longo de todo o Antigo Regime. Na França, não é antes do novo Código Penal de 1791, que deve muito aos princípios revolucionários de igualdade, que o estupro será qualificado de "crime contra a pessoa", ao invés de "crime contra a propriedade". A responsabilidade da prova recaía no entanto sobre a mulher e sobre as eventuais testemunhas em seu favor; era preciso vencer a dúvida, solidamente estabelecida, que mantinha como fato "científico" que nenhuma mulher adulta podia ser estuprada contra sua vontade e que a gravidez só podia ocorrer se a mulher tivesse prazer no ato sexual. Durante todo esse período, e até uma data mais recente, reinava a convicção de que o estupro desonrava muito mais a vítima do que o estuprador.

As declarações de gravidez e os registros paroquiais de assistência aos pobres estão cheios de histórias tristes de abusos sexuais e emocionais. Era comum acontecer que as mulheres das classes inferiores fossem estupradas e depois "pagas" com algum dinheiro para "provar" que elas eram prostitutas. Jovens crédulas recentemente vindas do campo, empregadas como domésticas, seduzidas e engravidadas, encontravam-se abandonadas por patrões indiferentes, expulsas por paróquias avaras e repudiadas por sua própria família. As taxas de ilegitimidade revelam proporções espantosas de exploração sexual das criadas: em Languedoc, entre 1676 e 1786, 75% dos nascimentos ilegítimos resultavam de seduções de domésticas, enquanto somente 25% eram atribuíveis a noivados rompidos ou ao estupro[54]. Nos séculos XV e XVI, era o homem acusado de paternidade que se supunha ser o culpado, sobretudo se ele fosse "nomeado" por ocasião do nascimento da criança pela mulher que ele havia fecundado. A proximidade de uma possível morte era a garantia de que ela dizia a verdade, para não arriscar a morte em estado de pecado. No século XVIII, porém, a responsabilidade de provar uma paternidade ilegítima recaiu com mais peso sobre a mulher, que devia reunir testemunhos para provar sua "inocência". As provas tornaram-se por conseguinte mais elaboradas: os depoimentos deviam atestar, por exemplo, o processo tradicional da frequentação amorosa, confirmando a suposta intenção de casamento, exibindo até cartas trocadas entre os amantes. Quanto à prole, procuravam-se sinais "naturais" – anomalias físicas, entre outras – comuns ao suposto pai e à criança ilegítima (como cabelos ruivos, sinais estranhos, malformação).

As opiniões divergem quanto às causas da cronologia dos nascimentos ilegítimos na Europa do Antigo Regime. Durante a segunda metade do século XVI observa-se uma diminuição notável, geralmente atribuída à influência das Reformas protestante e católica e a uma interiorização da repressão dos costumes sexuais. As estatísticas mostram, em seguida, um forte crescimento por volta de meados do século XVIII na Inglaterra, assim como na França e na Itália, nas duas últimas décadas do século. São muitas as explicações que foram propostas para essa recrudescência[55]. O número de casamen-

---

54. PHAN, M.-C. *Les Amours illégitimes* – Histoires de séduction en Languedoc (1678-1786). Paris: CNRS, 1986. A este respeito, cf. tb.: CANOSA, R. *La restaurazione sessuale*, cap. 13, "La deflorazione con promessa di matrimonio". TRUMBACH, R. *Sex and the Gender Revolution.* Op. cit., terceira parte, "Illegitimacy and Rape", p. 229-324.

55. Sobre o fenômeno dos nascimentos ilegítimos na Inglaterra e na Itália do começo do período moderno, cf. ADAIR, R. *Courtship, Illegitimacy and Marriage in Early Modern England.* Manchester/Nova York: Manchester University Press, 1996. • DA MOLIN, G. (org.). *Senza famiglia* – Modelli demografici e sociali dell'infanzia e dell'assistenza in Italia (séc. XV-XX). Bari: Cacucci, 1997. O panorama mais completo para a Europa continua sendo LASLETT et al. *Bastardy and its Comparative History.* Londres: Edward Arnold, 1980.

tos estava crescendo, graças a um aumento da produtividade financeira dos jovens nos primeiros momentos da industrialização. Mais casamentos significam mais frequentações e, portanto, mais chances de que os noivados não acabem em casamento. Os costumes das famílias ricas também mudaram, permitindo com mais frequência que os filhos mais novos se casassem; o casamento não era mais reservado ao herdeiro designado e à filha mais velha. Por outro lado, baixou a idade dos homens e das mulheres para o primeiro casamento: os casais que se frequentavam eram menos maduros, o que aumentava também o risco de gravidez. Também não devemos esquecer que muitas pessoas que se cortejavam, ou mantinham relações sexuais, ou viviam juntas, não podiam casar-se por diversas razões, sendo as mais comuns as restrições que pesam sobre os laços de parentesco, a insuficiência dos meios financeiros para criar um lar, a disparidade social ou o abandono anterior de um esposo ou de uma esposa. Os casos de concubinato e de bigamia certamente não eram raros, apesar de poucos deles irem parar nos tribunais. Muitos casais jovens tiveram de encontrar-se na situação de Frances Storey e sua amante. Ambos domésticos, eles se conheceram em Londres por volta de 1771-1773 e prometeram se casar. O nascimento de uma criança, sem possibilidade econômica de fundar um lar, colocou-os diante de uma opção dolorosa: se a mãe se entregasse à caridade pública e trabalhasse em um *workhouse* paroquial, a fim de criar a criança, ela perderia sua reputação e ao mesmo tempo a possibilidade de encontrar trabalho como criada. Os jovens pais decidem então entregar a criança à mercê do *Founding Hospital*, mas prometem voltar para buscá-la, uma vez encontrada a possibilidade de casar-se[56].

De fato, nem todos que não podiam ter acesso à sexualidade "legítima" no casamento levavam necessariamente uma vida celibatária. No caso de fracassar toda tentativa de atingir o estatuto matrimonial, sempre se podia

---

56. TRUMBACH, R. *Sex and the Gender Revolution*. Op. cit., p. 284.

entrar em contato com a "subcultura da ilegitimidade" onde se encontravam mulheres-mães de bastardos, frequentemente de pais diferentes, ou famílias que contavam com mulheres que viviam como concubina titular. Famílias inteiras praticavam esse tipo de estratégia reprodutiva, repetindo esquemas de ilegitimidade de geração em geração. Os imperativos da pobreza podiam incitar outras mulheres jovens, sem emprego nem perspectiva de casamento, a entrar em contato com uma outra subcultura ainda, a do sexo por tarifa (a um determinado preço), onde podiam esperar sobreviver até que uma outra ocasião de trabalho se apresentasse, e onde se abriam até possibilidades de carreira para uma jovem de bom desempenho e desembaraço.

3. A prostituição

O que levou à institucionalização do comércio do sexo no fim da Idade Média foi a preocupação com a moralidade pública e com a saúde do corpo social. Os governos municipais do fim do século XV e do século XVI, na França e na Itália, estavam particularmente perplexos com as desordens de uma vasta população de celibatários – aprendizes, operários, domésticos – cujas escapadas amorosas ameaçavam a virtude das mulheres e filhas dos cidadãos honrados. Bebendo, jogando e frequentando prostitutas, esses celibatários corriam o risco de derrapar para práticas sexuais ainda mais infames, como a sodomia. Crescia o medo de que essas desordens acabariam por atrair a cólera de Deus sobre toda a população urbana. Em 1415, os priores de Florença se resignaram a financiar o estabelecimento de três bordéis municipais, a fim de controlar melhor os passatempos prazerosos dos celibatários, salvaguardar a honra da cidade e evitar a cólera divina. Em Languedoc já se faziam concessões para o estabelecimento de casas fechadas desde o século XIII. Pelo final do século XIV, na França, os governos municipais e a autoridade real uniram suas forças para promover a prostituição como solução às desordens. Os cidadãos podiam então pedir uma licença para estabelecer um bordel que se beneficiasse ao mesmo tempo da proteção da municipalidade e do rei[57].

Prevalecia esta lógica: recuar os bordéis para bairros específicos, a fim de torná-los mais fáceis de controlar, além de registrar devidamente as mulheres que neles trabalhariam. Fornecer às prostitutas uma moradia, zonas claramente delimitadas para recrutar clientes, assim como quartos para praticar o comércio do sexo, tudo isto era considerado um mal menor, sobretudo diante do risco de corrupção das mulheres respeitáveis. Estas corriam o risco de ser seduzidas pelo espetáculo de cortesãs vestidas à última moda, cuja relativa situação de fortuna com vida fácil e aparente liberdade podiam atrair mocinhas ingênuas para um modo de vida corrompido. O bordel municipal tinha portanto a função de proteção da sociedade urbana contra uma população de mulheres sem ligações nem controle, que a perda de sua virtude transformava em uma fonte potencial de desordens sociais. Violadas, seduzidas e abandonadas, grávidas de filhos ilegítimos, pobres e sem amigos, a maioria das mulheres que acabavam de trocar seu corpo por uma refeição, um abrigo, roupas ou dinheiro eram consideradas como um permanente problema social. Tendo perdido sua castidade, elas também perderam seu direito de pertencer à sociedade "honesta": parecia então totalmente normal, uma vez que não tinham nenhuma virtude a perder, que elas oferecessem um exutório permitido, um serviço de "saúde pública" a celibatários za-

---

57. Sobre a prostituição no século XV na Itália e na França, cf. CANOSA, R. & COLONNELLO, I. *Storia della prostituzione in Italia dal quattrocento alla fine del settecento*. Roma: Sapere 2000, 1989. • MAZZI, S. *Prostitute e lenoni nella Firenze del Quattrocento*. Milão: Mondadori, "Il Saggiatore", 1991. • OTIS, L.L. *Prostitution in Medieval Society* – The History of a Medieval Institution in Languedoc. Chicago: University of Chicago Press, 1985. • ROUSSIAUD, J. *La Prostitution médiévale*. Paris: Flammarion, 1988. • RUGGIERO, G. *The Boundaries of Eros*. Op. cit. • TREXLER, R. *The Women of Renaissance Florence*. Binghamton, NY: MRTS, 1993, p. 31-65, "Florentine prostitution in the fifteenth century: patrons and clients". A Inglaterra não conheceu o mesmo desenvolvimento dos bordéis municipais que a Europa continental: MAZO KARRAS, R. *Common Women*: Prostitution and Sexuality in Medieval England. Oxford/Nova York: Oxford University Press, 1996.

ragateiros que, de outra forma, teriam buscado seduzir mulheres "honráveis" ou, pior, teriam tentado satisfazer entre eles seu desejo insatisfeito.

O pavor das relações sexuais entre homens foi um dos estímulos permanentes que favoreceram a tolerância em relação à prostituição. Temia-se que os sodomitas empedernidos perdessem a vontade de casar-se e ter filhos. Além disso eles seriam culpados de atrair a ira de Deus para o que era considerado um dos pecados mais abomináveis contra a natureza. Os interesses morais, religiosos e demográficos conjuminavam-se assim para incitar os governos municipais do fim da Idade Média e da Renascença a organizar e promover a prostituição. Comportamentos obscenos e mulheres de má vida encontravam-se doravante confinados em zonas bem-delimitadas, a fim de proteger o resto da cidade das violências que acompanham a vida mal-afamada das tabernas e dos bordéis. Por outro lado, a prostituição incentivaria a sexualidade heterossexual e, por conseguinte, potencialmente procriadora, longe do pesadelo demográfico da sodomia estéril, e também longe dos raios da cólera divina.

As mulheres que entraram nos bordéis municipais da Europa do século XV e do começo do século XVI eram de origem social relativamente modesta. Frequentemente, a entrada nessa vida era consequência de uma combinação de desgraças: filhas de artesãos desempregados, camponesas seduzidas e abandonadas, domésticas sem emprego, virgens estupradas e viúvas sem recursos. A maioria delas entrava nessa profissão muito jovens, entre catorze e dezessete anos, e permaneciam ativas até os trinta anos mais ou menos. Vítimas ao mesmo tempo de sua própria ingenuidade e de sua penúria material, muitas eram seduzidas por promessas de bem-estar imediato, de alimentação abundante e de roupas elegantes, promessas ainda redobradas por sedutores de coração de pedra, especializados na arte de persuadir as mulheres "honestas" a levar uma vida "de pecado e de corrupção". Em outros casos, as mulheres se dirigiam diretamente às autoridades municipais para empregar-se no bordel público (onde havia em geral uma lista de espera), a fim de ficar numa cidade por alguns meses ou alguns anos, antes de mudar de localidade ao sabor dos caprichos do mercado ou de seu próprio sucesso pessoal. Na Florença do século XV, o *Ufficio dell'Onestà* registrava prostitutas provenientes de toda a península italiana ou até de terras mais longínquas como os Países Baixos, a Espanha, a França, a Alemanha e a Polônia. Na França e na Itália, essa categoria profissional parece ter funcionado mais ou menos da mesma forma. As prostitutas pagavam ao gerente da casa por seu quarto ou apartamento, por sua comida e às vezes até por sua roupa de cama e vestidos, com uma porcentagem de seu ganho; uma outra porcentagem elas entregavam a um homem – amante, marido ou doméstico – que podia recrutar-lhes clientes. A institucionalização da prostituição transformou o estatuto da meretriz: de trabalhadora ocasional especializada em prestações sexuais, ela se tornou uma profissional encarregada da salvaguarda da moralidade pública.

Além disso, a prostituta se beneficiava de uma identidade social sancionada pela participação nas festividades e celebrações urbanas. A corrida das prostitutas figurava, por exemplo, entre as diversões tradicionais do carnaval em Roma, como era a *regata* das cortesãs de Veneza: uma corrida de gôndola feita por essas mulheres para o deleite dos espectadores. Em Beaucaire e Arles, as prostitutas participavam de corridas a pé por ocasião da festa da Madalena ou de Pentecostes[58]. Mesmo nas cidades onde existiam bordéis municipais, nem todas as prostitutas trabalhavam nesse tipo de estabelecimento: os banhos públicos, as tabernas e as casas privadas também empregavam prostitutas. Parece que em toda a Europa também existiu uma prostituição rural florescente, de natureza itinerante. O calendário sazonal das feiras e dos mercados, os caminhos de peregrinação, os campos militares e a migração temporária dos trabalhadores agrícolas ofereciam outras tantas possibilidades às prostitutas mais pobres. As viúvas, solteironas e esposas abandonadas constituíam outras categorias de mulheres suscetíveis de apelar para seu principal e inalienável recurso – seu corpo – como para um capital econômico, em tempos de penúria. Paralelamente, alguns maridos podiam

---

58. OTIS, L.L. *Prostitution in Medieval Society*. Op. cit., p. 70-71.

até explorar seu direito de propriedade sobre o corpo de sua mulher como fonte fácil de renda. Finalmente, existia mais ou menos em toda parte a prostituta do povoado ou do bairro, muitas vezes uma viúva, a quem se conferia uma certa respeitabilidade social por sua discrição, e cujos serviços eram em geral remunerados em natura. Em Pensford, no começo do século XVII, vivia uma mulher casada que servia sua comunidade desta forma, recebendo homens casados cujas mulheres estavam temporariamente indispostas por causa de uma gravidez ou uma doença, e celibatários sem parceira fixa, entre os quais o pastor local[59].

As prostitutas rurais itinerantes constituíam um setor profissional relativamente homogêneo, enquanto que no contexto urbano a diversificação profissional se acentuava. Na cidade, havia uma hierarquia da prostituição: no baixo escalão, a prostituta da rua, no escalão intermediário a prostituta dos bordéis privados e no alto escalão as cortesãs refinadas que serviam as elites sociais. Mesmo depois do fechamento dos bordéis municipais no curso do século XVI – medida motivada principalmente pelas Reformas religiosas e sua oposição rigorosa aos pecados da carne – a prostituição continuou a dar condições de vida a muitas mulheres e a responder às prementes necessidades da libido masculina. Na Roma dos séculos XVI e XVII, o *standing* de uma cortesã era determinado pelo *status* social de seus clientes. No ápice, a *cortigiana onesta* – bela, inteligente e culta – tinha talentos e um nível de vida equivalente ao das elites eclesiásticas e aristocráticas que vinham reunir-se em sua casa. O *ethos* profissional da cortesã "honesta" supunha uma certa lealdade, na medida em que ela só se permitia um único amante, muitas vezes durante longos períodos, meses ou anos[60]. No nível mais baixo da escala en-

---

59. QUAIFE, G.R. *Wanton Wenches and Wayward Wives* – Peasants and Illicit Sex in Early Seventeenth-Century England. Londres: Croom Helm, 1979, p. 146-152.

60. A respeito da cortesã "honesta" e de seu papel na vida social e cultural da Itália da Renascença, cf. MASSON, G. *Courtesans of the Italian Renaissance*. Londres: Secker & Warburg, 1975. • ROSENTHAL, M.F. *The Honest Courtesan* – Verônica Franco, Citizen and Writer in Sixteenth-Century Venice. Chicago/Londres: University of Chicago Press, 1992.

contravam-se as prostitutas pobres, de mais idade ou doentes, que vendiam seu corpo aos aprendizes e operários jornaleiros pelo equivalente a uma libra de pão[61]. Entre esses dois extremos havia muitas mulheres que se definiam segundo termos mais ou menos enobrecedores, como *cortigiana, meretrice* ou *puttana*. Em 1535, a *Somtuosa Meretrize* Julia Lombardo havia conseguido um evidente sucesso: seu preço estava entre os mais altos mencionados em um guia das prostitutas de Veneza, *La tariffa delle puttane di Vinegia*[62]. Em compensação, a prostituta romana Camilla *la Magra* estava situada um pouco abaixo na hierarquia da profissão: apesar de clientes muito respeitáveis, entre os quais um fidalgo, dois comerciantes, um médico e um capitão, o título de *cortigiana* do qual ela se apropriou visava tanto seduzir sua clientela quanto afirmar sua "respeitabilidade"[63].

Uma fisionomia atraente não era o único quesito necessário ao sucesso de uma cortesã. A inteligência, a educação, o talento literário ou musical e a capacidade de seduzir eram outras tantas qualificações indispensáveis à mobilidade social em uma profissão altamente competitiva. Algumas carreiras fabulosas, como a da célebre cortesã e poetisa Verônica Franco (1546-1591), que recebeu o rei da França, Henrique III, por ocasião de uma estada real em Veneza, ou a de Lady Emma Hamilton (1765-1815), que foi sucessivamente criada, prostituta, amante e finalmente esposa aristocrática, contribuíram sem dúvida para a esperança com a qual numerosas mulheres entravam na profissão. Aquelas que já tinham perdido sua castidade podiam pensar que tinham tudo a ganhar. Se elas tivessem a sorte de escapar à doença, podiam

---

61. A propósito da prostituição na Roma dos séculos XVI e XVII, cf.: KURZEL-RUNT-SCHEINER, M. *Töchter der Venus* – Dir Kurtisanen Roms in 16. Jahrhundert. Munique: C.H. Beck, 1995. • STOREY, T. *"Questo Negozio è Aromaticissimo"* – A Sociocultural Study of Prostitution in Early Modern Rome. 2 vols., dissertação de PhD, European University Institute (Fiesole), nov./1998.

62. SANTORE, C. "Julia Lombardo, 'Somtuosa Meretrizie': a portrait by property". *Renaissance Quarterly*, vol. XLI, n. 1, 1988, p. 44-83.

63. COHEN, E.S. Camilla la Magra, prostituta romana. In: NICCOLI, O. (org.). *Rinascimento al femminile*. Roma/Bari: Laterza, 1991, p. 163-196.

esperar acumular um dote suficiente para se casar ou fundar sua própria casa de prostituição, ou comprar bastante roupa de cama e outras de uso nesse setor e móveis para alugar tudo e viver do aluguel. Outras se valiam da prostituição como recurso temporário, enquanto esperavam conseguir um emprego melhor. As domésticas, entre dois empregos, as fiandeiras e as costureiras momentaneamente sem trabalho e as mulheres que só trabalhavam a seda em certas estações formavam o grosso das tropas de prostitutas ocasionais cuja sobrevivência – como a de seus filhos e outras pessoas que dependiam delas – se baseava no recurso a esta "atividade" de tempo parcial[64].

O corpo de uma mulher e sua eventual beleza sempre constituíram um capital fundamental, explorado no mercado do casamento ou no mercado do sexo comercial. Assim, os anuários ou guias de prostitutas, fenômeno próprio aos centros urbanos mais reputados por sua população de prostitutas, não tardaram em tornar-se muito mais do que simples listas de nomes, de endereços e de tarifas. Eles incluíam informações detalhadas sobre os atributos físicos das diversas cortesãs e sobre suas competências particulares em certas técnicas eróticas, como a flagelação. A maioria desses guias teve muitas edições entre o século XVI e o século XVIII, regularmente publicadas e ampliadas. Um guia publicado em Veneza em 1566 – *Questo si è il catalogo de tutte le principal et più honorate cortigiane di Venetia, il nome loro et il nome delle loro pieze et le stantie ove loro abitano* – era vendido clandestinamente, enquanto que uma publicação trilíngue do começo do século XVII – o *Miroir des Plus belles Courtisans de ce temps / Spigel der Aldarschoonste Courtisanen deses tyts / The Looking-Glass of the fairest Courtiers [sic] of these tymes* – elogiava os retratos das cortesãs mais célebres da Europa. Em 1861, um guia das prostitutas de Amsterdã – *Amsterdamsche Hoerdom* – vendia-se em toda a Holanda. Na Paris do século XVIII, havia uma publicação turística análoga – as *Filles du Palais-Royal* – que era periodicamente publicada. Em Londres, en-

---

64. Para um panorama da prostituição na Europa do século XVI ao século XVIII, de um ponto de vista social e econômico, cf. HUFTON, O. *The Prospect Before Her* – A History of Women in Western Europe. Londres: Harper Collins, 1996, cap. 8, "Kept mistresses and common strumpets", p. 299-331.

tre 1760 e 1793, edições anuais da *List of Convent Garden Ladies or Men of Pleasure's Kalendar* forneciam descrições particularmente sedutoras dos atrativos físicos das damas que figuravam na lista, assim como suas aptidões particulares na arte do amor[65].

Apesar da abolição dos bordéis municipais no curso do século XVI e da interdição das casas de prostituição nas proximidades das cidades, a prostituição urbana continuou a desenvolver-se na Europa. As cortesãs da Península Italiana, por exemplo, tinham uma reputação que se estendia a toda a Europa: todo viajante que se prezava devia extraviar-se para passar pelo menos uma noite com uma dessas sereias. Michel de Montaigne, em visita a Roma, em 1590, e o inglês William Hole, chegado a Veneza no começo do século XVII, anotaram, entre as experiências turísticas indispensáveis, uma noite com uma cortesã, e a tarifa cobrada. Os célebres divertimentos noturnos oferecidos por cortesãs de alta categoria parecem ter evoluído pouco a pouco, entre o fim do século XVII e o começo do século XVIII, para um duplo fenômeno. De um lado, difundiu-se a moda dos salões ou "conversas" de elite, reunindo a nobreza (tanto os homens como as mulheres), os altos escalões do clero, a *intelligentsia*, músicos, homens de letras e artistas em voga. De outro, impôs-se a instituição do *cicisbeo* (sobretudo na Península Italiana), cujas atenções galantes davam às mulheres uma mobilidade maior, o que tornava supérflua a figura social e cultural da cortesã como mestra de cerimônia. O papel da cortesã parece ter-se apagado um pouco nas camadas média e alta, mesmo que a amante sustentada e a favorita da corte tenham continuado a desempenhar um papel importante na prática da sexualidade "ilícita" nas imediações da instituição "lícita" do casamento. Em compensação, o comércio do sexo continuava a ser praticado nos escalões inferiores da sociedade, nas tabernas, bordéis e alamedas sombrias[66].

---

65. BULLOUGH, V.L. Prostitution and reform in eighteenth-century England. In: MACCUBBIN, R.P. *Tis Nature's Fault*. Op. cit., p. 62-63.

66. Sobre esta evolução, cf. CANOSA, R. *La restaurazione sessuale*. Op. cit. • STOREY, T. *"Questo Negozio è Aromaticissimo"* – A Sociological Study of Prostitution in Early Modern Rome. 2 vols., dissertação de PhD, European University Institute (Fiesole), 1998.

Na França e na Inglaterra, no fim do século XVII e no século XVIII, operou-se uma evolução significativa nas atitudes para com as prostitutas. O problema central nos dois países foi o da manutenção da ordem social, em particular nos vastos complexos urbanos de Paris e de Londres, onde o sexo comercial continuava a crescer e prosperar com o aumento da população. A prostituição havia sido declarada ilegal na França em 1561, quando Carlos IX proibiu todos os bordéis do reino, principalmente para combater a desordem pública em torno dos lugares de jogo e de prostituição. Diante desse fato, ainda que ela se tornasse menos organizada e mais culpável, também aos olhos da lei, a prostituição continuou, no entanto, a ser alimentada por um fluxo constante de jovens mulheres desonradas ou sem recursos, às quais se dirigia uma clientela de homens, sobretudo celibatários. Na França, a etapa seguinte em matéria de legislação contra a prostituição foi a proclamação, por Luís XIV (1684), de três decretos exigindo a prisão dos "devassos" da região parisiense. Este tipo de medida foi reiterado periodicamente, ao longo de todo o século XVIII, em vãs tentativas de conter a indústria da diversão sexual[67].

A função econômica desempenhada pelas prostitutas endinheiradas e pelas cortesãs célebres explicaria em parte a tolerância de que elas eram objeto, quer seu trabalho fosse limitado ao tempo parcial, aos "extras" oferecidos num *bagnio*, ou que fosse estendido ao cotidiano de um palácio luxuoso. A todos os níveis do mercado, elas desempenhavam um papel importante como pivô da economia local. As devassas das tabernas e dos banhos públicos incentivavam os clientes a consumir comida e bebida; as "abadessas" dos bordéis alugavam roupas, móveis e quartos, e forneciam guloseimas a suas "freiras" e a seus clientes; as amantes sustentadas e as cortesãs não tinham apenas necessidade de todos os adornos da moda, exigidos por sua posição e pela posição de seus patronos, elas mantinham residências onde trabalha-

---

67. Sobre a prostituição em Paris no século XVIII, cf. o estudo impressionante de Érica-Marie Benabou: *La Prostitution et la Police des moeurs au XVIIIe siècle*. Paris: Perrin, 1987.

vam igualmente domésticos, cozinheiros, cabeleireiros e cocheiros. A prostituição era uma indústria de lazer complexa da qual dependia uma parte significativa do mercado urbano dos serviços e dos bens. Deter, prender ou banir uma prostituta, mesmo de categoria média, podia ter efeitos de grande repercussão sobre seu bairro: privar os comerciantes de vinho e de alimento de negócios vantajosos, desempregar as domésticas e deixar de pagar um aluguel ou uma mobília[68]. Apesar de criar algumas vezes um ou outro problema de vizinhança, as prostitutas tinham em geral grande interesse em entender-se bem com seus vizinhos, de corromper a polícia quando fosse necessário e de fornecer muitos clientes aos comerciantes da esquina, para que sua presença fosse benéfica à sua vizinhança.

Como se percebiam essas mulheres? As transcrições de testemunhos por ocasião de processos nos tribunais dos costumes públicos, que constituem uma das raras fontes que transmitem a voz das próprias prostitutas, revelam um forte senso de independência. Uma das vantagens da profissão era permitir que as mulheres administrassem sua própria renda, na ausência de outros agentes como os proxenetas. Apesar do grande número de prostitutas que, em consequência de diversas desventuras, tinham a infelicidade de acabar seus dias no asilo dos pobres ou no hospital dos incuráveis, um número significativo delas chegava a viver com bastante conforto e, aliás, muitas vezes tão bem ou melhor do que as mulheres celibatárias, viúvas ou abandonadas que vinham aumentar a coorte de domésticas ou trabalhadoras do ramo têxtil. A segurança financeira e física era um luxo para as mulheres celibatárias das camadas inferiores da sociedade, não importa qual fosse sua profissão, e as prostitutas, como as domésticas e as fiandeiras, tinham uma consciência aguda da brevidade do período durante o qual elas podiam esperar melhorar sua sorte, graças à energia de sua juventude e ao trunfo de

---

68. Sobre o papel da prostituição na economia local, cf.: HUFTON, O. *The Prospect Before Her.* Op. cit., cap. 8, "Kept mistresses and common strumpets". • STOREY, T. *"Questo Negozio è Aromaticissimo".* Op. cit. • SALGADO, G. *The Elizabethan Underworld.* Londres: J.M. Dent & Sons, 1977, cap. 2, "The suburbs of sin", p. 49-64.

sua beleza. No caso das meretrizes, como aliás para a maioria das mulheres do Antigo Regime, de modo geral era possível conservar a beleza feminina durante um período que se estendia dos quinze aos trinta anos. Depois dessa idade, uma prostituta de nível médio, que se havia dado bem na profissão, teria economizado bastante dinheiro para constituir um dote ou, na pior das hipóteses, teria adquirido experiência suficiente para poder, por sua vez, alojar, formar e empregar mulheres mais jovens.

Fora das estratégias individuais de "aposentadoria" ou abandono voluntário oferecidas pelo casamento ou pela formação de jovens recrutadas, foi desenvolvido um certo número de estratégias institucionais para permitir que as mulheres evitassem ou abandonassem o comércio do sexo. Tanto a Itália da Contrarreforma como a França católica engajaram-se com entusiasmo nas novas formas de filantropia que tinham por objetivo proteger o "sexo fraco". Os refúgios para as mulheres espancadas, as viúvas indigentes e as jovens em perigo de perder sua castidade multiplicaram-se, assim como conventos para prostitutas arrependidas e asilos para os órfãos, os pobres, os velhos e os doentes[69]. O *Monastero delle Convertite* em Florença e o convento de *Santa Maria Maddalena* em Pistoia já estavam em atividade no fim do século XIV. *La Madeleine*, fundada em Paris, em 1618, e a *Maison du Bon Pasteur* em Dijon, criada na mesma época, dão testemunho de uma política social que tinha em vista a segregação e a reclusão para assegurar a ordem social e moral nas cidades. Aquém dessas preocupações, a criação de asilos para prostitutas "arrependidas" sempre era motivada pela convicção religiosa: a certeza de que a salvação não devia ser recusada àqueles e àquelas que se arrependiam verdadeiramente. Entrando em uma comunidade religiosa, uma

---

69. A bibliografia sobre este tema é vasta. Cf. por exemplo COHEN, S. *The Evolution of Women's Asylums Since 1500* – From Refuges for Ex-Prostitutes to Shelters for Battered Women. Oxford/Nova York: Oxford University Press, 1992. • GROPPI, A. *I conservatori della virtù* – Donne recluse nella Roma dei Papi. Roma/Bari: Laterza, 1994. • LOMBARDI, D. *Povertà maschile, povertà femminile* – L'Ospedale dei mendicanti nella Firenze dei Medici. Bolonha: Il Mulino, 1988.

prostituta podia restabelecer ao mesmo tempo sua honra e a honra de sua família[70]. A Inglaterra adotou com algum atraso a fórmula do asilo ou do refúgio para a reforma das prostitutas como alternativa à prisão. Em 1758 foi fundado em Londres o *Magdalen Hospital*, ao qual se ajuntou de imediato uma divisão do *Lock Hospital* (fundado em 1746 para tratar as doenças venéreas). O atraso da Inglaterra em matéria de casas de correção para prostitutas (em vez da prisão) deve-se sem dúvida à aversão desse país protestante a toda instituição que poderia assemelhar-se de perto ou de longe a um convento "papista".

Mas nem todas as prostitutas conseguiram ficar do bom lado da religião e da lei. Aquelas que eram acusadas de delinquência ou de desordem de caráter sexual eram severamente punidas: a flagelação pública, a exposição sobre o pelourinho, a prisão, o banimento, a deportação e mesmo a marcação a ferro em brasa eram punições comuns. A marcação desapareceu por volta de meados do século XVII, talvez porque esse suplício condenava a mulher para a vida toda, sem lhe dar a possibilidade de resgatar-se. Em todo o caso, a severidade das penas infligidas às prostitutas mitigou-se no curso do século XVIII. A crescente tomada de consciência de que a prostituição era motivada principalmente pela pobreza, e que a prostituta era muito mais uma vítima do que uma pecadora ou um emissário do diabo, provocou uma mudança gradual no tratamento das delinquentes sexuais reconhecidas. Na França, a deportação de jovens julgadas "reformáveis" – isto é, relativamente jovens e ainda não irremediavelmente corrompidas – povoou colônias com mulheres na idade de se casar (entre quinze e trinta anos). Uma medida menos drástica era a condenação a uma temporada de alguns meses em um asilo ou prisão – como o refúgio de Santa Pelágia, fundado por Madame de Maintenon, em 1662, como extensão do Hospital da Piedade – onde o regime de traba-

---

70. FARR, J.F. *Authority and Sexuality in Early Modern Burgundy (1550-1730)*. Nova York/Oxford: Oxford University Press, 1995, p. 141. Para uma análise das diferentes abordagens da questão da prostituição nos países católicos e protestantes, cf. HUFTON, O. *The Prospect Before Her*. Op. cit., cap. 8, "Kept mistresses and common strumpets".

lho incessante, os uniformes e o ambiente piedoso supostamente afastariam as mulheres perdidas de sua vida de pecado. Enquanto a maioria dos homens tinha um ofício que eles podiam retomar depois de sair da prisão, as instáveis ocupações de baixa renda que eram a sorte da maioria das prostitutas "reformadas" – venda de alimentos, faxina, toucado e penteado e trabalhos têxteis (como a costura e o bordado) – não lhes permitiam manter-se, jogando-as de novo diretamente nas ruas. Daí resultou um modelo penal feito da alternância de relaxamentos e de prisões. Dessas medidas preventivas não se podia, aliás, esperar mais do que conter, de alguma forma, a enorme quantidade de prostitutas que vagueavam pelas ruas das cidades da Europa. Segundo os arquivos da prefeitura de polícia de Paris, em 1762, havia cerca de 25 mil *filles, putains & macquerelles*" nessa cidade onde a população não chegava a 600 mil habitantes. Em Londres, em 1797, o magistrado Patrick Colqhoun estimou que havia 50 mil mulheres vivendo da prostituição numa cidade de um milhão de habitantes. O fenômeno havia atingido proporções consideráveis, e certamente não dava sinais de estar prestes a diminuir.

O *double standard* continuava a prevalecer nos costumes sexuais, onde os homens celibatários supostamente tinham uma certa experiência antes do casamento, assim como continuava a manutenção das desigualdades no mercado de trabalho, onde as mulheres dificilmente tinham formação profissional e recebiam salários muito mais baixos do que os homens. Esses fatores combinavam-se para criar um terreno fértil à pobreza feminina e uma porta aberta à prostituição. Apesar de campanhas ocasionais contra as meretrizes de baixo nível social – impulsos reformadores de eclesiásticos ou magistrados zelosos, prisões em massa pela polícia ou incursões de organizações civis como a *Society for the Reform of Manners* britânica –, o mercado do sexo comercial continuava a oferecer a todas as classes sociais uma solução alternativa e permanente ao leito conjugal. Esse mercado coexistia não apenas com o mercado matrimonial, mas com toda uma outra série de práticas eróticas. Essas "outras" práticas distinguiam-se, porém, nitidamente, da cultura heterossexual – lícita e ilícita –, colocando assim problemas inteiramente diferentes à consciência moral e espiritual da Europa Ocidental.

III. O corpo e as "outras" sexualidades. Entre tolerância e repressão

Muitas pesquisas recentes sobre as práticas sexuais "alternativas" demonstraram que o modelo comportamental heterossexual, santificado pelo matrimônio ou vivido nos seus equivalentes que se aproximam de fornicação – concubinato, adultério e prostituição – coexistia com muitas outras possibilidades para a atividade erótica. Práticas como a masturbação, a bestialidade ou zooerastia, a homossexualidade e o lesbianismo foram sucessivamente ignoradas, toleradas ou reprimidas ao longo de todo o Antigo Regime. A religião e os poderes seculares mobilizaram-se periodicamente para reformar um corpo social culpado de pecados "contra a natureza", enquanto que a medicalização da sexualidade – em expansão desde a segunda metade do século XVII – visava antes de tudo cuidar dos corpos individuais afligidos pelos efeitos deletérios de práticas consideradas doentias.

1. O onanismo

A prática da masturbação, conhecida sob o nome de "vício solitário" ou de "pecado de Onan", é difícil de situar com precisão, na medida em que a maioria dos dados são indiretos. Segundo os teólogos, era um pecado "contra a natureza", assim como o *coitus interruptus*, a sodomia e a bestialidade. Por conseguinte, era considerada como uma das mais graves transgressões sexuais. Supunha-se que os jovens que se entregavam ao sexo solitário perdiam seu interesse pelo casamento: "Os homens não vão querer casar-se, nem as mulheres tomar marido, quando por este meio satisfazem seus apetites impudicos, continuando assim pelos anos afora e, talvez, infelizmente, até o túmulo"[71]. Pior ainda, se eles se casassem, esses jovens eram capazes de

---

71. BENEDICTI, J. *Somme des Pechez*. Paris, 1601, livro II, cap. VIII (BNF cote D 6502), apud. FLANDRIN, J.-L. *Familles, parenté, maison*. Op. cit., p. 186.

manter esse vício no leito conjugal, e portanto evitar a concepção, como fez o personagem do Antigo Testamento, Onan (Gn 38,6-10). A masturbação, para os teólogos, implicava ao mesmo tempo esta recusa do dever conjugal e o crime da contracepção sob forma de *coitus interruptus*.

No entanto, parece que as autoridades eclesiásticas, assim como a opinião pública, consideravam a masturbação solitária como um mal menor. Era o único pecado "contra a natureza" que não se encontrava na lista dos "casos reservados" cuja absolvição, tendo em vista sua gravidade, era reservada ao bispo. O que queria dizer que qualquer pároco podia absolver um paroquiano que tivesse confessado uma prática masturbatória, sem ser obrigado a incomodar seu superior: a frequência do ato tendia sem dúvida a banalizá-lo. Quanto à literatura, ela abordava o assunto com um humor desiludido. Em *Les caquets de l'accouchée* (Conversa de comadres) (1622), uma mãe visitando a filha que acabava de dar à luz o sétimo filho exclamava exasperada: "Se eu soubesse que minha filha tão depressa tivesse que penar tanto, eu a teria deixado masturbar-se até a idade de vinte e quatro anos sem se casar"[72].

O isolamento dos adolescentes que viviam como internos nos colégios onde o acesso ao outro sexo era proibido levava os jovens a procurar prazeres compensatórios. Charles Sorel, na primeira edição da *Vraie histoire comique de Francion* (1622), fazia uma observação sobre a vida do aluno parisiense que será suprimida nas edições seguintes: "Quanto a mim, eu não gostava deste prazer, e tinha consciência de derramar inutilmente uma semente tão boa, em vez de colocá-la num lugar onde pudesse ser aproveitada: eu não gostaria absolutamente de tornar-me inimigo das damas que odeiam mortalmente aqueles que as privam assim do que lhes é devido"[73]. No começo do século XVIII, o aprendiz John Cannon e seus amigos utilizavam um livro de medicina popular pertencente à sua mãe para masturbar-se em grupo, lendo

---

72. LEBRUN, F. *La vie conjugale sous l'Ancien Régime.* Op. cit., p. 94.
73. DAUMAS, M. *La Tendresse amoureuse.* Op. cit., p. 42.

os capítulos relativos às técnicas de procriação conjugal"[74]. Em meados do século, ainda na Inglaterra, o jovem adolescente James Boswell ficou sabendo, com horror, de um amigo de escola, que o prazer que ele sentiu ao trepar nas árvores era uma prática "fatal". Uma ingenuidade como esta, certamente era bastante difundida. Em 1744, os estatutos sinodais de Bolonha sugeriam aos párocos que examinassem os jovens a propósito da "poluição voluntária, pois muitos pensam que ela não está incluída entre as obras da carne"[75].

Do ponto de vista médico, o principal inconveniente da masturbação estava ligado à economia dos fluidos corporais, cujo equilíbrio se supunha garantir a saúde do indivíduo. Os médicos consideravam o escoamento regular de fluidos sexuais nos adultos, homens e mulheres, como necessário ao bem-estar: a abstinência levava a um excesso tóxico, nocivo à saúde. É daí que provém o diferencial permanente entre os manuais de confissão e os tratados médicos quanto à necessidade da masturbação. Do século XV ao século XVII, os tratados de teologia e os manuais de confissão não cessaram de debater a suposta contradição entre a necessidade de evacuar o esperma corrompido e estagnante, a fim de preservar a saúde, ou até salvar a vida do indivíduo, e o estatuto de pecado capital da "poluição" lasciva. Por outro lado, a teoria médica declarava que a retenção de fluidos sexuais em excesso era simplesmente indesejável, porque prejudicial à saúde do adulto. Problema diferente para os adolescentes: a prática dos prazeres solitários podia privá-los das forças vitais necessárias ao seu crescimento. O desenvolvimento físico e mental podia então ser minado por uma propensão para a masturbação, resultado equivalente ao provocado por um trabalho físico que vai além das forças de uma pessoa jovem. Médicos e teólogos concordavam então a respeito dos adolescentes. Uma certa preocupação com a masturbação, como pecado específico aos adolescentes, começou a aparecer no discurso teológico, no curso do século XVII. As *Instruções para os confessores da diocese de Chalon-sur-Saône* (Lião,

---

74. PORTER, R. & HALL, L. *The Facts of Life*. Op. cit., p. 7.
75. FLANDRIN, J.-L. *Les Amours paysannes*. Op. cit., p. 164.

1682) colocam esta questão: "Quais são no presente os hábitos de pecado mortal mais comuns?" E dão esta resposta: "Para os jovens são os pensamentos desonestos, os pecados de indolência e de impureza"[76], isto é, as fantasias eróticas e a masturbação solitária. Alguns anos depois, o médico inglês Edward Baynard, louvando as virtudes dos banhos frios, fazia uma lista de seus benefícios, entre os quais a cura da impotência provocada durante a juventude "por este maldito vício escolar da masturbação, vício pelo qual mais de um jovem se perdeu para sempre, e que enfraqueceu a tal ponto as partes genitais que torna o adulto ridículo às mulheres"[77].

No começo do século XVIII, chegou a hora de um ataque mais enérgico contra qualquer prática – erótica ou outra – que pudesse colocar em perigo a saúde e a inocência da juventude. Em Londres, em 1710, apareceu um panfleto anônimo intitulado *Onania, or the heinous sin of self-pollution, and all its frigtful consequences in both sexes considered, with spiritual and physical advice to those who have already injured themselves by this abominable practice*. Esta confusão de conselhos pseudomédicos sobre a sexualidade, a prostituição e problemas ligados à viuvez só prestou pouca atenção à masturbação, ainda que fosse descrita em todas as suas formas, voluntárias e involuntárias, da adolescência até a velhice, tanto nas mulheres como nos homens. A finalidade primária desse panfleto era vender um pó que se supunha curar a sífilis. Portanto, o fato de tratar muitos "vícios secretos" como patologias das quais era possível curar-se, abria a porta à exploração comercial desse tipo de literatura alarmista. Muitas reedições e suplementos deviam seguir-se (dezesseis edições de 1710 a 1737) cada uma ampliada com cartas teoricamente escritas por leitores que descreviam em detalhes sua triste experiência de declínio físico e mental causado pela prática do vício solitário.

---

76. Apud FLANDRIN, J.-L. *Famillles, parenté, maison*. Op. cit., p 186.

77. BAYNARD, E. *The History of Cold Bathing*: Both Ancient and Modern. 2. ed. Londres, 1706, p. 68-69, apud STENGERS, J. & VAN NECK, A. *Histoire d'une grande peur, la masturbation*. Bruxelas: Éd. de l'Université de Bruxelles, 1984, p. 44.

O panfleto *Onania* foi traduzido para o alemão (1736), e numerosas imitações não tardaram a aparecer. O primeiro tratado médico inteiramente consagrado à masturbação foi *L'Onanisme ou dissertation physique sur les maladies produites par la masturbation* (1760), de Samuel-Auguste Tissot. O tratado de Tissot descrevia todos os sintomas e todos os estágios da decadência física provocados pelo vício solitário. Semelhante à outra grande moléstia daquela época – a sífilis –, o declínio masturbatório começava por uma ligeira fraqueza e terminava por uma degenerescência total do corpo e do espírito. Foi o horroroso espetáculo do declínio de um jovem relojoeiro, morto por causa deste funesto hábito, que teria motivado Tissot a escrever seu tratado: a finalidade preventiva se baseava no terrorismo médico. Edições e traduções multiplicaram-se: uma dúzia de edições foram publicadas em francês durante o século XVIII; a tradução inglesa de 1766 devia chegar a seis reedições antes de 1781; uma tradução alemã publicada em 1767 foi seguida de oito reedições antes de 1798; quanto à Itália, ela imprimiu quatro edições entre 1774 e 1792. A masturbação não era mais considerada um pecado, mas um flagelo potencialmente mortal de caráter epidêmico. No curso do século XX, ela era destinada a tornar-se o objeto de uma paranoia de massa.

Por conseguinte, o médico prevaleceu sobre o teólogo na economia moral da repressão sexual. Ele substituía o *ethos* religioso da repressão por uma condenação dessacralizada e "científica", recusando o prazer erótico desde que ele se desviasse da equação heterossexual. Não era somente a masturbação, mas uma pletora de outras práticas sexuais que recaíam sob a égide de uma nova ordem sexual, homologada pela ciência. A medicalização da sexualidade no curso do século XVIII trazia uma legitimação ao prazer erótico como fenômeno "natural", daí a promoção das relações heterossexuais como troca "natural" e necessária de fluidos entre homens e mulheres adultos. Ao mesmo tempo, a ciência médica impunha um maior esclarecimento do caráter "não natural" de qualquer outra forma de atividade sexual.

2. A bestialidade

Nesta hierarquia de desvios sexuais em relação à ordem "natural", a bestialidade era considerada, com absoluta certeza, o mais abominável de todos os crimes atribuíveis às paixões da carne. As fontes que podem esclarecer a prática da bestialidade na Europa do século XV ao século XVIII são tão ecléticas e esporádicas como as que tratam da masturbação. Os bestiários medievais, os tratados médicos sobre os monstros, os manuais de confissão e os arquivos jurídicos contêm informações heteróclitas: elas dão uma imagem "problemática" da bestialidade, composta ao mesmo tempo de provas de atos sexuais com animais e de referências imaginárias sobre as relações entre os homens e os animais.

As obras relativas à penitência agrupavam as transgressões sexuais segundo sua gravidade e suas características[78]. No começo da Idade Média, a bestialidade era comparada à masturbação: os animais eram julgados tão diferentes dos seres humanos que uma relação com um animal era equivalente a uma relação com um objeto inanimado. No fim da Idade Média, a bestialidade foi assimilada à homossexualidade, o que aumentava a gravidade do ato, mas também agravava a pena, tanto para o homem como para o animal. Mudanças nas atitudes para com os animais e o mundo natural provocaram uma mudança na percepção da natureza do pecado: os animais começaram a ser considerados como mais próximos dos seres humanos, a legislação contra a bestialidade desenvolveu-se, a fim de fixar, e de manter, limites bem-definidos entre os seres humanos e os animais[79].

---

78. A propósito das atitudes eclesiásticas em relação à bestialidade na Idade Média, cf. SALISBURY, J.E. Bestiality in the Middle Ages. In: *Sex in the Middle Ages* – A Book of Essays. Nova York: Garland, 1991, p. 173-186.

79. Sobre a proximidade entre os humanos e os animais na Europa do começo do período moderno, cf. THOMAS, K. *Man and the Natural World* – A History of the Modern Sensibility. Nova York: Pantheon Books, 1983.

Pelo final da Idade Média e durante a Renascença, quando se intensificou a repressão em matéria de moralidade sexual, tanto pública como privada, a bestialidade, como a homossexualidade, foi objeto de medidas mais rigorosas. Na Veneza do século XV, um artesão chamado Simon foi acusado de ter tido relações carnais com uma cabra. Longe de negar essa acusação, ele se justificou afirmando que não podia ter relações com uma mulher, e que não podia masturbar-se (*corumpere se*) durante mais de três anos por causa de um acidente. Incapaz de ter relações sexuais "normais", ele havia cedido à tentação "anormal" de uma cabra. Uma equipe de médicos e cirurgiões foi designada para examinar seus órgãos genitais, e duas prostitutas foram contratadas para ver se ele podia ser "corrompido". Ele foi julgado capaz de ereção, mas incapaz de ejaculação. Este veredicto médico salvou-lhe a vida. Sua incapacidade física lhe valeu uma sentença mais clemente do que a fogueira: ele foi marcado a ferro em brasa, pisado, e teve a mão direita amputada[80]. A punição pela bestialidade sempre era severa, geralmente a forca e a fogueira para os dois parceiros, homem e animal. Em 1606, o presidente da câmara municipal de Loens condenou Guillaume Guyart *in absentia* a ser enforcado e queimado com sua cadela. Apesar da fuga de Guyart, que se escondeu prudentemente, o presidente da câmara municipal decidiu que a sentença devia ser executada "por efígie num quadro que será colocado e preso na dita forca, e declaramos todos e cada um de seus bens adquiridos e confiscados a quem ele pertencerá"[81]. A comunidade escandalizada devia ser "satisfeita" com um espetáculo terapêutico e edificante ao mesmo tempo.

Apesar da severidade das penas impostas aos transgressores, parece que relações entre homens e animais continuavam bem comuns na Europa do Antigo Regime, sobretudo nas regiões rurais, a crer nas observações dos manuais de confissão e nos relatórios de visitas pastorais. Como muitas outras

---

80. RUGGIERO, G. *The Boundaries of Eros*. Op. cit., p. 114-115.
81. PAYSON EVANS, E. *The Criminal Prosecution and Capital Punishment of Animals* – The Lost History of Europe's Animal Trials. Londres: Faber & Faber, 1987, p. 269-279.

transgressões sexuais, a bestialidade parece ter sido mais ou menos bem-tolerada pelas comunidades locais, e não ter atraído a atenção das autoridades, a não ser quando vinha acompanhada de um comportamento escandaloso que ultrapassava os limites da tolerância coletiva. George Dowdeney, por exemplo, gerente de uma taberna de povoado no começo do século XVII, foi acusado de ter querido sodomizar o ferreiro do local e, pior ainda, ter sugerido, quando este último estava ocupado em pôr ferraduras em uma jumenta, que fechasse a porta do estábulo para que ele pudesse sodomizar o animal. Esse incidente conseguiu esgotar a paciência do ferreiro que declarou depois no tribunal que, cada vez que se encontrava a sós com Dowdeney, este lhe metia a mão na braguilha e o segurava pelo "membro privado", sugerindo que gozassem um com o outro[82].

No mundo rural, a bestialidade era assimilada a uma "diversão de rapazes" e, portanto, como a masturbação, julgada menos grave do que a fornicação. Esta prática não apresentava problema, a não ser quando o gosto adquirido na juventude se prolongava pela idade adulta. É por esta razão que os processos relativos à bestialidade sujeitos aos tribunais exibiam, quase sem exceção, um homem adulto pego em flagrante por testemunhas escandalizadas. Em 1550, o trabalhador agrícola Jacques Gion foi observado sodomizando uma vaca. A sanção foi "exemplar": Gion, o feixe de lenha sobre o qual ele se mantinha para atingir seu alvo, e a própria vaca, tudo foi queimado em praça pública[83]. Os animais citados como parceiros deste tipo de transgressão sexual são em geral animais domésticos de grande porte: jumentas, mulas e vacas. Animais menores, como as cabras e as ovelhas, aparecem raramente nos processos, sem dúvida porque a guarda do rebanho de pequeno porte cabia às crianças e às mulheres. A relativa homogeneidade dos casos submetidos ao tribunal provavelmente é devida ao fato de que a tolerância da experimentação sexual era relativamente grande para os jo-

---

82. QUAIFE, G.R. *Wanton Wenches and Wayward Wives*. Op. cit., p.176-177.
83. Ibid., p. 25-27.

vens, mas não acontecia o mesmo para os celibatários adultos, mesmo os mais humildes. A comunidade esperava dos homens que eles limitassem sua atividade sexual à estrita esfera das relações heterossexuais – prostituta ocasional, esposa adúltera do colono ou doméstica complacente.

Os manuais de confissão e os relatórios de visitas pastorais indicam que as relações sexuais com animais eram relativamente frequentes no mundo rural, sobretudo entre os rapazes. Quando João Gerson denuncia a sodomia masculina no século XV, ele observa que o casamento muito tardio abre a porta aos perigos da homossexualidade e da bestialidade[84]. Assim também Christophe Sauvageon, ao descrever seus paroquianos de Sologne, compara a bestialidade com as práticas homossexuais entre jovens e adolescentes. Ele repercute indiretamente a tolerância em relação à experimentação sexual durante o período da adolescência que caracterizava as atitudes europeias em relação às práticas, mesmo "desviantes": "é muito raro também que alguém se acuse de pecado de sod[omia] e de bestialidade, exceto à morte ou em tempos de jubileu"[85]. Sua experiência de confessor certamente o convenceu de uma inconciliável disparidade: tais práticas eram tão monstruosas aos olhos da Igreja e tão cotidianas aos olhos dos habitantes rurais que os fiéis não sentiam necessidade de falar delas, salvo nos momentos do calendário confessional em que a absolvição era praticamente automática.

3. A sodomia

Do começo do século XV ao fim do século XVII, as atitudes diante das relações sexuais entre homens eram principalmente determinadas pela idade e pelo sexo. Uma subcultura homossexual parece ter prosperado no século XV em cidades como Florença e Veneza, tornando-se de preferência subterrânea durante a época das reformas religiosas. Ela reapareceu somente no

---

84. *Confessional*, cap. "Luxúria", apud FLANDRIN, J.-L. *Les Amours paysannes*. Op. cit., p. 165.
85. LASLETT, P. *Un monde que nous avons perdu*. Paris: Flammarion, 1969, p. 156-158.

curso da segunda metade do século XVII com a libertinagem, que estava em moda entre as elites urbanas. No curso do século XVIII, essa subcultura sexual desenvolve uma identidade própria, a de um "terceiro sexo", que devia influenciar tanto as atitudes sociais a seu respeito como a legislação relativa à sexualidade masculina e feminina.

No fim da Idade Média, um certo número de cidades da Itália central e setentrional estabeleceram comissões judiciárias de investigação específica, a fim de regulamentar a moralidade pública. Elas possuíam uma autoridade especial para inquirir sobre os crimes sexuais e puni-los. Esses crimes podiam estender-se das transgressões contra Deus (particularmente as relações sexuais nos conventos e entre cristãos e judeus ou muçulmanos) até os crimes "contra a natureza" (onanismo, bestialidade e sodomia) e o proxenetismo (a administração de bordéis públicos). A transgressão conhecida como "sodomia" compreendia todas a relações sexuais que não tinham a função reprodutiva, estendendo-se das relações heterossexuais extravaginais às relações com animais e até às relações homossexuais entre homens ou entre mulheres, ainda que se tenha utilizado esse termo muitas vezes para descrever as relações homossexuais masculinas. A sodomia era sobretudo perigosa porque supostamente ela se opunha aos princípios fundamentais que estruturam a sociedade – a família, o vínculo heterossexual e a reprodução – ameaçando assim a organização social e a identidade dos sexos. Deus e a moralidade religiosa podiam ser feridos por cristãos que fornicam com judeus ou pela defloração de uma freira, mas era a sociedade em seus próprios fundamentos que era destruída pela sodomia, atraindo a ira divina sobre todas as comunidades que permitiam tais atos[86].

---

86. A respeito da homossexualidade masculina na Itália do fim da Idade Média e da Renascença, cf. CANOSA, R. *Storia di una grande paura* – La sodomia a Firenze e a Venezia nel Quattrocento. Milão: Feltrinelli, 1991. • MARTINI, G. *Il "vito nefando" nella Venezia del seicento* – Aspetti sociali e repressione di giustizia. Roma: Jouvence, 1988. • ROCKE, M. *Forbidden Friendships* – Homosexuality and Male Culture in Renaissance Florence. Nova York/ Oxford: Oxford University Press, 1985. • RUGGIERO, G. *The Boundaries of Eros*. Op. cit., p. 109-145, "Sodom and Venice".

Em cidades como Gênova, Luca, Florença e Veneza, magistraturas especiais foram criadas no século XV para combater uma prática que corria o risco de degenerar em flagelo. Em 1418 o governo de Florença criou um *Ufficio di Notte* "desejando extirpar o vício de Sodoma e Gomorra, tão contrário à natureza que a cólera de Deus, o onipotente, é dirigida não só contra os filhos do homem mas também contra a comunidade e os objetos inanimados"[87]. Em 1458, em Veneza, o *Concilio di Dieci* também introduziu uma série de leis visando ao controle da sodomia para descartar a ameaça do castigo divino: "Como nos ensina a Escritura divina, nosso Deus onipotente, detestando o pecado de sodomia e querendo demonstrá-lo, fez bramir sua cólera sobre as cidades de Sodoma e Gomorra e pouco depois inundou e destruiu o mundo inteiro por causa destes pecados horríveis"[88].

Na Idade Média, a pena exigida contra esse crime era idêntica à pena contra a heresia: a morte por enforcamento, seguida da fogueira e da dispersão das cinzas. Não obstante, no curso do século XV, a pena de morte só foi aplicada nos casos de flagrante delito ou de recidiva. As sentenças menos severas, como a punição corporal, as multas e até as simples advertências, aumentaram proporcionalmente ao número de casos levados à atenção das magistraturas municipais. Os "oficiais da noite" em Florença perseguiram mais de 10 mil homens e jovens acusados de sodomia entre 1432 e 1502, mas apenas 2 mil foram considerados culpados, condenados a sentenças variáveis, da simples multa à punição corporal, à prisão, ao exílio e só, no pior dos casos, o das plurirrecidivas, à morte por enforcamento seguida da fogueira[89]. Essa severidade diferenciada visava muito mais conter os excessos do que extirpar uma prática que se revelava ser cada vez mais uma realidade

---

87. BRUCKER, G. *The Society of Renaissance Florence* – A Documentary Study. Nova York: Harper & Row, 1971, p. 202.

88. RUGGIERO, G. *The Boundaries of Eros*. Op. cit., p. 109.

89. ROCKE, M. "Il controllo dell'omosessualità nella Firenze tardo-medioevale". *Quaderni storici*, vol. 22, n. 66, dez./1987.

vasta e comum na sociabilidade masculina – e sobretudo juvenil – da cidade. O número de denúncias começou porém a criar um problema para a reputação desse centro urbano. Com uns cinquenta casos por ano – quase um por semana – as atividades do *Ufficio di Note* se tornaram uma fonte de vergonha para a população inteira. O ofício foi abolido em 1502, para tentar remediar a má reputação de Florença. Mas as preocupações de ordem moral do governo voltavam de novo quando uma calamidade natural, uma epidemia ou uma fome afligiam a Toscana. Em 1542, Cosme I de Médicis ficou alarmado com um número marcante de presságios: um tremor de terra na região do Mugello e uma tempestade onde foram fulminadas a cúpula da catedral e a torre do palácio do governo convenceram o grão-duque da necessidade de punições mais severas contra a sodomia, como contra todos os vícios julgados suscetíveis de ter atraído a ira divina. Mas, mesmo nesses momentos de despertar repressivo, as autoridades governamentais geralmente continuavam a tratar a sodomia com a relativa indulgência do passado. Só em caso de flagrante delito é que as punições contra os sodomitas continuaram particularmente duras, inclusive até o século XVIII[90].

Muitas hipóteses foram formuladas para explicar esta relativa indulgência. De um lado, como no caso da prostituição, o número de artesãos, comerciantes e cidadãos de qualidade acusados de praticar a sodomia, de maneira regular ou como experiência adolescente, era tal que uma perseguição draconiana corria o risco de ter consequências graves: esvaziar a cidade de recursos humanos importantes, com um impacto negativo sobre a economia local. De outro lado, a atitude corrente contra as "tolices" sexuais dos jovens (como eram chamadas muitas vezes a masturbação, a bestialidade e a sodomia) consistia em ignorar as práticas adolescentes, com uma condição: que os jovens em questão, uma vez tornados cidadãos adultos e responsáveis, comprovem retidão social e moral casando-se, unindo-se assim às fileiras de

---

90. ROCKE, M. *Forbidden Friendships*. Op. cit., p. 227-235, "Change and continuity in the policing of sodomy in the sixteenth century".

seus antecessores heterossexuais e reprodutores. Na medida em que as relações homossexuais ocorriam entre um adolescente e um jovem celibatário, onde o parceiro mais jovem (em geral de doze a dezoito anos) adotava uma atitude "passiva" enquanto que o de mais idade (entre dezenove e trinta anos) desempenhava um papel "ativo" de penetração, as autoridades tinham a tendência de fechar os olhos. Mas, se o homem adulto casado continuasse a praticar a homossexualidade, nenhuma escusa seria aceita. Em meados do século XV, um gondoleiro de Veneza, Nicoleto Marmagna, mantinha uma relação homossexual com seu doméstico, Giovanni Bragarza. Essa relação durou três ou quatro anos antes de ser descoberta. Nicoleto havia dado um leito a Giovanni em sua própria casa, onde ele mantinha relações com ele "de frente, entre as coxas"[91]. Giovanni parece ter tirado proveito dessa relação, pois seu empregador lhe deu em casamento uma de suas sobrinhas e o adotou em sua família. Eles se arruinaram por continuar a manter relações carnais depois do casamento de Giovanni. Aliás, eles começaram a inverter seus papéis, tomando Nicoleto a posição passiva. Ambos foram queimados vivos. O papel passivo, que normalmente era o da mulher nas relações heterossexuais, era de fato mais aceitável no caso de um adolescente, considerado como ainda em pleno desenvolvimento e, por conseguinte, mais uma criança do que um homem. Como as mulheres, que eram homens "imperfeitos" segundo a teoria médica em vigor e tinham o mesmo estatuto que as crianças aos olhos da lei, os garotos pertenciam portanto a uma categoria fronteiriça na qual sua sexualidade ainda não estava definida, como estaria na idade adulta, pela norma masculina ligada ao papel ativo e à penetração.

A violação homossexual era porém punida com uma extrema severidade, sobretudo no caso de menores. Como o estupro heterossexual, a violação encontrava muitas vezes suas vítimas entre os pobres e os jovens de camada social modesta, mas às vezes também nas camadas superiores, talvez por causa da grande elegância das crianças ricas. Seduzindo-as pela oferta de

---

91. RUGGIERO, G. *The Boundaries of Eros*. Op. cit., p. 115-116.

gulodices, presentes, brinquedos, roupas ou dinheiro, crianças de menos de doze anos eram persuadidas a submeter-se a homens de mais idade. Ou então elas eram violadas à força, atraídas para casas onde eram amordaçadas e atacadas, muitas vezes com ferimentos corporais consideráveis[92]. A reação contra tais crimes de violência com meninos era porém mais severa do que contra crimes semelhantes contra meninas. Primeiramente, porque Deus não puniu nenhuma cidade por causa de uma violação heterossexual. Em segundo lugar, porque a perda da virgindade de uma menina podia ser "reparada" por dinheiro ou por um casamento, enquanto que para um menino esse crime comprometia a ordem (divina) da própria natureza.

A sodomia era sobretudo praticada nas comunidades exclusivamente masculinas, como os mosteiros, as prisões, os grupos de piratas e de marinheiros. Neste caso era a fraqueza da carne diante da ausência de mulheres que era alegada para esse vício "contra a natureza". No contexto urbano, parece que as estruturas de sociabilidade masculina teriam contribuído para formar uma certa identidade de grupo. Os jovens encontravam-se nos banhos públicos, nas tabernas e nos albergues. Eles se encontravam nas escolas de música, de ginástica ou de esgrima e se reuniam em ateliês, farmácias e padarias, onde podiam beber e jogar longe do controle de suas famílias. Mas a emergência de uma identidade sexual e social própria não parece ter tido lugar antes do fim do século XVII ou do começo do século XVIII. O que se tornou lentamente mais visível foi uma "indústria do lazer" operando, como a prostituição, em lugares identificáveis e que forneciam toda uma gama de serviços e de oportunidades. Havia também redes de protetores e de clientes, onde os cidadãos de mais idade podiam entrar em contato com jovens adolescentes, geralmente de origem social inferior: eles recompensavam seus *paramours* (amantes) favorecendo seus interesses e os interesses de sua família. Enfim, existiam reuniões mais homogêneas de adolescentes e de ho-

---

92. Cf., por exemplo, os documentos transcritos por BRUCKER, G. *The Society of Renaissance Florence*. Op. cit., p. 204-206.

mens jovens, amigos de um mesmo bairro ou colegas de confrarias, provenientes em geral do mundo do trabalho ou do artesanato, que tinham relações uns com os outros, muitas vezes em grupos. Eles formavam um tipo de gangues locais, com personalidades dominantes e iniciações para os novos membros. Mas todos esses diferentes grupos faziam parte de uma mesma cultura social masculina, comportando um forte elemento homoerótico que correspondia a etapas específicas da vida e a formas de sociabilidade, e que não excluía as relações sexuais com as mulheres[93]. A cultura homossocial masculina incluía portanto a sodomia, na medida, é preciso repeti-lo, em que as convenções relativas à idade, à posição ativa ou passiva e à evitação do escândalo eram respeitadas.

Em meados do século XVII, emergiu uma cultura sexual prazerosamente libertina em reação à repressão moral da época da Reforma. O quase desaparecimento da pena de morte para a sodomia, em quase toda a Europa, e a significativa diminuição das perseguições a esse crime são principalmente devidas a uma preocupação crescente com outras formas de criminalidade, mais visíveis e mais problemáticas. No fim do século, tanto Paris como Londres possuíam uma subcultura sexual florescente, disseminada em toda a cidade, fundada principalmente na indústria do lazer ligada à prostituição (masculina e feminina). Os bordéis especializados recebiam homens de todas as classes sociais, do aristocrata titulado ao simples operário, e correspondiam a todos os gostos, heterossexuais, homossexuais, particulares (como a flagelação) e até, em alguns casos raros, à bestialidade. Os aristocratas libertinos que na segunda metade do século XVII haviam inspirado uma moda na qual todo devasso que se prezava amava Ganimedes tanto quanto Vênus, foram substituídos no começo do século XVIII por um fenômeno mais difundido. A libertinagem tornou-se exclusivamente heterossexual. A identidade social e cultural dos libertinos que estavam na moda se baseava

---

93. ROCKE, M. *Forbidden Friendships*. Op. cit., p. 148-191, "Great love and good brotherhood: sodomy and male sociability".

tanto em seu estilo de vida ostensivamente epicureu quanto em uma definição da virilidade que excluía as relações sexuais com outros homens. Em 1700, em Londres e na corte, os aristocratas libertinos como Rochester, tinham esposas, concubinas e amantes. Guilherme III podia exibir-se com seus sodomitas favoritos tão facilmente como podia mostrar-se na versão "macho", como herói militar[94]. Após os anos 1720, a liberdade sexual tradicionalmente concedida à nobreza não comportava mais o amor por outros homens. Suspeita-se de aristocratas como Hervey ou George Germain de ter tomado esposa ou concubina para dissimular melhor um interesse maior por outros machos[95].

Por isso, na Inglaterra, entre o fim do século XVII e o começo do século XVIII, os homossexuais praticantes sentiram necessidade de fingir que eram heterossexuais[96]. A concepção puritana do pecado pressupunha até 1660 que toda pessoa podia ser culpada de *todos* os tipos de pecado da carne, e que a reforma e a redenção eram uma questão individual. No começo dos anos 1690, organizações reformadoras, como a *Society for the Reform of Manners*, seculares, guiadas pelo fanatismo religioso e por um certo milenarismo pro-

---

94. A respeito da homossexualidade nos meios da corte cf.: ORESKO, R. Homosexuality and the court elites of Early Modern France: some problems, some suggestions, and an example. In: GERARD, K. & HEKMA, G. *The Pursuit of Sodomy*. Op. cit., p. 105-128. • SASLOW, J.M. Homosexuality in the Renaissance: behaviour, identity and artistic expressions. In: DUBERMAN, M.; VICINUS, M. & CHAUNCEY JR., G. (orgs.). *Hidden from History* – Reclaiming the Gay and Lesbian Past. Londres/Nova York: Penguin-Meridian, 1990, p. 90-105. • YOUNG, M. *James VI and I and the History of Homosexuality*. Londres: Macmillan, 2000.

95. A propósito desta transição, cf. TRUMBACH, R. "Sex, gender and sexual identity in modern culture: male sodomy and female prostitution in Enlightenment London". *Journal of the History of Sexuality*, vol. 2, n. 2, out./1991, p. 186-203. • HITCHCOCK, T. *English Sexualities 1700-1800*. Nova York: St. Martin's Press, 1997, p. 58-75: "Subcultures and sodomites: the development of homosexuality".

96. Sobre a história da homossexualidade na Europa dos séculos XVII e XVIII, cf. BRAY, A. *Homosexuality in Renaissance England*. Nova York: Columbia University Press, 1995. • GERARD, K. & HEKMA, G. *The Pursuit of Sodomy*. Op. cit. • NORTON, R. *Mother Clap's Molly House* – The Gay Subculture in England 1700-1830. Londres: GMP Publishers, 1992. • REY, M. *L'Amitié à la Renaissance, Italie, France, Angleterre 1450-1650*. Florença: Institut Universitaire Européen, 1990.

videncial, tentaram eliminar todos os vícios e pecados do país, reprimindo qualquer tipo de transgressão imaginável: o desrespeito do *Sabbat*, a embriaguez, o jogo, os juramentos e blasfêmias, os comportamentos obscenos e desregrados, e – o que é mais importante para a história da prostituição e da homossexualidade – os bordéis, acusados de fomentar todos os outros pecados. Essas sociedades, compostas em sua maioria de artesãos e de comerciantes, não se contentavam em levar triunfalmente casos de comportamento desregrado à atenção dos tribunais, mas também utilizavam a imprensa popular para mobilizar a opinião pública em favor de sua causa. As transcrições de processos, os sermões e os relatórios sobre as atividades militantes das sociedades eram publicados sob forma de brochuras para convencer melhor e conseguir adesões. As incursões punitivas nas tabernas e bordéis onde se reuniam os homossexuais permitiam, além disso, recolher exatamente o tipo de material "sensacional" que garantia o sucesso desta propaganda. Os sodomitas que frequentavam as tabernas ou *Molly Houses* manifestavam uma afetação efeminada no modo de vestir-se e no discurso: seu maneirismo criava, em última análise, uma cultura sexual alternativa que possuía, graças aos panfletos populares, uma expressão pública. Doravante, o sodomita era visto como fazendo parte de um grupo específico, um "terceiro sexo" que não pertencia ao sexo masculino nem ao feminino, mas se situava de preferência fora da cultura heterossexual "normal". Nessa época, os tratados médicos sobre os hermafroditas começavam a chegar às mesmas conclusões. Antes, os hermafroditas eram considerados, em razão do monossexismo persistente da teoria médica, homens "imperfeitos" (porque eram em parte femininos), ou mulheres mais "perfeitas" (porque eram mais masculinas). No curso do século XVIII, as observações empíricas e a ciência anatômica começaram a esboçar a ideia segundo a qual haveria uma outra possibilidade na natureza, um "terceiro sexo" que, se fosse "perfeitamente" concebido, possuiria os órgãos dos dois sexos desenvolvidos de maneira igual[97].

---

97. Sobre os hermafroditas, cf. LAQUEUR, T. *Making Sex*. Op. cit.

Embora confrontada com um opróbrio social crescente, a cultura das *Molly Houses* prosperou em Londres e em outras grandes cidades, onde oferecia uma ambiência de clube ou de sociedade secreta, que permitia aos homossexuais praticantes adquirir, neste ambiente protegido, o senso de uma identidade partilhada. Este fato não era exclusivamente específico à Inglaterra. Os arquivos de Paris também revelam uma evolução da cultura e do estilo de vida homossexual na primeira metade do século XVIII, como também uma mudança na opinião pública: esta suspeitava, nas relações sexuais entre homens, de uma tendência particular que distinguia os homossexuais dos outros homens. A topografia dos lugares urbanos de encontro também evoluiu. Acrescentavam-se locais mais privados às ruas, parques e tabernas que ofereciam ocasiões de encontro ou de solicitação. Nesses clubes, os sodomitas podiam exprimir seu gosto pela elegância, cultivar todo um aparato social refinado e adotar apelidos inventivos, como faziam outros grupos sociais que possuem uma cultura e uma identidade particulares, como a corte real e as sociedades secretas tão típicas da sociedade masculina do século XVIII (maçons e outros). Em 1748, uma testemunha escandalizada descreveu uma assembleia na taberna dos *Six Moineaux* no Marais, onde homens imitavam mulheres, com um lenço na cabeça e gestos afetados. Lá se chamavam os recém-chegados de "casadas", e todo mundo tentava seduzi-los. As pessoas formavam casais, tocavam-se e praticavam atos obscenos[98]. Os rituais e códigos vestimentares dos clubes homossexuais reforçavam uma identidade de grupo e criavam um sentimento de pertença a uma cultura sexual específica. Aliás, as elites cultas não percebiam mais a sodomia masculina como um pecado, nem mesmo como um crime, mas antes como uma diferença completamente tolerável, uma escolha de estilo de vida. No decorrer dos anos 1730, os relatórios da polícia refletem esta mudança de mentalidade, abandonando a utilização da palavra "sodomita" e substituindo-a por "pederasta". Enquanto o primeiro termo é de origem bíblica e designa a proibição reli-

---

98. REY, M. *L'Amitié à la Renaissance.* Op. cit., p. 186.

giosa de uma série de práticas sexuais, o segundo data do século XVI e deriva do *ethos* grego para designar um homem cujo interesse erótico se dirige unicamente para outros homens.

Mas a identidade distinta desenvolvida pelos homossexuais na França e na Europa na primeira metade do século XVIII não é mais do que a parte emersa do iceberg; a parte imersa funcionava em larga escala como na "velha" cultura sexual, onde as relações entre homens, assim como a masturbação, a fornicação e a bestialidade, continuavam sendo relativamente toleradas, enquanto não provocavam nenhum escândalo público.

4. Tríbades e "fricatrizes"

Raramente, ou talvez até nunca, as relações sexuais entre mulheres eram colocadas em paralelo com a homossexualidade masculina. A cultura sexual altamente falocêntrica da Europa do Antigo Regime definia a sodomia pelo ato de penetração. Daí esta inevitável consequência: as relações homossexuais entre mulheres escapavam à legislação sobre o mau comportamento sexual, a menos que elas recorressem ao *godemiché* (acessório em forma de falo para provocar o prazer sexual). A masturbação mútua entre parceiras femininas dificilmente era considerada como uma prática sexual, pois só um ato que comportasse a penetração e a ejaculação podia ser definido como uma verdadeira relação carnal. Esta é a razão pela qual as relações sexuais entre homens eram levadas a sério, ao passo que as relações entre mulheres eram ridicularizadas, julgadas necessariamente imperfeitas e insatisfatórias. A natureza criou o homem e a mulher de tal forma que a forte libido do sexo fraco garantisse que ela sempre escolheria a penetração heterossexual, de preferência à masturbação solitária ou ao amor lésbico, embora a iniciação sexual pudesse começar – segundo um *topos* recorrente na literatura erótica do século XVIII – por um antegosto sáfico do prazer sensual, um despertar dos sentidos que não fazia mais do que abrir o apetite para a experiência mais satisfatória da penetração heterossexual.

Os testemunhos de relações eróticas entre mulheres são bastante raros, em razão de sua quase invisibilidade. As mulheres partilhavam o leito de outras mulheres desde o nascimento até o casamento e mesmo além dele. As celibatárias viviam juntas a fim de dividir as despesas e pôr em comum suas parcas rendas. As comunidades femininas religiosas, escolares e penitenciárias ofereciam outros quadros do cotidiano em que as relações sensuais entre mulheres podiam facilmente ter lugar. As estruturas femininas de trabalho e de sociabilidade levavam as mulheres a passar o essencial de seu tempo em companhia de outras mulheres onde encontravam muitas vezes mais conforto emocional e físico elementar, do que junto dos homens, que elas aliás só viam raramente.

Para os teólogos, a copulação "de uma mulher com outra mulher" era considerada como uma transgressão classificada entre os outros crimes ligados à luxúria: a masturbação, a bestialidade, o coito numa posição "contra a natureza", a sodomia. Em meados do século XV, o teólogo florentino Antoninus designava as relações eróticas entre mulheres como o oitavo dos nove tipos de pecados da luxúria[99]. Em Milão, no fim do século XVI, o reformador católico Carlos Borromeu declarava que, "se uma mulher fornicasse consigo mesma ou com outra mulher", ela devia fazer dois anos de penitência. Esta sentença revela por sua falta de severidade o pouco caso que se fazia das relações femininas: para um homem que confessasse relações carnais com outro homem, a penitência era de sete a quinze anos[100].

A arte e a literatura do século XVI mencionam também, de vez em quando, a sexualidade lésbica: trata-se geralmente de um prazer vão e frívolo, escusável entre as jovens. Era um meio, por exemplo, de permanecer castas, como no caso das representações – pinturas ou estampas – de Diana e de

---

99. Para um resumo das atitudes religiosas a respeito das relações entre mulheres, cf. BROWN, J. *Immodest Acts* – The Life of a Lesbian Nun in Renaissance Italy. Oxford/Nova York: Oxford University Press, 1986, p. 7-13.

100. Ibid.

suas ninfas no banho, friccionando-se umas às outras de modo bem-explícito[101]. Essa sexualidade era igualmente considerada como uma forma legítima de aprendizagem ou de preparação destinada a valorizar o amor com os homens. Segundo Brantôme, era um costume praticado por muitas damas da corte. Brantôme retoma aliás o lugar comum: suas informantes lhe teriam confessado que o amor com um homem era melhor, qualquer outro seria apenas um paliativo, na falta de algo melhor[102].

Da parte da legislação criminal secular, as raras leis que mencionam especificamente a sexualidade lésbica não a tratam como um delito menor. Em 1532, Carlos V declarou que não importa qual "impureza" – relação com um animal, relação entre um homem e outro homem, relação entre uma mulher e outra mulher – mereceria a morte na fogueira. Mas a punição capital só raramente foi aplicada. E só o foi quando um instrumento fálico, feito de madeira, de couro ou de vidro foi utilizado. Para o crime "menor" de masturbação recíproca, as sentenças eram muito mais brandas: a flagelação, ou uma penitência pública[103].

Uma parte do problema das relações sexuais entre mulheres devia-se ao fato de que não existia terminologia adequada. Ainda que a palavra "lésbica" tenha aparecido no século XVI, sempre em Brantôme, seu uso só se generalizou no século XIX, e mesmo então remetia de preferência a um tipo de ato, e não a uma categoria de pessoas. O que se supunha que as mulheres faziam juntas era chamado de diversas maneiras: poluição, fornicação, masturbação mútua, sodomia, *coitus* ou então impureza ou corrupção das mulheres umas pelas outras. As mulheres que faziam essas coisas eram chamadas "fricatri-

---

101. SIMONS, P. Lesbian (In)Visibility in Italian Renaissance Culture: Diana and Other Cases of *donna con donna*. In: DAVIS, W. (org.). *Gay and Lesbian Studies in Art History*. Nova York/Londres: The Haworth Press, 1994, p. 81-122. • BOURDEILLE, P. *Vie des dames galantes*. Paris: Le Livre de Poche, 1962, p. 126.

102. Ibid.

103. BROWN, J. *Immodest Acts*. Op. cit., p. 13-17.

zes" ou "tríbades". A ciência médica também tinha seu ponto de vista segundo o qual as mulheres que tinham clitóris hipertrofiados eram fisiologicamente capazes de praticar tais atos. Esta malformação devia-se a uma masturbação excessiva durante a juventude ou a um hermafroditismo parcial ou incompleto. A explicação do lesbianismo pela teoria do "clitóris fálico" era particularmente convincente, pois afirmava que é biologicamente possível que duas mulheres desejem fazer amor juntas sem que isto ameace a premissa cultural fundamental do falocentrismo.

Apesar de sua relativa invisibilidade, diversos estilos de vida lésbicos foram observados pela lei no curso dos séculos XVII e XVIII[104]. Na Itália da Contrarreforma, Benedetta Carlini, abadessa de um convento em Pescia, na Toscana, foi interrogada pela Inquisição para verificar as visões e milagres dos quais ela se vangloriava. Em 1623, o que fez tremer a mão do escriba foi uma experiência mística completamente diferente contada por Benedetta: ela afirmou que seu corpo em êxtase fora invadido diversas vezes por um anjo chamado "Splenditello", e confessou que nessas ocasiões ela teve relações físicas com uma outra freira, Suor Bartolomea. Benedetta foi condenada à prisão, no convento, onde passou o resto de sua vida, morrendo com a idade considerável (para aquela época) de setenta e um anos[105].

No mundo secular, as mulheres vestiam de tempos em tempos roupas masculinas, a fim de beneficiar-se, graças ao disfarce, dos privilégios do sexo

---

104. Para um panorama dos diferentes estilos de vida aos quais as lésbicas podiam aceder na Europa do Antigo Regime, cf. DONOGHUE, E. *Passions Between Women* – British Lesbian Culture 1668-1801. Londres: Harper Collins, 1996. • HITCHCOCK, T. *English Sexualities.* Op. cit., p. 6. • "Tribades, cross-dressers and romantic friendship", p. 76-92. • NORTON, R. *Mother Clap's Molly House.* Op. cit., cap XV, "Tommies and the game of flats", p. 232-251. • Hunt detalha as oportunidades que as mulheres podiam encontrar naturalmente no curso de sua vida e que podiam oferecer possibilidades de encontros eróticos "invisíveis": The sappic strain: English lesbians in the long eighteenth century. In: BENNETT, J.M. & FROIDE, A.M. (org.). *Singlewomen in the European Past, 1250-1800.* Filadélfia: University of Pennsylvania Press, 1999, p. 270-296.

105. BROWN, J. *Immodest Acts.* Op. cit., p. 117-118.

superior. Algumas viviam aliás como homens, e desposavam até mulheres. As prerrogativas masculinas que eram a liberdade de movimento e o maior potencial financeiro eram motivações iguais ou até superiores à da sedução do sexo "oposto"[106]. Algumas mulheres vestiam roupa de homem para seguir uma pessoa amada, fugir de um marido abusivo, viajar em segurança em estradas perigosas, ocultar-se das autoridades ou engajar-se em atividades criminosas. Outras ainda se alistavam como marinheiros ou soldados, muitas vezes por razões econômicas ou para escapar à prostituição – o que não impedia que reivindicassem razões patrióticas quando eram descobertas. O papel de soldado obrigava-as a serem corajosas, agressivas e, sobretudo, abster-se de toda atividade sexual suscetível de revelar a fraude. Catalina de Erauso, por exemplo, depois de ter escapado de seu convento na Espanha, começou uma carreira militar que a levou ao Novo Mundo em 1603, onde participou na conquista do Chile. Descoberta depois de quase vinte anos de travestismo, ela foi examinada e declarada ainda *virgo intacta*, o que lhe valeu uma certa celebridade. Retratos dela de uniforme militar circulavam em toda a Europa. Ela recebeu até uma dispensa papal para terminar seus dias em traje de homem[107].

O travestismo também era praticado por atrizes e cortesãs que podiam assumir, de tempos em tempos, trajes masculinos, com uma impunidade relativa; por militares mulheres, que geralmente eram bem-tratadas quando seu subterfúgio era descoberto; e por mulheres que assumiam o papel de um homem a fim de beneficiar-se de todas as vantagens de mobilidade, de liberdade e de facilidade de emprego que tinha o sexo forte, inclusive a possibili-

---

106. Sobre o travestismo das mulheres, cf. BULLOUGH, V.L. & BULLOUGH, B. *Cross Dressing. Sex and Gender*. Filadélfia: University of Pennsylvania Press, 1993. • DEKKER, R.M. & VAN DE POL, L. *The Tradition of Female Transvestism in Early Modern Europe*. Londres: Maxmillan, 1989. • WHEELWRIGHT, J. *Amazons and Military Maids* – Women who Dressed as Men in Pursuit of Life, Liberty and Happiness. Londres: Pandora Press, 1989.

107. ERAUSO, C. *Lieutenant Nun*: Memoir of a Basque Transvestite in the New World, trad. inglesa de Michele Stento e Gabriel Stento, prefácio de Marjorie Garber. Boston (Mass.): Beacon Press. 1996.

dade de viver com uma outra mulher. Mary Hamilton, médico charlatão, foi condenada por fraude e impostura quando sua esposa, Mary Price, com quem ela havia se casado em julho de 1746, a denunciou por ter utilizado um instrumento a fim de penetrá-la. Esta *female husband* foi condenada a ser açoitada em quatro povoados diferentes e aprisionada por quatro meses. Quando saiu da prisão, ela continuou a vestir-se de homem e a vender seus produtos médicos nos mercados e feiras, onde as pessoas vinham vê-la, tão grande era sua celebridade[108].

As mulheres acusadas de ter relações sexuais com outras mulheres só raramente apareciam nos dossiês de processo judiciário: O "tribadismo" não era considerado como um delito criminal. Um estudo da delinquência num pequeno povoado em Amsterdã no fim do século XVIII revelou, porém, uma incidência significativa da atividade lésbica no nível baixo da escala social, em particular nos locais de coabitação de mulheres pobres e celibatárias, lugares de vida em comum característicos da sociedade urbana do Antigo Regime. Em 1798, uma vizinha denunciou Anna Schrender e Maria Smit de terem cometido "ações malignas". Esta mulher as havia espreitado quando faziam amor em um celeiro. Até fez vir outras vizinhas para espreitar as amantes apaixonadas através de um buraco na parede. Na circunstância, o tribunal não demonstrou quase nenhuma tolerância: em vez de deixar as duas mulheres ir embora com a habitual advertência (*cum capitulo gravissimo*), ele declarou-as culpadas – visto que tinham sido surpreendidas *in flagrante delicto* – e condenou-as à prisão[109].

A definição legislativa das relações sexuais entre mulheres como crime punível pela lei não aparece, a não ser no fim do século XVIII. Daí em diante,

---

108. FRIEDLI, L. "Passing women": a study of gender boundaries in the eighteenth century. In: ROUSSEAU, G.S. & PORTER, R. (orgs.). *Sexual Underworlds of the Enlightenment*. Op. cit., p. 234-260.

109. VAN DER MEER, T. Tribades on trial: female same-sex offenders in late eighteenth-century Amsterdã. In: FOUT, J.C. (org.). *Forbidden History*: the State, Society and Regulation of Sexuality in Modern Europe. Chicago: University of Chicago Press, 1992, p. 424-445.

as "tríbades" são assimiladas às prostitutas, ambas identificadas como criminosas subversivas que devem ser contidas e disciplinadas, opostas no caso às "fricatrizes" estúpidas e ineficazes que, desiludidas, desviavam-se para a masturbação solitária ou mútua por falta de homem. O que essas mulheres tinham em comum, além de seus gostos sexuais, era antes de tudo a pobreza. Vítimas de casamentos malogrados, da prostituição, de ofícios malremunerados, elas se agrupavam por pares ou em pequenos grupos que viviam juntos por necessidade. Nenhuma rede clandestina, nenhum lugar de encontro público ou privado, nenhuma *Molly House* especializada estava à disposição das mulheres que amavam suas semelhantes. Como tinha pouca mobilidade no espaço público, o sexo feminino quase não gozava dessa liberdade que havia favorecido, no caso de seu homólogo masculino, uma subcultura homossexual que possuía sua própria identidade de grupo.

Foi na mesma época que, no outro extremo da escala social, mulheres oriundas das classes médias e privilegiadas desenvolveram um estilo de vida que compreendia as relações lésbicas, hoje conhecidas como "amizade romântica"[110]. É extremamente difícil determinar até onde as efusões epistolares e as declarações de amor sentimentais entre mulheres casadas e celibatárias puderam ultrapassar a amizade afetuosa. Algumas, como as célebres *Ladies of Llangollen*, tinham meios materiais de viver de modo independente. Eleanor Butler e Sarah Ponsonby viveram toda sua vida lado a lado, vestindo-se com roupas mais ou menos masculinas e entretendo a nata da sociedade literária e artística do fim do século XVIII e do começo do século XIX. Elas criaram um modelo de amizade feminina de elite, onde as relações físicas puderam desempenhar um certo papel.

Mas continua aberta uma questão para o século XVIII: será que este período teria conhecido os começos de uma subcultura lésbica, embora não

---

[110]. O estudo fundamental sobre este assunto continua sendo o de Lillian Faderman: *Surpassing the Love of Men. Romantic Friendship and Love Between Women from the Renaissance to the Present*. Nova York: Quill/William Morrow, 1981.

pudesse atingir a visibilidade de sua equivalente masculina? O uso do termo *Tommy* para designar uma tríbade aparece na Inglaterra na segunda metade do século, enquanto que o *"Game of flats"* praticado em Twickenham, segundo um panfleto de 1749, intitulado *Satan's Harvest Home*, parece indicar uma certa consciência, da parte da imprensa popular, da existência de uma prática atribuída a um tipo específico de pessoa, pertencendo a um grupo identificável. Como a sexualidade é uma construção cultural da mesma forma que é um comportamento corporal biologicamente inato, parece que a história da evolução da sexualidade lésbica permitiria situar na segunda metade do século XVIII os começos de uma identidade específica para as mulheres que amam outras mulheres, ou que têm relações físicas com outras mulheres. Ainda que os especialistas não estejam de acordo quanto à maneira pela qual as duas expressões sexuadas da identidade lésbica – o marido feminino ou a amiga mulher – puderam influenciar o desenvolvimento de uma verdadeira cultura sexual alternativa, é exatamente o impulso da amizade romântica nas classes médias e privilegiadas que garantiu às mulheres lésbicas um lugar aceitável, embora relativamente invisível, no seio da complexa rede da sociabilidade feminina. Entrementes, o travestismo, que havia permitido às mulheres das classes sociais inferiores assumir os privilégios do corpo e da identidade social masculinos para satisfazer uma sede de liberdade, uma necessidade de autonomia econômica ou até mesmo, em alguns casos, a satisfação do desejo por uma outra mulher, teria começado definitivamente a perder seu atrativo excêntrico e sua relativa impunidade.

* * *

Em compensação, na Europa do fim da Idade Média e do Antigo Regime, a percepção médica, moral, social e religiosa do corpo estruturou as reações às funções biológicas, aos impulsos físicos e aos desejos subjetivos. Até o começo do século XVIII, o corpo humano era concebido primeiramente como um instrumento moral, cuja sexualidade podia mudar em função da idade. Além disso, as fronteiras entre as práticas eróticas aprovadas, toleradas e reprimidas podiam flutuar segundo o sexo e a classe social. A experimentação adolescente, na sua grande variedade, era amplamente tolerada, se fosse discreta. Exigia-se, no entanto, que ela fosse seguida na idade adulta de relações heterossexuais e reprodutivas limitadas aos quadros do casamento. A fornicação, a prostituição, a masturbação, a bestialidade, a sodomia e o tribadismo puderam ser considerados como pecados mais ou menos graves; mas eram mais ou menos ignorados, se o escândalo público fosse evitado e se prevalecesse a discrição.

Todavia, pelo final do século XVIII, essa concepção "fluida" do corpo, do sexo e da sexualidade extinguiu-se, colocando em oposição dois campos separados. As mulheres deixaram de ser consideradas como versões biologicamente imperfeitas dos homens: foram concebidas como um sexo próprio, distinto do sexo masculino. Os homens jovens não puderam mais ter relações com adolescentes impunemente: a virilidade era exclusivamente definida pela atração pelas mulheres. As mulheres haviam perdido sua libido agressiva, sendo doravante definidas como esposas e mães desprovidas de paixões.

No curso do século seguinte, a sexualidade tornou-se prerrogativa das prostitutas, dos depravados e dos doentes mentais. Os enxovais das moças de boa família vinham equipados de volumosas camisolas, com discretas aberturas frontais, sobre as quais eram bordadas frases piedosas como: "Deus o quer". A polarização dos sexos e a separação das mulheres em mães sentimentais, de um lado, e prostitutas sensuais, de outro, marcaram o declínio da antiga cultura sexual pluralista. Apareceu uma cultura falocêntrica triunfante, constituída de uma heterossexualidade estrita, que deu origem ao brilhante mal-entendido de Freud quanto à psique feminina. Esta nova cultura sexual iria impor, durante todo o século XIX, a obstinada convicção de que o corpo físico era o inimigo "natural" da pessoa moral que o habitava.

4

EXERCITAR-SE, JOGAR

Georges Vigarello

Os antigos jogos físicos não são considerados esporte: não têm seu dispositivo institucional, nem sua organização seletiva. Não obstante, eles existem na França e na Europa dos séculos XVI, XVII e XVIII, até com muita intensidade, todo dia, esparsos, olhados, instalados na maioria dos espaços e instantes da vida. Existem também pelos efeitos sociais ou físicos esperados: efeitos dos movimentos, da encenação, além dos efeitos de rituais, maduramente trabalhados[1]. Jogos de competição ou de prêmio, eles traduzem um mundo dominado pelo tempo do trabalho e tempo religioso, um mundo no qual o lúdico se imiscui, algumas vezes sem previsão, nos interstícios do trabalho, e também se imiscui, com uma regularidade totalmente tradicional, desta vez, nas festas do calendário. Neles o corpo reflete a ação de paixões e de sociabilidades: convergências, tensões, conflitos, exutórios das exaltações locais, ou exibições das distinções, as de uma sociedade categorizada, de práticas socialmente bem-confinadas.

Nos jogos, o corpo também reflete uma visão particular do orgânico: o movimento físico ajudaria a evacuar as "partes" internas, expulsando os humores cuja estagnação seria um perigo. O jogo pode então ser exercício, ativi-

---

1. Cf. GUTTMANN, A. *From Ritual to Record* – The Nature of Modern Sports. Nova York: Columbia University Press, 1978. • VIGARELLO, G. *Du jeu ancien au show sportif. La naissance d'un mythe.* Paris: Du Seuil, 2002.

dade benéfica: ele purifica agindo por fricção e aquecimento. Mas o corpo "antigo" ainda reflete uma visão da moral: ele pode, no jogo, abandonar-se ao divertimento, à inatividade, paixão que corre o risco de tornar cada um estranho a si mesmo e a Deus. Ele pode, talvez, ser "carne" mais do que "corpo".

I. A nobreza e o exercício (séculos XVI e XVII)

No alvorecer da França moderna, o vigor corporal e sua manifestação continuam sendo um sinal do poder. É impossível imaginar a descrição de um grande personagem sem que sejam evocados seu vigor físico, sua resistência às fadigas, suas façanhas. Ele deve provar solidez e força. Deve exibir valentia. Qualidades de preferência intuitivas, quando são especificadas: trata-se de ser "bem-feito de corpo e de membro"[2], de ser "membroso", ou de ser "bem carnudo"[3]. Mas essas qualidades eram feitas de correspondências inteiramente concretas: Francisco I, por exemplo, multiplicando as caçadas, os jogos de pela, as justas, os torneios, ou atacando com a lança em Marignan; Henrique II, fogoso, vazando o olho de um de seus mestres de armas, antes de ser ele mesmo varado pela lança de Montgomery[4]. Também Carlos V, grande competidor, muitas vezes descrito em Saint Georges em seus torneios de Madri ou de Valladolid, compensando sua pequena estatura com aparições como cavaleiro suntuoso[5]; seus retratos enfim, cheios de símbolos: armadura e lança na mão, corpo aprumado para o ataque, cavalo coberto com caparazão, iniciando o galope[6]. O poder tem suas vertentes corporais: ele exige uma robustez visível, uma intensidade quase muscular.

---

2. *Les Chroniques de Metz* [XVe et XVIe siècles]. Metz: [s.e.], 1865, p. 678.

3. Pierre de Bourdeille, sieur de Brantôme. *Oeuvres*. Paris: [s.e.], 1864, t. VI, p. 273.

4. Ibid., t. III, p. 279.

5. MACQUÉREAU, R. *Chroniques de la maison de Bourgogne*. Paris: [s.e.], 1838, p. 122.

6. TICIANO. *O Imperador Carlos V.* Madri: Museu do Prado, 1548.

Outras tantas imagens que mudam insensivelmente durante os séculos XVI e XVII. Os soberanos do século XVII, por exemplo, não são mais representados em posição de combatentes, apesar de seus retratos ainda conservarem sinais militares evidentes. Trata-se, certamente, de uma renovação das representações do poder, mas também de uma renovação das representações do corpo, de sua aparência e suas encenações: atitude menos maciça, por exemplo, trabalhada pela elegância, pelo porte. Mais profundamente ainda, trata-se de uma renovação dos valores atribuídos à excelência física, na elite e nobreza do século XVII. Um conjunto de referências práticas e imaginárias ao mesmo tempo, mais centradas no refinamento da pose e dos trajes do que na expressão física da força.

São as modificações dos exercícios nobres nos séculos XVI e XVII que revelam, sem dúvida, da melhor maneira, todas essas transformações: os jogos, em particular com seu recuo da violência, com o lugar mais marcante que dão ao domínio físico, à imponência e enfim à criação de uma verdadeira arte da corte, são os melhores testemunhos de uma nova cultura corporal dos nobres na França Clássica. A história de alguns desses jogos considerados converge, portanto, para uma história que leva indiscutivelmente em consideração os valores de uma sociedade.

1. A força frontal e a arte do combatente

No começo do século XVI, os jogos na corte apresentam uma violência que surpreende o leitor de hoje. O desafio lançado por Francisco I a Saint-Pol, um de seus lugar-tenentes, é deste tipo. Saint-Pol acaba de festejar os reis e ganhou a fava. Francisco propõe um ataque contra este rei de escárnio: assaltar seu palácio com ovos, maçãs e bolas de neve "para manter a força de resistência"[7]. Os sitiados aceitam o desafio; a ação começa, mas logo vira de-

---

7. BELLAY, G. Mémoires [ms XVIe siècle]. In: MICHAUD, J.-F. & POUJOULAT, J.-J.-F. *Nouvelle collection des Mémoires pour servir à l'histoire de France*. Paris: [s.e.], 1838, t. V, p. 132.

sordem: os choques se intensificam, os objetos lançados se tornam heteróclitos, um tição aceso atinge o "verdadeiro" rei na cabeça. O combate para na confusão e mal-estar. Aventura quase idêntica em 1546, porém mais trágica: desta vez é um cofre derrubado de uma janela que, atingindo o duque de Enghien, o fere tão gravemente que "poucos dias depois ele morre, com grande pesar do rei e de toda a corte"[8].

Ainda a mesma tonalidade violenta nas caçadas em campo cerrado: "animais selvagens" acossados em desordem, a pé, com a espada na mão. Em Amboise, por exemplo, em 1515, onde vários javalis são introduzidos em um pátio interno do castelo, antes de serem extremamente fatigados, sob os olhos de espectadores reunidos nas janelas. Um dos animais espantados escapou por uma galeria. O rei vangloriou-se de matá-lo com a própria mão[9].

a) Uma "força" colocada em cena

Os jogos nobres correspondem, para muitos deles, a esta imagem da força: um aviso mais ou menos velado do assalto e das batalhas, um vigor frontal, até agressivo. A reconstituição do combate, em particular, parece a mais excitante, como em Amboise em 1517[10] onde, para o batismo do delfim, é reproduzida uma cidade de madeira cercada de fossos defendidos por muitas centenas de homens. Segue-se o ataque comandado pelo rei em pessoa. Francisco se precipita com violência para dentro do local cercado com sua tropa colorida, enquanto "os grandes canhões, feitos de madeira e circundados de ferro, disparados com pólvora e as granadas que eram grandes bolas

---

8. Ibid., p. 566.

9. N. Sala. Apud PARIS, P. *Études sur François Ier, sa vie, son règne*. Paris: Gaston Paris, 1885, p. 44.

10. LA MARK, R. Histoire des choses mémorables advenues au règne de Louis XII et de François Ier [1499-1521]. In: MICHAUD, J.-F. & POUJOULAT, J.-J.-F. *Nouvelle collection des Mémoires pour servir à l'histoire de France*. Op. cit., t. V, p. 1.517.

cheias de ar e tão grandes como o fundo de um tonel impressionavam ao atravessar sitiantes e os derrubavam sem lhes fazer nenhum mal".

É a figura do príncipe combatente comandando o exército. A imagem do rei capitão. O importante continua sendo o ataque com armas de guerra, o choque dos cavaleiros, o assalto de dimensões reais. Imagem um pouco excepcional, tanto que ela supõe preparativos e investimentos. A festa de Amboise revela pelo menos a presença sempre latente do combate, sua importância nos jogos da nobreza no começo do século XVI. Ela revela também como a simbólica real se nutre dos atos mais "realistas": o confronto físico e seus possíveis avatares.

Justas e torneios são muito mais frequentes e mais importantes ainda no começo do século XVI, porque evocam diretamente o ato guerreiro: o confronto cavalo contra cavalo, a imagem transposta dos antigos desafios sangrentos, aquele jogo da lança reservado somente ao fidalgo, que permaneceu o quadro formal do duelo. Aquele que não hesita perseguir Vielleville em 1549, armando d'Épinay, seu genro, para afrontar o duque de Somerset cujas palavras atacaram "a honra da França em pleno conselho"[11]. A corrida teve lugar em Bolonha. D'Épinay fere o cavaleiro de Somerset doente, e o faz prisioneiro. Os conselhos dados por Vielleville a seu genro dizem bem quais são as prioridades do corpo: "manter-se firme" sobre o cavalo, não abaixar a lança a não ser a "três ou quatro passos" do adversário para não ser prejudicado por uma pontaria muito longa, dar o golpe mais violento possível; em outras palavras, a prioridade deve ser dada à força direta, embora não possa ser negligenciada a destreza[12].

Nem todos os torneios são duelos. São jogos. Eles acompanham as festas solenes, as entradas na cidade, as sagrações, os casamentos dos nobres. Mas são suas possíveis semelhanças com o duelo que provocam seu fascínio. Não

---

11. VIELLEVILLE, F.S. *Mémoires* [XVIe siècle], p. 101.
12. Ibid.

são objeto dos mesmos olhares nem das mesmas alusões que as outras práticas lúdicas do começo do século XVI. Só eles são evocados nas memórias ou nas crônicas, com suas fases, seus momentos fortes, seus dramas. Golpes descontados, corridas relatadas uma a uma, choque após choque: "Soltaram um e o outro, de sorte que o dito Tartarin rompeu sua lança a meio-pé e o bom cavaleiro o golpeou no alto de seu guarda-braço e partiu sua lança em 5 ou 6 pedaços. As cornetas soaram impetuosamente, pois a justa foi bela, às mil maravilhas. E depois de ter socorrido seu ferimento, retornaram para a segunda e foi tal a aventura de Tartarin que sua lança deformou o guarda-braço do bom cavaleiro no lugar do cano, fazendo todos da companhia acreditar que ele teve o braço quebrado"[13]. A imagem da força domina: da violência dos cavalos às lanças afrontadas.

Operaram-se, portanto, profundas mudanças no século XVI, no momento em que os torneios ainda parecem tão vivos. A estrutura dos encontros se modifica: o confronto das armaduras não é mais tão evidente, as práticas lúdicas são repensadas, como também as referências corporais.

b) O afrontamento trabalhado e o jogo-símbolo

Primeira mudança importante: a proibição, no começo do século XVI, do "combate em massa", do lado a lado maciço pontuando as justas, do "choque na batalha" que era, até aquela época, o momento forte da festa. Foi ele que deu por muito tempo seu sentido à palavra torneio[14], reservando-se o termo justa preferencialmente para os confrontos individuais. Este combate corpo a corpo não figura mais nos desafios de meados do século: muito confuso, sem dúvida, e arriscado demais. O futuro Carlos V o diz depois do torneio de Valladolid, em 1517, onde o furor do jogo comove os espectadores mais insensíveis. Torna-se muito chocante a visão das couraças ensanguen-

---

13. O Leal Servidor. *Histoire du gentil seigneur de Bayard* [século XVI]. Paris: Balland, 1960, p. 61.
14. Cf. *Le Livre des tournois du roi René* [século XV]. Paris: Herscher, 1986.

tadas, dos feridos espezinhados, dos corpos desconjuntados. A batalha em massa que encerrou a justa de Valladolid em 1517 foi a última deste gênero na Espanha: "O sangue dos homens e dos cavalos escorria de todos os lados; as pessoas que os olhavam diziam: Jesus, Jesus! [...] as senhoritas gritavam e choravam pedindo piedade"[15]. Os golpes comovem em meados do século, denunciados depois da morte de Henrique II, em 1559, que teve a viseira perfurada pela lança de Montgomery: o acidente marca com tanta força a memória do século que ele quase condena o jogo. Até sua rejeição definitiva, em 1605, com as corridas realizadas ao longo dos muros do Louvre, onde Bassompierre é vencido por uma lança quebrada na virilha[16].

A decisão de Henrique IV proibindo as justas depois desse acidente encerra uma história comparável à história do duelo. Os grandes Estados centralizados e modernos toleram cada vez menos as solidariedades de linhagem, as querelas senhoriais às quais as justas podem assemelhar-se, com seus desafios, suas provocações, seu sangue derramado, seu código quase sagrado. Eles toleram cada vez menos uma violência que não conseguem controlar.

Em compensação, não desaparece a referência guerreira. Existem reações aqui e ali para impedir a supressão das justas e dos torneios, dando ao mesmo tempo a ilusão de uma sobrevivência. Caxton propõe, na Inglaterra, no fim do século XVI, que se mantenham pelo menos uma vez por ano esses confrontos públicos: "Assim os fidalgos reencontrarão o antigo costume da cavalaria e, além disso, estarão prontos para servir seu príncipe quando apelar para eles ou tiver necessidade deles"[17]. Mas é sobretudo recompondo esses jogos, mantendo sua forma e suprimindo ao mesmo tempo seu perigo que a nobreza prolonga o mito de um poder legendário. Referências preservadas e jogos renovados. Já bem antes de 1605, novas práticas vêm substituir

---

15. MACQUÉREAU, R. *Chronique de la maison de Bourgogne*. Op. cit., p. 77.
16. BASSOMPIERRE, F. *Journal de ma vie* [século XVII]. 4 vols. Paris: Renouard, 1870-1877, t. I, p. 165.
17. YATES, F.A. *Astrée* – Le symbolisme impérial au XVIe siècle. Paris: Belin, 1989, p. 177.

a justa. Sua presença salvaguarda a fixação dos valores de combate, revolucionando ao mesmo tempo, sem tardar, o estilo e o espírito do jogo.

Duas práticas, em particular, impõem-se depois de 1550, frequentemente associadas: a corrida do anel e a corrida de quintana[18]. Reservadas até então ao exclusivo treino de cavaleiros, cada uma dessas práticas se baseia em um gesto preciso: enfiar a lança numa argola desaprumando a liça, para a corrida do anel; atingir com a lança (e se possível quebrá-la) um obstáculo fixo, para a quintana. O manejo da lança está no centro do jogo. Portanto, um assalto contra um engodo, mas com condições "despojadas", e um ato, ele mesmo codificado. Nenhum adversário opõe-se ao corredor. O risco do sangue é evitado com mais segurança. Só o instrumento regula o gesto. A técnica prevalece sobre o confronto, a destreza sobre a força do choque. O alvo não é mais do que espaço geométrico. O combate é transposto, suprimindo todo encontro. É batalha, sim, mas em seu dispositivo formal e não tanto em seus perigos. Também mudam as maneiras de apresentar-se: o corredor perde seus arreios na segunda metade do século XVI. Estofos e veludos se vulgarizam para esses galopes de combatentes: "No dia 19 de fevereiro, do dito ano de 1570, o Rei Carlos fez a corrida do anel no jardim da chamada abadia de Saint Aubin. Ele estava vestido com o mesmo traje que vestia o defunto Rei Francisco, acompanhado de ilustres fidalgos vestidos do mesmo modo, com gorros de veludo e penachos na cabeça"[19]. O modo de se apresentar da corte mostra bem como aqui o gesto não passa de memória e símbolo, afirmação da identidade, uma "refeudalização imaginária" que faz "a nobreza de espada imitar e desempenhar um papel guerreiro e político que ela estava prestes a perder"[20].

---

18. Cf. CLARE, L. *La Quintaine, la Course de bague et le Jeu de têtes* – Étude historique et ethnolinguistique d'une famille de jeux équestres. Paris: CNRS, 1983.

19. LOUVET, J. *Journal* – Récit véritable de tout ce qui est advenu digne de mémoire tant en villle d'Angers [...] qu'en autres lieux, in Revue de l'Anjou, 1854, p. 300.

20. CORNETTE, J. *Le Roi de guerre* – Essai sur la souveraineté dans la France du Grand Siècle. Paris: Payot et Rivages, 1993, p. 205.

c) A elegância e a sociabilidade

Parece que os jogos de choque frontal foram de fato julgados exagerados no século XVI. Desaparecem as imagens de força frontal, em favor de modelos mais sutis que implicam antes boa pontaria e destreza. As corridas do anel simbolizam por si mesmas tais renovações às quais se impõem, de imediato, exigências mais numerosas, mais ricas. À força e destreza devem acrescentar-se a elegância, o porte, uma maneira particular de respeitar o decoro. Fazer a corrida do anel, sim, mas dentro das normas: respeitar rigorosamente um traçado da corrida, por exemplo, fazer a ponta da lança seguir uma linha bem-geométrica, evitar todo movimento brusco do cavalo e, sobretudo, assegurar uma boa presença. A etiqueta vem completar a técnica: um misto de elegância e de habilidade. É o que Brantôme indica, como um dos primeiros, evocando os corredores do fim do século XVI. D'Auville, por exemplo, fazendo uma corrida bastante "bela" para fazer esquecer o fracasso de sua lança: "O marechal d'Auville fazia ordinariamente as mais belas corridas do mundo, quando fazia a corrida do anel, quer fosse com seu rei ou com outros, mas ele era tão infeliz que raras vezes foi vitorioso por causa de sua visão que não estava bem-assegurada; mas suas corridas valiam na verdade como se fossem vitoriosas"[21]. Imagem guerreira, sem dúvida, mas na qual a elegância, em última análise, deve prevalecer. São necessários grandes tratados de cavalaria do século XVII e a constituição de uma verdadeira arte da corte para que essa prioridade se torne mais evidente ainda: Pluvinel, o mestre de equitação, por exemplo, quando aconselha Luís XIII em suas corridas do Louvre, insiste na liberdade aparente de movimentos. Ele detalha longamente o modo de portar-se. Recomenda gestos controlados, calculados. Evocando enfim a parada pública do rei na corrida do anel, ele sugere um conjunto de qualidades quase intelectualizadas. São elas que o rei deve mostrar ao povo: o rei deve muitas vezes correr em público "a fim de dar a conhecer não somente vossa nobreza, mas também, ao vosso povo, a excelên-

---

21. Pierre de Bourdeille, sieur de Brantôme. *Oeuvres*. Op. cit., t. III, p. 371.

cia miraculosa de vosso espírito"[22]. Além da retórica cortesã, a insistência é colocada exatamente no domínio, a vertente quase psicológica do movimento. A imagem do rei competidor, do rei manejando diretamente a força, dá lugar a uma imagem mais complexa, onde a referência militar continua, sim, mas dominada pela imponência e pela "graça". Basta, por exemplo, a Vulson de la Colombière descrever, em 1638, as corridas "ideais", acrescentando aliás a pistola às armas tradicionais, para privilegiar, sem hesitar, a forma dos gestos e da aparência. Basta que ele dê uma hierarquia aos prêmios atribuídos para que a execução formal e a elegância confirmem seu ascendente: o primeiro prêmio "para aquele que tiver feito a mais bela corrida e disparado seu tiro de pistola com o maior charme em combate singular"; enquanto que o terceiro "somente" vai para aquele "que tiver dado seu tiro de pistola mais perto do alvo pintado sobre o fronte da quintana"[23]. Uma maneira como a outra de sublinhar a importância que adquiriram a valorização das atitudes e do porte espetacularizados.

Não que esta arte do espetáculo seja desconhecida antes dos jogos modernos de corrida: desde o século XV, pelo menos, os torneios se acomodam a uma teatralização, onde a ficção tem o seu papel. Olivier de La Marche ou Chastelain descrevem vários torneios feitos para libertar uma "princesa prisioneira", ou para atacar diversos "cavaleiros errantes"[24]. Neste caso, o combate pode explorar a referência romanesca suscitando cenas e quadros. Animais e personagens míticos podem atravancar a entrada das liças. Os torneios da Baixa Idade Média, por exemplo os da corte de Borgonha, afastam-se certamente dos modelos primitivos ao teatralizar-se. Uma maneira de fazer crescer o interesse integrando uma cultura literária que associa ao mesmo

---

22. PLUVINEL, A. *L'Introduction du Roy en l'exercice de monter à cheval*. Paris, 1625, p. 131.

23. LA COLOMBIÈRE, M.V. *Le Vrai Théatre d'honneur et de chevalerie, ou le Miroir héroïque de la noblesse*. Paris, 1679-1680, t. I, p. 548.

24. Cf. LA MARCHE, O. Mémoire sur la maison de Bourgogne [século XV]. In: BUCHON, J.-A. *Choix de chroniques et mémoires de l'histoire de France*. Paris, 1839. • CHASTELAIN, G. *Oeuvres* [Crônicas de 1419 a 1470], 1863-1866.

tempo o mito ao poder do soberano. Mas a arte do assalto e do afrontamento do perigo continuam sendo os valores centrais. A batalha quase real focaliza o momento decisivo. Os prêmios, sobretudo, só se destinam ao jogo da lança e da espada. A aventura fictícia no século XV prova em primeiro lugar a "verdadeira coragem"[25]. O combate permanece necessariamente "real", como ainda é no começo do século XVI.

Em compensação, a originalidade das festas do século XVI é fazer da teatralização um elemento daquilo que está em jogo. A descrição do *Mercure français* reserva diversas páginas ao desfile do torneio napolitano de 1612[26], e algumas linhas apenas ao desenrolar do combate. O carrossel, nome dado no século XVII a esses divertimentos de um gênero renovado, revela, em sua própria etimologia, a importância do cortejo e da cavalgada. Para dizer a verdade, nada mais do que corridas do anel e da quintana, mas precedidas de quadrilhas enfeitadas e figurantes vestidos com esmero. O que dá uma importância bem-particular à entrada em cena, reforçando ao mesmo tempo a convergência possível entre o carrossel e o balé. A expressão mais acabada do jogo é atingida pelo carrossel de 5 e 6 de junho de 1662, em honra do delfim, nascido um ano antes, espetáculo tão importante que deu seu nome ao lugar onde se desenrolou: Luís XIV, na figura do *imperator* romano, conduz a primeira das cinco tropas, vestido de um traje de ouro e prata pontilhado de rubis[27]. O duque de Enghien conduz a sua tropa como "rei das Índias", o duque de Guise como "rei americano". Cada uma dessas tropas dispõe de um séquito proporcional à importância de seu chefe, segundo um princípio que liga mais intimamente aparência e poder: "Na quadrilha do rei eram nomeados quatro timbaleiros, vinte e quatro corneteiros, vinte e quatro espadachins, quarenta cavalos levados à mão e oitenta palafreneiros, vinte e qua-

---

25. HUIZINGA, J. *Le Déclin du Moyen Âge*. Paris: Payot, 1967, p. 84.
26. *Le Mercure français*, 1612, vol. II, p. 440.
27. Cf. PILLORGET, R. & PILLORGET, S. *France baroque, France classique, 1589-1715*. Paris: Robert Laffont, coll. "Bouquins", 1995, p. 704.

tro pajens trazendo as lanças e os escudos revestidos das divisas, o ajudante de campo e o marechal de campo. Todos traziam as cores de Luís XIV, ouro, prata e fogo"[28]. A aparência vestimentar e física impõe-se a tal ponto que os cavaleiros eliminados "vão pavonear-se no meio da multidão dos bairros de Saint-Gervais, Saint-Eustache ou Saint-Paul"[29]. Ela se impõe ainda a tal ponto que os exercícios e galopes do rei se assemelham a um sol fazendo "sua trajetória entre outros astros"[30]. Encenação da corte reunida, o jogo representa o poder como também o promove. *Le Mercure Galant* comenta os Carrosséis reais como símbolo da monarquia: "As grandes festas são tão gloriosas a um Estado porque são marcas de sua tranquilidade e do bom e feliz governo de seu soberano"[31].

Em um sentido mais amplo, é a presença ao jogo que se torna diferente: jogar para mostrar-se, se não deslumbrar, impor-se pela aparência mais do que pelo combate. Nangis, fidalgo ainda jovem, de pouca fortuna mas de boa nobreza, revela esta mudança quase involuntariamente. Ele assume em 1605 uma despesa, julgada excessiva por ele mesmo, para um combate na barreira. Peças de armadura e aparelhamentos diversos custam-lhe 400 escudos. Nangis não pode pagar, mas insiste em participar no combate. Só o adiantamento de alguns comerciantes e a ajuda de amigos próximos permitem reunir a soma. Coisa mais difícil ainda de conseguir porque Nangis não visa explicitamente a nenhum prêmio. Ele mesmo se considera um "mau cavaleiro". Por outro lado, ele busca, há muito tempo, o apoio do rei. Sua fortuna é medíocre. Ele espera um cargo, precisa "ser bem-sucedido" na corte. Sua estratégia é claramente social: participar nos divertimentos dos grandes, como lhe permite sua origem, para sublinhar uma pertença; ser contado en-

---

28. MOINE, M.-L.C. *Les Fêtes à la cour du Roi-Soleil*. Paris: [s.e.], 1984, p. 26.

29. PILLORGET, R. & PILLORGET, S. *France baroque, France classique*. Op. cit., p. 705.

30. *Relation des magnificences du Grand Carrouzel du Roy Louis XIV, avec les noms des Princes et Seigneurs que doivent courir la bague, les testes et la méduse...* Paris, 1662.

31. *Le Mercure Galant*. Paris, mai./1679, p. 61.

tre a fina elite que rodeou o duque de Nevers, organizador do combate; garantir apoios: ostentar proximidades. Nangis o diz com toda simplicidade: "Custou-me 400 escudos. [Mas] este pequeno galanteio levantou um pouco minha coragem, pois lá só entrou quem era das mais honestas pessoas da corte"[32]. O que conta em primeiro lugar é a presença. E a presença, neste caso, serve às finalidades que não têm relação com a arte do combatente. Mesmo se, em último caso, é no exército que Nangis servirá.

Aqui é preciso insistir nas diferenças em relação ao passado, embora subsistam algumas formas. De Bayard a Nangis, a transformação é completa, apesar da continuidade aparente. Bayard, em 1490, também estava à busca de ajuda financeira para começar seus primeiros torneios. Também ele, cadete sem fortuna, negocia com os comerciantes, recorre aos amigos. Também ele espera da justa uma promoção. Mas a diferença está na aposta. Para Bayard, essa aposta é iniciática. Trata-se de uma marcha às "honras", de um reconhecimento que mistura dever moral com força física. A prática compromete. Ela exige a aventura dos assaltos, o risco; ela impõe o "custe o que custar". A valentia da guerra, em suma. Só assim ela promove. Aliás as vitórias na justa modificam a carreira militar de Bayard[33]. Elas representam graus e prestígio.

Nangis não vive as mesmas expectativas. Sua presença no jogo é a de um cortesão. Está lá para agradar. A vitória na corrida do anel ou na barreira não pode transformar sua "posição", mesmo sendo obrigatória sua participação. De Bayard a Nangis, o que mudou foi sem dúvida o estatuto da nobreza. Em um caso, uma nobreza orientada quase exclusivamente para o ofício das armas; no outro, uma nobreza adquirida com práticas da corte, perseguindo cargos e ofícios. Daí duas estratégias na arte de chegar aonde se quer chegar e sem dúvida também na arte de jogar. A imagem é banal. A diferença quase estereotipada.

---

32. NANGIS DE BRICHANTEAU, N. *Mémoires* [1600-1640], Paris, 1862, p. 75.
33. O Leal Servidor. *Histoire du gentil seigneur de Bayard*. Op. cit., p. 67.

d) Jogos militares e jogos da corte

Mas o interesse desses jogos é que eles permitem graduar e precisar esta diferença. A nobreza mudou. Seus jogos também. Acontece que essas corridas do anel, amplamente praticadas durante todo o século XVII, são de origem militar. Uma origem constantemente lembrada e sublinhada. *Le Mercure Galant*, por exemplo, descrevendo as corridas de Saint-Cloud e de Fontainebleau, em 1679: "As pessoas não deixam de exercitar-se sempre nas armas e a nobreza faz delas prazeres tão grandes que o ofício da guerra jamais será esquecido na França"[34]. Ou as corridas de Dresden, em 1719, celebrando o casamento do Príncipe eleitor com a Arquiduquesa Josefina, apresentadas como oferecidas "pelo Deus Marte"[35]. O ideal militar continua sendo um valor fundamental na nobreza. Labatut o diz hoje à sua maneira, mostrando tudo que a glória dos Potier, de origem burguesa e duques de Tresme em 1648, "deve à morte heroica de dois filhos do primeiro duque em combates recentes"[36]. Ainda é preciso avaliar bem o papel simbólico desses jogos. Eles não são necessariamente práticas de combatentes, são práticas que se tornaram sinais. Uma maneira, para alguns nobres, de lembrar sua origem militar sem necessariamente estar sob as armas. Uma maneira, para o poder, de sublinhar uma competência de soldado sem necessariamente aplicá-la. Para dizer a verdade, não são mais exercícios, nem visam mais o treinamento. São feitos para mostrar uma aparência, um porte, para lembrar uma pertença. Seu valor é simbólico: o delfim, por exemplo, correndo em Saint-Germain, em 1680, com as botas enfeitadas "de um leve bordado de ouro e de prata na joelheira e na lateral"[37]; ou os príncipes correndo na mesma data "com so-

---

34. *Le Mercure Galant*. Paris, nov./1679, p. 119.

35. Ibid., p. 96.

36. LABATUT, J.-P. *Les Noblesses européennes de la fin du XVe siècle à la fin du XVIIIe siècle*. Paris: PUF, 1978, p. 89.

37. *Le Mercure Galant*. Paris, fev./1680, p. 340.

bretudos de escarlate"[38]. Trajes próprios de salão ou de manobra para "significar" o combate, mais do que para exercitar-se nele.

Prova disso é o arcaísmo técnico dessas corridas no século XVII. A lança é um instrumento abandonado pela cavalaria desde o fim do século XVI, mas continua sendo, ao mesmo tempo, a arma "nobre". Sua eficácia revelou, pela primeira vez, seus limites quando as armas carregadas de Carlos o Temerário descarregaram sobre os piqueiros suíços em Grandson e em Nancy[39]. O esmagamento dos cavaleiros borgonheses inicia uma total revisão da importância dada à lança, progressivamente substituída pelo porte de arma de fogo, pistola ou peitoral[40]. Além disso, a brusca e intensa força do fogo torna a cavalaria sempre mais vulnerável, obrigando a reequilibrar os tipos de armas para aumentar o peso da infantaria e da artilharia. Mudança da arma, mudança da função, o cavaleiro perde o lugar central que ocupou durante muito tempo. O manejo da lança não é mais do que exercício escolar no século XVII, porém tanto mais importante porque sua história lança raízes no passado. É precisamente nisto que ele é um sinal de pertença militar, tanto quanto um sinal de tradição, para uma nobreza em mudança.

Em última instância, o mais importante é que a nobreza do século XVII sente necessidade de "reativar" seus ideais militares. Ela sente necessidade de encená-los e até exibi-los. E, em compensação, já o faz mais simbolicamente do que o fazia a nobreza do começo do século XVI. Exatamente como Luís XIV o fez mais simbolicamente do que Francisco I. São as caçadas de Luís XIV, longamente preparadas em seu itinerário, em sua distribuição de caça, que só elas, no fim do século XVII, são ocasião de evocar os lazeres marciais do rei: "Se não vos falo todos os meses das caçadas do rei, não é porque este divertimento deixa de ser frequentemente um de seus prazeres.

---

38. Ibid., mai./1683, p. 286.

39. Cf. KENDALL, P.M. *Louis XI* – L'intelligence au pouvoir. Paris: Fayard, 1974.

40. Arma utilizada durante algumas décadas. Trata-se de um "intermediário" entre o arcabuz e o mosquete.

Como o exercício contribui muito para a saúde e não só mantém seu vigor, mas representa sempre uma imagem de guerra, este príncipe tem a alma muito marcial para abandoná-lo"[41]. É indispensável, em outras palavras, evocar a força do combate: a imagem do poder não pode existir sem ela. Mas a referência é mais de alusão do que de realidade.

A recomposição dos jogos mostra, de fato, como a cultura do corpo se recompôs por si mesma, nas elites, entre os séculos XVI e XVII: atenção progressiva para a destreza, para a imponência, extinção das forças frontais. Quando os torneios e seus longínquos derivados darão lugar às corridas de cavalos, a sociedade da corte terá transformado totalmente a vida nobre. A ordem militar será uma ordem entre outras.

2. Visão dos movimentos do corpo, visão do universo

Outras mudanças emergem do esvaecimento da violência e do crescimento do aspecto imponente: um olhar novo sobre o encadeamento e a ordem dos movimentos corporais, por exemplo, uma maneira inédita de imaginar sua forma, seu valor e sua eficácia. A novidade está tanto na encenação do corpo como na representação das lógicas que mudam sem cessar: a ligação entre os movimentos dos membros e os movimentos do mundo, em particular a maneira de explicar a dinâmica e seus efeitos.

a) O balé equestre, do chevalier ao cavalier

Extensão e complexidade dos movimentos, em primeiro lugar: a encenação dos gestos, como seu maior controle, diversificam o registro das habilidades até transformar do começo ao fim, no século XVI, as artes do movimento. A equitação é um dos melhores exemplos que impõe ao cavalo uma disciplina totalmente inédita: não mais a marcha frontal e as paradas, o dis-

---

41. *Le Mercure Galant*, nov./1682, p. 336.

positivo sumário do combate, mas o andamento, a medida, e algumas vezes o ritmo do passo. Não mais só a mudança de direção, mas as figuras e as voltas. Exigência tanto mais desenvolvida no século XVI, porque as circunstâncias cênicas se estendem bem além das justas e dos carrosséis. A sociedade da corte inventa os balés de cavalos, cuja originalidade foi sublinhada por Roy Strong: dramas totalmente representados nos quais uma ficção de combate deve garantir o triunfo do príncipe diante dos espectadores da corte. É o *Tempio d'amore*, por exemplo, culminando em apoteose as festas organizadas para as núpcias do duque Afonso e de Bárbara da Áustria em 1565, onde se multiplicam as proezas cavaleirescas de *diversi erranti*, antes que prevaleçam definitivamente os "cavaleiros" (*chevaliers*) que cercam o soberano, os "da Honra e da Virtude"[42]. Até o teatro Farnese, em Parma, em 1628, onde as primeiras encenações são de grandiosos torneios e balés de cavaleiros (*cavaliers*)[43]. Tema militar sem dúvida, mas aqui representado, do começo ao fim, e estetizado, diretamente a serviço de uma ideologia e de uma monarquia absolutizada: a imagem valorizada da cavalaria para simbolizar melhor o poder do príncipe, como a dependência das cortes.

O resultado disto é um manejo desordenado do cavalo, uma brusca profusão de proezas até então ignoradas: voltas, mesuras, piruetas, geometrização dos trajetos, "ares distintos". Uma prática sem antecedentes: "arte nova que só busca seu fim em si mesma"[44]. O que faz da "equitação" (*chevaucher*) não mais um estado, um sinal de pertença a uma ordem, mas um saber particular, um sinal de competência e de capacidade. E também uma virtuosidade na qual as exigências são deslocadas de lado a lado: "Assiste-se à transformação de uma técnica militar que liga o homem e o cavalo, numa técnica sem objetivo guerreiro que se torna a exaltação subjetiva de seus meios, uma

---

42. Ibid., p. 102.

43. LAVING, I. Lettres de Parme (1618, 1627-1628) et débuts du théâtre baroque. In: JACQUOT, J. (org.). *Le Lieu théâtral à la Renaissance*. Paris: CNRS, 1964.

44. SAUREL, É. *Histoire de l'équitation des origines à nos jours*. Paris: Stock, 1971, p. 205.

cultura do corpo adaptada a um novo papel da nobreza na centralização real"[45]. A arte da equitação confirma sempre uma solenidade, mas ela se afirma mais com a habilidade do cortesão do que com a do guerreiro.

As próprias palavras mudam durante o século XVI, substituindo a palavra *chevalier*, por exemplo, pela palavra *cavalier*. Pasquier toma consciência deste fato em suas *Recherches sur la France,* em 1570: "Nós abandonamos muitas palavras francesas que nos eram muito naturais para implantar bastardas. Porque de *chavallerie* fizemos *cavalerie,* de *chevalier, cavalier*"[46]. A aprendizagem se torna inevitavelmente diferente, mais minuciosa, estendida por longos anos, multiplicando os investimentos pedagógicos, acentuando as querelas de escola, as comparações sem fim sobre as competências e as habilidades.

b) O balé e a geometria

A mesma importância é atribuída à dança, suscetível de tornar-se paixão individual, como para Sully, dançando "sozinho" ao som do alaúde, diante de alguns cortesãos[47]. Mas as verdadeiras mudanças estão em outro lugar, concretizadas nesses vastos dispositivos cênicos que solenizam o príncipe, nas cortes do século XVI: esses dançarinos que cercam seu lugar para sacralizá-lo melhor, como já faziam os balés de cavalos com seus círculos concêntricos e sucessivos[48]. A ordem tem aqui, claramente, vários sentidos. A dança da corte aplica o fascínio do século XVI pelas correspondências entre microcosmo e macrocosmo, perseguindo o princípio ordenado do mundo, repro-

---

45. BONHOMME, G. "Le cheval comme instrument du mouvement humain à la Renaissance". *Le Corps à la Renaissance* – Actes du colloque de Tours, 1987. Paris: Aux Amateurs de Livres, 1990, p. 338.

46. PASQUIER, E. *Les recherches de la France.* Paris, 1643, p. 124.

47. TALLEMANT DES RÉAUX, G. *Historiettes.* Paris: Gallimard, coll. "Bibliothèque de la Pléiade", 1960, t. I, p. 49.

48. Cf. STEGMANN, A. La naissance de l'art équestre à la fin du XVIe siècle. In: ARIÈS, P. & MARGOLIN, J.-C. (orgs.). *Les Jeux à la Renaissance.* Paris: Vrin, 1982.

duzindo incansavelmente a visão de uma corte estrita e "metricamente" disposta em torno do rei, como estariam os planetas em torno da Terra. Mimetismo confirmado até no título de algumas figuras, a do "Poder Supremo", por exemplo, no *Ballet de monseigneur le duc de Vendosme* representado na corte da França aos 17 e 18 de janeiro de 1610, onde triângulos se entrecortam no interior de um quadrado, ele mesmo contido em um círculo, figura "que marca o mais perfeito caráter"[49].

As referências da motricidade são imediatamente transtornadas: deslocar-se é obedecer às novas leis do universo, leis da geometria promovidas pela ciência do século XVI. Não que esta visão elimine toda força oculta[50]: ela se aproxima da mecânica mais do que a inventa, ainda impotente para conjecturar a lei dos choques ou da inércia. Mas ela inscreve pela primeira vez os movimentos corporais em vastos conjuntos geometrizados, dando-lhes uma ordem, uma regularidade e uma disciplina visual que não tinham. O que Tuccaro traduz no fim do século XVI, numa bem curiosa *Arte de saltar*, por uma semelhança com as "conjunções e oposições triangulares e quadrangulares e até sexangulares que intervêm quase todos os dias entre os planetas e suas esferas celestes"[51]. O que traduz mais ainda as estritas figuras geométricas calculadas para o *Ballet comique de la Reyne*, em 1581: "Elas dançaram o grande balé de 40 passagens às figuras geométricas, estas em diâmetro, ora em quadrado, ora em círculo e de muitas e variadas maneiras, e logo depois em triângulo, acompanhadas de alguns outros pequenos quadrados e outras pequenas figuras [...]. Essas evoluções em figuras geométricas eram ora em triângulo cujo ápice era a rainha; elas se transformavam em círculo, entrelaçavam-se em cadeia,

---

49. *Ballet de monseigneur le duc de Vendosme dansé lui douzième en la ville de Paris dans la grande salle de la maison royale du Louvre puis en celle de l'Arsenac, le 17 et 18ᵉ jour de janvier 1610.* Paris, 1610.
50. Cf. LENOBLE, R. Origines de la pensée scientifique moderne. In: DAUMAS, M. (org.). *Histoire de la science*. Paris: Gallimard, coll. "Encyclopédie de la Pléiade", 1963, p. 456.
51. Apud McGOWAN, M.M. "Le ballet de cour remis à jour". *La Recherche en Danse*, n. 2, 1983, p. 35-36.

desenhando figuras variadas com um conjunto e um sentido das proporções que maravilharam a assistência"[52]. Esta ordem ainda se acentua no século XVII, quando a mecânica dita mais claramente as leis do universo, nem sempre permitindo ao mesmo tempo uma análise que faz a medição dos movimentos corporais, cuja complexidade desafia o cálculo[53]. O balé clássico associa mais do que nunca coreografia com geometria. Nenhuma surpresa, por exemplo, se Descartes dança na corte de Cristina da Suécia, para celebrar a paz de Vestfália em 1648, o balé do *Nascimento da paz*, peça na qual ele colabora na encenação com Antoine de Beaulieu, mestre em balé, recomendado pelo filósofo junto de Christina[54]. Nenhuma surpresa se Luís XIV participa de balés animados por máquinas inspiradas de Torelli ou de Buffequin[55], onde a profusão de costumes que evocam selvagens, fúrias (divindades infernais), guerreiros ou mágicos enfeita, segundo uma implacável geometria de passos, a precisão mecânica da coreografia[56].

É com a arte da espada, porém, que se manifesta da melhor maneira a revolução das qualidades físicas esperadas como também dos movimentos corporais na Europa moderna.

c) A espada, da força ao cálculo

É preciso retomar a invenção da espada, seu desenvolvimento, o agenciamento de uma hábil esgrima para apreciar melhor a reversão dos modelos cor-

---

52. BEAUJOYEUX, B. Mémoires. Apud REYNA, F. *Histoire du ballet*. Paris: Aimery Somogy, 1968, p. 32.

53. Cf. BORELLI, G. *De motu animalium*. Roma, 1680.

54. BEIJER, A. La naissance de la paix, ballet de cour de René Descartes. In: JACQUOT, J. (org.). *Le lieu théâtral à la Renaissance*. Op. cit.

55. Cf. REYNA, F. *Histoire du ballet*. Op. cit., p. 51.

56. Cf. *Description particulière du Grand Ballet et Comédie de Naples de Pélée et Thétis, avec machines, etc.* [1654], manuscrito 1005, Biblioteca do Instituto, onde o rei desempenhou vários papéis, entre outros, a Fúria, a Guerra, Apolo.

porais e de seu sentido. Jamais como aqui a vontade de geometrizar se impôs a tal ponto. Jamais como aqui as aprendizagens se renovaram a tal ponto.

Esta esgrima nasce do combate, mas também de um paradoxo particular: a descoberta de outros instrumentos de assalto, em particular das armas de fogo. É o abandono da armadura varada pelas balas que permite o ataque da espada pela ponta: traspassar com um golpe de espada e não mais acutilar, o golpe de "estoque" (a estocada) e não mais o golpe de "talho" (o trinchar dos antigos cavaleiros). As simples descrições de combate indicam a mudança decisiva entre o século XV e o século XVI. A evocação dos torneios de Bayard, por exemplo, em 1492, onde a espada vem quebrar-se sobre a armadura, depois de um golpe oblíquo: "O bom cavaleiro quebra sua espada em dois pedaços"[57]. E a evocação dos duelos do século XVI, muito diferente, onde a espada faz jorrar o sangue, traspassando o corpo: "O marquês de Maguelair matou seu homem com uma estocada franca que eu representaria melhor do que poderia expressar"[58]. Os comentários sobre os assaltos não se detêm mais em algum poder cego dos golpes, na intensidade dos choques, nas faíscas provocadas sobre a armadura, mas na combinação e na clarividência dos gestos que permitem a estocada[59].

Uma das primeiras consequências disto é um deslocamento dos marcos de referência culturais; uma mudança na avaliação das forças e das habilidades; e também um conflito sobre a pertinência dessa renovação, uma vez que os velhos esgrimistas não viam mais do que mistificação e perfídia nos novos princípios; um abandono da força, em particular, em favor de uma prática "viciosa": "Este modo pernicioso e mau de combater com a espada antiga é

---

57. O Leal Servidor. *Histoire du gentil seigneur de Bayard*. Op. cit., p. 83.

58. Pierre de Bourdeille, sieur de Brantôme. *Discours sur les duels* [ms. do século XVI]. Paris, 1873, p. 321.

59. Cf. sobre a história da espada o importante texto de BRIOIST, P.; DREVILLON, H. & SERNA, P. *Croiser le fer* – Violence et culture de l'épée dans la France moderne (XVIe- XVIIIe siècle). Seyssel: Champ Vallon, 2002.

apenas própria ao jogo de ponta"[60]. A dissimulação é acusada de suplantar a energia, com seu cortejo de metáforas animais: "Então um homem forte, um verdadeiro bravo se verá espetado como um gato, ou como um simples coelho"[61]. Montaigne, entre outros, traduz essas resistências vituperando contra uma hábil esgrima, sinal, a seus olhos, de cálculo mais do que de bravura, de fragilidade mais do que de decisão: "A honra dos combates consiste na inveja da coragem, não da ciência [...] e, na minha infância, a nobreza fugia da reputação de bom esgrimista como injuriosa, e se disfarçava para aprendê-la como um metiê de sutileza, derrogando a verdadeira e ingênua virtude"[62]. Observações que caíram em desuso logo depois. Observações também anódinas, se não revelavam, por sua insistência, a nova sensibilidade: a existência de um trabalho original sobre os impulsos e seu controle, a imponência e a agilidade. O combate de ponta favorece precisamente as combinações calculadas de movimentos, a tática, a mobilidade. Ele exige a aprendizagem de hábeis estocadas e de gestos medidos. O que participa, de imediato, no vasto deslocamento que arrasta a motricidade nobre, entre o começo do século XVI e meados do século XVII, da força para a imponência, do poder para a destreza.

A este respeito, a sucessão de textos sobre a espada, no século XVI, continua sendo um exemplo privilegiado, onde o enriquecimento de uma técnica corporal pode ser seguido em detalhe com sua diversidade progressiva de defesas e de ataques. Primeiramente, a amplitude dos movimentos. De um tratado ao outro, os movimentos adquirem mais espaço, mais impulso: o golpe direto, a estocada, torna-se uma verdadeira fenda do corpo, depois de ter sido, algum tempo, um simples passo. Deslocamento limitado de braços junto com um curto avanço de pé antes e sobretudo a um recuo do pé para

---

60. PORTER, H. *The Two Angry Women*. Londres, 1599, p. 15.

61. DARCIE, A. Annales d'Elizabeth. Apud CASTLE, E. *L'Escrime et les Escrimeurs depuis le Moyen Âge jusqu'au XVIIIe siècle*. Paris, 1888, p. 76.

62. MONTAIGNE, M. *Essais*. Paris: Gallimard, coll. "Bibliothèque de la Pléiade", 1950, p. 782.

trás, no tratado de Agrippa, em 1553[63], ampla projeção do corpo para frente, em compensação, no tratado de Vizani, em 1575, com um nítido e profundo avanço do pé: "Quando quiserdes aplicar uma estocada, fazei com que o pé direito avance um largo passo e deixai cair imediatamente vosso braço esquerdo"[64]. Nada a estranhar nesses acréscimos: os movimentos ganham em liberdade, uma vez adquirido um mesmo princípio, o da estocada. Os golpes, em seguida[65]. Com as paradas também começando a explorar o fio da espada, em meados do século. Também aqui nada a estranhar: a partir de uma centração na estocada, constroem-se e se adicionam, lentamente, golpes associados em categorias e em séries. O mais marcante, nesses textos, é que eles abraçam perfeitamente o novo imaginário matemático: as espadas se tornam instrumentos geométricos, os deslocamentos palmilham figuras regulares. O jogo nas direções e miras explora a combinação de curvas, de retas, de ângulos, que só eles podem explicar os inícios de uma colocação do universo em perspectiva, realizados no século XVI. Uma ciência, mas totalmente pitagórica, na qual a cifra não vale a não ser por si mesma. Sem dúvida alguma, a técnica "de ponta" (estocada) se presta a tais sistematizações, com seu manejo bem-direcional e a importância codificada dada ao deslocamento dos passos. Joachim Meyer faz seus alunos moverem-se sobre pavimentos de ladrilho nitidamente desenhados, a fim de seguir melhor a exigência geométrica: não devem os pés obedecer às linhas e aos ângulos retos[66]? A sala supõe um pavimento perfeitamente ladrilhado onde figuras correm sob os pés dos assaltantes. Cálculo mais completo, enfim, em Agrippa[67], que determina os movimentos a partir de uma combinação de círculos e de polígonos

---

63. AGRIPPA, C. *Trattato di scientia d'arme con un dialogo di filosofia*. Roma, 1553, p. 5.

64. VIZANI, A. Trattato dello schermo. Veneza, 1575. Apud CASTLE, E. *L'escrime et les escrimeurs...* Op. cit., p 76.

65. Ibid.

66. MEYER, J. *Getrukt zu Augspurg*. Augsburgo, 1572.

67. AGRIPPA, C. *Trattato di scientia d'arme con un dialogo di filosofia*. Op. cit.; cf. "D'una figura geometrica", p. 6.

inscritos. Cálculo também mais ambicioso, pois trata-se, por meio deles, de considerar as três dimensões do movimento, a profundidade ajuntando-se às dimensões laterais. Mas, neste caso, a relação entre as linhas e o golpe aplicado quase não se torna mais apreensível: o imaginário matemático esgota-se no esoterismo.

A consequência é exatamente promover modos de comportar-se mais controlados, ou mais elegantes: geometrizar os gestos converge, aqui, com outras transformações que se referem tanto à sua circunspecção como à sua sensibilidade.

3. Aprender o porte imponente

Do balé ao jogo da espada, da equitação ao jogo das lanças, os exercícios da nobreza sofreram transformações em suas formas entre os séculos XVI e XVII, mobilizando novas qualidades do corpo, participando de novos dispositivos sociais. Essas formas não só deslocaram as coisas a aprender, mas suscitaram novos mestres, renovaram pedagogias. Tudo muda entre a educação corporal do cavaleiro e do cortesão. Tudo muda sobretudo na maneira de designar os valores do corpo, tanto na maneira de hierarquizá-los, como na maneira de adquiri-los.

a) Os exercícios que iniciam

É preciso comparar concretamente a formação do antigo cavaleiro e a do cortesão: os exercícios do "Jouvencel Boucicaut", por exemplo, em torno de 1380, e os de Bassompierre no final do século XVI. Boucicaut, futuro marechal da França, apresenta em suas memórias as práticas de iniciação como tantas outras atividades acumuladas: "exercitava-se para superar um cavalo de batalha bem-armado [...]. Outra vez, feria-se com um machado, ou com um malho para endurecer seus braços [...]. Fazia o sobressalto armado com todas as peças [...]. Sem colocar o pé no estribo em um corcel armado com todas as peças, depois outra vez corria ou andava longas distâncias a pé para acostumar-se a ter longo fôlego [...]. Subia ao mais alto possível entre duas paredes de estuque [...]. Subia pelo reverso de uma grande escada levantada contra um muro até o mais alto, sem tocar os pés"[68]. Os exercícios ilustrariam competências, os atos definem diretamente as qualidades do corpo. A guerra continua sendo, para Boucicaut, o objetivo quase único. Ela faz a divisão entre os exercícios e define sua utilidade. Ela ocupa ainda o cotidiano até nos jogos julgados simples divertimentos: "Depois, quando ele estava em casa, exercitava-se com os outros escudeiros a jogar a lança, ou em outros ensaios de guerra, e não cessava jamais"[69].

Bem diferente é o testemunho de Bassompierre, fidalgo de Nancy, nascido em 1579, cujas Memórias resgatam sua juventude com a maior meticulosidade. O futuro amigo de Henrique IV começa a aprender a ler com cinco anos, e aprendeu dança e música com nove anos. Seguem-se alguns anos de colégio em Lorraine e na Alemanha, e, principalmente, uma longa viagem à Itália, a partir de 1596, onde Bassompierre termina sua aprendizagem da equitação, das armas e da dança, com mestres reputados como os mais sábios da Europa. Primeiramente em Mântua, depois em Bolonha, Florença e Nápoles, onde aprende a "montar a cavalo com João-Batista Pignatelle"[70], durante muito tempo considerado como o melhor mestre e cuja extrema velhice, em 1597, impediu o jovem de prolongar suas aulas além de dois meses. Os mestres de dança visitados em cada uma das cidades percorridas são sistematicamente citados, como são citados mestres em equitação e escudeiros[71].

---

68. Le Livre des faicts du Mareschal Boucicaut (ms. do séc. XV). In: MICHAUD, J.-F. & POUJOULAT, J.-J.-F. *Nouvelle collection des Mémoires pour servir à l'histoire de France*. Op. cit., t. II, p. 219-220.

69. Ibid., p. 220.

70. BASSOMPIERRE, F. *Mémoires*. Ibid., 2ª série, t. VI, p. 16.

71. Ibid., p. 17.

Aliás, essa aprendizagem da dança é considerada tão importante que no dia de seu retorno à França, em 1598, o jovem foi inscrito para participar de um balé na corte, do qual ele faz questão de lembrar cada um dos onze atores: "Eu quis nomeá-los porque era uma elite de pessoas tão belas e tão bem-feitas que não era possível fazer melhor"[72]. Insistência no saber técnico do cavaleiro, insistência na estética do dançarino, a arte da corte impôs-se definitivamente. É o sentido dos exercícios que é inflectido. É também seu número, como sua hierarquia. A dança, por exemplo, tornou-se de repente imprescindível, quando ainda não fazia parte das aprendizagens de Boucicaut. Mais precisamente, impôs-se uma trilogia na diversidade pouco categorizada e exclusivamente guerreira do fim da Idade Média: montar a cavalo, esgrimir e dançar, três práticas aprendidas na Itália por Bassompierre, todas três se tornaram as artes específicas do fidalgo, todas três denotam uma competência distintiva que só pertence a ele.

Essa trilogia impõe-se também nas longas enumerações de práticas feitas para ilustrar, no começo do século XVI, as qualidades físicas do príncipe: a insistência nos gestos de luta trocados entre Francisco I e Henrique VII no *Camp du Drap d'or*[73], a interminável lista dos jogos praticados por Henrique II[74], a também interminável lista dos jogos praticados por Gargântua[75]. Outros tantos acúmulos de funções extintas pelo novo modelo da nobreza: as aprendizagens são restringidas e aprofundadas; são codificadas, especificadas.

---

72. Ibid., p. 19.

73. JUSSERAND, J.-J. *Les sports et les Jeux d'exercice dans l'ancienne France*. Paris: Plon, 1901, p. 177.

74. Cf. p. 303s.

75. RABELAIS, F. Gargantua [1534]. In: *Oeuvres complètes*. Paris: Gallimard, coll. "Bibliothèque de la Pléiade", 1955, p. 92-93.

b) As qualidades que distinguem

As palavras também mudam quando se acrescentam aos valores tradicionais do homem de armas os valores julgados mais sutis do cortesão. Impõe-se uma expressão para designar uma qualidade nova, imediatamente entendida: a "boa graça", a elegância, aquela da qual cada gesto do aluno deve trazer o traço, a ponto de parecer "natural"[76]. Esta "boa graça" deve sugerir um modo de comportar-se e uma boa figura: ela distingue – ruptura definitiva com o simples sobrevoo das práticas realizadas por Boucicaut. Ela deve habitar cada um dos exercícios, como parece ter saído de cada um deles.

Não que esta qualidade seja fácil de definir: ela "é simplesmente uma certa luz que sai da bela reunião das coisas que são bem-compostas, bem-divididas entre si e todas juntas. E sem esta proporção o bem não seria belo nem a beleza agradável"[77]. Recurso às abstrações formais, a "boa graça se imporia pela visão dos equilíbrios e das simetrias, tais como o século XVI pretende redescobri-los na Antiguidade[78]. Isto também não quer dizer que essa qualidade se adquire de maneira evidente. É difícil para muitos desses textos admitir que a elegância aristocrática se possa de fato aprender: "É de nascença que se tem este 'dom', esta 'graça' que vos fazem diferentes dos outros homens e que vos são reconhecidos pelos outros eleitos"[79]. O modo de comportar-se, a imponência deveriam ser herdados como a nobreza. A decisão de ensiná-los é julgada ambígua, mas impõe-se nos séculos XVI e XVII, iniciando, custe o que custar, "um programa educativo"[80]: "Conquanto se diga como provérbio comum que a boa graça não se aprende de modo nenhum,

---

76. LA NOUE, F. *La Cavalerie française et italienne* – L'art de bien dresser les chevaux. Paris, 1621, p. 145.

77. DELLA CASA, G. *Galatée ou la Manière dont un gentilhomme doit se gouverner en toute compagnie*. Paris, 1562, p. 534.

78. Sobre o tema da Antiguidade no século XVI, cf. GARIN, E. *Moyen Âge et Renaissance*. Paris: Gallimard, 1969; capítulo "A mitologia antiga", p. 5s.

79. REVEL, J. Les civilités de l'âge moderne. *Politesse et sincérité*. Paris: Esprit, 1994, p. 61.

80. DELUMEAU, J. *La civilisation de la Renaissance*. Paris: Arthaud, p. 432.

digo que quem quiser aprender boas graças e exercícios corporais, pressupondo antes de tudo que por natureza não seja inútil e inábil, deve começar bem cedo e aprender os princípios sob a direção de bons mestres"[81]. Nova qualificação do corpo, novo ensinamento distintivo.

Esta interrogação sobre o que distingue renova também, durante o século XVI, as pesquisas e as palavras sobre as coisas do corpo. Qualidades físicas mais numerosas e mais precisas são evocadas: desenha-se um corpo definido por atributos e não mais apenas por atos ou maneiras de fazer. Uma vontade de designar ou até de descrever um corpo bem-educado prevalece sobre a vontade de citar só os exercícios que ele deve fazer. O valor físico se enuncia por propriedades. Baldassare Castiglione, em seu *Cortesão*, o primeiro do gênero em 1528, associa a destreza, a ligeireza, a força[82]. Peacham, em seu *Compleat Gentleman*, correspondente inglês do cortesão italiano, insiste na "habilidade, na força e no vigor"[83]. Três qualidades dominam neste modo de comportar-se que se tornou mais abstrato: a "boa graça", a força, a destreza; figura mais controlada do cortesão, definitivamente distante dos velhos modelos medievais.

Por assim dizer, essas qualidades continuam sendo totalmente intuitivas, mais imagens do que mecanismos, mais impressões do que explicações. Nenhuma alusão às funções orgânicas, por exemplo, ou aos músculos para ilustrá-las. Os nervos e a carne são os únicos citados, com sua opacidade possível. La Chataigneray, cuja força é longamente sublinhada no século XVI, seria "muito nervudo e pouco carnudo"[84]. As crianças devem ter prioritariamente os "nervos reforçados"[85]. Os cavalos também não têm força, a não ser à proporção das qualidades de seus nervos; suas fraquezas estão ligadas

---

81. CASTIGLIONE, B. *Le Livre du courtisan* [1528]. Paris: Garnier/Flammarion, 1987, p. 62-63.
82. Ibid., p. 58.
83. PEACHAM, H. *The Compleat Gentleman*. Londres, 1634, p. 207.
84. Pierre de Bourdeille, sieur de Brantôme. *Oeuvres.* Op. cit., t. VI, p. 273.
85. CHOMEL, N. *Dictionnaire oeconomique concernant divers moyens d'augmenter son bien et de conserver sa santé.* Commercy, 1741, t. II, p. 68.

aos "nervos forçados", "nervos feridos", "nervos encurtados", "nervos comprimidos" ou "nervos estonados"[86]. Nenhuma visão mecânica nessas analogias de cordame. Elas confirmam apenas como a dificuldade de medir as coisas do corpo condena sua evocação à alusão metafórica: os "cabos" não são recenseados, nem tipologicamente referenciados, sua forma de ação não é precisada nem interrogada; os nervos são tanto "canos" como "cordas" nessa visão dos séculos XVI e XVII, condutos que levam "a todas as partes os espíritos necessários para o movimento e o sentimento"[87]. Única imagem dominante, a de nervos que permanecem como parte central da carne, sinais obscuros de flexibilidade e de firmeza.

É estranho que qualidades que hoje são julgadas evidentes também estejam ausentes, como a agilidade do corpo, por exemplo: a rapidez de execução não é mencionada. Uma sucessão de metáforas se aproxima do tema no século XVI e no século XVII, sem jamais especificá-lo nem objetivá-lo: os capitães espanhóis que, para combater os suíços, são descritos "bem leves de gordura, magrelos, ágeis e bem espertos e voam com os pés (como se diz)"[88]; ou o pai de Montaigne que é descrito exercitando-se com "palmilhas chumbadas para tornar-se mais leve ao correr e ao saltar"[89]. A noção de velocidade não é claramente designada. Em compensação, adivinha-se uma figura privilegiada de um texto ao outro, a do corpo "solto": "muito robusto, maravilhosamente ágil e flexível"[90], a imagem de Henrique II evocada por Mézeray, "robusto e ágil"[91], a de Henrique IV evocada por Palma Cayet, corpo forte e

---

86. SOLLEYSEL, J. *Le Parfait Maréchal qui enseigne à connaistre la beauté, la bonté et les défauts des chevaux...* Trévoux, 1675. Cf. a palavra "Nerf" (nervo) no índice.

87. CHOMEL, N. *Dictionnaire oeconomique.* Op. cit., t. II, p. 68.

88. Pierre de Bourdeille, sieur de brantôme. *Oeuvres.* Op. cit., t. I, p. 338.

89. MONTAIGNE, M. *Essais.* Op. cit., II, 2, p. 380.

90. MÉZERAY, F.E. *Histoire de France.* Paris, 1646, p. 601.

91. PALMA CAYET, P.-V. Chronologie novenaire [ms. do século XVI]. In: MICHAUD, J.-F. & POUJOULAT, J.-J.-F. *Nouvelle collection des Mémoires pour servir à l'histoire de France.* Op. cit., t. XII, p. 174.

"solto", devendo este fundir as exigências quase contrárias das armas e da corte. Sobre isto, Brantôme dá uma versão vinda da Itália: *con bel corpo desnodato et di bella vita,* que ele traduz por um "corpo bem solto e de belo talhe"[92]. A garantia de uma força ligada ao inverso da massividade, a metáfora intuitiva da força ligada à metáfora igualmente intuitiva do "desligamento". A expressão proposta por Faret em um texto que prolonga, no século XVII, o de Castiglione: "Membros bem-formados, muito flexíveis, soltos e fáceis de acomodar a todo tipo de exercícios de guerra e de prazer"[93]. "Soltos" ou desatados ilustra bem, embora o termo não explique, enquanto que o acréscimo dos exercícios de "prazer" aos exercícios de "guerra" expressa aqui, à sua maneira, uma das grandes mudanças.

As palavras que definem o corpo exercitado foram enriquecidas. As qualidades são precisadas e diversificadas no século XVI. O ideal corporal do cortesão aliaria à força uma nova destreza, seus movimentos ajuntariam à eficácia uma estética. Mas as palavras, uma vez transformadas, podem permanecer rasteiramente genéricas, os adjetivos não ser mais do que convencionais. É preciso seguir a mudança dos exercícios nas próprias instituições para avaliar melhor a importância das representações.

c) As instituições que formam

As cortes italianas continuam sendo, durante muito tempo, no século XVI, o lugar privilegiado dessas aprendizagens, impondo a viagem a Florença, Roma ou Nápoles como viagem-símbolo da iniciação nobre, do contato vivo com as novas práticas. Os primeiros grandes tratados de equitação, de dança ou de espada são italianos, como o são os primeiros mestres convidados às cortes da Europa[94]. Bassompierre, como vimos, fez a viagem à Itália

---

92. Pierre de Bourdeille, sieur de Brantôme. *Oeuvres.* Op. cit., t. IV, p. 162.
93. FARET, N. *L'honneste homme ou l'art de plaire à la cour.* Paris, 1630, p. 25.
94. REYNA, F. *Histoire du ballet.* Op. cit., p. 22-23.

em 1596 acompanhado de um velho governador e de dois fidalgos "pertencentes" a seu pai[95]. O aixense Charles d'Arcussia permanece nas cortes de Ferrara e de Turim em 1570, antes de redigir, algumas décadas depois, a *Conférence des fauconniers*, um dos primeiros tratados franceses modernos de caça em pleno voo[96]. Pont-Aymerie permanece vinte e dois meses nas cortes de Milão, Nápoles e Bolonha, antes de evocar-lhes os esplendores e as possíveis armadilhas em 1599[97].

É que uma crítica dessas aprendizagens italianas se avolumou no fim do século XVI. Pont-Aymerie insiste nos incômodos da viagem, em seus perigos, nas despesas que envolve, no tempo perdido: "Nos 22 meses em que permaneci na Itália, vi perder 15 ou 16 fidalgos de boa linhagem. [...] Não há nada mais absurdo do que enviar um homem jovem como um cavalo jovem desgarrado"[98]. Essas críticas coincidem à sua maneira com a nostalgia de Du Bellay, isolado em suas responsabilidades romanas dos anos 1550-1560[99]. O tema da viagem iniciática perde seu atrativo quando cresce a cultura das cortes e quando se exportam, como acontece com a pintura ou a escultura, os saberes vindos da Itália. La Noue propõe criar em Paris uma academia para "colocar à disposição de todos os exercícios convenientes", onde viriam "os adolescentes de 15 anos que começaram seus estudos em casa com seus pais ou nas universidades"[100]. Pluvinel, o escudeiro do rei, concretiza o projeto nos últimos anos do século, "privando a nobreza da ocasião de correr na Itália"[101]. Luís XIII o confirma em 1629, decretando *Academia real* o estabeleci-

---

95. BASSOMPIERRE, F. *Mémoires*. Op. cit., p. 16.

96. Cf. SALVADORI, P. *La Chasse sous l'Ancien Régime*. Paris: Fayard, 1996, p. 49.

97. PONT-AYMERIE, A. *L'Académie ou Institution de la noblesse*. Paris, 1599.

98. Ibid., p. 4.

99. Cf. BELLAY, J. Les Regrets [1558]. In: *Poètes du XVIe siècle*. Paris: Gallimard, coll. "Bibliothèque de la Pléiade", 1553, p. 452.

100. MONTZEY, C. *Institutions d'éducation militaire jusqu'en 1789*. Paris, 1866, p. 66.

101. PONT-AYMERIE, A. *L'Académie ou Institution de la noblesse*. Op. cit., p. 2.

mento de Pluvinel instalado na rua Vieille-du-Temple: "Lá só serão chamados os fidalgos de 14 ou 15 anos bem-proporcionados, vigorosos e próprios à profissão à qual são chamados"[102].

Organizada desde o começo do século XVII nas cidades de Caen, Angers, La Flèche ou Riom, criada algumas vezes pela iniciativa privada, a academia formou durante muito tempo para os exercícios da nobreza. Nela, as aprendizagens do corpo se restringem aos exercícios de equitação, dança e espada, confirmando definitivamente o conteúdo dos exercícios nobres. O emprego do tempo era regulamentado na academia: armas e cavalo pela manhã, dança depois do meio-dia, "das 2 às 4 horas e 30"[103], seguida de uma instrução das matemáticas e do desenho, além de leituras de história e de geografia. Os alunos da academia são internos ou externos durante dois anos (três em um estabelecimento parisiense fundado em 1670[104]). Nela o tratamento dos mestres ressalta uma hierarquia de práticas, sendo o escudeiro sempre mais bem-remunerado do que os mestres de dança e de espada[105]. O espetáculo anual de corridas do anel ou de exercícios dados por essas academias confirma um reconhecimento público sublinhado por *Le Mercure Galant*: "Não havia nenhum que não fizesse notar sua destreza e que não acertasse na argola duas ou três vezes, com uma graça que encantou toda a companhia que foi muito numerosa"[106]. Espetáculo sobre o qual também insiste Lister, fidalgo inglês que visitava a França em meados do século XVII e fazia dessa exibição um divertimento obrigatório: "Fui à academia de Monsieur Del Camp ver muitos senhores franceses e ingleses fazer seus exercícios di-

---

102. Ibid., p. 81.

103. Ibid.

104. *Règlement pour l'établissement d'une académie dans la ville et au faubourg de Paris, par les chevaliers associés en faveur de la noblesse*. Paris, 1670, A.N., 01-715 (31).

105. 6.000 libras para o escudeiro-chefe em meados do século XVIII, 1.500 para cada um dos dois subescudeiros, 1.200 para cada um dos mestres de armas e de dança. Cf. ibid., A.N. 01-715 (91).

106. *Le Mercure Galant*. Paris, mai./1688, p. 284.

ante de um mundo de espectadores, homens e mulheres de qualidade. A cerimônia acabou com uma colação"[107].

Aliás, a vontade de sempre codificar melhor as artes do fidalgo ocupa mais amplamente, no século XVII, o projeto pedagógico. Os iniciadores do colégio jesuíta veem nisto uma exigência definitiva, uma maneira de ensinar melhor a civilidade, assegurar melhor "a compostura, o gesto, a atitude"[108], introduzindo de imediato essas aprendizagens nobres até organizá-las e promovê-las para os alunos, fazendo delas uma obrigação. Certamente no intuito de fazer concorrência às academias julgadas "funestas à inocência"[109] por alguns, ou de certa forma deficientes por causa de seu possível fechamento no universo militar, mas também com uma consciência mais aguda das implicações sociais e da importância distintiva dessas aprendizagens do corpo. Armas, dança, cavalo são pela primeira vez, no século XVII, objetos de ensino no colégio. Mestres "privados" podem acompanhar no estabelecimento os alunos afortunados. Outros, "os mais hábeis" em cada uma dessas artes, "vêm em uma hora marcada dar lições e só caberá a vós não ter necessidade de ir tomá-las em outro lugar"[110]. Essas disciplinas não são obrigatórias, ainda que sugeridas com insistência, o que revela de passagem sua importância marcante e também mostra como os jesuítas sabem acomodar-se aos usos mundanos[111].

Um outro objeto ainda, o teatro, revela como são importantes e novas no colégio clássico as práticas do corpo. A arte da corte, com o teatro, ultrapas-

---

107. LISTER, M. *Voyage de Lister à Paris en 1698, traduit pour la première fois, publié et annoté par la Société des bibliophiles françois*. Paris, 1873, p. 22.

108. CROISET, J. *Heures et règlements pour messieurs les pensionnaires*. Paris, 1711, p. 101.

109. Ibid., p. 115.

110. Ibid., p. 116.

111. Cf. SCHIMBERG, A. *L'Éducation morale dans les collèges de la Compagnie de Jésus en France sous l'Ancien Régime*. Paris, 1913: "Os jesuítas cedem cada vez mais ao espírito do mundo; eles se ajustam ao tom das pessoas de qualidade; eles tomam o ar da jovem e brilhante corte" (p. 417).

sa os exercícios exclusivos da nobreza para transformar o antigo costume pedagógico das "farsas, tolices e momices"[112] do século XVI, aquelas peças mal-aceitas até aquele momento, ou encenadas por seu valor de distração ou de edificação. O teatro é totalmente reconsiderado no colégio clássico, visando uma arte do corpo que, supostamente, "dá uma nobre ousadia"[113]. Ele ensina a tomar atitudes; inculca um domínio físico: vigiar os gestos, corrigir o porte, preparar simplesmente para a vida mundana numa sociedade de representação na qual se codificam fortemente conveniências e comportamentos. Ele focaliza pela primeira vez uma educação. Jogo de posturas e de papéis, deve ele assegurar "inflexão e charme à voz, elegância ao gesto, dignidade à atitude, ao porte e à manutenção da decência e da graça"[114]. Ele contribui, como a dança da nobreza, para tornar "o gesto livre, a atitude nobre, o porte elegante e distinto"[115]. A sociedade da corte se prepara na aprendizagem do desempenho de ator.

Pode-se ver bem como uma sociedade nova difunde definitivamente um modelo corporal e seu ensinamento, como as atenções à "boa graça" e à aparência, acabam por referir-se a grupos sociais mais amplos do que a simples nobreza. Uma arte mundana do corpo, independente da habilidade adquirida pelas armas, pela dança ou pelo cavalo, mas que atua com o modelo nobre, impõe-se definitivamente à pedagogia: ela cria por isso exercícios que lhe são exclusivos, próximos, para dizer a verdade, à sociedade da corte que os inspirou.

---

112. BOUQUET, H.-L. *Collège d'Harcourt-Saint-Louis*. Paris, 1891, p. 179.

113. CROISET, J. *Heures et règlements pour messieurs les pensionnaires*. Op. cit., p. 120.

114. Padre Charles Porée. Apud DE LA SERVIÈRE, J. *Un professeur d'Ancien Régime*: le P. Charles Porée. Paris, 1899, p. 93.

115. JOUVANCY, J. *Christianis litterarum magistris de ratione discendi et docendi*. Paris, 1892, p. 44.

4. Paradas burguesas e "combates de destreza"[116]

O exemplo nobre ainda continua no horizonte de uma prática que *a priori* não o é mais: a do tiro, objeto de festas, encontros, paradas e prêmios na França Clássica. Não que a aprendizagem técnica predomine neste caso; em compensação, o investimento nos sinais físicos, como o traje, as atitudes e os atos, o porte, objetos de exercícios e de solenidades, são determinantes nesta modalidade. Uma maneira de impor alguma referência marcial ou pomposa entre aqueles cuja missão, porém, não é o combate.

a) Companhias burguesas

Quando Henrique III afirma a existência de uma companhia de arcabuzeiros em Chalon-sur-Saône, em 1578 (?), ele confirma a existência de uma milícia burguesa, antiga instituição de defesa das cidades medievais, encarregada da salvaguarda armada, unidade "composta da elite dos burgueses e habitantes"[117], concebida para proteger a cidade. Ele confirma também a existência de exercícios regularmente organizados para esta companhia civil, para o treinamento de seus membros, a posse de um lugar onde ela possa reunir-se, edifício e "jardim", sobretudo com alvo e profundidade de espaço para permitir o tiro. Confirmar a companhia é confirmar seus jogos, suas festas, seu papel real ou imaginário na proteção de uma cidade: "Nós, considerando que é honesto o jogo e a indústria de arcabuzes, e muito necessários à segurança e defesa das cidades e praças fortes do nosso reino, a que muitos homens jovens e outros se aplicam tanto que nenhuma vez tiram folga para recreação e evitam ociosidade, que também quando necessário seriam eles

---

116. *Le Mercure Galant*, jul./1678, p. 145, a respeito do preço do papagaio (alvo) de Montpellier.

117. Decreto de Luís XIV, de 26/01/1715. Apud FOUQUE, V. *Recherches historiques sur les corporations des archers, des arbalétriers et des arquebusiers*. Paris, 1852, p. 84.

empregados para a tuição, guarda e defesa desta cidade e praça forte"[118]. A presença dessas companhias pode ainda suprir, em algumas cidades do século XVI, a guarnição de "militares" instalados a serviço do rei. Daí algumas vezes a vontade mal-reconhecida de evitar as despesas de uma guarnição autorizando a existência de uma companhia burguesa. A de Brest, por exemplo, confirmada por Henrique II no dia 3 de maio de 1549[119]: o serviço, a compra da arma, a organização dos lugares estão a cargo da companhia, cujos membros têm como vantagem uma dispensa da ronda, como também uma dispensa de "impostos, derrama e coletas"[120].

No entanto, a substituição definitiva, no século XVIII, pelo poder real, do serviço de defesa e de vigilância locais não acelera a supressão dessas companhias "privilegiadas"[121]: supressão de sua função militar sem dúvida, mas manutenção de uma função social, com seus desfiles, suas festas, seus valores diretamente simbólicos. E sobretudo participação nas festividades civis e religiosas da cidade: a companhia de Aix leva o desfile tanto à procissão da festa de Corpus Christi, como à bravata da festa de São João[122]; a companhia de Dijon vem na frente do príncipe de Condé, por ocasião de suas visitas à cidade e "o acompanha à sua entrada"[123]. Não que tenha desaparecido toda missão coletiva: a companhia de Bonneil é solicitada no começo do sé-

---

118. Ibid., p. 81.

119. Cf. LAVALLEY, G. *Les Compagnies de papegay, particulièrement à Caen*. Paris, [s.d.], p. 35.

120. Cf. os "privilégios" em DELAUNAY, L.A. *Étude sur les anciennes compagnies d'archers, d'arbalétriers et d'arquebusiers*. Paris, 1879, p. 19.

121. O reconhecimento dessas companhias dá a seus membros vantagens fiscais, ligadas a uma velha tradição de fatos de guerra ou de guarnição militar, cf. supra.

122. MOUAN. L. *La Compagnie de l'Arquebuse dite de Sainte Barbe (souvenirs historiques de la ville d'Aix)*. Aix, 1886.

123. DESVEAUX, E. *Les Chevaliers du noble et hardi jeu de l'arquebuse d'Autun*. Autun, 1885, p. 71.

culo XVIII em caso de "incêndio, inundação ou desastre"[124], a de Amiens em caso de "desordem"[125], a de Autun em caso de "grande perigo"[126]. Em compensação, sua sociabilidade está alhures.

Muitas companhias obtêm reconhecimento, pois podem reivindicar uma arma estrangeira no lugar daquelas de seu tempo: o arco ou a arbaleta, por exemplo. O *Mercure* qualifica, em 1678, suas festas de "galantes", relatando os divertimentos da Companhia do arco em Montpellier onde rapazes trazendo flechas e aljavas "atiravam pó do Chipre para as damas. Ele saía de uma caixa furada, presa à extremidade de sua flecha"[127]. Essas companhias que incorporam diversos membros da nobreza com notáveis cooptados são indissociáveis de uma tradição: "lugares de memória", elas fazem existir as armas na cidade, dando a seus membros existência pública e representatividade. Seu número confirma sua implantação: 41 dentre elas existem na Bretanha de 1671[128], 4 na cidade de Amiens no fim do século XVII[129], 36 participam do prêmio oferecido pelos "arcabuzeiros" de Troyes em 1624[130], 38 do prêmio oferecido pelos "arcabuzeiros" de Soissons em 1658[131], 42 do prêmio oferecido pelos "arcabuzeiros" de Reims em 1687[132]. Perto de um milhar de atiradores, "marchadores de todas as cidades"[133], como em Soissons em

---

124. MOREAU-NÉLATON, É. *Fleurs et bouquets – Étude sur le jeu de l'arc.* Paris: [s.e.], 1912, p. 73.

125. JANVIER, A. *Notice sur les anciennes corporations d'archers, d'arbalétriers des villes de Picardie.* Amiens: [s.e.], 1885, p. 9.

126. DESVEAUX, E. *Les chevaliers du noble et hardi jeu de l'arquebuse d'Autun.* Op. cit., p. 42.

127. *Le Mercure Galant*, mai./1678, p. 97.

128. STEIN, H. *Archers d'autrefois, archers d'aujourd'hui.* Paris: [s.e.], 1925, p. 161.

129. JANVIER, A. *Notice sur les anciennes corporations d'archers, d'arbalétriers des villes de Picardie.* Op. cit., p. 42-44 e 174.

130. FINOT, J.-P. *Les archers et Albalétriers de Troyes.* Troyes: [s.e.], 1858, p. 14.

131. COQUAULT, O. *Mémoires 1646-1662.* Reims: [s.e.], 1875, p. 369.

132. DELAUNAY, L.A. *Étude sur les anciennes compagnies d'archers, d'arbalétriers et d'arquebusiers.* Op. cit., p. 92.

133. COQUAULT, O. *Mémoires, 1646-1662.* Op. cit., p. 369.

1658, podem estar presentes ao concurso. Os prêmios que atraem multidões e festividades mobilizam certamente a maior atividade dessas instituições.

b) Destreza e "coragem"

Duas festas marcam o ritmo de seus jogos. A primeira, anual, mantém a antiga tradição do tiro ao papagaio, pássaro de madeira, fixo no alto de um mastro, disputado pelos atiradores segundo uma ordem hierárquica: o encontro se interrompe quando se acerta o pássaro. O vencedor, nomeado rei por um ano, obtém novas dispensas e recebe atributos de honra. Na segunda festa, menos regular, companhias de cidades diferentes se defrontam em um concurso de tiros ao alvo sancionado por um prêmio.

O tiro promove símbolo. Ele favorece a pompa e os acentos guerreiros: parada, uniforme, movimentos marciais; a imagem dada pelos "cavaleiros do arcabuz", de Dijon, por exemplo, por ocasião da festa de Autun em 1688: "bem-montados em bela ordem, vestidos com desenvoltura e cada um com plumas brancas"[134]; ou a imagem dada pelos "cavaleiros" de Cézanne, "todos muito ágeis e em boa ordem"[135], marchando ao encontro de "cavaleiros" de outras cidades em 1685. A alusão aos jogos gregos é regularmente retomada nos apelos, como em Meaux em 1717: "Senhores, os Jogos Olímpicos tão famosos entre os gregos se renovavam a cada cinco anos, a fim de exercitar a juventude. [...] É sem dúvida a exemplo desses sábios antigos que todos os nossos reis nos permitiram o exercício das armas"[136].

Aqui, a "bela graça" do cortesão nobre não é o horizonte primordial. Trata-se antes de tudo de "fazer-se admirar"[137], apostar na habilidade e nas

---

134. *Le Mercure Galant*, abr./1688, p. 58.

135. Ibid., out./1685, p. 58.

136. DELAUNAY, L.A. *Étude sur les anciennes compagnies d'archers, d'arbalétriers et d'arquebusiers*. Op. cit., p. 270-271.

137. FOUQUE, V. *Recherches historiques sur les corporations des archers, des arbalétriers et des arquebusiers*. Op. cit., p. 285.

armas, explorar as referências antigas aprendidas nos colégios, as dos *Homens ilustres* de Plutarco, por exemplo, citadas pelos habitantes de Reims para seu prêmio de 1687: "Vamos erguer por toda parte arcos de triunfo para receber-vos e cobrir-vos; tereis a fronte ornada de palmas e de louros que, ao coroar-vos, vos farão um abrigo próprio a vitoriosos"[138]. Trata-se sobretudo de participar dos valores clássicos da nobreza, inventando práticas aplicáveis a outros grupos, apostar no "heroico"[139], dobrar o corpo às excelências mais imediatamente acessíveis, as da força, ou até do combate: "A virtude não se fazia ver aos olhos da Antiguidade, senão com um porte majestoso sustentando com a cabeça o polo"[140]. O que é uma exigência elitista e cara, sem dúvida. O jovem notário Borrelly fez um empréstimo, em meados do século XVII, para aparecer no tiro de Nîmes na maior elegância: "Aos 18 de junho de 1658, paguei a M. Tallard, comerciante de drogaria, a soma de 32 libras como quitação de uma conta que eu lhe devia pelos galanteios, quando eu era jovem, por ter aparecido no tiro ao papagaio"[141].

O que conta em primeiro lugar é o desafio social. Daniel Ligou conta um terço de membros nobres para uma maioria de membros burgueses ou comerciantes na companhia de arcabuz de Dijon antes de 1740[142]. Maurice Agulhon aponta uma presença idêntica para a companhia de Aix-en-Provence, sublinhando uma nítida divisão entre a categoria dos nobres e a categoria burguesa, a primeira reservando-se o grau de capitão e a segunda o de oficial porta-bandeira e de lugar-tenente[143]. Advogados, notários, pro-

---

138. BARTHÉLEMY, É. *Histoire des arquebusiers de Reims*. Reims, 1873, p. 153.

139. Ibid., p. 151.

140. LAVALLEY, G. *Les Compagnies de pappegay, particulièrement à Caen*. Op. cit., p. 47.

141. SAUZET, R. *Le Notaire et son Roi* – Étienne Borrelly (1633-1718), un Nîmois sous Louis XIV. Paris: Plon, 1998, p. 147.

142. LIGOU, D. "Les chevaliers de l'arquebuse à Dijon au XVIIIe siècle". In: *Le Jeu au XVIIIe siècle* – Colloque d'Aix-en-Provence, mai./1971. Aix-en-Provence: Édisud, 1976, p. 71.

143. AGULHON, M. Un document sur le jeu de l'arquebuse à Aix à la fin de l'Ancien Régime. Ibid., p. 84-85.

curadores e oficiais diversos ostentam um modelo de imponência. Eles acompanham a nobreza, sensíveis a algum mito militar ou talvez cavaleiresco. Eles exibem um valor do corpo. Todas essas referências se esgotam insensivelmente com o século XVIII, quando se enfraquece o modelo militar nobre e se especifica a dignidade burguesa. O recrutamento do arcabuz pode então mudar. Artesãos e pequenos negociantes dominam as companhias depois de 1750: "Suspeita-se que as funções honoríficas da bravata não interessem mais tanto os notáveis para que aceitem perder dinheiro com elas, e que só os artesãos mais humildes aceitam este sacrifício para adquirir um pouco daquela consideração para a qual não eram insensíveis"[144].

c) *Uma sociedade esportiva?*

Devemos, porém, deter-nos nos dispositivos estabelecidos por essas companhias. Sua semelhança com os do esporte de hoje surpreende à primeira vista: encontros competitivos organizados por instituições cujos regulamentos publicados são reconhecidos por todos; agrupamento temporário de competidores vindos de lugares diferentes; relativa regularidade desses confrontos: a cada cinco anos se realizava o "prêmio da província" e o prêmio geral, reunindo quatro províncias, a cada vinte anos[145]; espectadores numerosos assistindo e festejando os competidores: "Eles eram parados a cada passo pelos habitantes que, com um copo numa das mãos e uma garrafa de vinho na outra, ofereciam-lhes cordialmente a bebida"[146].

---

144. Ibid., p. 85.

145. DELAUNAY, L.A. *Étude sur les anciennes compagnies d'archers, d'arbalétriers et d'arquebusiers.* Op. cit., p. 366.

146. FOUQUE, V. *Recherches historiques sur les corporations des archers, des arbalétriers et des arquebusiers.* Op. cit., p. 252 (1700).

Por outro lado, um olhar mais profundo revela de imediato diferenças características em relação com o esporte. O recrutamento das companhias reflete a sociabilidade do Antigo Regime. Os membros não podem engajar-se por sua própria iniciativa: eles são cooptados e pagam um direito de entrada. Não podem decidir, fazer suas escolhas próprias: cada um deve "pertencer à religião católica, apostólica e romana, e ser reconhecido como homem de boa moralidade"[147]. Não podem dedicar-se a alguns ofícios: só, por exemplo, são admitidos em Caen, em 1697, "os burgueses nascidos na cidade ou que tenham a qualidade de habitantes da cidade porque já residem nela há dez anos, contanto que não sejam qualificados de criado ou de doméstico"[148]. Os participantes são oficialmente selecionados segundo critérios independentes de sua prática competitiva: sua sociedade supõe um limiar de pertença religiosa e social.

A hierarquia interna à companhia também é específica. O capitão, geralmente nobre, é nomeado pelo poder real e seu cargo é vitalício. Os oficiais podem ser eleitos, assim como podem às vezes ser nomeados pela cidade. Hierarquia banal na França antiga cujas consequências pesam, por outro lado, sobre a maneira de jogar. O tiro anual se realiza segundo uma ordem estrita na qual intervêm primeiramente os oficiais. Interrompe-se quando é atingido o alvo (o pássaro), dando vantagem aos primeiros atiradores, transpondo a desigualdade social em desigualdade competitiva, associando as chances de cada um a seu lugar na categoria. Além disso, deve-se contar com uma rigorosa vigilância da companhia pela cidade, devendo toda decisão importante ser visada sob sua autoridade: "A Câmara da cidade poderá, quando julgar conveniente, ordenar aos cavaleiros que lhe apresentem ex-

---

147. MOREAU-NÉLATON, É. *Fleurs et bouquets*. Op. cit., p. 30.
148. Estatutos da Companhia dos Arcabuzeiros de Caen em 1697. Apud LAMOTTE, F. "Les compagnies de papegay en Normandie". *Actes du 116ᵉ Congrès National des Sociétés Savantes*. Paris: CTHS, 1992, p. 43.

tratos em forma de deliberações que eles tomaram entre si para corrigi-los, empregar ou validar conforme lhe der a entender"[149].

As companhias de arqueiros, de arbaleteiros ou de arcabuzeiros não poderiam ser clubes antes do estágio definitivo. Elas não inventaram o esporte, apesar de terem sabido multiplicar os encontros competitivos entre as cidades. Elas continuam sendo desigualitárias, mesmo que tenham podido, por um tempo, oferecer uma referência militar e um modelo de corpo a notáveis desejosos de ascensão.

II. Os jogos, a efervescência, o controle

Categorizadas, sistematizadas em suas aprendizagens como em suas finalidades, as artes físicas da nobreza constituem um universo específico: objetos homogêneos, códigos unificados. Essas artes físicas são organizadas e comentadas, colocadas a serviço de uma imagem, a de uma aparência distintiva, trabalhada na infância, prosseguida no tempo. Os jogos das milícias burguesas que as imitam também têm esta unidade. Muito mais heterogêneos e espontâneos são os jogos praticados em larga escala social: não aprendidos ou ensinados de fato, esmiuçados no espaço e no tempo, mutantes tanto em suas formas como em seus dispositivos, eles favorecem o instante, a sensação; ativam e estimulam o corpo mais do que o encenam; eles se impõem mais na evidência do que são comentados.

1. *Práticas excitantes, práticas esmigalhadas*

Essas atividades assemelham-se aos passatempos da infância, com sua parte de insignificância ou de leveza possível. Seu lugar é pouco fixo, seu tempo pouco paralisado, desencadeado segundo a inspiração do instante, salvo

---

149. Artigo 13 dos Estatutos da Companhia dos Arcabuzeiros de Autun, 1723. Apud DESVEAUX, E. *Les chevaliers du noble et hardi jeu de l'arquebuse d'Autun*. Op. cit., p. 43.

para o das festas cíclicas celebradas em honra dos santos padroeiros. Seu comentário também é raro, inclusive para os jogos partilhados pelos nobres fora da academia (militar): jogo de pela, de malha, de bilhar ou deslizar sobre o gelo do inverno[150], os divertimentos relatados por Sourches ou por Dangeau para ilustrar a corte de Versailles ou de Marly, todos apressadamente citados, apenas nomeados, sem que apareçam seu desenrolar e suas peripécias.

a) As apostas e a dispersão

As Memórias de Chavatte, modesto cardador de lã, contemporâneo de Luís XIV, evocam um número impressionante de jogos praticados por este operário de Lille, do fim do século XVII: a pela, a crossa, o jogo de chinquilho, a natação, a patinação, o tiro de arbaleta e até o "jogo de lança com cavalinho de carrossel" nas ruas e fossos da cidade[151]. Chavatte joga na maioria das vezes ao sabor do humor e das apostas, sem regularidade nem sistema, suas práticas são móveis quando não imprevisíveis: jamais elas se categorizam, jamais são pensadas como homogêneas entre si ou como compondo um conjunto coerente. Nenhuma relação aqui com o esporte moderno, cuja organização revela, ao contrário, um campo unificado de comportamento sujeito a um programa temporal e a um calendário particular, com suas provas regulamentadas e rigorosamente escalonadas pelo ano. Ainda poucas menções para os lugares: todo terreno pode parecer suscetível de tornar-se local do jogo: a praça da igreja para a pela, os caminhos cobertos de neve para a crossa, os fossos da cidade para o tiro. Aliás, o cardador de lã quase não se detém nessas atividades, além das rixas ou dos acidentes que provo-

---

150. Cf. os jogos citados algumas vezes cotidianamente em: SOURCHES, L.F.B. *Mémoires sur le règne de Louis XIV publiés d'après le manuscrit authentique*. 13 vols. Paris, 1883-1893.
• DANGEAU, F.C. *Journal de la cour de Louis XIV depuis 1684 jusqu'à 1715*. 12 vols. Paris, 1854-1860.

151. LOTTIN, A. *Chavette ouvrier lillois, un contemporain de Louis XIV*. Paris: Flammarion, 1979.

cam. Ele sublinha com uma palavra "o grande número de pessoas" jogando "em diversos lugares dentro das muralhas desta cidade"[152], ou algumas vezes a presença "de moças" montando em cavalinhos de carrossel[153]. Em compensação, jamais ele relata um encontro, não reconstitui jamais suas peripécias, com sua duração, seu encadeamento, seu começo e seu fim.

Duas categorias distribuem esses jogos físicos no universo clássico: alguns são jogos de aposta, com lances de dinheiro pelos próprios atores. Outros são jogos de prêmio, com homenagem e recompensa aos vencedores. Duas formas de jogar, duas formas de afrontar-se às quais se associam diversas graduações segundo os grupos sociais, todas diretamente ligadas às estruturas da sociedade do Antigo Regime.

Primeiramente, múltiplas apostas, algumas vezes inesperadas, decididas no instante: este soldado suíço subindo, espada na ilharga, ao assalto da Catedral de Amiens, antes de postar-se para flechar, depois de uma aposta em 1594[154]; ou aquele jovem escoltado por uma dúzia de pessoas lutando num barco a remo no Tâmisa, no dia 1º de maio de 1653, sem que os espectadores às margens conheçam os termos exatos da aposta[155]. Em sentido mais amplo, todos os jogos habituais são construídos em torno da aposta: a pela, o jogo de malha, jogo de bolas, etc. Maneira primitiva de jogar, a aposta garante uma gravidade mínima. Ela mantém um risco e cria uma tensão. Faz existir a seriedade quando nenhuma organização garante o engajamento de jogadores afrontados ao acaso dos encontros. Mobiliza cada ator quando a prática, longe de ser a de uma instituição, continua sendo a de uma ocorrência fortuita. Impossível pensar de outra forma esses contratos antigos que prosperam na dispersão dos tempos e dos lugares: "É

---

152. Ibid., p. 336.
153. Ibid., p. 337.
154. DAIRE, L.F. *Histoire de la ville d'Amiens*. Amiens, 1757, p. 486.
155. PEPYS, S. *Journal* [1660-1669]. Paris: Mercure de France, 1985, p. 114.

preciso apostar alguma coisa, sem isso o jogo definha"[156], afirmam os *Colóquios* de Erasmo, por volta de 1530.

A pela é um bom exemplo disto. O jogo, salvo exceção, não pode ser concebido, nos séculos XVI e XVII, sem algum lance de dinheiro deposto ao pé da rede. As salas são consideradas como outros tantos *tripots* (casas de jogo), donde aliás lhes vêm o nome e a função, acrescentando muitas vezes ao jogo de pela o de cartas ou de dados. Os ganhos são semelhantes ao pagamento de um quase-labor, desde as cartas patentes de Francisco I em 1545: "Tudo que se ganhar no jogo de pela será pago àquele que ganhar como uma dívida razoável e adquirida com seu trabalho"[157]. Os espectadores intervêm algumas vezes para ajudar financeiramente os jogadores, como no *tripot* do Marais du Temple, em 1648, onde várias "comadres da Halle" trazem duzentos escudos para apoiar o duque de Beaufort[158]. Em suma, práticas apaixonadas: a do Cardeal de Guise, no final do século XVI, comprometendo um criado unicamente por sua destreza na pela e encarregando-o de lhe dar a réplica[159], a de Revarolles, alguns anos depois, obstinando-se em jogar, apesar de uma perna de pau, conseguindo por um tempo iludir[160].

b) Os jogos de prêmio

Dispositivo completamente diferente para os jogos de prêmio, entre os quais os divertimentos nobres da *bague* (corrida do anel), ou aqueles mais comuns do tiro ao papagaio, mostraram a regularidade possível. Os mais re-

---

156. ERASMO. Colloques [1524]. Apud LUZE, A. *La magnifique histoire du jeu de paume*. Paris: [s.e.], 1933, p. 22. Sobre a pela, cf. tb. BELMAS, É. Jeu de paume. In: BÉLY, L. (org.). *Dictionnaire de l'Ancien Régime*. Paris: PUF, 1996.

157. DELAMARE, N. *Traité de la police*. Paris, 1705, t. I, p. 489.

158. Carta de Guy Patin em 1648 evocando o duque de Beaufort. Apud D'ALLEMAGNE, H.-R. *Sports et jeux d'adresse*. Paris, 1913, p. 175.

159. THOU, J.-A. *Mémoires* [1553-1601]. Paris, 1838, p. 334.

160. SOURCHES, L.F.B. *Mémoires sur le règne de Louis XIV*. Op. cit., p. 210.

veladores e também mais populares são os das festas paroquiais com sua generalização de formas múltiplas: lutas na Bretanha, corridas ou saltos na Provença, arremesso de pedra e corrida também em Metz[161], justas na água em Montpellier[162], pela ainda algumas vezes como em Lille ou em Odembourg[163]; um vencedor exibindo força ou destreza diante de todos, um festim reativando solidariedades comunitárias. Reconhecimento e competição, principalmente entre os jovens, continuam sendo o estimulante desses confrontos regulares ligados à festa de um santo padroeiro local.

Fórmula nem mais nem menos diferente é a competição entre paróquias: encontros cíclicos que também sempre voltam por ocasião de festas observadas por todos, como a Epifania, a Terça-feira gorda, Ramos, etc. A *soule* ou *choule*, em particular, mais importante ainda porque envolve diversos jogadores e recorre aos modelos mais diretos de confronto: jogo de arremesso de bola com taco recurvado na extremidade, numa confusão em massa, onde todos os golpes parecem permitidos, choque corpo contra corpo, devendo a bola ser arremessada para um local indicado, depois de ter sido previamente lançada de um lugar neutro. A *soule* é o tipo específico dos grandes jogos de vilarejos ou povoados, com seus terrenos de limites indecisos, seus combates caóticos prosseguidos, algumas vezes, às margens do mar ou até no mar, como em Vologne, em 1557, onde os companheiros de Gouberville se debatem nas ondas da Mancha[164]; com suas violências, suas vinganças também registradas periodicamente pelos parlamentos: "Insinuavam-se muitos bêbados que maltratavam com golpes de taco seus inimigos quando os reconhe-

---

161. Cf. RENAULDON, J. *Dictionnaire des fiefs et des droits seigneuriaux utiles et honorifiques...* Paris, 1765, verbete "Bachelleries".

162. DELORT, A. *Mémoires inédites sur la ville de Montpellier au XVIIe siècle (1621-1693)*. Marseille: Laffitte, 1980, t. I, p. 88.

163. Cf. DESÉES, J. *Les jeux sportifs de pelote et de paume en Belgique du XIVe au XIXe siècle*. Bruxelas: Imprimerie du Centenaire, 1967, p. 49.

164. TOLLEMER, A. *Un sire de Gouberville* [ms. do século XVI]. Paris: Mouton, 1972, p. 170.

ciam e muitas vezes pessoas que nada tinham a ver com eles"[165]. Violências em massa como também aquelas nos campos ingleses para os equivalentes da *soule* que são o *knappan* ou o *hurling*, este descrito em 1602 como "jogo na verdade grosseiro e brutal e, no entanto, onde a habilidade tem seu lugar e que se assemelha em alguns aspectos às operações de guerra. [...] A bola, neste jogo, pode ser comparada a um espírito infernal"[166]. A *soule* também é o tipo específico de jogos do Antigo Regime com sua ostentação geográfica, suas codificações esmiuçadas, seus dispositivos indígenas, seus confrontos desorganizados, designando não tanto uma equipe como um vencedor, aquele que leva a bola ao local previsto. Tudo pode mudar de um lugar ao outro: forma ou matéria da bola, escolha do material para estofá-la, dispositivo do terreno. Principalmente a bola é suscetível de variar como os patoás (dialetos): "além do couro cheio de ar"[167], no campo picardo da França tradicional, bola bem cheia de estofos floridos de tiras para os jogadores de Condé-sur-Noireau[168], bola de buxo, em Flandres[169], ou simples bola de madeira talhada em Bourges ou no Mans[170].

Este exutório das paixões locais pode infalivelmente exercer diversas funções. Regula conflitos de terra, confrontando entre si povoados, paróquias ou "territórios"; regula também conflitos internos à comunidade: confrontos entre celibatários e casados, em particular, segundo o desnível tão sensível das coletividades antigas, mobilizando tensões sexuais do grupo. Em

---

165. Decreto do Parlamento de Normandia, 17/01/1694. Apud DUBUC, A. *La Choule normande et ses survivances*. Rouen, 1940, p. 15.

166. CAREW, R. *The Survey of Cornwall*. Londres, 1602. Apud GOUGAUD, L. "La soule en Bretagne et les jeux similaires du Cornwall et du pays de Galles". *Annales de Bretagne*, 1911-1912, p. 599.

167. HEU, A. *Coutumes générales du bailliage d'Amiens*. Amiens, 1653, p. 700.

168. BARETTE, J. *Histoire de la ville de Condé*. Condé-sur/oireau, 1844, p. 65.

169. DUBAC, A. *Choule normande et ses survivances*. Op. cit., p. 15.

170. *Le Mercure Galant*, mar./1735.

Honfleur, por exemplo, onde "os jovens casados combatem na *soule* contra os moços não casados daquela cidade, cada ano à porta lateral de Havre"[171]. Ela ainda regula ritos de passagem com suas ações quase iniciáticas: a festa anual pode designar, depois de uma competição física, o rei de uma abadia de juventude ou de mocidade, confrarias que, na França antiga, permitiam a uma classe de idade exercer pressão sobre a comunidade rural, organizando festas ou charivaris[172]. É uma proeza que, neste caso, na maioria das vezes é requerida: corrida estafante em Champdenier, perto de Niort, esta luta selvagem de todos contra todos na qual o vencedor deve, apesar dos golpes, conseguir transportar uma pelota desde a muralha que cerca a cidade até o local do mercado; salto a cavalo em Maleuvrier, perto de Cholet, onde o vencedor deve colocar durante o salto uma moeda de prata em uma meda de feno[173].

c) As qualidades físicas e a intuição

Duas qualidades físicas dominam ainda nesta variedade de confrontos: a força e a habilidade, furtivamente citadas desde o século XV para a pela, jogo do qual são esperados golpes desferidos "com muita força, muita malícia e muita habilidade"[174]. Aqui, nenhuma alusão ainda à velocidade, ao fôlego ou mesmo aos músculos, nesses raríssimos comentários que limitam os recursos notáveis do corpo às referências mais genéricas. A escolha das práticas, porém, confirma a dupla representação: o importante lugar dado ao confronto direto e até à agressividade, como para a *soule*; também à habilidade, como para este curioso salto de cavalo exigido dos bacharéis de Maulevrier, ou

---

171. Texto do século XV. Apud VAULTIER, R. *Le folklore pendant la guerre de Cent Ans*. Paris: [s.e.], 1965, p. 54.

172. Cf. DAVIS, N.Z. *Les cultures du peuple* – Rituels, savoirs, résistances au XVI⁵ siècle. Paris: Aubier, 1979, p. 171.

173. Cf. PELLEGRIN, N. *Les Bachelleries*. Poitiers: [s.e.], 1982, p. 591.

174. Journal d'un bourgeois de Paris, 05/09/1427. Apud D'ALLEMAGNE, H.-R. *Sports et jeux d'adresse*. Op. cit., p. 170.

aqueles arremessos de objeto num animal entravado, visado sucessivamente por cada jogador: a seta atirada num pássaro em Senlis, as pedras jogadas num galo em Pierrevert na Provença e, mais sumariamente ainda, os socos num gato com suas garras livres[175]. Nesses últimos casos, destreza e agressividade estão combinadas, lembrando sem dúvida que a violência aflora na maioria das vezes nessas festas, variando com as escolhas locais e os jogos reservados para os divertimentos do calendário. Tanta atenção às qualidades imediatamente associadas aos indivíduos, e tão pouca às possíveis consequências do exercício: valores diretamente experimentados, mais do que claramente trabalhados, visão intuitiva mais do que ponderada. No máximo a aparência física é algumas vezes esboçada. Mas ela o é por testemunhas que escapam à cultura dos jogadores, observadores que manejam a escrita e o discurso, como este oficial do rei relatando as justas na água de Montpellier, aos 18 de agosto de 1634, e descrevendo o homem conduzindo o "bando dos casados" contra "os jovens": "homem de bom aspecto e resoluto, de um tamanho avantajado e bem-proporcional, com olhos que lhe brilhavam no rosto"[176]. Instrumentos mentais da elite para descrever o corpo dos anônimos.

Por outro lado, a prática se impõe amplamente a toda palavra, como ela impõe, de tanto repetir, confrontos físicos sempre latentes: violência visível para a *soule*, camuflada e mais secreta para a luta, mas sistematicamente presente. Vovelle cita os golpes de bastão completando "anualmente e ritualmente" algumas festas na Provença, ou os combates de pedra entre os vizinhos de Saillans e de Bargemont, as rixas quase rituais entre camponeses e artesãos, à noite, depois das competições da tarde[177]. Muchembled insiste na frequência dos jogos de arremesso num animal, atos "suscetíveis de purgar um pouco as

---

175. Cf. RENAULDON, J. *Dictionnaire des fiefs et des droits seigneuriaux utiles et honorifiques...* Op. cit., nomes de cidades e de jogos.
176. DELORT, A. *Mémoires inédites sur la ville de Montpellier au XVIIᵉ siècle.* Op. cit., t. I, p. 89.
177. VOVELLE, M. *Métamorphoses de la fête en Provence de 1750 à 1820.* Paris: Aubier/Flammarion, 1976, p. 62.

paixões dos humanos evitando-lhes muitas vezes ainda que se desforrem em seus semelhantes, no tempo de uma violência generalizada"[178]. Neimetz deteve-se em 1727 no "jogo do ganso", no qual o confronto sucede às justas no Sena em Suresnes para a festa de Pentecostes: "batalhar" para arrancar com os dentes a cabeça de um "ganso vivo" suspenso no meio da água[179].

2. Práticas controladas, práticas separadas

O estatuto particular desses jogos físicos, sua liberdade, seu esmiuçamento, provocam inevitavelmente um interminável confronto com a autoridade: oposição do excesso e do constrangimento, da efervescência e do poder. Uma tríplice meta limita insensivelmente a prática: restringir a brutalidade, restringir os lances de dinheiro, restringir a "inutilidade" aparente do jogo. A desconfiança recai sobre a turbulência, talvez até sobre a suposta imoralidade de uma atividade julgada livre demais. Daí a tendência de regulamentá-la, mas também de inflecti-la e, algumas vezes, de suprimi-la. Portanto, a história desses jogos é a história das tentativas de circunscrevê-los e de balizá-los. Ela é, em sentido mais amplo, a história de um insensível controle exercido sobre os corpos: uma vigilância supostamente capaz de conter melhor, no fim das contas, violências e paixões. Ela também é, por assim dizer, o desenvolvimento de práticas não partilhadas entre os sexos ou os grupos sociais, um modo bem concreto de confirmar pelo corpo distâncias ou distinções.

a) O interdito e a aposta

O fato é que, antes de tudo, a própria visão desses jogos, sob o Antigo Regime, gera uma desconfiança moral, uma suspeita difusa. Não que seja di-

---

[178]. MUCHEMBLED, R. *La violence au village (XVe-XVIe siècle)*. Bruxelas: Brepols, 1989, p. 301. Cf. o capítulo 3, "O território do eu, o corpo a corpo", p. 143-144.

[179]. NEIMETZ, J.C. *Séjour à Paris, c'est-à-dire instructions fidèles pour un voyageur de condition*. Leiden, 1727, p. 228.

retamente contestada sua possível inocência. Uma divisão arcaica opõe claramente "três tipos de jogo. O primeiro é aquele no qual a principal parte cabe ao espírito ou à habilidade, como são os jogos de xadrez, de damas, a pela. O segundo consiste unicamente no azar, como o jogo de dados, de cartas, do lansquenê (jogo de cartas semelhante ao trinta e um), do faraó, do ganso e da blague. O terceiro, que é um misto, depende em parte da perícia e em parte do azar, como o pique, o triunfo (jogo de cartas), o jogo de gamão"[180]. Os "jogos de destreza" são então bem-distintos dos "jogos de azar": os primeiros são tolerados, os segundos são proibidos. O jogo de pela, por exemplo, totalmente baseado nas capacidades específicas do jogador, pode ser julgado "o mais honesto exercício pelo qual se possa passar o tempo e o menos escandaloso"[181]. A arte e a competência física, a "perícia", investidas em um jogo, tornam lícito o dinheiro ganho; a chance ou a boa sorte, ao contrário, o desqualificam. O jogo de azar se tornaria ostracizado por causa de suas "más consequências"[182], aquelas que favoreceriam, mais do que qualquer outra, enganações, fraudes e ilusões, extorquindo "somas consideráveis a um grande número de pessoas do campo, atraídas pela sedução do jogo e pela esperança de um ganho que quase nunca terão"[183]. É o que repetem os decretos modernos, os tratados da polícia, as decisões dos parlamentos, multiplicando as proibições das cartas e dos dados: "Fazemos inibições bem-expressas e proibições a todas as pessoas, de qualquer qualidade e condição, de ter casas de jogo em alguma cidade e lugar de nosso Reino, e de reunir-se para jogar cartas e dados"[184]. Restam, é claro, muitos espaços que escapam à lei comum:

---

180. COLLET, P. *Abrégé des cas de conscience de J. Pontas*. Paris, 1771, t. I, p. 898.

181. Jeanne d'Albret. Apud LUZE, A. *La magnifique histoire du jeu de paume*. Op. cit., p. 53.

182. COLLET, P. *Abrégé des cas de conscience de J. Pontas*. Op. cit., t. I, p. 901.

183. Decreto do Parlamento de Paris, 08/02/1708. Apud LA POIX DE FRÉMINVILLE, E. *Dictionnaire ou traité de la police générale de villes, bourgs, paroisses et seigneuries de la campagne*. Paris, 1775, p. 344.

184. Decreto de 1611. Apud COLLET, P. *Abrégé des cas de conscience de J. Pontas*. Op. cit., t. I, p. 905.

a corte e, em escala maior para Paris, o Palais-Royal, o Templo, as mansões dos embaixadores estrangeiros[185].

A ambiguidade da aposta provoca no entanto um ostracismo difuso. Apostar dinheiro está muito perto do possível descrédito, e inclusive para o jogo de destreza. A aposta faz nascer a suspeita. O próprio jogo de pela tem seus fraudadores, seus enganadores, seus agiotas: Montbrun, por exemplo, em 1627, que aplica as mais antigas leis da falcatrua, persuadindo metodicamente jogadores londrinos de sua própria incapacidade, antes de extorquir-lhes somas consideráveis revelando bruscamente seu poder e seu talento[186]; ou Fontpertuis, citado por Saint-Simon, "um grande velhaco esperto, amigo de orgia de Monsieur de Dauzy, depois duque de Nemours, grande jogador de pela"[187]. Proibições a respeito da pela já se especificam no século XVI: o Parlamento lança o Decreto aos 10 de junho de 1551, que "proíbe fundar qualquer novo jogo de pela na cidade e nos arredores de Paris"[188]; proibições reiteradas aos 23 de maio de 1579 e aos 6 de fevereiro de 1599[189]. Condenações são pronunciadas. O próprio número de salas sofre uma baixa em Paris entre o começo do século XVI e meados do século XVII, passando de 250 em 1500 a 114 em 1657[190].

Os relatórios policiais que evocam, no fim do século XVII, os jogos de destreza, povoam-se de personagens equívocos: espertalhões que vivem da pela e de seus jogos anexos, pessoas jovens sem herdeiros, grandes senhores que dilapidam seus bens. Daymar, por exemplo, "protetor" das prostitutas da Rue des Grands-Augustins, provocador, turbulento, nem criminoso nem

---

185. GRUSSI, O. *La vie quotidienne du joueur sous l'Ancien Régime*. Paris: Hachette, p. 14.
186. MONTBRUN. *Mémoires*. Amsterdã: [s.e.], 1701, p. 135.
187. SAINT-SIMON, L. *Mémoires*. Paris: Boislisle, 1879-1928, t. XV, p. 401.
188. DELAMARE, N. *Traité de la police*. Op. cit., t. I, p. 489.
189. Ibid.
190. Cf. d'ALLEMAGNE, H.-R. *Sports et jeux d'adresse*. Op. cit., p. 180.

franco bandido, mas que vive de recursos "duvidosos" e sobretudo "frequentando todos os jogos de pela onde se pratica o jogo de cartas". Ou, ao oposto do espaço social, o jovem duque de Estrées, arruinando-se em apostas de todo gênero, frequentando o jogo de pela da Rue Mazarine onde a polícia desconta escrupulosamente os milhares de libras que ele perde no jogo. As mesmas observações valem para Charles Privé, algumas décadas antes, jovem clérigo acusado de preferir a pela à igreja: "Em vez de estudar, empregava o tempo e o dinheiro de seu pai na pela, nas cartas, dados e esgrima, dentro de Paris, profissão na qual era tão perito, como era para pregar e mais ainda"[191].

b) A carne e não o corpo

A consequência é exatamente confundir a imagem do corpo: como se dá preeminência às qualidades físicas, qualquer liberdade excessiva não é de estranhar. O valor do jogador jamais supera alguma desclassificação, mesmo que espetáculos públicos dados por profissionais da pela sejam autorizados em Paris por volta de 1690[192] e, sem dúvida alguma, apreciados. Mais profundamente, a oposição tradicional entre jogo e seriedade se torna central, inclusive na alusão de Montaigne de rejeitar o jogo de xadrez por ser muito cativante[193]. Aqui, o jogo permanece em uma espécie de sombra. Ele existe em negativo: seu tempo jamais é o tempo verdadeiro, sua vida jamais é a vida verdadeira, mesmo que possa suscitar perturbações e paixões como em Lille, em 1691, onde o jogo de pela realizado à margem de uma procissão opõe pessoas de Armentières que "se lançaram com violência contra os de Lille e os de Lille se vingaram, e depois os de Lille capturados e aprisionados"[194].

---

191. HATON, C. *Mémoires* [1553-1582]. Paris, 1867, t. I, p. 23.

192. Cf., entre outros, SOURCHES, L.F.B. *Mémoires sur le règne de Louis XIV*. Op. cit.

193. MEHL, J.-M. *Les Jeux au royaume de France du XIIIe au début du XVIe siècle*. Paris: Fayard, 1990, p. 338.

194. Cf. LOTTIN, A. *Chavatte ouvrier lillois*. Op. cit., p. 353.

Por assim dizer, o jogador não poderia de fato ser engrandecido. Escapando a si mesmo, beirando o impulso, "divertindo-se" ao mesmo tempo que carecendo de instrumento mental para explicar este arrebatamento, entrega-se a ele como a um registro de carne, corolário quase ensurdecido do pecado. Nenhuma visão do corpo, neste caso, a não ser a de uma surda fraqueza: o jogo antigo é totalmente prazer, mais do que tarefa ou contenção; princípio de abandono mais do que princípio de construção. Ele pertence ao registro da "concupiscência", aquela na qual o "pecado tenta a humanidade"[195], segundo a palavra de Régnier. Na melhor das hipóteses, seu espaço e seu tempo estão vazios, quando não negativos, ajudando com esta vacuidade a reparar a fadiga do trabalho, único ponto de referência positivo neste caso. Suas vizinhanças são as da taberna, da festa e da rua; seus horizontes, os da despreocupação e das camaradagens cúmplices. As alusões do poema sobre *A miséria dos aprendizes de padeiro da cidade e dos subúrbios de Paris*, que "Jogando bola, malha, depois das Vésperas, vão beber o mais fresco chope no cabaré"[196].

Ou o exemplo banal desses celibatários de Saint-Omer decidindo "ganhar o banquete no jogo de pela", num dia de 1577, antes de gastar a aposta na taberna dos "Tambourins" e de bater-se até sangrar numa disputa depois de beber[197]. Nada ainda, nessas práticas populares, orienta para a visão de um corpo "treinado", tal como o esporte poderá inventá-lo[198], nada orienta para a visão de um ganho moral ou de um enriquecimento íntimo que poderia ser atribuído ao esporte. Tudo, ao contrário, orienta para o impulso, o desejo, o apetite

---

195. RÉGNIER, M. *Le cabinet satyrique*. Paris, 1618, cf. sátira 1.

196. La misère des garçons boulangers de la ville et des faubourgs de Paris [1715]. Apud BECK, R. *Histoire du dimanche de 1700 à nos jours*. Paris: Les Éditions Ouvrières, 1997, p. 88.

197. MUCHEMBLED, R. *La violence au village (XVe-XVIe siècle)*. Op. cit., p. 296.

198. Cf. CORDOBA, P. Exercices et jeux physiques, repères pour une analyse. In: REDONDO, A. (org.). *Le corps dans la société espagnole des XVIe et XVIIe siècles*. Paris: Publications de la Sorbonne, 1990: "A sistematização da noção de carne impede a de corpo e, consequentemente, a do esporte como tal" (p. 276).

do qual o jogo jamais será claramente distinto. A carne neste caso ultrapassa toda imagem do corpo; a tentação, o capricho ultrapassam toda explicação do jogo. "A maior miséria do homem"[199], diz Pascal em um texto sem dúvida extremo, cuja tonalidade está parcialmente subentendida na visão clássica do jogo. "Recreação e não paixão"[200], insiste São Francisco de Sales, em 1601, associando dança e jogo numa idêntica "condescendência" sensual.

Com certeza, nem todas as "fraquezas" e apostas são diabolizadas. O rei, por exemplo, concede, no fim do século XVII uma pensão de 800 libras a Jourdain, seu lutador de pela, e uma pensão idêntica a Beaufort, grande jogador de malha, para que deem a réplica aos príncipes de sangue[201]. A corte exerce aqui, como para os jogos de azar, um direito indiscutido. Neste caso, a prática não poderia ser contestada. Ao contrário, o jogo a dinheiro é um sinal de profusão, de poder. O que inquieta o poder é sobretudo a prática da aposta para a grande maioria. As apostas consentidas de comum acordo, de indivíduo a indivíduo, fora de qualquer controle coletivo, com seus riscos de efervescência, de transgressão: esses acordos são feitos de jogador a jogador, independentemente de qualquer instituição, na medida em que o Estado não parece disposto a assumir a gestão deles. Daí o equilíbrio entre os dois termos de uma alternativa nos séculos XVII e XVIII: tolerância ou proibição, com este perfil último de uma imagem equívoca do jogo.

c) As festas, a violência, o controle

É sobre esse fundo de aversão confusa que devemos compreender a tentativa de controlar os jogos na sociedade antiga, até o confinamento da pela

---

199. PASCAL, B. Pensées [1656]. *Oeuvres complètes*. Paris: Gallimard, coll. "Bibliothèque de la Pléiade", 1954, p. 1147.

200. "Quando se pode jogar ou dançar" (FRANCISCO DE SALES. Introduction à la vie devote [1609]. In: *Oeuvres*. Paris: Gallimard, coll. "Bibliothèque de la Pléiade", 1969, p. 225).

201. SAINT-SIMON, L. *Mémoires*. Op. cit., t. XII, nota.

cujo efeito concreto já vimos na extinção dos "tripots"[202]: um lento trabalho que pretende lutar contra a perturbação, a turbulência e até a violência.

Os jogos de exercício praticados durante o culto religioso são os primeiros visados, como em Lyon, em 1582: "Impõe-se aos camponeses e habitantes de Lyon assistir ao culto divino aos domingos e festas solenes, durante os quais, enquanto durar o culto divino, serão feitas proibições a todos os Senhores jogadores de pela de abrir seus jogos, fornecer raquetes e bolas de pela, e receber pessoas para jogar nos referidos dias; e sob as mesmas penas se proíbe frequentar casas de jogo, jogos de chinquilho, cartas, dados, bolas, malha e outros"[203]. Também são visados os tumultos e os jogos praticados sem limites nem balizas, sem horários nem duração, confirmando como sua existência é votada ao confronto com a autoridade: "Advertiu-se que muitos particulares, aprendizes, artesãos, criadagem e outras pessoas jovens se permitem jogar nas ruas mais frequentadas e nas praças públicas em Volant, em Bâtonnet e em Quilles, o que perturba a liberdade e a segurança das ruas, expondo os transeuntes ao perigo de serem feridos"[204].

As festas são principalmente denunciadas no século XVII, com a decisão de controlar, isto é, cristianizar mais seu ritmo e seu objeto: "Trata-se em primeiro lugar de moralizar o calendário e de reconquistar os momentos fortes do ciclo dos divertimentos coletivos tradicionais entre carnaval e quaresma, entre Corpus Christi e São João"[205]. É a ofensiva dos notáveis civis e religiosos para colonizar os espaços de licença, a convergência da Contrarreforma e do poder do Estado: a tentativa de reduzir os feriados, reorganizar os ciclos do tempo e os prazeres coletivos. A iniciativa dos Grandes Dias, por

---

202. CF. p. 347.

203. MONTFALCON, J.-B. *Histoire de la noble ville de Lyon*. Lião, 1847, p. 82.

204. Ordonnances de police des 6 mai 1667, 12/11/1671... In: LA POIX DE FRÉMINVILLE, E. *Dictionnaire ou traité de la police générale de villes, bourgs, paroisses et seigneuries de la campagne*. Op. cit., p. 351.

205. ROCHE, D. *Le peuple de Paris*. Paris: Aubier, 1981, p. 153.

exemplo, em Auvergne, em 1665, proibindo "as festas *balladoires* [...] que são causa de todo tipo de lascividades, embriaguez, blasfêmias execráveis, lutas sangrentas que nelas se travam e homicídios que se cometem"[206]. Uma ofensiva de efeitos bem visíveis: o espetáculo solene, a festa autorizada, a organização processional e cristianizada acabam no século XVIII, e bem antes nas cidades, prevalecendo sobre os divertimentos tradicionais. Uma ofensiva que atingia inevitavelmente as *bachelleries*, com seus prêmios, seus jogos, seus grupos de juventude e seus reis, suas leis temporárias e seus charivaris, insensivelmente acusadas de "corrupções abomináveis" durante os dias de carnaval "por danças, jogos e festins"[207]. Essas autoridades de grupos, mesmo parciais e limitadas, não podem mais ser toleradas nos séculos XVII e XVIII por um Estado que penetra o tecido social como jamais até aquele momento. Daí o exemplo de Montpellier, que tomou esta decisão entre muitas outras, em meados do século XVII: "No ano 1651 e na terça-feira, dia 3 de fevereiro, M. de La Forest de Thoyrs, nosso Senescal, fez publicar um decreto proibindo toda pessoa de qualquer categoria que seja, de proceder à eleição de um chefe de juventude e de praticar alguma das ações que se praticavam abusivamente em seu nome, e isto sob o consulado de M. de Murles"[208]. Luís XIV ordena, em 1660, a supressão das eleições de chefes de juventude nas cidades do Languedoc[209]. A instituição declina rapidamente no século XVIII, como pôde mostrar Natalie Zemon Davis para Maugouvert e as paróquias da vizinhança de Lyon[210].

As violências são ainda mais denunciadas, como a da *soule*, no fim do século XVII. Apesar de proibida pelo Parlamento de Rennes em 1686, a *soule*

---

206. FLÉCHIER, E. *Mémoires sur les Grands Jours d'Auvergne* [ms. séc. XVII]. Paris: Mercure de France, 1984, p. 337.
207. Apud PELLEGRIN, N. *Les Bachelleries*. Op. cit. p. 281.
208. DELORT, A. *Mémoires inédites sur la ville de Montpellier au XVIIᵉ siècle*. Op. cit., t. I, p. 150.
209. Cf. SAUZET, R. *Le Notaire et son Roi*. Op. cit., p. 146.
210. DAVIS, N.Z. *Les Cultures du peuple*. Op. cit., p. 188.

se mantém na Bretanha. Ela foi mais fortemente banida depois de um afogamento coletivo provocado pelas perseguições na água, em Pont-l'Abbé, em meados do século XVIII[211]. Proibições reiteradas também foram feitas na Inglaterra, onde John Wesley constata, em 1743, para a Cornuália que "agora quase não se ouve mais falar desse jogo de *hurling*, o esporte favorito dos habitantes de Cornwall, no exercício do qual eles quebram tantos membros e onde muitas vezes tantas vidas são sacrificadas"[212]. Aqui se nota nada mais do que o recrudescimento de uma mínima tolerância para com a violência nos Estados modernos, um controle progressivo sobre as agressões individuais cujos exemplos Norbert Elias soube multiplicar notavelmente[213].

d) *Distâncias, conveniências, indignidades*

Além dessas decisões tomadas para conter a violência e redefinir os excessos, também existem outros limites, igualmente importantes, desta vez internos ao jogo, feitos para distinguir aqueles que os praticam ou excluir aqueles que não devem praticá-los. Outros tantos marcos de referência indicando como se impõem fronteiras entre jogadores, como se assinalam as distâncias que delimitam muitos praticantes em gestos e lugares diferentes.

Homens e mulheres, em particular, não poderiam jogar juntos nesses exercícios do Antigo Regime: seus jogos se revelam inconciliáveis. As antigas proibições religiosas qualificando esses "tipos de assembleias" de "pestes da castidade"[214] concretizam-se nos costumes, levando a distinguir entre

---

211. GOUGAUD, L. "La soule en Bretagne et les jeux similaires du Cornwall et du pays de Galles". Art. cit., p. 586.

212. Apud GOUGAUD, L. Ibid., p. 601.

213. ELIAS, N. *La Civilisation des moeurs*. Paris: Calmann-Lévy, 1991. • DUNNING, N. & DUNNING, E. *Sport et civilisation*. Paris: Fayard, 1994.

214. Vives. Apud THIERS, J.-B. *Traité des jeux*. Paris, 1687, p. 258.

jogos que "convêm" e jogos que "não convêm"[215]. As exclusões se impõem além das imprecações moralistas e vagamente formais que recomendam às mulheres "não jogar, a não ser raramente, e sempre com muita circunspecção e indiferença"[216]. A *soule*, a pela e os jogos de bolas eram julgados inconvenientes a uma mulher ou uma moça"[217]. Pela agitação que provocam são quase exclusivamente jogos masculinos. Os tratados de jogos, como os de Thiers ou de Barbeyrac, insistem nas "posturas que não conviriam a uma pessoa do sexo feminino"[218], como também nas "misturas de pessoas"[219], ambas referências que equivalem a proibições. *O livro do cortesão* afirma que se deve evitar todo exercício "rude" para as mulheres, e só evoca como convenientes a elas a dança, o canto ou a prática de instrumentos musicais[220]. Muitos modelos implícitos proíbem os jogos femininos, sobretudo aqueles que exigem força e esforço. Poucos jogos continuam aceitáveis para uma mulher. Os jogos de chinquilho poderiam sê-lo, aqueles descritos por Brackenhoffer em sua viagem pela França em meados do século XVII[221]. O volante também poderia sê-lo. A prática especificamente feminina desse jogo é evocada por Locatelli por ocasião de sua passagem por Lyon em 1655, descrevendo as "mulheres de butique [...] rebatendo com a raquete o volante umas para as outras, ora 200, ora 250 vezes, e as mais hábeis até 300 vezes antes de deixá-lo cair no chão. O jogo consiste em manter o volante no ar o mais tempo

---

215. BARBEYRAC, J. *Traité du jeu où l'on examine les principales questions de droit naturel et de morale*. Amsterdã, 1737, t. II, p. 445.

216. Ibid.

217. THIERS, J.-B. *Traité des jeux*. Op. cit., p. 265.

218. BARBEYRAC, J. *Traité du jeu*. Op. cit., t. II, p. 446.

219. THIERS, J.-B. *Traité des jeux*. Op. cit., p. 257.

220. CASTIGLIONE, B. *Le Livre du courtisan*. Op. cit., p. 239.

221. BRACKENHOFFER, E. *Voyage en France, 1643-1644*. Paris: [s.e.], 1925, p. 98.

possível"²²². Um jogo regularmente evocado também por Mlle. de Montpensier que confessa ter-se dedicado a ele muitas horas por dia durante os verões dos anos 1650: "Eu jogava duas horas pela manhã e outras tantas depois do meio-dia"²²³.

Mlle. de Montpensier lembra de passagem como esta discriminação sexual pode ser menos incisiva para a nobreza: o volante, a malha, o bilhar, mas também a caça continuam sendo práticas sexualmente partilhadas na elite. A prima do rei insiste em seu amor pelos "jogos de exercício"²²⁴: ela organiza um jogo de malha em Saint-Fargeau²²⁵, um de bilhar em sua casa de Choisy²²⁶, ela caça a lebre com caçadores da Inglaterra. Da mesma forma, Maria Mancini pode evocar suas caçadas²²⁷ e Madame de Sévigné o jogo de sua filha na malha de Grignan²²⁸. A discriminação sexual nos jogos da nobreza está em outro lugar: a academia equestre onde se aprendem as artes do fidalgo constitui, como já vimos, um universo do qual a mulher é claramente excluída.

Marcante é também a discriminação social: uma sociedade categorizada delimita inevitavelmente suas áreas de jogo. Os jogos de pela frequentados por Chavatte, operário-tecelão contemporâneo de Luís XIV, são áreas ao ar livre delimitadas pelas praças da igreja, pelos paços ou pelos fossos das cidades²²⁹. Os jogos de pela frequentados pelos notáveis são jogos cobertos, guarnecidos de galerias ou de peças anexas; estabelecimentos algumas vezes lu-

---

222. LOCATELLI, S. *Voyage en France, moeurs et coutumes françaises (1664-1665)*. Paris: [s.e.], 1905, p. 64.

223. MONTPENSIER. *Mémoires*. Anvers: [s.e.], 1730, p. 257.

224. Ibid.

225. Ibid., p. 250.

226. Ibid.

227. MANCINI, M. *Mémoires* [1676]. Paris: Mercure de France, 1987.

228. Mme. de SÉVIGNÉ. *Correspondance*. Paris: Gallimard, coll. "Bibliothèque de la Pléiade", t. I, 1972, p. 221, carta de 15/04/1671.

229. LOTTIN, A. *Chavatte ouvrier lillois*. Op. cit., p 334.

xuosos no século XVII, podendo mobilizar uma criadagem variada e oferecer aos jogadores utensílios refinados, como sapatos de couro e de lã, "toalhas finas", gorros de algodão e camisas de linho[230].

Mais importante ainda do que os jogos separados é o "interdito" explícito que impera sobre eles. A pela, por exemplo, julgada muito trivial no século XVII, não devia ser partilhada por todos: "Um magistrado não podia participar dela sem diminuir sua dignidade e sem comprometer sua seriedade"[231]. Um eclesiástico, também, cujas práticas são rigorosamente coagidas por uma sucessão de estatutos sinodais, por ordens de bispos e de cardeais, não poderia entrar nesse jogo: "Proibimos os eclesiásticos de jogar bilhar, pela ou qualquer outro jogo público que seja, com leigos, e de aparecer em camisa e calção para este efeito; nós os proibimos até de ir ver os outros jogar"[232]. O obstáculo vem a ser a incompatibilidade entre os gestos e um estatuto social, entre atitudes impostas pelo jogo e uma autoridade adquirida pelo ator. Existem "olhares e modos perdoáveis a qualquer outro, que não o seriam a alguns"[233]. O jogo poderia suprimir o que permite "manter uma autoridade por uma atitude séria"[234]. O gorro, os sapatos e a camisola do jogador de pela não podem ser usados por aqueles que podem ser 'desonrados' por uma vestimenta tão ridícula[235]. O que circunscreve inevitavelmente a prática e concretiza a exclusão. Luís XIV jogou pela algumas vezes em sua juventude; ele mantém um mestre em pela e seis marcadores da corte ou raqueteiros de pela, e fez construir um jogo suntuoso em Versailles, mas não joga mais, preferindo o bilhar, cuja prática frequente é mostrada por Dangeau, onde a

---

230. Statuts des maîtres paumiers de Bordeaux [1684]. In: LUZE, A. *La magnifique histoire du jeu de paume.* Op. cit., p. 310.

231. THIERS, J.-B. *Traité des jeux.* Op. cit., p. 260.

232. Estatutos sinodais de Estienne Poncher, bispo de Paris, 1532.

233. BARBEYRAC, J. *Traité du jeu.* Op. cit., t. II, p. 485.

234. DELAMARE, N. *Traité de la police.* Op. cit., t. I, p. 484.

235. THIERS, J.-B. *Traité des jeux.* Op. cit., p. 365.

manutenção do traje e do chapéu garante, supostamente, controle e dignidade[236]. O bilhar pode assim tornar-se um jogo de cortesãos, permitindo até a Chamillard obter "um cargo graças às boas relações que sua habilidade lhe conseguiu"[237]; ao passo que são rejeitados jogos "mais ativos", considerando-se que eles perturbam toda solenidade: "Os soberanos não devem divertir-se em qualquer tipo de jogos. Jamais lhes convém lutar com seus iguais. Jamais devem permitir a quem quer que seja tocá-los, empurrá-los ou derrubá-los por terra"[238]. Difícil é acomodar os rituais sempre mais cerimoniosos da nobreza com a efervescência do jogo de pela ou de malha. Aliás, num âmbito maior, a etiqueta do século XVII fixa atitudes e comportamentos no próprio seio das técnicas físicas do jogo: "Na pela, no jogo de malha, de bola e de bilhar, é preciso tomar cuidado para não apresentar posturas ridículas ou grotescas"[239]. A consequência é exatamente estender a discriminação: não mais só a de dispositivos e de espaços socialmente diferentes, mas a de jogos quase "não admitidos" segundo os grupos sociais.

Por assim dizer, essas proibições foram impostas lentamente no mundo clássico. Castiglione admite, ainda em 1528, que seu cortesão "luta, corre ou salta com os camponeses", mas já insiste que o fidalgo deve agir "por gentileza e não para rivalizar com eles"; muito "indigna" seria sua derrota diante de um camponês, "sobretudo na luta"[240]. Gouberville, senhor de Vologne, ainda pratica a *soule*, a luta e a pela com seus súditos na Normandia do século XVI: "Dia de Nossa Senhora, depois das vésperas, nós fomos lutar perto

---

236. Cf. BOUCHER, J. Le jeu de paume et la noblesse française aux XVIᵉ et XVIIᵉ siècles. In: *Jeux et sports dans l'histoire* – Actes du 116ᵉ congrès des sociétés savantes, Chambéry, 1991. Paris: CTHS, 1992.

237. SAINT-SIMON. Apud LE ROY LADURIE, E. *Saint-Simon ou le système de la cour*. Paris: Fayard, 1997, p. 85.

238. Mariana. Apud THIERS, J.-B. *Traité des jeux*. Op. cit., p. 128.

239. COURTIN, A. La civilité qui se pratique en France. Paris, 1670. Apud FRANKLIN, A. *La civilité, l'étiquette, la mode, le bon ton du XIIIᵉ au XIXᵉ siècles*. Paris: [s.e.], 1908, t. I, p. 200.

240. CASTIGLIONE, B. *Le livre du courtisan*. Op. cit., p. 119.

da igreja até à noite"[241]. Os párocos contemporâneos de Gouberville ainda jogam a crossa, sem se importar com seu ministério. Neste mesmo campo normando: "O pároco de Tourlaville partiu de casa pela manhã e foi dizer a missa em Tourneville, depois voltou às Vésperas. Ele deu bastonadas *à la choule* pelo resto do dia"[242]; assim como também jogam bola ou conca: "Fui a Saulsemesnil na casa do pároco que encontro perto de sua casa e muitas pessoas jovens daquele lugar que jogam bola"[243]. Diversas pessoas acompanham um padre, um fidalgo, um escudeiro – de várias condições sociais – ao "boultoire" da Áustria em Artois, no dia 10 de agosto de 1529[244]. Um padre, ainda jogando pela com os paroquianos de Noyelles-sous-Lens, em 1655, discute sobre as apostas, "abate um de seus adversários com uma navalhada no peito, antes de ter ele mesmo o olho perfurado por um outro"[245].

A etiqueta social da nobreza e da corte acentua-se no entanto, aprofundando as distâncias físicas entre jogadores potenciais, exatamente como se reforçam com a Contrarreforma o controle e a moralização do clero. Os párocos "apaixonados" por jogo são insensivelmente denunciados ao mesmo título que os concubinários ou os brutais. O arcebispo de Cambrai, promovido em 1612, associando diversas práticas proibidas, entre as quais os jogos, escreve a Roma em 1625 "que ele privou de seu ofício mais de cem pastores" e até instaurou "um processo contra alguns deles por causa de seus costumes ou da deficiência de sua doutrina"[246]. A promiscuidade dos senhores e de seus súditos em um confronto na *soule* ou na luta também não pode mais ser cogitada, a ponto de *Le mercure galant* do fim do século

---

241. TOLLEMER, A. *Un sire de Gouberville*. Op. cit., p. 168.
242. Apud DUBUC, A. *La choule normande et ses survivances*. Op. cit., p. 14.
243. TOLLEMER, A. *Un sire de Gouberville*. Op. cit., p. 167.
244. MUCHEMBLED, R. *La violence au village (XVe-XVIe siècle)*. Op. cit., p. 294.
245. Ibid., p. 102-103.
246. Ibid., p. 348.

XVII limitar seu interesse exclusivo aos carrosséis, às corridas do anel ou aos tiros ao papagaio[247].

e) Solidariedade dos corpos

Por assim dizer, essas encenações são decisivas na França do Antigo Regime. Elas ilustram como nunca as implicações simbólicas do jogo e ilustram mais ainda as solidariedades prévias que comandam os comportamentos lúdicos. Daí esses confrontos tão diferentes das competições esportivas de hoje. Os indivíduos confrontados o são em nome de vínculos preexistentes ao jogo: uma mesma coletividade rural, uma mesma fidelidade senhorial, uma mesma comunidade etária ou de condição, proximidades bem particulares que ditam aos corpos, até em seus divertimentos próprios, as semelhanças e as oposições. Neles, o jogador jamais aparece como "independente", decidindo sobre suas pertenças ou sobre suas escapadas, salvo, é claro, e com algumas nuanças, nos jogos de apostas, extremos da contingência, que sobrevivem na fragilidade dos dias. Jamais este mesmo jogador compõe ou recompõe seu grupo e suas solidariedades. Jamais ele contratatualiza vínculos, engajamentos ou desafios. Seu lugar lhe é designado antes de jogar, seu campo lhe é destinado, seus confrontos perfilados antes que ele tenha consentido neles: a disposição de seu corpo lhe é diretamente ditada por suas pertenças sociais e culturais. Não que ele os conteste, é claro, ou mesmo que ele esteja consciente deles: o jogo reproduz as sociabilidades julgadas normais, sob o Antigo Regime, por força de serem evidentes. Em sentido mais amplo, o tema coloca o problema da relação entre a esfera do mundo público e do mundo privado[248], o jogo sublinhando como a existência privada continua aqui dependente da existência pública, como o indivíduo privado habi-

---

247. *Le Mercure Galant* entre 1685 e 1690 cita 22 corridas do anel e 8 tiros ao papagaio.

248. Cf. Vie publique vie privée. In: GOUBERT, P. & ROCHE, D. *Les français et l'Ancien Régime*. Paris: Armand Colin, 1984, t. II, p. 55.

ta um espaço e um tempo ditados em grande parte pela ordem pública à qual ele pertence, tanto ordem social como cristianizada. O que confirma, é forçoso repeti-lo, a diferença entre o jogo antigo e o esporte de hoje.

3. Práticas de saúde, práticas limitadas

Além do prazer dos jogos, é impossível ignorar a vertente voluntariamente sanitária do exercício, esta prática da qual o autor espera um efeito sobre o corpo: saúde consolidada, órgãos reforçados. Não que todo jogador seja sensível a esta expectativa: o resultado está muito distante para ser um atrativo do jogo. Ele é suficientemente reconhecido, porém, para fundar desde sempre uma certeza, a de um ganho em vigor e em saúde obtido pelo movimento repetido: "diremos que ele é próprio para conservar a saúde", afirmam os textos medievais, "ele faz o calor crescer e consolidar-se"[249]. Aqui, a higiene continua decisiva. Nada se opõe a esta certeza na Europa moderna. Por outro lado, nada indica sua semelhança com a de hoje; nada sobretudo garante sua prática deliberada: a visão antiga do corpo permite mil substituições possíveis entre os efeitos do exercício e muitos outros efeitos.

a) Evacuar os humores

Neste caso, os antigos tratados de saúde prolongam primeiramente os marcos referenciais antigos, os de Hipócrates ou de Galeno[250]: o movimento físico ajuda a evacuar o corpo, ele agita as partes, contrai os órgãos, expulsa os humores cuja estagnação poderia preocupar. O que Ambrósio Paré traduz em 1580 em sua língua laboriosa e figurada: "O movimento aumenta o

---

249. ALDEBRANDINO DE SENA. *Le Livre pour santé garder* [século XIII]. Paris: Champion, 1911, p. 23.

250. Cf. ULMANN, J. *De la gymnastique aux sports modernes* – Histoire des doctrines de l'éducation physique. Paris: Vrin, 1977 ["La restauration du galénisme", p. 97].

calor natural do qual depende uma melhor digestão e, por conseguinte, boa nutrição e expulsão dos excrementos e espíritos prontos a seu ofício; porque por esse meio os canais são purgados e, por ser abundante, o dito exercício deixa a compleição do corpo e a respiração e outras ações mais fortes, duras e robustas, por meio do atrito natural das partes que se chocam uma contra a outra, as quais não são tão fortes e tão depressa trabalhadas, o que é manifesto nos rústicos e outras pessoas que se dedicam a trabalhos forçados. Eis as comodidades do exercício..."[251] Canais que evacuam melhor, partes mais firmes, o grande princípio da medicina antiga está bem no centro do propósito: a imagem tradicional de um corpo feito de humores limita a imagem de sua conservação a uma renovação e uma expulsão de líquidos. Da manutenção deste dessecamento nascem resistência e solidez físicas. Mercurialis, cujo livro inaugural sobre a ginástica é largamente difundido na Europa entre o século XVI e o século XVII[252], multiplica as garantias sobre esses efeitos evacuadores: o exercício "aumenta o calor natural e a fricção das diferentes partes do corpo que ele provoca traz mais firmeza à carne e mais insensibilidade à dor"[253]. Tema regularmente retomado pelos tratados de saúde contemporâneos: "O exercício preserva o corpo humano de doença grave, onde ele resolve insensivelmente as superfluidades de toda digestão"[254].

---

251. PARÉ, A. *Oeuvres*. Paris, 1585, p. 32.

252. MERCURIALIS, H. *De arte gymnastica*. Pádua, 1569. Esta edição vem seguida de seis outras em um século: 1573, 1577, 1587, 1601, 1644 e 1672. Sobre Mercurialis, cf. NUTTON, V. Les exercices et la santé: Hieronimus Mercurialis et la gymnastique médicale. In: *Le corps à la Renaissance* – Actes du colloque de Tours, 1987. Op. cit., p. 295.

253. MERCURIALIS, H. Apud ULMANN, J. *De la gymnastique aux sports modernes*. Op. cit., p. 106.

254. *Régime de vivre, et conservation du corps humain, auquel est amplement discouru des choses naturelles, & de tous vivres qui sont communément en usage, avec plusieurs receptes bien approuvées: le tout nouvellement recueilly des bons autheurs, tant anciens que modernes*. Paris, 1561, p. 6.

A descoberta da circulação do sangue em 1628 quase não muda esse papel atribuído aos movimentos do corpo, como quase não muda o lugar atribuído aos humores[255]. A estagnação dos líquidos continua sendo a imagem mais importante do mal, sua excessiva imobilidade e quantidade continuam sendo os verdadeiros perigos: "Acontece também muitas vezes que os vasos sanguíneos possam entupir-se ou romper-se quando o líquido que eles contêm é mais espesso do que deveria ser ou em quantidade maior, o que dá lugar a um grande número de doenças"[256]. Furetière diz isto mais simplesmente em seu dicionário em 1690: "Todas as doenças são causadas exclusivamente pelos humores pecantes [os que têm 'malignidade ou abundância'] que é preciso evacuar"[257]. Daí este papel tão específico do exercício assimilado a uma purgação: este hábito dos jogadores de pela de serem devidamente friccionados depois do jogo para transpirar melhor antes de se secar; cenas idênticas a essas são evocadas nas Memórias ou nos romances: "Os jogadores acabaram sua partida e subiram a um quarto para fazer-se friccionar"[258]. A transpiração continua sendo a virtude primordial do exercício, a mesma que Madame de Sévigné lembra com insistência ao falar de suas caminhadas em torno de Vitré: "Suamos todos os dias e achamos que isto é excelente para a saúde"[259].

---

255. Certamente é claro que a descoberta da circulação do sangue "anuncia o fim" do galenismo (CAULLERY, M. Les grandes étapes des sciences biologiques, la Renaissance et les débuts du XVII siècle. In: DAUMAS, M. [org.]. *Histoire de la science*. Op. cit., p. 1.177). Mas também é claro que "o humorismo guarda sua predominância nos séculos seguintes" ("Théorie des humeurs". *Encyclopaedia Universalis*. Paris, 1998, Índice).

256. DEVEAUX, J. *Le médecin de soi-même ou l'art de conserver la santé par l'instinct*. Leiden, 1682, p. 57.

257. FURETIÈRE, A. *Dictionnaire universel contenant généralement tous les mots français*. Paris, 1690, verbete "Humeur". • SMITH, W.D. *The Hippocratic Tradition*. Ithaca (N.Y.): Cornell University Press, 1979.

258. SCARRON, P. *Le Roman comique*. Paris: Gallimard, coll. "Bibliothèque de la Pléiade", 1968, p. 822.

259. Mme. de SEVIGNÉ. *Correspondance*. Op. cit., t. III., 1978, p. 662, carta de 09/08/1689.

b) O corpo poroso, o exercício e seus limites

Convém sublinhar ainda que a referência prioritária à evacuação tem uma consequência precisa: retirar toda especificidade ao exercício. Ela torna seus efeitos substituíveis aos de outras práticas, como a purgação ou a sangria, por exemplo: o ato de evacuar os humores pelo movimento ou de evacuar o sangue pelo escalpelo seriam inexoravelmente equivalentes. Gui Patin não diz outra coisa em suas cartas recomendando a flebotomia em meados do século XVII: "Nossos parisienses fazem ordinariamente pouco exercício, bebem e comem muito e se tornam muito pletóricos; neste estado eles jamais são aliviados de algum mal que possa sobrevir-lhes, se a sangria não o preceder com força e abundância"[260]. Flamant diz o mesmo em sua *Arte de conservar a saúde*, em 1691, omitindo-se até de citar o exercício como prática valorizada, a tal ponto o movimento físico é aqui considerado equivalente a outras práticas de evacuação[261]. Daí a ambiguidade do conselho sanitário nos séculos XVI e XVII, de não impor especificamente o exercício para fazer declinar melhor suas correspondências: "Se o sangue é tão prejudicial em vós por sua quantidade que poderia sufocar-vos ou provocar rompimento dos vasos, ou corromper-se, podeis acrescentar à sangria os exercícios, a dieta, os sudoríficos"[262].

Pode-se dizer que a prática privilegiada de manutenção do corpo na França clássica não é tanto o exercício como a sangria, sendo a lógica evacuativa levada a seu extremo: escoamento imediato, líquidos visíveis, quantidades quase controladas. Gui Patin vê aí a prova mais segura da força, a mesma que ele constata ao cuidar de uma "afecção brônquica" de seu filho, de três

---

260. PATIN, G. *Traité de la conservation de la santé*. Paris, 1632, p. 353.
261. FLAMANT. *Art de conserver la santé*. Paris, 1691.
262. PORCHON, A. *Les Règles de la santé ou le régime de vivre des sains*. Paris, 1684, p. 50.

anos: "descarregado pelas veias" de catarros que "pareciam sufocá-lo"[263], o menino parece transformado. A repetida incisão dá-lhe até um vigor que não tinha antes, um pulmão reforçado, uma maior resistência: "Ele é, hoje, o mais forte dos meus três garotos"[264]. Não há dúvida de que a sangria precoce faz os seres robustos, enrijecendo a carne, prevenindo o mal. Seu recurso ainda cresce na elite do século XVII: várias sangrias por mês para o Cardeal Richelieu no ápice do poder, segundo o testemunho de Ângelo Correr, embaixador veneziano, em 1639[265]. Vários escoamentos por mês também para Luís XIII: Bouvard, seu cirurgião, chega a fazer-lhe até quarenta e sete incisões em um ano[266].

Mais importante, a referência a equilíbrios sutis esclarece ainda mais a lógica das representações antigas. Os mestres de Gargântua os sugerem melhor do que outros, levando em conta a umidade do ar, a qualidade dos alimentos, a ausência ou a presença de exercício. Essas atenções para o tempo de chuva, por exemplo, os dias em que o exercício do gigante é menor: "Comiam com mais sobriedade do que nos outros dias e carnes mais dessecativas e extenuantes, a fim de que a intempérie úmida do ar, comunicada ao corpo por necessária confinidade, fosse corrigida por este meio, e não lhes fosse incômoda, por não ser exercitada como de costume"[267]. Visão totalmente intuitiva, muito distante da nossa, na qual a crença em um estado quase líquido do corpo permite compensar a falta de exercício por uma alimentação mais seca, onde a chuva pode umedecer os órgãos internos, onde a impregnação e exsudação adquirem uma função central. O movimento dos membros evacua os fluxos, o que também podem fazer outras práticas, como a sangria, a purgação e a sudação.

---

263. PATIN, G. *Lettres*. Paris, 1846, t. I, p. 314, carta de 18/01/1644.

264. Ibid.

265. Cf. COMISSO, G. *Les Ambassadeurs vénitiens*. Paris: Le Promeneur/Quai Voltaire, 1989, "Extrait de la relation d'Angelo Correr", p. 234.

266. HÉRITIER, J. *La Sève de l'homme, de l'âge d'or de la saignée aux débuts de l'hématologie*. Paris: Denoël, 1987, p. 21.

267. RABELAIS, F. *Gargantua*. Op. cit., p. 99.

Esta visão de um corpo poroso, vulnerável ao ar como também à umidade, impõe sobretudo vigilância precisa nos séculos XVI e XVII: o ar brumoso, por exemplo, aquele cuja densidade "constipa subitamente os poros"[268], saturando a pele e interrompendo a transpiração, corre o risco de contrariar o fluxo de humores proveniente do exercício. Daí o perigo dos movimentos físicos ou das caminhadas feitos em tempo de cerração ou nevoeiro: essas evacuações entravadas ao mesmo tempo que começam a funcionar, esse alerta repetido em Madame de Sévigné: "Observei que o sol se pôs em uma imensa nuvem no dia 24 de dezembro (coisa estranha) e que o nevoeiro ficou muito espesso. Isto nos advertiu, minhas irmãs, que não devemos absolutamente caminhar nesta estação"[269]. O clima ameaça mais ainda a transpiração porque comanda parcialmente seu funcionamento.

O outro perigo, inverso neste caso, é a penetração do ar no corpo, sobretudo o ar frio, o ar que penetra pela abertura dos poros depois de um exercício muito intenso. Este risco já foi sublinhado há muito tempo pela tradição: "Não repousar [depois do exercício] em lugar descoberto e exposto ao vento. Pois então a destilação do ar perpassaria e penetraria os poros e entraria até as partes interiores do corpo"[270]. Ou a infiltração do ar epidêmico; o risco do exercício em tempo de peste; o veneno perigoso atravessando os poros abertos pelo calor do movimento: "Os corpos cujos poros continuam abertos são os mais sujeitos a contrair infecção"[271].

A lógica das imagens, como se pode ver, não é a mesma de hoje. Além disso, aqui, o que é julgado mais inquietante é o movimento violento: ele reserva surpresas, aquecendo o sangue, "corrompendo os humores, acendendo a febre"[272]. Sua veemência ameaça uma regra e uma medida ainda malde-

---

268. RAMAZZINI, B. *Essai sur les maladies des artisans*. Paris, 1777, p. 42.
269. Mme. de SÉVIGNÉ. *Correspondance*. Op. cit., t. III, p. 280, carta de 25/01/1690.
270. Bento de Núrsia. *De conservatione sanitatis* [século XV]. Paris, 1551, [s.p.].
271. SOLDI, J. *Antidorio per il tempo di peste* [século XV]. Florença, 1630, p. 19.
272. PORCHON, A. *Les Règles de la santé*. Op. cit., p. 43.

finidas, deixando os poros escancarados, fragilizando o corpo ao esgotar seus líquidos ou expondo-o ao ar "mau": o exercício "forte e súbito [...] resseca e emagrece"[273], ele "enfraquece as articulações [...], mina o corpo"[274]. Os "corredores", isto é, os domésticos encarregados de preceder algumas vezes as carruagens de seus patrões, seriam fequentemente objeto de asma ou de hérnia; tornados "magros", "extenuados", eles seriam vítimas de "ruptura de algumas vênulas dos rins" ou perderiam com o suor "as partes mais estimulantes de seu sangue"[275]. O esforço muito marcante seria apenas aventura, exuberância, "excesso", escapando às categorias higiênicas em um universo em que a saúde tem como principal ponto de referência a sobriedade[276]. Ele rompe com os equilíbrios esperados do corpo sadio. Daí a certeza de seu perigo e sua proximidade à falta, como é todo excesso na comida ou bebida; daí sua rejeição antes mesmo que sejam claramente fixados seu mecanismo ou seu limite[277]. Também aqui, a atividade do rei ilustra a norma: suas caçadas marciais e calmas, no fim do século XVII, com sua caça distribuída num cercado, "contribuem muito para a saúde e mantêm o vigor"[278]; ao passo que uma caçada muito intensa é considerada perigosa. O Diário de saúde do rei o mostra, notando, em um dia de verão de 1666, uma agitação "rápida e turbulenta por ter estado num escorregadouro que mandara fazer

---

273. MONTEAUX, H. *Conservation de la santé et prolongation de la vie*. Paris, 1572, p. 125.

274. LA FRAMBOISIÈRE, N.A. *Le gouvernement nécessaire à chacun pour vivre longuement*. Paris, 1600, p. 138.

275. RAMAZZINI. *Les maladies des artisans*. Paris, 1845, p. 119.

276. Cf. CORNARO, L. *De la sobriété* – Conseils pour vivre longtemps. Grenoble: Millon, 1991. O texto de Cornaro serve de modelo às obras de higiene clássicas nas quais a saúde é quase idealizada, permitindo depurar o corpo, aliviá-lo, afastando-o de toda doença perniciosa.

277. Cf. NUTTON, V. "Les exercices et la santé: Hieronimus Marcurialis et la gymnastique médicale". Art. cit., p. 303: "Em toda parte, Marcurialis não cessa de repetir que o excesso é perigoso".

278. *Le Mercure Galant*, nov./1682, p. 336.

expressamente em seu parque de Versailles para seu divertimento"[279]. Imediatamente a comitiva se preocupa e os médios ficam alarmados: o rei nem poderia sonhar com um exercício tão brusco. Mesmo porque a consequência parece grave: "um peso da cabeça acompanhado de movimentos confusos, vertigens e fraqueza de todos os membros", até "pequenos ataques"[280]. Nada poderia justificar esta turbulência forçada.

c) Os humores mais do que os músculos

O exercício higiênico deve ser simples, cotidiano: uma caminhada, algum trajeto. Daí sua aplicação sempre possível, sua versão comumente acessível. O exercício não necessita de tempo nem de espaço especiais: Brienne, por volta de 1680, descreve o diplomata Chanut fazendo seu exercício "cultivando sua horta com suas próprias mãos"[281], o que surpreende alguns visitantes, uma vez que a prática era julgada muito vil, mas ela permite a manutenção de uma "transpiração insensível" com seus fluxos regulares e medidos. Mlle. de Montpensier descreve, em 1679, seus exercícios depois de ter levado durante alguns meses uma "vida sedentária, contrária à saúde"; ela se reserva um tempo em Pons para praticar não mais a caça ou o volante, mas a caminhada, limite suficiente da exigência higiênica: "Pons [...]. É um bom ar, lá você vive muito secretamente e pode caminhar quanto você quiser"[282]. O objetivo de um exercício saudável limita-se à agitação de humores, seu universo limita-se ao espaço cotidiano.

O que traz outras consequências para as formas e o conteúdo do movimento proposto: a importância dada às fricções internas, por exemplo, a insis-

---

279. VALLOT, A.; D'AQUIN, A. & FAGON, G.C. *Journal de santé du Roi Louis XIV de l'année 1647 à l'année 1711*. Grenoble: Millon, 2004, p. 152.

280. Cf. CAROLY, M. *Le corps du Roi-Soleil*. Paris: Imago, 1990, p. 86.

281. BRIENNE, L.H.L. *Mémoires* [1643-1682]. Paris: [s.e.], 1916, p. 181.

282. Mlle. de MONTPENSIER. *Mémoires*. Op. cit., p. 206.

tência em seus efeitos de evacuação de líquidos ou de endurecimento de músculos levam a tornar legítimas as fricções passivas, as que vêm das máquinas ou dos animais, os balanços provocados pela carruagem, pelo cavalo e pelo barco. Todos desencadeiam o mesmo efeito de choque entre as partes. Todos garantem o mesmo equilíbrio de humores, aquecendo ou "enxugando" os sumos. Madame de Maintenon diz isto de maneira mais banal sugerindo a seu irmão "comer pouco, mas muitas vezes", e, sobretudo, "passear a cavalo, de carruagem e de barco e caminhar um pouco"[283]. Os médicos dos séculos XVI e XVII o dizem de uma maneira mais científica, categorizando os movimentos em atos de "causa interna" e atos de "causa externa", privilegiando aqueles que combinam as duas características: "O cavalgar é um movimento de causa interna e de causa externa", preservando o homem dos males mais diversos "quando é doce e suave"[284]. O movimento moderado favorece a insensível transpiração. As fricções provocadas agem sobre os mais finos humores.

Mais ainda, o exemplo do espartilho é útil para medir todas as particularidades de um exercício exclusivamente focalizado nos efeitos dos humores. O recurso tradicional a este invólucro rígido, a certeza de que sua função de tutor é a única garantia do porte correto e do crescimento vigiado revelam uma curiosa indiferença em relação ao músculo. Colocar este instrumento sobre bustos jovens, como quer o costume para as crianças nobres ou burguesas no século XVII, afirmar que ele é feito para "garantir o porte correto"[285], é dar mais lugar a uma modelação do corpo obtida por alguma compressão exterior do que por uma modelação do corpo obtida por alguma dinâmica interior; é privilegiar a força do aparelho em vez da força do músculo. Crença profunda, pode-se dizer, partilhada por Madame de Maintenon, aconselhando seus alunos a "não ficar jamais sem corpo [espartilho] e fugir

---

283. Mme. de MAINTENON. *Lettres* [século XVII]. Paris, 1752, t. II, p. 247.
284. MONTEAUX, H. *Conservation de la santé et prolongation de la vie*. Op. cit., p. 127.
285. GLISSON, F. *A treatise of the rickets*. Londres, 1668, p. 3. Glisson fala aqui de uma função preventiva e não de uma função terapêutica.

de todos os excessos que são comuns atualmente"[286]; partilhada por Madame de Sévigné que sugere o uso de um espartilho de barbatanas de baleia para seu neto cujo corpo lhe parece "bem fraco e bem-disposto a vacilar"[287]; partilhado ainda por Mauriceau, o parteiro da rainha em meados do século XVII, que insiste na imperiosa necessidade do cueiro para o lactente e do espartilho para a criança, principalmente a de pouca idade, "a fim de dar a seu pequeno corpo a figura ereta que é a mais decente e mais conveniente ao ser humano, e para acostumá-la a manter-se sobre os dois pés: pois sem isto ela talvez andará de quatro patas"[288]. O espartilho não garante apenas uma boa atitude, mas garante um andar "normal". Ele deve ser mantido principalmente até a consolidação relativa dos ossos. Luís XV, por exemplo, só o abandonou com a idade de onze anos[289].

O corpo que se exercita e que joga é exatamente aquele que provoca emoção e paixão. Ele também inebria e excita os sentidos, o que pode inquietar algumas vezes. É ainda ele que alivia e purifica, mobilizando os humores. Ele regula fluxos, mas este privilégio quase exclusivo atribuído aos efeitos sobre os líquidos deixa na sombra o que permitiria medir os efeitos sobre os músculos e as funções. O exercício ainda não é o que age claramente sobre uma arquitetura morfológica. No século XVI como no XVII, ele continua sendo turbulência e confusão, ainda não é trabalho.

III. Da renovação das forças à sua quantificação

O universo do movimento gestual e de suas representações muda no século XVIII. Um tríplice deslocamento – científico, cultural e social – parece

---

286. Mme. de MAINTENON. Apud LIBRON, F. & CLOUZOT, H. *Le Corset dans l'air et les moeurs du XIIe au XIXe siècle*. Paris: [s.e.], 1933, p. 32.

287. Mme. de SÉVIGNÉ. *Correspondance*. Op. cit., t. II, p. 347, carta de 23/07/1676.

288. MAURICEAU, F. *Maladies des femmes grosses [...] et indispositions des enfants nouveau-nés*. Paris, 1648, p. 472.

289. Cf. ANTOINE, M. *Louis XV*. Paris: Fayard, 1989, p. 65.

agir sobre a visão clássica do exercício corporal. O primeiro é o da importância determinante dada à medida e eficácia: o cálculo das forças, a expectativa dos resultados e dos progressos, o lugar inédito dado ao desenvolvimento e à perfectibilidade. O corpo, mais do que antes, torna-se objeto de medida e de recenseamento. O realismo das cifras, mais do que antes, faz o olhar voltar-se para os balanços e os efeitos. Uma visão mais utilitária do mundo obriga, cada vez mais, a avaliar de outro modo as consequências do movimento. O segundo deslocamento refere-se à maior importância dada aos grupos, às coletividades, à força dos homens e das populações. A comunidade atribui-se como missão agir sobre os corpos. A arte de "aperfeiçoar a espécie humana"[290] é enunciada tanto como um projeto do homem político, como do médico. Os corpos, mais do que antes, deveriam ser coletivamente mobilizados. A higiene, mais do que antes, deveria projetar físicos renovados. Mas é necessário que mude a própria visão do corpo. O terceiro deslocamento é exatamente o de uma nova representação do funcionamento corporal: o lento abandono da referência aos humores, por exemplo, a insistência na função das fibras e dos nervos, a preeminência sempre maior da curiosidade fisiológica sobre a simples curiosidade anatômica, o privilégio das fórmulas de excitação sobre as velhas fórmulas da depuração. Era necessário este insensível esquecimento das qualidades humorais, privilegiadas por tanto tempo pela antiga medicina, a de Hipócrates ou de Galeno; eram necessárias essas virtudes um tanto misteriosas atribuídas à tonalidade ou à sensibilidade, para que o exercício corporal encontrasse novas legitimidades.

1. Redescobrir a força?

A força já se torna uma qualidade mais genérica e abstrata no discurso dos notáveis e dos médicos das Luzes. Vandermonde, por exemplo, em seu *Essai*

---

290. VILLENEUVE, J.F. *L'Économie politique* – Projet pour enrichir et pour perfectionner l'espèce humaine. Paris, 1763. • VANDERMONDE, C.A. *Essai sur la manière de perfectionner l'espèce humaine*. Paris, 1766. • MILLOT, J.A. *L'art d'améliorer et de perfectionner les hommes*. Paris, 1801.

de perfectionner l'espèce humaine, estende-se interminavelmente, em 1754, sobre duas propriedades físicas julgadas decisivas, a força e a beleza. É claro que não há nenhuma descoberta na referência a esses dois atributos dominantes, mas uma tentativa sistemática de apresentar a "força" como fator unificador, o "primeiro sustentáculo da vida"[291], recurso orgânico específico escondido nos músculos e nervos. É esta busca de uma dinâmica física unificadora que é característica, mais do que os resultados aos quais ela pode chegar, a vontade de explicitar e de desenvolver um vigor considerado melhorável e oculto. Referência tanto mais marcante por associar-se à do progresso, a garantia de uma "perfectibilidade indefinida"[292], também esta de uma ação possível e nova, tanto sobre os organismos como sobre as coletividades.

a) Uma natureza degenerada

Um argumento aparentemente independente de toda visão do corpo revela uma progressiva subversão de referenciais a partir dos anos 1730-1740: a insistência em um recrudescimento das fraquezas físicas. O tema é antes de tudo moral, o de Voltaire lastimando em seu *Ensaio sobre a poesia épica* uma estranha extinção do vigor: "Os antigos se vangloriavam de ser robustos [...]. Eles não passavam seus dias em fazer-se treinar em carros cobertos, ao abrigo das influências do ar, para ir levar sua languidez de uma casa à outra, seu aborrecimento e sua inutilidade"[293]. O tom é de lamentação difusa, e também de queixa, como na *Enciclopédia* que denuncia um excesso de luxo, uma conquista de "comodidades" que supostamente ameaçam a força e a saúde: "Nos nossos séculos modernos, um homem que se aplicasse muito aos exercícios nos pareceria desprezível, porque não temos outros objetos

---

291. VANDERMONDE, C.A. *Essai sur la manière de perfectionner l'espèce humaine*. Op. cit., t. I, p. 47.

292. "La perfectibilité de l'homme est réellement indéfinie" (CONDORCET. *Esquisse d'un tableau historique des progrès de l'esprit humain*. Paris: Éd. Sociales, 1971, p. 77).

293. JUSSERAND, J.-J. *Les sports et les Jeux d'exercice dans l'ancienne France*. Op. cit., p. 410.

de refinamento senão aqueles que chamamos de adornos, é o fruto de nosso luxo asiático"[294]. A civilização poderia tornar-se enlanguescimento, a profusão tornar-se fraqueza.

O discurso recorre à história para deter-se na lenta supressão dos jogos clássicos da nobreza, aqueles derivados dos antigos torneios, as corridas, os carrosséis enfeitados, os antigos manejos da lança definitivamente obsoletos com a Regência e as primeiras décadas do século XVIII. Nada mais do que uma decadência para os autores de tratados de armas ou de equitação. La Guérinière, por exemplo, pretendendo em 1736 ver "para [sua] vergonha a moleza preferida a esses nobres exercícios"[295], ou Danet, pretendendo em 1766 ver "a arte das armas cair no esquecimento entre nós"[296]. Uma decadência também para o Voltaire do *Ensaio sobre os costumes*: "Todos esses jogos militares começam a ser abandonados e de todos os exercícios que tornavam outrora os corpos mais robustos e ágeis, quase não restou senão a caça"[297]. É claro que o discurso não subentende uma reação nobiliária, ou até sugira a manutenção de jogos sempre mais anacrônicos. O argumento é bem outro e a referência aos jogos é circunstancial: está voltado para o futuro, centrado no reforço dos corpos, mais convicto de renovações "necessárias" do que de restauração.

Por outro lado, não que o discurso traduza um enfraquecimento físico bem real: o recuo da mortalidade é averiguado na Europa depois de 1750, embora esse recuo possa vir acompanhado algumas vezes de uma baixa da estatura média, como mostra John Komlos para a Áustria[298] e nem sempre

---

294. JAUCOURT, verbete "Gymnastique". *Encyclopédie des Sciences et des Arts.* • JUSSERAND, J.-J. *Les sports et les Jeux d'exercice dans l'ancienne France.* Op. cit., p. 418.

295. Ibid., p. 414.

296. Ibid., p. 415.

297. VOLTAIRE. *Essai sur les moeurs* [1745-1746]. Apud JUSSERAND, J.-J. *Les sports et les Jeux d'exercice dans l'ancienne France.* Op. cit., p. 410.

298. Apud PERRENOUD, A. & BOURDELAIS, P. Le recul de la mortalité. In: BARDET, J.-P. & DUPÂQUIER, J. (orgs.), *Histoire des populations de l'Europe* – Tomo II: La Révolution démographique, 1750-1914. Paris: Fayard, 1998, p. 58.

esteja ligado ao saneamento, como mostram Perrenoud e Bourdelais, insistindo no peso de mudanças climáticas e ecológicas favoráveis[299].

O argumento de uma bastardia banaliza-se no entanto em meados do século XVIII, visando as atitudes e os modos físicos de comportar-se, o porte, a boa figura. Os corpos teriam mudado concretamente e se teriam degradado em sua aparência, enfraquecidos em sua morfologia, estariam distantes de um ideal testemunhado por tantas estátuas antigas: "Parece constante que a espécie humana degenera na Europa"[300]. Sentimento tanto mais marcante porque a querela dos antigos e dos modernos, no fim do século XVIII, concluía, bem ao contrário, pela superioridade dos modernos. Uma palavra repete-se regularmente – Buffon chega a fazer uma teoria a respeito dela em 1750 – a palavra "degeneração": o resultado de uma influência "debilitante" exercida pelo "tempo, pelo clima, pela qualidade da alimentação, pelos males da escravidão"[301], uma alteração tão sensível entre os animais que ela torna "nossas míseras ovelhas" irreconhecíveis em relação ao "cabrito-montês do qual provieram"[302]. Silhuetas e esqueletos transformam-se com os tempos e os lugares, os dos contemporâneos de 1750 estariam "degenerados": ouve-se dizer todos os dias que a natureza degenera e que, em breve esgotada, ela chegará à decadência[303]. A ameaça, em uma palavra, pesa sobre a "conformação natural do nosso corpo"[304].

---

299. Alfred Perrenoud e Patrice Bourdelais mostraram com grande pertinência a influência para o século XVIII dos "fatores biológicos, climáticos e ecológicos" (ibid., p. 59).

300. BALLEXSERD, J. *Dissertation sur l'éducation des enfants depuis leur naissance jusqu'à la puberté*. Paris, 1762, p. 35.

301. BUFFON. De la dégéneration des animaux [1766]. In: *Oeuvres philosophiques*. Paris: PUF, 1954, p. 396.

302. Ibid.

303. DESESSARTZ, J.C. *Traité de l'éducation corporelle des enfants en bas âge, ou réflexions sur les moyens de procurer une meilleure constitution aux citoyens*. Paris, 1760, p. VI.

304. VERDIER, J. *Cours d'éducation à l'usage des élèves destinés aux premières professions et aux grands emplois de l'État*. Paris, 1772, p. 9-10.

b) Responsabilidade "estatal"

Pode-se dizer que se trata de uma exigência nova na apreciação do corpo, nova também na expectativa de perfectibilidade: visão mais sistemática voltada para o talhe ou conformação física, "cifragem" mais precisa de sua comparação, levantamento mais frequente das fraquezas e enfermidades, tudo isto revelando uma vontade de progresso ao mesmo tempo que a preocupação com sua inversão. Trata-se da vertente "corporal" do tema cujo modelo foi dado por Condorcet em seu *Quadro histórico dos progressos do espírito humano*[305]. Buffon confirma mais ainda esta sensibilidade lançando-se em observações ignoradas até aquele momento: ele verifica durante dezessete anos, de seis em seis meses, com toesa e esquadro, a estatura de um homem jovem "o mais bem-desenvolvido"[306], nascido em 1752. Ele tenta identificar ritmos de crescimento, compara o crescimento de inverno com o de verão, avalia a eventual perda de talhe depois de uma fadiga e seu ganho depois de um repouso. Resultados modestos, na verdade, talvez um tanto ilusórios, mas que sublinham pelo menos a decisão de observar mais objetivamente o talhe de cada um. Gesto também mais revelador ainda, porque vem acompanhado de uma outra pesquisa de precisão: a de identificar a correspondência desejável entre a estatura e o peso do corpo. Buffon é o primeiro a sugerir medidas precisas: o peso de um homem de cinco pés e seis polegadas (1,81m) deve ser de 160 a 180 libras (80 a 90 quilos). Ele "já está obeso" se pesar 200 libras (100 quilos), "muito obeso" se pesar 230 libras (115 quilos), "enfim obeso demais se enfim pesar 250 libras (125 quilos) ou mais"[307]. Nenhuma explicação vem justificar essas cifras. Seu papel, em compensação, é fixar os limites de uma boa ou má constituição, precisar limiares, evocar as quanti-

---

305. CONDORCET. *Esquisse d'un tableau historique...* Op. cit.

306. BUFFON. De l'homme. In: *Oeuvres complètes*, 6 vol. Paris, 1836, t. IV, p. 70-71.

307. Ibid., t. IV, p. 102. Cf. sobre o tema da perfectibilidade no século XVIII, o "toujours plus" (sempre mais) e sua crítica possível. • QUEVAL, I. *S'accomplir ou se dépasser* – Essai sur le sport contemporain. Paris: Gallimard, 2004.

dades que marcam o maior ou o menor afastamento da silhueta considerada normal.

Por assim dizer, as novas queixas sobre as morfologias estão subjacentes a uma revisão das expectativas educacionais, um apelo à aprendizagem e ao reforço: "Como não se surpreendem as pessoas que seguram as rédeas do governo ao encontrar, a cada passo, em Paris, anões, corcundas, coxos, estropiados, etc.?"[308] É precisamente nesses anos de meados do século que se inventam "educação física"[309], "educação corporal"[310], "educação medicinal"[311], expressões e projetos inéditos que renovam a antiga tradição higiênica: "A correção dessas constituições fracas e doentias é o triunfo da educação física"[312]. É também nesses anos de meados do século que foi inventado o tema de uma responsabilidade estatal bem-específica, a de um reforço físico das populações: preservar a longevidade, "multiplicar os súditos e os camponeses"[313], acentuar a força coletiva dos braços. O raciocínio econômico mas também uma nova tomada de consciência da comunidade anunciam a perspectiva de um "Estado higienista", aquele que tenta mudar o ser humano "por meio de uma ação bem-calculada sobre o meio ambiente do indivíduo"[314]. Um projeto retomado pelos revolucionários e pelo Estado do século XIX: "É preciso que a higiene aspire a aperfeiçoar a natureza humana em ge-

---

308. PEYSSONNEL, C. *Les Numéros*. Amsterdã, 1783, t. II, p. 12. Cf. tb. "Dégradation de l'espèce par l'usage du corps à balaine". *Journal oeconomique*, 1771, p. 541.

309. Cf. BALLEXSERD, J. *Dissertation sur l'éducation physique*... Op. cit.

310. Cf. DESESSARTZ., J.-C. *Traité de l'éducation corporelle*... Op. cit.

311. Cf. BROUZET. *Essai sur l'éducation médicinale des enfants et sur leurs maladies*. Paris, 1754.

312. VERDIER, J. *Cours d'éducation*... Op. cit., p. 10.

313. TURMEAU DE LA MORANDIÈRE, D.L. *Appel des étrangers dans nos colonies*. Paris, 1763. Apud BARRET-KRIEGEL, B. L'hôpital comme équipement. In: *Les Machines à guérir*. Paris: Institut de l'environnement, 1976, p. 28.

314. ROSANVALLON, P. *L'État en France de 1789 à nos jours*. Paris: Du Seuil, coll. "Points", 1993, p. 121.

ral"[315]. Um projeto no qual o exercício vem a ser um evidente recurso de mobilização: Vandermonde desejando "que em um Estado tão florescente como o nosso se façam construir ginásios à imitação daqueles que foram construídos pelos gregos"[316], e Millot sugerindo, alguns anos depois, que se multipliquem banhos frios construídos pela iniciativa do governo[317]. Desejos, todos estes tão imediatamente irrealizáveis como a educação pública proposta no mesmo momento por Coyer ou Caradeuc de La Chalotais[318]. O exercício, em compensação, penetra com certeza no imaginário de uma nova política do corpo.

c) "Tudo deve vir de dentro"[319]

Um exemplo revela por si só a profundidade da mudança de representação em meados do século: a crítica contra o espartilho, rejeição aparentemente marginal e no entanto decisiva. Andry de Boisregard, o primeiro a propor uma ortopedia[320], em 1741, é também o primeiro a sublinhar a possível deficiência dos espartilhos de barbatanas de baleia ou lâminas de aço que, supostamente, sustentariam o talhe dos mais jovens, sistematicamente impostos pela tradição clássica às crianças de condição nobre. Andry argumenta, deslocando a questão do exercício, impondo o movimento ativo em vez do movimento passivo, o músculo em vez do aparelho corretivo, inver-

---

315. CABANIS, G. Rapport du physique et du moral de l'homme [1802]. In: *Oeuvres philosophiques de Cabanis*. Paris: PUF, coll. "Corpus des philosophes français", 1956, t. I, p. 356-357.

316. VANDERMONDE, C.A. *Essai sur la manière de perfectionner l'espèce humaine*. Op. cit., t. II, p. 115.

317. MILLOT, J.-A. *L'Art d'améliorer et de perfectionner les hommes*. Op. cit.

318. Cf. CARADEUC DE LA CHALOTAIS, L.-R. *Essai d'éducation nationale ou plan d'éducation pour la jeunesse*. Paris, 1763. • COYER, G.F. *Plan d'éducation publique*. Paris, 1770.

319. ANDRY DE BOISREGARD, N. *L'orthopédie*. Paris, 1741.

320. Das palavras gregas *orthos*, "direito, reto", e *paideia*, "educação".

tendo em particular a prática, sem considerar a idade, dos médicos e das nutrizes que, sem considerar a idade, para fazer baixar um ombro mais alto da criança lhe fazem simplesmente suportar um peso. Deslocamento minúsculo e no entanto crucial, Andry coloca o peso no ombro mais baixo, dando só ao movimento do músculo a força corretiva. Tudo muda com esta inversão: o corpo se torna ativo e não mais arcabouço passivo, o músculo pela primeira vez age diretamente sobre as morfologias. Daí os exercícios de carregar diversos objetos nos quais o músculo, e não mais o espartilho, mobiliza as forças modificantes. Daí o papel atribuído a uma dinâmica ainda obscura do corpo. O exercício recebe uma eficácia que não tinha: não é mais uma simples depuração de humores, nem uma tensão confusa dos músculos ou um simples endurecimento, mas é movimento corretivo e anatomicamente orientado. O corpo se corrige exercitando-se: ele "reorganiza" pela primeira vez sua morfologia.

Andry de Boisregard se esforça para 'impor" movimentos voluntários: obrigar a criança a olhar de um certo lado para corrigir uma "postura do pescoço", levá-la a mover-se de um certo lado para compensar "uma postura da espinha". Essas polaridades deslocaram-se: "Aqui é o esforço da natureza que deve fazer tudo. É este esforço interior e secreto que faz mover os espíritos animais; ao passo que quando é vossa mão que age, os espíritos animais do corpo da criança estão ociosos, os músculos não trabalham de modo algum por si mesmos. É preciso que tudo venha de dentro"[321]. As forças devem ser encontradas no próprio sujeito. A natureza age "do interior para o exterior"[322], diz à sua maneira Lavater. É preciso "agir do interior", diz ainda Hufeland, alguns anos depois, em "conselhos", diversas vezes editados, dados às mães para "o cuidado de seus filhos": "Não conheço nada mais pernicioso, nada que contenha tão perfeitamente a ideia de fraqueza e enfermidade, do que o caráter da natureza humana que se tornou quase geral nos nossos dias,

---

321. Ibid., t. I., p. 100.

322. LAVATER, J.K. *Physiognomonia ou l'Art de connaître les hommes*. Paris, 1841, p. 77.

de agir do exterior sobre o interior"[323]. Ainda que, ao contrário, seja preciso solicitar um vigor "interno", um recurso preciso do corpo feito de exercícios e de movimentos.

Também Rousseau não diz outra coisa, retomado pelos higienistas da segunda metade do século XVIII que denunciam cinteiros e espartilhos, sublinhando uma liberdade de forças exercidas pelo corpo sobre si mesmo: "Quando a criança começa a fortalecer-se, deixai-a rastejar pelo quarto e podereis vê-la reforçar-se dia a dia. Comparai-a com uma criança da mesma idade que se mantém apertada por faixas (cinteiros, cueiros). Ficareis surpresos com a diferença de seus progressos"[324]. Não que se inventem exercícios claramente específicos; não que nasça a ginástica de hoje: os objetos utilizados são os do universo cotidiano, os movimentos sugeridos são os do espaço imediato. Nenhuma classificação de exercícios, nem de série, nenhum agrupamento nem sistema. Ao contrário, o projeto revoluciona de um lado ao outro a visão clássica do exercício, dando ao músculo uma força até então ignorada: um recurso preciso e orientado.

Sem dúvida, a meta também é a de uma liberdade nova, a imagem do cidadão, por exemplo, com a mais primordial das autonomias: um poder sobre o próprio corpo que pertence ao sujeito e só a ele. Conquista determinante de uma primeira pertença, esta disponibilidade é sugerida aqui nos termos de um "naturismo" cômodo, vaga referência aos gestos do selvagem ou do rústico, independência certamente imprecisa, mas fortemente sublinhada: "a natureza tem meios para fortificar o corpo e fazê-lo crescer que não devemos jamais contrariar"[325]. Nada mais do que a vertente física do interminável debate das Luzes entre coação e liberdade.

---

323. HUFELAND, C.W. *Avis aux mères sur tous les points les plus importants de l'éducation physique des enfants*. Paris, 1801, p. 18-19.

324. ROUSSEAU, J.-J. *L'Émile*. Paris: Garnier, [s.d.], p. 39.

325. Ibid., p. 71.

d) Fibras e nervos

Nesse meado do século XVIII também muda a imagem mais tradicional do funcionamento do corpo. As fibras mais do que os humores se tornam princípios primordiais. Seu tônus, sua força e sua elasticidade também perfazem as qualidades do corpo. São elas que sustentam o movimento. São elas ainda que podem ser reforçadas por este mesmo movimento[326]. O longo verbete da *Enciclopédia* consagrado às fibras confirma as novas implicações: "É bem provável que os temperamentos e o tônus, tão célebres na medicina, dependam em grande parte da maior ou menor firmeza e força das fibras e das lâminas"[327]. Nenhuma dúvida, ao contrário, quanto à referência a esta firmeza que continua totalmente intuitiva. Dominam as analogias: tensão elétrica, restrição elástica, endurecimentos variados. As sínteses de Alexander Monro, em 1795, estão de acordo com a ignorância relativa sobre a contração do músculo e a "velocidade" do nervo, excluindo ao mesmo tempo o recurso às antigas imagens dos canais e dos espíritos animais (*"how and whence it adquires such e velocity, is not in our power to say"*[328]).

O que orienta para novas eficácias: o efeito do movimento, por exemplo, tenderia menos para uma depuração de humores do que para uma propagação de ondas e de oscilações. Montesquieu o confirma como nunca, contando escrupulosamente os impulsos recebidos na sela de um cavalo, antes de promovê-los em prática privilegiada de cuidados de manutenção do corpo: "Não há nenhuma prática melhor para a saúde do que a de cavalgar. Cada passo provoca uma pulsação no diafragma e, numa légua, há cerca de quatro

---

326. D' ALEMBERT & DIDEROT. *Encyclopédie ou Dictionnaire raisonné des sciences, des arts et des métiers*. Genebra, 1778, verbete "Fibre".

327. Cf. mais adiante, p. 475, 1. O "tonus" das fibras.

328. MONRO, A. *A System of Anatomy and Physiology [...] compiled from the Authors*. Edimburgo, 1795, t. I, p. 386.

mil pulsações a mais"[329]. Influência mais feliz ainda, enfim, uma vez que os anatomistas da sensibilidade instalam neste centro "esfrênico" um lugar muito especial de afetação e de reforço do corpo: zona para a qual viriam convergir as mais ricas redes de nervos[330]. A *Enciclopédia* de Diderot consagra aliás diversas colunas a uma máquina que supostamente reproduziria a marcha do cavalo e seus efeitos benéficos sobre o cavaleiro, um assento que oscila, permitindo o exercício de uma equitação praticada em compartimento, sistema de ferro e de madeira movido por fios e molas cujas "rédeas podem ser puxadas" por um "doméstico" para possibilitar "todos os movimentos que a pessoa que se dispõe a fazer este tipo de exercício julgue oportunos"[331]. Enfim, em 1775, é necessária a máquina de Rabiqueau para que esta função emprestada à oscilação fosse especificada até a caricatura: um "manejo mecânico"[332] no qual são colocadas crianças frágeis ou um pouco deformadas. A máquina sacode em todos os sentidos os corpos atados a ela e lhes traz "golpes comocionais" com a ajuda de braços articulados. Ela os "estimula". O manejo de Rabiqueau seria ridículo se não confirmasse a nova visão das tensões físicas.

Num âmbito maior, inicia-se um programa no qual o movimento, o ar, o clima e o regime podem aumentar a consistência das fibras, transformando afinal as fisiologias. Imagem totalmente física, sem dúvida, que joga com as metáforas da resistência e da dureza: "Compreende-se bem que uma força maior dessas fibras torna mais tensos os vasos e os músculos mais vigorosos, o movimento da gordura mais rápido"[333]. O resultado poderia até beneficiar

---

329. MONTESQUIEU. Mes pensées [ms. do séc. XVIII]. In: *Oeuvres complètes*. Paris: Gallimard, coll. "Bibliothèque de la Pléiade", 1949, t. I, p. 1195.

330. "Le diaphragme joue un des premiers rôles dans l'histoire de l'irritabilité" (SÈZE, P.-V. *Recherches physiologiques sur la sensibilité*. Paris, 1786, p. 94).

331. D'ALEMBERT & DIDEROT. *Encyclopédie ou Dictionnaire raisonné des sciences, des arts et des métiers*. Genebra, 1778, t. XII, p. 889

332. RABIQUEAU, C. *Nouveau manèje mécanique*. Paris, 1778.

333. Ibid.

o conjunto do comportamento, as maneiras de fazer e os modos de pensar: "Esta firmeza pode estender seus efeitos até mesmo sobre o cérebro e dar mais consistência à medula que recebe as impressões dos sentidos"[334]. Aqui a subversão do modelo do corpo subverte inevitavelmente os efeitos esperados do exercício e do movimento.

2. Os jogos, o cálculo, a eficácia

Certamente a mudança das práticas é mais limitada do que a de suas representações. Insensivelmente, porém, é exatamente a presença do exercício que é transformada na segunda metade do século XVIII. Mais frequentemente evocado nas memórias ou nos relatos, sugerido com mais frequência nas pedagogias, executado mais frequentemente também, este exercício é ainda apresentado de outra maneira, objeto de vigilâncias e de cálculos, seguido mais do que antes em seu desenrolar como também em seus efeitos. Medidas em detalhes, dispositivos espaciais em supervigilâncias temporais, são estas as qualidades corporais que, afinal de contas, são objeto de uma nova acuidade, de força e de velocidade em particular, insensivelmente desligadas do antigo fundo de atributos físicos há muito tempo intuitivos ou entremeados. Por assim dizer, resultados progressivos e calculados são pela primeira vez esperados do corpo: um modo de fazer seu "rendimento" entrar na modernidade.

a) Do fim das sangrias às caminhadas saudáveis

De início, a "caminhada saudável" se torna corriqueiramente mais familiar no meio culto. Condorcet comenta com Julie de Lespinasse suas próprias caminhadas semanais, as que o levam da rua d'Antin a sua casa de Nogent, ga-

---

334. Ibid.

rantindo que elas o "fortificaram de uma maneira sensível"[335]. Buffon percorre seu domicílio contando seus passos para avaliar melhor seu exercício, quando não pode sair: "Eu caminho muitas vezes no meu apartamento onde dou cada dia mil e oitocentos ou dois mil passos"[336]. Rousseau, mais ainda, faz da caminhada um tema de cultura, uma maneira de aprofundar a consciência, como também a saúde, um engajamento pré-romântico nos pequenos vales e bosques, e a ocasião, pela primeira vez sem dúvida, de projetar uma aventura interior[337]. Tronchin é dos que combinam, da melhor maneira, o projeto de um reforço das fibras com o de uma resistência moral. Médico genovês, grande iniciador de regimes frugais, de exercícios e de banhos frios, ele recebe, a partir de 1745-1750, o público esclarecido da Europa: "Sua doutrina foi a doutrina do movimento e dos exercícios do corpo. [...] Nossas mulheres vaidosas adotaram este meio curativo como uma nova moda"[338]. Madame d'Épinay passa longas horas com ele detalhando seus alimentos de laticínios e de frutas, suas caminhadas, o frio intenso "que a fortifica"[339]. O duque de Orleans o consulta. Voltaire qualifica de "grande homem"[340] aquele inventor de práticas aparentemente banais, naturais, mas cujo sucesso provoca a adoção de objetos ou de gestos novos: as mesas de trabalho mais altas para trabalhar de pé ou as "*tronchines*", vestidos encurtados e sem saia-balão, feitos para facilitar a caminhada. O que contesta inevitavelmente, confirmando ao mesmo tempo a prática, o olhar antifeminista de Mercier, por volta de 1780: "Nossas mulheres do tempo de *Tronchin* qui-

---

335. LESPINASSE, J. Carta de 1776. In: *Lettres*. Paris, 1876, p. 305.

336. BUFFON. Carta de 02/04/1771. In: *Correspondance générale*. Paris, 1885, t. I, p. 197.

337. "Sombras frescas, regatos, bosquetes, verdor, vinde purificar minha imaginação" (ROUSSEAU, J.-J. *Rêveries du promeneur solitaire*. Paris: [s.e], 1931, p. 272.

338. TISSOT, C.-J. Gymnastique médicale. Paris, 1780. Apud JUSSERAND, J.J. *Les Sports et les Jeux d'exercice dans l'ancienne France*. Op. cit., p. 439.

339. D'ÉPINAY. *Les contre-confessions* – Histoire de Mme. Montbriand. Paris: Mercure de France, 1989, p. 1282.

340. VOLTAIRE. "Carta de 03/12/1757". *Oeuvres complètes*. Paris, 1827, t. III, p. 1.340-1.341.

seram entregar-se a algum exercício, cavalgar. Um único acidente bastou para mergulhá-las de novo em seu estado favorito, a inércia. Mas é no baile que elas recobram forças quase incríveis"[341].

Mas pode-se dizer que as formas de reforço corporal oscilam em meados do século XVIII, tornando definitivamente arcaicas as práticas clássicas, a sangria por exemplo, tão vigorosamente justificada por Gui Patin por volta de 1640-1650, principalmente a chamada sangria "de precaução", que supostamente tornaria as crianças fisicamente mais fortes depurando regularmente seu corpo[342]. O ato não é mais do que "fantasia nociva"[343] um século depois, acusado de relaxar as fibras, fatigar os nervos, julgado impotente para "reforçar", mesmo que ainda se imponha algumas vezes para "tratar". Daí a constatação de Mercier em 1782: "Faz-se a sangria muito menos, apenas os velhos cirurgiões ainda submetem o bom povo a esta perigosa evacuação"[344]. Daí também o inevitável deslocamento de práticas, o recurso mais espontâneo ao exercício, a insistência em seus efeitos estimulantes, sua presença reivindicada nas escolas ou nas pedagogias: Verdier, por exemplo, que cria em 1770 um curso de educação para os "alunos destinados às principais profissões e aos grandes empregos do Estado"[345] e propõe simplesmente substituir, pelo exercício, "um corpo pelo outro"[346].

O empreendimento didático é mais revelador ainda porque pretende subverter as práticas corporais clássicas, próprias dos filhos de condição nobre, como a equitação e as armas em particular, "esses exercícios que, excetuando a dança, quase só se aplicam aos fidalgos destinados à profissão das

---

341. MERCIER, L.-S. *Tableau de Paris*. Paris: Mercure de France, 1994, t. I, p. 1.164.

342. PATIN, G. Carta de 18/01/1644. In: *Lettres*. Paris, 1846, t. I, p. 314.

343. BUCHAN, G. *Médecine domestique*. Paris, 1788, t. IV, p. 312.

344. MERCIER, L.-S. *Tableau de Paris*. Paris, 1782-1788, t. IX, p. 99.

345. VERDIER, J. *Cours d'éducation*.... Op. cit.

346. Ibid., p. 3.

armas"[347]. O objetivo seria colocar o exercício "ao alcance de todo mundo"[348], reavaliar suas exigências, dar prioridade aos exercícios que desenvolvem o corpo em detrimento do que apenas satisfaz o código social. Andry de Boisregard sugere um repertório heteróclito de exercícios, como já vimos. Verdier retoma o princípio em sua escola, acentuando o sistema, distribuindo os exercícios segundo as partes repertoriadas do corpo, "movimentos de braços, de mãos, de pés". A aprendizagem declina pela primeira vez as zonas da morfologia: um novo conjunto seria inventado. Mas nem a análise anatômica, nem a divisão dos músculos ainda são claramente impostos: os exercícios de braços são simplesmente jogos de bola, os exercícios de pés são corridas ou "alguns jogos escolares"[349]. Por assim dizer, as categorias de exercício ainda continuam confusas, apesar de sua novidade.

b) A cifra e a força

No entanto, a cifra ocupa um lugar que ainda não tinha. As cartas de Buffon o mostram contando seus passos em seu apartamento para fazer um exercício mínimo nos dias de chuva. Os cadernos de Montesquieu o mostram contando os impulsos comunicados ao cavaleiro pelo passo do cavalo para medir os estímulos sofridos durante o percurso de uma légua. As notas de Désaguliers o mostram procurando as posições suscetíveis de permitir ao corpo carregar os fardos mais pesados. Daí as estranhas estruturas de madeira por onde desliza o discípulo de Newton para suportar pesos medidos e crescentes[350]; ou também Buffon comparando a força dos homens com a força dos animais para evocar "os carregadores de Constantinopla levando far-

---

347. *L'Élève de la raison et de la religion, ou Traité d'éducation physique, morale et didactique suivi d'un traité d'éducation des filles.* Paris, 1772, p. 324.
348. Ibid., p. 325.
349. VERDIER, J. *Cours d'éducation...* Op. cit., p. 236.
350. DÉSAGULIERS, J.T. *Cours de physique expérimentale.* Paris, 1751, t. I, p. 91.

dos que pesavam novecentas libras"[351]; ou ainda Coulomb, em 1785, avaliando empiricamente o aparecimento de limiares de fadiga segundo condições diferentes e dosadas de carga[352]. O movimento do corpo desligou-se definitivamente da destreza para tornar-se objeto de cálculos variados.

Imagem nova, sem dúvida, de precisão, mas também imagem nova de eficácia, evocada por Rousseau ao sugerir, para a dança, finalidades revolucionárias: "Se eu fosse mestre de dança, não faria todas as macaquices de Marcel [...]. Levaria [meu aluno] ao pé de um rochedo, onde lhe mostraria que atitude deve tomar, como deve usar o corpo e a cabeça, que movimento deve fazer, de que maneira deve colocar, ora o pé, ora a mão, para seguir com ligeireza os caminhos escarpados, ásperos e rudes, saltando de ponta em ponta, tanto subindo como descendo. Eu faria dele muito mais o êmulo de um cabrito-montês do que o êmulo de um dançarino de ópera[353]. Além dos efeitos musculares, além das expectativas de estimulação, o exercício muda muito de sentido; o que conta é sobretudo a eficácia adquirida: a tarefa realizada mais do que as encenações do passado. O espetáculo é sempre secundário nessas práticas de distinção. A dança da nobreza, a dos mestres de dança, é contestada em sua meta exclusiva de ensinar a mostrar e a mostrar-"se". Distanciar-se refere-se ao que "só tende a distinguir"[354] e particularmente ao recurso exclusivo às boas maneiras. O que leva a tomar a sério esse deslize dos pontos de referência vindos das civilidades para outros referenciais vindos dos comportamentos "naturais": os indícios donde os corpos tiram seus valores não são mais os mesmos. As referências burguesas ascendentes em meados do século XVIII privilegiam modelos de eficiência em detrimento dos simples modelos de pertença. Sinal disto é o recurso às cifras, entre outros.

---

351. BUFFON. *Oeuvres complètes*. Op. cit., t. IV, p. 100.

352. COULOMB, C.A. La force des hommes. In: *Traité des machines simples*. Paris, 1821 [memória apresentada no Instituto das Ciências, em 1785].

353. ROUSSEAU, J.-J. *L'Émile*. Op. cit., p. 148. Marcel é um "célebre mestre de dança de Paris [...] que fazia extravagâncias por astúcia" (nota de Rousseau).

354. Ibid., p. 137.

A cifra é ainda a medida do progresso nas aprendizagens. Um dos exemplos mais reveladores disto, nos anos 1780, nos é dado por Madame de Genlis. Preceptora dos filhos de Orléans, fiel leitora de Rousseau ou de Tissot, ela insiste nos exercícios mais regulares, submetendo todos os gestos dos filhos de Orléans a medidas e cálculos: os saltos, aos 16 de junho de 1787, "Monsieur o duque de Chartres, treze palmilhas e alguma coisa e seu irmão, ainda que de bota e de calção de couro, pela primeira vez treze palmilhas"; as árvores escaladas, "ambos treparam em duas árvores de mais de dez pés de altura e de três polegadas e meia de diâmetro"[355]. Cada resultado é escrupulosamente anotado para adaptar melhor forças e progresso, o peso dos objetos transportados, as palmilhas de chumbo colocadas sob os sapatos. Até a prática da jardinagem, por exemplo, torna-se ocasião de medida: "Seus baldes têm um fundo duplo no qual se pode introduzir lâminas de chumbo à medida que suas forças crescem"[356]. Assim como é insensivelmente mais pesada a polia instalada no quarto dos filhos de Orléans, regularmente levantada e proporcionada às forças crescentes. A cifra pela primeira vez funda a aprendizagem e sua progressão. Ela guia pela primeira vez também o comentário, comandando o dispositivo do exercício e sua renovação.

Não que esta velocidade ainda se distinga claramente da força: "Pode-se julgar a força pela continuidade do exercício e pela ligeireza dos movimentos"[357].

c) A cifra e o tempo

No século XVIII, a cifra é ainda uma maneira nova de contar o exercício no tempo, de comparar durações, de enfrentar velocidades, exemplos heteróclitos, porém numerosos, que revelam o insensível aumento de uma preo-

---

355. Apud JUSSERAND, J.-J. *Les Sports et les Jeux d'exercice dans l'ancienne France*. Op. cit., p. 443-444.
356. GENLIS, C.-S.-F.C. *Mémoires inédits*. Paris, 1825, t. II, p. 18.
357. BUFFON. *Oeuvres complètes*. Op. cit., t. IV, p. 100.

cupação em torno da "rapidez"[358]. As apostas mudam a este respeito, desde os últimos anos do século XVII, especificamente centradas nas *performances* dos cavalos, fazendo do tempo um desafio e uma constatação, recorrendo aos árbitros, ao cronômetro, consignando a vitória como a *performance* realizada: doze segundos por exemplo para atravessar a ponte de Sèvres partindo da porta da Conférence, numa corrida de três cavaleiros onde cada corredor apostou 100 luíses de ouro em sua própria vitória[359]. Mais complexa é a aposta do Marquês de Saillans em 1726: fazer o trajeto do portão de ferro do palácio de Versailles até o portão dos Inválidos em menos de meia-hora[360]. Como calcular o tempo, se nenhum árbitro está em condições de seguir o corredor? Foi preciso inventar a arbitragem, o que se fez com a instalação de dois cronômetros previamente aferidos e sincronizados, um em Versailles e o outro nos Inválidos. Saillants perde por 30 segundos as 6 mil libras apostadas pelo Duque de Courtevaux. Mas impôs-se um cálculo original, como também uma maneira inédita de comparar. Mais reveladora ainda é a aposta de milorde Postcook, em 1754: fazer o percurso desde a floresta de Fontainebleau até as portas da cidade de Paris em menos de duas horas; tentativa original, porque Postcook levou consigo "um relógio costurado sob o braço esquerdo, de maneira que podia ver sempre a hora enquanto corria"[361], original também porque os espectadores ocuparam, pela primeira vez, o percurso e a chegada: "vinte mil almas", calcula Luyne relatando a aposta ganha pelo inglês[362]. A velocidade impõe seu espetáculo e sua especificidade. O corredor fica tão preocupado que pode seguir seu relógio como uma bússola

---

358. Cf. sobre este tema o livro de STUDENY, C. *L'Invention de la vitesse*. Paris: Gallimard, 1995.

359. *Le Mercure Galant*, abr./1892.

360. BARBIER, E.-J. *Journal historique du règne de Louis XV (1715-1724)*. Paris, 1897, t. I, p. 236.

361. DUFORT DE CHEVERNY, J.-N. *Mémoires sur la cour de Louis XV*. Paris: Perrin, 1990, p. 165.

362. Cf. DUFORT DE CHEVERNY, J.-N. Ibid., p. 461, nota 463. Apud duque de Luyne.

de um novo tipo, ponto de referência constante de seus gestos e de suas decisões.

As corridas inglesas inauguraram, aliás, no fim do século XVII, um novo investimento na velocidade: "Amadores de movimento, proprietários de espaços, os ingleses caçam muito, depressa e longe. Eles gostam de apostar naquele que irá mais longe e mais depressa"[363]. O que também confirma um deslocamento definitivo em relação ao exclusivo investimento nas armas: uma vez que a ordem militar se tornou uma ordem entre outras, as implicações simbólicas dos jogos marciais derivaram ou desapareceram. Os torneios e seus longínquos derivados deram lugar à caça e às corridas de cavalos, mudança tanto constatada quanto desprezada por Mercier: "O gosto pelos cavalos de corrida sucedeu ao espírito de cavalaria, completamente extinto"[364]. Seu ascendente impõe-se com novos objetos, os cavalos ingleses por exemplo, descritos por Buffon como "fortes, vigorosos, arrojados, capazes de uma grande fadiga, excelentes para a caça e a corrida"[365].

Também mudam as expressões, como a de "túmulo aberto" gritada no fim do século XVIII aos escudeiros quando "o rei, a rainha e os príncipes de sangue querem ir depressa, bem depressa"[366]. O mais importante é a penetração da velocidade nos exercícios, talvez até nos comportamentos cotidianos, os da elite, é claro. O duque de Croÿ adquire o hábito, em meados do século, de contar o tempo em curtas distâncias para apreciar a rapidez: os 6 minutos apostados pelos "bons patinadores" para percorrer nos dois sentidos o grande canal de Versailles de "800 toesas de comprimento"[367], os "exatos 3 minu-

---

363. BLOMAC, N. *La Gloire et le Jeu, des hommes et des chevaux, 1766-1866*. Paris: Fayard, 1991, p. 19.
364. MERCIER, L.-S. *Tableau de Paris*. Op. cit., t. I, p. 1.164.
365. BUFFON. *Oeuvres complètes*. Op. cit., t. V, p. 20.
366. MERCIER, L.-S. *Tableau de Paris*. Op. cit., t. II, p. 519.
367. CROŸ, E. *Mémoires sur la cour de Louis XV et de Louis XVI* [ms. do séc. XVIII]. Paris, 1897, p. 95.

tos" apostados pela parelha do rei entre o paço do Trianon e o de Versailles[368]. Madame de Genlis também calcula a velocidade de seus alunos: "um pouco mais de um minuto" para percorrer "a alameda dos plátanos que tem, de comprimento, cerca de 550 pés"[369]. As cifras não são ainda as do cronômetro, mas os espaços, mesmo restritos, são bem-conformes ao tempo, os movimentos mais do que antes, obedecem ao cálculo das durações.

O tema da velocidade ainda se delineia em um cálculo raro entre os próprios amadores no século XVIII, ausente dos *Racing Calendars* ingleses, por exemplo, mas suscetível de transtornar as avaliações passadas: a relação da distância percorrida com a unidade de tempo escoado. Assim, La Condamine foi o primeiro a transpor a velocidade em *performance*: "37 pés segundos" para o cavalo cuja corrida ele segue com "um relógio de segundos", em Roma, em 1742[370]. Grosley retoma os tempos feitos nas corridas do fim do século para transpô-los em unidades percorridas por minutos ou segundos. Drummont de Melfort deduz delas consequências para uso coletivo, em 1777, que permitem distinguir para a cavalaria velocidades e passos diferentes, segundo as toesas percorridas em unidades de tempo[371]. Uma unidade de velocidade transponível e comparável de um corredor ao outro estava simplesmente em vias de constituição.

d) A invenção da energia?

A descoberta do oxigênio por Lavoisier em 1777 teria podido transformar mais profundamente ainda a visão do exercício, principalmente a de suas modulações e suas intensidades. É que identificando claramente o prin-

---

368. Ibid., p. 253.
369. Apud JUSSERAND, J.-J. *Les sports et les Jeux d'exercice dans l'ancienne France*. Op. cit., p. 443.
370. Apud GROSLEY, P.-J. *Londres*. Lausanne, 1770, t. I, p. 315-316.
371. Apud BLOMAC, N. *La Gloire et le Jeu...* Op. cit., p. 106.

cípio da respiração, Lavoisier sublinhava uma relação nova e precisa: a proporcionalidade entre o ar respirado e o trabalho realizado, o exato paralelo entre o oxigênio consumido e o esforço despendido. Os homens que Lavoisier pôs a trabalhar em quartos fechados para melhor supervisionar suas trocas, acentuavam a absorção de oxigênio "em razão direta, por exemplo, com a soma dos pesos levantados a uma altura determinada"[372]. Uma nova medida do trabalho corporal era sugerida, mostrando o pulmão como máquina de energia. A respiração não era mais resfriamento do sangue ou pressão exercida sobre as artérias e o coração, como queria a tradição médica[373], mas combustão de um novo tipo no qual o uso de um gás bem particular se tornava uma condição do exercício e de seu desdobramento. Resistências e fadigas podiam ser analisadas de outra maneira. Aprendizagens e progresso podiam ser preparados de outra maneira. Novas resistências ao sufocamento em particular podiam ser inventadas.

Mas nenhuma mudança no tratamento da respiração depois desta descoberta de Lavoisier, nenhum efeito sobre a prática concreta do exercício físico. É que, certamente, os modelos do trabalho corporal remetiam ainda e paradoxalmente a energias confusas: a imagem da vela, por exemplo, absorvendo o ar, com o tempo, a velha referência ao fogo vital, a lâmpada consumindo-se com a vida[374], ao passo que era possível imaginar um princípio de rendimento, o de uma rentabilidade deduzida das entradas e saídas do corpo, das trocas com eficácias e progressos calculados. Sem dúvida é também porque o equivalente mecânico do calor não podia realmente ser levado em conta: a fórmula científica da energia, isto é, da transposição das calorias em trabalho, ainda não fora descoberta no fim do século XVIII. Foi preciso ser

---

372. LAVOISIER, A.L. *Mémoires sur la respiration*. Paris, 1790, p. 42.

373. "A circulação do sangue, que dá o impulso a todas as ações naturais, ela mesma o recebe, como vimos, do ar que dos pulmões impulsiona com toda força o sangue para o coração" (QUESNAY, F. *Essai physique sur l'oeconomie animale*. Paris, 1736, p. 227).

374. O próprio Lavoisier faz referência à "lâmpada" ou à "vela acesa" (*Mémoire sur la respiration*. Op. cit., p. 35).

colocada em teoria por Carnot em 1826[375] e sobretudo sua difusão em meados do século XIX para que ela tivesse algum efeito em biologia.

No entanto, o tema das trocas e de sua eficácia medida é explorada no fim do século XVIII e concretiza um constante paralelo entre quantidade de alimento, quantidade de transpiração, quantidade de trabalho. Empírico e já preciso, o método empregado é o dos criadores que visam a uma rentabilidade animal: a lenta entrada da agricultura na modernidade da medida e do cálculo; Bakewell, por exemplo, fazendo uma criação "altamente aperfeiçoada" na Dishley-granja, em meados do século XVIII, transformando até a morfologia dos touros ou dos cavalos[376]. Método feito de dieta, de sudação e de trabalho, o treinamento não devia ser ignorado nem dos lutadores de boxe, nem dos jóqueis, objetos de apostas crescentes na Inglaterra do fim do século. Não que prevaleça aqui alguma visão da energia, mais ou menos o começo de uma medida entre entradas e saídas: a dieta, "indispensável àqueles que devem treinar-se"[377], a duração e a quantidade de exercícios regulados, "deitar-se às dez horas da noite, levantar-se às seis ou sete horas da manhã, banhar-se, friccionar-se imediatamente, lançar o peso até experimentar uma sensação de lassidão; correr uma *milha*, entrar em casa e tomar uma boa refeição[378]. A isto acrescentam-se alguns indícios para demarcar os corpos bem-treinados: "O estado da pele é o critério pelo qual os amadores julgam

---

375. CARNOT, S. *Réflexions sur la puissance motrice du feu et les moyens propres à développer cette puissance*. Paris, 1826. Cf. VUILLARD, R. & DAUMAS, M. "La théorie cinétique des gaz", *Histoire des sciences* (sob a direção de Maurice Daumas). Paris: Gallimard, coll. "Bibliothèque de la Pléiade", 1963, p. 905.

376. Cf. sobre o conjunto do tema o importante artigo de André Rauch. "La notion de training à la fin du siècle des Lumières". *Travaux et recherches en EPS*. Paris: Insep, número especial de história, mar./1980.

377. FOTHERGILL, J. *The Preservation of Health; Containing All that Has Been Recommended by the Most Eminent Physicians*. Londres, 1762, p. 41. Apud RAUCH, A. "La notion de training à la fin du siècle des Lumières". Art. cit.

378. *The Art of Manual Defense, or a System of Boxing*. Londres, 1789. Apud RAUCH, A. "La notion de training à la fin du siècle des Lumières". Art. cit.

um sujeito pronto para o exercício. Durante o treinamento, a pele se torna sempre mais transparente, mais lisa, mais colorida e mais elástica"[379].

A regra progressivamente imposta ao exercício não é apenas a regra de uma moral, mas também a regra de uma eficácia.

---

379. SINCLAIR, J. *The Code of Health and Longivity; or Concise View of the Principles Calculated of the Preservation of Health and Atteinment of Long Life*. Edimburg, 1807, t. II, p. 103.

5
O ESPELHO DA ALMA
Jean-Jacques Courtine

Na penumbra do gabinete, um sábio observa um busto de gesso. No chão, uma obra de quiromancia e alguns instrumentos de medida. Na parede, uma gravura de anatomia. Outros crânios expressivos esperam em uma estante o momento de seu exame. O frontispício de *A arte de conhecer os homens* (1660), de Marin Cureau de la Chambre, homem da corte e médico do rei, o anuncia antes de qualquer outra coisa: aqui se elabora um saber dos sinais e das linguagens do corpo.

> Porque a natureza não somente deu ao ser humano a voz e a língua para serem os intérpretes de seus pensamentos, mas desconfiando de que ele pudesse abusar delas, ainda fez falar sua fisionomia e seus olhos para desmenti-las, quando não fossem fiéis. Numa palavra, a natureza estampou toda a alma do ser humano no exterior e não há nenhuma necessidade de janela para ver seus movimentos, suas inclinações e seus hábitos, porque tudo isto aparece no rosto e nele está escrito em caracteres bem-visíveis e bem-manifestos[1].

---

1. CUREAU DE LA CHAMBRE, M. *L'Art de connaître les hommes*. Paris, 1659, p. 1.

I. A tradição fisiognomônica

Este saber é o da fisiognomia. Esta arte de decifrar a linguagem do corpo, hoje considerada, na maioria das vezes, como uma forma de psicologia arcaica e facilmente difamada, teve, porém, entre os séculos XVI e XVIII, uma extraordinária aceitação e desempenhou um papel relevante na história das ideias como também na história da sociabilidade[2]. Naquele tempo, a fisiognomonia estava longe de ser a única a afirmar que *o corpo fala*. Um vasto domínio do saber amplia o eco deste enunciado que ressoa ao longo de toda a era clássica: manuais de retórica em suas prescrições consagradas às técnicas corporais da *actio*; livros de civilidade nas exigências de controle de si mesmo e de observação do outro que eles preconizam; artes da conversação que ensinam a medir o gesto assim como o propósito; artes do silêncio que reclamam uma retenção da palavra para fazer falar melhor o corpo; obras de medicina prontas a desvendar na superfície da anatomia humana os sintomas mórbidos, como também os indícios do

---

2. Sobre a história da fisiognomonia, cf. especialmente: THORNDIKE, L. *A History of Magic & Experimental Science*, 8 vols. Nova York: Columbia University Press, 1923-1958. • LANTÉRI-LAURA, G. *Histoire de la phrénologie*. Paris: PUF, 1967. • TYTLER, G. *Faces & fortunes* – Physiognomy in the European Novel. Princeton: Princeton University Press, 1981. • DUMONT, M. "Le succès mondain d'une fausse science: la physiognomonie de G. Lavater". *Actes de la Recherche en Sciences Sociales*, set./1984, p. 2-30. • DUBOIS, P. & WINKIN, Y. (org.). *Rhétoriques du corps*. Liège: De Boek, 1988. • BAROJA, J.C. *Historia de la fisiognomica*. Madri: Istmo, 1988. • COURTINE, J.-J. & HAROCHE, C. *Histoire du visage* – Exprimer et faire ses émotions du XVIe au début du XIXe siècle. Paris: Rivages, 1988 (2. ed., Payot, 1994). GETREVI, P. *Le scritture del volto* – Fisiognomonica & modelli culturali del Medioevo ad oggi. Milão: Angeli, 1991. • RODLER, L. *I silenzi mimici del volto*. Pisa: Pacini, 1991. • *Il corpo specchio dell'anima* – Teoria e storia della fisiognomonica. Milão: B. Mondadori, 2000. • BARASH, M. *Imago hominis*. Viena: Irsa, 1991. • CAROLI, F. *Storia della fisiognomonia*. Milão, 1995. • CAMPE, R. & SCHNEIDER, M. (org.). *Geschichten der Physiognomik* – Text-Bild-Wissen. Freiburg: Rombach, 1996. • LANEYRIE-DAGEN, N. *L'Invention du corps* – La représentation de l'homme du Moyen Âge à la fin du XIXe siècle. Paris: Flammarion, 1997. • JONES, C. *About Face*. Cambridge, 1999. • BARIDON, L. & GUÉDON, M. *Corps et arts*: physiognomie et physiologies dans les arts visuels. Paris: L'Harmattan, 1999. • *Homme-animal* – Histoire d'un face à face. Strasbourg: Musée de Strasbourg, 2004. • RENNEVILLE, M. *Le Langage des crânes* – Une histoire de la phrénologie. Paris: Les Empêcheurs de Penser en Rond, 2000. • DELAPORTE, F. *L'anatomie des passions*. Paris: PUF, 2002. • PORTER, M. *Physiognomical Books in Europe, 1450-1780*. Oxford: Oxford University Press, 2004.

caráter; tratados para serem utilizados pelos pintores que ensinam enfim a representar as figuras da paixão...

Essas artes e essas ciências se baseiam na existência de um fundamento antropológico muito antigo: desde os primeiros tratados de divinação mesopotâmica[3], nas bases da fisiognomonia estabelecidas pela Antiguidade greco-romana[4], depois por meio das tradições da Idade Média ocidental e árabe[5] sistematizou-se pouco a pouco a ligação entre o exterior e o interior do ser humano, entre o que é percebido no sujeito como superficial e profundo, mostrado e ocultado, visível e invisível, manifesto e latente. Em uma palavra, entre o reino da alma – caracteres, paixões, tendências, sentimentos, emoções, uma natureza psicológica... – e o domínio do corpo – sinais, traços, marcas, indícios, traços físicos... O que vêm exprimir as metáforas sem idade nas quais se reconhece este paradigma da expressão humana que atravessa e religa esses domínios fragmentados do saber, e dos quais a fisiognomonia constitui a formulação mais sistemática: nela o olhar é a "porta" ou a "janela" do coração, o rosto o "espelho da alma", o corpo a "voz" ou a "pintura" das paixões.

A fisiognomonia não tem, porém, por objetivo único a constituição de um saber, o que lembra a propósito o frontispício de *A arte de conhecer os homens*. A ciência que se elabora na penumbra do gabinete parece irresistivelmente atraída pela luz que, no plano de fundo, banha uma outra cena: a da corte e da civilidade. Pois a ambição de Cureau é oferecer a cada pessoa um guia de conduta na vida civil:

---

3. Cf. BOTTERO, J. Symptômes, signes, écriture. *Divination et rationalité*. Paris: Du Seuil, 1974, p. 70-200. • GINZBURG, C. Traces – Racines d'un paradigme indiciaire. *Mythes, emblèmes, traces* – Morphologie et histoire. Paris: Flammarion, 1989.

4. Cf. SASSI, M. *La scienza dell'uomo nella Grecia antica*. Turim: Bollati Boringhieri, 1988 [Trad. ingl. *The Science of Man in Ancient Greece*. Chicago: Chicago University Press, 2001].

5. Cf. por exemplo MOURAD, Y. *La physiognomonie arabe et le Kitab Al-Firasa de Fakhr Al-Din Al-Raz*. Paris: Librairie Orientaliste P. Geuthner, 1939. • DENIEUL-CORMIER, A. "La très ancienne physiognomonie de Michel Savonarole". *La Biologie médicale*, abr./1956.

É o guia mais seguro que se possa encontrar para conduzir-se na vida civil, e quem quiser servir-se dele poderá evitar mil faltas e mil perigos nos quais corre o risco de cair a todo momento. [...] Dificilmente existe uma ação na vida na qual esta arte não seja necessária: a instrução e educação das crianças, a escolha dos servidores, dos amigos, das companhias, nada disto se pode fazer bem sem ele. O guia mostra a ocasião e os momentos favoráveis em que se deve agir, em que se deve falar: ele ensina a maneira como se deve fazê-lo e, se for preciso inspirar uma paixão, um conselho ou um desígnio, ele conhece todos os caminhos que podem fazê-los penetrar na alma. Enfim, se a pessoa deve seguir o conselho do sábio que se defende de conversar com um homem raivoso e invejoso, e de encontrar-se na companhia dos maus, quem pode salvar-nos desses maus encontros senão a Arte de que falamos?[6]

Compreende-se então facilmente por que o desenvolvimento espetacular da fisiognomonia no começo do século XVI foi estritamente contemporâneo do desenvolvimento da civilidade: "Para praticar a civilidade é preciso ter o dom da observação. É preciso conhecer as pessoas e desvendar seus motivos"[7]. E, de modo mais geral, porque os sucessos e os eclipses da tradição fisiognomônica entre os séculos XVI e XVIII estiveram estreitamente ligados à história da transformação dos vínculos sociais. A aceitação que ela gozava no curso do século XVI e na primeira metade do século XVII acompanha o desenvolvimento da sociedade cortesã, assim como seu renascimento espetacular na obra de Lavater virá testemunhar uma redefinição das identidades, contemporânea das convulsões sociais do último quartel do século XVIII.

Portanto, a fisiognomonia é portadora de uma história do olhar sobre o corpo. De fato, ela faz mais do que ensinar a decifrar a linguagem da alma "estampada no exterior". Ela promove normas corporais, estabelece uma

---

6. CUREAU DE LA CHAMBRE, M. *L'art de connaître les hommes*. Op. cit., p. 6.
7. ELIAS., N. *La civilisation des moeurs* [1939]. Paris: Calmann-Lévy, 1982, p. 131-132.

definição "média" da fisionomia, descobre na proporção o tipo ideal de beleza, empurra para as margens do olhar distorções, deformações, monstruosidades. Na tradição das comparações entre a morfologia dos humanos e dos animais que a redobra desde a Antiguidade, a fisiognomonia chega a interrogar os limites da figura humana pelos jogos da hibridação e da metamorfose. Ela prescreve técnicas do corpo, legitima *habitus*, reprova e sanciona algumas práticas. Ela responde, aliás, a um desejo de transparência individual e social e pretende assegurar identidades e intenções quando a percepção delas fica enturvada: "Esta Arte, prossegue Cureau, ensina a descobrir os desígnios ocultos, as ações secretas e os autores desconhecidos das ações conhecidas. Enfim não há dissimulação tão profunda que ela não possa penetrar e da qual não possa tirar a maior parte dos véus com os quais está coberta"[8]. Ela participa ainda na construção das discriminações sociais e das diferenciações sexuais no campo do olhar. Assim Louis-Sébastien Mercier identifica os assassinos ao seu pequeno talhe: "As almas cruéis habitam em corpos exíguos"[9]. E Cureau, por sua vez, acha que pode descobrir sob os atrativos da mulher a infinidade de seus vícios: "Esta graça charmosa [...] não passa de uma máscara enganosa que oculta um número infinito de defeitos"[10]. Os olhares que a fisiognomonia lança sobre o corpo constroem portanto uma imagem, uma memória, usos do corpo. Essas decifrações da fisiognomonia têm, contudo, elas mesmas uma história: ao longo de toda a era clássica, as percepções dos sinais no corpo se deslocam, as sensibilidades à expressão individual se complexificam, a leitura da aparência humana se transforma[11].

---

8. CUREAU DE LA CHAMBRE, M. *L'art de connaître les hommes*. Op. cit., p. 6-7. Sobre a dissimulação e sua ligação com a fisiognomonia, cf. SNYDER, J. *Dissimulation* – The Culture of Secrecy in Early Modern Europe. Berkeley: University of California Press, 2005.

9. MERCIER, L.S. *Tableau de Paris*. Paris, 1782-1788, t. XI, p. 117.

10. CUREAU DE LA CHAMBRE, M. *L'art de connaître les hommes*. Op. cit., p. 47.

11. Cf. COURTINE, J.-J. & HAROCHE, C. *Histoire du visage*. Op. cit., p. 23-154.

II. O corpo e seus sinais

A partir dos anos 1550 são publicadas metoposcopias[12]. A metoposcopia é para o rosto o que a quiromancia é para a mão. Cada pessoa traria escrito na fronte o seu destino: uma *marca* que pode ser ao mesmo tempo sinal de boa ou má sorte, traço de um caráter, sintoma de uma doença e estigma social. Portanto, o pensamento fisiognomônico é dominado pela astrologia, e o olhar que perscruta o corpo é guiado em seu exame pela infinidade de simpatias e de semelhanças que ligam o grande mundo do universo ao microcosmo do corpo humano. Os sinais herdaram dele uma organização ternária: eles tecem relações analógicas entre uma marca corporal, um significado psicológico e um poder tutelar – astros, divindades ou natureza... – que vêm selar a relação significante. "Assinatura" dos astros impressa na carne do ser humano, a marca grava nela sinais permanentes e irreversíveis: nela pode-se ver bem, literalmente, o *caráter* do ser humano. Ela mergulha o corpo humano em um tempo imóvel. Todo detalhe individual e expressivo se extingue do catálogo monótono das figuras que formam as metoposcopias de Cardan ou de Saunders. Nada mais anima essas fisionomias sem rosto, essas figuras de um ser humano sem expressão.

No curso do século XVI, porém, as percepções do corpo veiculadas pelos tratados tendem a deslocar-se sensivelmente. É o caso do que continua sendo a contribuição mais importante da fisiognomonia para as leituras do corpo durante a Renascença: *A fisionomia humana*, de Giambattista della Porta[13]. Incontestavelmente, della Porta é um homem de seu século por suas preocupações com a astrologia e com a "magia natural", e também por seu recurso às comparações zoomórficas que continuam fiéis às doutrinas das marcas e das simpatias. Mas há uma outra racionalidade em jogo em *A fisio-*

---

12. Cf. em particular as publicações tardias das obras de Cardan e Saunders, catálogos das metoposcopias do século XVI: SAUNDERS, R. *Physiognomonie & chiromancie, metoposcopie...* Londres, 1653. • CARDAN, J. *Métoposcopie*. Paris, 1658.

13. PORTA, G. *La physionomie humaine*. Rouen, 1655 (1. ed. latina, Nápoles, 1586).

nomia humana. O cuidado com o método, a precisão e a acumulação das observações naturalizam uma figura humana que ganha, por toda parte, uma nova profundidade e expressividade. Ela tende então a animar-se. Porta consagra um livro inteiro de sua obra ao olho: no olho, é o olhar que ele quer captar e, no olhar, a expressão. A fisiognomonia tenta fazer do movimento um sinal, e as figuras se encarregam lentamente de uma dimensão psicológica que lhes era estranha.

Em 1668, Charles Le Brun pronuncia diante da Academia real de pintura e de escultura suas famosas *Conferências sobre a expressão das paixões*[14], que vão fazer a tradição fisiognomônica sofrer uma revolução considerável. William Harvey descobriu em 1628 o princípio da circulação sanguínea. Apagam-se lentamente do corpo as presenças mágicas e desaparecem as virtudes ocultas que nele se haviam instalado. Na fisiognomonia de Le Brun, o homem-máquina suplanta agora o homem-zodíaco. A relação entre interioridade e aparência toma então sentido em um outro universo de referência: o da medicina, da geometria, do cálculo, de uma filosofia e de uma estética das paixões reconhecidas e controladas. As conferências de Le Brun escrevem o primeiro capítulo de uma anatomia das paixões.

Onde a tradição fisiognomônica anterior parecia obcecada pelo detalhe, o olhar parece, no presente, distanciar-se do corpo, enquanto este se encarrega de uma legibilidade mais regulada. Os indícios deixam de confundir-se com as marcas morfológicas inscritas na epiderme e se tornam sinais mais abstratos, construídos no termo de um cálculo. Com o distanciamento do olhar e a desencarnação dos sinais, é o conjunto do regime das percepções e das visibilidades corporais que se transforma. Doravante não se lê mais no

---

14. O texto e as gravuras da conferência serão publicados diversas vezes depois da morte do pintor, e mais recentemente retomados na *Nouvelle revue de psychanalyse*, n. 21, primavera de 1980. Cf., no mesmo número, DAMISCH, H. ("L'alphabet des masques") e igualmente MONTAGU, J. (*The Expression of the Passions*). New Haven (Conn.): Yale University Press, 1994.

corpo a inscrição gravada de um texto, mas se veem atuar nele as regras articuladas de um código, uma retórica das figuras.

O corpo continua, sem dúvida, a oferecer sinais ao olhar. Mas a estrutura desses sinais mudou: agora ela é fundamentalmente binária, quando a uma determinada configuração expressiva do rosto corresponde uma paixão da alma. A relação entre significados psicológicos – as paixões – e significantes expressivos – as figuras – deixou o universo da analogia: é uma linguagem das causas e dos efeitos, doravante articulada pelos sinais do corpo.

Vê-se, portanto, no curso dos séculos XVI e XVII, a figura humana desencantar-se progressivamente e impregnar-se pouco a pouco de uma nova dimensão subjetiva. A tal ponto que essa ascensão da racionalidade parece agora condenar a antiga fisiognomonia. Ciência "muito incerta, para não dizer inteiramente vã", pode-se ler no verbete "Metoposcopia" da *Enciclopédia*. "Ciência imaginária, pretensa arte", acrescenta o verbete "Fisionomia" remetendo-se a Buffon, "que disse tudo que se pode pensar de melhor sobre esta ciência ridícula"[15]. As formas tradicionais de decifrar o corpo entraram em crise. Com efeito, Buffon recusa categoricamente toda analogia da alma e do corpo.

> Mas, como a alma não tem absolutamente forma que possa ser comparada com alguma forma material, não se pode julgá-la pela figura do corpo, ou pela forma do rosto. Um corpo malfeito pode encerrar uma alma muito bela, e não se deve julgar a boa ou má natureza de uma pessoa pelos traços de seu rosto, pois esses traços não têm nenhuma relação com a natureza da alma, nenhuma analogia sobre a qual se possa sequer fundar conjeturas razoáveis[16].

Portanto, poderíamos ter pensado que a derrocada da fisiognomonia era definitiva. Mas não foi nada disto, bem ao contrário: desacreditada pela

---

15. *Encyclopédie, ou Dictionnaire Raisonné des Sciences, des Arts et des Métiers*. 3. ed. Genebra/Neuchâtel, 1779, t. XXI, p. 767; e 1. ed., t. XII, p. 538.
16. BUFFON. *Oeuvres complètes*, editadas por DUMÉZIL. Paris, 1836, t. IV, p. 94-95.

ciência, ela no entanto ressuscita no último quartel do século. Mas vai conhecer então uma considerável obstrução popular e mundana, que ficou ligada ao nome de Johann Kaspar Lavater. Este efeito, emparelhado com o efeito encontrado pela frenologia de Gall, vai prolongar-se durante toda a primeira metade do século XIX[17]. Basta esta curiosa ressurreição de uma disciplina cuja morte a ciência havia anunciado, para confirmar que leituras e linguagens do corpo não poderiam ser inteiramente compreendidas somente a partir das mutações da cientificidade. Se a fisiognomonia deixou de participar da racionalidade científica no fim do século XVIII, nem por isso ela deixa de ser um elemento essencial do conhecimento comum, dos saberes ordinários que informam as práticas de observação do outro, num momento em que as convulsões políticas e sociais tornam mais do que nunca necessária a decifração de novas identidades.

A leitura dos sinais do corpo vai então apropriar-se de duas vias divergentes: esforçar-se, de um lado, na perspectiva aberta pelos desenvolvimentos da anatomia comparada e pela descoberta do ângulo facial por Camper[18], para repertoriar as formas de uma linguagem dos crânios que permite a naturalização dos caracteres psíquicos e das classificações sociais que se tornaram necessárias com o advento de sociedades urbanas, onde as identidades se tornam vagas, onde o anonimato e o cosmopolitismo ganham terreno. Mas, de outro lado, também se quer atuando na fisionomia humana as expressões sensíveis de uma linguagem individual do sentimento: "Em um indivíduo, cada instante tem sua fisionomia, sua expressão"[19]. *Uma linguagem dos crânios, um discurso do sentimento*: a obra de Lavater constitui portanto a tentativa última de reunir esses lados do saber cuja separação se anuncia

---

17. LAVATER, J.K. *Physiognomische Fragmente*. Leipzig, 1775-1778. • GALL, F.J. & SPURZHEIM, J.G. *Recherches sur le système nerveux en général et celui du cerveau en particulier*. Paris, 1809.

18. CAMPER, P. *Dissertation sur les variétés naturelles qui caractérisent la physionomie des hommes*. Paris, 1791.

19. DIDEROT, D. *Essais sur la peinture* [1795]. Paris: Hermann, 1984, p. 371.

como inelutável dentro de pouco tempo, e de conjurar assim a perspectiva do divórcio entre o estudo objetivo do ser humano orgânico e a escuta subjetiva do ser humano sensível, este grande corte que separa os saberes, esta profunda fratura das linguagens do corpo no Ocidente.

6
DISSECAÇÕES E ANATOMIA
Rafael Mandressi

Foi mais ou menos no fim da Idade Média que se começou, na Europa, a abrir cadáveres humanos para o estudo da anatomia. Isto não se fazia desde o século III aC, quando dissecações humanas – as únicas que o mundo antigo conheceu – foram feitas em Alexandria[1]. Seguiu-se um período muito longo de uns quinze séculos sem dissecações que uma opinião muito difundida atribui a uma proibição da Igreja católica.

O único documento que pôde ser citado em apoio a esta tese é a decretal *Detestande feritatis*, emitida pelo Papa Bonifácio VIII, em 1299. Ora, se esta decretal proclamava a firme oposição do pontífice à retalhação dos cadáveres, o "costume atroz" ao qual Bonifácio pretendia colocar um fim era o de desmembrar corpos dos defuntos para tornar mais fácil o transporte até o local de sepultura, distante do local da morte[2]. Não se tratava de proibir as dis-

---

[1]. Cf. VON STADEN, H. "The discovery of the body: human dissection and cultural contexts in ancient Greece". *Yale Journal of Biology and Medicine* 65, 1992, p. 223-241. • VEGETTI, M. Entre le savoir et la pratique: la médecine hellénistique. In: GRMEK, M.D. (org.). *Histoire de la pensée médicale en Occident* – Tomo I: Antiquité et Moyen Âge. Paris: Du Seuil, 1995, p. 67-94.

[2]. Sobre a *Detestande feritatis*, cf. BROWN, E.A.R. "Death and the human body in the later Middle Ages – The legislation of Boniface VIII on the division of the corpse". *Viator* – Medieval and Renaissance Studies, vol. 12, 1981, p. 221-270. Uma tradução francesa da decretal é proposta em PARAVICINI BAGLIANI, A. "L'Église médiévale et la renaissance de l'anatomie". *Revue Médicale de la Suisse Romande*, vol. 109, 1989, p. 987-991.

secações anatômicas, que começavam a ser praticadas nessa época. O primeiro testemunho explícito data de 1316: Mondino de'Liuzzi, professor em Bolonha, redige naquele ano sua *Anathomia*, um breve tratado no qual ele diz ter dissecado os cadáveres de duas mulheres em 1315[3]. Portanto, apenas alguns anos depois da promulgação da *Detestande feritatis*, Mondino se sabia poupado pelas disposições desta decretal.

Por outro lado, não se pode excluir que outros anatomistas, vendo-se visados pela decretal, tenham renunciado a praticar dissecações humanas. No entanto nada permite afirmá-lo. Henri de Mondeville (falecido em 1320), cirurgião de Filipe o Belo e de Luís X, escreve em sua *Cirurgia* que um "privilégio especial da Igreja romana" é necessário para extrair as entranhas dos cadáveres[4]. Mas é ao embalsamamento e não à dissecação anatômica que ele se refere. Em 1345, Guido da Vigevano, médico de Joana de Borgonha, faz publicar uma *Anathomia designata per figuras*. Muitas vezes não se tem ocasião de fazer uma dissecação, diz o autor, pois pesa sobre esta prática a proibição da Igreja; portanto, é para suprir o contato direto com o corpo morto que ele decidiu apresentar figuras para explicar a anatomia, ele que tantas vezes praticou em corpos humanos[5]. Portanto, Guido da Vigevano dissecou realmente, apesar de uma proibição que ele constata, sem lhe precisar a natureza exata nem as origens. Em sua *Grande cirurgia* (1363), Guy de Chauliac, clérigo e médico de três papas em Avinhão – por conseguinte bem-situado para saber o que era proibido pela Igreja e o que não era –, afirma que "a experiência" em cadáveres é necessária[6]. Talvez as dissecações não tenham sido muito comuns no século XIV, mas nenhum indício sugere que a *Detestande feritatis* tenha freado essa prática.

---

3. WICKERSHEIMER, E. (org.). *Anatomies de Mondino dei Luzzi et de Guido Vigevano*. Genebra: Slatkine. 1977, reimpr. da ed. de Paris, 1926, p. 26.
4. NICAISE, E. (org.). *Chirurgie de maître Henri de Mondeville*. Paris: Alcan, 1893, p. 572.
5. WICKERSHEIMER, E. (org.). *Anatomies de Mondino dei Luzzi et de Vigevano*. Op. cit., p. 72.
6. DE CHAULIAC, G. *La Grande Chirurgie*. Lião: E. Michel, 1579, p. 35.

Se nenhum texto regulamentar emanado do poder eclesiástico proibiu as dissecações anatômicas, o exercício da medicina pelos clérigos, ao contrário, teria conhecido restrições cada vez mais importantes a partir do século XII. Não obstante, colocada em evidência esta asserção, em numerosos trabalhos, ela se mostra frágil desde que sujeita à prova das fontes: nenhum texto importante de direito canônico oficialmente promulgado na Idade Média jamais proibiu ao conjunto do clero que prosseguisse estudos de medicina, nem proibiu sua prática aos clérigos[7]. Quanto à cirurgia, seu exercício foi efetivamente objeto de uma proibição, mas só dirigida aos clérigos munidos das ordens maiores. Em 1215, o Cânon 18 do IV Concílio do Latrão proibiu-lhes praticar qualquer parte da cirurgia que exigisse o emprego do ferro ou do fogo: operações delicadas que comportam o perigo de provocar a morte ou a mutilação do paciente. É a responsabilidade do religioso que está em jogo no exercício de uma atividade na qual são grandes os riscos. Portanto não somos obrigados a postular, muito menos aqui, uma hostilidade qualquer da Igreja em relação à medicina, à cirurgia ou à anatomia.

Se não houve oposição institucional das autoridades eclesiásticas às dissecações, continua sempre aberta a possibilidade de que obstáculos de ordem cultural, ligados ao cristianismo, tenham entravado o desenvolvimento da anatomia. Poderíamos mencionar, de modo particular, a questão da integridade do corpo em relação ao dogma da ressurreição dos mortos. Ora, em matéria doutrinal, os escritos patrísticos estabelecem, desde o primeiro século, que a sorte do cadáver é sem consequências no que diz respeito à ressurreição. Os corpos mutilados, antes ou depois da morte, diz Tertuliano, recobrarão sua perfeita integridade na ressurreição[8]. Justino Mártir, Minúcio Félix, Cirilo de Jerusalém, Ambrósio de Milão ou Agostinho também se

---

7. Cf. AMUNDSEN, D.W. "Medieval canon law on medical and surgical practice by the clergy". *Bulletin of the History of Medicine*, vol. 52, 1978, p. 22-44.
8. TERTULIANO. *La résurrection des morts*. Paris: Desclée de Brouwer, 1980, p. 135.

exprimem a este respeito no mesmo sentido. É verdade que, mesmo contra a opinião das principais autoridades em matéria de doutrina cristã, a crença que liga o respeito da integridade do corpo à ressurreição futura pôde ser suficientemente forte para resguardar o corpo morto do assalto dos vivos. Mas uma conjetura tão geral não se distingue de fato do recurso à noção expeditiva de "tabu", e quase não ajuda a desvendar a sorte da anatomia no curso dos séculos de hegemonia cristã.

Foram propostas outras soluções que colocam o acento preferencialmente em fatores próprios à história da medicina. Muitas vezes cita-se o depreciado estatuto dos cirurgiões na Idade Média. Médicos às voltas com a carne de outrem, eles exercem uma "arte mecânica" que os médicos universitários não tinham em grande estima. As dissecações anatômicas, que também implicavam o recurso ao uso da mão e à incisão do corpo, poderiam ter sido objeto de reticências análogas. A divisão das tarefas que caracterizam a organização das dissecações públicas até o século XVI mostra, efetivamente, que elas eram regidas por uma hierarquia: o professor comandava seu desenrolar, lia e comentava os escritos das autoridades do alto de sua cátedra. Ele era secundado por um *demonstrator*, que fazia os assistentes ver o que o mestre explicava, enquanto a preparação do cadáver era em geral confiada a um cirurgião ou um barbeiro. Mas isto só leva a constatar que o desprezo pelas artes manuais pôde marcar, durante um certo tempo, a maneira de proceder na execução das dissecações. Não poderíamos absolutamente concluir que o descrédito das "artes mecânicas" estivesse na origem de uma impossibilidade qualquer de dissecar.

I. A invenção das dissecações

Se a busca de impedimentos que bloquearam durante mais de um milênio a prática das dissecações humanas mostrou-se infrutífera, conviria talvez deslocar o ponto de vista sobre a questão. Em vez de procurar saber por que não houve dissecações até a Idade Média tardia, não seria melhor perguntar por que razão se começou a recorrer a ela nesta época? Em vez de interessar-se pelo que estimulou a adoção desta prática, não deveríamos antes nos interessar pelo que impediu que ela fosse feita? Com efeito, não somos obrigados a postular que a falta de dissecações seja necessariamente devida a um impedimento. Isto equivale, no fundo, a considerar a dissecação como um meio "natural" de chegar ao conhecimento do corpo. Ora, escrutar cadáveres com ajuda do escalpelo não é necessariamente uma evidência fora de um tempo e de um espaço que viram este ato tornar-se a chave das operações de desnudar "verdades" do corpo. Temos o direito de presumir que a outros tempos correspondem outras evidências, e que, se durante longos séculos as dissecações não foram praticadas, é principalmente porque elas não foram julgadas necessárias. Podemos, portanto, considerar o acesso às dissecações como uma invenção, uma resposta que, em um determinado momento, apareceu como adequada ou vantajosa diante da exigência de obter ou de perfazer um novo conhecimento sobre o corpo. Por conseguinte, o que é preciso examinar é como esta exigência veio a constituir-se.

As hipóteses que podemos sugerir a este respeito terão por ponto de partida a recepção da medicina greco-árabe no Ocidente medieval. Isto se fez por meio de uma vasta tarefa de tradução. Primeiramente no sul da Itália, onde, na segunda metade do século XI, Constantino o Africano traduziu, no mosteiro do Monte Cassino, muitos textos médicos árabes para o latim. Dois deles devem ser particularmente lembrados: o *Isagogo*, uma introdução à medicina de Galeno composta por Hunain Ibn Ishaq (falecido em 877), e o *Liber pantegni*, uma obra enciclopédica do médico de origem persa Haly Abbas (século X). Uma segunda etapa importante teve lugar em Toledo, no século XII. As contribuições fundamentais no domínio da medicina datam do período marcado pela presença, naquela cidade, de Gerardo Cremona, que chegou lá depois de 1145 e traduziu, aparentemente como chefe de uma equipe, dezenas de obras. Entre as obras médicas, podemos citar o *Liber de medicina ad Almansorem*, de Rhazès (falecido por volta de 930), a *Cirurgia* de Albucasis (falecido em 1013), o comentário de Ibn Ridwan (século XI) à *Arte médica* de Galeno, adaptações árabes de tratados galênicos e, sobretudo, o *Cânon da medicina* de Avicena[9].

As traduções do árabe tiveram um papel de primeira importância na evolução do saber médico na Europa latina. Elas contribuíram decisivamente, de modo particular na impregnação galênica da medicina medieval europeia. Isto se fez, num primeiro tempo, por intermédio de um galenismo arabizado, mas de imediato se quis aceder diretamente aos textos autênticos de Galeno. O *corpus* galênico greco-latino começou então a se constituir. Por volta de 1185, Burgúndio de Pisa fez versões greco-latinas de tratados como *Do método terapêutico, Das complexões* ou *Dos lugares afetados*. A essas traduções sucederam, em particular, as de Niccolò da Reggio, médico da corte angevina de Nápoles que traduziu, em 1317, *Da utilidade das partes do corpo* [*De usu partium*], trazendo a primeira recuperação direta de uma exposição essencial da anatomofisiologia galênica.

Do fim do século XI ao começo do século XIV, sob a influência deste conjunto de obras, a posição dos conhecimentos anatômicos ganhou em clareza e em precisão. As grandes sumas médicas árabes, como o *Cânon* de Avicena ou o *Colliget* de Averróis, traduzido em 1285, reservavam para a anatomia um tratamento que incitava a dar-lhe uma maior atenção e outorgar-lhe um papel mais bem-definido. Os tratados zoológicos de Aristóteles, traduzidos do árabe por Miguel Scot no começo do século XIII, e do grego por Guilherme de Moerbecke, algumas décadas depois, traziam um método e uma legitimidade às pesquisas sobre os corpos dos animais e dos humanos[10]. Os tratados de cirurgia elaborados no Ocidente a partir da segunda

---

9. Cf. SAMSÓ, J. *Las ciencias de los antiguos en Al-Andalus*. Madri: Mapfre, 1992, p. 269-276. JACQUART, D. "La scolastique médicale". *Histoire de la pensée médicale en Occident*, t. I. Op. cit., p. 189.

10. Cf. ARISTÓTELES. *Les parties des animaux*, I, 5, 644b-645a, Paris: Les Belles Lettres, 1956, p. 18-19.

metade do século XIII, que têm como fonte obras árabe-latinas, insistem na importância dos conhecimentos anatômicos. Assim, a *Cyrurgia* de Guilherme de Saliceto (1275), ou a *Cirurgia* de Henri de Mondeville, cuja exposição anatômica do começo pretende ser um substituto do *Cânon* de Avicena. Quanto a Mondino de'Liuzzi, ele remete ao *Colliget* quando indica que se propõe transmitir o conhecimento da anatomia porque ele é, segundo Averróis, uma das partes da ciência médica[11].

Mas importância da anatomia não equivale necessariamente à importância das dissecações. Entre a consciência da necessidade de conhecer bem as partes do corpo e o interesse de abrir cadáveres para chegar a esse conhecimento, há um passo. Guy de Chauliac invoca a este respeito o *De usu partium* na tradução de Niccolò da Reggio, mas é evidente que esta ideia não foi despertada pela introdução desse tratado. Nem Mondino nem aqueles que antes dele haviam praticado dissecações humanas conheciam a tradução de Niccolò. O recurso à dissecação aparece quando a maioria dos escritos médicos que podiam exercer uma influência neste sentido só estavam disponíveis em versões árabe-latinas. Foram Haly Abbas, Rhazés, Avicena e, mais tarde, Averróis que fizeram da anatomia algo que devia ser conhecido, ou mais bem-conhecido do que antes. Uma vez colocada essa exigência, num determinado momento foi adotada, para satisfazê-la, a modalidade de abrir corpos humanos, o que essas mesmas fontes não preconizavam expressamente.

Mas, para esta modalidade, incentivava-se a apelar para a experiência. À base do que se podia ler em Averróis ou Avicena, a constituição do saber anatômico está associada a um procedimento fundado na observação. Neste quadro, o recurso ao *veredicto* dos sentidos torna-se o método adequado para resolver os casos de opiniões discordantes das autoridades, para verificar *de visu* o que é dito nos textos, ou ainda, conforme o caso, para corrigir as autoridades e não somente para desempatá-las. A observação direta da natu-

---

11. WICKERSHEIMER, E. (org.). *Anatomies de Mondino dei Luzzi et de Guido de Vigevano.* Op. cit., p. 7.

reza podia exercer-se quando a prática cirúrgica oferecia ocasiões para isto, ou então visitando os ossários dos cemitérios, onde se podia examinar ossadas[12]. Diante de meios como estes, a dissecação apresenta a vantagem de ser mais apta a permitir uma ação metódica. Trata-se de um aspecto que convém sublinhar: dissecar cadáveres implica o projeto de ir deliberadamente ao encontro das realidades corporais que se pretende discernir pelos sentidos, intervindo nelas em um quadro bem-organizado, a exemplo de outras práticas que comportam a abertura do corpo morto.

De fato, procedia-se à abertura de cadáveres para fins bem variados: para o transporte dos restos mortais a fim de enterrá-los na terra natal do defunto, para a evisceração no quadro de um embalsamamento, para o exame *post mortem* a fim de estabelecer as causas da morte. Essas práticas distinguiam-se umas das outras por sua intencionalidade (ritual, judiciária); elas têm em comum a época de sua introdução, entre os séculos XII e XIII. Ora, as dissecações só aparecem por volta do fim deste período, isto é, depois de outras práticas que comportam a abertura do cadáver humano. Este aparecimento mais tardio pode ser significativo, se o interpretarmos como a irrupção de uma intencionalidade específica de exploração do corpo, num contexto em que práticas fundadas na abertura de cadáveres forneciam um dispositivo técnico do qual era possível apropriar-se. Assim, aventar uma hipótese sobre a emergência das dissecações seria supor que elas apareceram quando a abertura de cadáveres foi estimulada pela curiosidade anatômica.

Ora, se as técnicas de busca de uma verdade no interior do corpo morto, e o próprio fato de entregar-se a uma busca deste tipo, foram adotadas em contato com práticas que as exploram, é preciso ainda que se tenham tido boas razões para fazê-lo. Essas razões não podem provir a não ser do estado do saber anatômico, no seio do qual são afirmadas demandas epistemológicas face às quais a autópsia cadavérica podia representar uma oferta apropria-

---

12. É o que fazia, por exemplo, Henri de Mondeville. Cf. NICAISE, E. (org.). *Chirurgie de maître Henri de Mondeville*, p. 34.

da. Isto se opera no fim de um processo subtendido pela introdução do conjunto dos textos médicos mencionados. Assiste-se primeiramente, por meio das obras árabe-latinas, à promoção da anatomia à primeira classe dos componentes do saber médico e, em seguida, à atribuição, também em grande parte sob a influência desses textos, de uma função decisiva às constatações sensoriais entre as fontes do conhecimento anatômico. Assim são fixados, a seu respeito, um novo estatuto e novas orientações que, na virada dos séculos XIII e XIV, assumem práticas que consistem em manipular, abrir e escrutar o interior dos corpos.

II. Ver e tocar

Após a tradução do *De usu partium* por Niccolò da Reggio, foi preciso esperar quase dois séculos para ver o *corpus* galênico greco-latino enriquecer-se com um outro grande tratado anatômico, o *De anatomicis administrationibus*. Uma primeira tradução, devida ao letrado bizantino Demétrios Chalcondyles, foi impressa em Bolonha, em 1529[13].

Mas esta tradução foi rapidamente eclipsada por aquela feita em 1531 por Guinther d'Andernach, professor na faculdade de medicina de Paris. A versão de Guinther, que compreendia os oito primeiros livros e o começo do nono do tratado de Galeno, foi objeto de numerosas reimpressões e de algumas revisões, entre as quais a que foi feita por André Vesálio para a edição latina dos *Galeni omnia opera* publicada em Veneza em 1541. Vesálio, que naquela época ensinava anatomia em Pádua e preparava o *De humani corporis fabrica* (1543), tinha sido discípulo de Guinther em Paris e havia colaborado com ele na preparação de *Institutionum anatomicarum* (1536), um livro inteiramente fundado nas obras anatômicas de Galeno.

---

13. Cf. FORTUNA, S. "I *Procedimenti anatomici* di Galeno e la traduzione latina di Demetrio Calcondila". *Medicina nei secoli*, vol. 11, 1999, p. 9-28.

Nos anos que precederam a publicação de sua principal obra, Vesálio esteve frequentemente em contato íntimo com a anatomia galênica, o que lhe permitiu apropriar-se dela em detalhe. No momento de compor a *Fabrica*, o anatomista flamengo já possuía um conhecimento suficiente desta obra para estar em condições de avaliá-la. Galeno, diz ele, "corrige-se muitas vezes, retifica, à luz da experiência, erros cometidos em um livro anterior e expõe assim, com um pouco de distância, teorias contraditórias"[14]. A afirmação coloca bem em evidência um aspecto essencial que Vesálio quer reter em Galeno: este enganou-se, reconheceu seus erros e retificou-os, baseando-se na experiência; da mesma forma, identificar erros em sua obra anatômica a partir de constatações feitas no cadáver é simplesmente proceder como ele mesmo o fazia. Finalmente, é o mestre de Pérgamo que escreve que "aquele [...] que quer contemplar as obras da natureza não deve fiar-se nas obras anatômicas, mas confiar nos seus próprios olhos"[15].

Os olhos, mas também as mãos. A vista e o tato são vias do conhecimento que, desde o fim do século XV, são proclamadas pelos anatomistas, à maneira de Galeno, como os fundamentos da nova ciência que eles pretendem edificar. Assim Charles Estienne, em 1545, para quem "não há nada mais certo às coisas subjacentes à descrição do que a fidelidade ao olho"[16]. A verdade e os olhos, uma não vai sem os outros: "veneramos Galeno como um deus, e atribuímos muito talento a Vesálio em anatomia", concede Realdo Colombo em seu *De re anatomica* (1559), mas "onde eles concordam com a

---

14. VESALE, A. *La Fabrique du corps humain*. Arles: Actes Sud-Inserm, 1987, ed. bilíngue do Prefácio do *De humani corporis fabrica*, p. 37.

15. GALENO. De l'utilité des parties du corps. In: DAREMBERG,C. (org.). *Oeuvres anatomiques, physiologiques et médicales de Galien*. Paris: Baillière, 1854, t. I, p. 174.

16. ESTIENNE, C. *De dissectione partium corporis humani*. Paris: S. de Colines, 1545. Cito segundo a tradução francesa publicada no mesmo impressor no ano seguinte: *La dissection des parties du corps humain*, p. 371.

natureza", porque, se as coisas aparecem à vista de maneira diferente do que foram descritas, "nós somos mais favoráveis à verdade e algumas vezes constrangidos a nos afastar deles"[17]. Em 1628, William Harvey não se decidiu a publicar sua teoria sobre "o movimento do coração e a circulação do sangue" a não ser que ela fosse confirmada *per autopsiam* diante de seus colegas do Royal College of Physicians. Seus pares, sublinha ele, assistiram a suas numerosas "demonstrações oculares", levadas a cabo para esclarecer verdades[18]. É preciso ver e tocar, é preciso esquadrinhar por meio das "mãos oculares", segundo a esplêndida fórmula de João Riolan (filho)[19].

Se no Prefácio da *Fabrica*, Vesálio é o autor de uma espécie de manifesto anunciando a irrupção de uma *scienza nuova* lançada pela virtuosidade manual e pela acuidade do olhar, este programa já havia sido enunciado por outros anatomistas, os chamados "pré-vesalianos". Berengário da Carpi, por exemplo, que atribui ao "testemunho dos sentidos" o papel de trazer a "prova" em anatomia e fala de *anatomia sensibilis* para designar este conhecimento exclusivamente limitado às estruturas perceptíveis pelos sentidos[20]. Um outro "pré-vesaliano", Alessandro Benedetti, é o primeiro a descrever um dispositivo espacial que procura otimizar a percepção e que é em si a marca mais eloquente da consagração do visual: o teatro de anatomia. Conforme as indicações que ele forneceu em seu *Anatomice* (1502), trata-se de um anfitea-

---

17. COLOMBO, R. *De re anatomica libri XV*. Veneza: N. Bevilacqua, 1559, p. 10.

18. HARVEY, W. *Exercitatio anatomica de motu cordis et sanguinis in animalibus*. Frankfurt: G. Fitzer, 1628, p. 5-6.

19. João RIOLAN (filho), J. *Manuel anatomique et pathologique*. "Advertissement au lecteur et auditeur". Paris: G. Meturas, 1653 (1. ed. latina, 1648).

20. BERENGÁRIO DA CARPI, J. *Commentaria cum amplissimus additionibus super anatomiam Mundini*. Bolonha: H. de Benedictis, 1521. IDEM. *Isagogae breves [...] in anatomiam humani corporis*. Bolonha: B. Hectoris, 1523. Para uma análise desta questão em Berengário, cf. FRENCH, R.K. Berengario da Carpi and the use of commentary in anatomical teaching. In: WEAR, A. et al. (orgs.). *The Medical Renaissance of the Sixteenth Century*. Cambridge: Cambridge University Press, p. 52-53 e 56-61.

tro temporário, que deve ser erigido no interior de um espaço amplo e arejado, com assentos dispostos em toda volta, em forma de círculo. Os lugares deverão ser atribuídos de acordo com a categoria dos assistentes. Haverá um gerente, que deverá controlar e ordenar tudo, assim como alguns guardas para impedir a entrada dos importunos. Tochas deverão estar prontas para a noite. O cadáver deve ser colocado no centro, em uma bancada alta, num lugar iluminado e apropriado para o dissecador[21].

Depois de Benedetti, a descrição dos teatros anatômicos, mais ou menos longa e detalhada, tornou-se muito comum. Ela correspondia às vezes a estruturas efetivamente estabelecidas, mas podia tratar-se de descrições puramente normativas de teatros anatômicos como deveriam ser concebidos e instalados. Provavelmente é disto que se trata em Guido Guidi (1509-1562)[22], assim como em Charles Estienne, que descreve um teatro a céu aberto, acima do qual ele propõe estender um toldo encerado "para fazer sombra aos espectadores e protegê-los do sol ou da chuva", assim como para ajudar que a voz daquele que explica a anatomia seja melhor ouvida pelos assistentes. A estrutura deve ser construída em madeira, em forma de semicírculo, de dois ou três escalões. Os espectadores tomam lugar em uma ordem hierárquica, organizada segundo a distância em relação ao cadáver, pois aqueles que estarão sentados nos degraus inferiores "verão muito melhor e mais comodamente do que aqueles do alto". Todo o dispositivo é organizado em função da visão: é preciso mostrar. Assim, no meio do teatro e ao lado da mesa de dissecar, deve haver uma estrutura que permita levantar o cadáver de tempos em tempos, a fim de "mostrar a exata situação e posição de cada uma das partes". Além disso, é previsto que partes do corpo extraídas do cadáver sejam "levadas pelos degraus do teatro e mostradas a cada um para maior evidência"[23].

---

21. BENEDETTI, A. *Anatomice sive historia corporis humani*. Paris: H. Stephani, 1514, f° 7r°.
22. GUIDI, G. *De anatome corporis humani libri VII*. Veneza: Giunta, 1611, p. 12-13.
23. ESTIENNE, C. *La Dissection des parties du corps humain*. Op. cit., p. 373-374.

Na França, a faculdade de medicina de Montpellier foi a primeira a ter seu teatro. Sabe-se por Felix Platter, que fez lá seus estudos nos anos 1550, que em janeiro de 1556 "acabava-se de construir um belo anfiteatro de anatomia"[24]. Lá também se tratava de um teatro de demonstração, e em Montpellier já se havia erigido um, a crer em Platter, em 1552. Para um teatro permanente será preciso esperar até 1584, quando um desses foi construído em Pádua. Ele foi edificado sob a égide de Girolamo Fabrici d'Acquapendente, que foi professor de anatomia e cirurgia em Pádua, de 1565 a 1613. Tratava-se de uma estrutura em madeira, podendo acolher cerca de duzentas pessoas, em cinco escalões. Sua forma elipsoide era significativamente oriunda do estudo anatômico do olho, sobre o qual Fabrici trabalhou entre 1581 e 1584, isto é, nos anos imediatamente anteriores à construção do anfiteatro. Em 1592, quando o anfiteatro teve de ser refeito, Fabrici começava a debruçar-se de novo sobre o assunto. Coincidência no tempo que é também coincidência nas formas: encontra-se na arquitetura do teatro de anatomia a composição de círculos e de elipses das ilustrações da anatomia do olho do *De visione, voce, auditu*, publicado por Fabrici em 1600[25]. Fabrici havia feito de seu teatro anatômico uma gigantesca metáfora concreta do olhar. Em Pádua, dissecava-se no interior de um olho, de uma máquina de perceber, de um observatório da fábrica do corpo, que permitia a um público numeroso participar na consagração da experiência visual como pedra angular do conhecimento anatômico.

Porém não bastam as dissecações públicas nos anfiteatros. Para estender o império dos sentidos da anatomia renascente é preciso que o cadáver aberto possa ser colocado à vista a todo momento. Na falta de cadáveres reais, recorre-se à imagem. Para que sua obra "seja proveitosa a todos aqueles aos

---

24. Cf. *Felix et Thomas Platter à Montpellier, 1552-1559, 1595-1599*: notes de voyage de deux étudiants bâlois. Paris: Bibliothèque Nationale de France, 1995, reprod. da edição de Montpellier, Camille Coulet, 1892, p. 126.
25. Cf. Le théâtre anatomique de l'université de Padoue. In: *Les siècles d'or de la médecine* – Padoue, XVIᵉ-XVIIIᵉ siècle. Milão: Electra, 1989, p. 106-108.

quais é recusada a observação experimental", Vesálio "inseriu nela representações tão fiéis dos diversos órgãos que elas parecem colocar um corpo dissecado diante dos olhos daqueles que estudam as obras da Natureza"[26]. Dar a ver no papel o que podia ser observado na mesa de dissecação, eis o papel atribuído por Vesálio às suntuosas pranchas que ilustram sua obra. A transformação do leitor em espectador, o intuito pedagógico no uso das ilustrações e seu desdobramento intensivo são novidades trazidas pelo anatômico século XVI.

As primeiras "anatomias ilustradas" devem-se a Berengário da Carpi: suas obras apresentam, em um cenário feito de paisagens e de casas ao longe, esqueletos animados, manequins anatômicos que abrem com suas próprias mãos seu abdômen ou seu peito a fim de oferecer ao olhar do leitor as partes internas. Essas ilustrações são inauguradas a mais de um título: como instrumento didático, em primeiro lugar, mas também porque elas introduzem uma intenção artística na iconografia anatômica. Depois de Berengário, instaurou-se uma duradoura relação de colaboração entre artistas e anatomistas. Muitas figuras do *De dissectione* de Charles Estienne reproduzem composições de artistas italianos como Rosso Fiorentino e Perino del Vaga[27]. Rosso Fiorentino foi também um dos ilustradores, com o Primatice e Francesco Salviati, da tradução latina dos escritos cirúrgicos atribuídos a Hipócrates, publicada em 1544, em Paris, por Guido Guidi[28]. Girolamo da Carpi desenhou, por volta de 1541, as 54 pranchas do tratado de miologia de Gio-

---

26. VESALE, A. *La fabrique du corps humain* (Prefácio). Op. cit., p. 41.

27. Cf. KELLETT, C.E. "Perino del Vaga et les illustrations pour l'anatomie d'Estienne". *Aesculape*, 37, 1955, p. 74-89. • KELLETT, C.E. "A note on Rosso and the illustrations to Charles Estienne *De dissectione*". *Journal of the History of Medicine*, vol. 12, 1957, p. 325-336.

28. *Chirurgia, e Graeco in Latinum conversa*. Paris: P. Galterius, 1544. Cf. GRMEK, M.D. "La main, instrument de la connaissance et du traitement". • GRMEK, M.D. (org.). *Histoire de la pensée médicale en Occident* – Tomo II: De la Renaissance aux Lumières. Paris: Du Seuil. 1997, p. 226.

vanni Battista Canano[29]. Em 1559, o *De re anatomica* de Colombo foi publicado sem ilustrações, salvo aquela que orna o frontispício, que é atribuída a Veronese. Porém o tratado devia aparecer ilustrado por Michelangelo, com quem Colombo, que foi seu médico particular, mantinha em Roma relações de amizade e de trabalho.

A participação dos artistas no estabelecimento da iconografia anatômica foi feita à base da convicção de que a ilustração cumpria um papel essencial no dispositivo de conhecimento organizado em torno da percepção visual. Pintores e anatomistas partilham os mesmos valores a propósito da experiência sensorial, os livros científicos exploram a cultura visual da época, e esta os invade trazendo-lhes uma sensibilidade específica. Os artistas colocaram a serviço do saber anatômico uma dimensão estética, mas também um olhar que vai além do objeto morto deposto na mesa de dissecação: a dramaturgia dos esqueletos e dos manequins anatômicos não pertence ao escalpelo, mas ao pincel. É o artista que faz dançar os cadáveres.

III. Ler e dissecar

Os sentidos constituem a pedra de toque do conhecimento anatômico, empírico e qualitativo, descobrindo formas, cores, texturas, consistências e temperaturas. A visão e o tato são as chaves da ciência dos corpos, onde se vê abolir a distância que separa o sábio da natureza. Eis os pilares sobre os quais os anatomistas pretendem ter fundado, em meados do século XVI, a nova anatomia. Devemos levar em conta esse "programa", incansavelmente prescrito durante décadas, sem no entanto dar por adquirida sua realização. Entre os sentidos e o conhecimento não há espaço vazio, mas livros, que permitem ver porque eles dizem como ver. Também é preciso interessar-se pelo

---

29. *De musculorum humani corporis picturata dissectio*. Ferrara, c. 1541; trad. ingl. In: LIND, L.R. *Studies in Pre-Vesalien Anatomy; Biography, Translations and Documents*. Filadélfia: The American Philosophical Society, 1975, p. 309-316.

que os anatomistas leem e, mais ainda, pela relação entre o que eles leem e a prática das dissecações, pois estas constituem não apenas um momento de verificação do que é lido, mas também de apropriação do modo como um corpo deve ser observado.

Roger French chamou a atenção a este respeito sobre o comentário de João de Alexandria (século VII) ao tratado *Des sectes* de Galeno, que deu lugar, quando se começou a dissecar o cadáver humano, a um esquema descritivo que estipulava o que devia ser assinalado no corpo aberto[30]. Segundo João de Alexandria, seis características deviam ser observadas: o número e a substância das partes, sua localização, seu tamanho, sua forma e suas ligações com outras partes. Este esquema já se encontra em Mondino[31]. Dois séculos depois, Alessandro Achillini[32] ou Alessandro Benedetti[33] sempre se utilizam dele, assim como Canano, Guinther d'Andernach e Vesálio que dizem ter desenvolvido "muito longamente as passagens que tratam do número, da posição de cada parte do corpo humano, de sua forma, de sua substância, de sua conexão com os outros órgãos e de numerosos detalhes que temos o hábito de escrutar quando dissecamos"[34]. Em 1561 é Ambroise Paré que lembra que se deve considerar a substância, o tamanho, a forma, a composição, o número, a conexão, a compleição, a ação e a utilidade de cada parte[35]. De Mondino a Paré, é constante a referência a este conjunto de particularidades a observar no corpo. A este título, a palavra de Vesálio é muito justa: trata-se de aspectos que os ana-

---

30. FRENCH, R.K. "Berengario da Carpi and the use of commentary in anatomical teaching". Art. cit., p. 63. • FRENCH, R.K. "A note on the anatomical accessus of the Middle Ages". *Medical History*, vol. 23, 1979, p. 461-468.

31. WICKERSHEIMER, E. (org.). *Anatomies de Mondino dei Luzzi et de Guido de Vigevano*. Op. cit., p. 8.

32. ACHILLINI, A. *Annotationes anatomicae*. Bolonha: H. de Benedictis, 1520, f° IIr°.

33. BENEDETTI, A. *Anatomice sive historia corporis humani*. Op. cit., f° 6v°.

34. VESALE, A. *La fabrique du corps humain* (Prefácio). Op. cit., p. 41.

35. PARÉ, A. *Oeuvres complètes*, t. I, ed. J.-F. Malgaigne. Genebra: Slatkine, 1970, reimpr. da edição de Paris, 1840-1841, p. 110.

tomistas têm "o hábito de escrutar" quando dissecam. Um hábito que diz respeito ao modo de examinar um cadáver aberto, mas também de descrever o que se pôde observar nele. Dos livros aos corpos e dos corpos aos livros, uma narração das partes codifica-se à base do comentário ao *Des sectes*. Mas isto também é feito sem nada dever a este comentário, em outros níveis de organização do relato anatômico que diz respeito à ordem segundo a qual as partes são apresentadas e às maneiras de dividir o corpo.

A distinção entre partes homogêneas[36] e partes instrumentais era a primeira clivagem segundo a qual Avicena e Averróis haviam organizado as passagens anatômicas de suas respectivas obras. Mondino procede de modo diferente. Seu propósito é antes de tudo prático e visa ao conhecimento das partes do corpo obtido pela dissecação. Portanto as partes homogêneas não serão expostas separadamente, uma vez que não aparecem de modo satisfatório em um corpo cortado. Quanto às partes instrumentais, distinguem-se as extremidades daquelas que são internas. Essas últimas são objeto de uma classificação em partes "animais", "espirituais" e "naturais", respectivamente alojadas numa das três cavidades do corpo: os "ventres" superior, médio e inferior. A cavidade craniana, o tórax, o abdômen e as extremidades, eis as quatro grandes seções do corpo sobre as quais é construído o plano da *Anathomia*. A cada uma delas corresponde uma das quatro lições às quais dá lugar a dissecação de um cadáver, e a ordem seguida por Mondino em sua obra é a ordem do desenrolar das operações. Deve-se começar pelo ventre inferior, a fim de retirar-lhe imediatamente as partes, pois são elas que apodrecem primeiro. Passa-se em seguida ao ventre médio, depois ao ventre superior[37].

---

36. Isto é, conforme a tradição aristotélica, aquelas constituídas de uma mesma combinação de elementos, por conseguinte nas quais cada porção é qualitativamente idêntica ao todo. Elas se distinguem das partes não homogêneas, compostas por sua vez de partes homogêneas e também chamadas instrumentais (cf. ARISTÓTELES. *Les parties des animaux*, II, 1, 646a-647a. Op. cit., p. 21s.).

37. WICKERSHEIMER, E. (org.). *Anatomies de Mondino dei Luzzi et de Guido de Vigevano*. Op. cit., p. 8.

Uma vez examinadas as partes encerradas em cada uma das três cavidades, é a vez das extremidades. Aqui a ordem das descrições também é regulada pela ordem da dissecação: a progressão é feita da superfície para o interior, penetrando gradualmente no corpo por camadas sucessivas. Mondino começa por retirar cuidadosamente a pele; assim se poderá, diz ele, observar as veias, depois uma quantidade de músculos e tendões, que deverão todos ser extraídos, cada um por sua vez, para chegar aos ossos[38]. A *Anathomia* permite ler o corpo por meio da sequência das operações de cortagem do cadáver; os tempos da ação envolvem os tempos da exposição, partindo estes da leitura. Leitura do texto que se torna leitura do corpo.

As indicações de Mondino sobre a observação do corpo, sua divisão e o modo de apresentar a descrição das partes foram retomadas quase sem restrição na literatura anatômica até o século XVI. Benedetti faz sua a divisão do corpo em três cavidades, e começa a dissecação pela cavidade inferior, alegando as mesmas razões de Mondino; a enumeração das partes em Benedetti também é feita partindo da superfície do corpo para o interior, seguindo "a ordem da dissecação"[39]. O *Liber anathomiae* (1502) de Gabriele Zerbi apresenta uma organização mais complexa, porque à divisão do corpo em três ventres se superpõe uma classificação das partes em anteriores, posteriores e laterais, sobre a qual Zerbi estabelece o plano de seu tratado em três livros. Sem ir tão longe, Achillini acolhe no entanto o critério, estabelecendo seis "posições": o alto e o baixo, a direita e a esquerda, a frente e a parte de trás do corpo[40]. Mas Achillini segue principalmente as proposições de Mondino, como também Niccolò Massa em seu *Liber introductorius anatomiae* (1536) ou, já na segunda metade do século XVI, Ambroise Paré e

---

38. Ibid., p. 48s.
39. *Anatomice,* f° 14r° e 29r°.
40. *Annotationes anatomicae,* f° IIr°-V°.

Dissecações e anatomia

o anatomista de Basileia, Gaspard Bauhin[41]. No século XVII, a divisão do corpo em três cavidades não desapareceu dos tratados de anatomia. Ela é proposta em obras como a *História anatômica* (1600) de André du Laurens, as *Instituições anatômicas* (1611) de Kaspar Bartholin, o *Manual anatômico* (1648) de João Riolan (filho) ou a *Anatomia* (1652) de Domenico Marchetti. Entretanto, se esta divisão faz parte da estrutura das obras, ela não lhe serve de base, a não ser em alguns casos – em Bartholin e Marchetti, por exemplo. Sobretudo a ordem de apresentação foi modificada, desviando-se da ordem imposta pela dissecação.

Mondino, e depois dele muitos outros, descreviam um corpo que se esvaziava e desmantelava à medida que avançava a exposição; um corpo cuja sucessão dos capítulos refletia a redução progressiva sob a ação do escalpelo. Cortar, examinar e depois descartar. A cada parte do texto, o que restava a ler correspondia ao que restava do cadáver sobre a mesa de dissecação. A ordem dos livros era também uma ordem de destruição do corpo. Em 1545, Charles Estienne enuncia um princípio inverso: ele partirá das profundezas do corpo para chegar à superfície[42]. Dos ossos até a epiderme. Não se trata mais da ordem de dissecação, mas de uma ordem de composição, segundo a distinção que André du Laurens explicará algumas décadas depois: a anatomia "pode ser ensinada de duas maneiras e por um duplo método: um de resolução que decompõe o todo em suas partes, como quando dissecamos o corpo [...] até que cheguemos às partes mais simples. O outro método é o da composição, o qual dos similares constitui os dissimilares, e destes compõe um todo"[43].

---

41. BAUHIN, G. *Anatomica corporis virilis et mulieris historia*. Lião: J. Le Preux, 1597, p. 15-16.

42. ESTIENNE, C. *La dissection des parties du corps humain*. Op. cit., p. 7.

43. Cito segundo a primeira edição em francês da *Historia anatomica*, de Du Laurens: *L'histoire anatomique en laquelle toutes les parties du corps humain sont amplement declarées*. Paris: T. Blaise, 1610, p. 36-37.

Partindo da superfície do ventre inferior, a ordem de dissecação leva às profundezas do encéfalo. A ordem de composição, ao contrário, define uma sequência no sentido da espessura do corpo, de acordo com a qual é preciso começar pelos ossos e depois tornar a subir até a pele, passando pelas cartilagens, pelos músculos, pelas veias e artérias, etc. Mas a ordem interna a cada um desses grupos de partes deve ainda ser provida; em outras palavras, resta decidir como ordenar a osteologia, ou a miologia, por exemplo. Charles Estienne o faz da cabeça aos pés. Sob a ordem de composição vem portanto aninhar-se no *De dissectione*, o *a capite ad calcem*: os ossos do crânio são os primeiros a serem descritos, os do pé serão os últimos; os nervos do rosto abrem a angiologia e os das extremidades inferiores a fecham. Assim é construído o primeiro livro do tratado de Estienne, que conserva no livro II a ordem de dissecação. Encontra-se a mesma disposição em Vesálio. Escrevendo seus tratados na mesma época, os dois anatomistas decidem elaborá-los segundo uma ordem diferente daquela que havia prevalecido até então. No começo dos anos 1540, aparece então uma nova disposição do relato anatômico, que se estabiliza em torno da justaposição de uma ordem de composição e de uma ordem de dissecação. No interior da composição, a descrição se desenrola por sua vez *a capite ad calcem*, como o quer a "dignidade" das partes.

Recapitulemos: de dentro para fora e de cima para baixo na composição, da superfície para o interior e de baixo para cima na dissecação, uma divisão em três cavidades e extremidades, uma outra em estratos, às vezes também entre a frente e a parte de trás, uma descrição das partes instrumentais tributária das categorias sugeridas pelo comentário de João de Alexandria, sempre presentes em du Laurens em 1600 e, por volta de meados do século XVII, em Riolan (filho). O corpo é atravessado por grades de leitura que se vão imbricando à medida que elas se acumulam ao longo do tempo. Planos, espaços, direções, sequências, coisas a observar: a anatomia desenha seu objeto, primeiro regulando sua descrição sobre a trajetória do escalpelo, depois acrescentando a ordem de composição que marca um distanciamento do texto em relação à ação do dissecador.

IV. Estrutura, fragmentação e mecânica

A ordem de composição, como se lê em muitos tratados, corresponde à ordem da natureza. O relato anatômico deve pois começar pelas partes que a natureza fabrica em primeiro lugar, isto é, os ossos. Começar pelos ossos é também o que recomenda Galeno no *De anatomicis administrationibus*, porque dos ossos dependem, diz ele, a forma e o apoio do corpo, como os postes para as tendas ou as paredes para as casas[44]. Os anatomistas da Renascença retomam os mesmos argumentos e o mesmo registro metafórico. Vesálio faz disto um uso intensivo, e suas palavras são frequentemente as de Galeno: os ossos são para a fábrica do homem o que as paredes e as vigas são para as casas, os postes para as tendas ou as quilhas e cavernas para os navios[45]. A imagem da quilha reaparece mais adiante no livro I da *Fabrica*, aplicada à coluna vertebral[46] – Benedetti já havia empregado a quilha neste sentido, assim como João Fernel em sua *Fisiologia* (1542): "A origem e a sede de todos os ossos é a espinha, que os antigos compararam à quilha ou fundo de um navio"[47]. Para Charles Estienne, é preciso começar pelos "fundamentos do edifício", da "grande construção" que é o corpo humano, isto é seus ossos[48]. Jacques Dubois, diz Sylvius, mestre de Estienne e de Vesálio em Paris, entra na

---

44. *De anatomicis administrationibus*. Lião: G. Rouillium, 1551, p. 9-10.

45. *De humani corporis fabrica*. Basiléia: J. Oporinus, 1543, p. 1.

46. Ibid., p. 57.

47. FERNEL, J. *De naturali parte medicinae libri septem*. Paris: S. de Colines, 1542. Cito segundo a versão francesa de SAINT-GERMAIN, C. *Les VII livres de la physiologie*. Paris: J. Guignard le Jeune, 1655, p. 34.

48. *La dissection des parties du corps humain*. Op. cit., p. 3.

matéria "pelos ossos: porque eles são o resumo da construção do homem"[49]. O edifício, a construção, seus fundamentos são termos que se repetem sem cessar desde a primeira metade do século XVI, e que remetem a uma visão estrutural do corpo, com o acento na forma, na estabilidade e no peso.

Duzentos anos depois, em sua *Exposição anatômica da estrutura do corpo humano* (1732), Jacques-Bénigne Winslow desenvolve, a exemplo de seus predecessores, uma justificação da preeminência dos ossos. À primeira vista, trata-se das mesmas ideias: os ossos são para o corpo "o que o alicerce é para um edifício"; eles dão ao corpo a firmeza e a atitude, eles sustentam seus órgãos[50]. Mas em Winslow o leque das comparações se diversifica, como na explicação da "conexão dos ossos". A este respeito, diz ele, em vez de comparar o arcabouço dos ossos com o alicerce de um edifício, nós o faremos com o alicerce "de alguma construção móvel": um navio, uma carruagem, um relógio ou "alguma outra máquina que se move". Não se trata mais exclusivamente de apoio estático, mas também de movimento. A arquitetura por si só não basta mais, e a comparação torna-se uma "montagem" de "peças", entre as quais umas permanecem imóveis, como "as vigas, as traves, as colunas", enquanto que as outras são destinadas "a algum movimento, por exemplo, as portas, as janelas, as rodas"[51].

Em Winslow, a coluna vertebral continua sendo "o apoio geral de todos os outros ossos", além de preencher ao mesmo tempo a função de "direção universal das atitudes necessárias aos seus diferentes movimentos". Ora, "para encontrar essas duas vantagens em uma mesma máquina é preciso que ela tenha duas qualidades que parecem opostas": a firmeza e a flexibilidade;

---

49. SYLVIUS. *Introduction sur l'anatomique partie de la physiologie d'Hippocras & Galien.* Paris: J. Hulpeau, 1555, f° 17v°.

50. WINSLOW, J.-B. *Exposition anatomique de la structure du corps humain.* Paris: G. Desprez/J. Desessartz, 1732, p. 18.

51. Ibid., p. 13.

"se lhe for acrescentada a agilidade, a máquina será ainda mais perfeita"[52]. Firme, flexível e ágil, "a espinha" de Winslow só de muito longe se assemelha à de Fernel, que conhecia apenas o peso e a massa: "Como os burros por meio de uma albarda carregam fardos muito pesados, assim no homem, por sua ajuda e sua assistência, o peso de seu corpo é sustentado e levantado"[53]. Pedras como as que os arquitetos dispõem nas abóbadas e nos arcos dos edifícios, eis com o que Vesálio compara as vértebras, suportando de maneira sólida um peso[54]. Uma estrutura sustentadora, assegurando a estabilidade pela transmissão das forças e pela distribuição das cargas. Este objeto não é a "máquina" descrita por Winslow, menos interessado na arquitetura do que na "mecânica da espinha dorsal".

O edifício não esperou por Winslow para tornar-se máquina. Desde Fernel e Vesálio, decorreram dois séculos que viram as representações e os modelos do corpo incorporar os traços de uma entidade mecânica. Diversos fatores concorreram para esta evolução, inscrita no princípio, que se inicia no século XVI e triunfa no século XVIII, de uma mecanização do mundo – o universo visto como um imenso mecanismo. Neste quadro definido pela "filosofia mecânica", o modelo explicativo por excelência é o da máquina, composta de peças e portanto suscetível de ser desmontada[55]. Ora, esta noção de "peça" empregada com insistência por Winslow, e que em um contexto orientado pelas referências mecânicas remete à máquina, designa antes de tudo um fragmento, uma parte. Ela representa, neste sentido e em matéria de anatomia, um avatar da noção de "parte", isto é, de uma palavra-chave que traduz o modo de fragmentação que está no centro do projeto anatômico. "Pois a Anatomia não trata do corpo inteiro e contínuo, mas dividido

---

52. Ibid., p. 64.
53. FERNEL, J. *Les VII livres de la physiologie*. Op. cit., p. 34.
54. VESALE, A. *De humani corporis fabrica*. Op. cit., p. 76.
55. Cf. ROSSI. P. *Les Philosophes et les Machines 1400-1700*. Paris: PUF, 1996, p. 145.

em partes e membros", escreve du Laurens[56], antes de citar uma definição de "parte" que ele julga "perfeita" – a de Fernel. A parte, diz este, "é um elemento aderindo ao seu todo, usufruindo de uma vida comum com este, e feito para sua ação e seu uso"[57].

Além dessa sucinta definição, Fernel se detém nas partes homogêneas, procedendo a uma sequência de divisões em cascata, a partir do corpo em sua totalidade (integralmente). As partes homogêneas, que são as partes compostas de uma só e mesma substância, representam o resultado dessas divisões sucessivas: elas são "as partes menores que estão ao alcance dos sentidos". À força de fragmentar a matéria corporal sempre mais finamente, chega-se a partes cuja segmentação não produz mais diferença, mas mesmidade. Considerada deste ponto de vista, a divisão anatômica faz eco com um método "chamado pelos mais excelentes filósofos de *analysin*, isto é, resolução", pela qual se procede do todo às partes, "ou do composto para o simples, ou do efeito à causa, ou das coisas posteriores às anteriores"[58]. Resolução quer dizer análise que, em anatomia, quer dizer dissecação: cortagem, "decomposição artificial" de um corpo para conhecer as partes que o compõem. Ora, a divisão que é um gesto concreto executado no cadáver, é também a atualização de uma organização do pensamento; aqui o escalpelo é também um instrumento do espírito. A "parte" resulta da divisão do corpo, cortado tanto pela lâmina do dissecador como pelo pensamento do anatomista.

Se em 1542 Fernel ainda podia definir as partes homogêneas como sendo as menores "que estão ao alcance dos sentidos", no século XVII, com a invenção do microscópio, esta definição deixou de ser apropriada. A ampliação ótica permitia ver o que antes, a olho nu, era invisível, desvelava a heterogeneidade do que se pensava ser uniforme, revelava partículas aninhadas

---

56. LAURENS, A. *L'histoire anatomique...* Op. cit., p. 53.

57. FERNEL, J. *Les VII livres de la physiologie*. Op. cit., p. 234.

58. Ibid., p. 26-27.

em partes mínimas. O microscópio fazia recuar as fronteiras do indivisível e abria novos horizontes à fragmentação: "não há nenhuma parte tão homogênea que, sendo considerada de perto, não se encontre divisível em várias outras de diversa constituição", escreve o cirurgião Pedro Dionis em 1690[59]. Ainda havia caminho a percorrer no sentido da resolução.

A segmentação mais "sutil" para ir ao encontro de uma trama mais fina do corpo redefine a parte, por conseguinte, a peça. Torna-se mais complexo o maquinário corporal, assim como as analogias das quais se serve a descrição anatômica. Em 1603, Fabrici d'Acquapendente recorria a imagens ainda bem sumárias para expor sua visão do sistema valvular: moinhos, barragens, reservatórios[60]. O modelo hidráulico de Fabrici inspirou sem dúvida seu discípulo William Harvey em sua teoria da circulação do sangue; à sua base encontra-se a ideia de que o coração se comporta como uma bomba que aspira e faz refluir o líquido[61]. A hidráulica é também uma das analogias preferidas de Dionis, que compara o cérebro a um reservatório "que fornece água a diversas fontes": "Quando o operador das máquinas hidráulicas quer acionar uma delas, ele abre a chave de seu conduto e imediatamente ela começa a jorrar, ainda que esteja às vezes a quinhentos passos do reservatório. O cérebro faz as vezes do reservatório, os nervos são os condutos, as fontes são como os músculos e o operador do processo representa a alma que preside as entradas dos canos dos nervos para fechá-los ou abri-los à sua vontade, da maneira que convém para fazer fluir os espíritos nos músculos sujeitos ao seu controle"[62].

Mas esses modelos hidráulicos são menos sofisticados do que o modelo do relógio, ou que as "maquínulas" dos iatromecânicos como Marcello Mal-

---

59. DIONIS, P. L'anatomie de l'homme, suivante la circulation du Sang et les dernières Découvertes. 4. ed. Paris: L. d'Houry, 1705, p. 144-145.
60. FABRICI D'ACQUAPENDENTE, G. De venarum ostiolis. Pádua: L. Pasquati, 1603, p. 4.
61. HARVEY, W. Exercitatio anatomica de motu cordis et sanguinis in animalibus. Op. cit., p. 58.
62. DIONIS, P. L'anatomie de l'homme... Op. cit., p. 596-597.

pighi, no qual o corpo é constituído de máquinas que misturam as partículas do quilo (da digestão) e do sangue como os pulmões, ou os separam mecanicamente como as glândulas, assimiladas a crivos[63]. A mecanização do corpo admite vários graus de complexidade e metáforas variadas, mas, fora desta diversidade, ela progride inexoravelmente na literatura anatômica desde a segunda metade do século XVI, subtendida por alguns traços comuns fundamentais. É a ideia, de um lado, de que basta entender bem a organização das partes para compreender as funções vitais e explicá-las. E, de outro lado, que o princípio de fragmentação traz, pela segmentação do corpo, os elementos constitutivos da máquina: dissecação e composição das partes, desmontagem e montagem das peças. A terminologia mecânica, feita de alavancas, cordas, canais, polias e molas acompanha a descida dos anatomistas, por meio dos múltiplos níveis de fracionamento sucessivos, em sua busca do segmento definitivo, a parte das partes, a unidade primeira da composição. O microscópio a faz aparecer sob a forma de um filamento, de uma fibra.

A noção eclode verdadeiramente a partir dos anos 1650-1660, nos escritos de Francis Glisson, de Malpighi, de Lorenzo Bellini ou do dinamarquês Niels Stensen (Stenon). Será graças aos trabalhos deles que Giorgio Baglivi, discípulo de Malpighi, conceberá, no começo do século XVIII, "a primeira teoria fibrilar verdadeiramente sistemática e consequente, abrangendo ao mesmo tempo a anatomia, a fisiologia e a patologia"[64]. Em 1700, Baglivi publica um tratado intitulado *De fibra motrice et morbosa*, onde escreve que o corpo humano só se compõe de feixes de fibras: prolongadas no cérebro e nos nervos, tecidas como tramas nas membranas, endurecidas nos ossos, comprimidas nas glândulas, nas vísceras e nos músculos, elas são os consti-

---

63. Cf. MALPIGHI, M. De viscerum structura. In: *Opera omnia*. Londres: Robert Scott, 1686, p. 51-144.

64. GRMEK, M.D. *La première révolution biologique* – Réflexions sur la physiologie et la médecine du XVIIe siècle. Paris: Payot, 1990, p. 181.

tuintes da máquina animada do corpo[65]. Depois do estabelecimento da morfologia fibrilar, da noção de "fibra motora" sobre a qual Stenon constrói sua "miologia geométrica", e da utilização dessas ideias por Baglivi, o Século das Luzes será decisivamente mecanista, de obediência fibrilar. Fibras tendinosas, ligamentosas, ossosas, carnosas. Fibras motoras, fibras primordiais.

V. A unidade e o fragmento

Microcosmus: foi assim, diz Vesálio, "que os antigos, por suas importantes correspondências com o universo, em mais de um sentido, qualificaram justamente" o corpo humano[66]. Esta alusão do anatomista flamengo não é surpreendente, pois ele partilha com os homens de seu tempo um mesmo panorama de evidências, no qual a representação do homem-microcosmo ocupa um lugar preferencial. O discurso médico e anatômico não invoca a correlação entre o macrocosmo e o microcosmo a título de simples metáfora. Ela traduz uma aliança entre o corpo e os astros. Daí a presença, reiterada, nos tratados, do esquema que representa o homem zodiacal, onde as regiões e as funções corporais aparecem coadunadas aos planetas que as governam e aos signos do zodíaco. O mesmo acontece, por exemplo, no *Fasciculo di medicina*, impresso em Veneza em 1493, um compêndio de textos médicos que compreendia a *Anathomia* de Mondino de'Liuzzi. Leonardo da Vinci, no livro de anatomia que ele se propunha escrever, presume uma espécie de "cosmografia do *minor mondo*"[67]. Encontramos ainda referência a esta estrutura de semelhanças em textos como o *Theatrum anatomicum* de Gaspard Bauhin (1592), ou na *História anatômica* de Du Laurens. Na primeira terça parte do século XVII, o pensamento do corpo como resumo das forças e dos elementos do cosmos, a confu-

---

65. BAGLIVI, G. *De fibra motrice, et morbosa [...] Epistola*. Perúsia: Constantinum, 1700, p. 14.
66. VESALE, A. *La fabrique du corps humain* (Prefácio). Op. cit., p. 49.
67. *Les carnets de Léonard de Vinci*. Paris: Gallimard, 1942, p. 170.

são entre medicina e astrologia sempre persistem – William Harvey define o coração como o "sol do microcosmo"[68].

Portanto, apesar do desenvolvimento de uma anatomia que traz em si o germe do mecanicismo, que trabalha no sentido de uma fragmentação, os anatomistas não deixam de remeter-se a uma outra anatomia, uma anatomia astral, ancorada na teoria de uma ligação íntima entre o ser humano e o universo, inscrita numa matriz de representações na qual a natureza é trabalhada e perpassada por "simpatias". No século XVI – um tempo de viagens de descoberta e de exploração, de novos mundos a conhecer e a dominar – a noção de homem-microcosmo facilita a assimilação da obra anatômica à descoberta, à designação e à representação de regiões desconhecidas. Ela é uma ponte lançada entre os modos antigos de imbricação analógica do ser humano e do mundo e a ambição de caminhar em direção a um corpo enfim descoberto e cartografado. Partes de território tomam forma no seio de uma anatomia que fragmenta o "resumo do universo", coloca-o em mapas e o submete a uma nomenclatura tão minuciosa quanto superabundante. O fragmento trabalha a unidade, mas sem erodi-la necessariamente: até a primeira metade do século XVIII, essas abordagens do corpo – uma em fase com o mundo, a outra parcelar – cobriram zonas complementares do imaginário corporal, dividiram entre si a tarefa de interrogá-lo e hibridaram suas respostas; os fragmentos mostram mais, mas a unidade explica melhor.

Acontece o mesmo em matéria de coabitação de visões da natureza do corpo com a teoria dos humores, que faz parte de uma física, de uma concepção do ser vivo e de uma medicina entrançadas em torno das noções de mistura, equilíbrio, qualidades e elementos. Na teoria humoral, o corpo é constituído de quatro humores fundamentais: o sangue, a pituíta ou fleugma, a bílis amarela e a bílis escura. Da ação desses humores dependem os fe-

---

68. HARVEY, W. *Exercitatio anatomica de motu cordis et sanguinis in animalibus*. Op. cit., cf. p. 3 e 42.

nômenos vitais, e sua coexistência em doses adequadas permite a uns e outros neutralizar reciprocamente seus eventuais excessos. Trata-se portanto de uma rede de interações, de diálogos entre substâncias, de comunicações entre o interior e o exterior do corpo. E também de relações, aqui, entre microcosmo e macrocosmo, as influências astrais comandando os movimentos dos fluidos humanos como elas controlam os movimentos dos líquidos terrestres. Em sua versão galênica, a fisiologia humoral nutrirá a prática médica europeia medieval e renascentista, associando-se desde o século XV a um saber astronômico que, naquela época, era também essencialmente o saber que emanava da obra de Galeno.

Poderíamos sem dúvida ver nos modelos do corpo que se impõem entre os anatomistas no século XVI o modelo arquitetural em particular, a inauguração de representações de solidez, essencialmente. Um deslocamento que descarta os humores do papel de elemento central da organização corporal em favor da parte sólida. Sim, da parte, simplesmente, pois segundo Fernel "nós não dizemos absolutamente [...] que os humores que estão espalhados por todo o corpo sejam partes"[69]. Em 1611, Kasper Bartholin nota, mais expressamente, que "não se pode chamar de parte a não ser aquela [...] que é sólida"[70]. E Riolan (filho), em 1648, ao retomar o assunto: "o anatomista que só examina o corpo morto, abandona o cuidado dos humores e dos espíritos, e não considera senão as partes sólidas"[71]. Nesses autores, os humores aparecem excluídos do domínio do conhecimento anatômico. Uma exclusão a respeito da qual Riolan traz uma precisão interessante: o objeto que o anatomista examina é um corpo morto, isto é, que não oferece os humores no que define sua especificidade, a saber, a dinâmica, as misturas, os fluxos; o cadáver não fornece líquidos e, o que é mais, eles são fugidios, dificilmente perceptíveis, perdidos. Cientificamente mudos, mas além disso incômodos. Eles sujam os

---

69. FERNEL, J. *Les VII livres de la physiologie*. Op. cit., p. 234.
70. BARTHOLIN, K. *Institutions anatomiques*. Paris: M. et I. Hénault, 1647, p. 2.
71. RIOLAN, J. (filho). *Manuel anatomique et pathologique*. Op. cit., p. 76.

sólidos e perturbam seu exame. Esponjas são previstas entre os instrumentos necessários para fazer as dissecações; elas são utilizadas para ver melhor as vísceras, para "secar inteiramente todo o corpo"[72].

Por conseguinte, os líquidos desapareceram progressivamente. Assim como os astros. As teorias unitárias das correspondências cósmicas e dos humores foram destronadas quando soou para a anatomia a hora do relógio, quando a "resolução" e o mecanismo deram à luz uma teoria fibrilar, que chegou no final de um longo ciclo soldado pelo triunfo epistemológico do princípio de fragmentação. Ora, durante cerca de duzentos anos, a anatomia, com seu eixo na delimitação de partes corporais pela manipulação e dissecação da matéria morta, pôde dar a esses segmentos uma significação e insuflar-lhes uma vida, integrando-os em uma ordem de representações capazes de fornecer uma interpretação global. Se em cada fragmento de carne não havia palpitado o universo, se em cada retalho de tecido os humores não haviam feito circular a substância da solidariedade corporal, não teria havido aí senão um objeto inerte, literalmente insignificante. Órfão. Até o momento em que o mecanicismo trouxe um novo estatuto ao fragmento, fazendo dele uma peça, uma engrenagem de um dispositivo que fez da máquina a metáfora privilegiada do vivente.

---

72. FERNEL, J. *Les VII livres de la physiologie*. Op. cit., p. 209.

7
CORPO, SAÚDE E DOENÇAS
Roy Porter
Georges Vigarello

Muitas referências intuitivas governam a visão antiga da doença. As representações populares do corpo, em particular, conservam nesta visão um papel que foi marcante durante muito tempo. É contra elas que as teorias científicas da Renascença no século XVIII tiveram que lutar. É contra elas que se renovou a compreensão do corpo doente e, em âmbito maior, a representação científica do corpo.

Não que devam ser ignoradas as distâncias sociais e culturais. A visão da doença muda de acordo com os meios material e social em que se vive: na Renascença, a melancolia era considerada, por exemplo, como um distúrbio admissível na elite em moda; mas se um pobre coitado sofresse de sintomas semelhantes – que podem ser chamados "depressão" – certamente seria censurado de molengão ou descontente. O sexo também teve influência: as manifestações do que se teria chamado "histeria" em uma mulher dos anos 1800 teriam sido diagnosticadas como "hipocondria" em seu irmão. Enfim, e isto não é o mais importante, às vezes a doença é considerada de modo diferente pelos pacientes e por seus médicos. Aqueles que sofrem experimentam o aspecto pessoal da doença; é mais provável que os doutores, e particularmente aqueles que têm pretensões científicas ou um poder institucional, sublinhem seus aspectos objetivos, uma vez que os diagnósticos e os prognósticos se apoiam em fatos objetivos.

Hoje em dia, a medicina colocou claramente a "doença" no quadro de paradigmas científicos. No entanto, intuições e crenças dominaram por muito tempo. Daí a necessidade de estudar as mudanças de atitude em relação à doença e à conservação da saúde. E também a necessidade de examinar o medo da doença, as estratégias destinadas a enfrentar a dor e os remédios, e as tentativas de elucidar os significados da doença (pessoais, morais, religiosos). É importante guardar na mente o modo como essas atitudes foram estruturadas por interesses mais vastos, e pela consciência de diferenças – entre as quais as diferenças de classe social e de sexo são as mais incisivas – ao longo de toda a transformação do pensamento tradicional em pensamento científico, da cultura oral em cultura escrita, de visões religiosas do mundo em visões profanas do mundo. Além disso, é preciso não esquecer que as doenças são ao mesmo tempo fenômenos biológicos objetivos e estados, maneiras de ser pessoais.

I. Medicina tradicional e representação do corpo

Na compreensão da saúde e da doença, o que domina durante dois mil anos as concepções dos doutores, da elite educada e das classes mais populares, é uma imagem do corpo transmitida pela medicina e pela filosofia gregas. Trata-se do modelo humoral, encontrado nos escritos hipocráticos (século V aC) e na obra de Galeno (século II dC). Este modelo se apoia na imagem das substâncias e também da aparência, assim como na imagem do funcionamento interno do corpo. Ela deriva do tipo de pensamento científico de que dispunham os antigos gregos: consciência aguda da regularidade das transformações sazonais do mundo natural, a dos ritmos da doença observada junto ao leito do doente. Por outro lado, os gregos não tinham praticamente nenhum conhecimento dos processos internos do corpo humano, fisiológicos ou patológicos: nenhuma tradição e nenhuma "lógica" talvez lhes tenham imposto a dissecação.

1. Os humores

A vida integral do corpo era concebida pela medicina grega da mesma maneira que a concebeu mais tarde o pensamento popular: importância dos ritmos naturais do desenvolvimento e da mudança, importância dos principais fluidos contidos no invólucro da pele, uns e outros ajustando o equilíbrio entre a saúde e a doença. Classicamente, esses líquidos, fatores de vitalidade, eram o sangue, a bílis (ou bílis amarela), a fleuma e a melancolia (ou bílis escura). São João Crisóstomo descreve "este nosso corpo, tão baixo e pequeno, composto de quatro elementos, a saber, do que é quente, isto é, o sangue; do que é seco, isto é, a bílis amarela; do que é úmido, isto é, a fleuma; do que é frio, isto é, a bílis escura"[1]. Os diferentes humores desempenham diferentes funções que permitem manter o corpo em vida. O sangue é o licor da vitalidade: quando o sangue sai borbulhando de um corpo, a vida se escoa com ele. A bílis é o líquido gástrico, indispensável à digestão. A fleuma, vasta categoria que compreende todas as secreções incolores, é uma espécie de lubrificante e de resfriador. Visível em substâncias como o suor e as lágrimas, ela aparece da maneira mais evidente quando existe em excesso – em épocas de constipação (catarro pulmonar) e de febre, quando é expelida pela boca e pelo nariz. A bílis escura ou melancolia, o quarto grande fluido, é mais problemática. Quase nunca é encontrada em estado puro; é considerada responsável pelo obscurecimento dos outros fluidos, como quando o sangue, a pele ou os excrementos se tornam enegrecidos. Outros tantos marcos de referência decisivos que permaneceram fortemente vivos na medicina moderna dos séculos XVI e XVII.

Não é aberrante fazer do "estado" dos fluidos, indícios do "estado" do corpo. A própria vida é algo que "corre", flui: os fluidos e a vitalidade são do mesmo gênero. A mínima ruptura ou ferida atinge os líquidos, enquanto que todo obstáculo, os sólidos. Também é possível ver os elementos líquidos – ali-

---

1. SÃO JOÃO CRISÓSTOMO (344-407). *Homélies, discours et lettres choisies*. Paris, 1785.

mento, bebida, poções – entrar no corpo, depois sair dele, transformados em fleuma, saliva, suor, urina e excrementos. Impossível "discernir ou captar" os sólidos. Daí a oposição entre mistério e visibilidade: a entrada e a saída dos fluidos, assim como suas transformações, tornando-se o fio de Ariadne no enigma do interior. Aliás, os diagnósticos dos médicos da Renascença eram muitas vezes feitos a partir da inspeção da urina. Daí este nome familiar de "profetas da urina".

As interações entre os quatro fluidos importantes explicavam fenômenos tangíveis da existência animada: a temperatura, a cor e a textura. O sangue torna o corpo quente e úmido, a bílis o torna quente e seco, a fleuma frio e úmido e a bílis escura produz sensações frias e secas. Vínculos eram estabelecidos com as grandes substâncias elementares que compõem intimamente o conjunto do universo. Quente e movimentado, o sangue era como o fogo; quente e seca, a bílis era como o ar; fria e úmida, a fleuma sugeria a água; fria e seca, a bílis escura ou melancolia assemelhava-se à terra. Essas analogias concordavam com outras facetas do mundo natural, como as forças astrológicas e as variações sazonais. Frio e úmido, o inverno tem afinidades com a fleuma; é a época em que as pessoas sentem frio... Cada fluido tinha também seu matiz colorido – o sangue, vermelho; a bílis, amarela; a fleuma, pálida; a melancolia, sombria. Essas colorações eram responsáveis pelo aspecto exterior do corpo: indicavam por que as diferentes raças eram brancas, negras, vermelhas ou amarelas, e por que alguns indivíduos eram mais claros, outros mais morenos, mais avermelhados, mais amarelos...

2. O equilíbrio

O equilíbrio humoral explicava também o espectro das disposições e dos temperamentos: a compleição avermelhada da pessoa generosamente dotada de sangue, sua vivacidade, sua energia, sua robustez; a compleição colérica, a acrimônia da pessoa afligida por um excesso de bílis; a frieza, a palidez da pessoa afligida por um excesso de fleuma; o aspecto soturno, o humor sombrio e a tristeza da pessoa afligida por um acréscimo de bílis escura. Essas relações ricas e sistemáticas entre a fisiologia, a psicologia e o modo de ser ou aparência geral da pessoa eram suscetíveis de trazer muitas explicações: sugeriam prováveis vínculos entre estados interiores constitutivos (o "temperamento") e manifestações físicas exteriores (a "compleição"). Elas eram ainda intuitivamente plausíveis, sugestivas, e mesmo "indispensáveis", durante muito tempo, enquanto a ciência não tinha ainda nenhum acesso direto e independente aos eventos subcutâneos.

O pensamento humoral tinha à sua disposição várias explicações para a passagem da saúde à doença. Tudo corria bem quando os fluidos vitais coexistiam pacificamente em bom equilíbrio de forças: cada um em sua devida proporção, adequado às funções corporais permanentes, como a digestão, a nutrição, a vitalidade e a evacuação dos dejetos. A doença sobrevinha quando um desses humores se acumulava (tornava-se "pletórico"), ou secava. Se, por causa de um regime muito rico, por exemplo, o corpo fabricava muito sangue, seguiam-se "perturbações sanguíneas" – ou, segundo uma expressão moderna, a pressão sanguínea subia. Daí o excesso de calor ou a febre. Devia-se, consequentemente, sofrer uma hemorragia, ter uma crise, um ataque de apoplexia, ou uma crise cardíaca. Por outro lado, uma falta de sangue ou um sangue de má qualidade significavam uma perda de vitalidade, enquanto que uma perda de sangue devida a ferimentos devia levar a um desmaio ou à morte. Raciocínio idêntico, sem dúvida, para os outros fluidos: uma bílis prolífica torna bilioso, sensível aos distúrbios digestivos, uma fleuma prolífica torna impotente e frio.

Esses desequilíbrios podiam certamente ser corrigidos por um estilo de vida racional, como também pela medicina ou cirurgia. A pessoa cujo fígado "cozinha lentamente" um excesso de sangue – o fígado era considerado como o forno do corpo, transformando o alimento em uma sopa de sangue nutritiva –, ou cujo sangue se acha que é poluído ou "maligno", deve sofrer uma sangria. Uma alteração do regime pode ser útil. Oferece-se a um anêmico um regime rico, com carne e vinho, a fim de que produza mais sangue;

em compensação, recomenda-se ao apoplético um regime "diluente" e "resfriador", com legumes verdes e orchata (refresco). Muitos elementos dessa medicina tradicional continuam sendo remédios de "mulheres idosas, simples" e até de vagos recursos intuitivos ou ocultos.

3. Os fluidos sutis

O pensamento humoral era eclético, aberto, fácil de desenvolver. Outros fluidos completavam o conjunto e, em particular, toda uma série de "espíritos", espíritos animais, vitais... Pensava-se que esses "fluidos sutis", extremamente finos e leves como o ar, atravessavam o corpo, funcionando como sopro de vida religando ao mesmo tempo uns aos outros os órgãos vitais (coração, pulmões, fígado, cérebro), numa vasta rede de comunicação. A beleza do esquema humoral, que possui uma notável longevidade e um grande poder de explicação, reside no fato de que ele se concilia com a experiência cotidiana. A vitalidade – convém perguntar de novo – não é caracterizada pelo que corre? A vida possui um certo brilho, uma vivacidade; a morte, ao contrário, é rigidez: todo mundo pode ver a inflexibilidade da velhice e o *rigor mortis* dos "defuntos". Isto tornava evidente, aos olhos dos médicos, como também dos camponeses, que a quintessência da vida não reside nos ossos nem nas cartilagens, nem mesmo nos músculos, mas sim nas partes do corpo que absorvem os combustíveis externos (ar, alimento, bebida) e os convertem em vivacidade. As concepções tradicionais do organismo vivo, tanto do povo como da elite, concediam por conseguinte uma extrema atenção aos órgãos implicados nesta alquimia da manutenção da vida: à boca e à saliva, à garganta, às vísceras, aos intestinos e aos distúrbios dessas regiões.

II. Medicina popular, corpo e "simpatias"

Antes de tudo devemos considerar a "medicina popular" da qual se distanciará lentamente a medicina científica. Ela continua profundamente ligada às visões humorais, sem possuir sua precisão "categorizante", nem sua sutil variedade. Continua sendo um sistema, um conjunto "lógico", bem distante das extravagâncias com as quais foi geralmente identificada. Além disso, um sistema durável: sua "coerência" permaneceu enraizada no pequeno mundo das cidades e campos da Europa moderna, ainda vivaz na paisagem rural do século XIX.

1. As "correspondências"

Aqui o corpo é considerado como o centro do universo: ele está no centro das simpatias, aquelas que vinculam o ser humano ao meio ambiente. Ele está em "correspondência" com o mundo e "ressoa" com ele. Não está a humanidade sujeita ao clima, às estações, aos céus e aos signos do zodíaco? Sobretudo à lua que aqui age supostamente sobre o conjunto do que cresce, do que se reproduz e se move, presidindo tanto o crescimento das plantas e dos cabelos como o nascimento das crianças. A lua influencia as sangrias, a cura das feridas, o peso dos humores; ela regula a menstruação das mulheres, determina o momento do nascimento, talvez até da morte.

O princípio da analogia, o da "medicina das assinaturas" está onipresente nesta medicina popular: cor, forma, odor, calor, umidade, os elementos da natureza "assinam" sua relação profunda com o corpo humano, assim como seu caráter nefasto ou benéfico. Por exemplo, o vermelho do gerânio ou do óleo de milfurada, é utilizado para tratar os distúrbios do sangue; o amarelo do botão-de-ouro ou do amor-perfeito é para tratar a icterícia ou alguma doença "terrosa".

2. Harmonia e prevenção

A saúde é um estado de equilíbrio, sempre ameaçado, instável, entre o corpo humano, o universo, a sociedade. As influências devem ser mensuradas para contrabalançá-las melhor ou simplesmente ajudá-las. Neste sentido a prevenção é a arte de viver de acordo com a natureza, isto é, fazer corresponder a harmonia interna com a harmonia externa: na primavera, purgar o corpo a fim de lavar-se de seus humores voláteis; no verão, evitar as atividades ou alimentos que aquecem; no outono, proteger as pessoas doentias, como diz o provérbio: "Quando as folhas se levantam e caem, o homem se levanta e cai". Aliás, a prevenção impõe a dieta para controlar os humores em excesso: "Uma maçã por dia dispensa o doutor". Seguir um bom regime é comer alimentos fortificantes e produtos naturais que, pelo fato de assemelhar-se ao corpo, lhe são benéficos, como o vinho e a carne vermelha. "A carne produz a carne e o vinho produz o sangue", diz um provérbio francês. O segredo último para atingir o equilíbrio corporal consiste, em última análise, em evitar todo excesso[2].

Convém lembrar ainda como no mundo europeu o começo da tradição científica continua misturado com a tradição popular. As doutrinas da elite, centradas na ideia da ordem natural e divina, foram reforçadas pela religião. Também foram penetradas pela magia e pela feitiçaria. De certa forma, as práticas populares foram aprovadas pelos primeiros *sábios* da Renascença. Pode-se dizer que essas práticas toleraram contradições veladas.

3. Amuletos e simpatias

Richard Napier, médico e pastor inglês do começo do século XVII, cura por exemplo pela religião: ele reza pela cura de seus pacientes, além de acrescentar à reza imagens mágicas e amuletos protetores que ele dá aos pacientes para usá-los, a fim de protegê-los "contra os espíritos malignos, as feiticeiras e as bruxarias". Da mesma forma, quando o cronista Samuel Pepys[3] (futuro presidente da Royal Society de Londres) fala de sua saúde em 1644, a seus olhos excepcionalmente boa, ele mistura as influências mais dispara-

---

2. Cf., sobre os provérbios tradicionais: LOUX, F. & RICHARD, P. *Sagesses du corps* – La santé et la maladie dans les proverbes français. Paris: Maisonneuve et Larose, 1978.

3. Cf. PEPYS, S. *Journal 1660-1669*. Paris: Laffont, coll. "Bouquins", 1994.

tadas: o hábito de tirar a camisa, o hábito de tomar pílulas de terebintina todas as manhãs e de trazer pendurada no pescoço uma pata de coelho como sortilégio mágico.

Religião, magia e medicina convergem na cultura popular, onde mil lógicas se entrecruzam, todas aparentemente "justificadas": o pão assado na sexta-feira santa jamais cria mofo; se for conservado, ele cura todo tipo de doenças; os anéis feitos com o dinheiro arrecadado por ocasião da Eucaristia curam as convulsões; o sacramento da confirmação evita a doença.

"Lógica", ainda, a maneira pela qual a doença circula como um objeto. Ela pode ser transferida, transplantada, transformada: uma pessoa doente deve, por exemplo, cozinhar ovos em sua própria urina, depois enterrá-los; quando as formigas os comem, cessa a doença. Uma pessoa que está com coqueluche deve aventurar-se na praia em maré alta; quando a maré baixa, a tosse desaparece. Crença marcante: a circulação entre vivos e mortos. Uma pessoa doente deve agarrar com força o membro de um cadáver à espera do sepultamento; a doença abandona então o corpo vivo para habitar o corpo morto. Daí aquelas mães tão apressadas ao pé dos cadafalsos, disputando para fazer seus filhos agarrar o corpo sem vida do condenado. Os corpos são perpassados por um "mal" que se supõe entrar, sair, circular.

Os próprios objetos também são "perpassados" por forças suscetíveis de agir sobre os corpos. Aqueles que lembram a muda, por exemplo, podem ajudar a prolongar a vida: placenta de recém-nascidos, pele de serpentes. Também aqueles que permanecem "além" da vida, aqueles que "duram" têm o mesmo efeito: chifres, marfim, dentes ou ossos. Outros ainda agem pela relação dos opostos: sapos vivos aplicados sobre tumores podem curar o câncer, as aranhas fiandeiras podem "libertar" do mal.

A essas panaceias ainda se acrescenta uma magia dos números. Ela fixa momentos particulares do dia, da semana, do mês, do ano, que se tornam favoráveis ou perigosos. Ela joga com números e sua simetria: curar a vertigem atravessando três vezes correndo um campo de linho; fazer desaparecer a febre comendo nove folhas de sálvia durante nove dias consecutivos de jejum; curar a icterícia bebendo a água de nove ondas fervida com nove seixos da praia. Ela joga com números e cores: por exemplo, curar a angina dando nove voltas com uma echarpe vermelha em torno do pescoço.

III. Prospecções anatômicas e "observações"

Só lentamente é que a ciência moderna pôde ser elaborada contra esses saberes, opondo a observação ao ouvir-dizer, a pesquisa à tradição.

Já na Antiguidade o conhecimento biológico e médico era objeto de pesquisas regulares, também elas conduzidas de modo racional, organizadas em escolas e sistemas, ensinadas aos estudantes. Os médicos bem-formados que atuavam nas terras do Islã e no Ocidente Medieval praticavam a medicina baseando-se nos escritos dos gregos. No fim da Idade Média, a insatisfação provocada por algumas doutrinas, mesmo enraizadas, tornou-se cada vez mais importante em certos meios, e a agitação intelectual inédita, a "Renascença" – em particular, a vontade de purificar as doutrinas antigas e de descobrir verdades novas – incentivou pesquisas biomédicas inteiramente renovadas. A partir da Renascença seguiu-se uma série de tentativas para estabelecer a medicina sobre alicerces mais sólidos, em particular a partir do momento em que a revolução científica obteve evidentes sucessos nas ciências mecânicas, na física e na química.

1. Ler Galeno ou "observar"?

A busca de uma anatomia humana sistemática reveste uma importância fundamental na elevação do *standing* da medicina, no exato momento em que fazia falta à medicina medieval o fundamento anatômico e fisiológico indispensável à medicina científica. Esse fundamento, por assim dizer, supunha dissecações sistemáticas. Novas exigências de observação eram indispensáveis para que o escalpelo viesse escrutar o corpo. Eram inevitáveis novas expectativas, novas questões, em particular a vontade de um "olhar", mais do que a revogação de uma proibição religiosa não confirmada por nenhum traço sério[4]. A partir do começo do século XIV, as dissecações tornaram-se mais comuns, particularmente na Itália, centro de desenvolvimento científico quando a Idade Média estava chegando ao fim. As primeiras demonstrações anatômicas tornaram-se outros tantos eventos públicos, quase espetáculos. Na verdade, sua finalidade, em um primeiro tempo, não era a pesquisa, mas a instrução. Elas permitiam ao professor mostrar sua competência. Vestido de uma toga suntuosa, sentado em uma grande poltrona, lia em voz alta as passagens adequadas dos trabalhos de Galeno, enquanto seu assistente mostrava os órgãos mencionados e um dissecador se ocupava com o trabalho de corte. No começo do século XVI, Leonardo da Vinci fez cerca de 750 desenhos anatômicos. Foram feitos, porém, a título estritamente privado, talvez em segredo, e não tiveram absolutamente nenhum impacto sobre o progresso da medicina.

2. Dissecar

A verdadeira ruptura ocorreu com a obra de Vesálio. Nascido em 1514, filho de um farmacêutico de Bruxelas, Vesálio estudou em Paris, Lovaina e Pádua, onde obteve seu diploma de medicina em 1537, e onde se tornou imediatamente professor; mais tarde, tornou-se o médico das cortes do imperador Carlos Quinto e Filipe II da Espanha. Em 1543, publicou sua obra-prima *De humani corporis fabrica* [Da construção do corpo humano[5]]. Neste texto ilustrado de modo extraordinário, impresso em Basileia, Vesálio exalta a observação pessoal e desafia as lições de Galeno sobre diversos assuntos, mostrando que as crenças dele se baseiam mais no conhecimento de

---

4. Cf. MANDRESSI, R. *Le Regard de l'anatomiste* – Dissection et invention du corps en Occident. Paris: Du Seuil, 2003. E, na presente obra, o capítulo de Rafael Mandressi: "Dissecações e anatomia".

5. VESALE, A. *De humani corporis fabrica*. Basileia, 1543.

animais do que de seres humanos. "Os doutores falam com muita frequência do *plexus reticularis*, observa. "Eles jamais viram algum, pois ele não existe no corpo – no entanto eles o descrevem, pois existe um em Galeno. Custo a acreditar que fui tão estúpido a ponto de acreditar em Galeno e nos escritos de outros anatomistas".

A grande contribuição de Vesálio provém da criação de uma atmosfera de pesquisa e do estudo anatômico fundado na observação. Ainda que sua obra não contenha nenhuma descoberta surpreendente, ela favoreceu uma mudança de estratégia intelectual. Depois de Vesálio, as referências à autoridade dos antigos perderam sua validade. Seus sucessores foram obrigados a valorizar a observação pessoal e a precisão. Os homens daquele tempo reconheceram o sucesso deste modo de proceder: Ambroise Paré, o melhor dos cirurgiões, utilizou-o na seção de anatomia de sua obra clássica de cirurgia, publicada em 1564[6]. Paré fez traduzir partes do *De humani corporis fabrica* para o francês, em consideração aos cirurgiões incapazes de ler o latim.

3. Descobrir

Vesálio havia apresentado descrições exatas, assim como ilustrações do esqueleto, dos músculos, das vísceras, dos vasos sanguíneos e do sistema nervoso. Seus sucessores desenvolveram suas técnicas aprofundando-as e acrescentando-lhes detalhes. Em 1561, seu aluno e sucessor como professor de anatomia em Pádua, Gabriele Fallopio (Fallopius), publicou um volume de observações anatômicas que elucidava e corrigia alguns aspectos de sua obra[7]. Os avanços de Fallopio tratam das estruturas do crânio humano e do ouvido, assim como dos órgãos genitais femininos. Ele inventou o termo "vagina", descreveu o clitóris, e foi o primeiro a delimitar os tubos que ligam o ovário ao útero. Mas – ironia da história – ele não descobriu a função do que foi chamado depois "trompas de falópio". Só dois séculos mais tarde é

---

6. PARÉ, A. *Dix livres de chirurgie avec les instruments nécessaires à icelle*. Paris, 1564.

7. FALLOPIO, G. *Observationes anatomiae*. Ferrara, 1561.

que se veio a saber que os óvulos se formavam nos ovários e passavam dessas trompas para o útero – assim, os começos da anatomia estavam relacionados com a fisiologia.

No fim do século XVI, a anatomia de Vesálio se havia tornado o método por excelência da pesquisa anatômica. Bartolommeo Eustachio descobriu a trompa de eustáquio (entre a garganta e o ouvido médio) e a válvula de eustáquio no coração. Ele também explorou os rins e a anatomia dos dentes[8]. Em 1603, o sucessor de Fallopio em Pádua, Girolamo Fabrici (Fabricius ab Aquapendente), publicou um estudo das veias que continha as primeiras descrições de suas válvulas[9]; isto devia inspirar William Harvey. Pouco tempo depois, Gaspare Aselli, em Pádua, chamou a atenção sobre os vasos leitosos do mesentério e identificou sua função: transportar o quilo que provém da alimentação[10]. Isto levou a novos estudos do estômago. Franciscus Sylvius, em Leiden, pôde esboçar mais tarde uma teoria química da digestão[11]. Foram igualmente realizados trabalhos sobre a estrutura do rim, enquanto que Regnier de Graaf, médico holandês, apresentou em 1670 uma excelente descrição do sistema reprodutor, e descobriu as vesículas de graaf no ovário da mulher.

A obra de Vesálio está na origem da exploração do corpo. Revolução decisiva, embora tenha levado antes a uma melhor compreensão das estruturas do que a uma melhor compreensão das funções. Ela criou uma cultura, um "clima" promovendo a anatomia a fundamento da ciência médica.

4. Contra os "erros populares"

Em outras palavras, mudança de cultura e não apenas de conhecimento. O livro de Laurent Joubert, em 1572, *Erros populares no que diz respeito à*

---

8. EUSTACHIO, B. *Opuscula anatomica*. Veneza, 1564.
9. FABRICI D'ACQUAPENDENTE, G. *De venarum astiolis*. Pádua, 1603.
10. ASELLI, G. *De lactibus sive lacteis venis*. Milão, 1627.
11. GRAAF, R. *Opera omnia*. Leiden, 1678.

medicina e ao regime de saúde, confirma esta tentativa, no século XVI, de contrapor o saber médico aos velhos preconceitos. Joubert faz um apanhado dos "propósitos vulgares"[12], das crenças da "boa gente", de um universo de afirmações que multiplicam os provérbios constituídos em certezas, das fábulas transformadas em verdades. Crenças de todo tipo, é claro: a crença de que "as parteiras podem moldar os membros das crianças quando nascem"[13], a crença de que a ametista pode garantir êxtase, euforia a quem a traz consigo, a crença de que "os casamentos celebrados no mês de maio são infelizes"[14]. Por assim dizer, o que importa aqui é reter mais do que o resultado: a vontade de "não admitir como acontecimento verdadeiro senão aquele que se pode compreender pela razão e pelo discurso"[15]. Uma maneira de impor a modernidade, a exigência de observar, embora o modelo do corpo continue, para Laurent Joubert, o dos humores, embora sua prática médica quase não se distancie do gesto evacuador: "Não é preciso fazer outra coisa senão purgar e repurgar o corpo"[16].

A "recusa" de Ambroise Paré é da mesma ordem. O cirurgião do rei o ilustra quando, chamado pelo soberano, num dia de 1570, para testemunhar sobre o valor protetor de uma pedra rara, Ambroise propõe uma prova: dar veneno a um condenado à morte, antes de fazer a pedra "agir" e de constatar-lhe os efeitos. A "experiência", aceita, ocorreu no mesmo instante: um cozinheiro do rei, ladrão de alguns pratos de prata, absorve veneno e antídoto (a pedra reduzida a pó), contra uma promessa de salvar sua vida. O resultado é edificante, sem dúvida: o homem morre tomado de dores insuportáveis, "caminhando como uma besta, os olhos e a face flamejantes, jorrando

---

12. JOUBERT, L. *Erreurs populaires touchant la médecine et le régime de santé*. Rouen, 1601, t. II, p. 122 (1. ed., 1572).

13. Ibid., t. II, p. 127.

14. Ibid., t. II, p. 113.

15. Ibid., t. I, p. 191.

16. Ibid., t. I, p. 117.

sangue pelas orelhas, pelo nariz e pela boca, pelo assento e pelo pênis"[17]. O cirurgião do rei triunfa. Seu gesto se torna constatação: a prova de que a "ilusão" traz o sofrimento e a morte. Lição sangrenta dada pelo médico que coincide com uma dinâmica cultural mais ampla, na segunda metade do século XVI: as primeiríssimas afirmações de uma ciência "moderna", as primeiras recusas do ouvir-dizer, a denúncia[18] dos "magos", "adivinhos" ou "charlatães".

IV. Movimentos internos

O crescente prestígio do conhecimento anatômico e a nova busca da "verificação" reorientaram insensivelmente o estudo do corpo e de seus distúrbios. As teorias tradicionais dos humores remetiam a saúde e a doença a um equilíbrio geral dos fluidos. Porém, as referências mudam com o privilégio dado à observação direta: o novo interesse, no século XVII, atribuído à mecânica, aos fluidos em particular, retidos a partir dos próprios fluxos do corpo. Daí também a nova visão, que não se fez esperar, dos movimentos do sangue, e, num âmbito maior, a nova visão de uma funcionalidade interna.

1. A "maré" sanguínea

Desde os tempos mais remotos, o sangue foi considerado como um fluido provedor de vida, talvez até como o mais significativo dos quatro humores: supunha-se que ele nutria o corpo, ainda que, por ocasião de distúrbios, achava-se que ele provocava febres e inflamações. A teoria galênica da produção do sangue e de seu movimento dominou por muito tempo. Galeno pensava que as veias que transportam o sangue tinham sua origem no fígado (quanto às artérias, elas nasceriam no coração). A "cocção" do sangue era feita no fígado; dali ele saía depois como uma espécie de maré e percorria as veias

---

17. PARÉ, A. *Oeuvres complètes*. Paris: Malgaigne, 1840-1841, t. III, p. 341.
18. Cf. THOMAS, K. *Religion and the Decline of Magic*. Londres: Penguin Books, 1973.

em direção aos órgãos, para os quais trazia o alimento. A parte do sangue proveniente do fígado, que ia depois para o ventrículo direito do coração, dividia-se em duas. Uma passava pela artéria pulmonar e irrigava os pulmões; a outra atravessava o coração pelos "poros interseptuais" e entrava no ventrículo esquerdo. Ela se misturava então com o ar (*pneuma*), se reaquecia e ia do ventrículo esquerdo para a aorta, depois para os pulmões e para o sistema periférico. A ligação entre as artérias e as veias permitia que um pouco de *pneuma* penetrasse nas veias, enquanto que as artérias recebiam sangue[19].

A caracterização do sistema sanguíneo por Galeno foi privilegiada durante quinhentos anos. Em 1500, porém, suas lições começaram a ser questionadas por uma mudança de orientação, uma exigência de observação. Michel Servet, teólogo e médico espanhol, propôs uma hipótese que se refere a uma "pequena circulação" nos pulmões, e dela conclui que o sangue não podia correr (a despeito de Galeno) *através* do septo do coração mas devia encontrar seu caminho *passando pelos pulmões* do lado direito para o lado esquerdo do coração[20]. Em 1559, as alusões de Servet referentes à circulação pulmonar do sangue foram reiteradas pelo anatomista italiano Realdo Colombo. Em seu *De re anatomica*, Colombo mostrou, contra Galeno, que não existia nenhuma abertura na parede separando as aurículas e os ventrículos do coração[21]. A teoria de Colombo difundiu-se amplamente, mas, em curto prazo, não produziu nenhuma ameaça contra as doutrinas de Galeno. Em 1603, Fabrici publicou seu tratado sobre as válvulas das veias, mesmo sem tirar nenhuma conclusão sobre as operações do sistema sanguíneo[22].

---

19. Cf. sobre Galeno, DEBRU, A. *Le corps respirant* – La pensée physiologique chez Galien. Leiden/Nova York: E. J. Brill, 1996.

20. SERVET, M. *Syruporum universa ratio Galeni censuram diligenter expolita, cui, post integram de concoctione disceptationem, praescripta est vera purgandi methodus...* Paris, 1537.

21. COLOMBO, R. *De re anatomica libri XV*. Veneza: N. Bevilacqua, 1559.

22. FABRICI D'ACQUAPENDENTE, G. *De venarum astiolis*. Op. cit.

2. A circulação

Por outro lado, esta conclusão, como a visão de uma "circulação", impôs-se com William Harvey alguns anos depois. Nascido em Folkestone na costa oeste da Inglaterra, primogênito dos sete filhos de um explorador agrícola, Harvey frequentou a escola de Canterbury, depois estudou medicina no Caius College, em Cambridge. Obteve seu diploma em 1597, antes de ir a Pádua trabalhar como aluno de Fabrici, só retornando a Londres em 1602.

Enquanto estudava com Fabrici de 1600 a 1602, prosseguia suas pesquisas sobre o funcionamento do coração, que lhe permitiram escrever desde 1603: "O movimento do sangue é constante e circular; ele resulta dos batimentos do coração". Publicou finalmente essas novas ideias em 1628, sob o título *Exercitatio anatomica de motu cordis et sanguinis* [Tratado de anatomia sobre o movimento do coração e do sangue[23]].

Harvey desenvolveu sua teoria revolucionária da circulação sanguínea fazendo observações precisas, sobretudo uma série de verificações a partir de fenômenos como o sistema de válvulas de sentido único. Ele não utilizou o microscópio, descoberto recentemente. Seguiu uma abordagem aristotélica "à antiga", sublinhando por exemplo a perfeição do movimento circular. Ele aprovava a visão teleológica de Aristóteles: as funções servem para um fim, as estruturas do corpo cumprem "finalidades". Quando ele comparava as antigas doutrinas galênicas sobre o coração e o sangue com as estruturas reais, ele só via problemas e paradoxos. Se, como Galeno afirmava, as veias pulmonares eram destinadas "ao transporte do ar", por que tinham então a mesma estrutura que os vasos sanguíneos? Outras tantas perguntas precisamente sobre o papel das estruturas.

No *De motu cordis*, significativamente dedicado ao Rei Carlos I, Harvey expõe uma teoria radicalmente nova, e afirma audaciosamente que o coração é uma bomba que permite a circulação do sangue pelo corpo. É também um "centro". Daí esta visão que faz a junção da política com a mecânica: "O

---

23. HARVEY, W. *Exercitatio anatomica de motu cordis et sanguinis*. Frankfurt, 1628.

coração dos animais é o fundamento de sua vida. Ele é o soberano de todas as coisas de seu interior, o sol de seu microcosmo, é dele que depende todo crescimento e procede todo poder. Da mesma maneira, o rei é o fundamento de seu reino, o Sol do mundo que o rodeia e o coração da república, a fonte donde emana todo poder e toda graça. [...] Quase todas as coisas humanas são feitas a partir dos exemplos humanos, e muitas coisas em um rei o são a partir do modelo do coração. Por conseguinte, o conhecimento de seu coração não será inútil a um príncipe, no sentido de ele abranger uma espécie de exemplo divino de suas funções – e é comum, entre os humanos, comparar as pequenas coisas com as grandes. Aqui [...] podeis contemplar ao mesmo tempo o primeiro motor do corpo do ser humano, e o emblema do vosso próprio poder soberano". Essa concepção não deixa de conter uma certa ironia. Harvey exaltava o coração ("o soberano de todas as coisas"), mas o reduzia a uma peça de máquina, uma simples bomba, uma parte "qualquer" da engenharia corporal.

Porém, a obra revolucionária de Harvey não foi universalmente aceita. Os médicos de Paris, notoriamente conservadores durante a Renascença, seguiram, por um tempo, as lições de Galeno. Parece que muitos clientes também recusaram as consultas de Harvey: elas "diminuíram consideravelmente" segundo ele, depois da publicação do *De motu cordis* (1628). Seriam as inevitáveis suspeitas em relação às ideias de vanguarda? No entanto, a inspiração do médico de Jaime I estimulou e guiou outras pesquisas em fisiologia. Prevalecia o prestígio da observação: um pequeno grupo de jovens pesquisadores ingleses continuou seu trabalho sobre o coração, os pulmões e a respiração.

Um deles, Thomas Willis, tornou-se um dos membros fundadores da Royal Society de Londres, criada em 1660, e *Sedleian professor* de filosofia natural em Oxford. Médico londrino em moda, Willis empreendeu estudos pioneiros da anatomia do cérebro, das doenças do sistema nervoso e dos músculos, e descobriu o "círculo de Willis" no cérebro[24]. Porém, o mais bri-

---

24. WILLIS, T. *Opera medica et physica*. Lião, 1676.

lhante dos harveianos ingleses foi Richard Lower. Estudante em Oxford, tendo seguido Willis em Londres, ele colaborou com o filósofo mecanista Robert Hooke numa série de experiências graças às quais ele explorou a maneira pela qual os pulmões transformam o sangue venoso vermelho escuro em sangue arterial vermelho vivo, e publicou suas descobertas no *Tractatus de corde* [Tratado do coração, 1669[25]]. Lower ganhou uma certa notoriedade fazendo as primeiras experiências de transfusão de sangue na Royal Society, transferindo sangue de um cão para um outro, e sangue de uma pessoa a outra, experiências evidentemente "arriscadas", se não trágicas, e sem futuro.

3. O horizonte das máquinas

Os médicos sentiam que tinham tudo a ganhar se tornassem suas doutrinas mais "científicas". O microscópio, aperfeiçoado por Antoni van Leeuwenhoeck[26] e Robert Hooke[27], multiplicando as visões de animálculos (animais microscópicos), de movimentos ínfimos, de objetos impalpáveis, trouxe-lhes uma nova ajuda. Os surpreendentes avanços do tempo em matéria de filosofia natural em geral, principalmente nas ciências físicas, igualmente os ajudaram. O que também fascinou foi a máquina, promovida pela filosofia mecanicista de René Descartes ou de Robert Boyle[28]. Daí a importância de um modelo global: o corpo se naturaliza e se "desencanta"[29] na ciência do sé-

---

25. LOWER, R. *Traité du coeur, du mouvement et de la couleur du sang, et du passage du chyle dans le sang*. Paris, 1679 (1. ed., 1669).

26. VAN LEEUWENHOECK, A. *Anatomia, seu Interiora rerum, cum animatarum tum inanimatarum...* Amsterdã, 1687.

27. HOOCKE, R. *Lectures and Collections made by Robert Hooke [...] Cometa [...] Microscopium...* Londres, 1678.

28. BOYLE, R. *Apparatus ad historiam naturalem sanguinis humani, ac spiritus praecipue ejusdem liquoris*. Londres, 1685.

29. Cf. DENEYS-TUNNEY, A. *Écriture du corps, de Descartes à Laclos*. Paris: PUF, 1992: "O cartesianismo marca o momento histórico de um 'desencantamento do corpo'" (p. 35). Cf. tb. COURTINE, J.-J. Le corps désenchanté. In: TOBIN, R.W. (org.). "Papers on French Seventeenth Century Literature". *Le corps au XVIIe siècle*. Seattle, 1995.

culo XVII. Mais diretamente referido a si mesmo, o corpo é mais espontaneamente liberado da ordem cósmica e de suas gradações. A imagem das alavancas, das rodas dentadas e das polias funciona como outras tantas referências possíveis. As forças, as rupturas e os choques funcionam como outras tantas explicações. O que dominou foi sobretudo a hidráulica. Muitos foram os que, baseando-se em Harvey, sugeriram uma nova compreensão dos fluidos e de seus movimentos, com tubos ou vasos, estases ou alijamentos. Os filósofos que estavam em moda pretendiam doravante inflectir as velhas teorias dos humores, assinalar ameaças em seus próprios "transbordamentos", orientar para outras fontes materiais as possíveis causas de seus acidentes.

A filosofia mecanicista estimula novos programas de pesquisa. Na Itália, Marcello Malpighi fez trabalhos sobre pequenas estruturas. Ele dirigiu uma série de estudos no microscópio sobre a estrutura do fígado, da pele, dos pulmões, do baço, das glândulas e do cérebro, entre os quais muitos foram publicados nos primeiros números de *Philosophical Transactions*, da Royal Society[30]. O pisano Giovanni Borelli e outros "iatrofísicos" (doutores convictos de que as leis da física davam a chave das operações do corpo) estudavam o comportamento dos músculos, as secreções das glândulas, a respiração, a ação do coração, as reações dos músculos e dos nervos. Enquanto Borelli trabalhava em Roma, graças ao financiamento da Rainha Cristina da Suécia, a principal contribuição dele foi um tratado, *De motu animalium* [Do movimento dos animais], publicado em 1680[31], que continha importantes observações sobre os pássaros em voo e uma grande quantidade de assuntos semelhantes, tentando, mais audaciosamente que qualquer outro antes dele, compreender as funções do corpo a partir das leis da física. Em sua exploração do funcionamento da máquina corporal, Borelli postulava a presença de um "elemento contráctil" nos músculos; sua operação era desencadeada por

---

30. MALPIGHI, M. *Opera omnia, figuris elegantissimis in aes incisis illustrata tomis duobus comprehensa*. Londres, 1687.

31. BORELLI, G. *De motu animalium*. 2 vols. Roma, 1680.

processos semelhantes à fermentação química. A respiração também o preocupava: ele a considerava como um processo puramente mecânico que pressionava o ar no fluxo do sangue passando pelos pulmões. Como conhecedor das experiências sobre a bomba de ar feitas por Otto von Guericke[32] e Robert Boyle, nas quais pequenos animais expiravam no ar "rarefeito" (em outras palavras, no vácuo), ele afirmava que o "sangue aerado" comportava elementos vitais. Daí este jogo totalmente dinâmico na manutenção da vida: o ar serve de veículo a "partículas elásticas" que entram no sangue para imprimir-lhe um movimento interno. Pode-se dizer que da física e da química era esperada uma explicação dos segredos da vida.

Giorgio Baglivi, contemporâneo de Borelli, embora mais jovem, professor de anatomia na Escola papal de Roma, representa o ponto culminante desse programa iatrofísico. Seu *De praxi medica* (1696[33]) afirma que "um corpo humano, no que se refere às suas ações naturais, na verdade não é nada mais do que um conjunto de movimentos químico-mecânicos, que dependem dos mesmos princípios que os movimentos puramente mecânicos". Baglivi estava perfeitamente consciente das dificuldades que os pioneiros da medicina científica deviam enfrentar: as teorias científicas em que se fiavam não pareciam absolutamente levar a terapêuticas mais eficazes. As relações entre a pesquisa fundamental e as vantagens médicas permaneciam ainda imprevisíveis, quando não incontroláveis.

4. Primeiros químicos e físicos

A iatroquímica representava uma outra inovação. Enquanto a iatrofísica queria esclarecer a carcaça humana com a ajuda das leis da física, os iatro-

---

32. VON GUERICKE, O. *Experimenta nova, ut vocant Magdeburgica de vacuo spatio*. Amsterdã, 1672.
33. BAGLIVI, G. *De Praxi medica ad priscam observandi rationem revocanda libri duo* – Accedunt dissertationes novae. Roma, 1696.

químicos pretendiam fazê-lo com a ajuda da análise química. Repudiando os humores como arcaicos e fantasiosos, alguns sábios voltaram às teorias químicas do iconoclasta suíço Paracelso (Philippus Aureolus Theophrastus von Hohenheim, 1493-1541[34]), rejeitado por outros como charlatão, mas respeitado por muitos como um dos maiores reformadores do mundo médico. Contratado como médico da cidade de Basileia em 1527, Paracelso admirava a simplicidade de Hipócrates, apreciava a sabedoria da medicina popular. Ele acreditava no poder da natureza e da imaginação para cuidar do corpo e aliviar o espírito. Os adeptos de Paracelso serviam-se também das opiniões de seu sucessor holandês, Jan Baptist van Helmont[35], que rejeitava a ideia paracélsica de um fermento único (ou espírito familiar) para desenvolver, ao contrário, a ideia segundo a qual cada órgão tem seu próprio *blas* (espírito) específico que o regula. O conceito de "espírito" proposto por van Helmont em meados do século XVII não era místico, mas material e químico. Ele considerava que todos os processos vitais eram químicos, sendo todos causados pela ação de um fermento ou de um gás particular. Esses fermentos eram espíritos invisíveis capazes de converter o alimento em carne viva. Processos de transformação produziam-se no corpo inteiro, mas particularmente no estômago, fígado e coração. Van Helmont considerava que o calor corporal era um subproduto de fermentações químicas, afirmando que o sistema inteiro era governado por uma alma situada no fundo do estômago. A química, concebida de maneira ampla, era portanto a chave da própria vida. Essas concepções eram radicais. Gui Patin, que dirigia a faculdade de medicina ultraortodoxa de Paris[36], denunciava van Helmont como "um patife de flamengo louco". Uma alma totalmente física continuava habitando o corpo como ela continuava habitando o médico.

---

34. VON HOHENHEIM, P.A.T.B. (Paracelso). *De gradibus, de compositionibus et dosibus receptorum ac naturalium libri septem.* Basileia, 1562.
35. VAN HELMONT, J.B. *Opera omnia.* Veneza, 1651.
36. Cf. PATIN, G. *Lettres choisis.* Frankfurt, 1683.

Um dos principais sucessores de Van Helmont foi Franz de la Boë (François du Bois, Franciscus Sylvius). Como partidário de William Harvey, Sylvius, que ensinava em Leiden, insistia na importância da circulação sanguínea para a fisiologia geral[37]. Ele menosprezou as ideias de Van Helmont como esotéricas demais, e procurou substituir seus fermentos e seus gases por processos corporais que combinam a análise química com a teoria da circulação. Mais ainda do que Van Helmont, Sylvius se centrava na digestão, afirmando que este processo de fermentação se operava na boca, no coração – onde o fogo digestivo era mantido por reações químicas – e no sangue, que se difundia para os ossos, os tendões e a carne.

Em 1700, os avanços da anatomia geral e da fisiologia pós-harveiana haviam criado o sonho de uma compreensão científica das estruturas e funções do corpo, utilizando as estruturas, novas e muito prestigiosas, da mecânica e das matemáticas. A medicina científica cumpriu alguns desses objetivos durante o século seguinte, mas também conheceu fracassos.

V. Entre ciências fundamentais e teorias da vida

Durante o século XVIII, o Século das Luzes, a pesquisa em anatomia geral – ossos, articulações, músculos, fibras, etc. – prosseguiu nas pistas desenvolvidas por Vesálio e seus sucessores. Exibindo uma habilidade artística superior e tirando proveito das melhorias da imprensa, muitos atlas anatômicos esplêndidos foram publicados, combinando beleza e utilidade.

O estudo atento dos órgãos individuais continuou, incentivado pelo fascínio demonstrado por Malpighi e outros promotores da "nova ciência", por meio de invenções como os foles, as seringas, os tubos, as válvulas e outros aparelhos ou engenhos. Os anatomistas se esforçavam para expor com clareza a relação forma/função de estruturas minúsculas (às vezes microscópicas), à

---

37. Cf. SYLVIUS [François du Bois]. *Opera omnia, sex tomis comprehensa.* Anvers/Paris. 1714.

luz de imagens do organismo como sistema de vasos, tubos e fluidos. Assim as leis da mecânica serviam de base à pesquisa em anatomia, confirmando o peso de um novo imaginário técnico sobre as representações do corpo.

1. A impossível estrutura

O anatomista holandês Herman Boerhaave (1668-1738), um dos mais importantes de seu tempo, propôs a ideia segundo a qual os sistemas físicos operam no conjunto do corpo, compreendidos como um todo integrado e equilibrado, no qual as pressões e os fluxos de líquido se igualam e onde tudo encontra seu nível próprio[38]. Rejeitando os anteriores modelos da "relojoaria" de Descartes como muito grosseiros, Boerhaave tratava o corpo como uma rede de vasos e de tubos, contendo fluidos corporais, colocando-os em comunicação e controlando-os. A saúde era explicada pelo movimento dos fluidos no sistema vascular, a doença pelo impedimento ou estagnação deste movimento. Assim era preservada a antiga insistência no equilíbrio humoral, mas traduzida em um vocabulário mecânico e hidrostático.

Todavia nada indicava que o fascínio de Boerhaave e de outros pela mecânica do corpo havia tornado a medicina agressivamente reducionista ou materialista. A presença de uma alma nos seres humanos era considerada como evidente. Boerhaave, por outro lado, julgava que o exame de questões como a da essência da vida ou a essência da alma imaterial era inoportuno no quadro das realidades cotidianas da medicina. A urgência era sobretudo apreender estruturas, processos fisiológicos e patológicos tangíveis. O estudo da alma devia ser entregue aos padres e aos metafísicos: a medicina devia estudar as causas segundas, não as causas primeiras, o *como* mas não o *porquê* nem o *para quê* (a finalidade).

---

38. BOERHAAVE, H. Institutiones medicae [texto impresso]. In: *Usus annuae exercitationis domesticos digestae ab Hermanno Boerhaave*. Paris, 1747.

2. Medir

O crescente prestígio das ciências físicas despertou, além disso, a necessidade de medir as operações da máquina corporal. Santorio Santorio foi neste sentido um pioneiro, colocando-se por diversas horas em uma imensa balança, fazendo uma série de cálculos complicados sobre seu próprio peso, o alimento ingerido, os excrementos evacuados, para quantificar melhor, entre outros, o peso perdido numa transpiração insensível[39]. Amigo de Galileu, ele inventou instrumentos de medida da umidade e da temperatura, e um pêndulo para medir o ritmo do pulso. Desde então começou uma tradição, fortemente reforçada no começo do século XVIII, quando Gabriel David Fahrenheit, cientista alemão, inventou o termômetro a álcool e, cinco anos depois, o termômetro de mercúrio e a escala de temperatura ainda associada a seu nome[40]. Mais ou menos à mesma época, o inglês John Floyer construiu um relógio que permitia quantificar o pulso[41].

Mas o fisiologista mais audacioso do século XVIII em experimentação foi um pastor inglês, Stephen Hales, vigário de Teddington, a oeste de Londres. Ele fez experiências "hemodinâmicas" para calibrar a circulação sanguínea que estão expostas com detalhes "sangrentos" em seus *Statical Essays* (1731-1733[42]). Ele mediu a força do sangue fazendo penetrar longos tubos de cobre na veia jugular e na artéria carótida de cavalos vivos, e observou que a pressão arterial (medida pela altura da coluna) é muito mais importante do que a pressão venosa. Graças às suas experiências que permitiam quantificar a pressão sanguínea, a capacidade cardíaca e a velocidade do fluxo sanguíneo, o Reverendo Hales fez importantes progressos na fisiologia da

---

39. SANTORIO, S. *De medicina statica aphorismi*. Veneza, 1614.

40. FAHRENHEIT, G.D. *Abhandlungen über Thermometrie, von Fahrenheit, Réaumur, Celsius (1724, 1730-1733, 1742)*. Leipzig, 1894.

41. Cf. FLOYER, J. *A Treatise of the Asthma, divided into four parts*. Londres, 1717.

42. HALES, S. *Statical Essays, Containing Haemastaticks, or an Account of Some Hydraulick and Hydrostatical Experiments Made on the Blood-vessels of Animals*. Londres, 1731-1733.

circulação. Experimentador intrépido sobre os animais, este pastor partilhou igualmente o interesse de Descartes pela ação reflexa, decapitou rãs, depois excitou seus reflexos pinçando-lhes a pele. A representação de um corpo "reativo" ajuntava-se à de um corpo "hidrostático". A imagem do nervo fazia-se imagem central além da imagem dos humores.

3. A "anima"

Alguns aspectos da filosofia natural de Newton incentivaram os cientistas a rejeitar concepções estritamente mecanicistas do corpo e a levantar questões mais amplas sobre as propriedades da vida. O que implicava reabrir antigos debates sobre temas antigos, como a doutrina da alma. A obra de Stahl é muito significativa sob este ponto de vista. Fundador da eminente escola prussiana de medicina, Georg Ernest Stahl (1660-1734[43]) defendia argumentos antimecanicistas clássicos. Ele afirmava que as ações humanas dirigidas para fins não podem ser inteiramente explicadas por reações mecânicas em cadeia, à maneira de uma pilha de dominós que desmorona ou de bolas que se chocam umas com as outras em uma mesa de bilhar. Os "todos" são maiores do que a soma de suas partes. A atividade humana dirigida para fins supõe a presença de uma alma, compreendida como poder de presidência, intervindo de modo constante, a própria quintessência do organismo. Mais do que um "fantasma" cartesiano "numa máquina" (que está ali presente mas essencialmente separado dela), a *anima* (a alma) de Stahl é o veículo sempre ativo da consciência e da regulação fisiológica: um guardião, um protetor contra a doença. A doença, segundo ele, é um efeito, um distúrbio das funções vitais provocado por males da alma. O corpo, estritamente falando, é guiado por um espírito imortal. Porque a alma age diretamente – isto é, sem ter necessidade da mediação dos *archaei* (fermentos) de Van Helmont ou de algum outro intermediário tangível –, nem a anatomia geral, nem a química têm no fundo grande poder explicativo: para compreender as

---

43. STAHL, G.E. *Conspectus medicinae theoretico-practicae*. Halle, 1618.

operações do corpo é preciso compreender a alma e a própria vida. Friedrich Hoffmann, jovem colega de Stahl, em Halle, lançou um olhar mais favorável sobre as novas teorias mecanicistas do corpo. Como ele diz em seus *Fundamenta physiologiae* [Fundamentos da fisiologia[44]] em 1718, "A medicina é a arte de utilizar corretamente os princípios físico-químicos, a fim de conservar a saúde do ser humano ou de restaurá-la se foi perdida". As pesquisas experimentais sobre os corpos vivos durante o século XVIII não cessavam de levantar a questão de saber se o organismo vivo é essencialmente uma máquina ou alguma coisa diferente. Algumas descobertas revelavam os poderes fenomenais que os seres vivos possuem, entre os quais sua maravilhosa capacidade de se regenerar, ao contrário dos relógios ou das bombas, não era o menor. Em 1712, o naturalista francês René Réaumur demonstrou que as pinças e a carapaça das lagostas podiam crescer de novo depois de cortadas[45]. Nos anos 1740, o pesquisador suíço Abraham Tremblay cortou em várias pedaços pólipos ou hidras e descobriu que novos indivíduos, completos, se desenvolviam a partir dos pedaços; e obteve uma terceira geração cortando estes[46]. Havia evidentemente algo mais na vida do que aquilo que os mecanistas suspeitavam.

4. A "irritabilidade"

A experimentação levou a novas opiniões sobre a vitalidade e, por implicação, sobre as relações entre o corpo e o espírito ou a alma. O personagem central nesses debates foi o polímata suíço, Albrecht von Haller, cujos *Elementa physiologiae corporis humani* [Elementos de fisiologia do corpo humano, 1757-1766[47]] abriam novas vias.

---

44. HOFFMANN, F. *Fundamenta physiologiae*. Halle, 1718.

45. Cf. TREMBLAY, M. *Correspondance inédite de Réaumur et Abraham Tremblay*. Genebra: W. Kündig et fils, 1902.

46. Ibid.

47. VON HALLER, A. *Elementa physiologiae corporis humani*. Lausanne, 1757-1766, 8 vols.

Prolongando o interesse de Boerhaave pelas fibras, Haller demonstrou em laboratório a hipótese de Francis Glisson (meados do século XVII[48]) segundo a qual a irritabilidade (também conhecida sob o nome de "contractilidade") é uma propriedade inerente às fibras *musculares*, enquanto que a sensibilidade (o sentimento) é um atributo exclusivo das fibras *nervosas*. Haller estabelece em seguida a divisão fundamental das fibras segundo suas propriedades reativas, divisão em componentes "irritáveis" e "sensíveis". A *sensibilidade* das fibras nervosas encontra-se em sua capacidade de responder aos *stimuli* dolorosos; a *irritabilidade* das fibras musculares é a propriedade que elas têm de contrair-se em reação aos *stimuli*. Haller podia, graças a isto, avançar uma explicação física – que havia faltado a Harvey – das pulsações cardíacas: o coração é o órgão mais "irritável" do corpo. Composto de camadas de fibras musculares, ele é estimulado pelo sangue que chega, e lhe responde pelas contrações sistólicas. Fundadas em experiências sobre os animais e os humanos, as teorias de Haller separavam, portanto, as estruturas dos órgãos segundo a composição de suas fibras, e lhes atribuíam sensibilidades intrínsecas, independentes de toda alma transcendental ou religiosa. Como Newton, quando foi confrontado com o fenômeno da gravitação, Haller acreditou que as causas de tais forças vitais estavam além de todo conhecimento – se não completamente desconhecíveis, pelo menos desconhecidas. Bastava isto à verdadeira maneira newtoniana para estudar-lhe os efeitos e as leis. Os conceitos de irritabilidade e de sensibilidade de Haller foram amplamente acolhidos com cumprimentos e constituíram o fundamento das pesquisas neurofisiológicas ulteriores.

Desenvolveu-se também uma escola escocesa de "economia animal", centrada na nova e impressionante faculdade de medicina da Universidade de Edimburgo, fundada em 1726. Como Haller, o Professor Robert Whytt, aluno de Alexandre Moro *primus*, explorou a atividade nervosa, mas contestou

---

48. GLISSON, F. *Tractatus de natura substantiae energetica, seu de vita naturae ejusque tribus primis facultatibus*: I. perceptiva, II. apperitiva, et III. motiva. Londres, 1672.

a doutrina da irritabilidade inerente às fibras, defendida por Haller. Em *On the Vital and Other Involuntary Motions of Animals* (1751[49]), ele afirma que os reflexos dependem "de um princípio que se sente inconsciente [...] que reside no cérebro e na medula espinhal", ainda que ele negue que sua doutrina tenha por consequência a reintrodução disfarçada da *anima* de Stahl ou da alma cristã. A concepção de Whytt, segundo a qual os processos corporais dependem de atividades insensíveis, mas dirigidas para fins, pode ser considerada como uma primeira tentativa para procurar resolver o problema do que Freud chamará mais tarde de "inconsciente".

William Cullen, professor de medicina e de instituições médicas na Universidade de Edimburgo, um dos professores mais influentes no mundo anglófono, desenvolveu o conceito de irritabilidade de Haller como propriedade das fibras[50]. Nascido em 1710, Cullen começou a lecionar química em Glasgow e mais tarde ensinou química, a *materia medica* e medicina em Edimburgo. Ele foi a estrela da Faculdade de Medicina de Edimburgo durante seu período áureo, e publicou *First Lines of the Practice of Physics* (1778-1779), obra que se tornou muito popular.

Cullen interpretava a própria vida como uma função do potencial dos nervos, e sublinhou a importância do sistema nervoso na etiologia das doenças, inventando a palavra "neurose" para descrever um grupo de doenças nervosas. John Brown, que foi primeiro seu adepto e depois se tornou seu adversário, personagem de tamanho maior do que o normal, que radicalizou a medicina escocesa, mas depois se tornou opiômano e morreu alcoólico, foi mais longe do que Haller, reduzindo todas as questões de saúde e de doença a variações em torno da irritabilidade média. No entanto, Brown substituiu o conceito de irritabilidade de Haller pela ideia segundo a qual as fibras são "excitáveis". A partir daí, a atividade foi compreendida como produto de *sti-*

---

49. WHYTT, R. *Na Essay on the Vital and Other Involuntary Motions of Animals*. Londres, 1751.

50. CULLEN, W. *First Lines of the Practice of Physic*. Londres, 1778-1779.

muli externos que agem sobre um corpo organizado: a vida, segundo os adeptos de Brown, era uma "condição forçada". A doença, como ele afirmava, é uma perturbação do funcionamento normal da excitação, e as doenças devem ser tratadas como "estênicas" ou "astênicas": se o corpo for superexcitado (estenia) ou subexcitado (astenia)[51].

5. A "vitalidade"

Na França, foram os diplomados da importante Universidade de Montpellier – que sempre foi considerada mais empreendedora do que Paris – que encabeçaram o debate sobre a vitalidade. Boissier de Sauvages negava que o mecanicismo, segundo o modelo das teses de Boerhaave, pudesse explicar a origem e a continuação do movimento no corpo[52]. Bem próximo de Haller, ele afirmava que a anatomia tinha pouco sentido em si mesma. O importante, porém, era conduzir estudos fisiológicos sobre a estrutura do corpo vivo (*não* dissecado), dotado de uma alma. Mais tarde, os professores de Montpellier, como Teófilo de Bordeu, adotaram uma atitude mais materialista, sublinhando mais a vitalidade inerente aos corpos vivos do que a operação de uma alma que teria sua sede no corpo[53].

Pesquisas semelhantes foram prosseguidas em Londres. John Hunter, nascido na Escócia mas que recebeu sua formação nas câmaras de dissecação secretas de seu irmão William, propôs um "princípio vital" para explicar propriedades que distinguem os organismos vivos da matéria inanimada: segundo ele, a força vital se encontra no sangue[54]. Assim as filosofias da "má-

---

51. Cf. LÉVEILLÉ, J.-B.-F. *Exposition d'un système plus simple de médecine, ou Éclaircissement et confirmation de la nouvelle doctrine médicale de Brown, traduite d'après l'édition italienne et les notes de Joseph Franck*. Paris, ano VI-1798.

52. BOISSIER DE SAUVAGES, F. *Les chefs-d'oeuvre [...] ou Recueil de dissertations [...] auxquelles on a ajouté la Nourrice marâtre du chevalier Linné*. Paris, 1770.

53. BORDEU, T. *Traité de médecine théorique et pratique*. Montpellier, 1774.

54. HUNTER, J. *Anatomical Observations on the Torpedo [...] read at the Royal Society*, jun./1773.

quina vital", características da época de Descartes, deram lugar à ideia mais dinâmica de "propriedades vitais" ou de vitalismo. Não é por acaso que o próprio termo "biologia" foi introduzido em torno de 1800, entre outros, por Gottfried Reinhold Treviranus, professor em Bremen[55], e pelo naturalista francês Lamarck, que inaugurou o evolucionismo.

Os debates sobre a natureza da vida não eram conduzidos apenas por filósofos "não observadores". Eles também avançavam graças a pesquisas precisas sobre os corpos humanos e animais, e as hipóteses apresentadas eram submetidas a testes. Os processos da digestão, por exemplo, primeiramente apontados por Van Helmont e Sylvius, eram submetidos a uma experimentação sofisticada. As questões se avivavam: será que a digestão se faz por meio de alguma força vital interna, pela ação química dos ácidos gástricos, ou pelas atividades mecânicas dos músculos do estômago que açoitam, picam e pulverizam os alimentos? O debate sobre a digestão se desenvolvia sem resultado desde os gregos, mas as pesquisas do século XVIII se caracterizaram por uma engenhosidade experimental impressionante, cujo pioneiro foi o naturalista francês René Réaumur. Depois de treinar um milhafre domesticado a engolir e regurgitar tubos porosos cheios de alimento, Réaumur pôde demonstrar os poderes dos líquidos gástricos e provar que a carne era mais completamente digerida no estômago do que os feculentos.

Como sugerem os estudos sobre a digestão, a medicina interagia de maneira fecunda com a química. O químico escocês Joseph Black formulou a ideia do calor latente e identificou o "ar fixo", que foi chamado, na nova nomenclatura química, dióxido de carbono. Seguiram-se importantes avanços na compreensão da respiração. Black havia observado que o "ar fixo" desprendido da cal viva e dos álcalis também estava presente no ar expirado; mesmo não sendo tóxico, era fisiologicamente impossível respirá-lo[56]. Foi o

---

55. TREVIRANUS, G.R. *Zeitschrift für Physiologie*. Bremen, 3 vols., 1824.

56. BLACK, J. *Lectures on the Elements of Chemistry Delivered in the University of Edinburgh*. Edimburgo, 1803, 2 vols.

notável químico francês Lavoisier (que, depois de ter sido, sob o Antigo Regime, o responsável pela cobrança dos impostos régios, perdeu a cabeça na época da Revolução) que explicou da melhor maneira a passagem dos gases nos pulmões. Ele mostrou que o ar inalado se convertia no "ar fixo" de Black, enquanto que o azoto permanecia tal qual. Como supunha Lavoisier, no corpo vivo, a respiração era o análogo da combustão no mundo exterior; ambos têm necessidade de oxigênio, ambos produzem dióxido de carbono e água. Assim Lavoisier estabeleceu que o oxigênio é indispensável ao corpo humano mostrando que, quando está engajado em atividades físicas, o corpo consome maiores quantidades de oxigênio do que quando está em repouso[57].

6. A eletricidade

Como os avanços na química, os avanços em outras ciências prometiam também contribuir muito para a medicina. Com o desenvolvimento dos condensadores e da garrafa de Leyde, a eletricidade avançava a passos largos. As experiências elétricas tornaram-se o objeto de representações em voga – cobaias, animais e humanos eram comumente "eletrificados" por simples curiosidade e por diversão ligeiramente sádica. Luigi Galvani foi o pioneiro da eletrofisiologia experimental, aplicação de correntes a preparações nervosas e musculares. No *De viribus electricitatis in motu musculari* [Dos poderes elétricos nos movimentos dos músculos, 1792[58]], o naturalista italiano descreve experiências sobre animais nas quais ele suspende as patas de rãs mortas por fios de cobre em um balcão de ferro. Se houver uma contração, ele conclui que havia eletricidade implicada no fenômeno, ligada à força vital. Suas experiências foram desenvolvidas por Alessandro Volta, professor em Pavia, cujas *Cartas so-*

---

57. LAVOISIER., A.L. *Réflexions sur le phlogistique, pour servir de développement à la théorie de la combustion et de la calcination*. Paris, 1783.

58. GALVANI, L. *De viribus electricitatis in motu musculari commentarius, cum Joannis Aldini dissertatione et notis* – Accesserunt epistola ad animalis electricitatis theoriam pertinentes. Bolonha, 1792.

bre a eletricidade animal foram publicadas em 1792[59]. Volta mostrou que *stimuli* elétricos podiam fazer um músculo contrair-se.

As conexões entre a vida e a eletricidade implicadas nessas experiências revelaram-se extremamente importantes para a neurofisiologia ulterior. Elas deviam igualmente inspirar romances de ficção científica como o *Frankenstein* de Mary Shelley (1816[60]), que tem por tema a criação artificial da vida pela experimentação físico-química e os perigos atinentes a este poder.

7. A reprodução

A reprodução representava um outro campo de avanço fisiológico. Durante muito tempo se havia debatido, sem resultado, para saber de que maneira, exatamente, se fazia a fertilização, e quais eram as respectivas funções do macho e da fêmea. Beneficiadas entre outros pelos estudos microscópicos, as teorias chamadas de *encaixe* ou teorias animalculistas haviam adquirido importância no século XVII. Elas consideravam que o novo indivíduo já estava completamente desenvolvido (em miniatura), primeiro no fluido seminal, depois na matriz, desde o momento da concepção. William Harvey, por sua vez, resolveu autorizar uma teoria diferente: o ovismo ou epigênese, que atribuía uma função central ao óvulo da fêmea na geração, e que mostrava, a partir de experiências sobre cervídeos que o Rei Carlos I teve a gentileza de doar-lhe, que as partes vitais apareciam gradualmente, uma após a outra, no feto em desenvolvimento. Este debate entre "performacionismo" e "epigênese" fervilhou até o século XVIII bem tardio, mantido por questões mais gerais de teologia (o *encaixe* podia ser considerado como predestinação) e de política dos gêneros (podia-se dizer que o ovismo de Harvey havia dado uma certa dignidade à função da fêmea). O estudo embriológico mais

---

59. VOLTA, A. *Epistolario di Alessandro Volta, edizione nazionale sotto gli auspici dell'Istituto lombardo di scienze e lettere e della Società italiana di fisica.* Bolonha, 1788.
60. SHELLEY, M. *Frankenstein*. Londres, 1816, trad. fr. 1821, 3 vols.

aperfeiçoado foi feito por Caspar Friedrich Wolff em Berlim. Sua *Theoria generationis* [Teoria da geração, 1759[61]] confirmava as opiniões epigenéticas de Harvey, trazendo provas experimentais da evolução gradual das partes do feto. Nenhum órgão está presente no óvulo; os órgãos, ao invés de serem pré-formados e de simplesmente engrossar em volume, como um balão que se assopra, diferenciam-se pouco a pouco no óvulo fertilizado. Os trabalhos de Wolff antecipam os dos grandes embriologistas do século XIX, como Karl Ernst von Baer, que descobriu o óvulo dos mamíferos no ovário, explicou a natureza da ovulação e formulou a "lei biogenética" segundo a qual, no desenvolvimento do embrião, os caracteres gerais aparecem antes dos caracteres especiais[62]. No século XIX, a embriologia tornou-se uma das disciplinas fundamentais da biologia, pois ela explicava o próprio desenvolvimento.

VI. A cultura das Luzes e o prestígio da fibra

Essas explicações e menções dos textos do século XVIII modificaram insensivelmente a representação clássica do corpo. Em âmbito maior, elas se transformaram em fenômeno de cultura. O estado dos líquidos, sua composição e dinâmica não são os mais visados em primeiro lugar. Uma boa condição do corpo não se limita à condição, simplíssima, da pureza das substâncias ou da solidez da carne, como eram evocadas pelos médicos dos séculos XVI e XVII[63]. Ela se estende, como já vimos, à estrutura das fibras, ao seu poder de reagir, ao seu recurso e seu tônus, princípios totalmente particulares que ultrapassam os velhos princípios do movimento ou da pureza. As verificações de Haller em 1744 sobre a irritabilidade, a experiência de Bernouilli em 1750 "fazendo voltar a si" galinhas e frangos eletrizando-os depois de

---

61. WOLFF, C.F. *Theoria generationis*. Leipzig, 1759.

62. VON BAER, K.E. *Beiträge zur Kenntniss des Russischen Reiches und der angränzenden Länder Asiens*. São Petersburgo, 1841-1871, 18 vols.

63. Cf. BRABANT, H. *Médecins et malades de la Renaissance*. Bruxelas: La Renaissance du Livre, 1966, cap. "A grande batalha das ideias médicas".

tê-los sufocado, transformam insensivelmente a maneira de imaginar as forças físicas, sua atuação, sua manutenção[64]. A imagem humoral do corpo cede sempre mais o lugar a uma imagem mais complexa feita de tensão e de excitação. O vigor se desloca. Deixa de estar ligado somente à pureza do humor, transmitida pelos antigos regimes, para ligar-se a um estado específico das fibras e dos nervos, que se tornaram para o higienista Tissot, em 1768, "a principal parte da máquina humana"[65]. Os princípios de higiene e de manutenção já não são os mesmos. Entram em jogo novas metáforas, multiplicando as alusões às sensibilidades, evocando os "fios" frouxos ou tensos para visar melhor "recuperar o tônus da fibra e colocá-la em harmonia com o resto do instrumento vital"[66], como pôde dizê-lo Jean-Marie de Saint-Ursins, precisamente no começo do século XIX, em um livro sobre a saúde das mulheres.

1. O "tônus" das fibras

Convém voltar a esta representação fibrilar: ela confirma a existência de novas representações, a referência a uma nova arquitetura íntima do corpo. Construção filamentosa, longo-linearmente sugerida pelo olho dos primeiros microscópios, a fibra se torna, no século XVIII, a unidade anatômica mínima, o primeiro fragmento do qual se compõem as partes do corpo. Além disso, ela possui seus impulsos e seus recursos próprios: "O tônus da fibra não é outro senão seu estado habitual"[67], afirma Diderot. É que ela é também a primeira unidade de movimento: "Em fisiologia a fibra é o que é a linha em matemática"[68], insiste Diderot em 1765, promovendo-a em estrutura orgâni-

---

64. Cf. CANGUILHEM, G. La physiologie animale. In: TATON, R. (org.). *Histoire générale des sciences* – Tomo II: La Science moderne (de 1450 à 1800). Paris: PUF, 1958.

65. TISSOT, S.A. *De la santé des gens de lettres*. Paris: La Différence, 1991, p. 66 (1. ed., 1768).

66. SAINT-URSINS, J.-M. *L'ami des femmes ou Lettres d'un médecin concernant l'influence de l'habit des femmes sur leurs moeurs et leur santé*. Paris: [s.e.], 1804, p. 169.

67. DIDEROT, D. *Éléments de physiologie* (manuscrito, 1780). Paris: Didier, 1964, p. 311.

68. Ibid., p. 63. Cf. tb. sobre este tema REY, R. "Hygiène et souci de soi dans la pensée médicale des Lumières". *Communication*, n. 56, 1993.

ca central, como Haller, no qual ele se inspira, multiplicando as evocações reticulares; os "sonhos" do filósofo entrelaçam no espaço interno do corpo uma infinidade de "feixes e de fios"[69], todos sensíveis e ativos.

Daí a nova visão da dureza e do deslocamento das polaridades preventivas, o recurso ao frio entre outros transformando as práticas. O resfriamento retesando as fibras é de todo contrário ao calor onerosamente sublinhado até aqui, aquele que era apregoado pelos velhos tratados de saúde para evacuar melhor os humores: o calor que purifica é substituído pelo frio que endurece. Os conselhos de Benjamin Franklin, por volta de 1775, sugerindo leitos "simples" e cobertos de tela, contradizendo os conselhos de De Lorme que sugeriam, um século antes, leitos cobertos de pele de animais, aquecidos como fornos por sua armação de tijolos. Ou ainda o exercício cujos efeitos se tornam os mesmos de um endurecimento fibrilar por repetição das tensões.

2. Cultura e consolidação

Não nos enganemos, essas mudanças também tiveram seus equivalentes culturais. Tronchin, em meados do século XVIII, por exemplo, é daqueles que combinam da melhor maneira o projeto de um reforço das fibras com o projeto de uma resistência moral. Aqui a fraqueza orgânica se torna fraqueza da civilização, os marcos de consolidação se tornam indícios de reivindicações: "Enquanto os romanos, ao sair do Campo de Marte, iam jogar-se no Tibre, eles foram os senhores do mundo; mas os banhos [quentes] de Agrippa e de Nero os fizeram pouco a pouco escravos"[70]. A água fria deve endurecer o corpo como ela endurece o aço. A referência filamentosa converge imediatamente para o projeto cultural: a imagem física da fibra, sua vertente di-

---

69. DIDEROT, D. Le rêve de D'Alembert [1769]. In: *Oeuvres philosophiques*. Paris: J.-J. Pauvert, 1964, p. 198.
70. TRONCHIN, T. Lettre du 3 septembre 1759. In: TRONCHIN, H. *Un médecin du XVIIIe siècle*: Théodore Tronchin. Paris, 1906, p. 59.

retamente concreta, auxiliam a convicção. Grande iniciador de regimes frugais, de exercícios e de banhos frios, Tronchin se detém nas práticas mais modestas de endurecimento: suprimir as toucas de dormir, não usar chapéu "mesmo a cavalo", usar roupas leves, evitar as transpirações fortes. Ele recebe em Genebra o público esclarecido da Europa. Madame d'Épinay fez lá uma longa estada, detalhando sua alimentação de laticínios e de frutas, seus passeios (caminhadas), o frio intenso "que a fortifica"[71]. Voltaire qualifica de "grande homem"[72] este médico que condena a sangria e a purgação, este inventor de práticas aparentemente banais, naturais, mas cujo sucesso provoca a adoção de novas modas, as *tronchines*, isto é, vestidos encurtados e desprovidos de saias-balão, feitos para facilitar a caminhada.

Mais profundamente, a referência corporal nesse conflito entre moleza e resistência está no centro de uma ambição coletiva. O importante, num quadro como este, não é mais a depuração mas a resistência, o que está em jogo não é mais o refinamento das matérias, penhor de distinção, mas seu endurecimento, penhor de uma nova firmeza. A arte de "aperfeiçoar a espécie humana"[73] é enunciada tanto como um projeto de homem político, de médico, nesta segunda metade do século XVIII. O cálculo desloca-se para melhorias progressivas, exercícios graduais, uma "perfectibilidade indefinida"[74]. O futuro desempenha um papel que antes não tinha: "Um libertino que prejudica sua saúde é mais culpado em relação à sua posteridade do que o pródigo

---

71. Mme. D'ÉPINAY. *Les Contre-confessions* – Histoire de Mme. Montbriand. Paris: Mercure de France, 1989, p. 1282 (1. ed., 1818).

72. VOLTAIRE. Lettre du 3 décembre 1757. In: *Oeuvres complètes*. Paris, 1827, t. III, p. 1.340-1.341.

73. FAIGUET DE VILLENEUVE, J. *L'économie politique* – Projet pour enrichir et pour perfectionner l'espèce humaine. Paris, 1763. • VANDERMONDE, C.A. *Essai sur la manière de perfectionner l'espèce humaine*. Paris, 1766. • MILLOT. J.A. *L'art d'améliorer et de perfectionner les hommes*. Paris, 1801.

74. "A perfectibilidade do ser humano é realmente indefinida" (CARITAT DE CONDORCET, J.A.N. *Esquisse d'un tableau historique des progrès de l'esprit humain*. Paris: Sociales, 1971, p. 77 [1. ed., 1794]).

que dissipa seu bem e o bem de outrem"[75], pôde dizer Guilherme Buchan em seu célebre livro sobre a medicina doméstica, por volta de 1780. Uma mudança da sociedade guia essas mobilizações, onde os valores higiênicos do corpo se opõem ao antigo ideal aristocrático: o investimento na descendência contra o prestígio das linhagens. A burguesia, cujos valores dominam no século XVIII, afirma-se sempre mais por esta busca de forças físicas: as mais imediatas, da saúde, e as mais diferidas, de um reforço das gerações futuras. A oposição é certamente simplificadora, pois as transformações da segunda metade do século XVIII são muito profundas para limitar-se a um grupo "burguês". François Furet, Roger Chartier ou Daniel Roche[76] mostraram o lugar que cabe à nobreza nessa elite esclarecida. Seja como for, cria-se uma sociedade de "progresso" que promove uma vigilância sobre o futuro físico de uma comunidade.

Mais profundamente ainda, neste apelo à consolidação das fibras e à resistência do corpo é uma nova imagem do indivíduo que é projetada, uma imagem mais autônoma, mais reativa e resistente: aquela que sabe de imediato resistir a um meio opondo-lhe sua força própria, aquela que pode ganhar em vigor por meio das dinâmicas que brotam de si mesma. Em outras palavras, é exatamente a imagem de algum "cidadão" futuro que é projetado nessas texturas do corpo evocadas tanto por Diderot como por Rousseau: o destino da fibra não poderia limitar-se ao destino da biologia.

VII. Da observação do corpo ao nascimento da clínica

A visão anatômica e fisiológica, a representação "interna" do corpo transformaram-se, e a fé na ciência das Luzes tentou descobrir as leis da vida. Uma

---

75. BUCHAN, G. *Médecine domestique*. Paris, 1788, t. I, p. 21 (1. ed. inglesa, 1772).

76. FURET, F. *Penser la Révolution Française*. Paris: Gallimard, 1978. • CHARTIER, R. *Les origines culturelles de la Révolution Française*. Paris: Du Seuil, 1991. • GOUBERT, P. & ROCHE, D. *Les français et l'Ancien Régime*. Paris: Armand Colin, 1984, 2 vols.

lenta mudança também se impunha na observação do corpo doente, embora permanecessem opacas as relações entre o conhecimento biológico fundamental e as práticas médicas, e embora poucas descobertas científicas tivessem incidências imediatas no controle da doença.

1. Objetivar o mal

Foram muitos os médicos célebres que consignaram suas opiniões sobre a doença, suas fases, sua evolução. Na Grã-Bretanha, William Heberden, que estudou em Cambridge e praticou a medicina em Londres, desenvolveu uma compreensão impressionante, à maneira hipocrática, das síndromes características das doenças. Levando em conta conselhos de Thomas Sydenham, grande clínico do século XVII, segundo os quais os sintomas clínicos devem ser descritos com "tantos detalhes e precisão como os que observam os pintores quando trabalham em um retrato". Heberden sublinha a importância da distinção entre os sintomas "particulares e constantes" e aqueles que são devidos a causas sem relação com a doença, como a idade ou o temperamento. Seus *Commentarii* (1804[77]), fruto de sessenta anos de tomada de notas conscienciosas à cabeceira dos pacientes, desmistificam erros antigos (por exemplo, as supostas qualidades profiláticas da gota), e oferecem advertências diagnósticas e prognósticos perspicazes.

Emergiram novas competências clínicas. Em seu *Inventum novum* (1761[78]), Leopold Auenbrugger, médico-chefe do hospital da Santa-Trindade de Viena, preconizava a técnica da percussão da caixa torácica. Filho de estalajadeiro, Auenbrugger estava familiarizado desde a infância com a "habilidade" que consiste dar batidinhas sobre os tonéis para saber até que altura estão cheios. Utilizando a técnica com seus pacientes, ele notou que, quando se batia na cai-

---

77. Cf. HEBERDEN, W. *Commentarii de morborum historia et curatione.* Londres, 1804.
78. AUENBRUGGER, L. *Inventum novum ex percussione thoracis humani ut signo abstrusos interni pectoris morbos detegendi.* Viena, 1761.

xa torácica com a ponta dos dedos, o peito de um sujeito sadio soava como um tambor coberto de tecido; por contraste, um som surdo ou tão alto que era fora do comum, indicava uma doença pulmonar e, em particular, a tuberculose. Nova interrogação, sem dúvida alguma, sobre a física do corpo.

2. O prestígio do qualitativo

Mas havia poucas indicações quantitativas: os médicos do século XVIII contentavam-se com o uso tradicional dos "cinco sentidos" para o diagnóstico. Eles tomavam o pulso, farejavam para descobrir a gangrena, provavam a urina, escutavam para detectar irregularidades respiratórias e eram atentos à cor da pele e dos olhos – eles pretendiam reencontrar o *facies hippocratica*, a impressão que aparece no rosto dos moribundos. Esses métodos consagrados eram quase exclusivamente qualitativos. Assim, na "tradição do pulso", o que interessava a eles não era o número de batimentos por minuto (como se fará mais tarde), mas sua força, sua firmeza, seu ritmo e sua "palpação". Atitude quase semelhante para a atenção à amostra de urina, apesar de ser desaprovada naquele tempo a arte antiga do exame de urina (uroscopia), como gesto de charlatães "profetas da urina": a análise química séria de urina havia apenas começado. Os julgamentos qualitativos dominavam, e obter um bom diagnóstico significava aferir um paciente graças à sua acuidade e sua experiência.

Os médicos ingleses do século XVIII seguiam as pegadas de Thomas Sydenham e, em última instância, de Hipócrates, acumulando estudos de casos empíricos exaustivos, em particular sobre as doenças epidêmicas[79]. Sydenham gozava de uma grande admiração na Inglaterra. O "Hipócrates inglês" havia servido como capitão de cavalaria no exército parlamentar durante a guerra civil. Em 1647, ele foi a Oxford e exerceu a medicina em Londres a partir de 1655. Amigo de Robert Boyle e de John Locke, ele insistia

---

79. SYDENHAM, T. *Opera omnia medica editio novissima*. Genebra, 1696.

mais na observação do que na teoria, na medicina clínica, e ensinava aos médicos como distinguir doenças específicas e como encontrar remédios específicos. Ele foi um observador penetrante das doenças epidêmicas que ele supunha que fossem causadas por propriedades atmosféricas (a chamada "constituição epidêmica", como ele dizia) determinando que tipo de doença se propagaria nesta ou naquela estação.

3. A "verdadeira" causa das doenças?

Seguindo os ensinamentos de Sydenham, John Huxham, doutor em Plymouth, publicou importantes descobertas sobre o perfil das doenças em seu *On Fevers* (1750[80]); John Haygarth, médico em Chester, fez a análise das epidemias de varíola e de tifo[81]. John Fothergill, originário do Yorkshire, quacre que formou uma clientela lucrativa em Londres, também foi um adepto obstinado de Sydenham. Em suas *Observations on the Weather and Diseases of London* (1751-1754), ele fez uma descrição de grande valor da difteria que já se tornava mais comum[82]. Seu amigo John Coakley Lettsom, igualmente quacre, era o instigador das pesquisas clínicas lançadas pela Sociedade Médica de Londres, fundada em 1778[83]. Estas assembleias médicas, que se desenvolviam também nas províncias, permitiam reunir dados clínicos e trocar novidades. O nascimento do jornalismo médico também ajudou a colocar em comum experiências e a difundir informações. Os programas sistemáticos de pesquisa epidemiológica e patológica não se desenvolveram

---

80. HUXHAM, J. *An Essay on Fevers, and their various kinds, as depending on different constitutions of the blood, with dissertations on slow nervous fevers, on putrid, pestilential, spotted fevers, on the small-pox and on pleurisies and peripneumonies*. Londres, 1750.

81. HAYGARTH, J. *An Inquiry How Prevent the Small-pox and proceedings of a society for promoting general inoculation at stated periods and preventing the natural small-pox*. Chester, 1785.

82. Cf. tb. LETTSOM, J.C. *The Works of John Fothergill [...] with some account of his life*. Londres, 1784.

83. LETTSOM, J.C. *History of the Origin of Medicine*. Londres, 1778.

antes do século XIX. Contudo, numerosas observações de grande valor sobre as doenças foram feitas antes de 1800. Em 1776, Matthew Dobson demonstrou que o gosto adocicado da urina no diabetes era devido ao açúcar; em 1786, Lettsom publicou um relatório pioneiro sobre os efeitos do álcool[84]; Thomas Beddoes[85] e outros fizeram pesquisas sobre a tuberculose que já se tornava a grande "peste branca" da Europa urbana.

Mas não se seguiu nenhum avanço decisivo na teoria das doenças. As questões referentes à sua verdadeira causa (*vera causa*) continuavam muito controversas. Sempre se atribuíam numerosas doenças a fatores pessoais – ascendência ou constituição física de má qualidade, falta de higiene, excessiva indulgência ou estilo de vida nefasto. Esse conceito de doença "constitucional" ou fisiológica baseado no humorismo tradicional, decisivo até meados do século XVIII, permitia compreender de maneira satisfatória a dispersão irregular e imprevisível da doença: no caso de infecções ou febres, alguns indivíduos eram contagiados, mas outros não, mesmo dentro da mesma casa. Esse conceito também chamava a atenção para a responsabilidade moral pessoal e encaminhava estratégias de impedir ou obstar a doença, fundadas em esforços pessoais. Essa personificação da doença trazia em si ao mesmo tempo atrativos e armadilhas, ainda hoje debatidos.

4. Os miasmas e o "corpo" coletivo

Circulavam também teorias segundo as quais a doença se espalha essencialmente por contágio. Uma grande parte da experiência comum falava em seu favor. Alguns males, como por exemplo a sífilis, transmitem-se manifestamente de pessoa a pessoa. A inoculação da varíola, introduzida no século XVIII, pri-

---

84. Cf. LETTSOM, J.C. *Hints Designed to Promote Beneficience, Temperence and Medical Science*. Londres, 1797, 3 vols.

85. Cf. BEDDOES, T. *Hygeia, or Essays moral and medical on the causes affecting the personal state of our middling and affluent classes*. Londres, 1802.

meiramente na Inglaterra, depois na França e na Alemanha, comprovava seu caráter contagioso. Mas as hipóteses de contágio também levantavam dificuldades. Se a doença era contagiosa, por que nem todos eram atingidos?

Esses temores explicam a popularidade do pensamento miasmático, implantado há muito tempo, isto é, a convicção segundo a qual a doença se difunde tipicamente não por contato pessoal, mas por meio das emanações que se desprendem do meio ambiente. Afinal de contas, todo mundo sabia que alguns lugares eram mais saudáveis ou mais perigosos do que outros. Para as febres intermitentes como a malária, era do conhecimento geral que aqueles que viviam perto de pântanos e de valas estavam particularmente predispostos a contrair a doença. Sabia-se que as febres fracas e eruptivas (*typhus*) infectavam as populações dos bairros baixos e superpovoados das grandes cidades, assim como abatiam também os ocupantes das prisões, das casernas, dos barcos e dos hospícios ou asilos. Portanto, era plausível sugerir que a doença residisse nas exalações atmosféricas envenenadas que se desprendiam das carcaças em putrefação, dos alimentos estragados e dos excrementos, dos solos embebidos de água poluída, dos restos de legumes que apodreciam e de outras sujeiras nos arredores. Um meio ambiente deteriorado, dizia-se, gera um ar nocivo (assinalado por odores fétidos) que, por sua vez, gera doenças. No fim do século, os reformadores deram atenção às doenças "sépticas" – a gangrena, a septicemia, a difteria, a erisipela e a febre puerperal – que seviciavam particularmente nos bairros baixos, nas prisões e nos hospitais deteriorados. O Hôtel-Dieu de Paris tinha a reputação atroz de ser o centro de febres, e foi severamente condenado por Tenon por causa de seu caráter sórdido[86].

Tentou-se energicamente prevenir e impedir as epidemias. A doença parecia mais do que nunca ameaçar tanto o corpo individual como o corpo coletivo. Uma nova visão das populações dava também um novo sentido às expectativas de conjunto. A medicina das Luzes tornou-se também a medicina

---

86. TENON, J. *Journal d'observations sur les principaux hôpitaux et sur quelques prisons d'Angleterre*. Paris, 1787.

de uma defesa dos grupos humanos: "aperfeiçoar a espécie[87]", "enriquecer a espécie[88]", "preservar a espécie[89]", fazer do corpo uma "riqueza" reforçando uma comunidade, o sinal de um poder local ou nacional. Os lugares responsáveis por manifestações febris severas – casebres superpovoados, campos, prisões – foram identificados e foram feitas experiências para descobrir as causas da putrefação, que, supostamente, estaria na origem das febres sépticas. Como mostram os esforços de reformadores das prisões, como John Howard[90], e de capitães de fragata esclarecidos, como James Cook[91], era preferível, a título de contramedida, uma estratégia "administrativa" exaustiva em favor da limpeza: lavagem, fumigação, embranquecimento com cal, aspersão de sumo de limão e de vinagre (considerados como substâncias "antissépticas"), grande ventilação, boa moral e disciplina. Reconhecia-se o valor dos limões e dos limões verdes no combate contra o escorbuto: aliás, as citrinas (essências de limão) não eram recomendadas como uma panaceia, mas como um dos elementos de um conjunto de medidas que visavam o asseio.

5. O imaginário de uma anatomia patológica

Devem ainda ser mencionados dois outros desenvolvimentos na teoria das doenças. Influenciados pela história natural, muitos esperavam classificar as doenças nosologicamente, isto é, agrupando-as em classes, espécies e variedades, como em botânica e em zoologia: constituir um quadro mais claro das semelhanças e diferenças. A partir da noção de "história natural das

---

87. VANDERMONDE, C.A. Op. cit. (palavras do título).

88. FAIGUET DE VILLENEUVE, J. L'Économie politique. Op. cit.

89. *Bibliothèque salutaire* [...] *Préserver l'espèce humaine.* Paris, 1787.

90. HOWARD, J. *An Account of the Principal Lazarettos in Europe, with various papers relative to the plague, together with further observations on some foreign prisons and hospitals, and additional remarks on the present state of those in Great Britain and Ireland.* Londres, 1789.

91. Cf. COOK, J. *Journal d'un voyage autour du monde en 1768, 1769, 1770, 1771...* (par Cook, Banks et Solander). Paris, 1772.

doenças", inspirada na prestigiosa obra de Linné, uma taxinomia das doenças devia estabelecer, como se esperava, que as doenças são entidades reais, governadas por leis naturais. Boissier de Sauvages fez uma tentativa neste sentido em sua *Nosologia metódica* (1771) e William Cullen em seus escritos nosológicos.

A ascensão da anatomia patológica foi no entanto muito mais importante a longo prazo, desvelando um mundo "subterrâneo" do corpo. Foi o célebre italiano Giovanni Battista Morgagni, professor de anatomia em Pádua, que abriu esse caminho. A partir dos estudos *post mortem* anteriores de Johan Wepfer e de Teófilo Bonet, Morgagni, com cerca de oitenta anos, publicou, em 1761, seu *De sedibus et causis morborum* [Dos lugares e causas das doenças]. Esta obra passa em revista os resultados das perto de 700 autópsias que ele havia feito. Rapidamente ela se tornou célebre, porque foi traduzida para o inglês em 1769 e para o alemão em 1774.

A finalidade de Morgagni era mostrar que as doenças residiam em órgãos específicos, que os sintomas das doenças correspondiam a lesões anatômicas, e que as mudanças orgânicas patológicas eram responsáveis pelas manifestações das doenças. Ele faz descrições lúcidas de numerosas condições patológicas, e foi o primeiro a identificar os tumores sifilíticos do cérebro e a tuberculose do rim. Ele compreendeu que quando uma só metade do corpo é atingida de paralisia, a lesão está situada na metade oposta do cérebro. Suas explorações dos órgãos genitais da mulher, das glândulas da traqueia e da uretra masculina também foram pioneiras.

Outros continuaram sua obra. Em 1793, Matthew Bailie, médico escocês, sobrinho de William Hunter, exercendo a medicina em Londres, publicou sua *Morbid Anatomy*. Ilustrada com soberbas gravuras em cobre de William Clift – elas representam, entre outros, o enfisema nos pulmões de Samuel Johnson – a obra de Baillie é mais um manual do que a de Morgagni, pois descreve que aparências sucessivas tomam os órgãos doentes. Baillie foi o primeiro a dar uma ideia clara da cirrose hepática e, na segunda edição, ele desenvolveu a ideia de "reumatismo do coração" (febre reumática).

A patologia devia dar lugar a uma abundante coleta para a medicina no começo do século XIX, graças à publicação, em 1800, do *Tratado das membranas*, de François Xavier Bichat, que insiste particularmente nas mudanças histológicas produzidas pela doença. A patologia de Morgagni estava centrada nos órgãos; Bichat mudou de perspectiva. Ele declarou: "Quanto mais se observar doenças e cadáveres abertos, mais convencido se estará da necessidade de considerar as doenças locais não sob o aspecto dos órgãos complexos, mas sob o aspecto dos tecidos individuais".

Nascido em Thoirette, no Jura francês, Bichat estudou em Lyon e em Paris, onde se estabeleceu em 1793, no apogeu do Terror. A partir de 1797, ele ensinou medicina, trabalhando no Hôtel-Dieu, o principal hospital dos pobres. Sua contribuição mais importante está na observação segundo a qual os diversos órgãos do corpo contêm tecidos particulares, chamados por ele de "membranas"; ele descreveu vinte e um deles, entre os quais os tecidos conjuntivo, muscular e nervoso. Fazendo suas pesquisas com grande fervor – levou a cabo mais de 600 *post mortem* –, Bichat construiu uma ponte entre a anatomia mórbida de Morgagni e a patologia celular ulterior de Virchow. Uma visão especificando as zonas atingidas havia nascido: com ela, o corpo doente emergia do invisível, deixando adivinhar a materialidade de suas desordens íntimas. Pela primeira vez enunciava-se "a superposição exata do 'corpo' da doença e do corpo da pessoa doente"[92].

A medicina da Europa moderna libertou-se insensivelmente da visão de um corpo perpassado de simpatias: o modelo enraizado na cultura popular. Ela soube explorar o imaginário mecânico, físico, químico de seu tempo. E soube também transformar profundamente as representações do corpo. Em compensação, ela esbarrou, no fim do século XVIII, na impossível imagem que se supunha identificar a vida. Mas soube, o que é importante, passar de uma reflexão sobre o indivíduo a uma reflexão sobre a coletividade.

---

92. FOUCAULT, M. *La naissance de la clinique* – Une archéologie du regard médical. Paris: PUF, 1963, p. 2.

8
O CORPO INUMANO
Jean-Jacques Courtine

> Desencadeavam-se as paixões e exasperavam-se os preconceitos diante do espetáculo das monstruosidades. Para o naturalista atual é um grande assombro constatar quantos séculos foram necessários à ciência para chegar, em todos os domínios, a este simples ponto de partida: a observação imparcial e fiel de um fato[1].

É nesses termos que Étienne Wolf, em sua *Ciência dos monstros*, condensa a visão, elaborada pela biologia contemporânea, da longa e sombria história das monstruosidades humanas. Esta percepção não se inscreve tanto em uma história dos monstros propriamente dita, que ela não privilegia, como na história de uma ciência dos monstros: uma história da teratologia. As fascinantes curiosidades suscitadas pelas deformidades do corpo, a crueza dos tratamentos que lhes eram infligidos, os horrores e aflições que elas inspiravam, as exibições que as colocavam em cena, as formas de comércio que ocasionavam, numa palavra, toda esta parte obscura de sensibilidade e de práticas que cercavam a presença dos monstros humanos na sociedade tradicional tendem a apagar-se aqui por trás de uma história dos discursos científicos.

I. O desencantamento do estranho

Esta história é clássica e suas conclusões previsíveis: elas contam os progressos da racionalização e da medicalização das percepções do corpo monstruoso. Elas retraçam suas aberrações antigas, seus começos hesitantes, depois

---

1. WOLF, E. *La science des monstres*. Paris: Gallimard, 1948, p. 15.

os desenvolvimentos menos incertos, enfim, os progressos decisivos. "De todas as superstições que exerceram e ainda exercem um papel tão nefasto no desenvolvimento da humanidade, duvido que haja alguma que, no mesmo grau que a dos monstros, tenha dado lugar às concepções mais estranhas, às doutrinas mais insensatas, aos procedimentos mais iníquos e, enfim, até aos crimes mais hediondos. [...] Partindo da Antiguidade, mostramos as diversas fases desta superstição, e a levamos até o momento em que o edifício de erros acumulados por tantos séculos desmoronou ao sopro da ciência"². É o relato do triunfo da razão sobre as monstruosidades humanas que é celebrado pelo Doutor Martin em sua *História dos monstros*: a ordem do espírito prevalece sobre o caos da matéria, a regra se dobra à exceção, a racionalidade da ciência vence um dos obstáculos mais resistentes de um dos mistérios mais opacos da criação. Vê-se aí uma ascese do olhar desvendar aos poucos as representações da monstruosidade de um fundo imemorial de credulidade e de terror religiosos, o rigor da ciência dissipar lentamente as seduções do insólito. Portanto, esta história dos monstros toma sentido em um processo mais vasto que o engloba, de *desencantamento do estranho*. E, assim, o desenvolvimento da teratologia constitui um dos exemplos mais frequentemente admitidos de uma secularização e de uma racionalização dos modos de observação, dos desejos e das formas de saber, cujos efeitos se fazem sentir poderosamente, entre o século XVI e o século XVIII, nas ciências da natureza no Ocidente³.

---

2. MARTIN, E. *Histoire des monstres de l'Antiquité jusqu'à nos jours* [1880]. Grenoble: J. Million, 2002.

3. Cf. especialmente ROGER, J. *Les sciences de la vie dans la pensée française du XVIIIᵉ siècle*. 2. ed. Paris: Armand Colin, 1971. • CANGUILHEM, G. La monstruosité et le monstrueux. In: *La connaissance de la vie*. Paris: Vrin, 1975. • CÉARD, J. *La nature et les prodiges*: l'insolite au XVIᵉ siècle en France. Genebra: Droz, 1977. • TORT, P. *L'ordre et les monstres*. Paris: Sycomore, 1980. • DASTON, L. & PARK, K. "Unnatural conceptions: the study of monsters in XVI-XVIIᵗʰ century France & England". *Past & Present*, vol. 92, 1981, p. 20-54. • *Wonders et the Order of Nature, 1150-1750*. Nova York: Zone Books, 1998. • FISCHER, J.-L. *Monstres – Histoire du corps et de ses défauts*. Paris: Syros-Alternatives, 1991. • STAFFORD, B. *Body Criticism – Imaging the Unseen in Enlightenment Art & Medicine*. Cambridge, Mass.: MIT Press, 1991. • WILSON, D. *Signs and Portents – Monstrous Births from the Middle Ages to the enlightenment*. Londres-Nova York: Routledge, 1993. • COURTINE, J.-J. "Le désenchantement des monstres". Introduction à Ernest Martin. *Histoire des monstres de l'Antiquité jusqu'à nos jours*. Op. cit., p. 7-27 (este primeiro ponto retoma os termos deste prefácio). • BEAUNE, J.-C. (org.). *La vie et la mort des monstres*. Seyssel: Champ Vallon, 2004.

Portanto o monstro só teria escapado ao universo do sagrado para cair sob a jurisdição da ciência, no fim de um percurso histórico cujas etapas são geralmente admitidas. De fato, o que será que relata esta história da teratologia, se a esboçarmos em linhas gerais? Ela explora, antes de tudo, as crenças mais antigas. Povoando as margens da natureza, o monstro era assimilado ao animal; escapando às suas regras, ele encarnava o fracasso da Criação; vivendo nos confins do mundo conhecido, ali ele proliferava em raças estranhas, "*blemmyes*" acéfalos, monópodes claudicando sobre sua única perna, ciápodes repousando à sombra de seu imenso pé. Aristóteles explicava a natureza dos monstros, Plínio contava suas maravilhas: a Antiguidade já os descrevia e constituía as primícias de uma teratologia[4]. A silhueta do monstro projetava sua sombra grotesca atrás da figura humana, desde a origem dos conhecimentos. E os humanos temiam os monstros, ou os veneravam. A cristianização dessas representações no imaginário medieval quase não modificou esta herança antiga, limitando-se a incorporá-la à pastoral cristã da danação e do pecado. A deformidade corporal tornou-se um dos sinais mais evidentes do pecado e o monstro um temível cúmplice do diabo ou um enviado miraculoso de Deus, funesto presságio de sua cólera. Testemunha da onipotência dos céus e mensageiro da desgraça na terra[5].

A história da teratologia mostra então como esta interpretação religiosa da aparição monstruosa se secularizou aos poucos, cedendo o lugar a uma sede insaciável do insólito, do irregular, do bizarro. Uma verdadeira epidemia de monstruosidades estende-se pela Europa, particularmente na Itália e na Alemanha, por volta do fim do século XV e começo do século XVI, propa-

---

4. Cf. particularmente GARLAND, R. *The Eye of the Beholder* – Deformity & Disability in the Graeco-Roman World. Ithaca: Cornell University Press, 1995.

5. Sobre os monstros medievais, cf.: KAPPLER, C. *Monstres, démons et merveilles à la fin du Moyen Âge* [1980]. 3. ed. Paris: Payot, 1999. • FRIEDMAN, J.B. *The Monstrous Races in Medieval Art & Thought*. Cambridge, Mass.: Harvard University Press, 1981. • LECOUTEUX, C. *Les monstres dans la pensée médiévale européenne* [1993]. 3. ed. Paris: Presses Universitaires de Paris-Sorbonne, 1999. • WILLIAMS, D. *Deformed Discourse* – The Function of the Monster in Medieval Thought & Literature. Montreal: McGill-Queens University Press, 1996.

gada pelos desenvolvimentos tecnológicos da imprensa e estimulada por um despertar do olhar curioso. Uma vez que os monstros abandonam as margens do mundo conhecido para vir frequentar seu centro, uma curiosidade febril estimula os círculos cultos, no curso do século XVI, a coligir relatos e imagens de monstros nos tratados de Rueff, Licostenes, Boaistuau, Paré, e a povoar os primeiros laboratórios de curiosidades, de organismos monstruosos. Mas a presença dos monstros no bricabraque das coleções reunidas pelos peritos e curiosos afortunados, no curso da Renascença e do século XVII, não inaugura absolutamente a coleta de espécimes monstruosos para fins de exposição pública: a Igreja medieval, com seu estoque de sagradas relíquias, não foi em seu tempo o mais antigo dos laboratórios de curiosidade, o embrião primitivo de um museu para os indivíduos comuns, e um dos primeiros lugares de exibição do corpo monstruoso? Aqui, efetivamente, entre os restos santificados – fragmentos de esqueleto e porções de epiderme, gotas de leite da Virgem ou do sangue de um mártir, lascas do madeiro da santa cruz, prego do suplício ou fragmentos do sudário – figuravam testemunhos de expedições longínquas, despojos de cruzados e lembranças de viajantes: cascos de tartaruga, chifres de licorne, ossos de anão, dentes de gigante...

Mas essa santa aliança do sagrado com o insólito, onde o divino se funda no longínquo e onde os santos se acotovelam com os monstros, iria distender-se aos poucos e depois romper-se. Nos laboratórios e nos tratados da Renascença, a estranheza dotou-se de uma vida própria e bastou a curiosidade para legitimá-la, fora da referência sagrada. Mas o reino dessa curiosidade foi relativamente breve na longa história dos monstros. Ela veio ocupar o período intermediário em que a autoridade religiosa havia começado a abdicar de seus direitos de interpretação da monstruosidade e a ciência moderna ainda não havia reivindicado plenamente os seus. Com efeito, a dessacralização do corpo monstruoso se fez mais rápida a partir da segunda metade do século XVII e ao longo de todo o século XVIII: a observação e o registro cada vez mais precisos da anatomia e da fisiologia dos monstros desenvolvem-se, à medida que se instala o que K. Pomian chama de "adestramento" da curiosidade. Um dispositivo racional de enquadramento dos objetos e dos métodos de conhecimento, uma canalização do olhar curioso expulsam aos poucos o sagrado e o oculto do território da ciência, submetem o acaso das coletas a interrogações e classificações mais rigorosas, e fazem entrar, não sem resistência, a exceção teratológica no espaço ordenado do laboratório de história natural[6].

Eis, pois, o contexto no qual se desenrolaram as polêmicas sobre a monstruosidade que apaixonaram o século XVIII: publicação de relatórios e de memórias, circulação de apresentações e de relatórios, permutas no seio de redes de correspondentes, revistas das sociedades científicas ou discussões na Academia Real, mas também em torno das mesas de dissecação e das vitrines dos primeiros museus de história natural. Aqui o detalhe desses debates importa menos do que seus efeitos: um olhar que se libertou das fascinações antigas, uma forma de curiosidade que se desvencilhou pouco a pouco de uma herança de superstições e de crenças, um desvio que ia crescendo entre uma apreensão científica e uma compreensão comum da anomalia monstruosa. Portanto, não é de admirar que essas querelas tivessem por objeto a questão da origem dos monstros, isto é, o ponto de apoio das genealogias tradicionais da monstruosidade. Com efeito, nas treze causas avançadas por Ambroise Paré, cerca de dois séculos antes, para explicar a origem da monstruosidade, podemos entrever alguns grandes princípios organizadores, onde o natural rivaliza com o sobrenatural: onipotência divina, malefícios diabólicos, força da analogia, acidentes "naturais" da gravidez, excesso ou falta de sêmen, relações "incestuosas" entre homens e animais. O monstro é milagre, malefício, sinal, fruto do pecado ou acidente da concepção. Será que Deus está mesmo na origem dos nascimentos monstruosos, ou será que eles têm causas acidentais? É o que se pergunta durante a "querela dos monstros duplos", que opôs de 1724 a 1743 Lémery, Winslow e alguns ou-

---

6. POMIAN, K. *Collectionneurs et curieux* – Paris-Venise, XVIe-XVIIIe siècle. Paris: Gallimard, 1988.

tros e agitou os meios cultos. Será que a imaginação das mulheres tem de fato o poder analógico que lhe é atribuído, capaz de gerar deformidades fetais ao sabor das impressões do olhar materno?, pergunta Jacques Blondel desde 1727, em sua *Dissertação física sobre a força da imaginação das mulheres grávidas sobre o feto*[7]. E embora o Século das Luzes não tenha trazido resposta definitiva a todas essas interrogações, embora o sucesso das sucessivas reedições da obra *Da busca da verdade*, de Malebranche, continue a promover as concepções teológicas da preexistência dos germes monstruosos e a fábula da imaginação materna, embora o padre Lafitau tenha trazido da América relatos e imagens de selvagens acéfalos que se acreditava que fossem diretamente originários das raças disformes imaginadas por Plínio o Velho, o olhar curioso que se lançava sobre os monstros havia começado a transformar-se. Maupertuis também observou jamais ter descoberto ser humano exibindo o traço de membros que pertencem a uma outra espécie diferente da sua e juntou sua voz ao concerto daqueles que afirmavam, com convicção cada vez maior, no curso do século, que o monstro pertence exclusivamente ao reino da medicina[8].

Eis, pois, o termo para o qual nos conduz, num sobrevoo, a história das representações científicas da monstruosidade até o século XVIII. Há alguma coisa a acrescentar? Certamente. Pois é possível, antes de mais nada, questionar a ideia de que um desenvolvimento inelutável da razão acompanharia sem descontinuidade a figura do monstro, da superstição à ciência. Mesmo sendo difícil contestar que a percepção dos corpos monstruosos se tenha apropriado, na longa duração histórica, da via de um processo de naturalização e de racionalização, este desencantamento dos monstros não obedece a um desenvolvimento linear e contínuo, e coloca em jogo um conjunto complexo e volátil de sensibilidades – terror, prazer subjugado, mágoa, curiosi-

---

7. Cf. HUET, M.H. *Monstrous Imagination*. Cambridge (Mass.)/Londres: Harvard University Press, 1993.

8. MAUPERTUIS, P.-L.M. *Vénus physique*,[s.l.]: [s.e.], 1745.

dade fascinante e, às vezes, até uma sombra precoce de compaixão – que excedem o simples desejo de ciência[9]. E é preciso ainda notar, em segundo lugar, que a história da teratologia *não é* a história dos monstros, embora, na maioria das vezes, ela passe por tal. Uma história dos monstros submeterá outros objetos à investigação histórica: a construção social e a definição jurídica do fato monstruoso, a cultura e a literatura populares da exibição teratológica, o comércio das malformações humanas, as sensibilidades ordinárias, a curiosidade pública diante do espetáculo das deformidades anatômicas. Esta história ainda está por escrever, esses monstros não têm história.

II. Os monstros na literatura popular

É para um fragmento dessa história que vamos agora nos voltar, examinando uma fonte documental que testemunha eloquentemente a vivacidade da curiosidade pelos monstros, a difusão universal do assombro que eles suscitam e a diversidade das formas de comércio que ocasionam: a literatura popular de venda ambulante. É bem conhecida a importância desta última na sociedade tradicional, a extraordinária extensão e extrema difusão dessa "coleção de ofícios", situados no limite "baixo" das trocas econômicas, segundo a expressão de Fernand Braudel e, mais ainda, o êxito da venda ambulante do impresso, que poderá resistir até o século XIX ao declínio e depois à decadência desse tipo de comércio[10].

Os monstros constituem um dos assuntos favoritos dessas folhas ocasionais, às vezes batizadas de "jornalecos" segundo um anacronismo difundido, e que relatavam o que se chamaria hoje *faits divers* (notícias de jornal), antes da Biblioteca azul e das gazetas. Qual é então o assunto dessas folhas

---

9. Sobre este ponto, cf. DASTON, L. & PARK, K. *Wonders & the Order of Nature*. Op. cit., p. 173-214.

10. FONTAINE, L. *Histoire du colportage en Europe, XVe-XIXe siècles*. Paris: Albin Michel, 1993.

ocasionais? Elas relatam os crimes, sacrilégios, roubos, homicídios ou duelos, assim como sua justa punição; detalham as calamidades naturais, epidemias, inundações e incêndios; anunciam o sobrenatural e o maravilhoso, fenômenos celestes, visões ou milagres; espalham, enfim, o assombro e o terror, as bruxarias, fantasmas e monstros. Uma pequena literatura popular da violência, da desgraça, do insólito...

Difundem-se assim nas cidades, sobretudo a partir da segunda metade do século XVI, folhas avulsas e libretos, geralmente vendidos por pregoeiros, só excepcionalmente em loja: um título anuncia, qualifica, data e localiza o prodígio; uma imagem representa o monstro, um breve texto relata a história de sua aparição e indica, para terminar, a lição que se deve tirar. Temos aí uma das primeiríssimas aparições do tema da monstruosidade na literatura popular[11]. Essas folhas ocasionais inauguram um gênero, o do monstro de impressos, cujo sucesso não se desmentirá mais e que já coloca, naqueles anos de 1550 a 1560, em que começam a circular em folhas avulsas tantas estranhezas anatômicas, a questão de saber qual era o público-alvo dessas ficções. Não era unicamente a um público popular, mas a uma larga audiência, socialmente indiferenciada, que se dirigiam essas folhas e essas brochuras de amplo poder de disseminação. Testemunho disto é a curiosidade tão viva por esses monstros de papel de que se nutriam algumas memó-

---

11. Sobre os diferentes aspectos desta influência, cf. em particular: SEGUIN, J.-P. *L'information en France avant le périodique* – 517 canards imprimés entre 1529 et 1631. Paris: Maisonneuve, 1962. • CHARTIER, R. Stratégies éditoriales et lectures populaires, 1530-1660. In: *Histoire de l'édition française*. Tomo I. Paris: Promodis, 1982. • SPUFFORD, M. *Small Books and Pleasant Histories*: Popular Fiction and Its Readership in the XVIIth Century. Cambridge: Cambridge UP, 1989. • NICCOLI, O. *Prophecy & People in Renaissance Italy*. Chicago: University of Chicago Press, 1990. • WATT, T. *Cheap Print & Popular Piety, 1550-1640*. Cambridge: Cambridge University Press, 1991. • DASTON, L. "Marvelous facts & miraculous violence in early modern Europe". *Critical Inquiry*, vol. 18, n. 1, out./1991, p. 93-124. • LEVER, M. *Canards sanglants* – Naissance du fait divers. Paris: Fayard, 1994. • SEMONIN, P. Monsters in the marketplace; exposition of human oddities in Early Modern England. In: GARLAND THOMPSON, R. (org.). *Freakery* – Cultural Spetacles of the Extraordinary Body. Nova York: New York University Press, 1996, p. 69-81.

rias da época[12]. Assim Pierre de l'Estoile não se contenta com retomar em seu diário essas notícias recolhidas na esquina das ruas. Ele consegue colecioná-las: passando em Paris diante do palácio da justiça, no dia 6 de janeiro de 1609, ele avista um vendedor ambulante que elogia as gravuras de dois monstros "maravilhosos e terríveis". Imediatamente ele acrescenta essas gravuras à sua coleção[13]. Sua curiosidade de burguês e de homem de letras quase não se distingue dos motivos de assombro popular. Da mesma maneira, nascimentos e descobertas de monstros celebrados pela literatura das ruas são reproduzidos, na maioria das vezes sem nenhuma alteração, em compêndios especializados e tratados eruditos, aos quais eles fornecem uma boa parte de sua matéria-prima. As compilações de Rueff, Paré, Boaistuau, Liceti e muitos outros[14], muitas vezes aumentadas e reeditadas no curso dos séculos XVI e XVII[15], elas mesmas divulgam essas ficções populares nas bibliotecas do público culto. E, se elas são a parte bonita das ficções monstruosas que ninguém jamais viu nem verá, constituem no entanto as primeiras coleções de dados empíricos sobre a monstruosidade. No capítulo dos monstros, na virada do século XVII, a distinção continua confusa, e o limite

---

12. l'ESTOILE, P. *Mémoires-journaux*, editado por Brunter, 12 vols., Paris: Lemerre, 1875-1896. • *Journal d'un Bourgeois de Paris, 1515-1536* [nova ed., Paris: Bourilly. Paris, 1920].

13. l'ESTOILE, P. *Mémoires-journaux*. Op. cit., t. IX, p. 193-195.

14. OBSEQUENS, J. *Prodigium liber...*, 1552 [ed. fr.: *Des prodiges*. Lião: J. de Tournes, 1555]. • RUEFF, J. *De conceptu et generatione hominis*. Zurich: C. Froschauer, 1555. • LYCOSTHENUS, C. *Prodigiorum ac ostentorum chronicon...* Basileia: H. Petri, 1557. • BOAISTUAU, P. *Histoires prodigieuses...* Paris: Vincent Sertenas, 1560. • FENTON, E. *Certaine Secrete Wonders of Nature*. Londres: Bynnemen, 1569. • SORBIN, A. *Tractatus de monstris...* Paris, 1570. • PARÉ, A. *Des monstres et des prodiges...* Paris, 1573. • RIBLAS, J. *De monstro*. Paris, 1605. • LICETI, F. *Traité des monstres* [1616]. Leiden: Bastiann Schouten, 1708. Sobre a literatura dos prodígios, cf. CÉARD, J. *La nature et les prodiges*. Op. cit. • SCHENDA, R. *Die Französische Prodigienliteratur in der 2. Hälfte der 16 J*. Munique: M. Hueber, 1961. • KENSETH, J. (org.). *The Age of the Marvelous*. Chicago: The University of Chicago Press, 1991. • DASTON, L. & PARK, K. *Wonders & the Order of Nature*. Op. cit.

15. Aparecem assim, de 1560 a 1594, nove edições e traduções das *Histoires prodigieuses*, de Boaistuau.

incerto entre observação científica e curiosidade popular, discursos eruditos e fábulas das ruas. As ficções reinam no reino dos monstros.

III. Imagens e ficções

Como eram construídas essas ficções monstruosas? Se examinarmos o *corpus* desses predecessores dos jornais populares, podemos fazer uma ideia de como sua fabricação, tanto icônica como narrativa, obedece a um conjunto simples de princípios e de regras.

Primeiro princípio: nada de monstro sem imagem. O aparecimento de um monstro é, no universo dos *fait divers* da época, o evento que é o principal objeto de ilustrações. O uso da imagem parece portanto adaptado ao grau de intervenção divina, e a representação dos monstros integra-se a um sistema de sinais proféticos que explica bem o duplo estatuto das monstruosidades corporais na sociedade tradicional: o monstro é ao mesmo tempo espetáculo (*monstrare*) e sinal divino (*monere*).

Segundo princípio: nenhuma necessidade de monstros reais para que uma aparição monstruosa seja proclamada. Eis, de fato, alguns dos prodígios anunciados nas últimas décadas do século XVI e primeiras do século XVII: um monstro de sete chifres do Piemonte, um monstro de sete cabeças da Lombardia, um "horrível e maravilhoso" monstro milanês, um menino-macaco nascido em Messina, um monstro gerado no corpo de um homem depois de feitiçarias na Espanha, um monstro de face humana e coberto de escamas em Lisboa, uma criança com cabeça de elefante, uma outra com três chifres na Turquia. A isto se acrescentam um bezerro que veio ao mundo por meio de uma mulher em Genebra, a calvinista, mais provavelmente concebido pela Contrarreforma, um "papa-asno" e um "monge-bezerro" de inspiração claramente reformada, seguidos de uma ladainha de porcos e de peixes monstruosos, dragões volantes e monstros terrestres. Neste bestiário fantástico, entre humanidade e animalidade, insinuam-se contudo um andrógino descoberto em Paris em 1570, "duas irmãs siamesas nascidas em 1605 na rue de la Bûcherie, perto da praça Maubert", dois siameses ainda em Montargis em 1649. A propósito desses últimos casos pode-se estabelecer, por diversas verificações, que se tratavam de nascimentos reais.

No universo da monstruosidade de papel, os monstros reais são portanto exceção. A tal ponto que os redatores das folhas avulsas quase não se preocupam com verossimilhança: acontece às vezes que eles reutilizam as mesmas pranchas gravadas para representar monstros diferentes[16]. Na literatura popular, é a ficção que, na maioria das vezes, precede ou até cria a realidade.

Poderíamos ser tentados a ver nesse abuso das imagens nada mais do que antigas superstições religiosas, uma exploração da credulidade popular, um imaginário ingênuo e antiquado do monstro na sociedade tradicional. Ele testemunha, porém, uma experiência bem mais universal e atual da monstruosidade, e leva a uma distinção essencial na compreensão da experiência da percepção do corpo monstruoso, tal como ela pôde transformar-se na longa duração histórica.

IV. O monstro e o monstruoso

Na cidade antiga, era diferente de hoje a maneira de ver o espetáculo da deformidade anatômica. Quando a epidemia e a morte rondam o cotidiano, o estigma físico, a chaga, a malformação e a enfermidade, familiares e invisíveis, fazem parte do regime comum das percepções do corpo. Mas, embora o limiar de tolerância às imperfeições corporais seja infinitamente mais elevado do que o nosso, são muitos os exemplos de uma curiosidade fascinante da era clássica pelos monstros humanos quando, escapando do que se reconhece como normal, eles surgem de repente como maravilha ou prodígio, obra divina ou malefício diabólico. Uma vez que se espalha a notícia de um nasci-

---

16. "A prancha da serpente monstruosa que apareceu em Cuba em 1576 também figura em um dragão volante que apareceu no céu de Paris em 1579" (SEGUIN, J.-P. *L'information en France avant le périodique*. Op. cit., p. 13).

mento monstruoso, o povo acorre, chegando até um pouco antes das carruagens aristocráticas e da coorte dos sábios. As folhas ocasionais apropriam-se da notícia, o rumor engrossa, a multidão se apressa, cada vez mais numerosa, transformando imediatamente o domicílio onde ocorre o evento em um teatro de circunstância. O monstro é então objeto de espetáculo e dá ocasião a um comércio.

Eis o que é a experiência do monstro: este irresistível fascínio que perpassa toda a sociedade, a comoção social que ele produz, depois o espetáculo de uma catástrofe corporal, a experiência de um pasmo, de uma vacilação do olhar, de uma suspensão do discurso. Eis o que é o monstro: uma presença repentina, uma exposição imprevista, uma perturbação perceptiva intensa, uma suspensão trêmula do olhar e da linguagem, algo de irrepresentável. Pois o monstro é, exatamente, no sentido mais pleno e mais antigo do termo, uma *maravilha*, isto é, um evento cujas raízes etimológicas (*mirabilis*) reatam antes de tudo ao campo do olhar (*miror*), a uma subversão imprevisível dos quadros perceptivos, a um arregalar dos olhos, a uma aparição[17]. *Aparição do inumano*, da negação do ser humano no espetáculo do ser humano vivo: "O monstro é o ser vivo de valor negativo [...]. É a monstruosidade, e não a morte, que é o contravalor vital[18]".

Não acontece o mesmo com o monstruoso: neste caso, o que prevalece é a ausência, não a presença; os sinais, não o corpo; o discurso, não o silêncio. Não mais o desmoronamento repentino da experiência perceptiva, mas uma construção sistemática de imagens, objetos de consumo e de circulação; não mais aquele olhar trêmulo e inquieto, mas uma atividade curiosa de leitura ou de escuta. Isto é o monstruoso: nada mais de real, mas de imaginário, a fabricação de um universo de imagens e de palavras que supostamente trans-

---

17. "Se reatamos etimologicamente o maravilhoso a raízes visuais, há nele um traço fundamental, é a noção de aparição" (LE GOFF, J. *L'imaginaire médiéval* [1985], retomado em *Un autre Moyen Âge*. Paris: Gallimard, 1999, p. 460).

18. CANGUILHEM, G. "La monstruosité et le monstrueux". Art. cit., p. 171-172.

creve o irrepresentável, o encontro brutal, o choque frontal com a inumanidade de um corpo humano. Como diria Le Goff, à maneira do enquadramento cristão da imprevisibilidade do maravilhoso na regularidade do milagre: o poder de aparição do monstro é então desativado. Portanto, o monstruoso é a substituição dos monstros reais pelos monstros virtuais concebidos em um universo de sinais. A distinção essencial para quem quiser apreender na longa duração a história das monstruosidades humanas. Pois, o que caracteriza a sociedade tradicional em relação à nossa, é a coexistência do monstro e da monstruosidade na experiência da monstruosidade, quando de nossa parte já reprimimos de uma vez por todas em ficções o trauma que a presença e a carne do monstro suscitavam outrora.

O que nos leva então a perguntar: como se construía a imagem de um monstro? Como se fabricavam essas ficções monstruosas?

V. A fábrica do monstruoso

Na cultura popular dos séculos XVI e XVII existem regras de composição dessas ficções. Isto se confirma particularmente para os monstros longínquos, monstros virtuais, monstruosidades sem monstros, meros produtos de discursos, puras construções imaginárias. Como é que as folhas ocasionais constroem a imagem do que ninguém jamais viu? Por que razão seu público reconhecia espontaneamente figuras monstruosas que ninguém jamais tinha observado? Que traços devia então apresentar a representação do monstro para parecer tão verossímil?

A fabricação do corpo monstruoso obedece a um primeiro princípio, o da *hibridação*. No monstro é preciso haver algo de humano, mas também outra coisa, da ordem da animalidade. No exame dessas imagens adivinham-se regras de repartição, de distribuição, de imbricação do humano e do bestial na representação monstruosa. Essas regras operam em um número restrito de dimensões da figura.

O centro e a periferia: a bestialidade refere-se essencialmente à periferia do corpo. O centro continua humano. Sobre esta raiz humana estável aplica-se então toda uma declinação bestial: acréscimos, supressões e deformações bestializadas das extremidades do corpo. *O excesso e a falta:* os membros podem conservar uma aparência humana, mas é seu número que se torna monstruoso. Assim, o monstro de sete cabeças e sete braços nascido na Lombardia em 1578[19] apresenta uma multiplicação de membros que se complica com uma subtração de órgãos: ele só tem um olho em sua cabeça principal. Multiplicação de novo, mas de atributos não humanos, desta vez no monstro do Piemonte[20], aparecido no mesmo ano, enfarpelado de sete chifres, com acréscimo de uma bestialidade periférica (das mãos em forma de garra) e uma desfiguração superficial (uma perna vermelha, a outra azul). Pois é este um outro dos eixos da figuração sobre o qual operam essas regras de composição da representação monstruosa: *a profundidade e a superfície do corpo*. Poderíamos, a partir daí, incorporando à descrição a oposição entre o alto e o baixo[21], o simples e o complexo, o avesso e o direito, e às vezes o aberto e o fechado, gerar facilmente, graças a uma espécie de gramática dessas representações, o conjunto das possíveis ficções monstruosas no universo dos monstros virtuais da literatura popular de divulgação. Assim no monstro "turco" descoberto em 1624: três chifres, três olhos, duas orelhas de asno, uma só narina, pés torcidos e invertidos. Isto é, um traço humano a menos, um a mais, um outro invertido, e dois traços bestiais na periferia de um centro humano. Poderíamos

---

19. *Briefz discours d'un merveilleux monstre né à Eurisgo, terre de Novarrez, en Lombardie* [...] en 1578, em Chambéry, por POMMARD, F., 1578.

20. *Vrai pourtraict et sommaire description d'un horrible et merveilleux monstre, né à Cher, terre de Piedmont* [...] *le 10 Janvier 1578*, em Chambéry, por POMMARD, F. 1578.

21. Assim as inúmeras figuras monstruosas por imbricação simples, sendo o alto humano e o baixo animal, ou às vezes o inverso: o monstro meio-homem meio-porco que nasceu, diz-nos Paré, em 1564, em Bruxelas; ou ainda o "menino-macaco" resultado dos amores de uma criada doméstica com um desses mamíferos, em Messina, por volta de 1600. Cf. *Discours prodigieux et véritable d'une fille de chambre, laquelle a produit un monstre, après avoir eu la compagnie d'un singe, en la ville de Messine...* em Paris, na casa de Fleury Bourriquant, tirado da cópia impressa em Sienne, [s.d.], por volta de 1600.

assim multiplicar as descrições ao infinito, ou até fabricá-las: nenhuma escaparia desta combinação das ficções monstruosas.

O que concluir dessa breve explanação iconográfica do universo dos monstros de papel no fim do século XVI e começo do século XVII? Antes de mais nada, que a confecção dessas ficções é obtida pelo jogo de uma dupla série de operações: uma realizando distorções sistemáticas da figura humana, a outra imbricando nela traços não humanos. O que chamamos acima de monstruoso é o duplo produto de uma desfiguração humana, assim como de uma supressão e de um transplante da representação de órgãos não humanos. O que levanta de imediato a questão da origem, de um lado, e, de outro, da posteridade dessas representações.

De fato, não se pode deixar de ficar impressionado com a espantosa estabilidade discursiva do monstruoso, com a estreiteza de seus limites e sua insistente repetitividade. Os processos de fabricação dessas ficções constituem de fato uma versão primitiva de todos aqueles que vamos rever operando numa tradição narrativa, tanto iconográfica como textual, que não cessou, desde então, de produzir o monstruoso. Por trás das silhuetas grotescas dos monstros que povoam a literatura popular de uma era religiosa, já se projeta a sombra inquietante dos monstros da era da ciência, a de Frankenstein, dos pensionistas da ilha do Doutor Moreau, e das "outras" criaturas embarcadas em veículos espaciais ou "discos voadores" inventados em Hollywood. Mas a estabilidade narrativa dessas representações não deveria surpreender: o que se revela aqui é a dimensão antropológica, não histórica, deste imaginário do monstruoso, e com ela a dificuldade extrema de transgredir de outro modo que não seja o convencional os limites que a imagem do corpo humano impõe à representação de sua própria ultrapassagem. Estranho paradoxo: uma ordem quase mecânica reina sobre as figuras da desordem corporal extrema.

Quanto à história dessas imagens, uma vez lembrado seu vínculo longínquo com a tradição da humanidade híbrida que percorre as mitologias antigas, ela é religiosa, evidentemente. Os traços desfigurados, desproporcionais e bestializados de um corpo humano híbrido, representado nu, estabilizaram-se na cristianização medieval da figura do diabo. O monstro continua sendo o sinal da desordem do mundo, próximo das catástrofes naturais, um sinal, assim como esses últimos, da ira de Deus, e um aviso de que a falta que provocou sua cólera deve ser expiada[22]. Eis, pois, a lição da monstruosidade confeccionada pelas folhas ocasionais: os monstros são outros tantos sinais da condenação divina das paixões, dos amores ilícitos, do luxo, da ociosidade, do jogo, da heresia. Os impressos levam à conclusão da necessidade da penitência, da humildade, da mudança de comportamento. Eles não são mais do que a forma secular e impressa de uma pregação cristã fundada no recurso aos *exempla*, brandidos por uma pastoral herdada da tradição medieval, que se apoia na ameaça e no medo. E aí está no presente a dimensão propriamente histórica dessas ficções: são instrumentos utilizados para denunciar o protestantismo, cristianizar os costumes, conquistar ou reconquistar as almas. O que explica sua multiplicação no período aqui observado, o das guerras de religião e das ofensivas da Contrarreforma católica.

Estranha figura esta do corpo monstruoso na era clássica: seja qual for a maneira de observá-las, desordens e deformidades do corpo parecem reenviar a imagens de ordem e de razão. A história da teratologia entre os séculos XVI e XVIII conta o desencanto dos monstros e a racionalização de suas representações, a literatura popular os dota de ficções curiosamente estáveis e tranquilas, a história política os mobiliza em proveito da ordem religiosa e social. Mas toda esta ordem é enganadora: o monstro continua sendo portador de um assombro universal, suscita uma curiosidade desabrida, escapa sem cessar às tentativas de limitá-lo ao discurso ou à imagem. Portanto é preciso ver neste desejo de fazer, enfim, reinar a ordem sobre os monstros, que percorre a era clássica, uma etapa essencial na longa repressão histórica daquilo que, no corpo monstruoso, testemunha que o inumano não pode ser assimilado nem representado.

---

22. "Quis nosso Deus, para excitar os homens à penitência, que não somente o céu tivesse seus prodígios, e sinais pavorosos, mas também os elementos, como a terra e a água: tais são os terremotos, furacões, fendas e abismos, abalos, graves secas, monstros e criaturas disformes, inundações, chuvas prodigiosas" (LANDRY, J. *Tératologie*. Clermont, 1603, p. 13).

9
O CORPO DO REI
Georges Vigarello

Não é de surpreender que, em uma monarquia, o corpo do rei seja objeto de descrições lisonjeiras. A superioridade impõe tradicionalmente uma vertente física. A reverência favorece o modelo. Os textos medievais sabem desde muito tempo transformar em exemplos a "fisionomia" e a "corpulência" do rei, como sabem magnificar-lhe as aparências: "Sua atitude era nobre, sua voz máscula e de um belo timbre"[1], diz Christine de Pisan, do Rei Carlos V; "grande de corpo e forte de membros"[2], diz Froissart do quase rei occitano Gaston de Foix. Corpulência e alta estatura, força e beleza são sistematicamente privilegiadas, ou até acentuadas, por Christine de Pisan em seu célebre retrato de Carlos V: "Ele tinha o busto alto e bem-feito; as costas bem-desenhadas e largas, e o talhe esguio. Seus braços eram fortes e seus membros eram perfeitamente proporcionais. A configuração de seu rosto era perfeitamente bela. [...] Sua fronte era alta e larga, as sobrancelhas espessas, os olhos oblongos e bem abertos..."[3] Três séculos depois, a *Gazette de*

---

1. PISAN, C. Le livre des faits et bonnes moeurs du sage roy Charles V [XIVe siècle]. In: MICHAUD, J.-F. & POUJOULAT. J.-J.-F. *Nouvelle collection des Mémoires pour servir à l'histoire de France.* Paris, 1836, t. I, p. 612.
2. FROISSART, J. Chroniques [XIVe siècle]. In: *Historiens et chroniqueurs du Moyen Âge.* Paris: Gallimard, coll. "Bibliothèque de la Pléiade", 1952, p. 526.
3. PISAN, C. *Le Livre des faits et bonnes moeurs du sage roy Charles V.* Op. cit., p. 612.

France ou *Le Mercure Galant* multiplicam as alusões às qualidades excepcionais do rei, insistindo em suas "tão boas provisões de saúde que ele faz com perfeição todos os exercícios do corpo e do espírito, que muitos outros dificilmente aguentariam"[4], visto que já desde criança ele era "grande de corpo, forte de ossatura, muito musculoso"[5]. Nem quedas de cavalo, males ou acidentes poderiam atingir uma resistência fora do comum, um vigor cujos traços físicos garantem força e vontade: "Vendo seu cavalo abatido, [ele] saltou sobre um talude à esquerda com tal agilidade que se viu diretamente em pé sem incômodo"[6]. Presume-se que o rei deve dominar seus súditos e ele o faz também por um corpo inevitavelmente idealizado.

No entanto, esta diferença permaneceria superficial se não fosse apoiada por outras, a do sangue e também da sagração. Poder misterioso que transforma o rei em "representante de Cristo no Estado"[7], o efeito da unção faz no mesmo instante do "gentil delfim" um "gentil rei"[8], acentuando a excepcionalidade de sua pessoa como também de seu estatuto. Um conjunto de sinais o tornaram incomparável, transformando até em "crime de lesa-majestade" o ato que faria "dos súditos os companheiros ou iguais do príncipe soberano"[9]. Também por muito tempo essas marcas têm sua vertente física, indícios corporais que ajudam a perceber melhor, ou até a pensar melhor, a força obscura do poder, esta emanação essencialmente particular cujo exemplo é o tocar as escrófulas, após a sagração: "Deus te cura, o rei te toca". Ato físico, ele manifesta quase visualmente o poder do monarca, concretizando uma

---

4. *Gazette de France*, 28/08/1631.

5. *Journal de Jean Héroard (1601-1627)*. 2 vols. Paris: Fayard, 1989.

6. *Gazette de France*, 21/11/1631.

7. PILLORGET, R. & PILLORGET, S. *France baroque, France classique, 1589-1715*. Paris: Robert Laffont, coll. "Bouquins", 1995, t. II, p. 1.048.

8. As palavras de Joana d'Arc citadas por BARBEY, J. *Être roi – Le roi et son gouvernement en France de Clovis à Louis XVI*. Paris: Fayard, 1992, p. 65.

9. BODIN, J. *Six livres de la république*. Paris, 1579. Apud BARBEY, J. *Être roi...* Op. cit., p. 144.

instância quase divina: aquela que transforma o curso das coisas pelo simples contato do corpo.

Ainda continua corporal por muito tempo a representação do poder, de seu funcionamento e do lugar do rei no aparelho do Estado: ele é a "cabeça de seu reino"[10], dizem os legistas do século XIII, insistindo na imagem e sua lógica visual. Ele é também o "coração" de seu reino, dizem um século depois os conselheiros de Filipe o Belo, desenvolvendo a imagem que associa as ligações orgânicas, enriquecendo a analogia com a lenta tomada de consciência do Estado, consciência da coesão necessária, de sua diversidade como também de sua unidade: ele é o órgão do qual "descem veias, pelas quais [...] é transportada e dividida a substância temporal"[11]. Metáfora indefinidamente repetida e também insensivelmente precisada, detalhada por Henrique IV com "a carne, o sangue, os ossos"[12] trazidos pelos membros, acentuada por Luís XIV até à visão mais encarnada: "Devemos considerar o bem de nossos súditos bem mais do que o nosso próprio. Parece que ele faz parte de nós mesmos, uma vez que somos a cabeça de um corpo do qual eles são os membros"[13]. Símbolo mais figurado e mais concreto ainda: o Leviatã de Hobbes que é um corpo "inteiramente composto de inúmeras cabecinhas (os súditos) cujas faces estão todas voltadas para a cabeça (o rei)"[14].

O corpo com seus dispositivos de comando hierárquico e seu funcionamento de unidade convergente é exatamente um dos referentes tradicionais do reino, o da sujeição ao monarca e de sua autoridade personalizada. O or-

---

10. PARIS, J. De potestas regia et papali, C, XVIII. Apud LECLERCQ, J. *Jean de Paris et l'ecclésiologie du XIIIᵉ siècle*. Paris: Vrin, 1942, p. 230.

11. Le sang du verger [XIVᵉsiècle]. Apud BARBEY, J. *Être roi...* Op. cit., p. 483.

12. Apud BOISSY, G. *L'Art de gouverner selon les rois de France, tiré de leurs oeuvres, lettres, mémoires, écrits divers, et précédé d'une introduction à la sagesse de France*. Paris: Grasset, 1935, p. 78.

13. LUÍS XIV. Mémoires. Apud BARBEY, J. *Être roi...* Op. cit., p. 486, nota 248.

14. CORNETTE, J. *Le roi de guerre* – Essai sur la souveraineté dans la France du Grand Siècle. Paris: Payot et Rivages, 1993, p. 81.

gânico, com suas formas e suas figuras, continua sendo, por muito tempo, aos olhos das almas simples e aos olhos da elite, o que dá vida ao poder e que lhe dá sentido. Então o "corpo do rei" não pode mais se limitar à sua primeira aparência. Ele é mais complexo: possui uma dupla vertente, como foi ilustrado notavelmente por Kantorowicz, ao comentar os juristas do fim da Idade Média[15]. Corpo físico e individual, ele também é corpo genérico, instância abstrata, encarnação visível do reino, ponto tanto mais focal justamente porque aqui a representação não parece poder escapar aos pontos de referência mais físicos. A história deste corpo tão particular concorre então inevitavelmente para a história do poder, como para a história do Estado.

I. Corpo natural e corpo místico

É preciso aguçar a consciência do Estado para que se torne familiar o tema do "corpo político": a querela entre Filipe o Belo e Bonifácio VIII é um exemplo disto, acentuando a autoridade do rei, tornando nitidamente mais corrente a partir do fim do século XIII a expressão de "corpo do reino". Filipe quis impor-se aos seus clérigos sem o assentimento do papa, manifestando seu inteiro poder, afirmando deter "seu reino de Deus sozinho"[16] e pretendendo garantir sua total independência. Bonifácio VIII resistiu, lembrando na sua bula *Unam sanctam* (novembro de 1302) que todo poder era por essência religioso, por conseguinte possuído por "delegação pontifícia"[17]. Mas Clemente V, seu sucessor, cedeu, reconhecendo a especificidade da autoridade política, renunciando "a toda superioridade temporal sobre o rei da França e a todo direito de imiscuir-se no governo do reino"[18]. As igrejas o confirmam: o rei é verdadeiramente a

---

15. KANTOROWICZ, E. *Les deux corps du roi* [1957]. Paris: Gallimard, coll. "Bibliothèque des histoires", 1989.

16. Cf. RIVIÈRE, J. *Le problème de l'Église et de l'État au temps de Philippe le Bel.* Lovaina, 1926, p. 99.

17. Ibid.

18. BARBEY, J. *Être roi...* Op. cit., p. 139.

"cabeça do reino", ele é seu "soberano senhor"[19], o que exalta sua coerência e unidade. Uma maneira de reconhecer "os poderes e meios cada vez mais importantes" concentrados desde o século XIII "nas mãos do príncipe"[20]: reino que se tornou sempre mais uma entidade homogênea e unificada, um conjunto no qual a autoridade se assemelha à soberania. O rei, perpassado há muito tempo pela imagem do Império, pode então pensar-se como equivalente do imperador, *princeps in regno suo*[21]. A este respeito, a vontade dos legistas de Filipe o Belo é tão nova quanto determinante: "atribuir ao rei, além da feudalidade, além do que lhe reconhecia a Igreja, tudo que se havia desmembrado e como que atomizado das antigas atribuições quase ilimitadas dos antigos imperadores romanos na plenitude de sua magistratura"[22].

Esta homogeneidade cresce mais profundamente ainda quando se impõe, no começo do século XV, o paralelo entre o "corpo místico de Cristo" e o "corpo místico do reino", a comparação entre a "comunidade espiritual dos fiéis" e a "comunidade política dos súditos"[23]. A mudança prende-se ao fundamento do poder e à sua duração: a alma da coletividade deve aqui impor não somente um princípio absoluto, mas um princípio perpétuo, uma coesão existente além da morte e das sucessões, continuidade única e nova que deve então, custe o que custar, traduzir o corpo do rei. Daí este recurso a um alicerce figurativo para concretizar o imaterial: esta "ficção fisiológica abstrata que continua provavelmente sem paralelo no pensamento secular"[24].

---

19. Le songe du verger [XIVᵉ siècle]. Apud BARBEY, J. Ibid., p. 483.

20. AUTRAND, F. Le concept de souveraineté dans la construction de l'État en France [XIIIᵉ-XVᵉ siècles]. In: BERSTEIN, S. & MILZA, P. (org.). *Axes et méthodes de l'histoire politique*. Paris: PUF, 1998, p. 158.

21. CARPENTIER, É. Le grand royaume, 1270-1348. In: DUBY, G. (org.). *Histoire de la France*. Paris: Larousse, 1970, t. I, p. 363.

22. GOUBERT, P. & ROCHE, D. *Les français et l'Ancien Régime*. 2 vols. Paris: Armand Colin, 1984, t. I, p. 208.

23. GIESEY, R.E. *Cérémonial et puissance souveraine* – France, XVᵉ-XVIIᵉ siècles. Paris: Armand Colin, 1987, p. 13.

24. KANTOROWICZ, E. *Les deux corps du roi*. Op. cit., p. 18.

1. Os "dois corpos do rei"

É a faculdade de dar sentido e vida que se torna central, como é para Cristo vivificando os fiéis. É sobretudo a faculdade de durar, jamais morrer, fazer existir eternamente a comunidade. O corpo imaterial superpondo-se ao corpo natural do rei é, de imediato, necessariamente, um corpo eterno, aquele que deve habitar, sem descontinuidade real, a interminável série dos sucessores. É este o preço da estabilidade do reino, como de sua existência: seu enraizamento "perpétuo" no corpo eminentemente presente e imaterial do rei. "A República só tem um corpo"[25], ele não poderia morrer. O que os legistas ingleses, à margem do século XVI, definiram sem dúvida da melhor maneira evocando os "dois corpos do rei": "O rei tem duas capacidades, pois ele tem dois corpos dos quais um é o corpo natural que consiste de membros naturais como os têm todos os outros humanos, e nisto ele está sujeito às paixões e à morte como os outros humanos; o outro é um corpo político, cujos membros são seus súditos, e ele e seus súditos formam juntos o corpo-nação [...] e ele está incorporado a eles e eles a ele, e ele é a cabeça da qual eles são os membros, e ele detém sozinho o poder de governá-los; e este corpo não está sujeito nem às paixões, como o outro corpo, nem à morte, pois, quanto a este corpo, o rei não morre jamais"[26]. Toda insistência é colocada na vontade de figurar o imutável, de dar uma vertente física ao que não muda: "corpo inteiramente desprovido de infância, de velhice e de todas as outras fraquezas e defeitos naturais aos quais está exposto o corpo natural"[27].

O que se impôs foi exatamente a unidade inalterável inscrita no próprio corpo do rei: a manifestação de uma perpetuidade. O que os teólogos foram os primeiros a evocar, no século XIII, ao definir a dignidade de seus padres,

---

25. TILLET, J. Pour la royauté du roi très chrétien... Apud BARBEY, J. *Être roi...* Op. cit., p. 484.
26. PLOWDEN, E. [XVIᵉ siècle]. Apud KANTOROWICZ, E. *Les deux corps du roi.* Op. cit., p. 25-26.
27. Ibid., p. 22.

princípio imediatamente transferível a seus sucessores porque independente de sua própria pessoa: "A dignidade não morre jamais, ao passo que os indivíduos morrem a cada dia"[28]. Também o papa adquire uma "suprapersonalidade" por volta do século XIII, "figura [...] que faz corpo com a Igreja"[29]; a certeza de Gil de Roma em 1300: o "sumo pontífice que dirige a Igreja no ápice [...] pode ser chamado Igreja"[30]. Por outro lado, a novidade é política no começo do século XVI, suscitando a representação de uma autoridade transcendente e secular, uma "sempiternidade" do poder, traduzida na expressão do rei-que-não-morre-jamais; imagem de uma pessoa real constituída além das pessoas carnais, tema estranho ao mundo feudal: príncipes e nobres "não se ligam mais ao monarca por vínculos contratuais, mas são subordinados como membros do corpo do reino"[31]. Impôs-se uma diferença qualitativa: a autoridade real existe acima da pessoa de cada rei. Nada mais do que o surgimento da visão moderna do Estado, definida nos *Seis livros da República* por Jean Bodin em 1576: "A soberania é o poder absoluto e perpétuo"[32], um poder diretamente expresso por um corpo que atravessa o tempo, o corpo místico do rei.

Ainda devemos especificar melhor as características desse duplo corpo real: a bicorporalidade do rei não é a mesma de Cristo, embora esteja "calcada" nela, como dizem acertadamente Robert Descimon e Alain Guéry"[33]. O rei possui um "corpo natural" sujeito à morte. Cristo possui um "corpo verdadeiro" concretizado na Eucaristia. A comparação termo a termo é impos-

---

28. Ibid., p. 14.

29. PARAVICINI BAGLIANI, A. *Le corps du pape*. Paris: Du Seuil, 1997, p. 89 [1. ed. italiana, 1994].

30. KANTOROWICZ, E. *Les deux corps du roi*. Op. cit., p. 453.

31. BARBEY, J. *Être roi*. Op. cit., p. 142.

32. GIESEY, R.E. *Cérémonial et puissance souveraine*. Op. cit., p. 19.

33. DESCIMON, R. & GUÉRY, A. Um État des temps modernes? In: BURGUIÈRE, A. & REVEL, J. (orgs.). *Histoire de la France* – Tomo II: L'État et les pouvoirs. Paris: Du Seuil, 1989, p. 206.

sível, acentuando a evidente distância entre corpo do rei e corpo de Cristo, mas acentuando também a oposição entre os dois corpos do rei, um simplesmente mortal, o outro transcendente e imortal. Só vale a comparação entre corpo místico de Cristo e corpo místico do rei. Só vale esta encarnação em um corpo coletivo, "pessoa imaterial projetando-se atrás de uma sucessão de pessoas carnais"[34]. Em compensação, a comparação dos dois corpos místicos é decisiva porque concretiza a continuidade política numa "pessoa fictícia"[35]. Decisiva ainda porque transforma pouco a pouco a visão do corpo natural do rei, mesmo sendo-lhe oposto o corpo místico. Não seria o extremo da ficção tornar visível o invisível e perceptível o imaterial através do próprio corpo do rei? "De tal sorte que há um corpo natural aparelhado e investido da dignidade e do estado real; e não há um corpo natural distinto e separado do ofício da dignidade real, mas um corpo natural e um corpo político juntos, indivisíveis. E esses dois corpos estão incorporados em uma só pessoa"[36]. O que confirma a que ponto a majestade real focaliza aqui a imagem de um Estado transcendendo o tempo, visão eminentemente corporal do que ele não é: colocação em exagero, se for necessário, da excepcionalidade absoluta do corpo natural do rei.

2. As manifestações dos dois corpos

A guerra faz experimentar toda a importância dos dois corpos: o caso de Henrique IV, por exemplo, "rei de carne e de sangue, guerreiro da pluma branca entre outros guerreiros"[37], transfigurando a tropa, impondo a imagem física do Estado no próprio centro do combate. Aqui a presença do rei encarna claramente uma mística coletiva, a certeza de uma impetuosidade inteiramen-

---

34. BARBEY, J. Op. cit., p. 41.
35. GIESEY, R.E. *Cérémonial et puissance souveraine*. Op. cit., p. 18.
36. KANTOROWICZ, E. *Les deux corps du roi*. Op. cit., p. 23.
37. CORNETTE, J. *Le roi de guerre*. Op. cit., p. 184.

te particular: as virtudes básicas da soberania identificadas com um poder de sangue, o absoluto da força focalizado no corpo do rei. Daí as consequências "excepcionais" desta presença: os "maravilhosos efeitos"[38] sobre o curso dos acontecimentos, o entusiasmo dos homens, o sentido do combate.

Os dois corpos também transfiguram as cerimônias do Estado. A sagração, em particular, impondo sua preeminência com a entrega das insígnias reais – a túnica "jacinto", a capa, o anel, o cetro, a mão de justiça, a coroa[39] –, reúne em um mesmo momento e em um mesmo corpo o que tem valor coletivo mais "visualmente". O corpo do rei oferece então sua dupla valência e seu esplendor solene aos olhos de todos, tornando-se "doravante completo"[40], possuindo a virtude superior da qual pode decorrer o poder taumatúrgico. Esta exigência visual tornou-se tão evidente no século XVII que ela é apresentada pelos juristas de uma maneira quase funcional: "Ornamentos reais desprezíveis fazem desprezar os reis"[41]. Exigência visual ainda na maneira pela qual o poder vem exercer sua força mágica mostrando-se simplesmente com suas insígnias e atributos: "Sua presença física apaziguava todas as revoltas, consolidando as fidelidades, o que os regentes sabiam muito bem: Catarina como Maria e como Ana passeavam com seu filho rei nas províncias sublevadas ou descontentes e sua presença restabelecia, como que miraculosamente, por um momento, a ordem e a obediência"[42].

Alguns rituais ou mesmo algumas arquiteturas podem traduzir mais materialmente ainda as duas vertentes do corpo, sua identidade visível, sua distância, como também sua paradoxal proximidade, sobretudo quando eles

---

38. LA MOTHE LE VAYER, F. *De l'instruction de Monseigneur le Dauphin*. Paris, 1640, p. 49.

39. Cf. LE GOFF, J. Reims, ville du sacre. In: NORA, P. (org.). *Les lieux de mémoire*. Paris: Gallimard, coll. "Quarto", 1997, t. I, p. 675-676.

40. Ibid., p. 676.

41. Du CHESNE, A. *Les antiquitez et recherches de la grandeur et majesté des roys de France*. Paris, 1609, p. 355-356.

42. GOUBERT, P. & ROCHE, D. *Les français et l'Ancien Régime*. Op. cit., t. I, p. 220.

devem ilustrar a cessação e a transmissão do poder. Os túmulos à "imperial", por exemplo, longamente estudados por Panofsky[43], os do século XVI, em particular, feitos em Saint-Denis para Luís XII, Francisco I ou Henrique II: o cadáver do rei e seus sinais de carnes desfeitas ocupam a parte inferior, o corpo em majestade e seus sinais de função solene ocupam a parte superior. O túmulo por si só coloca em cena o corpo mortal e aquele que não morre jamais, tradução na pedra da dupla valência corporal.

Um outro dispositivo do ritual funerário é mais explícito ainda, o da efígie que acompanha o rei no túmulo, cerimonial tão sutilmente analisado por Ralph E. Giesey. O costume aparece na Inglaterra em 1327 com o funeral de Eduardo II. À primeira vista, a encenação parece bastante circunstancial: a necessidade de esperar o retorno de Eduardo III para conduzir o funeral e a precariedade dos processos de embalsamamento impuseram o recurso a uma efígie do rei colocada em cima da urna funerária. Outras ausências ou atrasos mantiveram o processo nos funerais seguintes. Em contrapartida, o hábito instalou-se insensivelmente, atribuindo à efígie um papel que ela não possuía: o de representar o rei na plenitude de seu poder. Um imenso teatro funerário impõe-se no século XVI, com a morte de Francisco I, onde a efígie do rei defunto é transposta em "corpo político da doce França"[44], substituto solene exposto aos olhos de todos, figura concreta do rei que não morre jamais: a efígie não é mais do que símbolo, símbolo do duplo corpo do rei.

A totalidade do ritual funerário no século XVI impõe aliás um papel importante a esta figura de cera: refeições lhe são servidas durante onze dias, exatamente como eram servidas ao rei em vida; os presidentes do parlamento reivindicam caminhar junto dela durante o trajeto do funeral confirmando sua preeminência sobre o corpo mortal do rei; o herdeiro, portanto, está ausente das cerimônias, não podendo se aproximar da figura do rei vivo sem

---

43. PANOFSKY, E. *Tomb sculpture*. Nova York: H.N. Abrams, 1974, fig. 324, 331, 354.
44. GIESEY, R.E. *Cérémonial et puissance souveraine*. Op. cit., p. 24.

correr o risco de destruir a ficção. Tudo é feito para que o corpo místico do rei continue reconhecido e visível até ser colocado no túmulo. Tudo é feito para que os dois corpos continuem a coexistir até o enterro do rei defunto.

O que mobiliza aqui o ritual é exatamente o problema do interregno: é melhor sugerir a existência do corpo místico do reino, é melhor assegurar a continuidade evocando a figura do rei que não morre jamais, exigência que se tornou mais premente no século XVI, inscrita nas próprias palavras do ritual, como mostram as fórmulas pronunciadas no momento da deposição no túmulo. É o nome individual do novo rei, por exemplo, que ainda continua pronunciado no século XV, sucessão quase personalizada na morte de Carlos VII em 1467: "Orai pela alma do Rei Carlos": fórmula dita em voz alta no momento de depor os emblemas no túmulo. "Viva o Rei Luís": fórmula dita em voz alta no momento do levantamento da espada. É o nome genérico de "rei", ao contrário, que é pronunciado no século XVI, sucessão quase impessoal à morte de Luís XII: "Viva o rei", único grito proferido depois do grito "O rei está morto" acompanhando a deposição dos emblemas. Nada mais do que uma manifestação, nas palavras, da continuidade imaterial além do corpo natural: "Afirma-se ao mesmo tempo que o rei está morto e que o rei vive, o espírito é constrangido a abandonar o mundo das realidades materiais para aceder a um plano que as transcende"[45]. O ritual confirma simplesmente, e à sua maneira, que a visão do Estado mudou.

3. A Inglaterra e a França

Ainda coexistem diversos modelos na expressão dos dois corpos: o dispositivo inglês, por exemplo, não se sobrepõe ao dispositivo francês. O primeiro é mais verbal, o segundo mais visual: "O que os ingleses formulam em linguagem jurídica, os franceses exprimem por uma encenação"[46]. Daí a importância

---

45. Ibid., p. 30.
46. Ibid., p. 18.

dos textos da época Tudor estudados por Kantorowicz para identificar a teoria. Daí também a importância da efígie funerária francesa e de sua interminável exposição para lhe dar uma versão teatral, ou até dramatizada.

As diferenças não são apenas formais: elas atingem a própria visão do corpo do rei. Primeiramente, o sangue: as questões de adultério das rainhas na França, nos séculos XIII e XIV, com suas consequências trágicas de complôs ou de assassinatos, confirmam o valor central atribuído ao sangue e à linhagem. Toda suspeita de adultério desqualifica o herdeiro. Toda falta presumida compromete a sucessão. "Na Inglaterra, nada disto", comenta Colette Beaune, onde "o sangue é apenas um dos fatores que fazem o rei"[47]. A legitimidade de Eduardo II não é prejudicada com sua ascendência: a mãe que sobe ao trono com seu amante, o pai que ostenta publicamente sua homossexualidade. Esta diferença entre França e Inglaterra está ainda claramente presente nas expressões empregadas: ao termo inglês *Our Lords*, correspondem, desde o século XV, os termos franceses "príncipes do sangue", "honra do nosso sangue"[48], "sangue ou linhagem real"[49]. O que enfatiza, no caso francês, a atenção dada ao orgânico, a ideia de que "o sangue da França é perpétuo ao milésimo grau"[50], ou mesmo que o sangue dos reis é "sagrado"[51], "azul", *clarissimus*. O que ainda leva a cercar este "melhor sangue do mundo"[52] de alguma aura messiânica, como mostra o fervor religioso desencadeado pelo nascimento de Carlos VIII, filho "inesperado" de um Luís XI envelhecido: efusão mais marcante ainda porque acompanha o começo do reino

---

47. BEAUNE, C. *Naissance de la nation France*. Paris: Gallimard, 1985, p. 220.

48. Cf. MONSTRELET, E. Apud BEAUNE, C. Ibid., p. 221.

49. *Ordonnances des rois de France* [1368], t. V, p. 73.

50. GUIMIER, C. *Commentaire sur la Pragmatique Sanction*. Paris, 1546, f° 140.

51. "O sangue sagrado dos reis de geração em geração" (LECLERCQ, J. "Un sermon pour les guerres de Flandres". *Revue du Moyen Âge Latin*, 1945, p. 169).

52. MASSELIN, J. *Le Journal des États Généraux de 1484*. Paris, 1835, p. 217.

e legitima parcialmente sem dúvida as guerras da Itália. O sangue real regula todo problema de herança, proibindo qualquer supervisão da Igreja ou "qualquer dispersão das lealdades"[53], enquanto a Inglaterra, e mais ainda o Império, dão lugar à adesão dos grandes.

O fundamento dado ao Estado é a segunda diferença: o corpo místico do Estado parece não ter a mesma origem na Inglaterra e na França. Os juristas ingleses insistem em um acesso ao trono político, os juristas franceses insistem em um acesso ao trono divino. Sir Edward Coke, por exemplo, retomando o tema dos dois corpos, especifica claramente a doutrina inglesa em 1608: "Um é o corpo natural [...] e este corpo é criação de Deus Todo-Poderoso e está sujeito à morte [...]; e outro é o corpo político [...] construído pela política do homem [...] e nesta competência o rei é considerado imortal, invisível, não sujeito à morte"[54]. Inversamente, dois anos depois, na França, o ritual da sagração insiste na origem divina do rei, especificando em Luís XIII aquele "que Deus nos deu por rei"[55]. Tudo é dito em algumas palavras: "Construído pela política do homem", "Que Deus nos deu". Dois destinos diferentes afetam o corpo místico na França e na Inglaterra, bem claramente precisados na análise de Ralph E. Giesey: "O corpo político da Inglaterra – investido nos corpos naturais dos Stuarts sucessivos – encontrou-se "construído pela política do homem" em uma forma constitucional; o corpo político da França – investido nos corpos naturais dos Bourbons sucessivos – foi quase divino e absoluto"[56]. Esses dois corpos designam e representam bem o Estado, mas o Estado do monarca absoluto está inevitável e imediatamente investido de uma força divina.

---

53. BEAUNE, C. *Naissance de la nation France*. Op. cit., p. 225.
54. GIESEY, R.E. *Cérémonial et puissance souveraine*. Op. cit., p. 148, nota 43.
55. GODEFROY, D. Cérémonial français, t. I, p. 407-408. In: GIESEY, R.E. *Cérémonial et puissance souveraine*. Op. cit., p. 147, nota 26.
56. Ibid., p. 47.

É no cumprimento temporário de uma monarquia absoluta, aquela que concede um "poder ilimitado"[57] a um soberano, embora sujeito às leis, que se exprime da melhor maneira, com o século XVII, este investimento ao mesmo tempo natural e divino do poder. Eis a fórmula nascida com Bodin, no século XVI, e personalizada com Luís XIV, um século depois: "A soberania é o poder absoluto e perpétuo de uma República chamada pelos latinos de *majestatem*"[58].

II. O absolutismo colocado em cena

Da mesma maneira que se afirmam mais distintamente os dois corpos do rei no século XVI, com a progressiva homogeneização do Estado, da mesma maneira a expressão desses dois corpos muda ainda no século XVII com o triunfo da monarquia absoluta, o triunfo da sociedade da corte, da autoridade sempre mais personalizada do monarca. O cerimonial sucessório de 1610, negociado para acelerar o acesso de Luís XIII ao trono e instaurar com mais segurança a regência de Maria de Médicis, mostra melhor do que nunca as consequências do absolutismo sobre a teoria dos dois corpos do rei. Os conselheiros de Maria quiseram dar pouca liberdade a seus opositores convocando uma sessão solene do Parlamento no dia seguinte à morte de Henrique IV, na qual "Monsieur o Delfim foi declarado Rei e a Rainha declarada Regente pela corte do Parlamento"[59]. Este ritual tão particular, feito para acelerar a transição, entronizando o rei não mais pela sagração, mas por um ato inaugural realizado quase à morte do predecessor, transforma de fato a

---

57. PILLORGET, R. & PILLORGET, S. *France baroque, France classique*. Op. cit., t. II, *Dictionnaire*, verbete "absolutisme".

58. BODIN, J. *Six livres de la république*. Paris, 1583, p. 122 [1. ed., 1579].

59. *Les cérémonies de l'ordre tenu au sacre et couronnement de la Royne Marie de Médicis, Royne de France et de Navarre, dans l'église de Saint-Denis le 13 may 1610 – Ensemble la mort du roy et Comme Monsieur le Dauphin a esté déclaré Roy et la Royne Régente par la Cour du Parilement*. Paris, 1610.

regra tradicional: neste caso o príncipe aparece imediatamente em sua autoridade plena e inteira, instituído por uma "cerimônia de essência quase leiga"[60]. Nenhuma entrega das insígnias, nenhum interregno neste reconhecimento imediato, mas o acesso direto ao símbolo da investidura real. Pode-se dizer que o dispositivo permite fundir mais do que nunca o corpo natural com o corpo místico do rei.

Soberano absoluto, o monarca do século XVII recorre, por outro lado, a uma estratégia de imagem que multiplica as encenações físicas do poder do Estado, o que afeta à sua maneira também a visão dos dois corpos.

1. *Corpos separados ou corpos fundidos?*

Não que seja modificada a sagração, é claro. Luís XIII é coroado em Reims alguns meses depois da sessão do Parlamento em Paris, e Nicolas Bergier, ao descrever oficialmente a cerimônia, distingue dois momentos no acesso do filho de Henrique IV ao trono: "Portanto, pelo primeiro ato [a sessão parlamentar] pelo qual é declarado e designado rei da França, ele promete desposar o reino que a lei e a natureza lhe dão; mas, pela sagração, ele o desposa completamente"[61]. Duas etapas sem dúvida, uma e outra associadas à metáfora do casamento, onde a segunda conserva todo seu valor solene e místico. A sagração é o alicerce da "religião régia"[62], ligando autoridade do trono com instituição divina, dando ao toque do rei seu poder miraculoso: Luís XIII "toca" mais de três mil escrofulosos em 1620; Luís XIV atinge o número de

---

60. LE ROY LADURIE, E. *Saint-Simon ou le système de la cour*. Paris: Fayard, 1997, p. 117 [com a colaboração de FITOU, J.-F.].

61. BERGIER, N. *Le Bouquet Royal, ou le Parterre des riches inventions qui ont servy à l'Entrée du Roy Louis le Juste en sa Ville de Reims*. Reims, 1637, p. 57.

62. Joël Cornette evoca a sagração como "elemento pivô da religião real" (*Le Roi de guerre*. Op. cit., p. 220). Cf. tb. KNECHT, R.J. *Un prince de la Renaissance, François Ier et son roy- aume*. Paris: Fayard, coll. "Chroniques", 1998 [1. ed. inglesa, 1994].

dois mil e quatrocentos num só dia, 22 de março de 1701[63]. A sagração é o fundamento da majestade, o que diz decididamente Bossuet, evocando "a imagem da grandeza de Deus no príncipe"[64].

Mas a sessão solene do Parlamento de 1610 transformou profundamente a escala dos rituais, confirmando um rei no trono com suas insígnias e suas vestes exatamente na hora da morte do predecessor, tornando, além disso, caduca a efígie do monarca que acompanha o despojo ao túmulo. Os dois corpos não estão mais visualmente separados, apesar de a efígie ter sido colocada em cena pela última vez com a morte de Henrique IV. O jovem rei não se mantém mais à distância até o fim do funeral, como impunha a ficção de uma imagem viva existindo além da morte. Ele se manifesta com toda a plenitude do corpo místico no próprio falecimento do predecessor: "A efígie [pode ser] abandonada; a majestade materializada pelo novo rei empossado pela sessão do Parlamento transfere-se imediatamente para o sucessor; não é a de um 'rei eterno sol de justiça'"?[65]

O que afeta, convém repeti-lo, a visão dos dois corpos, estabelecendo definitivamente um dos momentos dominantes, não tanto evidenciando uma entidade separada como encenando a passagem, esta insistência claramente manifestada pelos juristas do século XVII: "No mesmo instante em que é fechada a boca do rei defunto, seu sucessor é rei perfeito por uma continuação imediata"[66]. A consequência é exatamente orientar a doutrina dos dois corpos para uma visão mais "unitária", naturalizar sempre mais o corpo místico, fazer aparecer o rei "como uma personificação animada de uma entidade política abstrata"[67]. Daí a maneira certamente diferente de

---

63. GOUBERT, P. & ROCHE, D. *Les français et l'Ancien Régime.* Op. cit., t. I, p. 219.
64. BOSSUET, J.-B. Apud CORNETTE, J. *Le roi de guerre.* Op. cit., p. 414.
65. BARBEY, J. *Être roi...* Op. cit., p. 208.
66. LOYSEAU, J.S. Apud GIESEY, R.E. *Cérémonial et puissance souveraine.* Op. cit., p. 44.
67. Ibid.

"absolutizar" o corpo singular, gestos e comportamentos personalizados focalizando por si sós a vertente imaginária do Estado: "O rei tem apenas um corpo"[68]; ou, melhor, esta conclusão de Apostólides, estudando as festas da monarquia absoluta: "A nação não faz corpo na França, ela reside inteiramente na pessoa do rei"[69], este monarca compreendido de um lado ao outro pelo símbolo, manifestando todo o Estado em cada um de seus atos, a ponto de poder afirmar, mesmo que seja de maneira apócrifa, *L'État c'est moi* (o Estado sou eu). Luís XIV, como se sabe, sistematiza ao extremo esta imagem de uma individualização do genérico até à constatação tão intuitiva da *Grande Demoiselle*: "Ele é Deus"[70]. Afirmação cuja falsidade legal, é preciso dizê-lo, todos os textos demonstram, mas cuja verdade empírica é confirmada por todos os testemunhos: "O rei tomou o lugar do Estado, o rei é tudo, o Estado não é mais nada"[71], segundo a certeza de um contemporâneo. Afirmação totalmente nova no século XVII, mesmo supondo que a razão do Estado, ou simplesmente a razão, modere este absolutismo opondo-o ao despotismo ou à tirania[72].

2. O corpo, a etiqueta, a corte

A mudança afeta portanto os gestos mais cotidianos do corpo real, sua presença como seu alcance; nenhum deles escapa à vida pública, nenhum deles pode subtrair-se ao Estado: "nada faz tanta falta a um rei como as do-

---

68. MARIN, L. *Le portrait du roi*. Paris: De Minuit, 1981, p. 20.

69. APOSTOLIDÈS, J.M. *Le roi-machine*: spectacle et politique au temps de Louis XIV. Paris: De Minuit, 1981, p. 13.

70. Cf. PILLORGET, R. L'âge classique. In: DUBY, G. (org.). *Histoire de la France*. Op. cit., t. II, p. 171.

71. JURIEU, P. Soupirs de la France esclave. Paris, 1691. Apud ELIAS, N. *La société de cour*. Paris: Calmann-Lévy, 1974, p. 117 [1. ed., 1969].

72. Cf. GOUBERT, P. & ROCHE, D. *Les français et l'Ancien Régime*. Op. cit., t. I, p. 209: "Todos tiveram, pelo menos por momentos, a consciência dos limites de seus poderes".

çuras da vida privada"[73], diz La Bruyère como observador atento da corte. O rei é a manifestação viva da existência e do poder do Estado em cada um dos momentos de sua vida: o menor de seus instantes designa o todo. Sem dúvida, é isto que dá este sentido tão particular à etiqueta e aos rituais que cercam o monarca clássico, este valor do código físico que excede de longe a simples vontade de distinção. O porte, a elegância, o desenrolar de cada dia ritualizado do começo ao fim, são um modo de fazer existir a coisa pública que torna o Estado visível e atuante, muito além da simples reverência devida ao poderoso. A etiqueta "regula as relações no interior do pequeno grupo da elite"[74], ela designa os lugares e as hierarquias, distingue e discrimina, mas se torna cada vez mais a expressão física que encarna aos olhos de todos a presença do Estado. Regular "de antemão o mínimo passo do rei e de seu séquito"[75] como o quer a corte do Grande Rei, transformar todo ato real, do levantar ao deitar-se, em objeto de cena pública, isto não é apenas concretizar a deferência, é também concretizar o poder público, é atualizá-lo em uma totalidade sempre naturalizada e sempre focalizada, inevitável fórmula utilizada pela monarquia absoluta para permitir imaginar a entidade do Estado.

Os grandes rituais tradicionais, a sagração, a entrada do rei, a sessão solene do Parlamento e o funeral eram os momentos-chave em que o corpo místico do rei se impunha aos olhos de todos. A etiqueta curial do século XVII traz uma mudança que torna permanente o momento em que o corpo do rei exprime com mais naturalidade aparente sua individualidade singular e sua profundidade simbólica. O paradoxo extremo da corte é exatamente confundir de modo contínuo a marca individual com o gesto codificado, até à maneira inevitavelmente pessoal de promulgar por editos a regra, a maneira de adaptá-la aos caprichos ou às parcialidades do rei: "No ritual da corte,

---

73. LA BRUYÈRE. "Du souverain". Les caractères. Apud ELIAS, N. *La société de cour*. Op. cit., p. 145.
74. REVEL, J. "Les civilités à l'âge moderne". *Politesse et sincérité*. Paris: Esprit, 1994, p. 64.
75. ELIAS, N. *La société de cour*. Op. cit., p. 136.

o rei não traz atributos nem vestes propriamente reais, mas só pela magia de sua atitude real e pela força de sua personalidade que operam segundo um comportamento severamente codificado, ele exerce um controle imediato sobre a elite da sociedade"[76]. A etiqueta é um modo de fazer existir a totalidade do poder e do Estado, e também uma maneira de mostrá-lo no desdobramento de um corpo pessoal: ela é "a imagem condensada da onipotência e demonstra que a pessoa física do rei contém a plenitude do poder eterno e infinito que ele encarna"[77].

Vê-se então como o balé dos cortesãos é "instrumento de dominação"[78], mas também se vê como este interminável jogo dos corpos serve para a encenação visível do Estado representado pelo corpo do rei. A isto se acrescenta o novo e bem específico papel desempenhado pelo espaço: o castelo como teatralização e prolongamento do corpo do rei. Versalhes adquire aqui um lugar bem-preciso, novo cenário para novos gestos: o lugar, surgido de uma terra ingrata graças à força quase cósmica do monarca, torna-se o centro no qual o rei se mostra e donde ele age. Resumo do universo, extremo de simetria e de organização, Versalhes foi feito para a liturgia da etiqueta como para a representação de um poder donde parece proceder toda a vida. O conjunto adere de lado a lado ao teatro do rei: o palácio celebra o soberano por sua galeria de façanhas personalizadas, representando ao mesmo tempo "a projeção direta de seu poder, a inscrição de seu corpo místico no espaço, o equivalente de sua onipotência eterna e ilimitada"[79]. Cidade e castelo construídos com todas as peças garantem um quadro que confirma um poder físico, o de um Estado pessoalmente encarnado.

---

76. GIESEY, R.E. *Cérémonial et puissance souveraine.* Op. cit., p. 72.

77. POMMIER, É. Versailles, l'image du souverain. In: NORA, P. (org.). *Les lieux de mémoire.* Op. cit., t. I, p. 1273 [1. ed., 1986].

78. ELIAS, N. *La société de cour.* Op. cit., p. 116.

79. POMMIER, É. "Versailles, l'image du souverain". Art. cit., p. 1.272.

3. O corpo de guerra e o poder civil

Uma característica bem particular desta encenação é ainda a de inaugurar uma política da imagem. Não mais apenas aquela tradicionalmente utilizada para as entradas na cidade ou para as grandes cerimônias públicas, a "descendência troiana", por exemplo, explorada nos arcos de triunfo de Carlos IX por ocasião de sua entrada em Paris em 1572[80], mas as imagens instaladas de modo permanente no castelo, feitas para a maior glória do rei: o monarca em majestade oferecido aos olhos de todos. Outras tantas imagens que traduzem nas cenas escolhidas como nos gestos do rei as mudanças da representação do Estado.

A referência aos antigos heróis, marcante desde a ascensão da Grécia e de Roma na cultura do século XVI, sistematiza-se primeiramente em escala de uma mitologia refinada no Versailles do século XVII, repetindo a imagem do rei que se igualou aos grandes, recorrendo às cenas de guerra para ilustrar melhor o poder. Alexandre, em particular, aparece sob os traços de Luís nas grandes telas encomendadas a Le Brun, após 1660, enquanto cada cena se orquestra em torno do jovem conquistador[81]. A tela substitui a presença física, acentuando inevitavelmente a vertente corporal e visível do poder, a força do olhar em particular, com seus efeitos de dominação imediata segundo a representação sempre mais moderna da majestade: "Eu havia esquecido que os raios que coroam a monarquia representam ainda este alto esplendor de grandeza e de majestade que brilha sobre a pessoa dos monarcas. Tal era, segundo alguns, o brilho ordinário que se observava no rosto de Alexandre, dos olhos do qual (sobretudo quando ele ia ao combate) saltavam não sei que traços de luz, tão vivos e penetrantes que faziam aqueles

---

80. YATES, F.A. *Astrée, le symbole impérial au XVIᵉ siècle*. Paris: Belin, 1989, p. 224 [1. ed. inglesa, 1975].

81. Cf. sobre este ponto a análise determinante de CORNETTE, J. *Le roi de guerre*. Op. cit., p. 235.

que o olhavam baixar a vista, pois estavam como que ofuscados"[82]. O rei como herói de guerra e como trânsfuga da Antiguidade paralisa fisicamente seus inimigos.

No entanto, a estratégia das imagens não podia escapar de uma absolutização da grandeza como de uma afirmação extrema da personalidade real. É o rei que se impõe de imediato como novo e único herói mítico: "Luís se assemelha a todos os grandes, entretanto nenhum desses grandes se assemelha a ele, porque ele é o único semelhante a ele mesmo, e o grande por excelência"[83]. Joël Cornette mostrou muito bem como as pinturas da Galeria dos Espelhos atualizam esta versão de um rei que não precisa mais tomar seus modelos na Antiguidade, porque se tornou o único referente dele mesmo. Soberano cuja simples "aparição basta para derrubar [uma] cidade tomada de pavor"[84], ele maneja a força como os deuses do Olimpo dominam as nuvens, conduzindo um exército montado em uma águia (a tomada de Gand), ou transpondo um rio sentado num carro (a passagem do Reno).

A consequência de uma outra mudança da encenação é maior ainda, além de paradoxal: a extinção de tudo que poderia representar a violência imediata. O rei combatente, representado na Galeria dos Espelhos, não se confunde mais com o afrontamento direto, evitando toda alusão à sua possível morte, aos golpes, aos perigos. Sua ação depende de sua manifestação. Daí este estranho e novo jogo sobre a força visível: o poder do soberano, mesmo que seja um poder guerreiro, só continua sendo físico por alusão. O rei não participa mais da gestualidade das batalhas: ele não é mais soldado como ainda podiam sê-lo o Carlos V de Ticiano[85], o Luís XII de Jean

---

82. Ibid.

83. VERTRON, C.C.G. Parallèle de Louis Le Grand avec tous les princes qui ont été surnommés Grands. Paris, 1685. Apud GRELL, C. & MICHEL, C. L'école des princes ou Alexandre disgracié. Paris: Les Belles Lettres, coll. "Nouveaux confluents", 1988, p. 72.

84. CORNETTE, J. Le roi de guerre. Op. cit., p. 244.

85. TICIANO. Carlos Quinto na batalha de Mühlberg, 1548, Madri: Prado.

Marot[86] ou mesmo o Henrique IV da escola francesa do fim do século XVI, representado com armadura, portador de lança e espada[87]. Ele não empunha mais as armas nem conduz mais o assalto. Ele domina a batalha de cima e a anima com o olhar. Sua força, como a força do Estado, tornou-se mais abstrata, ela se "descorporalizou" ao mesmo tempo que se absolutizou.

Exatamente como os grandes quadros majestáticos privilegiam mais a imagem civil para tornar sempre mais indireta a referência ao poder armado. O retrato de Luís XIV por Le Brun é, neste sentido, o melhor exemplo em 1660[88]: o corpo do rei, solenizado sob a peruca, as rendas, galões, peles, sedas, pregas ou pregas do peitilho do vestuário, impõe uma presença nova. A nobreza do personagem está concentrada no refinamento vestimentar, a força na expressão do rosto e na intensidade do olhar. A pausa e os acessórios das vestes revelam a ordem da corte e a lei do Estado. Os sinais quase musculares da autoridade cederam diante dos sinais de um controle ao mesmo tempo mais profundo e já mais técnico. Uma força eufemizada, tanto mais soberba quanto mais refinada, impôs-se definitivamente. O corpo do rei o diz sem rodeios, sustentando diretamente o olhar do próprio espectador.

III. A força entre o biológico e a lei

Além dessas mudanças de imagem, a visão dos dois corpos como suas encenações têm efeitos sobre as práticas do Estado, aquelas que cercam o rei de um lado, e aquelas que cercam a justiça e a lei, de outro. Por exemplo, essa visão impõe durante muito tempo uma atenção bem particular à manutenção do corpo real, até fazer dela uma das primeiras missões do Estado. Também impõe uma perspectiva muito física do poder e da lei a ponto de ser

---

86. MAROT, J. "Entrada de Luís XII em Gênova". *Miniaturas da viagem a Gênova*, século XVI. Paris: Cabinet des Estampes, BNF.

87. Escola francesa. *Henrique IV*, 1595. Museu do Castelo de Versailles.

88. LE BRUN. *Luís XIV*, 1660. Museu do Louvre.

tachado de criminoso aquele que ofende a pessoa individual e corporal do rei. Nos dois casos, as fronteiras entre o espaço público e o espaço privado se confundem inevitavelmente com a personalidade do monarca, confrontando seu poder físico com a regra de todos: uma maneira de fazer a força física do rei participar no próprio funcionamento da lei.

1. Prolongar a vida do rei

Aparentemente, nada de mais banal do que a atenção médica voltada para o corpo do rei, uma vez que se trata, em primeiro lugar, de prolongar a vida do ser mais eminente[89]. Nada de mais banal também no tropel de médicos do rei, sua presença insistente, seu enobrecimento, seu "arranjo" em Versailles. No século XVII, a redação de um *Diário de saúde do rei* já é mais marcante, consignando publicamente o estado físico cotidiano de Luís XIV com o respectivo conjunto dos atos médicos, sublinhando a excepcionalidade das vigilâncias e dos cuidados[90]. Da mesma forma que era mais marcante também a existência do *Diário* de Héroard, aquele médico que anotava escrupulosamente o crescimento e a maturidade de Luís XIII, comentando por várias décadas, dia após dia, cada um dos gestos físicos de seu paciente, seu regime alimentar, seus exercícios, suas viagens, seus prazeres ou seus jogos[91].

Cabe igualmente lembrar o princípio central desses cuidados na prática tradicional, uma manutenção especificamente baseada naquilo que depura o corpo, uma preocupação instrumentada que consuma gestos e tempos: aqui são os humores que geram as doenças, seus acidentes provocam os sintomas, daí a necessidade de facilitar sua evacuação regular, isto é, praticar

---

89. Cf. sobre este ponto o livro de CAROLY, M. *Le corps do Roi-Soleil*. Paris: Imago, 1990. Em particular "Le corps sauvé", p. 24, e "Le corps purgé", p. 59.

90. VALLOT, A.; d'AQUIN, A. & FAGON, G.-C. *Journal de santé du Roi Louis XIV de l'année 1647 à l'année 1711*. Paris, 1862. Cf. a reedição de 2004 (Grenoble: Jérôme Millon), com a introdução de Stanis Perez.

91. *Journal de Jean Héroard (1601-1627)*. Op. cit.

sangrias, sudações ou purgações. O corpo do rei está inevitavelmente sujeito a este regime evacuador, e isto até mais intensamente ainda com a entrada na modernidade. A sangria é quase semanal para Luís XIII: ele se submete a ela até quarenta e sete vezes por ano[92]. Ela também é frequente, talvez até mais, para um Luís XIV cujos médicos ritualizam a manutenção; uma "medicina" mensal é acrescentada (lavagem ou purgação), regularmente relatada por Saint-Simon, Sourches ou Dangeau[93]; ou a combinação de ambas, evocada pela Princesa Palatina, em 1701, quando se acha que a saúde do rei está enfraquecida: "Sua Majestade não goza mais de boa saúde. Temo, pois drogas lhe são administradas continuamente. Há oito dias lhe tiramos, por medida de precaução, cinco palhetas de sangue; há três dias ele tomou uma forte medicina. De três em três semanas o rei toma medicina"[94]. A purgação preventiva atinge aqui uma complexidade sem precedentes. Ela precede toda iniciativa importante, toda previsão de fadiga, toda partida em campanha, "purificando" o corpo para melhor ajudá-lo a defender-se. Mais ainda, a tomada de purgativo é precedida de uma preparação depuradora, uma lavagem que completa e redobra seus efeitos: "No dia 14 do mês de setembro [1672], ele se preparou, na hora de deitar-se, por uma lavagem e, no dia seguinte, tomou seu caldo purgativo"[95]. O objetivo, nesta ação redobrada, é também tornar mais "suave" e mais suportável a operação laxativa.

Aliás, a finalidade desses gestos não se limita apenas às suas referências físicas. Emmanuel Le Roy Ladurie sublinhou seu valor social e suas implica-

---

92. HÉRITIER, J. *La sève de l'homme* – De l'âge d'or de la saignée aux débuts de l'hématologie. Paris: Denoël, 1987, p. 21.

93. Cf. os memorialistas mais clássicos que evocam regularmente o problema: DANGEAU, P.C. *Journal de la cour de Louis XIV depuis 1684 jusqu'à 1715* [XVIIe- XVIIIe siècle]. 12 vols. Paris, 1854-1860. • SAINT-SIMON, L. *Mémoires* [XVIIe -XVIIIe siècle]. Paris, 1879-1928. • SOURCHES, L.F.B. *Mémoires sur le règne de Louis XIV publiés d'après le manuscrit authentique* [XVIIe siècle]. 13 vols. Paris, 1883-1893.

94. *Lettres de la princesse Palatine (1672-1722).* Paris: Mercure de France, 1981, p. 201.

95. VALLOT, A.; d'AQUIN, A. & FAGON. G.-C. *Journal de santé du Roi Louis XIV...* Op. cit., p. 113.

ções diferenciadoras: por ser mais eminente, o corpo do rei deve também ser mais depurado. Sua manutenção mobiliza tanto um imaginário dos humores quanto um imaginário das hierarquias: "Quanto mais alto alguém está situado na sociedade, mais frequentemente deve ser sangrado e purgado"[96]. Modelo do corpo nobre, este corpo eminente imporia, mais do que qualquer outro, líquidos expurgados: uma maneira de codificar a distância das reverências, codificando a pureza das interioridades, uma maneira de também confirmar a prioridade tradicional dada aos líquidos internos para comandar a qualidade dos corpos.

Mas o que caracteriza a manutenção do corpo do rei na etiqueta da monarquia absolutista é que ele pode escandir a vida da corte: a purgação regular é privada, mas seu anúncio é público, como o são os remanejamentos de tempo que ela impõe. A ordem de um dia da corte é totalmente alterada pelos cuidados de precaução prestados ao rei. Tudo é mudado no desenrolar das horas, tanto o tempo da missa como o da refeição, o tempo das visitas como o dos conselhos: "Os dias de medicina repetiam-se pelo menos uma vez por mês. O rei tomava a medicina em seu leito, depois ouvia a missa à qual só tinham acesso os capelães e os que tinham o privilégio de entrar no quarto do rei. Monsenhor e a casa real vinham vê-lo por um momento. [...] O rei jantava em seu leito, nas três horas em que todo mundo entrava, depois ele se levantava e só permaneciam os que tinham acesso privilegiado"[97]. Nenhum desses atos penetrava no segredo da vida privada: os cuidados a serem prestados ao corpo do rei e os gestos para confortá-lo ou prevenir seus males integram-se no emprego do tempo de todos. Cada um era obrigado a conhecer e seguir os modos de proceder para preservar o corpo do monarca. Exatamente porque sua pessoa privada e sua pessoa pública não podem ser claramente distintas. É sobretudo porque seu corpo natural percebido como

---

96. LE ROY LADURIE, E. *Saint-Simon ou le système de la cour*. Op. cit., p. 144.
97. SAINT-SIMON, L. *Mémoires*. Op. cit., t. XIII, p. 196.

inseparável de seu corpo simbólico deve ser mantido e reforçado à vista e ao conhecimento de todo mundo.

Subsiste, sem dúvida, a ameaça nitidamente real que faz pesar sobre o simbólico a existência física do rei, suas transformações, seus possíveis estragos: o prosaico contra o sagrado, o "imaginário do corpo carne"[98] contra o imaginário do duplo corpo. "A frágil e angustiante primazia do corpo físico do homem"[99], conclui Alain Boureau. De fato, a difícil dissimulação da degradação do corpo do rei se impôs mais de uma vez à corte. As "rugas de Apolo"[100] comprometeram mais de uma vez o corpo glorioso; as doenças de Luís XIV, em particular, deixaram sua marca indelével na aparência e nos traços. Mais de uma vez o mito foi contestado pela realidade. Não obstante, a imagem do duplo corpo manteve seu sentido além dos simples discursos.

2. Extremo suplício do criminoso

Uma ficção jurídica, a do crime de lesa-majestade, confirmaria esta imagem do duplo corpo à sua maneira: a equivalência primária entre o ato cometido contra o Estado e o ato cometido contra o rei, esta íntima reciprocidade segundo a qual declarar-se contra um é indissociavelmente declarar-se contra o outro; é atingir a integridade do reino atingindo a integridade de um corpo, ou inversamente. Nenhum crime equivale a esta ameaça exercida sobre o "território-corpo", a falta mais grave de todas. Nenhum castigo parece ser suficiente para este desafio pensado nos termos mais físicos. Daí o extremo da punição imposta ao culpado, definitivamente punido pelo corpo que ele ousou desafiar, esta desproporção visível entre a onipotência do mo-

---

98. BOUREAU, A. *Le simple corps du roi* – L'impossible sacralisation des souverains français, XVe-XVIIIe siècle. Paris: Les Éditions de Paris, 1988, p. 52.

99. Ibid., p. 60.

100. PEREZ, S. "Les rides d'Apollon, les portraits de Louis XIV". *Revue d'Histoire Moderne et Contemporaine*, n. 3, 2003.

narca e a indigência infinita do condenado. O suplício só pode ser inaudito: "o homem é submetido ao óleo fervente e ao chumbo fundido, torturado nas mamas, braços, coxas e barriga das pernas" antes de ser "puxado e desmembrado por quatro cavalos, e os membros e corpo consumidos no fogo, reduzidos a cinzas, e suas cinzas jogadas ao vento"[101]. O crime de lesa-majestade mobiliza a metáfora corporal na sua mais implacável versão física: a de um corpo a corpo sangrento entre o culpado e o rei.

Em um âmbito ainda maior, é em torno da lei que se estende a confusão entre o corpo do rei e o corpo do Estado. Não que seja ignorado o princípio tradicional da monarquia claramente lembrado por Sully: o próprio príncipe "tem dois soberanos, Deus e a lei"[102]. Mas a imagem espontaneamente partilhada é inegavelmente a de um rei, provedor único de regra que dispõe do "poder exclusivo de fazer as leis, de interpretá-las ou de ab-rogá-las"[103]. O que transforma o estatuto do transgressor em ofensor, o atentado à lei em atentado ao rei, reduzindo o criminoso a um homem de desafio agressor ao príncipe. Daí a réplica vinda da própria mão do rei, a existência de um direito de punir quase personalizado, ligado à encarnação carnal do poder: "transgredindo a lei, o infrator atingiu a pessoa do príncipe; é ele – ou pelo menos aqueles aos quais ele confiou sua força – que se apodera do corpo do condenado para mostrá-lo marcado, vencido, esmagado"[104]. O recurso sistemático à pena infamante ou ao escalonamento dos suplícios encontra toda sua lógica nesta necessidade de concretizar o corpo a corpo entre o culpado e a "fonte" encarnada da lei: "a força física do soberano abatendo-se sobre o

---

101. VOUGLANS, M. *Instructions criminelles suivant les loix et ordonnances du Royaume*. Paris, 1762, parte I, p. 801.

102. Apud MERLIN, P.-A. *Répertoire raisonné de jurisprudence*. Paris, 1808-1812, t. XII, p. 187.

103. Ibid., t. XII, p. 192, verbete "Roi".

104. FOUCAULT, M. *Surveiller et punir*. Paris: Gallimard, coll. "Bibliothèque des histoires", 1975, p. 52-53 – [Em português: *Vigiar e punir*. 35. ed. Petrópolis: Vozes, 2008].

corpo de seu adversário e maltratando-o"[105], graduando seu suplício segundo a gravidade da falta cometida.

A isto se acrescenta uma encenação precisa do suplício: a vontade de atingir, além do culpado, aqueles que assistem a seu tormento. A réplica do rei deve ser ostensiva. Ela tem uma função edificante, isto é, deve gelar de pavor e de assombro um povo convidado a assistir ao castigo para ilustrar melhor a regra: evidenciar pela justiça um poder encarnado. Ela traduz até na realidade de suas penas e no detalhe de suas sentenças a existência pessoal e fisicalizada do autor da lei. A consequência última desta fusão íntima entre o corpo do rei e o corpo do Estado é opor uma inacessível majestade, tanto mais misteriosa e terrível porque não aparece mais com os sinais das armas aos culpados esmagados por sua encarnação armada. A lei como o poder permanecem "corporizados". O espetáculo do suplício, o recurso ao terror pelo sangue também exprimem essa versão física da dominação.

3. A crise das representações

No entanto, está em vias de operar-se uma mudança, desde o fim do século XVII, que poderia não fazer mais do corpo do rei a única referência ao corpo simbólico do Estado. Não que esta mudança seja brutal, ou mesmo dominante. A força de convicção imposta pelo corpo do monarca está longe de desaparecer antes da subversão revolucionária. O duque de Croÿ revela toda a sua intensidade ainda durante a sagração de Luís XVI, em 1774, insistindo neste "momento sublime", detendo-se na comoção tão particular dos espectadores, em suas "lágrimas" diante da visão do que "não se vê a não ser aqui: nosso rei revestido do esplendor da realeza, sobre o verdadeiro trono, visão que não se pode exprimir, tal é seu efeito"[106], também seu estranho fei-

---

105. Ibid.
106. CROŸ, Duque de. Journal [XVIIIe siècle]. In: MAUREPAS, A. & BRAYARD, F. *Les français vus par eux-mêmes, le XVIIIe siècle*. Paris: Laffont, 1996, p. 1.210.

tiço a ponto de "não se poder deixar de contemplá-la"[107]. A religião régia continua ainda amplamente preservada, no século XVIII, em uma França dos povoados e dos burgos que testemunham até nos cadernos de queixas sua afeição espontânea à figura do rei: "Os habitantes de Saint-Pierre-lès-Melle, penetrados da sensação deliciosa que sentem na aurora deste belo dia prestes a terminar [...] dizem unanimemente que seu coração não é suficiente para o transporte de amor e de reconhecimento, inspirados pelos benefícios que recebem da ternura do rei salvador que a divindade, sensibilizada diante de seus males, lhes deu na sua misericórdia..."[108] Imagem ingênua na qual tudo mostra como ela mantém uma equivalência entre a identidade da nação e a presença física e sagrado do monarca.

Contudo, uma tríplice mudança afeta esta presença durante o século XVIII, prioritariamente percebida por uma elite esclarecida. Antes de tudo, uma inevitável e maior "descorporalização" do poder: o sentimento partilhado por muitos de uma crescente complexidade do Estado, o sentimento de uma nebulosa na qual se multiplicam os atores e as instituições. O Estado seria um conjunto menos fisicamente encarnado ainda, porque manifestaria uma presença mais difusa, mais arbitrária, organização longínqua e maciça cujo monarca não seria mais do que um sinal entre outros, mesmo porque dele procede, por direito, "o princípio fundamental"[109]. A simbólica do rei não poderia esgotar a simbólica de um Estado cuja administração, que se tornou mais presente e mais anônima, teria penetrado consideravelmente o tecido social.

A segunda mudança tem a ver com um crescimento das autonomias: é preciso uma administração mais extensa e múltipla, realidades sociais e econômicas mais diversificadas para que cresçam independências e disputas de

---

107. Ibid., p. 1211.
108. Apud GOUBERT, P. & ROCHE, D. *Les français et l'Ancien Régime*. Op. cit., t. I, p. 214.
109. LAMOIGNON, G. Discours, 1780-1790. Apud ANTOINE, M. *Louis XV*. Paris: Fayard, 1989, p. 174.

autoridade, novos símbolos e novos princípios de identidade. A ousadia crescente dos parlamentos, em particular, atinge os próprios princípios da identidade coletiva, se uma parte da elite esclarecida pode julgar como Argenson, em 1759, que "a nação fala pela voz desses magistrados"[110]. Fazer "corpo" neste caso não é mais simplesmente mobilizar o corpo do rei. Emergem novas "faces" que projetam a comparação com o modelo inglês, o lugar dado a possíveis representantes coletivos, as referências repetidas de Raynal e Diderot: "Elisabeth da Inglaterra aceita as admoestações das Comunas"[111]. Desenham-se identidades estatais e políticas que o simples corpo do rei não poderia focalizar nem talvez até encarnar: "Nada seria mais vantajoso do que uma constituição que permitisse a cada ordem de cidadãos fazer-se representar"[112]. O que confirma o frágil avanço de uma opinião ou de uma vontade geral relativizando, na segunda metade do século XVIII, a autoridade de direito divino: "Nenhum homem recebeu da natureza o direito de comandar os outros"[113].

Uma terceira mudança se deve a uma inexorável revolução intelectual e cultural: a perda do capital simbólico do corpo do rei quando as "razões" dadas às coisas tendem a ser cada vez mais mecânicas e cada vez menos mágicas. Este paradoxo de um "monarca sagrado em um mundo sempre mais leigo"[114], já evocado por Peter Burke a respeito do fim do reinado de Luís XIV, Luís XV o presente, ele que não cumpre mais o ritual de tocar escrófulas a partir de 1739, "provavelmente sem se dar conta de que o abandono deste

---

110. D'ARGENSON. Journal et Mémoires [1770-1780]. Apud MAUREPAS, A. & BRAYARD, F. *Les français vus par eux-mêmes, le XVIIIe siècle*. Op. cit., p. 1.099.

111. RAYNAL, G.T. *Histoire philosophique et politique des établissements et du commerce des Européens dans les deux Indes*. Paris, 1780, t. I, p. 269 [1. ed., 1775].

112. DIDEROT & d'ALEMBERT. *Encyclopédie ou Dictionnaire Raisonné des Sciences, des Arts et des Métiers*. Genebra, 1778, t. XXVIII, p. 853, verbete "Représentants" [1. ed., Paris, 1751].

113. Ibid, 1751, t. II, verbete "Autorité politique".

114. BURKE, P. *Louis XIV – Les stratégies de la gloire*. Paris: Du Seuil, 1995, p. 131 [1. ed., americana, 1992].

rito iria contribuir para dessacralizar sua autoridade e, por conseguinte, enfraquecê-la"[115]. Montesquieu também o pressente, ele que denuncia neste tocar as escrófulas a mais simbólica das ilusões do poder: "Aliás este rei é um mágico. Ele exerce seu império sobre o próprio espírito de seus súditos e os faz pensar como ele quer. Ele chega ao ponto de fazê-los acreditar que os cura de todas as espécies de males ao tocá-los"[116]. A autoridade encarnada não poderia ter a mesma evidência quando Marmontel diz constatar cotidianamente "um espírito de liberdade, de inovação, de independência que fez tanto progresso"[117]. Aliás, o monarca enclausurou-se definitivamente em seus castelos, oferecendo sempre menos suas imagens a rituais que podiam magnificá-lo. Modelo constantemente representado e multiplicado nas moedas, gravuras e ferramentas, mas transformado em "objeto ordinário", imagem "comum", longe do "corpo majestoso"[118] de outrora.

Daí esta relação, sem dúvida nova, diante da majestade no fim do século XVIII: um Luís XVI cuja marca maior não é a imponência, atores cujos propósitos mais livres podem deturpar os hábitos do rei como também seu modo de ser, sua conduta, sua postura. Hezecques, descrevendo o retorno do monarca, à noite, depois de uma caçada e de um jantar em Rambouillet, evoca uma cena na qual cada detalhe, do abatimento físico do rei à ironia silenciosa dos criados, revela um corpo dessacralizado: "Chegando meio sonolento, as pernas embotadas, ofuscado pelo brilho das luzes e das tochas, ele teve dificuldade para subir a escada. Os criados que o viam, já imbuídos da ideia de seus excessos, achavam que ele estava na embriaguez

---

115. ANTOINE, M. *Louis XV*. Op. cit., p. 487.

116. MONTESQUIEU. Lettres persanes [1721]. In: *Oeuvres complètes*. Paris: Gallimard, t. I, coll. "Bibliothèque de la Pléiade", 1956, p. 166.

117. MARMONTEL, J.-F. Mémoires [XVIIIe siècle]. In: MAUREPAS, A. & BRAYARD, F. *Les français vus par eux-mêmes, le XVIIIe siècle*. Op. cit., p. 839.

118. Cf. BAECQUE, A. La politisation de la culture. In: RIOUX, J.-P. & SIRINELLI, J.-F. (orgs.). *Histoire culturelle de la France* – Tomo III: Lumières et liberté. Paris: Du Seuil, 1998, p. 131.

mais profunda"[119]. A certeza do duque de Lévis, atribuindo a Luís XVI uma "aparência menos imponente"[120] do que aquela de seus predecessores, recobre sem dúvida uma realidade física, e recobre também, e mais ainda, uma realidade cultural.

Pode-se portanto dizer que os panfletos em torno do corpo do rei têm nas últimas décadas do século uma força que não tinham. Antoine de Baecque mostrou muito bem sua aposta diretamente política e sua finalidade calculada: a suposta impotência do monarca, os comentários sobre sua "imbecilidade", as alusões ao "rei-sono" ou ao "cornudo real"[121] acrescentam à dessacralização do corpo um questionamento frontal das próprias formas do poder. Os revolucionários vão explorar como nunca o imaginário sexual, opondo o corpo impotente do rei ao corpo fecundante e vigoroso dos cidadãos, atentado simbólico extremo, sem dúvida, assim como busca nova e confusa de fazer corpo: "É o poder de procriar que muda de constituição: a fecundidade burbônica perdeu-se, corrompida e depois eliminada pelos prazeres infrutíferos da corte; eis como recurso o poder seminal do patriota, único capaz de fazer nascer um novo corpo, uma nova Constituição"[122]. Nada mais do que os laços mantidos entre a simbólica do poder e a simbólica do corpo, mas o abandono de toda referência ao corpo de um só.

A história do corpo do rei é verdadeiramente também a história do Estado.

---

119. D'HÉZECQUES, F. Souvenirs d'un page [XVIIIᵉ siècle]. In: MAUREPAS, A. & BRAYARD, F. *Les français vus par eux-mêmes, le XVIIIᵉ siècle.* Op. cit., p. 901.

120. LÉVIS, P.-M.-G. Souvenirs et portraits [1780]. In: MAUREPAS, A. & BRAYARD, F. *Les français vus par eux-mêmes, le XVIIIᵉ siècle.* Op. cit., p. 899.

121. BAECQUE, A. *Le corps de l'histoire* – Métaphores et politique (1770-1800). Paris: Calmann-Lévy, 1993, p. 67.

122. Ibid., p. 75.

10
A CARNE, A GRAÇA, O SUBLIME
Daniel Arasse

Considerar uma "história do corpo", do século XVI ao século XVIII, por meio das imagens que a história da arte nos transmitiu durante esse mesmo período, requer uma reflexão prévia. A história do corpo, em suas diversas partes como em suas práticas (sociais ou políticas, públicas, privadas ou íntimas), pode fundar-se e já se funda em grande parte em outros documentos, principalmente textuais, além das imagens artísticas. Portanto, longe de contentar-se simplesmente em confirmar ou nuançar (ilustrar no sentido tradicional do termo) o que foi elaborado pela historiografia textual do corpo, as imagens, com os discursos teóricos e críticos que as acompanham, devem trazer informações específicas e assim contribuir para uma história do corpo que não negligencia os documentos que constituem em si mesmos os produtos da atividade artística. A história do corpo, por meio das imagens que o representam, não poderia opor-se às outras formas de análise histórica. Aliás, como o poderia se essas imagens foram produzidas e utilizadas pelos mesmos atores que produziram os outros tipos de documentos que permitem construir a história do corpo? Mas, como representações figuradas, as imagens são portadoras de implicações e investimentos próprios. Seu modo de enunciar, não verbal, suas diversas funções (comemoração, edificação, prazer, etc.), suas esferas de recepção (pública, privada, íntima) não fazem delas apenas testemunhos que refletem situações e práticas existentes: elas servem também de modelos e de contramodelos, desempenham o papel de *proposições* às quais as práticas podem ser convidadas a conformar-se – e permitem projeções e investimentos cujo traço não encontramos nos outros tipos de documentos. Portanto, é a história dessas representações, do século XVI ao século XVIII, que vamos tentar esboçar nas páginas seguintes, uma história na qual as imagens artísticas são consideradas como vetores de implicações específicas, sejam elas políticas, sociais ou culturais, coletivas ou individuais.

Por outro lado, esta história não será linear, escolha que seria legítima. Se o período em questão, de 1500 a 1800, é fruto de um corte inevitavelmente arbitrário quanto à continuidade dos processos históricos – e seremos portanto levados a evocar-lhe as margens –, isto não quer dizer que lhe falta uma coerência global do ponto de vista da história da arte. Do apogeu da Renascença na Itália ao advento do neoclassicismo europeu, esses três séculos marcam o que se pode chamar de era clássica da representação, entendendo-se o termo "clássico" em um sentido amplo, mas preciso. De Rafael a David, mas também de Ticiano ou Michelangelo a Goya ou Füssli, a prática das artes é legitimada por um aparelho teórico cujas variações não poderiam dissimular a continuidade fundamental. Das três "artes do desenho" (arquitetura, pintura e escultura), sem dúvida é a pintura que mostra mais claramente esta continuidade – porque é a seu propósito que foi escrito o maior número de textos, críticos e teóricos, e porque, desde 1435, o *De pictura* de Leão Battista Alberti elaborava um programa teórico e prático que permanecerá atual no futuro ensino acadêmico e cujo impacto sobre a imagem do corpo é fundamental. Fundada em uma teoria da imitação que distingue a cópia que visa à verdade da representação e da imitação propriamente dita que transcende esta verdade em beleza, a prática clássica da pintura supõe igualmente uma valorização hierárquica da "nobreza" ou "grandeza" das obras em função dos temas que elas representam (fortemente categorizada e fixada por André Félibien, em 1676, que distingue seis tipos de temas, da pintura de objetos inanimados à alegoria[1], esta hierarquia é esboçada por

---

1. Cf. FÉLIBIEN, A. *Des principes de l'architecture, de la sculpture, de la peinture et des autres arts qui en dépendent [par A. Félibien]* – Avec un dictionnaire des termes propres à chacun de ces arts. Paris, 1676.

Alberti quando ele declara, duas vezes a seguir, que a "grande obra" do pintor não é pintar um colosso mas uma *história*, isto é, uma composição de figuras humanas engajadas em uma ação). Além disso, a prática clássica é perpassada de grandes opções artísticas, entre as quais a mais determinante, no que diz respeito à imagem do corpo, é evidentemente aquela que articula e às vezes opõe o desenho e o colorido como fundamento tanto da verdade como do efeito da representação: iniciada no século XVI, na Itália, por meio do contraste entre as concepções florentina e veneziana (e condensada na oposição Michelangelo/Ticiano), a alternativa se cristaliza no fim do século XVII, na França, com a "querela do colorido" entre "poussinistas" e "rubenistas", e vamos encontrá-la no fim do século XVIII, quando o neoclassicismo, em particular davídico, reafirma o primado do desenho contra as seduções da cor. A história da pintura clássica é enfim ritmada pelo confronto recorrente entre a "ideia" clássica (ela mesma em devir) e sua alternativa "anticlássica" – quer se trate do maneirismo no século XVI, do barroco no século XVII ou do sublime na última terça parte do século XVIII.

Poderíamos, pois, conceber uma história linear das representações do corpo: do contraste entre a *grazia* de Rafael e a *terribilità* de Michelangelo à oposição entre David e Goya, passaríamos pelas diversas expressões barrocas do corpo que encontram sua coerência naquilo que as distingue de sua figura clássica. Uma tal história mostraria, por exemplo, como o "estilo" no qual a imagem do corpo é tratada pode estar estreitamente ligado a implicações ideológicas ou sociais. Celebrada por seus contemporâneos e seus sucessores a ponto de tornar-se, durante séculos, uma referência, a "graça" dos corpos rafaelescos não exerça somente uma função de modelo de configuração para o comportamento civilizado no seio de uma sociedade da corte; ela manifestava também a confiança "humanista" na harmonia das formas e, por meio dela, a do "indivíduo nas fontes do poder". Os paradoxos que caracterizam em seguida a configuração do corpo no primeiro maneirismo, suas "dissonâncias estéticas" e seu "lirismo pungente" podem, portanto, ser considerados como uma expressão do "caos político e espiritual" conhecido na Itália antes que o "congelamento" do segundo maneirismo manifeste uma única solução a ser encontrada para a crise, a "submissão ao absolutismo"[2]. Da mesma forma, a crítica dos artifícios da "maneira" em seu conjunto e, em particular, a rejeição dos grotescos pelas autoridades da Contrarreforma são explicitamente justificadas por uma retomada ideológica do controle da pintura a serviço da Igreja romana[3]. Ainda da mesma forma, poderíamos mostrar que, longe de estar em ruptura com seu tempo, o "realismo" dos corpos de Caravágio e dos caravagescos coincide, no domínio da pintura religiosa, com a valorização contemporânea da "espiritualidade do individual"[4].

Uma história linear da representação figurada do corpo seria então possível e permitiria apreender, por meio da continuidade de um certo número de problemáticas, a evolução do gosto e a transformação das práticas sociais que envolvem o corpo. Mas, por duas razões principais, não tomaremos este caminho. Primeiro, se a imagem do corpo é indissociável do "estilo" que a configura (distingue-se assim um desenho anatômico da Renascença de um desenho anatômico barroco ou sublime), se o estilo, em sua formação, se inscreve numa sucessão dos estilos, feita de sedimentação e de escolha (os corpos de Caravágio, por exemplo, continuam, com todo seu "realismo", utilizando configurações típicas da *"Belle Manière"*. O tempo das formas e da história da arte não é um tempo linear. É "uma superposição de presentes muito longos [...] um conflito de precocidades, de atualidades e de atrasos"[5] e, por conseguinte, uma história linear das configurações artísticas se baseia em uma operação de interpretação prévia, em uma teoria da história altamente discutível. Por outro lado, retraçando a história do corpo como figura

---

2. Cf. HARTT, F. Le pouvoir et l'individu dans l'art maniériste [1963]. In: *Symboles de la Renaissance.* Paris: Presses de l'École Normale Supérieure, 1982, t. II, p. 11-19.

3. MOREL, P. *Les figures de l'imaginaire dans la peinture italienne de la fin de la Renaissance.* Paris: Flammarion, 1997, p. 117.

4. Cf. THUILLIER, J. Apud *Valentin et les caravagesques français.* Paris: Réunion des Musées Nationaux, 1974, p. XIX.

5. FOCILLON, H. *Vie des formes* [1943]. Paris: PUF, 1981, p. 87.

artística no seio e em função de uma história geral da arte e dos estilos, perderíamos toda chance de obter as informações específicas que a história da arte pode trazer a uma história do corpo. Pois, considerada estilisticamente, a imagem do corpo é apenas um dos elementos do conjunto formal elaborado por este ou aquele estilo; ela é apenas um dos materiais manipulados pela configuração estilística, ao mesmo título que a arquitetura, o espaço, etc., e se, como tal, ela pode esclarecer alguns dados implícitos do estilo considerado, ela não poderia trazer informações particulares sobre o modo pelo qual esta ou aquela época pôde elaborar uma construção particular do corpo, seja ela imaginária, social ou científica.

Ora, são essas construções e os investimentos que elas implicam que constituem o objeto de uma história do corpo. Portanto, longe de toda cronologia linear, tentaremos formular, a partir de algumas problemáticas contínuas na longa duração, as implicações cujo lugar são as representações visuais do corpo, uma vez que ele tem um estatuto privilegiado e ocupa um lugar central naquilo que será chamado um dia o sistema das belas-artes.

I. A glória do corpo

O corpo humano não é só a figura central da representação clássica, mas é seu próprio alicerce. Esta situação excepcional, que constitui por si só uma ruptura decisiva em relação à arte do fim da Idade Média, é explicitamente declarada no texto que funda, desde 1435, a teoria clássica da pintura, o *De pictura* do florentino Leão Battista Alberti. Quando ele declara, no capítulo 19 do livro I de seu tratado, que a primeira operação do pintor consiste em traçar na superfície a pintar um quadrilátero que é uma "janela aberta", ele não pretende que esta janela dê para o mundo (ao contrário do que muitas vezes se repete), mas que dê para a *historia*; ela é um limite a partir do qual se possa contemplar a história[6], uma borda na qual se funda a autonomia da re-

---

6. ALBERTI, L.B. *De la peinture* – De pictura [1435]. Paris: Macula Dédale, 1992 [Trad. modificada para esta passagem].

presentação⁷. Ora – e o antropocentrismo albertiano se manifesta aqui com todo esplendor – a construção desta "história" começa pela determinação do "talhe que [a pintura quer] dar aos homens em [sua] pintura": é a partir deste talhe (dividido por três) que se constrói o plano básico da representação – assim como a profundidade fictícia de seu espaço geométrico, uma vez que o ponto de fuga da perspectiva (o "ponto central" para Alberti) não deve estar situado "mais alto do que a pessoa que se quer pintar", de modo que "aqueles que olham e os objetos pintados parecem encontrar-se num mesmo solo"⁸.

A coerência da posição é explicitada pela referência que ele faz, um capítulo antes, a Protágoras ("quando ele dizia que o homem é a medida e a regra de todas as coisas") e é confirmada quando, no livro II e a propósito da "composição", Alberti define o princípio que deve guiar o pintor na "composição" da *historia*: "A principal obra do pintor é a história, as partes da história são os corpos, a parte do corpo é o membro, a parte do membro é a superfície. As primeiras partes de uma obra são portanto as superfícies, porque delas são feitas os membros, dos membros os corpos e dos corpos a história, que constitui o último degrau do acabamento da obra do pintor"⁹. Sem dúvida, como sublinhou Michael Baxandall, esta metáfora e seu desenvolvimento são apropriados à retórica antiga e, em particular, à descrição ciceroniana do período oratório¹⁰. Mas essa metáfora corporal não se deixa reduzir a essa dimensão retórica. Pois, em sua concepção do espaço, Alberti continua aristotélico: para ele, o espaço é a soma de todos os lugares ocupados por corpos, e o próprio lugar é essa parte de espaço cujos limites coincidem com os

---

7. Sobre a "operação da borda" que funda "a gloriosa autonomia da construção representativa" (cf. MARIN, L. "Présentation et représentation dans le discours classique: les combles et les marges de la représentation picturale". *Le Discours Psychanalytique*, ano 5, n. 4, dez./1985, p. 4s.).

8. ALBERTI, L.B. *De la peinture* – De pictura. Op. cit., p. 115-117.

9. Ibid., p. 159.

10. BAXANDALL, M. *Les humanistes à la découverte de la composition en peinture, 1300-1450* [1971]. Paris: Du Seuil, 1989, p. 38.

limites do corpo que o ocupa. Como aliás o mostra sua concepção do movimento das figuras, a teoria albertiana do espaço é uma teoria do lugar (ou das posições no espaço)[11] e este contexto dá todo seu alcance à metáfora corporal que inspira a composição da *historia*. Assim como o corpo humano serve de base à medida e à construção do lugar figurativo da *historia*, esta é concebida como o corpo que ocupa o lugar global que lhe destinou a janela aberta pelo gesto inaugural do pintor.

É tal a força dessa metáfora que ela continua sendo atual por diversos séculos: para a arte clássica, a unidade orgânica do corpo é o modelo da unidade artística da obra de pintura. Em 1708, Roger de Piles não precisa pensar em Alberti para conceber esta unidade – chamada por ele de "tudo junto" – "como uma máquina cujas rodas se prestam um auxílio mútuo, como um corpo cujos membros dependem um do outro"[12]. Se a primeira comparação se ressente de uma modernidade tipicamente cartesiana, a segunda se situa na linha direta da teoria "humanista" da pintura que encontra sua fonte em Alberti. Este, sem dúvida, tem predecessores. Finalmente, a versão italiana do *De pictura* evoca entre outros, em sua dedicatória a Brunelleschi, o escultor Donatello e o pintor Masaccio: os *São Jorge, Davi, São João Batista, Santa Maria Madalena* do primeiro e, entre outros, o *Adão e Eva expulsos do paraíso* do segundo heroificavam o corpo humano, mesmo em sua visão trágica. Aliás, desde o século XIV, pintores e escultores deram uma atenção renovada à representação do corpo humano, tanto em seu detalhe anatômico como em suas capacidades expressivas. O próprio Alberti cita ainda *La Navicella* realizada por Giotto em Roma por volta de 1310, como um modelo de pintura das expressões, "cada um deixando ver em seu rosto e em seu corpo inteiro o sinal da perturbação de sua alma, de tal sorte que os diferentes movi-

---

11. Sobre essa teoria do espaço, cf. em particular JAMMER, M. *Storia del concetto di spazio* [1954]. Milão, 1963, p. 26-31.
12. PILES, R. *Cours de peinture par principes* [1708]. Paris: Gallimard, 1989, p. 69.

mentos dos afetos aparecem em cada um"[13]. Em 1381-1382, em seu *De origine civitatis Florentiae et eiusdem famosis civibus*, o humanista florentino Filippo Vanni foi, por sua vez, o primeiro a utilizar a fórmula *"Ars simia naturae"* para fazer o panegírico de um pintor, Stefano, "capaz de imitar tão bem a natureza que, nos corpos que ele representava, as veias, os músculos e todos os pequenos traços se religavam com tanta precisão, como se fossem representados por médicos"[14].

Voltaremos à importância dessa associação, destinada a um longo futuro, entre a arte da pintura e a arte da medicina. Importa em primeiro lugar sublinhar que, apesar desses precedentes, o texto de Alberti continua sendo um ponto de articulação decisivo. No programa que ele propõe aos artistas e a seus comanditários, o corpo humano não é mais apenas o suporte privilegiado da verdade ou da expressão das paixões: é o *alicerce*, a medida e o modelo da unidade da representação em seu conjunto. Essa extraordinária valorização fundamenta o que se costuma chamar de "modernidade" na arte, e ela se inscreve em um movimento geral que se apoia na confluência de duas tradições, a antiga e a cristã, aliás antagonistas sob muitos aspectos.

A primeira adquire uma atualidade e um relevo particulares no fim do século XV, por meio da difusão impressa dos *Dez livros de arquitetura*, de Vitrúvio. No início de seu livro III, Vitrúvio faz, de fato, das medidas do corpo humano a fonte das proporções que tornam uma arquitetura harmoniosa e, numa passagem destinada a ter um extraordinário impacto sobre a cultura europeia em seu conjunto, ele "demonstra" como, em sua perfeição, este corpo se inscreve dentro de duas formas geométricas perfeitas, o círculo e o quadrado. Os artistas dão diversas figuras a esse corpo ideal e, colocada à

---

13. ALBERTI, L.B. *De la peinture* – De pictura. Op. cit., p. 179.

14. Sobre Filippo Villani cf., em particular, BAXANDALL, M. *Les humanistes à la découverte de la composition en peinture*. Op. cit., p. 89s. Sobre a figura do artista "macaco (imitador) da natureza" que percorre a pintura europeia até o século XIX com diversas aventuras, cf. sempre JANSON, H.W. *Apes and Apelore in the Middle Ages and the Renaissance*. Londres: Warburg Institute, 1952.

parte a questão das proporções que serão consideradas mais adiante, o prestígio do texto vitruviano suscita múltiplas proposições nas quais o corpo humano se torna também o modelo da racionalidade na construção arquitetural, desde as proporções da coluna assimiladas às do corpo, até o desenho das escadas internas, comparado à rede da circulação sanguínea, e à concepção do organismo urbano em seu conjunto – quer se trate dos desenhos em que o plano de uma cidade ideal segue a configuração do corpo humano ou dos célebres desenhos da cidade projetada por Leonardo, cujos canais subterrâneos devem permitir a evacuação invisível dos dejetos[15].

A tradição cristã intervém em um outro registro e torna dialética a concepção da harmonia e da beleza do corpo humano. Criado à imagem de Deus, o ser humano é a mais bela das criaturas e, em particular, o corpo de Cristo, homem-Deus, encarna a ideia da beleza perfeita; ao contrário, a deformidade do corpo diabólico configura, por sua monstruosidade, a negação da ordem que a Criação introduziu no caos para fazer dele um cosmos (segundo Dionísio o Cartuxo, em pleno século XV, a primeira pena dos condenados é sua feiura, sua desfiguração *post mortem*, sua deformidade, cuja visão recíproca aumenta a dor deles[16]). Mas, por meio da perfeição do corpo do homem-Deus, a tradição cristã dá também todo seu peso à dualidade do sentido ligado ao termo "corpo": *corpus*, parte material da alma animada, mas também, depois da morte, o que resta do vivente, seu corpo, seu cadáver – e, por conseguinte, em vida, o corpo, lugar desta morte prometida que o pecado introduziu na Criação[17]. Ao encarnar-se, o Deus cristão destina-se

---

15. Sobre a polivalência dessa metáfora corporal, cf. ARASSE, D. *Léonard de Vinci* – Le rythme du monde. Paris: Hazan, 1997, p. 79. Aliás, Leonardo dá novamente atualidade à comparação tradicional entre o arquiteto e o médico.

16. DIONÍSIO O CARTUXO (1394-1471). "Difformitas damnatorum quod mutuus aspectus auget in eis dolorem magis" (Apud BALTRUSAITIS, J. *Réveils et prodiges*. Paris: Armand Colin, 1960, p. 287).

17. Para uma reflexão aprofundada dessa dualidade, cf. em particular NANCY, J.-N. *Corpus*. Paris: Anne-Marie Métailié, 1992.

a morrer – o que dá a entender o latim *incorporari* – e a beleza de seu corpo faz sentir ainda mais o escândalo do momento em que, na cruz ou no túmulo, ele não é mais do que morto, mais do que corpo (cadáver). Para o Mestre Eckhart – no qual talvez pensasse Hans Holbein para conceber seu *Cristo morto* – Cristo vivo era o homem mais belo que já se viu, mas, durante os três dias que sucederam sua morte, ele foi sem dúvida o mais feio[18]. Por isso mesmo, o Deus encarnado assume na sua carne o terrível paradoxo do corpo cristão: imagem da perfeição criada, testemunho da corrupção e da abjeção da morte.

A essa dupla tradição antiga e cristã, o pensamento analógico da Renascença acrescenta uma terceira determinação que leva ao cúmulo o prestígio do corpo: como microcosmo no centro do mundo, ele é o reflexo e o resumo do macrocosmo, do mundo. Para ele, a criatura humana, corpo e alma não separados, participa do conjunto do mundo e se encontra ligada aos reinos animal e vegetal, à Terra e ao cosmos[19]. O sucesso dessa concepção é comprovado pela variedade das imagens do ser humano-microcosmo e sua capacidade de adaptação a diversos contextos teóricos. Assim, entre outros, enquanto o homem zodiacal dos irmãos Limbourg (1410-1416) inscreve simplesmente os signos do zodíaco nas partes do corpo que supostamente eles vão influenciar, a gravura que ilustra o homem planetário na *Anatomia* publicada por Charles Estienne em 1533 apresenta mais cientificamente uma anatomia dos órgãos interiores, ligados por flechas aos sete planetas que os governam. Em 1617, o frontispício do *Utriusque cosmi, majoris scilicet et minoris, metaphysica, physica atque technica historia* de Robert Fludd mostra, por sua vez, o homem vitruviano inscrito em um círculo do microcosmo (cujos círculos interiores compreendem os quatro elementos e os signos do zodíaco), enquanto que os círculos externos do macrocosmo contêm a esfe-

---

18. MESTRE ECKHART. Apud MAYOR, A.H. *Artists and Anatomists.* Nova Iorque: Metropolitan Museum of Art, 1984, p. 115.

19. Sobre esses pontos, cf., entre outros, LANEYRIE-DAGEN, N. *L'invention du corps* – La représentation de l'homme du Moyen Âge à la fin du XIXe siècle. Paris: Flammarion, 1997, p. 217s.

ra das estrelas fixas, os sete planetas, o Sol e a Lua: o corpo bem-proporcionado do homem, à imagem da perfeição divina, colocado por Deus no centro do cosmos, condensa os poderes do cosmo[20].

Esta extraordinária valorização diversificada do corpo humano é indissociável da afirmação da "dignidade do ser humano", para a qual trabalhou o humanismo florentino no curso do século XV. De fato, antes que no fim do século Giovanni Pico de la Mirandola o exaltasse em termos neoplatônicos em sua célebre *Oratio de dignitate hominis*, o tema havia sido proposto pelo chanceler da República Coluccio Salutati na apologia de Hércules pela qual ele respondia às críticas que o dominicano Giovanni Dominici dirigia aos admiradores da poesia antiga e, em meados do século, o humanista Antonio Manetti havia *a posteriori* replicado ao *De contemptu mundi* de Bonifácio VIII, por seu *De dignitate hominis*, cujo primeiro livro faz, significativamente, o elogio dos "insignes dons" do corpo humano. Pode-se sem dúvida encontrar em Dante e seu elogio do *officium hominis* uma das origens desta corrente de pensamento[21], mas, no que nos concerne, o que importa mesmo é constatar que mais uma vez Leão Basttista Alberti articula a afirmação da dignidade humana a uma valorização explícita do corpo. No terceiro livro dos *Libri della famiglia* (redigidos entre 1432 e 1434), ele afirma de fato que o homem possui três "coisas" que lhe pertencem como próprias e das quais ele deve fazer bom uso: sua alma (ou espírito), o tempo e seu corpo. Ora, nesta passagem capital para a definição da antropologia humanista, é impressionante que, em seus conselhos sobre o uso do corpo, Alberti insiste no "exercício" graças ao qual se pode conservar o corpo "por muito tempo são, robusto e belo", não sendo absolutamente indiferente o último termo, uma vez que ele retorna a ele com insistência, no fim da passagem que associa ju-

---

20. Sobre o hermetismo ficiniano "reacionário" de Robert Fludd, cf. YATES, F. *Giordano Bruno et la tradition hermétique* [1964]. Paris: Dervy-livres, 1988 [reed. 1996].
21. Cf. KANTOROWICZ, E. *Les deux corps du roi* [1957]. Paris: Gallimard, 1989, p. 357, coll. "Bibliothèque des histoires", 1989, p. 357 [Sobre Dante e o *officium hominis*].

ventude com beleza e caracteriza em particular a beleza pela "boa cor e frescor do rosto"[22].

Voltaremos à importância histórica desse texto no qual é esboçada essa ruptura entre a alma (ou o espírito) e o corpo que funda a modernidade do corpo ocidental; aqui ela conta por que confirma como, para a Renascença, a valorização do corpo era indissociável da exaltação de sua beleza física. Esta toma formas múltiplas, das quais vamos reter apenas duas, na medida em que elas se situam no centro de problemas fundamentais que subentendem, do século XVI ao século XVIII, a teoria e a prática da representação do corpo humano. A primeira refere-se às proporções do corpo humano, cujo sistema adquire no século XVI um "prestígio inaudito"[23], mas frágil. A segunda diz respeito ao reconhecimento e exploração dos "efeitos do afeto" que a representação dessa beleza exerce sobre seu espectador, por meio de um fenômeno social e cultural de uma importância considerável, a erotização do olhar pela difusão das imagens artísticas.

1. As proporções do corpo

A Renascença não inventa a reflexão sobre as proporções do corpo humano, mas ela traz à tradição medieval duas modificações decisivas. Primeiro, ela transforma o que constituíam as prescrições pedagógicas e técnicas que deviam permitir aos pintores desenhar facilmente corpos ou rostos cor-

---

22. ALBERTI, L.B. *I libri della famiglia* [século XV]. Turim: Einaudi, 1969, p. 204-205 e 212-214 [ROMANO, R. & TENENTI, A. (orgs.)]. Alberti hesita em designar a alma ou espírito entre os dois termos *anima* e *animo*. Como sublinham os editores do texto, não se trata, para ele, de uma entidade separada e distinta mas de um "conjunto de movimentos ou de mudanças de espírito".

23. PANOFSKY, E. L'évolution d'un schème structural. L'histoire de la théorie des proportions humaines conçue comme un miroir de l'histoire des styles [1921]. In: *L'oeuvre d'art et ses significations* – Essais sur les "arts visuels" [1955]. Paris: Gallimard, 1969, p. 86. Cf. tb. CHASTEL, A. & KLEIN, R. Le système des proportions. In: GAURICUS, P. *De sculptura* [1504]. Genebra: Droz, 1969, p. 75-91. • LANEYRIE-DAGEN, N. *L'invention du corps*. Op. cit., p. 117-126.

retamente construídos em uma verdadeira teoria da beleza do corpo humano, investido de uma dimensão metafísica. Pois, para os teóricos da Renascença e na linha de alguns pensadores medievais, as proporções do corpo refletem a harmonia da criação divina e o vínculo entre o microcosmo e o macrocosmo. É assim que elas podem, para Francesco Giorgi (1525), realizar visualmente as proporções numéricas que regem a harmonia musical[24]. Mas uma análise, mesmo rápida, das imagens e dos textos consagrados ao estudo das proporções mostra a distância que separa neste ponto a pesquisa dos artistas e as afirmações dos escritores, uma distância que explica também a fragilidade do prestígio metafísico do qual usufruiu a teoria das proporções. Porque nem em Leonardo da Vinci, nem em Dürer, os dois artistas que levaram mais longe a pesquisa sobre este tema e que, para Dürer em todo caso, influenciaram mais a prática artística das proporções, não encontramos vestígio dessa dimensão metafísica.

A reflexão sobre as proporções ocupa numerosas páginas dos manuscritos de Leonardo e dá lugar a múltiplos desenhos. Ora, com raras (e brevíssimas) exceções, longe de buscar ou fixar uma norma que estabeleça as proporções ideais do corpo em seu todo – o que era a prática habitual de Vitrúvio a Alberti –, Leonardo da Vinci acentua as proporções entre as partes do corpo desprovidas de relações funcionais ou anatômicas, e seus cálculos de proposições culminam em equações muitas vezes surpreendentes, talvez até desconcertantes[25]. No entanto, a racionalidade que Leonardo busca não é a racionalidade que a criação teria realizado secretamente no corpo humano. Aliás, ele aplica o mesmo sistema às proporções do corpo do cavalo. Aqui é preciso reconhecer sobretudo seu modo de pensar morfogenético que busca identificar na forma dos organismos naturais – animados ou não – uma geo-

---

24. Cf. PANOFSKY, E. "L'évolution d'un schème structural..." Art. cit., p. 86, nota 65.
25. Sobre este ponto, cf. PANOFSKY, E. *Le Codex Huygens et la Théorie de l'art de Léonard de Vinci* [1940]. Paris: Flammarion, 1996.

metria biológica do ser vivo[26]. Por outro lado, e numa lógica semelhante, Leonardo se interessa particularmente pelos movimentos do corpo, portanto por situações nas quais se encontra inevitavelmente alterada visualmente a perfeição ideal das proporções matemáticas[27]. A grande audácia que constitui o tão célebre *Homem vitruviano* desenhado por Leonardo por volta de 1490 ilustra paradoxalmente este ponto: para inserir simultaneamente o ser humano no círculo e no quadrado, Leonardo transformou de fato suas proporções de uma figura à outra. Como indica uma passagem do *Tratado da pintura*, ao descartar suas pernas, a figura perdeu uma décima quarta parte de sua altura; portanto o rosto perfaz apenas um décimo da altura total do corpo (o que é o cânon vitruviano), mas é condição necessária para que o umbigo do "homem no círculo" se encontre "no meio entre as extremidades dos membros descartados"[28]. Isto é, no centro do círculo, o meio do quadrado correspondendo ao sexo do "homem no quadrado". É preciso não se enganar: sob a demonstração das proporções vitruvianas – cujo artifício brilhante é confirmado *a contrario* pela adaptação desajeitada que dele faz Cesare Cesariano em 1521 – é sempre pelo movimento da figura que Leonardo se interessa, por este movimento que percorre o mundo e que – para citar as *Metamorfoses* de Ovídio, das quais Leonardo possuía um exemplar – faz com que "toda forma seja uma imagem errante"[29]. Exatamente no alvorecer da Idade Clássica, o classicismo de Leonardo da Vinci não partilha a fé neoplatônica na estabilidade das formas ideais, e não é por acaso que, inventando, antes de Michelangelo, a "figura serpentina", Leonardo proponha uma configuração do corpo que, exacerbada, se tornará um *leitmotiv* maneirista. Fundada em dados estranhos aos dos teóricos literários, a reflexão de Leo-

---

26. Sobre este pensamento da morfogênese própria a Leonardo, cf. minhas próprias observações em ARASSE, D. *Léonard de Vinci*. Op. cit., p. 105.

27. Cf. PANOFSKY, E. *Le Codex Huygens...* (Op. cit., p. 80), que sugere o que poderia ter sido o "Tratado sobre o Movimento" projetado por Leonardo.

28. Citado a este propósito por LANEYRIE-DAGEN, N. *L'invention du corps*. Op. cit., p. 118.

29. Cf. ARASSE, D. *Léonard de Vinci*. Op. cit., p. 106.

nardo mostra de fato a arbitrariedade e a fragilidade da concepção metafísica das proporções.

É conhecida a importância dos estudos de proporções do corpo humano na obra teórica de Dürer. Desde 1497 ele publica as *Instruções sobre a maneira de medir* e, depois de sua segunda estadia em Veneza, de 1505-1507, dedica-se à redação dos *Quatro livros das proporções humanas*, terminados em 1524. De Vitrúvio a Leonardo, passando por Alberti, seus *Quatro livros* constituem uma tentativa de modernização sistemática de suas proposições, quer se trate dos *exempla* albertianos (livro II) ou da pesquisa de Leonardo sobre o efeito do movimento sobre as proporções (livro IV). Mas, como sublinhou Nadeije Laneyrie-Dagen, a originalidade e a importância histórica dos *quatro livros* estão em outro lugar[30] e se apoiam antes de tudo no que "Dürer analisa, pela primeira vez, e de uma maneira sistemática, as proporções da mulher assim como as do homem"; ele rompe assim com a tradição que queria que o corpo da mulher, criado de uma costela do homem, fosse menos perfeito que o de Adão, criado diretamente por Deus e "à sua imagem"[31]. Ao colocar no mesmo plano teórico as proporções do homem e da mulher, Dürer desloca "a questão da beleza da mulher do campo da metafísica para o campo da estética". Por outro lado, e de modo igualmente fundamental, Dürer propõe, desde seu livro I, cinco tipos de proporções (femininas e masculinas) ligadas à morfologia (gordura, magreza...) do corpo considerado e, no livro II, ele completa esta série por treze outros tipos que dão por sua vez origem a outras variantes no livro III. Portanto, longe de propor

---

30. Para o que segue, cf. LANEYRIE-DAGEN, N. *L'invention du corps*. Op. cit., p. 122-124.

31. Em 1399, Cennino Cennini considera, em seu *Tratado da Pintura* (publicado em 1437), que é supérfluo falar das "medidas ideais" da mulher porque "ela não tem nenhuma medida perfeita". Esta tradição é muito forte ainda no século XVII, tanto assim que o autor da *Teoria da Figura Humana* (publicada em Paris, em 1773, mas sob uma atribuição a Rubens que teria projetado a obra em Roma entre 1605 e 1608) escreve que "a forma viril é a verdadeira perfeição da figura humana. A ideia perfeita de sua beleza é obra imediata da Divindade, que a criou única e conforme seus próprios princípios" (Apud LANEYRIE-DAGEN, N. *L'invention du corps*. Op. cit., p. 123).

uma figura ideal, reflexo microcósmico da perfeição da criação divina, as proporções de Dürer visam explicar racionalmente – isto é, geometricamente – a diversidade das configurações naturais do corpo humano.

Mas, por isso mesmo, no momento em que a teoria das proporções do corpo usufruiu de um prestígio filosófico considerável, os dois artistas que lhe consagram a reflexão mais aprofundada dão-lhe uma versão radicalmente diferente, na qual a metafísica não é levada em conta. As imagens do corpo bem-proporcionado não correspondem ao que dizem os textos: longe de buscar uma configuração ideal investida de uma espécie de verdade ontológica, elas colocam em evidência a variedade natural dos corpos. Esta abordagem é confirmada pelo fato de que Leonardo e Dürer propõem também uma série de variações sobre a feiura dos corpos, e que cada um conduz esta pesquisa no mesmo espírito que aquele que orienta sua definição das proporções. Em Leonardo, as "cabeças grotescas"[32] (que tanto contribuem para seu prestígio no século XVII) são inseparáveis dos múltiplos perfis "perfeitos" de adolescentes ou de homens jovens que ele desenha ao longo de toda a sua vida, e que confronta, às vezes explicitamente, com rostos deformados de velhos: dos primeiros aos segundos, o que aflora é, sob o choque do contraste, o efeito do tempo e a continuidade biológica e morfológica da transformação dos traços que metamorfoseiam a beleza em feiura. Em compensação, em Dürer, a desfiguração da beleza é obtida por variações sistemáticas na grade geométrica que assegura as proporções fundamentais do rosto belo. Os desenhos de Leonardo e de Dürer não são "caricaturas"; parece que este gênero só foi criado por volta do fim do século XVI, no ateliê dos Carrache. Mas é interessante que, em 1788, o inglês Francis Grose pareça inspirar-se nele em seu tratado sobre as *Regras para desenhar as caricaturas*[33]: tal

---

32. Sobre essas "cabeças grotescas", cf. KWAKKELSTEIN, M.W. *Leonardo da Vinci as a Physiognomist* – Theory and Drawing Practice. Leiden: [s.e.], 1994.

33. Cf. GOMBRICH, E.H. *L'art et l'illusion* – Psychologie de la représentation picturale [1959]. Paris: Gallimard, 1971, p. 434-435.

como é praticada originalmente pelos artistas, a pesquisa teórica das proporções do corpo humano não tem suporte metafísico e implica, como seu inverso, uma pesquisa equivalente sobre a infinita variedade da "feiura ideal".

A história posterior da teoria das proporções como é praticada pelos artistas confirma como a imagem do corpo perfeito é, antes de tudo, uma questão de arte, como se trata de construir artisticamente o corpo como objeto artístico. A diversidade dos sistemas de proporções propostos pelos artistas confirma que se trata menos de "verdade" do que de concepções e de estilos individuais. Depois de sublinhar a grande variedade dos tipos de proporções no primeiro livro de seu *Tratado da pintura*, o milanês Gian Paolo Lomazzo considera, aliás, em seu livro *Ideia do templo da pintura* que as proporções ideais dos deuses devem ser moduladas em função da "maneira" pela qual cada artista manifesta seu temperamento artístico[34]. Mas não poderíamos, como Erwin Panofsky, ver neste "quiasma entre a teoria e a prática" a vitória do "princípio subjetivo"[35], visto que, se a ideia de norma que fixa absoluta e objetivamente as proporções do corpo belo não recorre mais a uma transcendência qualquer, ela se mantém, no século XVII, deslocando seu modelo de referência: não mais a ideia do corpo-microcosmo refletindo a perfeição da criação, mas a realidade visível das estátuas antigas. Na segunda metade do século XVII, começa-se a medir minuciosamente essas estátuas; no início do século XVIII, Roger de Piles – ao mesmo tempo que sublinha a extrema diversidade das "proporções particulares que se referem principalmente aos sexos, às idades e às condições" – indica, em seu *Curso de pintura por princípios*, que "não há senão a obra de arte da Antiguidade [...] que possa servir de exemplo e formar uma sólida ideia da bela diversidade"[36]; e, pro-

---

34. LOMAZZO, G.P. *Trattato dell'arte della pittura, scultura e architettura* [livro I sobre os diversos tipos de proporções]. Cf. sobre Lomazzo: BLUNT, A. *La théorie des arts en Italie de 1450 à 1600* [1940]. Paris: Gallimard, 1956, p. 224-225.
35. PANOFSKY, E. "L'évolution d'un schème structural..." Op. cit., p. 97.
36. PILES, R. *Cours de peinture par principes*. Op. cit., p. 77.

gressivamente, o número desses exemplos perfeitos tende a reduzir-se: em 1792, Watelet só conta ainda com "cinco ou seis" que merecem ser "propostos de geração em geração à observação, ao estudo e à imitação dos pintores e dos escultores"[37].

Esse sutil deslocamento do cosmos divino para o mundo da arte assinala *a posteriori* a ruína da noção de corpo-microcosmo cuja dissolução, como veremos, também foi preparada pela anatomia; ele assinala igualmente o triunfo do sistema acadêmico e de sua concepção normativa da beleza; e marca enfim até que ponto, depois de ter perdido seu fundamento metafísico, a glorificação da beleza ideal do corpo físico continua no centro da representação clássica, suporte de implicações ideológicas diversas. É impressionante, por exemplo, constatar a grande semelhança que aproxima, com mais de um século de distância, a configuração do corpo em obras de inspiração e de estilo tão diferentes como *A alma bem-aventurada* de Guido Reni (por volta de 1640-1642, Roma, Capitólio), e o *Glad Day* (1780, Washington), onde William Blake celebra sua participação na revolta dos *Gordon Riots*[38]. O contexto alegórico (no qual o corpo humano tem por função representar o invisível) contribui sem dúvida para explicar o parentesco das duas imagens. Há, porém, algo mais que esclarece a origem formal do *Glad Day*. Depois de ter comparado a posição da figura de uma gravura do tratado de arquitetura de Vincenzo Scamozzi que ilustra, numa variação bastante desajeitada do *Homem vitruviano* de Leonardo, as proporções do homem, Anthony Blunt identificou com mais certeza a fonte da imagem de Blake: a posição da figura é retomada de uma gravura que representa uma estatueta de fauno desco-

---

37. WATELET, C.-H. *Dictionnaire des Arts de peinture, Sculpture et Gravure*. Paris, 1792, I, verbete "Antique". Apud LANEYRIE-DAGEN, N. *L'invention du corps*. Op. cit., p. 125.

38. Sobre *A alma bem-aventurada*, de Guido Reni, cf. *Guido Reni 1575-1642* (Bolonha: Nuova Alfa, 1988, p. 184), que apresenta e comenta o esboço do quadro conservado também na Galleria Capitolina de Roma. • Sobre o *Glad Day*, de William Blake, cf. BLUNT, A. *The Art of William Blake* [1959]. Nova York: Columbia University Press, 1974, p. 33-34. • BOIME, A. *Art in an Age of Revolution, 1750-1800* – Tomo I: A Social History of Modern Art. Chicago/Londres: University of Chicago Press, 1987, p. 321-323.

berta em Herculano, que ilustra um dos volumes (publicado em 1767-1771) das *Pitture antiche d'Ercolano e controni*. Esta precisão e a hesitação do especialista não são insignificantes. Mostrando primeiramente como o retorno (inesperado) de uma forma antiga vem recobrir uma tradição mais recente e substituí-la, elas confirmam a que ponto uma cronologia linear da história das formas é simplificadora e ilusória. Por outro lado e sobretudo, elas fazem entender como, depois da extinção da legitimação metafísica do estudo das proporções, a beleza física do corpo constitui, para a arte clássica, um valor estético em si mesmo, quase uma condição necessária (talvez até suficiente) à exaltação do conceito representado.

Sem dúvida nada o mostra melhor do que a representação clássica do corpo de Cristo morto, tal como o pinta, entre outros, Velásquez (Prado). Renunciando à desfiguração mística que inspirava Holbein (ou Grünewald), a arte tende a suprimir os estigmas do sofrimento e, renunciando também ao erotismo ambíguo que a *"Belle Manière"* de Rosso não deixou de sugerir, o corpo de Cristo morto – este corpo em que Cristo só é corpo, cadáver – continua belo na morte, apolíneo.

2. O efeito da carnação

Do século XVI ao século XVIII, a figura do corpo humano bem-proporcionado, seja masculino ou feminino, é uma figura geométrica cujo efeito de demonstração se baseia no desenho e na precisão do traço: mesmo quando, de modo original, Dürer a apresenta de perfil, é ostensivamente uma figura de duas dimensões cujo prestígio se refere mais ao teórico (artista ou não) do que ao prático, a seu comanditário ou ao destinatário da obra em geral. Com relação à "perfeição das diversas partes do corpo da mulher", basta uma citação (mesmo incompleta) da *Teoria da figura humana*, publicada em 1773, mas atribuída a Rubens, para mostrar até que ponto, mesmo aquém das questões de gosto, outras implicações estavam em jogo na imagem artística do corpo: "Corpulência moderada, carne sólida, firme e branca, cor de um vermelho pálido, como a cor que resulta da mistura do leite com o sangue, ou de uma mistura de lírio com rosas; rosto gracioso, sem rugas, carnudo, bem-feito, branco como a neve, sem pelo [...] a pele do ventre não deve ser flácida, nem o ventre caído, mas macio e de um contorno suave e fluente desde a maior saliência até o baixo ventre. As nádegas redondas, carnudas, de um branco níveo, firmes e arrebitadas, de modo algum caídas. A coxa grossa [...] o joelho carnudo e redondo. Pés pequenos, dedos delicados e belos cabelos, como são louvados por Ovídio"[39].

De fato, a Renascença inaugura, no que diz respeito à representação do corpo, um fenômeno de uma amplidão considerável, mais durável do que a reflexão sobre as proporções: a presença do corpo nu, seja masculino ou feminino, nas pinturas, gravuras, esculturas e até arquiteturas. Esta multiplicação artística do nu se baseia evidentemente em um processo geral da Renascença que foi descrito por Erwin Panofsky como a "síntese reencontrada" dos motivos formais e dos temas tratados. Apoiada pela ampliação dos temas abordados, pelo crescimento quantitativo das obras produzidas e pela variedade de suas destinações, esta síntese reencontrada dos motivos e dos temas multiplica as condições de possibilidade oferecidas à representação do nu. Até o século XIX, deuses, deusas, heróis, ninfas e sátiros da mitologia permitem representar o corpo nu. Mas não poderíamos reduzir esse fenômeno exclusivamente às considerações iconográficas. Assim, já presente na alegoria (a força e, numa dimensão menor, a caridade), a nudez física conquista, no século XVI, um lugar surpreendente, amplamente testemunhado, em 1593, pela *Iconologia* de Cesare Ripa, destinada a tornar-se um manual europeu dos pintores para quase dois séculos. O retrato nu também aparece no século XVI, quer seja alegórico e apresente o modelo sob os traços de um deus ou de um herói antigo (Andrea Doria como Netuno, Cosme I de Médicis como Orfeu, etc.), ou quer seja aparentemente erótico antes de tudo, segundo uma ideia inventada por Leonardo da Vinci e retomada em larga esca-

---

39. Apud LANEYRIE-DAGEN, N. *L'invention du corps*. Op. cit., p. 138, nota 160.

la pela escola de Fontainebleau[40]. É, sem dúvida, no domínio da arte religiosa que a amplitude paradoxal dessa invasão da nudez é mais impressionante. Tradicionalmente reservada às cenas da criação de Adão e Eva, de Cristo crucificado e ao castigo de alguns condenados no inferno, a representação da nudez guarneceu diversas cenas do Antigo Testamento (Susana e os anciãos, Betsabeia no banho, Davi e Golias, Judite com a cabeça de Holofernes, etc.), cenas de martírio (Santa Águeda, São Sebastião) e até a representação de santas ou de santos fora do contexto narrativo, como Santa Maria Madalena penitente ou São João Batista no deserto.

O fenômeno é paradoxal na medida em que, longe de incitar à devoção como podia fazê-lo antes, o tratamento artístico "moderno" do corpo nu suscita, no fiel ou no devoto, um efeito que desvia a imagem de sua função. Assim, segundo Giorgio Vasari, foi preciso retirar um *São Sebastião* de Fra Bartolomeo da igreja onde foi colocado, porque mulheres haviam confessado "que tinham pecado ao olhar para o santo por causa de sua beleza e da imitação lasciva da vida que lhe havia dado a *virtù*" do pintor; colocado na sala do capítulo, o quadro certamente também perturbou os monges, visto que não demorou muito para que fosse vendido e enviado ao rei da França[41]. Tolerada nas salas de banho, a presença de imagens de corpos nus, perturbadoras a ponto de incitar à lascividade, é aceita (e até desejada) nos quartos de dormir, pois seu espetáculo pode ser benéfico à concepção e a gestação de crianças que neles são concebidas. Ela é mais imprevista em lugares religiosos; no entanto consegue introduzir-se neles com sucesso no curso do século XVI: o exemplo mais impressionante é evidentemente o do *Juízo final*, pintado por Michelangelo, na capela Sistina. Não é sem hipocrisia que o aretino condena a presença dessas pinturas dignas de uma sala de banhos neste

---

40. Cf. BROWN, D.A. & OBERHUBER, K. Monna Vanna and Fornarina: Leonardo and Raphael in Florence. In: BERTELLI, S. & RAMAKUS, G. (org.). *Essays Presented to Myron P. Gilmore*. Florença, 1978, p. 25-86.

41. VASARI, G. *Les vies des meilleurs peintres, sculpteurs et architectes* [1550 e 1568]. Paris: Berger-Levrault, 1984 [trad. modificada].

sublime lugar da catolicidade. Mas ele também participa de uma corrente de pensamento bem-comprovada, como mostram as numerosas críticas contra o afresco, o risco a que é exposto de ser destruído e sua "correção" por Daniele da Volterra.

É conhecida a condenação virulenta desses "excessos" pela Contrarreforma, seus cardeais e seus bispos[42], mas é preciso notar que esta condenação visa essencialmente à nudez dos corpos e ao caráter "lascivo" dos pensamentos que ela pode suscitar. A sensualidade das imagens religiosas continua sendo uma aquisição e, no século XVII, o que se poderia chamar de sua "sexualização" atinge até um paroxismo nas pinturas e esculturas de êxtases: reativando a sensualidade de Correggio e orquestrando-a teatralmente pela síntese das artes e das matérias no seio do *bel composto*, a obra tão oficial de Bernini é exemplar quanto a esta atitude: sua *Santa Teresa* pode desfalecer fisicamente de amor divino sem suscitar maus pensamentos – assim como a morte de amor da *Bem-aventurada Ludovica Albertone* não suscita nenhuma reserva da parte das autoridades. Longe disto, ao contrário. A encenação teatral dos afetos espirituais através de sua manifestação física está no centro da estratégia barroca, organizando por meio de todas as artes a gestão do corpo (individual e coletivo) dos fiéis. O corpo do cristão, "infalivelmente *desastroso*"[43], é salvo e redimido pelo exemplo desses corpos santificados pela sublimação de seus instintos. Em sua exploração religiosa, o corpo barroco se torna então o indício da intervenção sobrenatural. Quando esta vem de Deus e de seu amor, o corpo do eleito ou eleita é *transfigurado*, seu transporte amoroso toma ao pé da letra as metáforas sexuais que, só elas, permitem aos extáticos traduzir sua experiência; a atitude do êxtase divino retoma a gestualidade do êxtase físico. Quando a intervenção sobrenatural vem do

---

42. Sobre a condenação da lascividade das imagens, cf. FREEDBERG, D. *Le pouvoir des images* [1989]. Paris: G. Monfort, 1998.

43. Cf. NANCY, J.-L. *Corpus*. Op. cit., p. 10: "Precipitado de muito alto, pelo próprio Altíssimo, na falsidade dos sentidos, na malignidade do pecado. Corpo infalivelmente *desgraçado...*"

demônio, o corpo continua sendo o indício fenomenal deste ato diabólico: ele é desfigurado, a desordem de seus gestos e de sua mímica facial manifestam o caos para o qual, sempre, o Maligno quer fazer cair o cosmos divino. Em *Os demoníacos na arte*, Charcot não deixa de reconhecer nessas representações figuradas de possessão demoníaca os "acidentes externos da neurose histérica"[44], mas é preciso sublinhar que as numerosas imagens convocadas por ele em apoio de sua demonstração datam, quase com raríssimas exceções, do fim do século XVI e do século XVII: o efeito de realidade da representação permite ao médico da Salpêtrière estabelecer um diagnóstico de manifestação histérica, mas é preciso esperar até meados do século XVIII e a longa epidemia (1727-1760) dos "convulsionários de São Medardo" para ver colocar publicamente em dúvida a presença do demônio nessas manifestações de possessão demoníaca[45]. E, colocadas à parte as razões políticas e religiosas desta dúvida entre as autoridades (os milagres se operam no túmulo de um diácono defensor das doutrinas jansenistas), a rejeição da hipótese diabólica vem acompanhada de uma nova consciência, perturbadora, dos poderes do corpo. No verbete "convulsões" de seu *Dicionário filosófico*, Voltaire afirma que "o prodígio convulsionário não é um milagre, é uma arte", mas esta constatação também o leva, no verbete "corpo", a achar que "assim como não sabemos o que é o espírito, ignoramos o que é o corpo"[46]. O que se prepara então, nesta rejeição do obscurantismo que insiste em continuar a fazer acreditar na ação do Príncipe das Trevas nas questões e acontecimentos do mundo, é o reconhecimento do obscuro poder do corpo em suscitar, por si mesmo, artificiosamente, afetos visualmente persuasivos; é o

---

44. CHARCOT, J.-M. & RICHER, P. (orgs.). *Les démoniaques dans l'art* [1886]. Paris: Macula, 1984, p. XV.

45. Sobre essa epidemia, indissociável dos conflitos entre jansenistas e jesuítas, uma vez que o corpo junto do qual se faziam os milagres era o de um diácono jansenista, cf. CHARCOT, J.-M. & RICHER, P. Ibid., p. 78-90 e, na mesma obra, DIDI-HUBERMAN, G. "Charcot, l'histoire et l'art – Imitation de la croix et démon de l'imitation", p. 127-145.

46. Apud DIDI-HUBERMAN, G. Ibid., p. 142.

aparecimento do corpo "sublime" que, como veremos, anuncia, no fim do século XVIII, uma crise decisiva da racionalidade clássica.

Hoje, depois de mais de três séculos, pode parecer simplesmente lógico que as autoridades eclesiásticas tenham recusado a presença, em lugares de culto, de imagens de nudez eroticamente perturbadoras: o que podia ser admitido em uma esfera privada de recepção (reservada, no caso, a uma elite culta) não devia sê-lo na esfera pública. Mas esta constatação não deve eludir que esta rejeição era em si mesma a consequência de um processo histórico e antropológico de considerável importância: a erotização do olhar que abre caminho com a Renascença. Como foi decisivamente verificado por Carlo Ginzburg[47], o estudo dos manuais para confessores e penitentes mostra também que, por volta de 1540-1550, a luxúria toma o lugar da avareza a título de pecado mais tratado e que, junto com ela, a vista "emerge lentamente como sentido erótico privilegiado, imediatamente depois do tato"[48]. Podemos seguir Carlo Ginzburg quando ele acha que esta erotização está "ligada a circunstâncias históricas específicas como a difusão das estampas" e à circulação das imagens mitológicas (nas quais a nudez erótica está presente sem restrições) fora dos meios cultos que eram seus destinatários tradicionais. Portanto, se podemos dizer, com Jean-Luc Nancy, que "não colocamos o corpo a nu: nós o inventamos, e ele é a nudez [...]"[49], se essa invenção da nudez é indissociável da consciência cristã do corpo nu (é com o pecado que, tomando consciência de sua nudez, Adão e Eva sentiram vergonha tanto desta nudez como desta consciência – e a Igreja, como se sabe, sempre torna a voltar à proibição de ver e, pior ainda, de olhar nossas "partes vergonhosas"), também é preciso sublinhar que a erotização do olhar nas socieda-

---

47. GINZBURG, C. Tiziano, Ovidio e i codici della figurazione erotica nel '500. In: *Tiziano e Venezia* – Convegno Internazionale di studi, Venezia, 1976. Vicence: N. Pozza, 1980, p. 125-135.

48. GINZBURG, C. "Tiziano, Ovidio..." Art. cit., p. 134.

49. NANCY, J.-L. *Corpus*. Op. cit., p. 11.

des europeias é um fenômeno histórico que veio substituir, na Renascença, a difusão da imageria mitológica fora de seus círculos tradicionais de recepção.

A observação é decisiva, pois convida a precisar as condições nas quais foram aprimoradas, no século XVI, as modalidades precisas da representação erótica do corpo que, aquém das variações de modo ou de gosto, fixam constantes a longo prazo no seio das práticas artísticas e sociais do corpo. Este processo de erotização da representação é particularmente claro na invenção, no século XVI, de um motivo importante da imageria erótica europeia até o século XIX: o corpo nu de uma mulher na posição deitada, isolado (talvez até inativo), fora de todo contexto narrativo, oferecido somente ao olhar. É no contexto sociocultural do casamento (que legitima a sexualidade) que o motivo aparece: os primeiros nus femininos deitados, apresentados fora do contexto narrativo da pintura europeia, foram pintados no interior dos tampos das luxuosas arcas de casamento (*cassoni*) que o futuro esposo oferecia à sua noiva e que ela transportava, com seu dote, para sua nova casa, às vezes com magníficos cortejos públicos. A localização dessas pinturas implicava uma destinação propriamente íntima, reservada à noiva e futura jovem esposa no espaço privado do quarto de dormir. Parece que foi em Veneza, com a *Vênus adormecida* de Giorgione, que o motivo saiu pela primeira vez desse lugar secreto e tornou-se ocasião de um quadro de pintura. De destinação evidentemente privada, pintado por volta de 1507-1508, por ocasião de um casamento[50], a *Vênus adormecida* legitima sua nudez pelo menos de três modos: por seu contexto matrimonial, pela apresentação da figura na natureza (que faz dela uma "ninfa" ou, como sugere seu título moderno, uma "Vênus"), e enfim por seu sono (que a torna inconsciente de estar exposta ao olhar). Deliberadamente erótica, nem por isso a imagem traz com menos intensidade a marca do contexto cultural que tornou possível sua realização – assim como, evocando a pose da antiga *Ariadne adormecida*, re-

---

50. Cf. ANDERSON, J. Giorgione, Titien and the sleeping Venus. In: *Tiziano e Venezia*. Op. cit., p. 337-342.

centemente descoberta em Roma, a disposição de seu braço direito refere a figura ao "código cultural e estilisticamente elevado" (o código mitológico) no qual era formulada a maioria das imagens eróticas de destinação privada[51]. A *Vênus adormecida* dará lugar a numerosas retomadas e variações, mas é só em 1538 que Ticiano vai inspirar-se nela para aprimorar, com a *Vênus de Urbino*, uma verdadeira estratégia de erotização da representação visual do corpo feminino, da qual a pintura europeia quase não se distanciará durante três séculos.

Apresentando a figura nua deitada em um leito, no que parece ser um palácio contemporâneo[52], Ticiano torna aleatória toda referência mitológica – a ponto de se poder ver nela (a preço de uma simplificação abusiva) o equivalente de uma *pin-up* moderna[53]. O contexto matrimonial tradicional é evocado sem dúvida pelas duas arcas no fundo do cenário e pelo vaso de murta, mas não se chega a estabelecer de modo convincente o casamento para o qual a obra teria sido pintada. De fato, se o motivo pictórico da mulher nua encontrou sua origem (e sua legitimação) neste contexto matrimonial, seu sucesso tornou-o autônomo, em 1538, em relação a este tipo de justificação: a legitimação mitológica evocada pelo título *Vênus de Urbino* é moderna; para seu comanditário e, como indica sua correspondência a este respeito, a tela representava, como ele desejava, uma *donna ignuda,* uma mulher nua. Por outro lado, Ticiano despertou a figura adormecida de Giorgione e, dando-lhe um olhar que nos fixa frontalmente, fez dela uma figura bem consciente de estar sendo oferecida ao nosso olhar. O gesto de sua mão esquerda toma, inesperadamente, um valor preciso que não tinha em Giorgione. O contexto médico e religioso contemporâneo não deixa nenhuma dúvida: a

---

51. Cf. GINZBURG, C. "Tiziano, Ovidio..." Art. cit., p. 127.

52. Sobre a complexidade real do "lugar figurativo" deliberadamente construído por Ticiano, cf. ARASSE, D.The Venus of Urbino, or the archetype of a glance. In: GOFFEN, R. (org.). *Titian's Venus of Urbino*. Cambridge: Cambridge Umiversity Press, 1997.

53. Cf. HOPE, C. Problems of interpretation in Titian's erotic paintings. In: *Tiziano e Venezia*. Op. cit., p. 119.

figura se masturba para que o ato sexual, para o qual ela se prepara, tenha mais chance de culminar num orgasmo[54]. Enfim, de maneira bem coerente com este programa erótico, Ticiano transformou de modo preciso os gestos da *Vênus adormecida:* enquanto a figura de Giorgione tinha o braço direito levantado, mostrando uma axila depilada, Ticiano abaixa esse mesmo braço e a ondulação dos cabelos (que se tornaram louros) cobre a axila; enquanto, em Giorgione, a mão esquerda deixava ver um púbis igualmente depilado, Ticiano colocou nele uma sombra profunda (que nada justifica anatomicamente) e, ao fazer juntar-se o polegar com o indicador, ele constitui um interstício sombrio onde Giorgione havia separado os dedos, impedindo qualquer sugestão um tanto "impudica". Assim, de um quadro ao outro, os gestos da figura se transformam para entregar-se a uma operação de mostrar-ocultar que coloca em jogo e em cena a pilosidade íntima da figura. Giorgione a havia simplesmente excluído da representação; Ticiano erotiza-lhe a sugestão a preço de um "deslocamento" (os cabelos louros no lugar da axila oculta) e de uma "elaboração secundária" (a sombra do púbis)[55].

Elaborando com plena consciência a transformação de seu modelo (para a realização do qual ele havia aliás colaborado na sua juventude), Ticiano construiu, para sua primeira *donna ignuda* deitada, fora do contexto narrativo, um arquétipo da imageria erótica europeia. O detalhe das duas criadas, aparentemente secundário, contribui para construir este arquétipo erótico. Marginalmente e com muita discrição, novamente, de novo Ticiano inventa uma ideia com promessa de um longo futuro: ocupadas em arrumar (ou em procurar) as roupas da *donna ignuda*, essas duas figuras fazem do corpo nu que ocupa o primeiro plano um corpo *despido*. Conotando assim a nudez oferecida ao olhar como espetáculo socialmente proibido, reservado à esfera

---

54. Cf. GOFFEN, R. Sea, space and social history in Titian's Venus of Urbino. In: GOFFEN, R. (org.). *Titian's Venus of Urbino.* Op. cit., p. 77.

55. Este termo "elaboração secundária" é retomado da *Interpretação dos sonhos,* de Freud, onde ele designa a operação pela qual o sonho, sob o efeito da censura, tende a apresentar o cenário de maneira coerente.

íntima, Ticiano inaugura uma encenação retórica do nu que, por meio de múltiplas variações (basta pensar nas duas versões da *Maja*, de Goya, vestida/nua), constitui um *leitmotiv* da apresentação erótica do corpo – até tornar-se um objeto de escândalo para o tão puritano século XIX[56].

A *Vênus de Urbino* é como um desenho em tamanho natural que coloca os princípios fundamentais da concepção clássica do nu feminino erótico – e não é por acaso que, dentre o considerável número de imagens que ele tinha à sua disposição, Manet volta exatamente a esta, mais de três séculos depois, para elaborar sua *Olympia*. É também o primeiro nu feminino deitado, isolado de Ticiano, e o último deste tipo que ele pinta. Por conseguinte, ele reintroduz o contexto narrativo e mitológico que legitimava culturalmente a pintura do nu. A encenação retórica da nudez se desloca então para concentrar-se no trabalho pictórico do que os teóricos clássicos chamarão de *carnação* e que é de fato a *pele* da figura. Progressivamente, a pintura do corpo nu (masculino ou feminino) se torna em Ticiano um verdadeiro corpo a corpo com a própria pintura, magnificamente descrito em 1674 pelo veneziano Marco Boschini: "Ele recobria essas quintessências de camadas sobrepostas de carne viva, até que só o sopro parecesse faltar-lhe. [...] Ele terminava os últimos retoques esfregando diversas vezes com o dedo as passagens das partes claras às semitingidas [...]. Outras vezes, sempre com os dedos, ele punha uma mancha negra num canto, ou então de uma ponta de vermelho ele realçava uma carnação como de uma gota de sangue"[57].

Se o crítico veneziano pode ser tão sensível à "ultima maneira" de Ticiano e capaz de sintetizar-lhe em algumas palavras a técnica e o espírito, é que, em um século, o olhar e o discurso habituaram-se à prática dos "coloristas",

---

56. Sobre o escândalo suscitado não tanto pela nudez em si mesma como pelas peças de roupa que indicam que a mulher nua é uma mulher despida, isto é, segundo a língua da época, uma prostituta, cf. minhas observações em *Le détail* – Pour une histoire rapprochée de la peinture. Paris: Flammarion, 1992, p. 237-239.

57. BOSCHINI, M. *Le ricche minere della pittura*. Veneza, 1674.

fossem eles italianos ou nórdicos. Rubens é o mais célebre deles e, nele, a representação do corpo se torna uma verdadeira celebração da carnação: pintando a pele, a pintura atinge, propriamente falando, seu cúmulo, na medida em que ela torna visualmente sensível o que lhe falta, o que lhe é impossível e proibido atingir, o volume tridimensional de um corpo vivo, dando a sensação de uma vida palpitante sob a pele, do calor do sangue. Falando de uma das *Bacanais* de Rubens, Roger de Piles se deixa levar: "A carnação desta satireza e de seus filhos parece tão verdadeira que é fácil imaginar que, se puséssemos a mão nela, sentiríamos o calor do sangue"[58]. Mas de inspiração que se tornou profundamente "barroca", visto que pode ser encontrada até em certos mármores de Bernini, esta busca implica questões cuja amplitude ultrapassa de longe o simples campo da prática artística e que é formulado, no fim do século XVII, por Roger de Piles.

Como foi mostrado por Jacqueline Lichtenstein[59], o que se estabelece por meio da "querela do colorido", que agita a Academia real de pintura e de escultura em torno dos anos 1670, é absolutamente importante. Além do transtorno das hierarquias teóricas que, afirmando a supremacia do desenho sobre a cor, legitimavam a dignidade da pintura como arte liberal, Roger de Piles propõe uma transformação radical do modelo retórico que, desde o humanismo florentino do século XV, informava a prática e a teoria clássicas da pintura. Das três funções tradicionais da retórica – *docere* (ensinar), *delectare* (deleitar) e *movere* (tocar) – Roger de Piles privilegia, na linha de Cícero, o *movere*; ele define a retórica da pintura em termos de efeitos, a partir da eloquência de seu colorido, e pode afirmar que "a finalidade da pintura não é instruir, mas perturbar"[60]. Fazendo isto, Roger de Piles propõe também um

---

58. PILES, R. Conversations sur la connaissance de la peinture et sur le jugement qu'on doit faire des tableaux. Paris, 1677, p. 145-146. Apud LICHTENSTEIN, J. *La couleur éloquente* – Rhétorique et peinture à l'âge classique. Paris, 1989, p. 182.

59. Ibid., p. 153-182.

60. Ibid., p. 175.

novo modelo de espectador, o "homem honesto", "não mais o conhecedor erudito que se deleita com o jogo infinito dos deciframentos, mas o amador que encontra prazer em olhar um quadro"[61], um espectador cujo próprio corpo faz a experiência de uma nova articulação sensorial que leva a seu extremo a erotização do olhar. Carlo Ginzburg mostrou o que essa erotização devia à prática artística da Renascença e à difusão de suas imagens. Desde as últimas pinturas de Ticiano, a retórica perturbadora da *carnação* colorista é ocasião dos efeitos estéticos mais fortes, das emoções e descrições mais entusiásticas. Isto não é por acaso. Nascendo do espetáculo da carne, o prazer da cor "exprime-se de imediato sob a forma de um desejo de tocar" – um tocar, convém logo acrescentar, que não é "mais real do que a carne que desperta o desejo". O que o corpo do espectador experimenta então é "uma sensibilidade de alguma forma alucinatória: a visão torna-se então *como* que um tocar". Cúmulo de uma pintura que se tornou efetivamente "libertina" no sentido mais forte do termo[62], o corpo colorista impele para seu termo a erotização da visão, fazendo dela o equivalente do tato: "Diante dos quadros dos grandes coloristas, o espectador tem a impressão de que seus olhos são dedos"[63]. Além das estratégias de sedução próprias à pintura erótica, a exaltação pictórica do corpo constitui o fundamento de uma erótica da pintura.

II. Controles do corpo

A glorificação do corpo em sua representação clássica, tanto em sua carnação como em seu ideal proporcionado, é historicamente indissociável de

---

61. Ibid.

62. O termo "pintura libertina" é retomado de Roland Fréart de Chambray que, no prefácio de seu *Idée de la perfection de la peinture* (Le Mans, 1662), condena os "coloristas" por terem introduzido "não sei que pintura libertina e inteiramente isenta de todas as submissões que tornavam outrora esta arte tão admirável e tão difícil" (Apud LICHTENSTEIN, J. *La couleur éloquente*. Op. cit., p. 161).

63. Para isto e o que precede, cf. LICHTENSTEIN, J. Ibid., p. 181-182.

duas práticas sociais novas nas quais os artistas participam muitas vezes em grande escala, do começo do século XVI até as últimas décadas do século XVIII. Aparentemente estranhas ao campo específico das artes figurativas, essas duas práticas constroem uma nova representação do corpo individual: a ciência anatômica revoluciona a definição física do organismo humano e a instituição de regras de comportamento ou "civilidade" fixa, por meio do controle de sua manutenção, uma nova representação do corpo socializado.

À primeira vista, essas duas práticas estão o mais distante possível uma da outra: a anatomia busca, enquanto ciência médica, estabelecer as estruturas objetivas do corpo e trabalha para esclarecer uma interioridade física invisível; a civilidade, ciência social do "saber-viver", dedica-se a estabelecer as regras de uma retórica da conveniência que trata exclusivamente das manifestações exteriores, visíveis, do corpo. A contemporaneidade de seu desenvolvimento histórico convida porém a considerá-las como práticas corolárias uma da outra, construindo simultaneamente uma consciência "moderna" do corpo em sua estrutura física e sua sociabilidade. É tanto mais fácil confrontá-las, quanto mais rapidamente percebermos que surgem nelas contradições internas que marcam a ambiguidade em que é vivida a mutação em curso. Mesmo supondo que a escola da civilidade ensina a manifestar exteriormente as boas disposições interiores, a qualidade moral do indivíduo, ela não tarda em tornar-se uma escola da dissimulação dos sentimentos; ainda que a anatomia não queira esclarecer que as molas da máquina física, as representações que dela são dadas, do século XVI ao século XVIII, mostram como a difusão de sua prática faz surgir uma interrogação que trata não tanto de sua legitimidade como de sua suposta banalização progressiva. As imagens anatômicas contradizem a concepção dualista que faz do corpo um objeto, claramente distinto da consciência que definiria, só ela, o sujeito pensante; elas contradizem a célebre passagem da *Meditação segunda*, na qual Descartes designa "pelo nome de corpo" "toda esta máquina composta de ossos e de carne, como ela aparece em um cadáver"[64].

---

64. DESCARTES, R. *Méditations métaphysiques* [1641]. Paris, 1963, p. 39.

De fato, o desenvolvimento conjunto da anatomia e da civilidade corresponde a uma articulação decisiva no pensamento da relação entre o corpo e a pessoa. Em ambos os casos, o corpo é o invólucro da pessoa, mas, se a própria possibilidade da ciência anatômica supõe uma distinção radical e ontológica entre os dois, por outro lado, o saber-viver da civilidade implica a simbiose de ambos. E a anatomia como a civilidade se baseiam na hipótese, nova em muitos aspectos, de que o indivíduo humano *não é* um corpo (ao qual ele seria identificável), mas que ele *tem* um corpo (do qual ele é fisicamente dependente e pelo qual ele é socialmente responsável). Esta distinção funda sem dúvida a "modernidade" antropológica do corpo[65], mas, do século XVI ao XVIII, as imagens mostram até que ponto esta "modernidade" não é adquirida e como, ainda no fim do século XVIII, a resistência à ideia não é somente o fato de uma clivagem sociocultural entre elites cultas e cultura popular.

1. Anatomias

Não só a invenção e o desenvolvimento de uma concepção moderna da anatomia são rigorosamente contemporâneos da exaltação da beleza e da erotização do corpo humano (seja masculino ou feminino), mas às vezes são os próprios artistas que desempenham um papel importante à origem deste duplo processo. Esta constatação confirma o vínculo complexo que existia entre essas duas práticas da representação do corpo e que, como veremos, até pode, em alguns casos, confundir as duas abordagens.

Pensamos sem dúvida em Ticiano que, no momento em que pinta a *Venus de Urbino*, desenha provavelmente algumas das pranchas anatômicas depois gravadas em madeira para ilustrar o *De humani corporis fabrica* publica-

---

[65]. Cf. LE BRETON, D. *Anthropologie du corps et modernité*. Paris: PUF, 1990, em particular p. 29-82.

do por Vesálio na Basileia, em 1543[66]. Mas o florentino Rosso, um dos mestres da erotização perversa que caracteriza um dos aspectos do maneirismo, também preparou um tratado de anatomia cujos desenhos foram gravados por Agostino Veneziano e Domenico del Barbiere – e o caso de Leonardo da Vinci é mais exemplar ainda. Grande pintor da nudez feminina com a *Leda*, na qual ele trabalha a partir de 1503, e que conhece um sucesso considerável, promotor de um erotismo da ambivalência sexual e inventor do retrato erótico nu cujo protótipo ele elabora com *Monna Vanna* que, pintada a pedido de Giuliano de Médicis por volta de 1513, vai inspirar ao mesmo tempo a *Fornarina* de Rafael (e Giulio Romano) e os numerosos "retratos nus" da primeira escola de Fointainebleau[67], Leonardo é também o artista que, no começo do século XVI, revoluciona a concepção da anatomia e da ilustração anatômica[68]. É verdade que um certo número de seus desenhos traz o traço deste pensamento por analogia que caracteriza a *episteme* da Renascença: apesar de sua extraordinária modernidade e de seu efeito de realidade, o célebre desenho representando *O Feto e a Parede interna do útero* associa um feto humano com um útero bovino, baseado na crença da analogia entre todos os mamíferos. Outros desenhos, como os célebres *Órgãos da mulher* (Windsor Castle), comportam erros grosseiros que revelam que Leonardo não hesita em inventar "anatomias prováveis" para satisfazer a necessidade da própria representação, quando a observação não foi possível. Outros desenhos ainda ilustram, contestando a observação, a concepção científica de

---

66. Sobre a questão da atribuição das diversas pranchas das *Tabulae anatomicae sex* (publicadas por Vesálio em 1538), do *De humani corporis fabrica* (1543) e do *Epitome* (1543), cf. MURARO, M. & ROSAND, D. *Tiziano e la silografia veneziana del Cinquecento*. Vicence: Neri Pozza, 1976, p. 123-133.

67. Sobre este último quadro (desaparecido), cf. BROWN, D.A. & OBERHUBER, K. "*Monna Vanna* and *Fiornarina*: Leonardo and Raphael in Florence". Art. cit. Sobre a exaltação da androginia em Leonardo, cf. ARASSE, D. *Léonard de Vinci*. Op. cit., p. 469.

68. Cf., entre outros, CLAYTON, D. & PHILO, R. *Léonard de Vinci* – Anatomie de l'homme. Paris: Du Seuil, 1992, p. 65.

tradição livresca contra a qual Leonardo afirma precisamente o valor pedagógico de suas "demonstrações" visuais. Mas essas anatomias fictícias não devem ocultar o essencial. Leonardo não se contenta em inventar técnicas de representação gráfica particularmente eficazes, ele baseia em geral seus desenhos na observação direta[69], a tal ponto que os especialistas modernos não hesitam em considerar que a "anatomia moderna" nasceu em Milão, por volta de 1510, quando Leonardo trabalhava ao lado do médico Marcantonio della Torre[70].

O interesse de Leonardo pela anatomia continua excepcional entre os artistas contemporâneos. Sua curiosidade científica e sua abordagem sistemática ultrapassam de longe a prática habitual dos pintores que, em geral, se restringem à anatomia muscular e ao estudo do esqueleto e de suas articulações. Mas esta exceção era incentivada pela teoria e prática "humanistas" da pintura. No *De pictura*, Alberti já havia recomendado aos artistas que construíssem suas figuras partindo do esqueleto, progressivamente recoberto de músculos e de pele[71]. Ele também marcou a ruptura com a abordagem da Idade Média, como ela se exprimia por exemplo em Cennino Cennini, quando ele afirmava que o homem possui uma costela a menos que a mulher, aquela que serviu precisamente para criar Eva[72]. Aliás, parece que a recomendação de Alberti precedeu a prática dos pintores, visto que, segundo Giorgio Vasari, o florentino Antonio Pollaiuolo teria assim, no último quar-

---

69. Cf., entre outros, a folha ilustrando a *Estrutura profunda do ombro*, onde Leonardo associa três técnicas gráficas diferentes correspondendo a três tipos de análise também diferentes (CLAYTON, D. & PHILO, R. Ibid., p. 90).

70. Cf. ibid., p. 91.

71. ALBERTI, L.B. *De la peinture* – De pictura. Op. cit., p. 161 (II, 36): "É preciso [...] manter uma certa proporção no tamanho dos membros e, para respeitar esta relação de tamanho quando se pinta seres animados, deve-se primeiramente em espírito colocar por baixo os ossos porque, uma vez que eles não dobram absolutamente, ocupam sempre um lugar fixo. Depois é preciso que os nervos e os músculos sejam atados em seu lugar; enfim é preciso mostrar os ossos e os músculos revestidos de carne e de pele".

72. CENNINI, C. *Traité de la peinture*. Op. cit.

tel do século XV, "descorticado numerosos homens para ver sua anatomia interna" e teria sido "o primeiro a mostrar o modo de descobrir os músculos para que tenham ordem e beleza nas figuras"[73] – e o próprio Rafael, não obstante pouco suscetível de interesse científico neste domínio, indica essa preocupação no célebre desenho preparatório para a *Deposição Burguesa*. Neste contexto, não é indiferente que, no comentário de sua primeira prancha, Vesálio considere os artistas como destinatários naturais de seu *De humani corporis fabrica*[74].

O papel dos artistas na constituição da anatomia moderna não deve surpreender. Ele está de acordo com o fato de que, como as ciências privilegiadas da Renascença são antes de tudo ciências descritivas, isto é, ciências nas quais a ilustração constitui por si mesma a demonstração, a habilidade gráfica tem uma função decisiva na transmissão da informação científica – e o termo "demonstração", empregado por Leonardo a propósito de seus desenhos anatômicos, deve ser tomado no sentido mais forte. Mas a modernidade própria dos desenhos de Leonardo está, aliás, com toda precisão, na neutralidade objetiva com a qual eles apresentam (ou supostamente apresentam) a constatação gráfica de uma observação visual. Como mostram suficientemente alguns desenhos em que códigos substituem os músculos para fazer compreender melhor o mecanismo que faz a estrutura óssea mover-se, os desenhos anatômicos de Leonardo não são perpassados de nenhuma emoção particular: eles constituíam, na avaliação do engenheiro, a transcrição gráfica de uma análise da estrutura e do funcionamento de um corpo concebido a partir do modelo de uma máquina. Este enfoque objetivo, esta ausência de toda retórica emotiva distingue radicalmente Leonardo de seus sucessores – cujas imagens são, por isso mesmo, mais representativas de uma atitude difusa. Durante três séculos, a ciência anatômica é indissociável

---

73. VASARI, G. *Les vies des meilleurs peintres, sculpteurs et architectes*. Op. cit., III, p. 295.
74. Cf. MURARO, M. & ROSAND, D. *Tiziano e la silografia veneziana del Cinquecento*. Op. cit., p. 125.

de sua representação artística e esta última faz aflorar argumentos que não são propriamente científicos – ou, pelo menos, argumentos que se referem às reações imaginárias cada vez mais complexas, suscitadas pelo desenvolvimento e banalização da prática anatômica.

Mais do que Leonardo (cujos desenhos só são vistos por alguns e, portanto, não exercem influência, apesar de sua reputação escrita), Vesálio é o grande iniciador da anatomia moderna e a publicação, em 1543, de seu *De humani corporis fabrica* constitui uma articulação decisiva na história da construção científica do corpo, exatamente contemporânea ao registro do microcosmo desta que opera, para o macrocosmo, o *De revolutionibus orbium coelestium*, de Copérnico. Mas a obra deve em grande parte seu sucesso europeu a suas ilustrações gravadas que colocam notavelmente em cena os resultados da observação científica. Depois de uma série de detalhes, o primeiro livro, consagrado ao esqueleto, termina com três figuras completas, apresentadas em página inteira, cuja encenação é de inspiração moral e cristã: um esqueleto toma uma posição de desespero que evoca a do *Adão expulso do paraíso* de Masaccio, na capela Brancacci; um outro se apoia numa pá de coveiro, com os "olhos" levantados para o céu; o terceiro (a imagem mais célebre) medita sobre a morte e evoca o Hamlet de Shakespeare[75]. No livro II, a série dos esfolados é mais complexa. Começando pela figura de um homem jovem esfolado, visto de frente, continuando pelo despojamento progressivo dos músculos durante o qual a figura se mostra progressivamente incapaz de sustentar-se sozinha, a série constitui um conjunto contínuo, unificado pela paisagem que lhe serve de plano de fundo. A ideia encontra claramente sua origem na tradição das danças macabras, mas a monumentalidade das

---

75. É de notar que a inscrição gravada no túmulo-altar classicizante muda entre o *Epitome* e o *De humani corporis fabrica*. A primeira é uma citação da *Punica* de Silius Italicus de tom filosófico-estético ("Toda beleza se dissolve na morte e a cor do Styx percorre os membros brancos e devasta os encantos da forma"); a segunda, inspirada em uma elegia atribuída a Virgílio, exprime mais banalmente a ideia humanista do triunfo do gênio sobre a morte ("Vive-se pelo gênio, todo o resto pertencerá à morte"). Cf. MURARO, M. & ROSAND, D. *Tiziano e la silografia veneziana del Cinquecento*. Op. cit., p. 130.

proporções, a eloquência dos gestos, a atmosfera geral de alusão à estatuária antiga conotam também as imagens, dando uma *dignitas* e uma vida singulares às figuras. Esta referência à arte antiga é explícita em certas ilustrações de detalhe: O *Torso do Belvedere* serve de base a várias análises de vísceras e, na vigésima quinta prancha do livro V, por exemplo, a representação dos órgãos femininos é inserida em uma silhueta que evoca o busto (fragmentado) de uma Vênus antiga e o contraste é tanto mais forte porque o estado patológico dos órgãos internos é o de um adulto no fim da vida reprodutiva, enquanto que o corpo é o de "uma jovem e sedutora deusa"[76].

Esta associação do detalhe científico com um contexto natural e artístico não é própria de Vesálio. Já o *De dissectione partium corporis*, de Charles Estienne (publicado em 1545, mas preparado desde o começo dos anos 1530), colocava suas figuras em paisagens (ou em interiores) à antiga e lhes dava poses claramente "artísticas"[77]. Com o sucesso de Vesálio, essa escolha será retomada, mas a tradição remonta aos *Commentaria [...] super anatomia Mundini* publicados por Berengario da Carpi, em 1521, em Bolonha, e a seus *Isagogae breves*, de 1522. Este amálgama teve provavelmente por função legitimar, cultural e moralmente, uma ciência nascente cuja prática, apesar da autorização da Igreja, era há pouco conotada negativamente: a encenação artística ou moral do corpo anatomizado contribui, paradoxalmente, para proclamar "a autonomia de uma nova ciência do corpo"[78]. Certamente o classicismo das ilustrações de Vesálio, o equilíbrio que nele se manifestou entre a informação científica e seu "*decorum*" cultural e a própria qualidade artística das ilustrações contribuíram para este reconhecimento.

---

76. LANEYRIE-DAGEN, N. *L'invention du corps*. Op. cit., p. 190-192.

77. Uma das pranchas do livro II evoca, portanto, uma das figuras no solo imaginadas por Rosso Fiorentino em seu *Moïse défendant les filles de Jethro*. Em Charles Estienne, o corpo e a paisagem tomam uma importância desproporcional em relação ao detalhe anatômico, apresentado sob forma de gravura retangular inserida na imagem do corpo.

78. Cf. SAWDAY, J. The fate of Marsyas: dissecting the Renaissance body. In: GENT, L. & LLEWELLYN, N. (orgs.). *Renaissance Bodies* – The Human Figure in English Culture c. 1540-1660. Londres: Reaktion Books, 1990, p. 126.

Mas a encenação artística da anatomia abria também *ipso facto* potencialidades alusivas que podiam obscurecer esta intenção primeira – e chegarão mesmo progressivamente a contradizê-la. A escolha do modelo artístico de referência pode portanto suscitar desconcertantes associações de ideias. Para ilustrar seu *De dissectione partium corporis*, Charles Estienne pôde, sem dúvida, inspirar-se em grande parte em obras conhecidas de artistas italianos chamados à França por Francisco I. Mas, quando ele retoma oito composições da série erótica dos *Amores dos Deuses* gravada por Jacopo Caraglio sobre desenhos de Perino del Vaga e de Rosso, a lascividade de algumas poses conota curiosamente a ilustração científica. Não se trata, porém, de uma perversão individual: em seu *De humani corporis fabrica libri decem,* publicado em Veneza em 1627, Adrianus Spigelius (Adriaan Van den Spieghel) retoma o corpo feminino de Vênus na gravura de Caraglio representando *Vênus surpreendida por Mercúrio* para ilustrar a anatomia masculina do pênis e da musculatura anal – e a imagem será retomada na *Myographia Nova or a Graphical Description of all the Muscles in the Humane Body,* publicada por John Browne em Londres, em 1698. Da mesma forma, se uma das estratégias de legitimação da prática anatômica pela imagem consiste, bem cedo, em representar o cadáver anatomizado apresentando ele mesmo seus órgãos, esta escolha acaba depressa em imagens de *pathos* incontrolável. Quando, em 1545, para representar a anatomia do útero de uma mulher grávida, Charles Estienne sentou sua "modelo" num leito e a fez levantar elegantemente com a mão esquerda as duas placentas para oferecer uma visão mais clara de fetos gêmeos, ele inaugura uma encenação com promessa de um longo futuro. Encontramos este dispositivo na *Anatomia del corpo humano*, publicada por Juan Valverde, em Roma, em 1556[79], no *De humani corporis fabrica* de Spigelius (1627) e na *Myographia Nova...* de John Browne (1698). A tonalidade geral dessas imagens mostra figuras que, ajudando amavelmente o especta-

---

79. A prancha I do livro II de Valverde apresenta em particular um esfolado segurando sua pele (com o rosto informe) na mão direita e a faca na mão esquerda que constitui manifestamente uma citação de *São Bartolomeu* pintada por Michelangelo no *Juízo Final* da capela Sistina.

dor a ver melhor o resultado da anatomia, afastam o eventual mal-estar. Por sua civilidade, as figuras socializam a anatomia. Elas lhe tiram tanto sua eventual selvageria como aquela aura religiosa que ela ainda tinha em 1523 em Berengario da Carpi na gravura em que, de pé diante de um nimbo de raios luminosos, um homem levantava com a mão direita sua pele para apresentar seu busto anatomizado: por sua encenação, esta gravura ainda fazia do corpo o templo da alma, e da anatomia "um ato sacramental e até mesmo sacrificial"[80]. Ora, é precisamente esta conotação que a convenção da "autoapresentação" do corpo anatomizado visa excluir, implicando ativamente este último na experiência científica. Mas a estrutura reflexiva da representação suscita, por si mesma, uma opacidade do sinal e pode desenvolver "efeitos temáticos" igualmente carregados de futuro[81]. Redobrando o processo, a prancha de Juan Valverde que poderíamos intitular "o anatomizador anatomizado" mostra, desde meados do século XVI, o efeito fantástico que esta encenação pode suscitar, mesmo quando ela visa comparar o anatomista com o cadáver, submetendo imparcialmente suas duas figuras ao mesmo modo de investigação científica. Por volta de 1618, Pedro de Cortona (que era então um dos pintores e arquitetos romanos mais em voga) dá sem dúvida a versão mais espetacular deste dispositivo. Em um de seus desenhos (publicados em 1741), a figura anatomizada tomou uma pose dramática muito complexa, da ordem da súplica na pintura de história, e apresenta ao espectador um detalhe ampliado de sua garganta esquartejada, oferecido à atenção do espectador como um quadro-no-quadro, em um quadro que a mão direita segura firmemente – enquanto a mão esquerda segura o que parece ser um bastão de comando. A teatralidade barroca dá à representação um impacto artístico que prevalece decididamente sobre sua eficácia científica: a imagem evoca mais o *pathos* desconcertante de um mártir cristão do que

---

80. Cf. SAWDAY, J. "The fate of Marsyas..." Art. cit., p. 130.

81. Sobre o "efeito temático" ligado à reflexividade do sinal, cf. MARIN, L. "Présentation et représentation dans le discours classique". Art. cit.

a observação neutra de uma anatomia clínica. O investimento imaginário testemunhado pelas ilustrações anatômicas pode tomar outros caminhos. Publicada em Amsterdã, em 1685, a *Anatomia humani corporis*, de G. Bidloo, é ilustrada de pranchas gravadas conforme desenhos de Gérard de Lairesse. Algumas imagens inspiram-se ainda em encenações vesalianas, mas outras sugerem uma crueza estranha, em todo caso isso depende da abordagem científica[82]. Sem evocar as ceras anatômicas do século XVIII (cujos efeitos singulares evocaremos mais adiante), as gravuras em cor de Jacques-Fabien Gautier d'Agoty (*Ensaio de anatomia em cor*, 1745-1746; *Miologia completa em cor*, 1746) estão revestidas de uma estranha qualidade espectral e no *Novo compêndio de osteologia e de miologia desenhado conforme à natureza* publicado em 1779, o pintor Jacques Gamelin leva particularmente longe a interpretação fantástica da ilustração anatômica: seu "esqueleto de perfil direito estendido sobre uma laje mortuária" é apresentado em uma iluminação trágica que valoriza o espantoso e impensável grito que parece surgir das mandíbulas escancaradas. Trata-se, sem dúvida, de uma das primeiras "anatomias artísticas" destinadas a um grande sucesso no século XIX, mas não poderíamos referir seu impacto emotivo somente à intervenção de uma mentalidade de artista num domínio exclusivamente científico. Na verdade, essas imagens comprovam a dificuldade da anatomia de banalizar-se, de tornar-se uma ciência "como as outras". Depois de ter tentado "civilizar" a prática anatômica como ciência autônoma, sua encenação figurativa coloca ao contrário em valor o que pode sugerir que o corpo não é um "objeto científico" indiferente, que o ser humano é indissociável de seu corpo. As duas "lições de anatomia" pintadas por Rembrandt são exemplares deste ponto de vista. Na primeira, a *Lição de anatomia do doutor Tulp*, pintada em 1632 para a guilda dos cirurgiões de Amsterdã, Rembrandt adota um ponto de vista "neutro": ele apresenta um grupo de médicos seguindo a demonstração do primeiro dentre eles, sem que nenhuma perturbação emotiva venha distrair

---

82. Cf. LANEYRIE-DAGEN, N. *L'invention du corps*. Op. cit., p. 193-195.

a atenção científica[83]. Na *Lição de anatomia do doutor John Deyman*, pintada em 1656 para a mesma guilda, Rembrandt adota um ponto de vista e uma iluminação radicalmente diferentes – cujo efeito é reforçado, é verdade, pelo estado incompleto da tela que concentra a atenção sobre a relação entre o assistente e o cadáver. Apresentado dramaticamente em ponto pequeno, perpendicular ao plano da tela, o corpo constitui talvez uma citação direta do *Cristo morto* pintado por Mantegna por volta de 1480 e, em todo caso, a figura central possui "o pathos e a solenidade de uma *Pietà*"[84] – reforçados pelo fato de que o assistente não observa o cérebro onde se prepara para intervir o escalpelo do Doutor Deyman, mas com a calota craniana na mão, perdido em seus pensamentos, fixa o abdômen e a caixa torácica previamente esvaziados[85].

Assim, contra a distinção dualista que, ao fazer a clara separação entre o corpo e a pessoa, autorizou a prática anatômica[86], as imagens indicam, cada vez mais nitidamente com o tempo, uma resistência difusa quanto às consolidadas afirmações do dualismo – em nome do qual poderíamos chamar um "ser do corpo" do ser humano. As implicações desta resistência também se marcam na transformação das representações dos "teatros anatômicos" nos quais a dissecação dos cadáveres tomava uma particular forma social e espetacular.

O frontispício do *De humani corporis fabrica* de Vesálio constitui, em 1543, um verdadeiro manifesto em favor de uma ciência nova e prestigiosa.

---

83. Segundo Nadeije Laneyrie-Dagen, o gesto do Doutor Tulp evoca bem de perto o gesto de Vesálio no segundo frontispício do *De humani corporis fabrica* e este "lembrete instrutivo", sem dúvida exigido pela guilda, explicaria a atmosfera geral, distanciada, da tela (*L'invention du corps*. Op. cit., p. 198).

84. Cf. CLARK, K. *Rembrandt and the Italian Renaissance*. Londres: John Murray Press, 1966, p. 93-96.

85. Para uma "leitura" aprofundada das duas "lições de anatomia", cf. BAL, M. *Reading Rembrandt* – Beyond the Word-Image Opposition. Cambridge: Cambridge University Press, 1991, p. 388-307.

86. Sobre a atitude da Igreja em relação à anatomia, cf. MANDRESSI, R. *Le regard de l'anatomiste* – Dissections et invention du corps en Occident. Paris: Du Seuil, 2003, p. 46.

Instalada em uma arquitetura nobre que evoca o cortil da Universidade de Pádua[87], a demonstração de Vesálio é objeto de uma teatralização particularmente cuidadosa. Ao mesmo tempo que não contradiz fundamentalmente as condições espetaculares nas quais se desenrolam então as lições de anatomia[88], a encenação sugere também o programa científico que inspira a nova anatomia. O cão e o macaco presentes nas duas bordas da imagem evocam ao mesmo tempo o recurso de Vesálio a dissecações animais para "ilustrar" uma explicação do corpo humano e os erros de Galeno que, baseado na analogia, fundava suas análises do corpo humano em dissecações de macaco[89]. O traço mais impressionante desta encenação e sua novidade mais radical dependem da proximidade física entre o anatomista e o anatomizado, uma proximidade reforçada pelo fato de que o cadáver, o de uma mulher, tem a cabeça voltada para Vesálio e parece olhar para ele. Por isso, colocando praticamente o anatomista e o cadáver no mesmo pé de igualdade e apresentando o primeiro operando, a gravura é uma das primeiras representações científicas como aquela "figura heroica" que Bacon exaltará no século XVII[90]. Esta apresentação extingue toda alusão ao caráter ainda punitivo que podia ter a anatomia no fim do século XV, pelo fato de que os cadáveres anatomizados eram, na maioria das vezes, cadáveres de criminosos enforcados na ci-

---

87. Cf. MURARO, M. & ROSAND, D. *Tiziano e la silografia veneziana del Cinquecento*. Op. cit., p. 127. É a partir de 1583-1584 que as lições se desenrolam dentro da universidade, onde um primeiro teatro anatômico permanente é instalado em 1594. Sobre o teatro anatômico de Pádua, cf. em particular *Les siècles d'or de la médecine* – Padoue, XVIe-XVIIIe siècle. Milão: Electa, 1989, p. 106-109.

88. Sobre o sucesso desses espetáculos, cf. MANDRESSI, R. *Le regard de l'anatomiste*. Op. cit.

89. Cf. MURARO, M. & ROSAND, D. *Tiziano e la silografia veneziana del Cinquecento*. Op. cit., p. 127. A polêmica contra Galeno reflete-se talvez também na famosa gravura de Ticiano representando o grupo antigo do *Laoconte* (a escultura antiga mais admirada pela perfeição de sua anatomia) sob forma de macacos, cf. JANSON, H.W. "Titian's Laocoon caricature and the Vesalian-Galenist controversy". *Art Bulletin*, vol. XXVIII, 1946, p. 49s. Mas cf. tb. MURARO, M. & ROSAND, D. *Tiziano e la silografia veneziana del Cinquecento*. Op. cit., p. 115.

90. Cf. STEADINAN, J.M. "Beyond Hercules: Bacon and the scientist as hero". Studies in the Literary Imagination, 4, 1971, p. 3-47. Apud SAWDAY, J. "The fate of Marsyas..." Art. cit., p. 120.

dade da "lição"[91], e o engajamento físico do anatomista também toma o sentido oposto da prática tradicional da anatomia, onde o anatomista comentava de longe, às vezes com o livro na mão, as operações de dissecação operadas por um barbeiro ou açougueiro. Sendo esta prática ilustrada no frontispício do *Fasciculus medicinae* de Johannes de Ketham, publicado em Veneza em 1493 (onde o anatomista como professor domina, de longe, a mesa de operação), pode-se pensar que o esqueleto que ocupa este lugar no frontispício de Vesálio representa ironicamente o anatomista seguindo a tradição de Galeno[92], e reforça a ideia da modernidade ligada à nova prática anatômica.

Esta clareza leiga, este otimismo científico desprovido de segundas intenções religiosas não duram por muito tempo. Desde a segunda edição de Vesálio (Basileia, 1555), um falso substitui o bastão magistral na mão direita do esqueleto, que assim se torna um incontestável *Memento mori*. No (tão medíocre) frontispício do *De re anatomica libri XV*, publicado em Veneza em 1559 por Realdo Colombo, o desenho anatômico do cadáver (masculino) exposto na mesa de operação é extremamente impreciso, mas seu braço direito, pendendo verticalmente ao longo desta mesma mesa, retoma o gesto comum do braço direito de Cristo morto e conota portanto a cena religiosamente, de maneira desajeitadamente ambígua. São, porém, as duas gravuras que representam (em 1640 e 1644) o teatro anatômico permanente de Leiden, criado no fim do século XVI, baseado no modelo do teatro de Pádua, que mostram com maior brilho a manutenção de uma instância sagrada e de uma consciência religiosa no seio (e em torno) da prática anatômica aplicada ao corpo humano[93]. Instalado em uma igreja ainda parcialmente consagrada, o teatro de Leiden comportava uma decoração significativa. Não so-

---

91. Cf. SAWDAY, J. Ibid., p. 114-117, que insiste neste aspecto e no ritual espetacular que cercava a dissecação, e na necessidade da anatomia de escapar ao espetáculo punitivo no qual estava implicada para aparecer como uma disciplina "desinteressada" e autônoma (p. 117).

92. Ibid., p. 122.

93. Para o que segue, cf. a brilhante análise de SAWDAY, J. Op. Cit., p. 130-134.

mente entre os múltiplos esqueletos (humanos e animais) que ornam as galerias sobre os arcos da nave, os de Adão e Eva ocupam o lugar de honra[94], mas a lição é encenada como um serviço religioso. Mostrando o livro na mão direita, o anatomista está de pé sobre o eixo central da imagem, atrás da mesa onde está estendido o corpo; ele se encontra assim no centro de um dispositivo que associa Adão e Eva e, atrás do anatomista e acima dele, um grande compasso que evoca irresistivelmente o atributo tradicional de Deus. Como sublinha Jonathan Sawday, esta imagem é um exemplo particularmente extravagante de propaganda artística a serviço da ciência: no contexto protestante de Leiden, a cena evoca uma comunhão mais do que uma missa, e a gravura sugere que o corpo, aberto sobre a mesa-altar, foi santificado e não violado.

Essas gravuras reforçam e estruturam consideravelmente o contexto religioso da lição de anatomia em relação à sua representação no frontispício das *Primitiae anatomicae de humani corporis ossibus* publicadas em Leiden em 1615 por Pieter Paauw, o fundador do teatro anatômico da cidade: lá, só um esqueleto alegórico domina a cena para lembrar o *Memento mori*. Esta preocupação de legitimação que, de científica se faz religiosa, dá a entender que o considerável sucesso dos espetáculos pagos dos teatros de anatomia não atraía somente espíritos ávidos de saber, mas um público ávido de distrações sensacionais e perturbadoras, em particular no momento dos divertimentos carnavalescos, nos quais o corpo grotesco ainda triunfa sobre o corpo moderno[95]. Se, no frontispício de seu *Novo compêndio de osteologia...*, publicado em 1779, Jacques Gamelin dá uma visão sublime do fascínio exercido pelo espetáculo do corpo humano dissecado, cabe a Hogarth ter evocado o horror arcaico que podia sempre suscitar a retalhação do corpo humano em nome da ciência. Em *The Reward of Cruelty*, publicado em 1751, a li-

---

94. Na gravura de 1640 representando o teatro quase deserto depois da lição, eles são claramente reconhecíveis pela árvore colocada entre eles e pelo gesto de "Eva" estendendo a maçã. Cf. SAWDAY, J. Ibid., p. 133.

95. Cf. LE BRETON, D. *Anthropologie du corps et modernité*. Op. cit. p. 31-32.

ção de anatomia não retorna somente à sua apresentação medieval, onde o anatomista pontifica da cátedra, longe do cadáver entregue aos cuidados de dois esfoladores; a imagem sublinha também o caráter selvagemente punitivo da cerimônia, indicando no pescoço do morto a corda pela qual ele foi enforcado. A cena, quarto e último episódio dos *Four Stages of Cruelty* representando as etapas da vida de um criminoso, desloca o exercício da "crueza": não é mais a do criminoso mas de seus carrascos *post mortem*, o que assemelha a lição de anatomia a uma cena de carnificina humana. O cão come uma víscera, mas seu ato conota sinistramente a limpeza dos intestinos e, mais ainda, o caldeirão onde estão fervendo os ossos (destinados de fato a montar um futuro esqueleto pedagógico). Este traço de canibalismo é reforçado pela expressão do criminoso-vítima: com um trépano plantado no crânio para mantê-lo em boa altura, ele urra de dor enquanto o esfolador lhe arranca o olho direito.

À sua maneira, que é a da caricatura, Hogarth mostra que, longe de se ter tornado o vestígio inerte de um "desaparecido", longe de ser percebido apenas como uma máquina material distinta da alma e a serviço do espírito, o corpo resiste ainda às certezas da razão, por esclarecida que ela seja. Veremos como, na última terça parte do século XVIII, este sentimento faz nascer uma nova representação do corpo, o corpo "sublime".

2. Civilidade e retórica do corpo

Paralela e juntamente com esta construção de uma nova representação científica do corpo como máquina física, os textos e as imagens manifestam a construção de uma nova representação cultural do corpo como suporte das relações sociais. É a época do aparecimento e da multiplicação dos manuais de "civilidade". Iniciado em 1530 com a publicação de *A civilidade pueril* [*De civilitate morum puerilium*] de Erasmo, o fenômeno toma, segundo ritmos diversos, uma amplitude considerável, em todos os países europeus, que se caracteriza entre outros pelo fato de que o manual de civilidade publicado depois de tantos outros, em 1711, pelo Padre João Batista de La Salle (*As Regras da Conveniência e da Civilidade cristã, dividida em duas partes, para o uso das Escolas cristãs*) não comporta menos de trezentas páginas, enquanto a obra iniciadora de Erasmo não passava de um opúsculo de umas sessenta páginas[96].

Erasmo não inventou a ideia do saber-viver nem da literatura de civilidade. Sua tradição remonta à Antiguidade (os *Disticha de moribus ad filium*, de Dionysius Caton haviam sido impressos diversas vezes no fim do século XV e o próprio Erasmo fez deles duas edições, em 1519 e 1520) e o humanista Maffeo Vegio publicou em Milão, em 1491, seu *De educatione liberorum et eorum claris moribus libri sex*. Muito menos *A Civilidade pueril* renova profundamente o gênero; a obra inaugura uma nova cultura da conveniência ou do decoro e se torna por três séculos o modelo incontestado deste gênero de literatura. Mas a novidade mais surpreendente do texto de Erasmo resulta do fato de que ele faz do corpo o tema central de seu tratado. Começando pelo olhar, o primeiro capítulo ("Da decência e da indecência do porte") se apresenta como uma espécie de "brasão do corpo civilizado" que, da cabeça aos pés, passa em revista o porte civil de cada parte do corpo[97]; este estatuto excepcional concedido ao corpo é confirmado pela definição que Erasmo dá ao vestuário, que ele considera, no começo do segundo capítulo, como sendo "de alguma forma o corpo do corpo". E, nos capítulos seguintes, os preceitos sobre o comportamento civil na igreja, à mesa, por ocasião de um encontro, no jogo e no leito sempre dizem respeito ao porte, isto é, ao domínio da atitude corporal. De fato, de modo mais preciso e meticuloso do que *O li-*

---

96. Cf. BONNEAU, A. Des livres de civilité. In: ERASMO. *La civilité puérile* [1530]. Paris: Ramsay, 1977, p. 30 [ARIÈS., P. (org.)]. • CHARTIER, R.; COMPÈRE, M.-M. & JULIA, D. *L'éducation en France du XVIe au XVIIIe siècle*. Paris: Sedes, 1976, p. 136-145.

97. O rosto recebe a maior atenção. Erasmo considera em detalhe o comportamento decente do olhar, das sobrancelhas, da testa, do nariz (como o assoar), das faces, da boca (como entre outros o bocejar, rir, cuspir, tossir) e dos cabelos. Os preceitos passam depois ao pescoço, aos ombros, aos braços, às "partes do corpo que o pudor natural faz esconder" e às pernas (sentar-se, ajoelhar, andar). Cf. *La civilité puérile*. Op. cit., p. 59-70.

vro do cortesão, de Baldassare Castiglione, Erasmo funda uma "cultura do corpo" no seio da qual é o corpo (civilizado) que oferece "o aspecto mais imediato da personalidade"[98].

Se o corpo é de tal forma privilegiado na definição das boas maneiras, é, sem dúvida, para manter à distância e controlar suas manifestações naturais e funcionais, propriamente corporais. O corpo civilizado constitui um modelo cujo contramodelo seria, à época, o corpo grotesco ou carnavalesco[99]. As implicações desta construção social do corpo já foram amplamente decifradas, em particular por meio do conceito de "processo de civilização". Norbert Elias já mostrou em outro tempo como esse processo de civilização implicava um domínio das expressões físicas do corpo e como as boas maneiras consistiam, em grande parte, numa interiorização desses domínios ou constrangimentos obrigatórios[100]. Mas é essencial sublinhar que as "boas maneiras" também formam "uma linguagem ou um discurso que cria – mais do que se contentaria em regulá-las – as categorias da percepção e da experiência corporais"; a este título, as boas maneiras constituem "uma retórica eficaz que afirma, defende e legitima um estatuto social"[101]. Como mostra suficientemente a origem do termo "urbanidade", as boas maneiras manifestam o primado de uma cultura urbana – seja ela de corte ou burguesa – e de seus valores, onde as noções tradicionais de linhagem e de coragem são suplantadas pelas noções de honra individual e de educação[102]. Como indicam,

---

98. BRYSON, A. The rhetoric of status: gesture, demeanour and the image of the gentleman in sixteenth-and seventeenth-century England. In: GENT, L. & LLEWELLYN, N. (org.). *Renaissance bodies.* Op. cit., p. 142.

99. Anna Bryson ("The rhetoric of status". Art. cit., p. 141) cita a este propósito o *Grobianus,* publicado por Frederik Dedekind na Alemanha em 1555, que se propõe ensinar as boas maneiras pela descrição satírica de seu contrário. Sobre o corpo carnavalesco, cf. sempre BAKHTINE, M. *L'oeuvre de François Rabelais et la culture populaire au Moyen Âge et sous la Renaissance.* Paris: Gallimard, 1970, em particular p. 35-37.

100. ELIAS, N. *La civilisation des moeurs* [1939]. Paris: Calmann-Lévy, 1982.

101. BRYSON, A. "The rhetoric of status". Art. cit., p. 139.

102. Cf. ibid., p. 147.

por outro lado, as comparações em que Erasmo, também neste ponto imitado em grande escala por seus sucessores, assimila o comportamento grosseiro ao de um animal ou de um indivíduo de uma categoria social inferior, esta retórica disfarça um desnível social sob a metáfora da oposição entre animalidade e humanidade. Encontramos assim, na literatura das boas maneiras e no registro da representação social do corpo, a ruptura decisiva introduzida pela modernidade entre "ser" e "ter" um corpo: em seu comportamento, o rústico, como o animal, não é mais do que um corpo; o homem civil tem um corpo cuja expressão civilizada ele domina.

Ora, no seio deste processo múltiplo, as imagens artísticas puderam desempenhar um papel de modelo que os historiadores dos costumes negligenciaram um pouco, e elas são portadoras de informações que não repetem aquelas já oferecidas pelos textos e outros documentos. Aliás, o próprio Erasmo, a propósito do olhar e de seu controle, evoca as "antigas pinturas" que "nos ensinam que manter os olhos semicerrados era outrora o sinal de uma modéstia singular" – assim como, acrescenta ele, "sabemos também, pelos quadros, que os lábios juntos e fechados passavam outrora por um indício de retidão"[103]. E é interessante constatar que, em seu *Livro do cortesão*, Baldassare Castiglione ia mais longe ainda. Na célebre passagem em que ele define a *sprezzatura,* a desenvoltura negligente que, fugindo da afetação, "oculta a arte e [...] mostra que aquilo que se fez e disse veio espontaneamente e quase sem pensar" e dá assim ao comportamento esta "graça" que é o ideal da sociabilidade da corte, Castiglione toma por duas vezes o gesto do pintor como modelo: a anedota pliniana da crítica de Apeles por Protógenes "porque ele não conseguia tirar as mãos de seu quadro" introduz a crítica daqueles que não sabem "tirar as mãos da mesa" e o conjunto da passagem termina propondo como modelo de graça, obtida por *sprezzatura,* a "pincelada facilmente dada, de maneira que parece que a mão, sem ser guiada por nenhum estudo ou nenhuma arte, vai por si mesma a seu fim, seguindo a in-

---

103. ERASMO. *La civilité puérile.* Op. cit., p. 60.

tenção do pintor"[104]. Aqui Castiglione pensa certamente em Rafael, modelo de graça em sua pintura como em seu comportamento social. Mas a referência à pintura como modelo das "boas maneiras" atém-se a razões mais gerais e mais profundas. Não é por acaso que, no Livro II, depois de ter considerado que o cortesão deve vigiar "para nunca estar em desacordo consigo mesmo, mas [fazer] de todas as suas boas qualidades um só corpo", Castiglione explicita o que ele quer dizer com a comparação que ele faz com o emprego da sombra e da luz "nos bons pintores"[105]. Este prestígio excepcional da pintura marca certamente a vitória teórica, na cultura da corte, daquele pensamento humanista que, desde Alberti, sublinhava que os homens mais importantes da Antiguidade haviam praticado a pintura[106]. Mas esta vitória não é em si isenta de razões históricas e sociais: a civilização da corte e o importante papel que nela exercem as artes para construir o quadro (permanente ou efêmero) do fausto principesco têm feito dos artistas, desde o século XVI, os grandes organizadores do aparato do Príncipe, aqueles que, em particular por ocasião das festas da corte, para as quais eles concebiam o cenário, o vestuário e às vezes até os gestos coreográficos, fixam as regras da representação de si mesmo no teatro da corte, inclusive elegância e comportamento[107].

Arte do corpo, a cultura do corpo que se estabelece no começo do século XVI toma por modelo o teatro da vida da corte, no seio do qual "a essência da cortesia deve ser buscada não em um conteúdo, mas em uma forma"[108]. E esta "forma de vida" toma, por sua vez, por modelo as obras nas quais as diferentes artes, ornamentos do príncipe, propõem à sua imitação o espelho

---

104. CASTIGLIONE, B. *Le livre du courtisan* [1528], apresentado por Alain Pons. Paris: Garnier-Flammarion, 1987, I, 26 e 28, p. 54 e 57-58.

105. Ibid., p. 115.

106. Cf. ALBERTI, L.B. *De la peinture* – De pictura. Op. cit., p. 139.

107. Cf. WARNKE, M. *L'artiste et la cour* [1982]. Paris: Maison des Sciences de l'Homme, 1989, p. 145.

108. PONS, A. Présentation. In: CASTIGLIONE, B. *Le livre du courtisan*. Op. cit., p. XIX.

de uma elegância e de uma graça sem iguais na realidade. Este caráter determinante da arte na definição do comportamento elegante é particularmente ilustrado na página em que Firenzuola descreve como uma mulher deve sorrir: "soerguer furtivamente, entreabrindo-o, um canto da boca, mantendo ao mesmo tempo o outro fechado"[109]. O artifício arbitrário desta prescrição e a extrema dificuldade (talvez até impossibilidade) de colocá-la em prática, com *spezzatura*, não devem ocultar seu caráter revelador: é bem provável que Firenzuola se tenha inspirado aqui no sorriso da *Monna Lisa* que – sem que se perceba o instigante mistério que nele projetaram os românticos – era considerado, desde o século XVI, um exemplo perfeito de graça elegante[110].

Portanto, as imagens precederam os textos na definição dos modelos de comportamento civil e, a este título, elas são portadoras de informações que, em certos pontos dão nuanças e enriquecem os preceitos explícitos e pontuais dos manuais.

O axioma sobre o qual repousa a construção do corpo como representação social de si mesmo e artefato civilizado admite que, por seu porte e seus movimentos, o corpo "dá uma ideia das disposições do espírito"[111]. Por isso mesmo, os tratados retomam um princípio básico da pintura humanista e de sua retórica expressiva: como os seres humanos em ação constituem, desde Aristóteles, o tema da pintura, as figuras pintadas devem manifestar visivelmente o movimento de sua alma e, como continua Alberti, o pintor quer "exprimir os afetos da alma pelos movimentos dos membros"[112] – porque é por esses "movimentos expressivos" do corpo que a pintura afetará por sua vez seu espectador. Ora – e é significativo que esta tensão apareça desde o começo do século XVI – se o corpo manifesta a disposição do espírito, a pin-

---

109. FIRENZUOLA, A. *Discours sur la beauté des dames*. Paris, 1578 [ed. italiana, 1552].

110. Cf. ARASSE, D. *Léonard de Vinci*. Op. cit., p. 386.

111. A fórmula é de Erasmo, a propósito da vestimenta, "corpo do corpo" (*La civilité puérile*. Op. cit., p. 71).

112. ALBERTI, L.B. *De la peinture* – De pictura. Op. cit., p. 175 e 181 [II, p. 41 e 45].

tura mostra que ele também pode manifestar a invisibilidade (exterior) desta disposição (interior).

É no domínio do retrato (como gênero autônomo) que esta ideia se exprime mais nitidamente: implicando em seu princípio uma ausência de ação (ou uma suspensão da ação na qual estaria engajada a figura), supondo de antemão e na maioria dos casos a tranquilidade da figura (isto é, um "grau zero" da paixão, por conseguinte de sua expressão[113]), o retrato funda sua eficácia e seu prestígio em sua capacidade de apresentar uma semelhança "traço por traço" que seja tão capaz de fazer perceber a disposição interior estável do modelo (quer dizer, em termos da época, seu "temperamento", ou o equilíbrio básico de seus humores[114]) recorrendo eventualmente à analogia fisiognomônica com o reino animal, para fazer perceber a qualidade moral dominante deste mesmo modelo. Neste gênero em via de definição, o século XVI traz duas inovações importantes que fixam as bases da prática do retrato para os séculos vindouros. O modelo é apresentado no conjunto de seu corpo e, mais ainda, a figura está engajada num movimento expressivo. Muito raros nos séculos XIV e XV, os retratos que mostram a figura inteira, de pé ou sentada, tornam-se frequentes no século XVI e, valorizando o modo de vestir-se da figura, esta apresentação permite articular, às vezes com muita precisão, a construção social de sua aparência física – por meio do tipo de vestuário, das cores dos tecidos, dos adereços honoríficos ou ornamentais, etc. Portanto, é particularmente revelador constatar que o aparato vestimentar pode também servir para neutralizar os sinais da situação social do modelo e/ou, mais surpreendente ainda, para sugerir sua "disposição interior", que é então apresentada, na maioria das vezes, como impenetrável. No *Re-*

---

113. Tomo esta expressão de empréstimo a Hubert Damisch, que a emprega em um outro contexto. Cf. "L'alphabet des masques". *Nouvelle Revue de Psychanalyse*, n. 21, primavera de 1980, p. 125.

114. Cf. por exemplo sobre este ponto a análise feita por Erwin Panofsky dos *Quatro apóstolos* de Dürer, como representando os retratos dos quatro "temperamentos". In: *The Life and Art of Albrecht Dürer*. Princeton: Princeton University Press, 1971, p. 234-235.

trato de um fidalgo atribuído a Bartolomeo Veneto, por exemplo (Cambridge, Fitzwilliam Museum), o motivo principal do gibão é um labirinto (cujo centro é ocultado pela mão direita do modelo ornada de dois anéis – em forma de olhos? – e segurando a empunhadeira da espada) que deve ser interpretado, com toda probabilidade, como um emblema de silêncio e de reserva, indicando que o modelo guarda em segredo seus planos e seus pensamentos[115]. Em outro nível, mas também de modo significativo, esta estratégia de mostrar/dissimular subentende a prática do retrato nu masculino: exatamente quando o modelo é mostrado no "mais simples aparato", ele serve de fato de suporte à alegorização da figura e portanto à distanciação da intimidade suposta por sua nudez – como o retrato de Andrea Doria como Netuno e o de Cosme I de Médicis como Orfeu, ambos pintados por Bronzino. Esses dois exemplos confirmam o caráter *a contrario* tão excepcional do duplo retrato nu (de costas e de frente) que aparece no *Livro dos costumes* de Matthäus Schwarz. O momento escolhido por Matthäus Schwarz para despojar-se de todo sinal de pertença social não é fortuito: dentro de um livro que constitui uma autobiografia por meio da apresentação serial dos diversos costumes que ele usou desde seu nascimento, o banqueiro de Augsburgo se faz pintar nu justamente depois de ter saído do luto que ele usou depois da morte de Jacob Fugger do qual ele era o diretor financeiro e contábil. Como sublinha Philippe Braunstein[116], "não é à escrita que ele confia sua emoção, mas à imagem" e, se a nudez de seu corpo significa seu "desnudamento" moral e a ilusão dos artifícios dos quais não obstante seu livro inteiro é a comemoração, fazendo-se representar sem complacência tal como ele mesmo "se tornou repleto e gordo", Matthäus Schwarz revela uma consciência íntima do corpo como verdade última, moral e física, de si mesmo.

---

115. Cf. KERN, H. *Labirinti* (Milão: Feltrinelli, 1981, p. 266-267.) que evoca também (p. 268) o *Portrait d'inconnu*, de Dosso Dossi (Philadelphia Museum of Art), onde o labirinto é encenado de modo mais dramático.

116. BRAUNSTEIN, P. *Un banquier mis à nu* – Autobiographie de Matthäus Schwarz, bourgeois d'Augsbourg. Paris: Gallimard, 1992, coll. "Découvertes", p. 112 e 132.

De fato, essa imagem é excepcional e se tornou possível pelo caráter íntimo da obra – exatamente ao contrário do duplo retrato nu (igualmente de costas e de frente) do anão da corte de Florença, feito por Bronzino, cuja função era, no espírito em parte lúdico, celebrar uma das "curiosidades da natureza cuja posse contribuía para a glória do príncipe. Mas este testemunho singular também se tornou possível pela emergência difusa de uma consciência do corpo como lugar e receptáculo da interioridade espiritual – e é precisamente no domínio do retrato que esta nova consciência se manifesta, em particular por meio do movimento expressivo atribuído à figura. Se alguns retratos apresentam a figura aberta para o espectador e oferecendo-se à comunicação, se outras se apresentam numa pose corporal que exprime seu temperamento – como o admirável *Retrato do homem jovem* de Moretto da Brescia (Londres, National Gallery inv 299) onde a acumulação luxuosa de matérias e de objetos tem por função valorizar a posição do modelo, mas também seu abandono (nuançado de *sprezzatura*) à sua melancolia amorosa[117] –, muitos retratos utilizam esta pose física para manifestar o segredo interior ou a reserva da figura. É o caso dos grandes retratos da corte, em particular daqueles que Bronzino fez em Florença, onde o tema dos arcanos principescos pode legitimar a impenetrabilidade manifesta da figura. É sobretudo o caso de um tipo original de apresentação, aperfeiçoado em Veneza em torno de Giorgione e destinado a múltiplas variações: o *ritratto di spalla* ou retrato de costas. Apresentado em meio-corpo, com três quartos de costas, a figura volta vivamente o rosto para o espectador (Munique, Alte Pinakothek inv 524). O efeito de girar o corpo (mais ou menos marcante) sugere que o modelo foi como que surpreendido pela presença do espectador para o qual ele se mostra, com graça, disponível. Mas a pose também garante uma parte de invisibilidade à figura que, no contexto privado da recepção da obra, sugere uma intimidade que permanece, no próprio seio de uma rela-

---

117. Sobre este retrato, cf. BEGNI REDONA, P.V. In: *Alessandro Bonvicino, Il Moretto*. Catálogo da exposição realizada em Brescia, Bolonha, 1988, p. 148-149.

ção semelhante, inacessível e, portanto, indeterminada. No registro do retrato, esta invenção é uma expressão desta "brevidade poética" que deve sugerir em vez de descrever e onde se reconhece, desde o século XVI, uma característica do estilo de Giorgione[118]. Mas Leonardo, já antes de Giorgione, havia elaborado neste sentido a apresentação de seus retratos: colocados à parte *Ginevra de' Benci* e *Mona Lisa*, nenhum de seus modelos olha o espectador e esta busca termina mesmo, na pose girante de Cecilia Gallerani (*Dama com um arminho*), com o que poderíamos paradoxalmente chamar de um "*ritratto di spalla* visto de frente".

Mas – observação decisiva para o nosso propósito – Leonardo reserva esta estratégia de evitar o olhar (no fim da qual o "movimento do corpo" preserva uma relativa incomunicabilidade dos "movimentos da alma") aos retratos que ele faz em Milão, na corte de Ludovico o Mouro. Os dois retratos fazem exceção na série que era dos retratos florentinos[119]. Portanto, é exatamente a prática "teatral" da vida da corte que, paralelamente à *sprezzatura*, inventa a ideia de uma intimidade que tem direito ao segredo e cujo domínio do corpo permite a "honesta dissimulação"[120]. Esta dialética entre o "foro íntimo" e o comportamento externo é fundamental na constituição do "sujeito moderno", e é importante constatar que no mesmo momento em que ele se constitui, este sujeito não é estruturado "psicologicamente", mas "proxemicamente": a expressão e a consciência de si mesmo elaboram-se por meio da construção e da gestão do corpo no seio de um espaço social, que é também "um produto cultural específico"[121].

---

118. Cf. ANDERSON, J. *Giorgione peintre de la "brièveté poétique"*. Op. cit. em particular p. 44-49.

119. Cf. ARASSE, D. *Léonard de Vinci*. Op. cit., p. 399.

120. Alusão ao título da obra de Torquato Accetto: *De la dissimulation honnête,* 1641. Mais adiante veremos as consequências paradoxais, no século XVIII, desta construção social do corpo como "máscara".

121. Sobre a noção de "proxemia", cf. HALL, E.T. *La dimension cachée* [1966]. Paris: Du Seuil, 1971, que define (p. 14) a proxemia como "o conjunto das observações e teorias concernentes ao uso que o *homem* faz do espaço enquanto produto cultural específico".

Assim, na origem da concepção clássica do sujeito, as imagens mostram a importância do corpo como *lugar do sujeito*, dando ao termo "lugar" o sentido aristotélico de "continente" do sujeito e de "limite adjacente" a seu conteúdo[122]. Limite visível e físico de um sujeito espiritual e invisível, o corpo pode ser percebido como um constrangimento e uma restrição impostos aos impulsos da "alma" para o infinito, mas pode também ser utilizado, ao inverso, como uma proteção no seio das relações sociais, ao abrigo da qual o indivíduo preserva sua liberdade "interior". Assim o corpo se torna, em suas manifestações físicas, o suporte e substituto de expressões e experiências extremamente diversas, e às vezes até aparentemente contraditórias.

"Prisão da alma", o corpo pode constituir, como já dissemos antes a propósito do barroco e de Bernini, a prova visível da invasão divina e do êxtase espiritual: por sua "marginalidade" e seu "potencial tanto subversivo como expressivo", o sexual é tradicionalmente "uma fonte [...] oportuna de metáforas para os momentos mais íntimos e mais intensos da vida espiritual"[123]. Mas a célebre *Pietà* de Florença esculpida por Michelangelo, entre 1550 e 1555, também mostra as tensões e as contradições potenciais inerentes a este emprego metafórico da expressão corporal: se Michelangelo quebrou de fato a perna esquerda de Cristo com uma tal violência que foi impossível depois restaurá-la, é que a posição desta perna, passando por cima da perna de Maria, constituía um gestual erótico convencional, metaforicamente empregado aqui para significar o amor de Cristo por sua mãe – e que o tormento espiritual do artista, testemunhado por muitos de seus poemas, o levou a destruir o que lhe parecia, tarde demais, uma blasfêmia.

Mas o que a "cultura do corpo", instaurada no século XVI, traz de mais novo é, ao contrário, a noção de que o corpo, devidamente controlado, pode dissimular os sentimentos interiores. Explorando ao revés a ideia segundo a

---

122. ARISTÓTELES. *Physique*, 211a-b. Cf. JAMMER, M. *Storia del concetto di spazio*. Op. cit., p. 26-27.

123. ZERNER, H. L'estampe érotique au temps de Titien. In: *Tiziano e Venezia*. Op. cit., p. 90.

qual os movimentos do corpo exprimem os movimentos da alma, esta noção está de acordo com a exaltação da *sprezzatura* cuja graça eficaz depende do que a arte dissimula nela e parece natureza. Uma vez que, no *Livro do cortesão* de Castiglione, a graça da *sprezzatura* deve exprimir formalmente a qualidade moral do cortesão, o *Galateo* de Giovanni della Casa constitui, trinta anos depois (1558), um verdadeiro manual da hipocrisia mundana, e seu autor afirma, desde o começo, que as qualidades exteriores de amabilidade e de graça contam mais do que as virtudes mais nobres e mais sublimes[124]. Um século depois, em 1647, *A Arte da prudência,* do jesuíta espanhol Baltasar Gracián, tira as consequências desse deslize: se ele acha que "a ciência mais usada é a arte de dissimular", é que "as coisas não passam absolutamente pelo que são, mas pelo que parecem ser" e que, tomando decididamente a direção oposta de Castiglione, ele visa proteger o "homem de bem" contra a sociedade – e não é indiferente que a obra seja traduzida em francês, em 1684, sob o título *O homem da corte* e que ele assinale, sob este título, numerosos autores clássicos, de La Rochefoucauld a Saint-Évremond ou Voltaire[125].

Gracián não fala jamais (ou quase nunca) do corpo – e, se o faz, é alusivamente. Sem nunca ser claramente definido nem pertencer a uma classe social particular, o destinatário de *A arte da prudência* é de fato o "homem do mundo", isto é, um homem já formado nas regras elementares da civilidade; as trezentas máximas da obra preocupam-se antes de tudo com a conversação, o discurso, e propõem uma arte da retórica prudente que implica evidentemente um domínio equivalente do comportamento corporal. Mas, ao mesmo tempo e tendo em vista a notável continuidade com o *Livro do cortesão* e com o *Galateo, A arte da prudência* confirma que a construção do "corpo civilizado" é uma questão de retórica, que ela é "informada" pelas categorias da retórica antiga, em particular ciceroniana – quando mais não fosse,

---

124. CASA, G. *Galateo*. Veneza: Marsilio, 1991, p. 5-7.

125. Para uma edição recente de *L'art de la prudence* na tradução de Amelot de la Houssaie [1684]. Paris: Payot et Rivages, 1994, com um prefácio e notas de Jean-Claude Masson.

aliás, do que na medida em que uma das cinco partes da retórica antiga era a *actio,* isto é, a gestualidade do orador, adaptada a seu tema e a seu público[126]. Ora, sobre este ponto, as imagens trazem informações insubstituíveis, na medida em que os modelos (ou contramodelos) de gestos e de comportamento corporal que eles propõem são, explicitamente desta vez, referidos aos "modos" da arte oratória.

Efetivamente é este contexto retórico que torna possível, no decorrer dos séculos XVI e XVII, o aparecimento, desenvolvimento e sucesso de imagens artísticas do corpo "grosseiro", isto é, expondo sua materialidade física (o "bom estado" erótico tornando-se obesidade repugnante) ou entregando-se sem reserva às suas "necessidades naturais" que a civilidade recomenda controlar (comer e beber) ou proíbe praticar em público (regurgitar, defecar, urinar). Em particular, as transformações do motivo do *puer mingens* (ou menino mijando) são exemplares desse ponto de vista. Aparecendo desde o século XV em alguns *dischi da parto* (pratos decorados oferecidos por ocasião de um nascimento), ele constitui então uma alegoria da fertilidade, adaptada aos contextos da obra. Ele conserva este significado – ao qual se acrescenta às vezes um significado alquímico talvez – nas telas e afrescos do século XVI onde está presente, como entre outros, *A Bacanal dos Andrianos* de Ticiano. *A História da Psique* de Giulio Romano e a *Vênus deitada* de Lorenzo Lotto onde o motivo, incomum neste contexto, se explica (em parte) pelo fato de que a obra foi provavelmente encomendada por ocasião de um casamento. Este contexto alegórico tende no entanto a desaparecer e, quando o motivo aparece no século XVII em um contexto mitológico em Rubens (*Baco sentado num tonel*, 1636-1638, Offices) ou Rembrandt (*O sequestro de Ganimedes*, 1634, Dresden), ele tem um valor claramente cômico que participa, em Rembrandt, de uma verdadeira desmistificação pelo sarcasmo da

---

126. Cf. as rápidas observações de Anna Bryson ("The rhetoric of status". Art. cit., p. 147-148), que cita a *Arte da retórica* (1553), de Thomas Wilson, para o qual "os gestos de um homem são o discurso de seu corpo".

fábula mitológica e de sua tradição artística – como sugerem suas duas gravuras de 1631, *O homem urinando* e *A mulher urinando*, cuja apresentação fora do contexto narrativo marca o caráter exclusivamente rústico ou, para empregar a terminologia vitruviana das cenas teatrais, satírico.

Tornando-se mais frequente no século XVII, a apresentação do corpo em sua materialidade "feito de humores e de gordura, secretando odores e escorrimentos, e de funções orgânicas inconfessáveis", corresponde sem dúvida a uma reação contra a glorificação física de que foi objeto, anteriormente, o corpo (feminino e masculino)[127]. Mas esta mesma apresentação tornou-se possível pela teoria retórica dos "modos" de discurso que organiza a teoria e a prática da pintura clássica[128].

Com efeito, desde Cícero e Quintiliano, a tradição retórica distingue três diferentes estilos de discurso (alto/médio/baixo), chamados "modos" ou "caracteres", e o orador deve, segundo Cícero, poder tratar "os temas ordinários de maneira simples, os temas elevados de maneira elevada e os temas médios em um estilo temperado". Muito bem-conhecida no século XVI, esta distinção pode ser utilizada para classificar os estilos das pinturas[129] e ela é fundamental para explicar o que seria talvez até mesmo um intransponível paradoxo histórico: o fato de que a prática maneirista pode ser considerada como uma das fontes do "realismo" do século XVII. Como o próprio artista deve adaptar seu modo estilístico ao tema de que vai tratar, ele pode, como o bom orador, realizar obras de modos opostos – como Hans Van Aachen, um dos pintores favoritos do Imperador Rodolfo II, que pinta ao mesmo tempo

---

127. Cf. LANEYRIE-DAGEN, N. *L'invention du corps*. Op. cit., p. 162s.

128. Sobre o que segue, cf. em particular KAUFMANN, T. *The Mastery of Nature* – Aspects of Art, Science and Humanism in the Renaissance. Princeton: Princeton University Press, 1993.

129. Cf. Melanchton, que classifica explicitamente em função dessas três categorias os três maiores pintores alemães do começo do século: Dürer pratica o *genus grande*, Cranach o *genus humilde* e Grünewald o *genus mediocre* (KAUFMANN, T. Ibid., p. 94). Aos nossos olhos, a própria estranheza desta classificação mostra sua importância no seio da recepção e da produção artísticas da época.

alegorias num estilo muito "maneirista" e, entre outros, um *Casal bebendo* que, tratado no estilo "baixo" adaptado ao tema, anuncia as cenas "realistas" de taberna da pintura holandesa do século XVII. Modos satíricos opostos podem até estar presentes no mesmo quadro – como o *Ecce Homo* (Bolonha, Igreja de Santa Maria del Borgo), de Bartolomeo Passarotti, que trata a figura e o corpo de Cristo em um modo "alto" e os dos carrascos em um modo "baixo". Deste ponto de vista, a elegância dos corpos nas mitologias maneiristas, refinada até o arbitrário, pode ser considerada como uma consequência legítima da utilização do "estilo elevado adaptado ao gênero mais elevado de pintura"[130] – e o emprego da *Bella Maniera* nos retratos contribui por sua vez, retoricamente, para a idealização glorificadora do modelo.

Essas observações permitem compreender até que ponto, nos séculos XVII e XVIII – e antes de Courbet – o "realismo" na pintura não poderia manifestar nenhum interesse particular pela verdade da existência dos humildes. Quase ao contrário, visto que, na maioria dos casos, o efeito buscado é o cômico da imagem – ainda à maneira pela qual Erasmo, para caracterizar os comportamentos não civis (em particular à mesa) associava a animalidade, a rusticidade e o ridículo. É a teoria retórica dos "modos" do discurso que fixa o quadro e as condições de possibilidade da representação do corpo não civilizado, "natural", isto é, popular ou rústico, na pintura.

A coerência deste dispositivo é confirmada *a contrario* pelas "cenas rústicas" pintadas pelos irmãos Le Nain. Seu caráter singular no seio da produção contemporânea não deve iludir. Seu "realismo" deve ser compreendido em função das categorias retóricas contemporâneas: seu ateliê (parisiense a partir de 1629) recebe também as mais prestigiosas encomendas e são "pintores que estão em voga [...] e sabem estar de acordo com os gostos de sua época", que aprecia, ao lado das grandes obras de Simon Vouet e dos quadros de Poussin, as "ninharias" flamengas de David Teniers e as "bambocha-

---

130. Cf. KAUFMANN, T. Ibid.

tas" dos discípulos de Van Laer[131]. A opção original dos Le Nain consiste nisto: eles tratam no modo "alto" um tema "baixo" e dão assim às suas obras uma dignidade inesperada, quase paradoxal, reforçada pela composição em friso e pela ausência de ação (*A família de camponeses*, Louvre). Contrária às convenções das cenas rurais "cômicas", esta ausência de tema narrativo aproxima essas composições do gênero "retrato de grupo" (nisto, aliás, os Le Nain são especialistas em Paris) – e com mais razão ainda porque, à diferença das cenas rústicas habituais em que os tipos físicos são claramente convencionais, os rostos e os gestos das figuras são sem dúvida "populares", mas permanecem particularizados e diversificados. Mas as convenções do "retrato de grupo" são, por sua vez, contraditas pela tensão irrealista entre a pobreza geral do vestuário e o meio ambiente doméstico, de um lado e, de outro, o luxo de alguns acessórios (em particular os cálices e as toalhas). Ora, encontramos, desta vez no registro dos tipos físicos, esta união dos contrastes em *Vênus na Forja de Vulcano*, onde o classicismo da beleza leitosa de Vênus (que encontramos em *Baco e Ariadne*, na *Alegoria da Vitória* e nos quadros religiosos) opõe-se ao tipo físico de Vulcano, cujo rosto e pose curvada anunciam diretamente uma das figuras da *Refeição dos camponeses* pintada um ano depois.

Portanto, a originalidade do pretenso "realismo" dos Le Nain tem a ver com as confusões que eles introduzem nas convenções próprias aos modos "alto" e "baixo" e, em particular, à individualização física, ao efeito "baixo" do retrato dos rostos. Inesperada, uma vez que a figura pintada é humilde, esta atenção ao particular foi comparada à espiritualidade e à caridade de São Vicente de Paulo, ativo nos anos em que esses quadros foram pintados[132]. A hipótese é verossímil, o que não impede que seja por meio de uma colocação em jogo dos modos retóricos da pintura que apareça esta atenção huma-

---

131. THUILLIER, J. "Prefácio". In: *Les frères Le Nain*. Catálogo da exposição realizada no Grand Palais, Paris. Reunião dos museus nacionais, 1978, p. 21.

132. THUILLIER, J. Ibid., p. 28.

na. A observação é mais importante ainda porque ela também vale para o "realismo" de Caravágio. Em sua corrente europeia situam-se as obras rústicas dos Le Nain e essa corrente constitui um capítulo importante na história da representação do corpo na época clássica. "Vindo para destruir a pintura" segundo Poussin, Caravágio opera efetivamente uma revolução na prática pictórica. Mas seu sucesso junto dos amadores e colecionadores, como de alguns meios religiosos, mostra também que ele não contrariava radicalmente as expectativas do olhar contemporâneo, e esta situação está relacionada em particular com o fato de que suas inovações se inscrevem também em grande parte no seio das categorias da retórica dos modos que organiza a expressão corporal. Muitas figuras de Caravágio não só exploram a gestualidade aprimorada pelo maneirismo[133], mas uma obra como *A Madona dos peregrinos* mostra um pintor atento a modular a representação dos corpos em função de uma hierarquia, se não social, pelo menos espiritual, dos personagens: enquanto os peregrinos têm um tipo "baixo", sublinhado pelo motivo (antigo) da planta do pé voltada para o espectador[134], a pose da Virgem com o Menino é de uma elegância refinada e se funda num *contrapposto* digno da *Bella Maniera*. A evolução de Caravágio não corre o risco de "destruir a pintura" aos olhos de alguns de seus comanditários, a não ser que ela transgrida esta categorização: se a primeira versão de *São Mateus e o Anjo*, pintada para o altar da capela Contarelli em Saint-Louis-des-Français, foi recusada pelos comanditários, é evidentemente porque a própria hierarquização dos tipos e das poses acabou, neste caso, tratando o evangelista segundo um modo excessivamente baixo em relação a seu estatuto religioso: não somente o anjo lhe estende a mão como se lhe ensinasse a escrever, mas as barrigas da perna despidas e o pé esquerdo (nu, sujo e projetado de maneira enganosa para o espectador) são, apesar da verossimilhança histórica, indignos de um evan-

---

133. Cf. por exemplo sobre este ponto minhas observações sobre Le martyre de Saint Mathieu. In: ARASSE & TÖNNESMAN, A. *La renaissance maniériste*. Paris: Gallimard, 1997.

134. Sobre a antiguidade deste motivo, cf. minhas observações a propósito do Retábulo Heller de Dürer. In: *Le détail*. Op. cit., p. 49-51.

gelista. A segunda versão corrige essas inconveniências vestindo São Mateus com uma toga (donde sai o único pé nu) enquanto que, meio-ajoelhado em um tamborete, numa pose complexa e brilhante, ele escreve (segurando a pena com um gesto elegante) sob o ditado de um anjo em voo surgindo em uma esplêndida roupagem, enquanto suas mãos fazem o gesto tradicional do "cômputo" contábil.

Alguns anos depois, em 1607, *A Morte da Virgem*, hoje no Louvre, também é recusada pelas carmelitas de Santa Maria della Scala. Segundo os biógrafos de Caravágio, Baglione em 1642 e Bellori em 1672, esta recusa teria sido causada pela falta de "decoro" na apresentação do corpo da Virgem, "inchada e de pernas descobertas" (Baglione). Mas o primeiro autor a descobrir esta recusa, Giulio Mancini, em 1620, a atribui ao fato de que Caravágio teria tomado como modelo da Virgem uma cortesã que ele amava ou "alguma outra moça do povo"[135]. O único interesse desta hesitação está em que ela confirma explicitamente o enraizamento social da hierarquia dos modos que organizam, na pintura como na sociedade, a retórica dos corpos, os corpos como retórica. Em 1637, o *De pictura veterum* de Franciscus Junius é explícito neste ponto quando, retomando o elogio (antigo) dos contornos mal-definidos para não prejudicar a elegância das linhas, ele o associa à graça de um colorido semelhante ao que encontramos "nos jovens de boa família, delicada e ternamente criados"[136] – e esta concepção socialmente hierarquizada e orquestrada por Le Brun, por meio da ideia do "bom gosto" que o leva, entre outros, a distinguir os contornos "grosseiros, ondulantes e incertos" para os seres "vulgares e campestres", e os contornos "nobres e certos" que convêm "a sujeitos sérios onde a natureza deve ser representada bela e agradá-

---

135. Cf. entre outros, CINOTTI, M. *Caravage*. Paris: A. Biro, 1991, p. 126-127. A interpretação de Mancini é mais significativa ainda porque o modelo pôde ser, ao contrário, uma religiosa de Sena, Caterina Vannini, prostituta convertida, morta por hidropisia em 1606 e muito cara ao Cardeal Frederico Borromeu. Cf. CINOTTI, M. *Ibid*.

136. Apud FONTAINE, A. *Les doctrines d'art en France* – Peintres, amateurs, critiques de Poussin à Diderot. Paris: H. Laurens, 1909, p. 29.

vel"[137]. Grande organizador dos *décors* do Rei-Sol, Le Brun revela a que ponto, na versão acadêmica, a cultura clássica legitima a hierarquia social, eludindo-a sob a inscrição, "em natureza", de uma naturalização de categorias teóricas que são, na verdade, ideológicas.

Todavia, desde o começo do século XVII, observa-se uma clivagem entre esta teoria hierarquizada dos "modos" e o gosto do público culto – como indica entre outros o fato de que os quadros de Caravágio recusados pelas autoridades eclesiásticas são imediatamente comprados por colecionadores de prestígio[138]. O sucesso (comercial) dos "gêneros baixos" suscita na Itália as críticas (interessadas) e as queixas dos especialistas dos "grandes gêneros" e, em 1662, o aparecimento, na França, da *Ideia da perfeição da pintura demonstrada pelos princípios da arte*, de Roland Fréart de Chambray, marca o começo de uma reação que leva, em 1667, ao início das conferências da Academia Real de Pintura e de Escultura, fundada já em 1648[139]. Observa-se aí um endurecimento da ideologia clássica que se acentua em particular no Prefácio redigido em 1668 por André Félibien para a publicação das conferências. De fato, neste Prefácio ele formula e formaliza, pela primeira vez, a teoria da hierarquia dos temas tratados pelos pintores – o termo "gêneros" só é utilizado para este fim mais tardiamente. Félibien não só admite que "à medida que os pintores se ocupam com coisas mais difíceis e mais nobres, eles saem do que há de mais baixo e de mais comum e se enobrecem por um trabalho mais ilustre"; mas, de modo significativo, na progressão dos "temas" desde a pintura de objetos inanimados até as alegorias, ele omite, entre

---

137. LE BRUN, C. Apud. ARASSE, D. *Le Détail*. Op. cit., p. 27.

138. *A morte da Virgem* foi comprado pelo Duque de Mântua, Francisco Gonzaga (por intermédio do jovem Rubens em Roma), *São Mateus e o anjo* foi comprado pelo Marquês Vincenzo Giustiniani, que, em uma carta importante, distingue doze tipos de temas em pintura, sem introduzir nuance hierárquica entre eles.

139. Sobre a função propriamente política dessas conferências, cf. LICHTENSTEIN, J. *La couleur éloquente*. Op. cit., p. 154s.

o retrato e a história, as cenas da vida cotidiana, este gênero narrativo "baixo" que se chamará em seguida precisamente de pintura de gênero[140]. Assim, a "figura do homem" – que é, como sublinha Félibien, "a mais perfeita obra de Deus na Terra"–, esta figura que está no centro da representação clássica e que, como se viu, tem mesmo servido de fundamento e de pilar, esta figura é suprimida do programa do pintor desde que ela apresente homens (ou mulheres) não "nobres", em outras palavras, "ignóbeis". O teórico acadêmico não leva em consideração o corpo humano (e sua expressão) fora de sua versão mais civilizada, isto é, culturalmente refinada e socialmente dominante.

Um século depois, este fechamento do sistema acadêmico, sua arbitrariedade, mas também seu poder em matéria de organização profissional se distinguem por uma particular transparência, por ocasião da questão e do tumulto suscitados em 1769 pelo *Caracalla* de Greuze[141]. Pintor lisonjeado por suas "pinturas de gênero" cujo prestígio ele realça tratando-as em um estilo "alto" (a figura principal do *Filho ingrato* é, por exemplo, uma citação do *Laocoonte*, o célebre grupo esculpido antigo), Greuze apresenta o *Caracalla* para ser recebido na Academia não na categoria de "pintores de gênero", mas na categoria, mais prestigiosa e mais lucrativa, dos "pintores de história". O júri o recebe como acadêmico, mas somente como "pintor de gênero". Os críticos aprovam esta decisão humilhante: querendo "sair de seu gênero", Greuze não fez mais do que acumular, segundo eles, os erros de gosto, de "decoro" e até de anatomia. Porém, as críticas mais significativas são aquelas que se referem à expressão das paixões nas duas figuras principais: o imperador Setímio Severo e seu filho Caracalla, o primeiro reprovando o se-

---

140. FÉLIBIEN, A. Prefácio. In: *Conférences de l'Académie Royale de Peinture et de Sculpture* [1668]. Paris: À la Carte, 1998, p. 50-51. Os "temas" de Félibien são os seguintes: natureza morta; paisagem; animais; a figura do homem ("porque ele é a mais perfeita obra de Deus na Terra"); "diversas figuras juntas" que ele define como "a história e a fábula"; as alegorias que "ocultam sob o véu da fábula as virtudes dos grandes homens e os mistérios mais relevantes".

141. Para uma análise mais detalhada do que segue, cf. ARASSE, D. Le *Caracalla* de Greuze ou l'étiquette du regard. In: EHRARD, A. & EHRARD, J. (orgs.). *Diderot et Greuze* – Actes du Colloque International du 16 mai 1984. Clermont-Ferrand: Adosa, 1986.

gundo por ter querido mandar assassiná-lo. Segundo Diderot, Greuze, "escrupuloso imitador da natureza, não soube se elevar a este tipo de exagero exigido pela pintura histórica": "Setímio Severo é um indivíduo ignóbil, ele tem a pele negra de um condenado às galés [...]. Caracalla é mais ignóbil ainda que seu pai; é um vil e abjeto canalha; o artista não soube unir a maldade com a nobreza". E um outro crítico, fazendo referência a Poussin é mais explícito ainda: "[Poussin] teria apenas sugerido a indignação desse príncipe com um leve movimento de sobrancelha, que não lhe teria tirado nada do augusto sinal de grandeza que deve sempre caracterizar o príncipe e o herói".

Se ousamos dizer, fechou-se o círculo. Acreditando, por vaidade, que era capaz de representar os "movimentos da alma" próprios a um príncipe, Greuze fez o papel de burguês gentil-homem. Ele poderá sempre responder por argumentos de verossimilhança humana e histórica, a causa é compreendida. Assim como a civilidade fez das boas maneiras a expressão de uma humanidade superior *por natureza* a esta animalidade da qual não se libertam plenamente o rústico e o incivil, assim a grande pintura (aquela que enobrece o pintor) deve, no corpo e na expressão do príncipe, mostrar sua *natureza* diferente, superior à da humanidade média, ignobilmente ordinária.

Com o tempo, as tensões e as contradições do dispositivo acadêmico de representação do corpo humano são ilustradas em um texto maior da teoria clássica: a *Conferência sobre a expressão geral e particular*, pronunciada por Le Brun em 1668[142]. Considerando que "um quadro não poderia ser perfeito sem a expressão", visto que ela "marca os verdadeiros caracteres de cada coisa" e que, por ela, "as figuras parecem ter movimento, e que tudo que é fino parece ser verdadeiro", Le Brun trata aí da "expressão particular", isto é, desta parte [da pintura] que marca os movimentos da alma, o que torna visíveis os efeitos da paixão". Ele propõe então "em favor dos jovens estudantes", uma série de rostos, apresentados de frente e de perfil, dentro de uma grade

---

142. Para uma edição recente do texto, cf. LE BRUN, C. *L'expression des passions et autres conférences*, apresentada por Julien Philippe. Paris: Maisonneuve et Larose, 1994.

de proporções que correspondem à situação das partes do rosto no estado de "tranquilidade". Da "admiração" até a "raiva", os traços do rosto se deslocam de modo diferente em relação à grade fixa, em função da paixão representada. Longe de serem arbitrários, esses traços de expressão correspondem à verdade da natureza, pois as ações do corpo que exprimem as paixões são produzidas pelas próprias paixões: como sublinha Hubert Damisch, a "semiologia" das paixões segundo Le Brun constitui uma "sintomatologia"[143]. Neste ponto ele concorda com a certeza de Cureau de la Chambre, médico do chanceler Séguier, o protetor de Le Brun e da Academia: em seu *Caracteres das paixões* publicado em 1640, Cureau de la Chambre afirma a respeito do homem que, "por mais secretos que sejam os movimentos de sua alma, qualquer cuidado que ele tome para ocultá-los, eles não são formados antes de aparecer em seu rosto"[144]. Marcando "os verdadeiros caracteres de cada coisa", a pintura reproduziria, segundo Le Brun, o aspecto das paixões como elas aparecem, de verdade, nos nossos rostos, se nada (quer dizer, em particular, a civilidade) vem perturbar-lhes a expressão[145].

Não obstante, como mostra igualmente Hubert Damisch, sintéticos e abstratos, propondo "esquemas sincrônicos" para representar paixões que são uma agitação, um movimento (da alma), e cujas máscaras corporais são portanto inevitavelmente instáveis, os rostos apaixonados de Le Brun "não passam de 'falsos rostos' nos quais se imprime, como em máscaras de teatro, o gráfico das afeições da alma"[146]. A "verdade" de Le Brun (e, por meio dele, a verdade do corpo clássico) é uma verdade teatral. Como poderia ser de outra forma, se o homem civil aprendeu a controlar a expressão de seu corpo para manifestar civilmente, mas também para dissimular ou fingir sua "disposição interior"? Certamente não é por acaso que, na sua conferência "Sobre a

---

143. DAMISCH, H. "L'alphabet des masques". Art. cit., p. 124.
144. Apud PHILIPPE, J. In: LE BRUN, C. *L'expression des passions...* Op. cit., p. 30.
145. Cf. PHILIPPE, J. Ibid., p. 40.
146. DAMISCH, H. "L'alphabet des masques". Art. cit., p. 130.

estética do pintor", o pintor Antônio Coypel recomenda, à semelhança dos pintores antigos, ir ao teatro para lá estudar "as atitudes e o gesto que [representam] mais vivamente os movimentos da natureza". Ir ao teatro para estudar a natureza, este paradoxo deixa de ser paradoxo, uma vez que a humanidade se distingue da animalidade por sua civilidade. A consequência não é menos grave quanto à "verdade" da representação. Como faz observar o cavaleiro de Jaucourt no verbete "paixão" da *Enciclopédia*: "Mas como fazer das observações sobre a expressão das paixões numa capital, por exemplo, onde todos os homens concordam em parecer não sentir nenhuma? [...] não é absolutamente em uma nação amaneirada e civilizada que se vê a natureza ornada da liberdade que tem o direito de interessar a alma [...]; donde se segue que o artista não tem absolutamente meios nos nossos países de exprimir as paixões com a verdade e a variedade que as caracteriza"[147].

Contra o impasse para o qual leva a construção social do corpo clássico, o corpo sublime faz surgir, nas últimas décadas do século, inquietantes estranhezas onde não se reconhecem mais a ciência nem a civilização clássicas do corpo.

III. Resistências do corpo

Três anos depois de sua conferência sobre a expressão particular, Charles Le Brun honra seus confrades com uma longa conferência sobre a fisiognomonia, realizada aos 7 e 28 de março de 1671, em presença de Colbert. A escolha de um tema como este e a atenção que lhe dá Le Brun (o Louvre possui quase duzentos e cinquenta desenhos fisiognomônicos de sua mão) são suficientes para indicar os limites do cartesianismo ao qual se reduz às vezes sua concepção da expressão das paixões[148]. Pois ele se mostra, na sua abordagem da fisiognomonia, diretamente alinhado com o pensamento analógico

---

147. Antoine Coypel e o cavaleiro de Jaucourt são citados por DAMISCH, H. "L'alphabet des masques". Art. cit., p. 130-131.
148. Sobre as diversas tradições filosóficas que se confundem na "Conferência sobre a expressão", cf. Julien Philippe. In: LE BRUN, C. *L'expression des passions...* Op. cit., p. 23-40.

da Renascença e, em particular, com o *De humana physionomia* de Giambattista della Porta, publicado em 1583. Como seu antecessor, Le Brun acha que "se acontece que um homem tenha alguma parte do corpo semelhante à de um animal, é preciso tirar desta parte conjeturas de suas inclinações, o que chamamos fisionomia"; como as afeições da alma têm de fato "relação com a forma do corpo", há "sinais fixos e permanentes que fazem conhecer as paixões da alma" (aqui as paixões devem ser entendidas como paixões dominantes e não momentâneas) e, se Le Brun se restringe à configuração do rosto, é ao mesmo tempo para "reduzir-se ao que pode ser necessário aos pintores" e porque, segundo o argumento antigo da analogia entre o microcosmo e o macrocosmo, "se o ser humano é chamado síntese do mundo inteiro, a cabeça pode muito bem ser chamada síntese de todo o corpo"[149].

A conferência de Le Brun sobre a fisiognomonia constitui, de fato, a última grande expressão oficial de uma tradição que remontava à Antiguidade, da *História dos animais* de Aristóteles ao *De fato* de Cícero, e que, depois de ter sido criticada na Idade Média, em particular por Buridan, por razões teológicas, reapareceu na Renascença, primeiro nos meios interessados tanto na astrologia como na magia e no ocultismo. A concepção cartesiana do corpo, como mecânica, acabou por vencer a resistência da tradição analógica e de sua ciência descritiva, onde a arte e os artistas desempenhavam um papel decisivo: seja em La Mettrie (*História natural da alma*, 1746; *O homem máquina*, 1747), em Condillac (*Tratado das sensações*, 1754), nos "Ideólogos", Cabanis (*Relações do físico e do moral do homem*, 1796), ou Destutt de Tracy (*Elementos de ideologia*, 1803-1815), o estudo científico das "disposições interiores" não passa mais pelo estudo de sua expressão por meio da configuração exterior do corpo[150]. Mas nem por isso a fisiognomonia está morta. Ela desloca seu campo de aplicação e este deslocamento é muito significativo: o

---

149. LE BRUN, C. Conférence sur la Physiognomonie. In: *L'expression des passions...* Op. cit., p. 124-125 e 127-128.

150. Sobre este ponto, cf., entre outros, PIGLIANO, C. Tra forma e funzione: una nuova scienza dell'uomo. In: *La fabrica del pensiero* – Dall'arte della memoria alle neuroscienze. Milão: Electra, 1989, p. 144-147.

século XVIII não desiste de identificar o temperamento humano por meio da decifração dos traços fixos do rosto, mas, do que era um deciframento de sinais (por meio dos quais o ser humano microcosmo permanecia ligado ao macrocosmo da natureza), ele trabalha para fazer uma *identificação* do indivíduo em sua pertença racial ou social.

1. O fascínio pelas anomalias

A fisiognomonia do século XVIII não é mais uma anatomia comparada, mas também não é aquela fisiognomonia adivinhatória que, como a *Metoposcopia* de Jerônimo Cardan (escrita em meados do século XVI, mas só traduzida para o francês em 1648), é para o rosto o que a quiromancia é para a mão[151]. Interessando-se, no rosto, pelas proporções do crânio, ela é antes de tudo uma "craniometria" comparada, cujo promotor mais célebre naquela época, pintor antes de tornar-se anatomista, Petrus Camper, tira conclusões racistas que causam sensação, hierarquizando as formas animais e humanas (do cercopiteco à estatuária grega, passando pelo orangotango, o negro, o calmuco e o europeu) em função de um ideal das "boas proporções" similar ao do teórico contemporâneo do neoclassicismo, Johann Winckelmann[152]. Johann Friedrich Blumenbach, por sua vez, aplica os princípios da taxonomia zoológica ao homem para identificar cinco tipos fundamentais de crânios (caucasiano, mongol, etíope, americano e malásio) e, buscando na estrutura do crânio sinais suscetíveis de interpretação, sua abordagem morfológica implica uma hierarquia de inteligências assimilável à das formas, e mostra sobretudo como o século XVIII tende a rearticular a relação entre o "físico" e o "moral" no ser humano[153]. Mas é em Johann Kaspar Lavater que a tradição

---

151. Cf. COURTINE, J.-J. & HAROCHE, C. *Histoire du visage*. Paris: Rivages, 1988, p. 124-125.

152. Sobre Petrus Camper, cf. em particular BARSANTI, G. L'uomo tra 'storia naturale' e medicina. In: *Misura d'uomo* – Strumenti, teorie e pratiche dell'antropometria e della psicologia sperimentale. Florença: IMSS, 1986, p. 11-49, em particular p. 28-29, 47-48.

153. Sobre Blumenbach, cf. em particular LENOIR, T. "Kant, Blumenbach and vital materialism in German biology". *Isis*, vol. LXXI, 1980, p. 77-108.

fisiognomônica encontra sua expressão "moderna". Sem formação científica particular, membro de seitas esotéricas e adepto de práticas ocultas, Lavater busca a alma sob os traços físicos e faz de Deus a garantia de suas buscas. Considerando o crânio como "a base e o resumo" do sistema ósseo, ele vê no rosto "o resumo e o resultado da forma humana", onde a carne só faz o papel de "colorido que valoriza o desenho"[154].

Quer se trate de Camper, Blumenbach ou Lavater, a atenção privilegiada que se dá ao crânio tem por função identificar as características humanas fundamentais de um indivíduo por meio da decifração dos traços fixos (isto é, ósseos) de seu rosto. Como escrevia o cavaleiro de Jaucourt e como indica explicitamente o *Discurso sobre as fisionomias*, publicado em Berlim, em 1759, os traços instáveis do rosto, sua expressão, tornaram-se uma máscara que serve, no teatro do mundo, para ocultar sua verdadeira natureza. Em sua versão do século XVIII, a fisiognomonia será a ciência que permite captar um temperamento, uma "disposição interior" (nativa) que o processo de civilização teve como resultado dissimular, em razão de seu próprio sucesso. Renunciando a demonstrar a unidade entre o ser humano e a natureza, a fisiognomonia atua doravante no interior do cosmos social cuja ordem e hierarquia devem ser mantidas. O rosto, este "espelho da alma", tornou-se uma *fácies* a decifrar para prever melhor o comportamento eventualmente repreensível dos indivíduos[155]. Ajudado talvez pela prática do traço fisionômico que reduz o rosto a um perfil desprovido de todo traço interior, o fisionomista pode tornar-se um auxiliar da manutenção da ordem social, e não é de surpreender que o termo antropometria mude de sentido no século XVIII: antes mesmo de tornar-se "judiciária", esta antiga medida das proporções ideais do corpo humano se torna uma técnica de mensuração do

---

154. LAVATER, J.K. Physiognomische fragmente. Apud *Nascita della fotografia psichiatrica*. Veneza: Marsilio, 1981, p. 28-29.

155. Sobre esta noção de "fácies", cf. DIDI-HUBERMANN, G. *Invention de l'hystérie* – Charcot et l'iconographie photographique de l'hystérie. Paris: Macula, 1982, p. 51-52.

corpo humano e de suas diversas partes. A ideia do "retrato do criminoso" esboça-se no século XVIII: se é provavelmente por razões de curiosidade que o ceroplástico Guillaume Desnoues consegue, em 1721, fazer a moldagem em cera da cabeça do célebre Cartuxo e de mostrá-la ao público em seu gabinete de anatomia[156], é por razões "científicas" que se faz a moldagem de todos os membros, mulheres e homens, do "bando de Orgères", decapitados na data simbólica do 9 termidor 1800[157]. Muito menos é de estranhar que, um século depois, o criminólogo Cesare Lombroso possua uma edição de Lavater, cuidadosamente anotada por ele.

Mas, e aí está o mais importante, esta utilização social e policial da fisiognomonia manifesta também a resistência difusa ao que constitui a própria base da concepção "moderna" do corpo, que faz dele, como vimos no começo destas páginas, um "ter" e não mais a "cepa identitária" do indivíduo. De Camper a Lavater – ou mesmo Gall, cuja frenologia havia sido anunciada desde o século XVII por Tommaso Campanella –, buscar a expressão de um temperamento nos traços fixos do corpo é o mesmo que afirmar a indissociabilidade do ser espiritual de um indivíduo e de sua configuração física: o corpo continua sendo um repertório de sinais espirituais a decifrar.

Ao deslocar-se para o campo da ciência médica e não ligando mais o microcosmo ao macrocosmo, esta representação do corpo ainda tem diante de si dias felizes[158]. Mas tal como se apresenta no fim do século XVIII, ela manifesta sobretudo, bem além do domínio da cultura popular ao qual temos às vezes a tendência de reduzi-la, uma resistência difusa a aceitar as nítidas evidências da racionalidade e do dualismo cartesianos. Do século XVI ao XVIII,

---

156. Cf. LEMIRE, M. *Artistes et mortels*. Paris: R. Chabaud, 1990, p. 74-76.

157. Sobre o bando de Orgères e sua importância na história das técnicas policiais, cf. ARASSE, D. Guillotine et anthropométrie. In: *La guillotine dans la Révolution*. Catálogo de exposição em colaboração com Valérie Rousseau-Lagarde. Florença, 1986.

158. Cf. a propósito de Gall, Duchesne de Boulogne, Galton e Charcot, DIDI-HUBERMAN, G. *Invention de l'hystérie*. Op. cit., p. 51-52.

as imagens mostram um fascínio por tudo que contradiz primeiro a exaltação ideal do corpo e, depois, sua concepção mecânica – na medida em que ela faria dele uma matéria desprovida de pensamento próprio. Poucas imagens exprimem esta resistência tão brutalmente como *O relógio humano*, gravura em madeira feita por volta de 1530 pelo escultor, ebanista e gravador alemão Peter Flötner[159]. De fato, seria um equívoco ver nesta obra apenas uma imagem escatológica ou carnavalesca: como mostrou João Wirth, evocando explicitamente a fuga do tempo e a morte inerente à própria vida do corpo, por meio da associação da defecação, "atividade de ritmo regular", e da ampulheta, na qual a "areia" tomou a forma de um excremento, Flötner reconduz "o problema da morte a seus aspectos fisiológicos" e encontra "a formulação mecanicista e fisiológica ao mesmo tempo de uma vaidade verídica".

A ideia de que a glorificação clássica do corpo é uma construção que não concorda com a realidade da natureza exprime-se em primeiro lugar pelo gosto por tudo que, precisamente na natureza, desfigura esta beleza – até torná-la monstruosa. Já indicamos como os estudos de proporções ideais de Leonardo e de Dürer se duplicam de "estudos de desproporções" sistemáticas nos quais se procura fixar tipos de feiura ao mesmo tempo ideal e natural (porque causada pelo envelhecimento ou pela irregularidade própria à variedade das produções da natureza). Mas é toda a Renascença que está fascinada pelas anomalias e pelos monstros. Alexandre Koyré viu a extraordinária credulidade da Renascença a respeito dessas anomalias e monstros, uma consequência daquela mesma curiosidade intelectual que exortava, por outro lado, a época a renovar o inventário do mundo físico[160]. Mas a crença da Renascença na existência natural dos monstros é sobretudo indissociável de sua *episteme* e, em particular, de seu modo de pensar analógico que, deci-

---

159. Sobre esta gravura, cf. WIRTH, J. *La jeune fille et la mort* – Recherches sur les thèmes macabres dans l'art germanique de la Renaissance. Genebra: Droz, 1979, p. 135-136.

160. Cf. KOYRÉ, A. *Mystiques, spirituels, alchimistes du XVIe siècle allemand*. Paris: Gallimard, 1971.

frando por toda parte semelhanças e "assinaturas", legitima o deslize de uma regra à outra e a confusão do humano com o animal. Fundada no infinito poder da *natura naturans* – que, por outro lado, como escreve Ambroise Paré, "se diverte em suas obras" – , a criação é contínua e o monstro híbrido (ou o artista que inventa um grotesco) revela a ordem subjacente à natureza, sua continuidade mais do que seus acidentes[161].

É neste contexto que se pode explicar tanto o prestígio de que gozam as anomalias físicas do corpo humano, como os benefícios (sociais ou financeiros) que podiam tirar delas aqueles ou aquelas que eram atingidos por elas. A presença dos anões nas cortes europeias – e nos retratos da corte – é bem conhecida: como os objetos ou produtos acumulados nos laboratórios de curiosidade, eles realçam (da mesma forma que o pajem ou o criado negros) o prestígio de seus donos e fazem parte de mais ostentação do poder ainda, quanto mais sua deformidade reforça a beleza nobre do príncipe ou de sua linhagem. O retrato da mulher de barba com sua filha e seu marido pintado por Ribera em 1631 é célebre justamente por causa da expressão grave, quase trágica, dos personagens. Mas ele também entra no quadro deste fascínio pela confusão dos gêneros (aqui, dos sexos) onde a natureza revela seu poder criador (e lúdico). Porque, se podemos saber hoje que este excesso do sistema piloso é devido a uma hipersecreção das glândulas suprarrenais ou da hipófise[162], os contemporâneos de Ribera o ignoravam, e a "mulher de barba" trazia, no meio da sociedade europeia, a prova viva dos caprichos da natureza. Da mesma forma, as pessoas se enganavam quando buscavam uma chave alegórica para o *Triplo retrato* pintado por Agostino Carrache entre 1598 e 1600 (Nápoles). Como mostrou Roberto Zapperi baseado em docu-

---

161. Sobre estes pontos, cf. MOREL, P. *Les grotesques* – Les Figures de l'imaginaire dans la peinture italienne de la fin de la Renaissance. Paris: Flammarion, 1998.
162. Cf. LANEYRIE-DAGEN, N. *L'invention du corps*. Op. cit., p. 174.

mentos[163], as três figuras são os retratos de três personagens que viviam na corte romana do Cardeal Odoardo Farnese: da esquerda à direita, o anão Rodomonte (apelidado de Amon), o "homem peludo" Arrigo Gonsalus e o louco Pietro. Como criados e bufões, eles desempenhavam na corte o papel de representação e de prestígio comparável ao dos animais exóticos do cardeal e constituíam uma curiosidade para os visitantes. Mas a raridade do "espécimen" explica que o "homem peludo" ocupe a parte central do quadro. Oferecido ao cardeal em 1595 pelo Duque de Parma, Ranuccio Farnese, Arrigo Gonsalus tinha uma reputação europeia: era filho de um certo Petrus Gonsalus, também ele "peludo", trazido das Canárias poucos anos antes com sua mulher (normal), sua filha mais velha e seu filho (peludo), a pedido do Arquiduque Ferdinando do Tirol que, para a promoção de sua própria glória, multiplica os retratos deles a óleo, gravados ou em miniatura[164]. O sucesso desses "homens peludos" devia-se sem dúvida ao fato de que eles demonstravam a veracidade do mito dos "homens selvagens" que sobrevivem, em estado de natureza, no fundo das florestas mais remotas. Mas o estatuto que lhes atribui a curiosidade contemporânea é o de monstro natural, como comprova o fato de que, ao lado do "homem de cabeça e pescoço de grou", seus retratos (em traje de gala) são integrados à edição da *Monstrorum historia* de Ulisse Aldrovandi, completada por Ambrosini e publicada em Bolonha em 1642.

Esses monstros da Renascença não colocam fundamentalmente em questão o ideal do corpo clássico. Eles não só contribuem para realçar a perfeição do corpo humano "normal", criado à imagem de Deus, e são utilizados como tais pelos príncipes, ao mesmo título que o homem negro, mas as condições do saber não impedem absolutamente que se aceite a ideia da

---

163. ZAPPERI, R. "Arrigo le Velu, Pietro le Fou, Amon le Nain, et autres bêtes: autour d'un tableau d'Agostino Carrache". *Annales ESC*, vol. 40, 1985, p. 307-327.

164. Cf. CAMPBELL, L. *Portraits de la Renaissance* [1990]. Paris: Hazan, 1991, p. 145. • LANEYRIE-DAGEN, N. *L'invention du corps*. Op. cit., p. 173-174.

confusão dos reinos, participando ao mesmo tempo ativamente na definição moderna do corpo. Ambroise Paré pratica a anatomia e descobre a ligadura das veias para fazer parar a hemorragia e, em seu *Dos monstros e dos prodígios*, publicado em Paris em 1585, ele apresenta explicações biológicas e mecânicas para algumas malformações de nascença; mas explica outras pela imaginação da mulher por ocasião da concepção, pela astrologia, pela intervenção demoníaca de íncubos ou de súcubos, ou pela intervenção de Deus que deseja mostrar aos homens sinais prodigiosos – e cita como indubitáveis exemplos de união sexual fértil entre o homem e o animal[165].

Em compensação, dois séculos depois e apesar de *Le Rêve de d'Alembert* (O sonho de d'Alembert) onde Diderot continua de modo provocante a evocar, entre outras, a união das espécies, as imagens da arte indicam que, longe de confirmar a dualidade clássica que faria do corpo apenas uma máquina e um cadáver inerte depois da morte, a ciência suscitou paradoxalmente, por seu próprio modo de proceder, um novo sentimento do corpo: em sua materialidade e sua fisiologia, ele é percebido como uma potência ativa, portadora de inquietantes poderes, terríveis e obscuros, uma vez que vacilam as luzes da razão. Em outras palavras, o corpo também inspira este sentimento do sublime – suscitado pelo que é grande, terrível e obscuro – no sentido que deu a este termo seu teórico inglês William Burke[166]. Por uma terrível e catastrófica virada, a ciência, que devia esclarecer as condições puramente mecânicas do funcionamento corporal, faz surgir a ideia de uma vida própria ao corpo que coloca em questão a supremacia que o espírito e a razão pensavam exercer sobre ele.

---

165. Cf. PARÉ, A. *Des monstres et des prodiges* [1585]. Genebra: Droz, 1971, p. 62-64 [CÉARD, J. (org.)].

166. BURKE, W. *Recherche philosophique sur l'origine de nos idées du sublime et du beau* [1757]. Paris: Vrin, 1973, p. 69.

2. A ambivalência da ceroplastia anatômica

Vê-se isto pela ambivalência dos sentimentos que inspiram as ceras anatômicas, cuja prática e exposição conhecem um sucesso europeu no século XVIII. Em 1785, em seu comentário do laboratório de história natural organizado em Florença por Felice Fontana, o magistrado Charles-Étienne Dupaty exprime sua maior admiração diante de uma "cera instrutiva" representando o corpo do homem no qual se veem "todas as peças mais secretas desta máquina tão complicada". Mas este "segredo" não é só o segredo preservado pela invisibilidade dos órgãos internos; para o magistrado esclarecido, o segredo do corpo atinge o mais profundo: "Alguns olhares que lancei sobre o sistema neurológico deixaram entrever nele diversos segredos. A filosofia se deu mal não se aprofundando mais no homem físico; é nele que se oculta o homem moral. O homem exterior é simplesmente a saída do homem interior"[167]. Essas importantes fórmulas são próprias de um espírito materialista radicalmente diferente do de Lavater; elas lhe fazem porém um eco singular que sugere a profundidade de um sentimento amplamente partilhado que nega, de um ponto de vista ou de outro, qualquer ruptura entre a pessoa e seu corpo e, prosseguindo, sob outros modos, que nega ver no corpo a "fonte identitária" da pessoa.

Diante das ceras anatômicas de Florença, a reação intelectual entusiasta de Charles-Étienne Dupaty é a de um "filósofo"; alguns anos depois, Elisabeth Vigée-Lebrun terá a reação de uma mulher pintora, sensível, que escapa de "passar mal" e pede a Felice Fontana "conselhos para [se] livrar da grande susceptibilidade de [seus] órgãos"[168]. Mas aqui o importante tem a ver com esta própria visita: criado pelo Grão-duque da Toscana, Pedro-Leopoldo, reformador esclarecido e adepto das Luzes, o Museu real de física e

---

167. DUPATY, C.-E. Lettre sur l'Italie. Paris, 1824. Apud LEMIRE, M. *Artistes et mortels*. Op. cit., p. 57.

168. VIGÉE-LEBRUN, É. *Souvenirs*. Edição feminista de HERMANN, C. Paris: Des femmes, 1984, p. 238. Apud LEMIRE, M. *Artistes et mortels*. Op. cit., p. 65.

de história natural (hoje Museu de La Specola) constituía uma das etapas necessárias da viagem a Florença, em particular por suas ceras anatômicas – cujo prestígio era tal que, em 1780, o imperador da Áustria, José II, de passagem por Florença, fez Felice Fontana cavaleiro do Sacro Império, encomendando-lhe um grande número de modelos. De fato, verdadeira invenção científica do século XVIII, as ceras anatômicas são indissociáveis da história artística do corpo, pois seu objetivo pedagógico é, desde a origem, objeto de um investimento imaginário e artístico, tanto na encenação das peças particulares ou das coleções, como no tratamento visual do corpo que elas oportunizam. Quando pertencem a uma pessoa particular, fazem aliás parte de sua coleção de curiosidades e a ambivalência do sentimento que elas inspiram é bem-ilustrado pelo que escreve Madame de Genlis a propósito do laboratório (então célebre) de Mlle. Bihéron, que se podia visitar por um escudo: "Ela modelava imitações melancólicas sobre cadáveres que guardava em um laboratório envidraçado no meio de seu jardim; jamais me aventurei a entrar neste laboratório que era seu lugar favorito e por ela chamado de seu pequeno refúgio"[169].

É ao siciliano Gaetano Zumbo que se deve, precisamente no começo do século XVIII, a primeira cera anatômica (um rosto de velho meio anatomizado). Sua celebridade, em Florença e depois em Paris, contribuiu certamente para o lançamento desta nova prática[170]. Mas, bem antes de ser médico, Zumbo já era um especialista de renome da escultura em cera. Ele havia executado em Nápoles, em 1691, um grupo representando *A Peste*, depois em Florença, entre 1691 e 1694, três outros grupos: *O Triunfo do Tempo*, *A Corrupção dos corpos* e *A Sífilis*. Na verdade, o gênero "teatral" em cera não era uma novidade, mas Zumbo lhe dá uma eficácia excepcional pela precisão anatômica do estudo dos corpos, pela qualidade artística de sua expressão

---

169. GENLIS. Mémoires inédits... Paris, 1825. Apud LEMIRE, M. *Artistes et mortels*. Op. cit., p. 80.
170. Sobre Gaetano Zumbo, cf. LEMIRE, M. Ibid., p. 28-41.

vigorosa e sua encenação retórica. Barrocos de inspiração, esses teatros procuram suscitar uma moral aterrorizante e religiosa diante da morte – como percebe bem o Marquês de Sade (antes de fazer deles um emprego completamente diferente na *História de Juliette*): "A impressão é tão forte que os sentidos parecem precaver-se mutuamente. A gente leva naturalmente a mão ao nariz sem perceber, considerando este horrível detalhe, que é difícil de examinar sem trazer à memória as sinistras ideias da destruição e, por conseguinte, a ideia, mais consoladora, do Criador"[171]. É a este título que o Grão-duque da Toscana, Cosme III de Médicis, conhecido por sua beatice, coloca os teatros de Zumbo "entre as estátuas antigas e os quadros mais raros que ele possui"[172].

Por outro lado, as ceras anatômicas propriamente ditas são feitas num espírito estritamente pedagógico. Como escreve Fontenelle, secretário da Academia de ciências, à qual Zumbo havia apresentado sua cabeça de velho em 1701, este tipo de "representações" deve evitar "o embaraço de buscar cadáveres que não se tem quando se quer" e tornar o estudo da anatomia "menos repugnante e mais familiar"[173]. No entanto, o sucesso mundano das peças de Zumbo mostra que, apesar talvez de seu autor, sua aposta científica vinha acompanhada, entre os espectadores, de um interesse menos claro – e, na última terça parte do século, a renovação da voga das ceras anatômicas repousará em grande parte na exploração resoluta de sua encenação artística e na perturbação que ela pode suscitar. Já evocamos a reação sensível de Elisabeth Vigée-Lebrun. Depois de ter observado "com admiração" e sem experimentar "uma sensação penosa" [...] uma quantidade [de] detalhes particu-

---

171. SADE. Voyage d'Italie. Apud LEMIRE, M. *Artistes et mortels*. Op. cit., p. 40. De passagem por Florença, Juliette admira *A corrupção dos corpos* de Zumbo e se deleita: "Minha imaginação cruel deleitou-se com este espetáculo. A quantos seres minha malvadez não fez experimentar esses graus pavorosos?" (Apud LEMIRE, p. 41).

172. Mémoires pour l'histoire des sciences et des beaux-arts. Trévoux, 1707. Apud LEMIRE, M. *Artistes et mortels*. Op. cit., p. 29.

173. Apud LEMIRE, M. Ibid., p. 33.

larmente úteis à nossa conservação e à nossa inteligência", ela é perturbada por um efeito de encenação, um lance teatral operado por Felice Fontana: enquanto ela observava "uma mulher deitada, de tamanho natural, que iludia verdadeiramente", Fontana levanta "uma espécie de tampa", e expõe à sua vista a cena de "todos os intestinos, dispostos como estão os nossos". Esta cera é sem dúvida obra de Clemente Susini que mereceu o célebre cognome de *Vênus Médicis*. Com efeito, de tamanho natural, deitada em um leito coberto com lençol de seda, a cabeça com a expressão patética ligeiramente transtornada, ela está intacta, enquanto não se levanta a tampa de sua pele para descobrir e desmontar progressivamente seus "segredos anatômicos"[174]. O horror sentido por Madame Vigée-Lebrun estava evidentemente ligado à sua surpresa, mas também relacionado com o contraste entre a ilusão de vida dada pela figura e a brutalidade da revelação de seus interiores, igualmente "vivos". Nesta brusca passagem de uma contemplação desinteressada em uma esfera pública de recepção para a evidenciação da intimidade "secreta" da figura, entra algo de uma obscenidade tanto mais forte porque é inevitavelmente macabra. No entanto a encenação teatral de Fontana não é de um *memento mori*; é o aterrador espetáculo da razão, operado por um sábio das Luzes que sabe e dá a ver, sob "os jogos do brilhante fenômeno da vida" (a expressão é de Dupaty), o poder do orgânico e sua "beleza" própria, repugnante desfiguração das aparências humanas. O efeito é tanto mais forte porque os jacentes*, às vezes portadores de joias e de cabelos soltos, eram oferecidos ao olhar em um quadro luxuoso de almofadas e de leitos de tecidos finos. Extinguindo qualquer evocação da sala de dissecação, renunciando igualmente ao efeito de retrato que tornava impressionante a *Cabeça de velho anatomizado* de Gaetano Zumbo, o museu de Fontana apresenta a anatomia ideal de corpos perfeitos onde o brilho, a variedade e a beleza das cores exaltam o que se vê, onde "o olho é fascinado por extraordinárias minú-

---

174. Sobre esta *Vênus Médicis*. Cf. ibid., p. 61-62.

* Diz-se de estátua funerária de personagem deitado [N.T.].

cias, pela ourivesaria cintilante, pela rede coralínea dos vasos, pelas filigranas dos nervos"[175]. Pouco importante do ponto de vista científico, a *Vênus Médicis* dirige-se a um vasto público; a modo das pranchas "à antiga" de Vesálio, ela situa a anatomia no contexto artístico contemporâneo do belo ideal. Tomadas isoladamente, as ceras de Fontana correspondem a uma estética neoclássica; mas, por outro lado, sua encenação e as surpresas teatrais que algumas reservam dependem da tradição (atenuada) da imageria barroca – e esta singular miscelânea basta para dizer até que ponto a representação anatômica do corpo, precisamente no Século das Luzes, é absolutamente irredutível a seu projeto esclarecido, seja ele científico ou filosófico.

As ceras do cirurgião André-Pierre Pinson constituem um outro exemplo dessas incertezas[176]. Fornecedor do laboratório de ceras anatômicas do Duque de Orleans no Palais-Royal a partir de 1780, também autor de admirados retratos em cera, Pinson tem de fato uma concepção propriamente artística da ceroplastia anatômica. Sem se preocupar em fazer de suas figuras uma encenação de museu, ele trabalha sobretudo para dar-lhes uma expressão e uma gestualidade vivas, na maioria das vezes patéticas. Sua figura mais célebre deste ponto de vista é a *Mulher sentada representando o Pavor*. Ela é apresentada nua, com um tecido ocultando seu sexo, sentada em um pedestal e mostrando seu pavor pela expressão de seu rosto e pelo gesto de seus braços – viva, portanto, mas com a parte anterior inteiramente aberta, mostrando seus intestinos e sua caixa torácica. Esta ideia é encontrada na expressão intensa de seus esfolados ou na cera de um *Feto de cinco meses* cuja pose melancólica evoca quadros representando Jesus adormecido evocando sua futura morte; também a encontramos no *Menino assustado* e, de maneira mais discreta, no *Corte vertical da cabeça* de uma jovem mulher que, na metade intacta de seu rosto neoclássico, deixa correr uma lágrima. Em termos de época, esta última ideia podia passar por "delicada". De fato, a estratégia

---

175. Ibid., p. 65.
176. Sobre PINSON, cf. ibid., p. 104-165.

artística mais importante de Pinson consiste em contextualizar alegórica ou pateticamente suas figuras para, deste modo, colocar à distância o impacto perturbador da cera anatômica. Suas peças, frequentemente de tamanho reduzido, são de fato preciosos "objetos de arte" e, a partir de 1771, Pinson obteve autorização de expor no Salão da Academia Real de Pintura e de Escultura a cera de um braço humano esfolado.

As condições em que essa autorização foi concedida ("à porta do Salão, mas do lado de fora") dão, porém, a entender a reticência do meio acadêmico e, em 1773, essa autorização não foi renovada. Desconsiderando as razões administrativas (a exposição no Salão é reservada aos membros da Academia), o fato de colocar as obras de Pinson "à porta" do Salão tem a ver com razões ideológicas precisas. Se *O Esfolado* modelado por Houdon em 1767 é imediatamente considerado como uma obra-prima, é a título de objeto de estudo necessário a todos os artistas – a ponto de sua moldagem encontrar-se em todas as escolas de belas-artes, e de Diderot aconselhar Catarina II a encomendar-lhe uma fonte em bronze para a Academia das belas-artes de São Petersburgo. Como tais, as ceras de Pinson não são úteis aos artistas: sábias na representação do que não se vê (e portanto daquilo que não concerne diretamente ao artista), para o visível do corpo elas não fazem senão imitar a retórica bem conhecida da expressão das paixões. Sem dúvida, em seu *Curso de pintura por princípios*, Roger de Piles faz o elogio e descreve minuciosamente os grupos em cera de Gaetano Zumbo representando *A Natividade* e *A Deploração*; mas foi como "obras de escultura" que exprimiam "o tema com todo o ornato imaginável"[177]. O "tema" das ceras de Pinson não é outro senão a máquina do corpo e sua natureza orgânica. Portanto, colocando-as "à porta do Salão e do lado de fora", a Academia gerava precisamente uma proxemia na qual se exprimiam ao mesmo tempo, sob uma forma imprevisível, a hierarquia dos temas fixada por Félibien e, sob uma forma mais esperada, a reticência em admitir no recinto do Salão objetos que eram apenas o fruto de

---

177. PILES, R. *Cours de peinture par principes*. Op. cit., p. 231.

um *savoir-faire* e que, como obras, prescindiam de "ideal" – conforme estima Diderot, no *Salão* de 1765: "se não se pudesse ver o sublime de sua obra, o ideal de Chardin seria miserável".

É claro que também contribuía para isto a incapacidade deste gênero de objetos de oferecer-se a uma contemplação propriamente artística: como se a representação anatômica, pelo próprio efeito de presença que ela busca e apesar dos esforços alegóricos posteriores de Pinson, resistisse à sua interpretação artística, como se esta última não conseguisse reduzir-lhe o verdadeiro alcance imaginário. As preparações anatômicas de Honoré Fragonard mostram em todo caso, à mesma época, que a ciência das Luzes podia de fato suscitar o retorno das Trevas. Um dos fundadores da anatomia veterinária que se desenvolve no século XVIII, na linha da *História natural* de Buffon, Honoré Fragonard, primo coirmão do pintor de sucesso, é "professor e demonstrador de anatomia" de 1766 a 1771 na escola veterinária de Alfort, dotando-a rapidamente de um laboratório de anatomia, "o maior de todos da Europa neste gênero"[178], que é muito visitado. No entanto, não há unanimidade quanto à sua reputação científica. Os especialistas alemães em particular são severos: as peças de Fragonard não trazem nenhuma descoberta nova, não refutam nenhum erro, são "refinamentos" que "satisfazem apenas a vista" e nas quais se exprime o "caráter tolo e folgazão" que caracteriza "o espírito frívolo da nação" francesa. Estes últimos qualificativos continuam surpreendentes porque, como Fragonard não pratica mais a cera mas a taxidermia, peças de demonstração como *O homem de mandíbula* ou o tão célebre *Cavaleiro anatomizado* exercem ainda hoje um efeito mais próximo do fantástico do que do folgazão, do terror do que da frivolidade.

A considerável quantidade de "preparações naturais" realizadas por Fragonard e o ritmo "stakanovista" de sua produção explicam-se sem dúvida pelo fato de que ele trabalhou para construir peças de demonstração ideais,

---

178. Cf. LEMIRE, M. *Artistes et mortels*. Op. cit., p. 168-189.

capazes de mostrar toda a estrutura de um organismo (esqueleto, músculos, vasos sanguíneos e sistema nervoso). Mais do que interessa à pesquisa anatômica e médica propriamente dita, ele aperfeiçoa sem cessar seus próprios métodos para melhorar a "expressão vigorosa" de suas anatomias. Assim, ele se coloca "em uma posição de esteta da ciência"[179]. Mas, é preciso acrescentar, sua estética só pode ser muito pouco científica: operando a partir de tecidos naturais, a "expressão vigorosa" que ele busca é a de um efeito de realidade inevitavelmente mais perturbador ainda do que o da cera, em consequência da identidade entre o representante e o representado, e da recuperação de um pelo outro. Ao mesmo tempo, parece que a encenação e a gestualidade tão decididamente teatrais de suas figuras coincidem com o efeito da "expressão vigorosa" das matérias: elas lhes dão, à primeira vista, uma presença de seres de além-túmulo, de mortos-vivos. Portanto não se deve estranhar que uma lenda macabra se tenha espalhado rapidamente sobre o *Cavaleiro anatomizado*[180] – nem que ele seja hoje chamado de "Cavaleiro do Apocalipse". Os testemunhos contemporâneos indicam que Honoré Fragonard tinha um comportamento tipicamente melancólico, e também bastante estranho, para que a acusação de loucura lançada contra ele (para expulsá-lo da escola de Alfort) não pareça absurda[181]. O registro artístico sobre o qual atua sua imaginação é, em todo o caso, inconstestavelmente, o do "sublime", e suas anatomias fantásticas anunciam a atmosfera dos "romances de terror" ingleses do fim do século (*O Monge*, de Matthew Lewis, 1796, ou *O Italiano* de Ann Radcliffe, 1797) e, mais precisamente ainda, o *Frankenstein* publicado por Mary Shelley, em 1817.

---

179. Ibid., p. 185.

180. O cavaleiro teria sido uma "cavaleira", uma jovem amada de Fragonard e morta de desgosto em consequência da oposição de seus pais (merceeiros de Alfort) ao seu casamento. O anatomista teria, segundo uma prática profissional antiga, desenterrado o cadáver para imortalizá-lo à sua maneira, cf. ibid., p. 172.

181. Cf. ibid., p. 173.

Evidentemente, é significativo neste contexto que Honoré Fragonard tenha sido apoiado e ajudado por Jacques-Louis David, o principal chefe do neoclassicismo francês, que fez nomeá-lo, em 1793, com seu primo, para o júri nacional das artes. É verdade que um dos desenhos preparatórios feitos por volta de 1795-1796 por David, para *As Sabinas* (1799), constitui um estudo anatômico que não está distante das "preparações" anatômicas de Fragonard. Basta esta semelhança para mostrar a que ponto o estudo e a representação anatômicos do corpo podem fragilizar as categorias claras, aparecendo aqui a perfeição ideal do corpo neoclássico quase como a ocultação voluntária de inquietantes imagens.

* * *

No mesmo ano em que Kant publica a *Crítica da razão pura*, em 1781, o pintor suíço estabelecido em Londres, Johann Heinrich Füssli, pinta o quadro que iria torná-lo célebre, *O Pesadelo*, que ele apresenta no ano seguinte à Royal Academy[182]. Considerado então como "chocante" por Horácio Walpole, nem por isso o quadro deixou de ter um grande sucesso, comprovado pelo número de cópias, variantes e múltiplas gravuras que se espalharam imediatamente por toda a Europa. De inspiração muito pessoal, como veremos, ele respondia de fato ao interesse tão geral que os contemporâneos manifestavam pelo irracional, pelo sonho e, em particular, pelos pesadelos. Ele associava estreitamente as duas abordagens do sonho, científica e poética, que caracterizam a época. Rejeitando as crenças populares que veem nos sonhos a intervenção de espíritos noturnos, rejeitando também a interpretação cristã que reconhece neles a visita de anjos ou de demônios, a ciência esclarecida do século XVIII elaborou uma explicação clara, em geral aceita pelas elites cultas. Os sonhos, os pesadelos em particular, explicam-se fisiologicamente pela posição do corpo adormecido que, sobretudo quando está deitado de

---

182. Para a análise que segue, cf. POWELL, N. *Fuseli* – The Nightmare. Londres: A. Lane, 1973, passim.

costas, provoca distúrbios da circulação sanguínea, dando uma sensação angustiante de opressão e de sufocação – fenômeno frequente entre as mulheres no período da menstruação. Os médicos podem portanto chegar a uma conclusão tanto racional como tranquilizadora: esses "sonhos monstruosos" podem ser considerados como um "estímulo" destinado a despertar quem dorme para que mude de posição e assim evite todo perigo[183]. É a explicação adotada por Kant em 1798 em sua *Antropologia* e, provavelmente, também aquela subentendida no *Pesadelo* de Füssli, que tenta não tanto representar a realidade objetiva do pesadelo, como sua sensação na pessoa que está dormindo.

Mas o obscuro prestígio dos "sonhos monstruosos" resiste ou, melhor, se desloca. Porque, se as criaturas do sonho não são mais espíritos externos que visitam quem dorme, de que ordem e de que origem podem ser as imagens e os pensamentos do sonho, uma vez que não são o resultado de uma experiência real? Se eles são produzidos pela atividade própria do corpo, então este é capaz de atividade imaginária, e é parte interessada na atividade psíquica. É assim que, precisamente um contemporâneo de Füssli, Georg Lichtenberg, não hesita em afirmar que os sonhos levam ao "conhecimento de si mesmo" e acrescenta, fazendo uma alusão velada a Lavater: "se as pessoas contassem de verdade seus sonhos, poderíamos adivinhar seu caráter com mais exatidão a partir desses sonhos, do que a partir de seus rostos"[184]. Füssli era amigo de Lavater e, provavelmente, estava mais próximo da interpretação médica e fisiológica dos sonhos do que da ideia pré-romântica de Lichtenberg. Mas seu quadro não se contenta em ilustrar uma teoria médica. O recurso à figura de um íncubo e seu tratamento mostram que ele explora a evidência visual própria da pintura para suscitar um efeito de realidade que sugere a presença efetiva do monstro, que nos olha – e o sucesso do quadro

---

183. BOND, J. An essay on the Incubus, or Nightmare, 1753. Apud POWELL, N. *Fuseli* – The Nightmare. Op. cit., p. 51.

184. Apud POWELL, N. Ibid.

deve-se evidentemente a esta ambiguidade tão inquietante quanto calculada. O quadro atua sobretudo em um registro mais profundo, íntimo, onde se apagam as certezas diurnas da razão. No reverso do *Pesadelo*, na mesma tela, Füssli pintou o retrato de uma jovem na qual se deve provavelmente reconhecer o retrato de Anna Landolt, a sobrinha de Lavater, pela qual, em 1779, ele também estava tão perdidamente apaixonado quanto inutilmente. Quadro de dupla face, *O Pesadelo* é fruto de uma complexa condensação: nele, o argumento científico serve de ocasião e de álibi para uma projeção pessoal que tem todas as aparências de uma sorte lançada ao objeto inacessível do desejo.

Em todo o caso, o sucesso europeu de *O Pesadelo* mostra que seu alcance histórico ultrapassa as simples motivações libidinais do pintor. O quadro coincide com o famoso "Capricho" de Goya (também ele artista "esclarecido"[185]), *O sono da razão gera monstros* (1796-1798), para indicar até que ponto a racionalidade das Luzes mantinha sua parte de sombra e, sobretudo, ele mostra como a representação científica do corpo podia fazer nascer, por meio das resistências que ela suscitava, novas imagens nas quais transparecia o distúrbio do imaginário.

Sem jamais evocar em seus escritos o quadro de Füssli, Freud no entanto certamente pressentiu seu significado. De fato, não é por acaso que, em 1926, um de seus visitantes observa, penduradas lado a lado em uma parede, duas gravuras onde está explícita a polaridade que acabamos de ver constituir-se no século das Luzes: em seu apartamento da Berggasse 19, o fundador da psicanálise havia aproximado a *Lição de anatomia*, de Rembrandt, de *O Pesadelo*, de Füssli[186]. Ele não poderia ter escolhido melhor, para resumir visualmente e confrontar a dupla abordagem que, há mais de um século, havia começado a ser a abordagem do "segredo" ou do "mistério" do corpo moderno.

---

185. Cf. *Goya and the Spirit of Enlightenment*. Boston: [s.e.], 1988.
186. Cf. POWELL, N. *Fuseli* – The Nightmare. Op. cit., p. 15.

ÍNDICE DE NOMES PRÓPRIOS*

Abadie, Alfred, 66n.

Accetto, Torquato, 588n.

Achillini, Alessandro, 426, 428

Adair, Richard, 260n.

Adnès, Pierre, 65n.

Agostinho (Santo), 21, 42, 413

Agrippa, Camillo, 325, 476

Águeda (Santa), 88, 555

Agulhon, Maurice, 196n., 203n., 341

Alacoque, Margarida-Maria, 38, 134, 135n.

Albert, Jean-Pierre, 61n., 71n., 86n., 97n., 112n., 115n., 143n.

Alberti, Leão Battista, 536, 539-542, 545, 546n., 549, 568, 584s.

Albret, Jeanne d', 353n.

Albucasis, 416

Alcântara, Pedro de, 56n., 62, 89

Aldebrandino de Sena, 367n.

Aldrovandi, Ulisses, 608

Alembert, Jean Le Rond d', 386n., 387n., 476n., 532n.

Alexandre VI, 25

Alexandre-Bidon, Danièle, 39n.

Allemagne, Henry-René d', 354n.

Alva, Pedro de, 65

Amando (Santo), 139

Ambrósio de Milão (Santo), 413s.

Ambrosini, Bartolomeo, 608

Amundsen, Darrell W., 413n.

Ana (Santa), 97, 511

Andernach, Guinther d', 419, 426

Anderson, Jaynie, 559n., 588n.

Andry de Boisregard, Nicolas, 383s., 391

---

* A letra "n" após os números de página indica nota de rodapé.

Angenendt, Arnold, 94n.

Anselmo (Santo), 64

Antão (Santo), 20, 56

Antoine, Michel, 376n., 531n., 533n.

Antoninus, 294

Antônio de Pádua (Santo), 50

Apelles, 582

Apolônia (Santa), 78, 88

Apostólides, Jean-Marie, 519

Aquin, Antoine d', 374n., 525n.

Arasse, Daniel, 543n., 548n., 560n., 567n., 584n., 588n., 595n., 596n., 598n., 605n.

Arcussia, Charles d', 333

Aretino (Pedro Aretino), 555

Argenson, Marquês de, 532

Aribaud, Christine, 194n.

Ariès, Philippe, 172n., 179n., 196n., 201n., 203n., 580n.

Aristóteles, 136, 416, 427n., 457, 489, 584, 589n., 602

Arnaldo, Antônio, (o Grande Arnaldo), 77

Aron, Jean-Paul, 136n.

Arrerac, Jean d', 229

Aselli, Gaspare, 453

Auclair, Marcelle, 75n., 112n.

Audisio, Gabriel, 101n., 104n., 109n.

Auenbrugger, Leopold, 479

Autrand, Françoise, 507n.

Avalon, Jean, 28n.

Averróis, 416s., 426

Avicena, 416s., 426

Azevedo, Ferdenando de, 70

Bachaumont, Louis-Petit de, 191

Bacon, Francis, 576

Baecque, Antoine de, 533n., 534

Baer, Karl Ernest von, 474

Baglione, Astore, 596

Baglivi, Giorgio, 437, 461

Baillet, Adriano, 53

Baillie, Matthew, 485

Bainvel, Jean-Vincent, 44n.

Bakhtine, Mikhail, 135n., 581n.

Bal, Mieke, 575n.

Ballexserd, Jacques, 380n., 382n.

Baltrusaitis, Jurgis, 543n.

Bans, Jean-Christian, 199n.

Barash, Moshe, 402n.

Barbagli, Marzio, 252n.

Barbey, Jean, 504n., 505n., 506n., 507n., 508n., 509n.

Barbeyrac, Jean, 361, 363n.

Barbier, Edmond-Jean, 394n.

Índice de nomes próprios

Barbiere, Domenico del, 567

Bard, Christine, 209n.

Bardet, Jean-Pierre, 379n.

Barette, Jean, 349n.

Baridon, Laurent, 402n.

Barret-Kriegel, Blandine, 382n.

Barsanti, 603

Bartolomeu (São), 97, 572n.

Barthélemy, Édouard de, 341n.

Bartholin, Kaspar, 429, 439n.

Bassompierre, François de, 309, 326-328, 332, 333n.

Bauhin, Gaspar, 92, 429, 437

Baulant, Micheline, 150n., 158n.

Baxandall, Michael, 540, 542n.

Bayard, Françoise, 186n., 188n.

Baynard, Edward, 278

Beatis (cônego), 106

Beaufort, Antoine Vendôme de, 347, 357

Beaujoyeux, Balthazar de (chamado Baldassarino da Belgioioso), 322n.

Beaulieu, Antoine de, 322

Beaune, Colette, 77, 514, 515n.

Beaune, Jean-Claude, 488n.

Beck, Robert, 356n.

Beddoes, Thomas, 482

Begni Redona, Pier Virgilio, 587n.

Beijer, Agnes, 322n.

Beik, William, 144n.

Bell, Rudolph M., 57n.

Bellay, Guillaume du, 305n.

Belay, Joachim du, 333

Bellin de la Liborlière, Léon, 207n.

Bellini, Lorenzo, 436

Bellori, Giovanni Pietro, 596

Belmas, Élisabeth, 347n.

Bély, Lucien, 347n.

Benabou, Érica-Marie, 270n.

Benedetti, Alessandro, 421, 426, 428, 431

Benedicti, Jean, 275n.

Benincasa, Úrsula, 73

Bennett, Judith M., 296n.

Bento (Santo), 103

Bento XIV, 116

Bento de Núrsia, 372n.

Bercé, Yves-Marie, 144n.

Berengario da Carpi, Jacopo, 421, 424, 571, 573

Bergamo, Mino, 74n.

Bergier, Nicolas, 517

Bernard, R.J., 151n.

Bernardino de Sena, 224

623

Bernardo (São), 36

Bernini (Gian Lorenzo Bernini), 74, 556, 563, 589

Bernouilli, Jacobus, 474

Berriot-Salvadore, Évelyne, 244n.

Berstein, Serge, 507n.

Bertelli, Sergio, 555n.

Berthoz, Alain, 11n.

Bertrand, Pierre-Michel, 36n.

Bérulle, Pierre de, 50, 87

Besnard, François-Yves, 142n., 148n., 149n., 150n., 151n., 156n., 157n., 162n., 173n., 181, 182n., 191n., 203n., 210n.

Bichat, François Xavier, 486

Bidloo, Govard, 574

Bienvenu, Gilles, 158n.

Bihéron (Mlle), 611

Binet, Louis, 173

Biverus (Padre), 76

Black, Joseph, 471s.

Blake, William, 552

Blanchard, Antoine, 77n.

Bloch, Marc, 136n.

Blomac, Nicole de, 395n., 396n.

Blondel, Jacques, 492

Blumenbach, Johannes Friedrich, 603s.

Blunt, Anthony, 551n., 552

Boaistuau, Pierre, 490, 495

Boaventura (São), 39, 42

Bodin, Jean, 504n., 509, 516

Boeckel, Christine M., 122n.

Boerhaave, Herman, 464, 468, 470

Boime, Albert, 552n.

Bois, Jean-Pierre, 172n.

Boissier de Sauvages, François, 470, 485

Boissy, Gabriel, 505n.

Bollème, Geneviève, 132n., 139n.

Bonal, Antoine, 100

Bonaldi, Bernadette, 56n.

Bond, John, 619n.

Bonet, Teófilo, 485

Bonhomme, Guy, 320n.

Bonifácio VIII, 411, 506

Bonneau, Alcide, 580n.

Bonnet, Marie-Jo, 209n.

Bonvicino, Alessandro, 115n.

Bordeu, Teófilo de, 470

Borelli, Giovanni, 322n., 460s.

Borrelly, Étienne, 341

Borromeu, Carlos (São), 106, 294

Borromeu, Fredrico, 596

Boschini, Marco, 562

Índice de nomes próprios

Bosio, Giacomo, 53

Bossuet, Jacques-Bénigne, 77, 105, 177, 518

Boswell, James, 277

Bottero, João, 403n.

Bouchard, Gérard, 151n., 153n., 169n., 182n., 183n., 197n.

Bouchardon, Edme, 175n.

Boucher, Jacqueline, 364n.

Boucicaut, Jean le Meingre de, 326-329

Bouet, Alexandre, 147n., 157n., 161n., 169n., 173n., 174n., 180n., 181, 182n., 189n., 202n., 210n., 212n.

Bouquet, Henri, 62n., 336n.

Bourdelais, Patrice, 379n., 380

Boureau, Alain, 528

Bourguet, Marie-Noëlle, 197n.

Bourignon, Antonieta, 62s.

Boussel, Patrice, 98n., 105n., 108n.

Bouvard (cirurgião), 371

Boxer, Marilyn J., 246n.

Boyle, Robert, 459

Brabant, Hyacinthe, 474n.

Brackenhoffer, Elias, 361

Bragarza, Giovanni, 287

Brantôme, Pierre de Bourdeille, de, 248, 295, 311

Braudel, Fernand, 493

Braunstein, Philippe, 586

Bray, Alan, 290n.

Brayard, Florent, 530n., 532n., 533n., 534n.

Brémond, Henri, 50n., 76n.

Brenot, Louis de Loménie de, 138n.

Brioist, Pascal, 323n.

Bronzino, Agnolo, 586s.

Brosses, Charles de, 252

Brouzet de Béziers, 382n.

Brown, David A., 555n., 567n.

Brown, Elizabeth A.R., 411n.

Brown, John, 469s., 572

Brown, Judith, 294n., 295n.

Browne, John, 572

Bruchon, Louise, 205

Brucker, Gene, 250n., 285n., 288n.

Brumberg, Joan Jacobs, 190n.

Brunelleschi, Filippo, 541

Brunet, Pierre, 154n.

Bruneton, Ariane, 151n.

Bryson, Anna, 581n., 591n.

Bucaille, Richard, 136n.

Buchan, Guillaume, 390n., 478

Buchon, Jean-Alexandre, 312n.

Buffequin, 322

Buffon, Georges-Louis Leclerc, Conde de, 380s., 389, 391, 392n., 393n., 395, 408, 616

Bullough, Bonnie, 297n.

Bullough, Vern L., 269n., 297n.

Buonarroti, Michelangelo: *ver* Michelangelo

Burguière, André, 509n.

Burgundio de Pisa, 416

Buridan, Jean, 602

Burke, Peter, 225n., 532

Burke, William, 609

Burnouf, Joëlle, 158n.

Bury, Emmanuel, 168n.

Butel, Louis, 183n.

Butler, Eleanor, 299

Cabanis, Georges, 383n., 602

Cabantous, Alain, 35n.

Cahier, Charles, 114n.

Calvino, João, 34, 106s.

Cambry, Jacques, 157n., 210n.

Campanella, Tommaso, 605

Campbell, Lorne, 608n.

Campe, Rudolf, 402n.

Camper, Petrus, 409, 604s.

Camporesi, Piero, 73n.

Canano, Giovanni Battista, 424, 426

Canguilhem, Georges, 475n., 488n., 498n.

Canosa, Romano, 252n., 260n., 263n., 269n., 284n.

Capp, Bernard, 239n.

Caraccioli, Luís Antônio, Marquês de, 172n., 214n.

Caradeuc de la Chalotais, Louis-René, 383

Caraglio, Jacopo, 572

Caravágio, Miguel-Ângelo Morigi de, 538, 595-597

Cardan, Jerôme, 406, 603

Carew, Richard, 349n.

Carion, Anne, 98n.

Carlini, Benedetta, 296

Carnot, Sadi, 398n.

Caro Baroja, Julio, 402n.

Caroli, Flavio, 402n.

Caroly, Michèle, 374n., 525n.

Carpentier, Émile, 507n.

Carrache, Agostino, 550, 607

Cartuxo (Louis Dominique), 604

Casa, Giovanni della, 590n.

Índice de nomes próprios

Castiglione, Baldassare, 330, 332, 364, 581, 582s., 590

Castle, Egerton, 324n.

Catarina II, 615

Catarina de Gênova, 37

Catarina de Raconísio, 69

Catarina de Sena (Santa), 40, 56-58, 61, 65, 73, 84

Caullery, Maurice, 369n.

Cavallo, Sandra, 238n.

Céard, Jacques, 488n., 495n., 609n.

Cennini, Cennino, 549n., 568

Certeau, Michel de, 23n., 74n., 132n., 133n.

Cerutti, Simona, 238n.

Cesariano, Cesare, 548

Chalcondyles, Demétrios, 419

Chamboredon, Jean-Claude, 173n.

Chambray, Rolande Fréart de, 564n., 597

Chapeau, Anne, 195

Charcot, Jean-Marie, 557, 605n.

Chardin, Jean-Baptiste Siméon, 615

Carlos I, rei da Inglaterra, 473

Carlos V, 295, 503, 523

Carlos VII, 513

Carlos VIII, 514

Carlos IX, 269, 522

Carlos Quinto, 451

Charlier, Anne, 120s.

Chartier, Roger, 478, 499n., 580n.

Chartres, Duque de, 393

Chastel, André, 546

Chastelain, Georges, 312

Chateaubriand, François-René de, 216n.

Chauliac, Guy de, 412, 417

Chauncey, George Jr., 290n.

Chavatte, Pierre Ignace, 45, 345, 362

Chazelle, Margarida Angélica, 80

Chevalier, Jean-Joseph, 191n.

Chojnacki, Stanley, 223n.

Chomel, Noël, 330n.

Christin, Olivier, 22n., 106n.

Cristina da Suécia, 322, 460

Cícero, 563, 592, 602

Cinotti, Mia, 596n.

Cirilo de Jerusalém, 413

Clara (Santa), 50

Clara de Montefalco (Santa), 61, 72

Clare, Lucien, 310n.

Clark, Kenneth, 575n.

Clayton, David, 567n., 568n.

Clément, Anne-Marguerite, 73

Clift, William, 485

Clout, Hugh D., 196n.
Clouzot, Henri, 376n.
Cohen, Elisabeth S., 267n.
Cohen, Sherrill, 272n.
Coignet, Jean-Roch, 146n., 147n., 162n., 165n., 185n., 193n.
Coke, Edward, 515
Colbert, Jean-Baptiste, 601
Collet, Pierre, 353n.
Collomp, Alain, 196n.
Colombo, Realdo, 244, 245n., 421, 425, 456, 577
Colonnello, Isabella, 263n.
Colqhoun, Patrick, 273
Comisso, Giovanni, 371n.
Compère, Madeleine, 580n.
Condillac, Étienne Bonnot de, 602
Condorcet, Jean Antoine Nicolas Cariat de, 378n., 381, 388
Constantino o Africano, 415
Cook, James, 484
Copérnico, Nicolau, 124, 570
Coquault, Oudart, 339n.
Corbin, Alain, 257n.
Cordier, Pierre, 133n.
Cordoba, Pedro, 356n.
Cornaro, Luigi, 15, 373n.

Cornette, Joël, 150n., 310n., 505n., 510n., 522n., 523
Correggio (Antoine Allegri), 556
Correr, Angelo, 371
Cosme I, 286, 554, 586
Cosme III, 612
Cottret, Monique, 56n.
Coulomb, Charles Augustin de, 392
Couprie-Rogeret, Agnès, 52n.
Courbet, Gustave, 593
Courtevaux, Duque de, 394
Courtilz de Sandras, Gatien de: *ver* Montbrun
Courtin, Antoine de, 364n.
Courtine, Jean-Jacques, 402n., 405n., 459n., 488n., 603n.
Cousin, Bernard, 215n.
Cousin, Françoise, 161n.
Couturier, Yves, 204n.
Coyer, Gabriel-François, 383
Coypel, Antoine, 600s.
Cranach, Lucas, 592n.
Crémoux, Françoise, 119n.
Cressy, David, 229n.
Croiset, Jean, 335n, 336n.

Índice de nomes próprios

Croix, Alain, 90n., 132n., 151n., 177n., 183n.

Croÿ, Emmanuel de, 395, 530

Cryle, Peter, 177n.

Cuisenier, Jean, 192n.

Cullen, William, 469, 485

Cureau de la Chambre, Marin, 401, 404n., 405n., 600

Da Molin, Giovanna, 260n.

Daire, Louis François, 346n.

Dama Tartine, 200

Damião, Pedro, 29

Damisch, Hubert, 407n., 585n., 599s., 600

Daneau, Lambert, 167n.

Danet, Guillaume, 379

Dangeau, Philippe de Courcillon de, 345, 363, 526

Dante Alighieri, 545

Daquin, Joseph, 186n., 216n.

Darcie, Abraham, 324n.

Darmon, Pierre, 143n., 244n.

Daston, Lorraine, 488n., 493n., 494n., 495n.

Daumas, Maurice, 221n., 276n., 321n., 398n.

David, Jacques-Louis, 617

Davis, Natalie Zemon, 225n., 256n., 350n., 359

Davis, Whitney, 294n.

De Giorgio, Michela, 229n.

Debru, Armelle, 456n.

Dedekind, Frederik, 581n.

Dekker, Rudolf M., 297n.

Delamare, Nicolas, 188n., 347n., 354n.

Delanue, Joana, 55

Delaporte, François, 402n.

Delaunay, L.A., 338n., 340n.

Delort, André, 348n., 351n., 359n.

Delfina de Sabran (Santa), 50

Delumeau, Jean, 20n., 56n., 89n., 129n., 146n., 166n., 200n., 329n.

Demangeon, Albert, 196n.

Deneys-Tunney, Anne, 459n.

Denieul-Cormier, Anne, 403n.

Desaguliers, Jean Théophile, 391

Desaive, Jean-Paul, 166, 186n., 188n.

Descartes, René, 459, 464, 466, 471, 565

Descimon, Robert, 509

Desées, Julien, 348n.

Desessartz, Jean-Charles, 380n., 382n.

Desnoues, Guillaume, 605

Desplat, Christian, 229n.

Destutt de Tracy, Antoine Louis Claude, 602

Desveaux, Eugène, 338n., 339n.

Deveaux, Jean, 369n.

Deyman, John, 575

Deyon, Solange, 106n.

Diderot, Denis, 146n., 175, 176s., 195, 386n., 387, 409n., 475n., 476n., 478, 532, 599, 609, 615s.

Didi-Huberman, Georges, 557n., 604n., 605n.

Dieckmann, Herbert, 176n.

Dionis, Pedro, 435n.

Dionísio o Cartuxo, 543

Dionysius Caton, 580

Dixon, Laurinda S., 232n.

Dobson, Matthew, 482

Domingo del Val (São), 48

Dominici, Giovanni, 545

Domingos (Santo), 99

Donatello, 541

Donoghue, Emma, 296n.

Doria, Andrea, 554, 586

Dossi, Dosso, 586n.

Douhet, Conde de, 122n.

Drevillon, Hervé, 323n.

Drummont de Melfort, Louis de, 396

Du Chesne, André, 511n.

Dubé, Jean-Claude, 72n.

Dubé, Paul, 72

Duberman, Martin, 290n.

Dubois, Alexandre, 138-140, 153n., 193, 203n., 207

Dubois, Philippe, 402n.

Dubuc, André, 349n., 365n.

Duby, Georges, 13n., 166n., 184n., 196n., 201n., 203n., 507n.

Duchenne de Boulogne, Guillaume-Benjamin, 605n.

Duchesne, Annie, 191n.

Dufort de Cheverny, Jean-Nicolas, 394n.

Dumont, Martine, 402n.

Dunning, Eric, 360n.

Dupâquier, Jacques, 379n.

Dupaty, Charles-Étienne, 609s., 613

Dupin, Claude-Étienne, 197

Dupront, Alphonse, 22n., 94n.

Dürer, Albrecht, 547, 549s., 553, 592n., 606

Índice de nomes próprios

Eckhart, Johannes (Mestre Eckhart), 74, 544

Éclache, Michèle, 170n.

Ehrard, Antoinette, 598n.

Ehrard, Jean, 598n.

El Kenz, David, 35n.

Elias, Norbert, 360, 404n., 519n., 520n., 521n., 581

Elisabeth de Bremen, 80

Elzeário (Santo), 50

Emmerich, Ana-Catarina, 70, 85, 86n.

Epicuro, 136

Épinay, Louise d', 307, 389, 477

Erasmo (Santo), 88

Érasme, Didier, 17n., 172n., 174, 175n., 183n., 191, 579-582, 593

Erauso, Catalina de, 297

Escanecrabe, Christiane, 142n., 161n.

Escolástica (Santa), 103

Estaing, François d', 96

Estêvão (Santo), 97, 115

Estienne, Charles, 420, 422, 424, 429s., 544, 571s.

Estienne, Henri, 105

Eustachio, Bartolommeo, 453

Eutrópio (Santo), 97

Evans, Edward Payson, 281n.

Ezequiel, 72

Fabre, Daniel, 203n.

Fabre-Vassas, Claudine, 49n.

Fabrici d'Acquapendente, Girolamo, 423, 435, 453, 456n.

Faderman, Lilian, 299n.

Fagon, Guy-Crescent, 374n., 525n.

Fahrenheit, Gabriel David, 465

Faiguet de Villeneuve, Joachim, 477n., 484n.

Fail, Noël du, 203, 230

Fairchilds, Cissie, 234n., 255n.

Fallopio, Gabriele, 452

Fardé, Joana, 120

Faret, Nicolas, 332

Farge, Arlette, 174n.

Farnese, Odoardo, 608

Farnese, Ranuccio, 608

Farr, James R., 273n.

Febvre, Lucien, 7n.

Félibien, André, 536, 597, 615

Fenton, Edward, 495n.

Féraud (abade), 69

Ferdinando do Tyrol, 608

Fernel, João, 432-434, 438, 439n., 440n.

Ferrand, Jacques, 232

Ficelle, Gaspard (Pão de Centeio), 193

Filipe II da Espanha, 451

Filipe Néri (Santo), 107

Filipe o Belo, 412, 505-507

Fink, Béatrice, 154n.

Finot, Jean-Pierre, 339n.

Firenzuola, Agnolo, 584

Fischer, Jean-Louis, 488n.

Fitou, Jean-François, 177n., 517n.

Flamant, 370

Flandrin, Jean-Louis, 17, 20n., 156n., 203n., 217n., 228n., 233n., 248n., 275n., 277n., 278n.

Fléchier, Esprit, 359n.

Fletcher, Anthony, 225n.

Fleureau, Dom Basílio, 100

Flötner, Peter, 606

Flotté, Maria-Dorotéia de, 81

Floyer, John, 465

Fludd, Robert, 544

Focillon, Henri, 538n.

Fontaine, André, 596n.

Fontaine, Laurence, 200n., 493n.

Fontana, Felice, 610, 613

Fontanel, Brigitte, 216n.

Fontenelle, Bernard Bouyer de, 612

Forest, Michel, 160n., 176n.

Fortuna, Stefania, 419n.

Fothergill, John, 396n., 481

Foucault, Michel, 12n., 486n., 529n.

Foucher, Isabelle, 214n.

Fouque, Victor, 337n., 340n.

Fout, John C., 298n.

Foyster, Elisabeth A., 253n.

Fra Bartolomeo, 555

Fragonard, Honoré, 173, 616s.

Francastel, Pierre, 17n.

Francisca Romana (Santa), 57

Francisco I, 512, 572

Francisco de Assis (São), 29, 68

Francisco de Sales (São), 21, 58, 73, 76, 82, 110, 149, 166, 357

Franco, Verônica, 266n., 267

Franklin, Alfred, 364n.

Franklin, Benjamin, 476

Freedberg, David, 556n.

French, Roger K., 421n., 426n.

Freud, Sigmund, 219, 620

Friedli, Lynne, 298n.

Friedman, John Block, 489n.

Índice de nomes próprios

Froeschlé-Chopard, Marie-Hélène, 44n.

Froide, Amy M., 296n.

Froissart, Jean, 503

Fugger, Jacob, 586

Furet, François, 478

Furetière, Antoine, 136, 138, 149n., 172, 174n., 177s., 187n., 190n., 369

Furiel (Madame), 184s.

Füssli, Johann Heinrich, 536, 618-620

Gaborit de La Brosse, 160

Gaillard-Bans, Patricia, 199n.

Galeno, 377, 415s., 419s., 425, 430, 439, 442, 451s., 455-458, 576s.

Galileu, Galilei, 124

Gall, Franz Joseph, 409, 605

Gallonio, Antônio (Padre), 53

Gallucci, Mary M., 244n.

Galton, Francis, 605n.

Galvani, Luigi, 472

Gamelin, Jacques, 574, 578

Ganiare, Clara-Agostinha, 77

Garber, Marjorie, 297n.

Garin, Eugenio, 329n.

Garland, Robert, 489n.

Gasnier, Marie-Dominique, 19n., 132n.

Gassendi, Pierre, 186n., 187

Gauchet, Marcel, 12n.

Gauricus, Pomponius, 546n.

Gautier d'Agoty, Jacques Fabien, 574

Gélis, Jacques, 96n., 98n., 118n., 162n.

Genlis, 70, 393, 396, 611

Gent, Lucy, 571n., 581n.

Gerard, Kent, 224n., 290n.

Gerardo de Cremona, 415

Germain, George (lorder), 290

Gerson, João, 21, 283

Gertrudes de Helfta (Santa), 36, 38

Getrevi, Ralph E., 402n.

Gil de Roma, 509

Ginzburg, Carlo, 403n., 558, 560n., 564

Giorgi, Francesco, 547

Giorgio, Michela, 229n.

Giorgione, 559-561, 587s.

Giotto, 541

Girolamo da Carpi, 424

Giuliani, Verônica (Santa), 66, 67n., 70

Giustiniani, Vicenzo, 597n.

Glisson, Francis, 375n., 436, 468

Gluck, Denise, 199n.

Gockerell, Nina, 34n.

Goddard, Jean-Christophe, 19n., 132n.

Godefroy, Denis, 515n.

Goffen, Rona, 560n., 561n.

Gombrich, Ernst H., 550

Gonsalus, Arrigo, 608

Gonsalus, Petrus, 608

Gonzaga, Francisco, 597n.

Goubert, Pierre, 23n., 146n., 199n., 366n., 507n., 511n., 531n.

Gouberville, 348, 364s.

Gougaud, Dom Louis, 31n., 36n., 349n., 360n.

Gourdan (a), 184

Goya, Francisco, 536s., 562, 620

Graaf, Regnier de, 453

Gracián, Baltasar (Padre), 590

Grassi, Marie-Claire, 166n.

Gregório de Nazianzo (São), 111

Gregório I, o Grande, 21

Gregório IX, 108

Grell, Chantal, 523n.

Greuze, Jean-Baptiste, 173, 598s.

Grieco, Allen J., 242n.

Grimmer, Claude, 9n.

Grmek, Mirko D., 411n., 424n., 436n.

Groppi, Angela, 272n.

Grose, Francis, 550

Grosley, Pierre-Jean, 396

Groult, Pierre, 64n.

Grünewald, Matthias, 553, 592n.

Grussi, Olivier, 354n.

Guédon, Martial, 402n.

Guericke, Otto von, 461

Guerrand, Roger-Henri, 179n., 190n.

Guerre, Martin, 256n.

Guéry, Alain, 509

Guibert, Jacques-Antoine, 171, 183n., 202n.

Guibert de Nogent, 106

Guidi, Guido, 422, 424

Guido da Vigevano, 412

Guilcher, Jean-Michel, 169n.

Guilcher, Yves, 166n., 168n., 169n.

Guilherme de Moerbecke, 416

Guilherme de Saliceto, 417

Guimier, Cosme, 514n.

Índice de nomes próprios

Gullickson, Gay, 157n.
Guttmann, Allen, 303n.
Guyon (Madame), 81n.

Hales, Stephen, 465
Hall, Edward Twitchell, 588n.
Hall, Lesley, 246n., 277n.
Haller, Albrecht von, 467-470, 474, 476
Haly Abbas, 415, 417
Hamon, André Jean-Marie, 38n.
Hani, Jean, 150n.
Hanlon, Gregory, 176n.
Haroche, Claudine, 402n., 405n., 603n.
Hartt, Frederick, 538
Harvey, William, 70, 407, 421, 435, 438, 453 ,457s., 460, 463, 468, 473s.
Haton, Claude, 355n.
Haygarth, John, 481
Heberden, William, 479
Hekma, Gert, 224n., 290n.
Heliogábalo, 207n.
Heller, Thomas C., 231n.
Hemardinquer, Jean-Jacques, 156n.
Henrique III, 267, 337
Henrique IV, 505, 510, 516s., 518, 524

Hérault, Pascal, 149n.
Herbert, R.L., 173n., 235
Héritier, Jean, 371n., 526n.
Héroard, Jean, 525
Hervey (lorde), 290
Heu, Adrien de, 349n.
Hézecques, Félix de France d', 534n.
Hiler, David, 158n.
Hill, Bridget, 254n.
Hipócrates, 367, 377, 424, 462, 480
Hitchcock, Tim, 290n., 296n.
Hobbes, Thomas, 505
Hoffmann, Friedrich, 467
Hogarth, Guilherme, 578s.
Holbein, Hans, 544, 553
Hole, William, 268
Hooke, Robert, 459
Hope, Charles, 560n.
Horowitz, Maryanne Cline, 246n.
Houdon, Jean Antoine, 615
Howard, John, 484
Huet, Marie-Hélène, 492n.
Hufeland, Christoph Wilhelm, 384, 385n.
Hufton, Olwen, 157n., 268n., 270n., 271n., 273n.

635

Huizinga, Johan, 313n.
Hume, David, 131
Hunain Ibn Ishaq, 415
Hunt, Margery R., 296n.
Hunter, John, 470
Hunter, William, 485
Huxham, John, 481
Huysmans, J.K., 85

Ibn Ridwan, Ali, 416
Ingram, Martin, 225n.
Ingrand, Jacques-César, 142n., 145, 193n.
Iphis, 171

Jacquart, Danielle, 416n.
Jacquart, Jean, 199n., 416n.
Jacquot, Jean, 319n., 322n.
Jahan, Sébastien, 133n., 147n.
Jamerey-Duval, Valentin, 140s., 142n., 147n., 160n., 162n., 163s., 165n., 166n., 193n.
Jammer, Max, 541n., 588n.
Janson, Horst Waldemer, 542n., 576n.
Janvier, Auguste, 339n.
Jaucourt (cavaleiro de), 379n., 601, 604

Jeanton, Gaston, 206n.
Jerônimo (São), 20, 56, 89
Joana d'Arc (Santa), 504n.
Joana de Borgonha, 412
Joana de Chantal (Santa), 113
Joana de Maria-Jesus, 70
João Batista (São), 97, 99, 107, 541, 555
João Crisóstomo (São), 443
João da Cruz (São), 55
João de Alexandria, 425, 430
João de Paris, 505n.
João Eudes (São), 37
João Evangelista (São) 29
João Nepomuceno (São), 113
Johnson, Samuel, 485
Jones, Colin, 402n.
José II, 611
José (François-Joseph Leclerc du Tremblay, Padre), 37, 215
Joubert, Laurent, 453s.
Jouvancy, Joseph de, 336n.
Julia, Dominique, 580n.
Juliano (São), 99
Junius, Franciscus, 596
Jurieu, Pierre, 519n.

Índice de nomes próprios

Jusserand, Jean-Jules, 328n., 378n., 396n.

Justino Mártir, 413

Kant, Emmanuel, 618

Kantorowicz, Ernst, 506, 508n., 509n., 510n., 514, 545n.

Kappler, Claude, 489n.

Karras, Ruth Mazo, 263

Kaufmann, Thomas Da Costa, 592n., 593n.

Kay, Sara, 219n.

Kellett, C.E., 424n.

Kendall, Paul Marray, 317n.

Kenseth, Joy, 495n.

Kepler, Johannes, 124

Keriolet, Pedro de, 62

Kern, Hermann, 586n.

Ketham, Johannes de, 577

Klapisch-Zuber, Christiane, 229n.

Klein, Robert A., 546n.

Knecht, Robert J., 517n.

Komlos, John, 379

Koyré, Alexandre, 606

Kselman, Thomas, 143n.

Kurzel-Runtscheiner, Monica, 267n.

Kwakkelstein, Michael W., 550n.

L'Estoile, Pierre de, 495

La Bouëre (Condessa de), 215, 216n.

La Bruyère, Jean de, 152, 171, 520

La Condamine, Charles-Marie de, 396

La Fontaine, Jean de, 156n.

La Framboisière, Nicolas Abraham de, 373n.

La Guériniére, François Robichon de, 379

La Marche, Olivier de, 312

La Mark, Robert de, 306n.

La Mettrie, Julien Offray de, 602

La Mothe, Le Vayer de Bourigny, François de, 511n.

La Noue, François de, 329n., 333

La Poix de Fréminville, Edme de, 358n.

La Rochefoucauld, François de, 590

La Salle, João Batista de, 183n., 580

La Servière, Joseph de, 336n.

La Villemarque, Théodore Hersart de, 132n., 169n.

Labatut, Jean-Pierre, 316

Labre, Benedito, 55

Labrune, Monique, 19n., 132n.

Lachiver, Marcel, 132n.

Lafitau, José-Francisco (Padre), 492

Laget, Mireille, 162n.

Lahellec, Michel, 199n.

Laignel-Lavastine (Doutor), 66n.

Lairesse, Gérard de, 574

Lamarck, Jean-Baptiste de Monet de, 471

Lamers, A.J.M. (Doutor), 121n.

Lamoignon, Guillaume de, 531n.

Lamotte, Françoise, 343n., 511n.

Lancret, Nicolas, 173

Landry, Jean, 502n.

Laneyrie-Dagen, Nadeije, 16n., 22n., 402n., 544n., 546n., 548n., 549, 554n., 571n., 574n., 592n., 607n., 608n.

Lange, Frédéric, 149n.

Lantéri-Laura, Georges, 402n.

Laqueur, Thomas, 224n., 291n.

Laroque (Abade de), 176

Laslett, Peter, 260n., 283n.

Latry, Guy, 200n., 202n.

Lauder, John, 156n.

Laurens, André du, 428-430, 434, 437

Lavalley, Gaston, 338n., 341n.

Lavater, Johann Kaspar, 384, 409, 603s., 610, 619s.

Laveau (a), 204

Laving, Irving, 319n.

Lavisse, Ernest, 196n.

Lavoisier, Antoine Laurent de, 346s., 432

Le Breton, David, 566n., 578n.

Le Brun, Charles, 86s., 407, 522, 524, 597, 599-602

Le Brun, Jacques, 54n., 63n., 75n., 76n., 77, 78n., 80, 82n.

Le Camus (Abade), 86

Le Camus, 233

Le Fur, Yves, 91n.

Le Goff, Jacques, 8n., 225n., 498n., 499, 511n.

Le Nain (irmãos), 45, 150, 593s.

Le Roy Ladurie, Emmanuel, 9n., 134n., 156n., 157n., 173n., 177n., 200n., 517n., 526, 527n.

Le Tallec, Jean, 157n.

Lebrun, François, 133n., 241n., 276n.

Leclercq, Jean, 505n., 514n.

Lecomte, Nathalie, 166n.

Lecoq, Raymond, 183n.

Lecouteux, Claude, 489n.

Índice de nomes próprios

Leguay, Jean-Pierre, 257n.
Lelièvre, Françoise, 61n.
Lelièvre, Vincenzo, 61n., 158n.
Lemaître, Nicole, 97n., 100n.
Lémery, Louis, 491
Lemire, Michel, 605n., 610n., 611n., 612n., 616n.
Lenoble, Robert, 321n.
Lenoir, Timothy, 603n.
Léonard, Émile-G., 140n., 168n., 171n., 188n., 194n., 203n., 207n., 212n.
Leonardo da Vinci, 437, 451, 547s., 554, 567
Lequin, Yves, 146n.
Lespinasse, Julie de, 388, 389n.
Lettsom, John Coakley, 481s.
Léveillé, Jean-Baptiste-François, 470n.
Lever, Maurice, 136n., 494n.
Lévis, Pierre-Marc-Gaston de, 534
Lewis, Matthew, 617
Libron, Fernand, 376n.
Liceti, Fortunio, 495
Lichtenberg, Georg Christoph, 619
Lichtenstein, Jacqueline, 563, 564n., 597n.
Lick, Robert, 185n.

Licóstenes, Conrado, 495n.
Lidvina de Schiedam (Santa), 84
Ligou, Daniel, 341
Limbourg (irmãos), 544
Lind, Lev R., 425n.
Linné, Carl von, 485
Lister, Martin, 324, 325n.
Livi Bacci, Massimo, 243n.
Llewellyn, Nigel, 571n., 581n.
Loarte, Gaspar, 26
Locatelli, Sebastiano, 361s.
Locke, John, 157n., 171n.
Loir-Mongazon, Elisabeth, 191n.
Lomazzo, Gian Paolo, 551
Lombardi, Daniela, 229n., 238n., 272n.
Lombardo, Julia, 267
Lombroso, Cesare, 605
Lorme, Charles de, 476
Loryot, François (Padre), 174
Lottin, Alain, 33n., 47n., 106n., 345n., 355n.
Lotto, Lorenzo, 591
Lourenço (São), 97, 104
Louvet, Jean, 310n.
Loux, Françoise, 136n., 145n., 448n.

Lower, Richard, 459

Loyola, Inácio de (Santo), 55, 62

Loyseau, Jean Simon, 518n.

Lúcia (Santa), 88

Ludolfo de Saxe, 36

Luís X, 412

Luís XI, 514

Luís XII, 512s., 523

Luís XIII, 311, 333, 371, 515-517, 525s.

Luís XIV, 146, 179, 269, 313s., 317, 322, 345, 359, 362s., 505, 516s., 519, 524-526, 528, 532

Luís XV, 376, 532

Luís XVI, 530, 533s.

Lutero, Martinho, 104, 106

Lutgarda (Santa), 36, 38

Luxemburgo, Pedro de, 58

Luyne, Duque de, 394

Luze, André de, 347n.

Mabillon, Jean, 108

Maccubbin, Robert P., 246n., 269n.

MacDonald, Michel, 232n.

Macherel, Claude, 44n.

Macquéreau, Robert, 304n., 309n.

Madalena da Cruz, 68

Maguet, Frédéric, 210n.

Maintenon, Françoise d'Aubigné, Marquesa de, 175, 273, 375, 376n.

Maire, Catherine-Laurence, 127n.

Maisse, Odile, 120n.

Maître, Jacques, 59n.

Mâle, Émile, 24n., 50n., 51n.

Malebranche, Nicolas, 492

Malpighi, Marcello, 436, 460, 463

Mamés (São), 88

Mancini, Giulio, 596

Mancini, Maria, 362

Mandressi, Rafael, 451n., 575n., 576n.

Mandrin, Louis, 160

Mandrou, Robert, 133n., 144n., 183n.

Manetti, Antonio, 545

Mantegna, Andrea, 16, 575

Marcadé, Jacques, 193n.

Marchetti, Domenico, 429

Marcial (São), 97s.

Margarida (Santa), 99, 102, 121

Margolin, Jean-Claude, 148n., 158n., 320n.

Maria da Visitação, 68

Índice de nomes próprios

Maria d'Oignies, 65

Maria do Egito, 56

Maria Madalena (Santa), 86, 99, 541, 555

Maria Madalena da Santíssima Trindade, 75

Marin, Louis, 519n., 540n., 573n.

Marlé, René, 90n.

Marmontel, Jean-François, 163n., 533

Marot, Jean, 524

Martel, Philippe, 200n., 202n.

Martinho (São), 97

Martin, Ernest (Doutor), 488

Martin, Philippe, 20n.

Martini, Gabriele, 284n.

Martini, Simone, 16

Marx, Jacques, 54n.

Masaccio, 16, 541, 570

Massa, Niccolò, 428

Masselin, Jehan, 514n.

Masson, Georgina, 266n.

Masson, Jean-Claude, 590n.

Mateus (evangelista) (São), 51n., 595

Mathieu, Jocelyne, 183n.

Mathurin, Hélène, 161n.

Matthews-Grieco, Sara F., 184n.

Maupertuis, Pierre-Louis Moreau de, 492

Maurepas, Arnaud de, 530n., 532n., 533n., 534n.

Mauriceau, François, 376

Mauss, Marcel, 7n.

Mayor, Alpheus Hyatt, 544n.

Mazzi, Serena, 263n.

McGowan, Margaret M., 321n.

McKeown, Thomas, 243n.

McLaren, Augus, 250n.

Mectilde de Hackerborn, 38

Médicis, Giuliano de, 567

Médicis, Maria de, 516

Mehl, Jean-Michel, 355n.

Meirion-Jones, Gwyn, 196n.

Melanchton, 592n.

Ménard, Michèle, 129n.

Menetra, Jacques-Louis, 140n., 162n.

Mercier, Louis-Sébastien, 102, 161, 172n., 389s., 395, 405

Mercurialis, Hieronimus, 368

Merlin, Philippe-Antoine, 529n.

Meyer, Joachim, 325

Mézeray, François Eudes de, 331

Michaud, Joseph-François, 305n., 306n., 327n., 503n.

641

Michel, Christian, 523n.

Michelangelo, 93, 424, 536s., 548, 555, 572n., 589

Migne, Jacques Paul (Abade), 122n.

Millet, Jean-François, 173

Milliot, Vincent, 173n.

Millot, Jacques-André, 377n., 383, 477n.

Milza, Pierre, 507n.

Minúcio Félix, 413

Moine, Marie-Christine, 314n.

Molière (Jean-Baptiste Poquelin), 168n.

Mondeville, Henrique de, 412, 417, 418n.

Mondino de'Liuzzi, 412, 417, 437

Moner, Michel, 49n.

Monro, Alexander, 386

Monstrelet, Enguerrand de, 514n.

Mantagu, Jennifer, 407n.

Montaigne, Michel de, 25, 208, 268, 324, 331, 355

Montandon, Alain, 160n., 166n., 168n.

Montbrun (chamado Gatien de Courtilz de Sandras), 354

Montesquieu, Charles-Louis de Secondat de, 386, 387n., 391, 533

Monteux, Henri de, 373n., 375n.

Montfalcon, Jean-Baptiste, 358n.

Montpensier, Anne Marie Louise d'Orléans de, 362, 374

Montzey, Charles de, 333n.

Moreau, 160, 501

Moreau-Nélaton, Étienne, 339n., 343n.

Morel, Marie-France, 162n.

Morel, Philippe, 538n., 607n.

Moretto da Brescia, 587

Morgagni, Giovanni Battista, 485s.

Morin, Guillaume (Dom), 103, 104n.

Morineau, Michel, 154n.

Monro, Alexandre, 386n.

Mouan, Louis, 338n.

Mourad, Youssef, 403n.

Muchembled, Robert, 225n., 351s., 356n., 365n.

Muir, Edward, 244n.

Muraro, Michelangelo, 567n., 569n., 570n., 576n.

Murner, Thomas, 43

Muyart de Vouglans, Pierre François, 529n.

Nancy, Jean-Luc, 543n., 556n., 558

Nangis, Nicolas de Brichanteau de Beauvais de, 314s.

Índice de nomes próprios

Napier, Richard, 232, 448

Nau (a), 204

Neimetz, J.C., 352

Nero, 476

Newton, Isaac, 124, 391, 466, 468

Nicaise, Eduardo, 412n., 418n.

Niccoli, Ottavia, 244n., 267n., 494n.

Niccolò da Reggio, 416s., 419

Nicolau de Bari (São), 58

Nicolau de Tolentino (São), 56, 58, 114

Nivet [Fanfarrão], 213n.

Noirot, Claude, 208n.

Nora, Pierre, 511n., 520n.

Norton, Rictor, 290n., 296n.

Nutton, Vivian, 368n., 373n.

Oberhuber, Konrad, 555n., 567n.

Obsequens, Julius, 495n.

Odila (Santa), 88

Ogée, Jean, 207n., 210n.

Oresko, Robert, 290n.

Orléans, Duque de, 393

Orléans (filhos do Duque de), 393

Otis, Leah L., 263n., 265n.

Outram, Dorinda, 214n.

Ovídio, 145, 548, 554

Paauw, Pieter, 578

Palatine, Princesa, 526

Palma Cayet, Pierre-Victor, 331

Panofsky, Erwin, 512, 546n., 547, 548n., 551, 554, 585n.

Paola di San Tommaso, 72

Paracelso (Philippus Aureolus Theophrastus Bombasus von Hohenheim), 462

Paravicini Bagliani, Agostino, 411n., 509n.

Pardailhé-Galabrun, Annick, 88

Paré, Ambroise, 15, 367, 368n., 426, 428, 452, 455n., 490s., 495, 606, 608, 609n.

Pâris, François de (Diácono Pâris), 127

Paris, Jean, 24n., 505n.

Paris, Paulin, 306n.

Park, Katharine, 488n., 493n., 495n.

Pascal, Blaise, 77, 148n., 357

Pasquier, Estienne, 320

Passarotti, Bartolomeo, 592

Patin, Gui, 347n., 370, 371n., 390, 462

Paulo da Cruz, 26

Pazzi, Maria Madalena de, 37

Peacham, Henri, 330

Pedro (São), 25, 97, 107

Pedro de Cortona, 573

Pedro Leopoldo, grão-duque da Toscana, 610

Peligry, Christian, 170n.

Pellegrin, Nicole, 133n., 149n., 162n., 164n., 166n., 168n., 172n., 174n., 175n., 180n., 189n., 191n., 202n., 205n., 206n., 207n., 209n., 210n., 211n., 213n., 214n., 215n.

Peltre, Jean, 183n.

Pénent, Jean, 170n.

Pepys, Samuel, 255, 346n., 448

Perducius, Corneille, 139n., 144n.

Péret, Jacques, 150n., 151n., 154n., 169n., 171n., 177n., 180n., 199n.

Perez, Stanis, 528n.

Perino del Vaga (Pietro Buonaccorsi), 424, 572

Perrault, Charles, 147n.

Perrenoud, Alfred, 379n., 380

Perrin, Olivier, 147n., 157n., 161n., 169n., 173n., 174, 178n., 179, 180n., 181, 182n., 189n., 202n., 210n., 212n.

Perrot, Jean-Claude, 191n.

Perrot, Michelle, 13, 166n., 184n.

Peru, Fanch, 202n.

Peyssonel, Charles de, 382n.

Phan, Marie-Claude, 260n.

Philippe, Julien, 600n., 601n.

Philo, Ron, 567n., 568n.

Pico de la Mirandola, Giovanni, 545

Pie, Jean-Claude, 120n.

Pigliano, Claudio, 602n.

Piles, Roger de, 541, 551, 563, 615

Pillorget, René, 313n., 314n., 504n., 516n.

Pillorget, Suzanne, 313n., 314n., 504n., 516n.

Pinson, André-Pierre, 614-616

Piny, Alexandre (Padre), 75

Piponnier, Françoise, 136n.

Pirson, Jean-François, 162, 178n., 179n.

Pisan, Christine de, 503

Pitte, Jean-Robert, 154n.

Planhol, Xavier de, 158n.

Platelle, Henri (Cônego), 117, 139n.

Platter, Felix, 423

Platter, Thomas, 42

Plínio, o Velho, 489, 492

Plowden, Edmund, 508n.

Pluvinel, Antônio de, 311, 312n., 333s.

Po Chia Hsia, R., 48n.

Pollaiuolo, Antonio, 568

Pomian, Krzysztof, 490, 491n.

Pommard, François, 500n.

Pommier, Edouard, 521n.

Poncher, Estienne, 363n.

Pons, Alain, 216n., 583n.

Ponsonby, Sarah, 299

Pont-Aymerie, Alexandre de, 333

Pontas, Jean, 353n.

Pontis, Louis de, 216n.

Porchon, A., 370n., 372n.

Porée, Charles (Padre), 336n.

Porta, Giambattista della, 406n.

Porter, Henry, 324n.

Porter, Martin, 402n.

Porter, Roy, 219n., 246n., 247n., 298n.

Postcook, Milorde, 394

Poujoulat, Jean-Joseph-François, 305n., 306n., 327n., 503n.

Poussin, Nicolas, 593s., 598s.

Poutrin, Isabelle, 54n., 56n., 64

Powell, Nicholas, 618n., 619n., 620n.

Prévost, 168, 188n.

Primatíce, Francesco, 424

Prion, Pierre, 134n., 140n., 162n., 167n., 188n., 190n., 193n., 209n., 211n., 212n.

Pron, F. (abade), 76n.

Protágoras, 540

Quaife, Geoffrey Robert, 266n., 282n.

Quataert, Jean H., 246n.

Quesnay, François, 397n.

Queval, Isabelle, 381n.

Quintiliano, 592

Rabelais, François, 328n., 371n.

Rabiqueau, Charles, 387

Radcliffe Ann, 617

Raimundo de Cápua (São), 84

Raisse, Arnaldo de, 65

Ramakus, Gloria, 555n.

Ramazzini, Bernardino, 372n., 373n.

Rameau, Jean-Philippe, 146

Ranum, Orest, 134n., 201n.

Rapin René (Padre), 28

Raspal, Antoine, 215n.

Rauch, André, 398n.

Raveneau, Jean-Baptiste, 139n., 148s., 177n., 178, 183n., 195, 196n.

Raviez, Francois, 160n.

Raynal, Guillaume-Thomas, 532

Raynaud, Teófilo, 65

Réaumur, René, 467, 471

Reay, Barry, 225n.

Redon, Odile, 98n., 116n., 120n.

Redondo, Agostinho, 356n.

Régnier, Mathurin, 356

Rembrandt (Rembrandt Harmenszoon van Rijn), 574s., 591, 620

Renauldon, Joseph, 348n.

Renault, Emmanuel, 75n.

Rencurel, Benedita, 57, 68, 70

Reni, Guido, 552

Renneville, Marc, 402n.

Rétif de la Bretonne, Nicolas, 155, 156n., 157n., 163, 166n., 178n.

Revarolles, 347

Revel, Jacques, 329n., 509n., 520n.

Rey, Michel, 290n., 292n.

Rey, Roselyne, 475n.

Reyna, Ferdinando, 322n., 332n.

Rhazès, 415

Ribadeneira, Pedro de (Padre), 53, 83, 115

Ribera, Francesco (Padre), 111s.

Ribera, Jusepe de, 607

Riblas, João, 495n.

Richard, Philippe, 136n., 145n., 448n.

Richelet, Pierre, 138

Richer, Paul, 557n.

Riddle, John, 250n.

Rinn, Andreas von, 48s.

Riolan, João (filho), 421, 429s., 439

Rioux, Jean-Pierre, 533n.

Ripa, Cesare, 554

Rita de Cássia (Santa), 65, 84

Rivière, Jean, 506n.

Roche, Daniel, 18n., 140n., 146n., 178n., 180n., 183n., 186n., 193n., 203n., 205n., 358n., 478, 507n., 511n., 531n.

Rocke, Michael, 224n., 284n., 285n., 289n.

Rodler, Lucia, 402n.

Roger, Jacques, 488n.

Romano, Giulio, 567, 591

Romano, Ruggiero, 546n.

Roque (São), 97, 128

Índice de nomes próprios

Rosand, Davi, 567n., 569n., 570n., 576n.

Rasanvallon, Pierre, 382n.

Rosenthal, Margaret F., 266n.

Rossi, Paolo, 433n.

Rosso Fiorentino, 424, 553, 567, 571n., 572

Roubin, Lucienne, 203n.

Roudaut, Fanch, 167n.

Rousseau, George Sebastian, 219n., 298n.

Rousseau, Jean-Jacques, 175n., 385, 389, 392s., 478

Rousseau-Lagarde, Valérie, 605n.

Roussiaud, Jacques, 263n.

Rubens, Pierre-Paul, 549n., 553, 563, 591

Rubin, Miri, 219n.

Rueff, Jakob, 490, 495

Ruggiero, Guido, 238n., 244n., 257n., 263n., 281n., 284n., 285n., 287n.

Ruinart (Dom), 53

Sade, Danatien Alphonse François, conde de (Marquês de Sade), 612

Saillans, Marquês de, 351n., 394

Saint-Évremond, Charles de Marguetel de Saint-Denis de, 590

Saint-Simon, Louis de Rouvroy, Duque de, 160n., 177, 354, 357n., 526, 527n.

Saint-Ursins, Jean-Marie de, 475

Saintyves, Pierre, 98n.

Salgado, Gamini, 271n.

Salisbury, Joyce, 280n.

Sallmann, Jean-Michel, 56n., 71n., 72n.

Salutati, Coluccio, 545

Salvadori, Philippe, 333n.

Salviati, Franceso, 424

Samsó, Julio, 416n.

Santore, Cathy, 267n.

Santorio, 465

Sanzio, Raffaelo: ver Rafael

Sapho (Mme), 184

Saslow, James M., 290n.

Sassi, Michelà, 403n.

Saunders, Richard, 406

Saurel, Étienne, 319n.

Sauvageon, Christophe, 152s., 283

Sauzet, Robert, 148n., 158n., 341n., 359n.

Savonarola, Jerônimo, 40

Savonarola, Miguel, 403n.

Sawday, Jonathan, 571n., 573n., 576n., 577n., 578

647

Scamozzi, Vincenzo, 552

Scarron, Paul, 369n.

Schellekens, Jona, 226n.

Schenda, Rudolf, 495n.

Schimberg, André, 325n.

Schmitt, Jean-Claude, 22n., 225n.

Schmoeger, Karl Ehrard (Padre), 86n.

Schneider, Manfred, 402n.

Schroubek, Georg, 49n.

Schwarz, Matthäus, 586

Schweitz, Arlette, 150n.

Scot, Michel, 416

Scott, Joan W., 246n.

Sebastião (São), 97, 128s., 555

Segalen, Martine, 157n.

Seguin, Jean-Pierre, 494n., 497

Seignobos, Charles, 196n.

Semonin, Paul, 494n.

Serna, Pedro, 323n.

Servet, Michel, 456

Severoli, Carlo Severano, 57

Sévigné, Marie de Rabutin de, 362, 369, 372, 376

Sèze, Paul-Victor de, 387n.

Shakespeare, William, 31, 570

Shelley, Mary, 473, 617

Signorelli, Luca, 93

Silius Italicus, 570n.

Simon, Jean-François, 150n.

Simon, Louis, 134, 140, 142n., 145, 153, 154n., 162n., 165s., 169s., 177, 193n., 195

Simons, Patricia, 294n.

Sinclair, John, 399n.

Sirinelli, Jean-François, 533n.

Smith, Wesley D., 369n.

Snyder, Jon, 405n.

Soanen, Jean, 127

Soldi, J., 372n.

Solleysel, Jacques de, 331n.

Sorbin, Arnaud, 495n.

Sorel, Charles, 276

Sosna, Morton, 231n.

Sourches, Louis François du Boucher de, 345, 347n., 355n., 526

Sponde, Henry de, 90n.

Spufford, Margaret, 494n.

Spurzheim, Johann Gaspar, 409n.

Staden, Heinrich von, 411n.

Stafford, Barbara, 488n.

Stahl, Georg Ernst, 466s., 469

Steadinan, John M., 576n.

Índice de nomes próprios

Stegmann, André, 320n.

Stein, Henry, 339n.

Steinberg, Sylvie, 205n.

Steinmetz, Rudy, 148n.

Stengers, Jean, 278n.

Stensen, Niels (Stenon), 436

Stento, Gabriel, 297n.

Stento, Michele, 297n.

Stevenson, John, 225n.

Stone, Lawrence, 227n., 238n., 248n., 251n., 255

Storey, Frances, 261

Storey, Tessa, 267n., 269n., 271n.

Strong, Roy, 319

Stückelberg, Ernst Alfred, 109n.

Studeny, Christophe, 394n.

Sully, Maximilien de Bérthune de, 320, 529n.

Susini, Clemente, 612

Suso, Henrique (beato), 36, 71

Sydenham, Thomas, 479-481

Sylvius (chamado Jacques Dubois), 432

Sylvius, Franciscus (chamado Franz de la Boë, ou François du Bois), 453, 463

Taddei, Ilaria, 223n.

Tallemant des Réaux, Gédéon, 320n.

Tapie, Victor-Louis, 194n.

Tarrade, Jean, 153n., 154n., 156n.

Taton, René, 475n.

Tenenti, Alberto, 546n.

Teniers, David, 593

Tenon, Jacques, 483

Teobaldo (São), 99

Teresa de Jesus ou de Ávila (Santa), 54n., 74

Tertuliano, 413

Thévenin, Odile, 157n.

Thibault, Gabriel-Robert, 164n.

Thibaut-Payen, Jacqueline, 143n., 191n., 194n.

Thiers, Jean-Baptiste, 360n., 361, 363n.

Thomas, Keith, 455n.

Thompson, Edward Palmer, 225n.

Thompson, Rosemarie Garland, 494n.

Thorndike, Lynn, 402n.

Thou, Jacques Auguste de, 347n.

Thouvenot, Claude, 183n.

Thuillier, Jacques, 538n., 593n., 594n.

Tiago Maior (São), 99

Ticiano, 304n., 523, 536s., 560-562, 564, 566, 591

Tillet, Jean du, 508n.

Tissot, Clément-Joseph, 389n., 393

Tissot, Samuel-Auguste, 279, 475

Tobin, R.W., 459n.

Tollemer, Alexandre, 348n., 365n.

Tomás de Aquino (Santo), 99

Tomé (São, apóstolo), 31, 122

Tönnesman, Andreas, 595n.

Topalov, Anne-Marie, 151n.

Torelli, Jacques, 322

Torre, Marcantonio della, 568

Tort, Patrick, 488n.

Touati, François-Olivier, 138n.

Touvet, Chantal, 194n.

Touzet, Henri-Paul, 82n.

Traimond, Bernard, 202n.

Tremblay, Abraham, 467

Tremblay, Maurice, 467n.

Treue, Wolfgang, 48n.

Treviranus, Gottfried Reinhold, 471

Trexler, Richard, 223n., 263n.

Tricaud, Anne, 210n.

Tricot-Royer (Doutor), 102

Tronchin, Henry, 163, 476n.

Tronchin, Théodore, 389, 476s.

Troyansky, David G., 172n.

Trumbach, Randolph, 221n., 247n., 249n., 258n., 260n., 261n., 290n.

Truong, Nicolas, 8

Tuccaro, Arcangelo, 321

Turmeau de la Morandière, Denis Laurent, 382n.

Tytler, Graeme, 402n.

Ulmann, Jacques, 367n., 368n.

Underdown, David, 225n.

Vallot, Antoine, 374n., 525n.

Valverde, Juan, 572s.

Van Aachen, Hans, 592

Van de Pol, Lotte, 297n.

Van den Spieghel, Adriaan, 572

Van der Meer, Theo, 298n.

Van Helmont, Jan Baptist, 462s., 466, 471

Van Laer, Pieter, 593

Van Leeuwenhoeck, Antoni, 459

Van Neck, Anne, 279n.

Vandermonde, Charles Auguste, 18n., 377n., 378n., 383, 477n., 484n.

Vanni, Filippo, 542

Vannini, Caterina, 596n.

Vardi, Liana, 173n.

Vasari, Giorgio, 555, 568, 569n.

Vauchez, André, 95n.

Vaultier, Roger, 350n.

Vegetti, Mario, 411n.

Vegio, Maffeo, 580

Velásquez, 553

Velay-Vallantin, Catherine, 209n.

Velut, Christine, 200n.

Veneto, Bartolomeo, 586

Venette, Nicolas, 246

Veneziano, Agostino, 567

Verdier, Jean, 380n., 382n., 390s.

Vernus, Michel, 193n.

Veronese, 424

Vertron, Claude Charles Guyonnet de, 523n.

Vesálio, André, 124, 419s., 424, 426, 430-433, 437, 451-453, 463, 567, 569-571, 575-577, 614

Viau, Teófilo de, 176n.

Vicente de Paulo (São), 594

Vicinus, Martha, 290n.

Vickery, Amanda, 231n.

Vidal, Daniel, 9

Vielleville, François de Scépeaux de, 307

Vierne, Simone, 150n.

Vigarello, Georges, 156n., 164n., 168n., 172n., 187n., 191n., 216n., 256n.

Vigée-Lebrun, Élisabeth, 610, 612s.

Villani, Filippo, 542n.

Virchow, Rudolf, 486

Virgílio, 570n.

Vitrúvio, 542, 547, 549

Vives, Luís, 208n.

Vizani, Angelo, 325

Volta, Alessandro, 473n.

Voltaire, 378s., 389, 477, 557, 590

Volterra, Daniele da, 556

Voragine, Tiago de, 42, 115

Vouet, Simon, 593

Vovelle, Michel, 144n., 170n., 203n., 351

Vuarnet, Jean-Noël, 133n.

Vuillard, Rodolphe, 398n.

Vulson de la Colombière, Marc de, 312

Wallon, Henri, 10n.

Walpole, Horácio, 618

Warnke, Martin, 583n.

651

Waro-Desjardins, Françoise, 158n., 191n.

Watelet, Claude-Henri, 552

Watson, Elkanah, 176n.

Watt, Tessa, 494n.

Watteau, Antoine, 173

Wear, Andrew, 421n.

Wellbery, David E., 231n.

Wepfer, Johann, 485

Wesley, John, 360

Wheelwright, Julie, 297n.

Whytt, Robert, 468s.

Wickersheimer, Ernest, 412n., 417n., 426n., 427n.

Wiedmer, Laurence, 158n.

Wierix (irmãos), 29, 37, 41

Williams, Daniel, 489n.

Willis, Thomas, 458s.

Wilson, Dudley, 488n.

Wilson, Lindsay Blake, 236n.

Wilson, Thomas, 590n.

Winckelmann, Johann Joachim, 603

Winkin, Yves, 402n.

Winslow, Jacques-Bénigne, 432s., 491n.

Wirth, João, 606

Wolf, Étienne, 487

Wolff, Caspar Friedrich, 474

Yates, Frances A., 309n., 522n., 545n.

Young, Arthur, 157, 171n.

Young, Michael B., 290n.

Zapperi, Roberto, 607s.

Zeebroek, Renaud, 44n.

Zerbi, Gabriele, 428

Zerner, Henri, 589n.

Zumbo, Gaetano, 611-613, 615

Zurbarán, Francisco de, 71, 89

Os autores

Daniel Arasse (1944-2003), diretor de estudos na Escola dos altos estudos em ciências sociais, foi autor de numerosos trabalhos sobre a história da arte, entre os quais: *Le détail. Pour une histoire rapprochée de la peinture* (Flammarion, 1992); *La Renaissance maniériste* (Gallimard, 1997); *Léonard de Vinci. Le rythme du monde* (Hazan, 1997); *L'Annonciation italienne. Une histoire en perspective* (Hazan, 1999); *On n'y voit rien. Description* (Denoël, 2000); *L'Ambition de Vermeer* (Adam Biro, 2001); *Anselm Kiefer* (Éd. du Regard, 2001).

Georges Vigarello é professor de ciências da educação na Universidade Paris V, diretor de estudos na Escola dos altos estudos em ciências sociais e membro do Instituto universitário da França. Autor de trabalhos sobre as representações do corpo, entre os quais: *Le Corps redressé* (Seuil, 1978); *Le Propre et le Sale. L'hygiène du corps depuis le Moyen Âge* (Seuil, 1985; "Points Histoire", 1987); *Le Sain et le Malsain. Santé et mieux-être depuis le Moyen Âge* (Seuil, 1993; "Points Histoire", 1999); *Histoire du viol. XVIe-XXe siècle* (Seuil, 1998; "Points Histoire", 2000); *Du jeu ancien au show sportif* (Seuil, 2002); *Histoire de la beauté* (Seuil, 2004); também contribuiu para o tomo 2 da *Histoire du corps: De la Révolution à la Grande Guerre* (Alain Corbin org., Seuil, 2005).

Jacques Gélis é professor emérito de história moderna na Universidade Paris VIII-Saint-Denis. É autor de *Entrer dans la vie. Naissance et enfances dans la France traditionnelle* (em colab.) (Gallimard-Julliard, 1978); *Accoucheur de campagne sous le Roi-Soleil. Le traité d'accouchement de G. Mauquest de la Motte* (Toulouse, Privat, 1979; reed., Imago, 1989); *L'Arbre et le Fruit. La naissance dans l'Occident moderne, XVIe-XIXe siècle* (Fayard, 1984);

La Sage-Femme ou le Médecin. Une nouvelle cenception de la vie (Fayard, 1988); *Les Petits Innocents. Les enfants mort-nés et le miracle de "Répit" en Belgique* (Bruxelas, Tradition wallonne, 2004).

Jean-Jacques Courtine é professor de antropologia cultural na Universidade Paris III-Sorbonne Nouvelle, depois de ter ensinado durante quinze anos nos Estados Unidos, particularmente na Universidade da Califórnia em Santa Bárbara. Publicou muitos trabalhos de linguística e de análise do discurso, entre os quais *Analyse du discours politique* (Larousse, 1981), de antropologia histórica do corpo: *Histoire du visage. Exprimer et taire ses émotions du XVe siècle au début du XIXe siècle* (com Claudine Haroche, Payot/ Rivages, 1988; 2. ed., 1994). Atualmente trabalha sobre a exibição dos monstros humanos: reeditou a *Histoire des monstres* (1880) de Ernest Martin (J. Millon, 2002) e prepara a obra *Le Crépuscule des monstres. Savants, voyeurs et curieux, XVe-XXe siècle*, a ser publicada pelas Éditions du Seuil.

Nicole Pellegrin é historiadora e antropóloga, encarregada de pesquisa no CNRS (IHMC/ENS Paris). É autora, entre outros, de: *Les Vêtements de la liberté. Abécédaire des pratiques vestimentaires françaises, 1770-1800* (Aix, Alinéa, 1989); *Veufs, veuves et veuvages dans la France d'Ancien Régime* (Champion, 2003); *Les genres de Jeanne d'Arc*, exposição em linha 2004 (http://musea.univ-angers.fr).

Rafael Mandressi nasceu em 1966, em Montevidéu (Uruguai). Defendeu sua tese de doutorado na Universidade Paris VIII e ensina epistemologia na Universidade de Montevidéu. É autor de *Le Regard de l'anatomiste. Dissections et invention du corps en Occident* (Seuil, 2003).

Roy Porter (1946-2002), pesquisador no Welcome Institute of Medicine em Londres, foi autor de trabalhos sobre história da medicina: *English Society in the Eighteenth Century* (Allen Lane, 1982); *Disease, Medicine and Society in England: 1550-1860* (Cambridge University Press, 1995); *The Greatest Benefit to Mankind: a Medical History of Humanity from Antiquity to the Present* (HarperCollins, 1997); *Bodies Politic: Disease, Death and Doctors in Britain 1650-1900* (Reaktion, 2001); *Blood and Guts: a Short History of Medicine* (Penguin, 2002).

Sara F. Matthews-Grieco fez seus estudos nos Estados Unidos e na França (EHESS). É professora de história e coordenadora do *Women's and Gender Studies Focus* na Universidade de Siracusa (Florença). Autora de *Ange ou diablesse. La représentation de la femme au XVIe siècle* (Flammarion, 1991). Contribuiu em diversas obras coletivas, entre as quais: *Histoire des femmes en Occident: XVIe-XVIIIe siècle* (Plon, 1993); *Women and Faith. Catholic Religious Life in Italy from Antiquity to the Present* (Harvard, 1999); *Women, Culture and Society in Renaissance Italy* (Oxford, 2000); *Monaca, moglie, serva, cortigiana* (Morgana, 2001).

ÍNDICE GERAL

Sumário, 5

Prefácio à História do corpo (Alain Corbin, Jean-Jacques Courtine, Georges Vigarello), 7

Introdução (Georges Vigarello), 15

1. O corpo, a Igreja e o sagrado (Jacques Gélis), 19

    I. O corpo do Salvador, 23

        1. Os traços da passagem, 23

        2. Os instrumentos da Paixão, 27

        3. As cinco chagas, 29

        4. O Homem das dores, 32

        5. Os sofrimentos ocultos, 33

        6. Do coração vulnerado ao coração ferido de amor, 35

        7. O lagar místico, 39

        8. O Cristo médico, 42

        9. "Isto é o meu corpo", 43

        10. As crianças-Cristo, 46

        11. O Menino da paixão, 49

        12. Os pequenos inocentes, 51

II. Incorporar-se a Cristo, 53

    1. Infligir ao corpo os castigos que ele merece, 54

    2. Ascese alimentar, 56

    3. A ambiguidade dos sinais, 58

    4. Macerações, mortificações, 60

    5. Inscrito no corpo, 65

    6. "O coração consumido pelo amor de Deus", 72

    7. Martírio de amor e transverberação, 74

    8. A doença como sinal de eleição, 76

    9. "Fazei tudo o que quiserdes ao doente...", 82

    10. O longo tempo do martírio moderno, 83

    11. A pecadora arrependida, 86

    12. O brasão dos santos, 88

    13. Corpos à espera da ressurreição, 89

    14. "A grande beleza dos corpos gloriosos", 92

III. Relíquias e corpos miraculados, 94

    1. A relíquia, um corpo-cepa, 94

    2. Inúmeras relíquias, 96

    3. A relíquia colocada à distância, 99

    4. A relíquia no centro das controvérsias, 105

    5. O corpo desfeito, 110

    6. Relíquias que falam, 113

    7. Corpos miraculosos, corpos miraculados, 117

    8. Milagres evangélicos, 120

    9. Milagres de punição, 121

    IV. As mutações da imagem do corpo, 123

        1. Um corpo protestante?, 125

        2. Convulsionários, 126

        3. Evolução das representações, 128

2. Corpo do comum, usos comuns do corpo (Nicole Pellegrin), 131

    I. Dizer o corpo: os humildes e os outros, 131

    II. O "corpo": das palavras e dos mortos, 136

    III. Os jejuns do corpo, 146

    IV. Pernas pesadas e pés leves, 159

    V. Peso e posturas do corpo, 172

    VI. Cuidados e excreções do corpo, 184

    VII. Os abrigos do corpo: o interior e o exterior, 192

    VIII. O corpo, um teatro das aparências?, 205

3. Corpo e sexualidade na Europa do Antigo Regime (Sara F. Matthews-Grieco), 217

    I. A adolescência e a juventude: iniciações sexuais e rituais de frequentação, 221

        1. Socializar os jovens: confraternidades e charivaris, 222

        2. Rituais de sedução e práticas pré-nupciais, 226

        3. Iniciação e aprendizagem sexual, 232

    II. A idade adulta: o casamento e suas implicações, 238

        1. Comportamentos conjugais entre procriação e prazer, 239

        2. Promiscuidade popular e licença aristocrática, 251

        3. A prostituição, 262

III. O corpo e as "outras" sexualidades. Entre tolerância e repressão, 275

    1. O onanismo, 275

    2. A bestialidade, 280

    3. A sodomia, 283

    4. Tríbades e "fricatrizes", 293

4. Exercitar-se, jogar (Georges Vigarello), 303

    I. A nobreza e o exercício (séculos XVI e XVII), 304

        1. A força frontal e a arte do combatente, 305

        2. Visão dos movimentos do corpo, visão do universo, 318

        3. Aprender o porte imponente, 326

        4. Paradas burguesas e "combates de destreza", 337

    II. Os jogos, a efervescência, o controle, 344

        1. Práticas excitantes, práticas esmigalhadas, 344

        2. Práticas controladas, práticas separadas, 352

        3. Práticas de saúde, práticas limitadas, 367

    III. Da renovação das forças à sua quantificação, 376

        1. Redescobrir a força?, 377

        2. Os jogos, o cálculo, a eficácia, 388

5. O espelho da alma (Jean-Jacques Courtine), 401

    I. A tradição fisiognomônica, 402

    II. O corpo e seus sinais, 406

6. Dissecações e anatomia (Rafael Mandressi), 411

    I. A invenção das dissecações, 414

    II. Ver e tocar, 419

III. Ler e dissecar, 425

IV. Estrutura, fragmentação e mecânica, 431

V. A unidade e o fragmento, 437

7. **Corpo, saúde e doenças (Roy Porter e Georges Vigarello), 441**

   I. Medicina tradicional e representação do corpo, 442

   1. Os humores, 443

   2. O equilíbrio, 444

   3. Os fluidos sutis, 446

   II. Medicina popular, corpo e "simpatias", 446

   1. As "correspondências", 447

   2. Harmonia e prevenção, 447

   3. Amuletos e simpatias, 448

   III. Prospecções anatômicas e "observações", 450

   1. Ler Galeno ou "observar"?, 450

   2. Dissecar, 451

   3. Descobrir, 452

   4. Contra os "erros populares", 453

   IV. Movimentos internos, 455

   1. A "maré" sanguínea, 455

   2. A circulação, 457

   3. O horizonte das máquinas, 459

   4. Primeiros químicos e físicos, 461

   V. Entre ciências fundamentais e teorias da vida, 463

   1. A impossível estrutura, 464

   2. Medir, 465

3. A "anima", 466

4. A "irritabilidade", 467

5. A "vitalidade", 470

6. A eletricidade, 472

7. A reprodução, 473

VI. A cultura das Luzes e o prestígio da fibra, 474

1. O "tônus" das fibras, 475

2. Cultura e consolidação, 476

VII. Da observação do corpo ao nascimento da clínica, 478

1. Objetivar o mal, 479

2. O prestígio do qualitativo, 480

3. A "verdadeira" causa das doenças?, 481

4. Os miasmas e o "corpo" coletivo, 482

5. O imaginário de uma anatomia patológica, 484

8. O corpo inumano (Jean-Jacques Courtine), 487

I. O desencantamento do estranho, 487

II. Os monstros na literatura popular, 493

III. Imagens e ficções, 496

IV. O monstro e o monstruoso, 497

V. A fábrica do monstruoso, 499

9. O corpo do rei (Georges Vigarello), 503

I. Corpo natural e corpo místico, 506

1. Os "dois corpos do rei", 508

2. As manifestações dos dois corpos, 510

3. A Inglaterra e a França, 513

II. O absolutismo colocado em cena, 516

    1. Corpos separados ou corpos fundidos?, 517

    2. O corpo, a etiqueta, a corte, 519

    3. O corpo de guerra e o poder civil, 522

III. A força entre o biológico e a lei, 524

    1. Prolongar a vida do rei, 525

    2. Extremo suplício do criminoso, 528

    3. A crise das representações, 530

10. A carne, a graça, o sublime (Daniel Arasse), 535

I. A glória do corpo, 539

    1. As proporções do corpo, 546

    2. O efeito da carnação, 553

II. Controles do corpo, 564

    1. Anatomias, 566

    2. Civilidade e retórica do corpo, 579

III. Resistências do corpo, 601

    1. O fascínio pelas anomalias, 603

    2. A ambivalência da ceroplastia anatômica, 610

Índice de nomes próprios, 621

Os autores, 653

Conecte-se conosco:

facebook.com/editoravozes

@editoravozes

@editora_vozes

youtube.com/editoravozes

+55 24 2233-9033

www.vozes.com.br

Conheça nossas lojas:
www.livrariavozes.com.br

Belo Horizonte – Brasília – Campinas – Cuiabá – Curitiba
Fortaleza – Juiz de Fora – Petrópolis – Recife – São Paulo

EDITORA VOZES LTDA.
Rua Frei Luís, 100 – Centro – Cep 25689-900 – Petrópolis, RJ
Tel.: (24) 2233-9000 – E-mail: vendas@vozes.com.br